우리말

어원 사전

백문식

강원대학교 사범대학 국어교육과와 같은 대학 대학원을 마치고 중·고등학교에서 36년 동안 우리말과 글을 연구하면서 가르쳤다.
지은 책으로는 <우리말의 뿌리를 찾아서>, <우리말 파생어 사전>, <우리말 표준발음 연습>, <우리말 부사 사전(2007년 문광부 우수학술도서)>, <우리말 형태소 사전(2013년 문광부 최우수학술도서)>, <알기 쉬운 대한민국 헌법>이 있으며 여러 편의 논문도 발표하였다.

우리말 어원 사전

초판 발행 2014년 6월 12일
2판 2쇄 2018년 10월 15일

지은이 백문식 | **펴낸이** 박찬익 | **편집장** 김려생 | **책임편집** 김지은 김경수
펴낸곳 도서출판 **박이정** | **주소** 서울시 동대문구 천호대로 16가길 4
전화 02) 922-1192~3 | **팩스** 02) 928-4683 | **홈페이지** www.pjbook.com
이메일 pijbook@naver.com | **등록** 1991년 3월 12일 제1-1182호

ISBN 978-89-6292-660-6 (91710)

* 책값은 뒤표지에 있습니다.

우리말
어원 사전

백 문 식

도서
출판 박이정

머리말

언어는 인간만이 가진 것이다. 인간은 인지 발달과 더불어 낱말의 수를 늘리고 뜻을 확장하여 지적 영역을 넓혀 왔다. 국어도 기나긴 세월을 거치는 동안 어휘의 양이 엄청나게 늘어났다. 그리고 우리말은 단순한 의사소통의 수단을 넘어 한민족의 얼과 문화를 담는 그릇으로 매우 다양한 모습을 띠며 존재한다.

어원(말밑)이란 낱말의 본디 형태나 뜻을 일컫는 말이다. 결국 어원 탐구는 문화를 좀 더 깊고 폭넓게 이해하고 나아가 창조의 발판을 마련하려는 하나의 책략이 될 것이다. 그런데 낱말의 정체를 명확히 밝힌다는 것이 결코 쉬운 일이 아니다. 더구나 고대 국어에 관계된 자료는 턱없이 모자라 한글 창제 이전의 입말을 되살리는 데 각별한 어려움이 따른다.

어원론의 목적은 낱말의 기원을 끝까지 캐어낸다기보다 문헌 고증과 사투리, 문화 배경 따위를 통하여 가능한 데까지 거슬러 올라가 옛 모습을 찾는 데 있다. 연구 방법으로는 형태소나 낱말의 변화와 변천을 관찰 · 기술하고 정확성과 타당성이 있는 설명이어야 한다. 그렇지만 엄밀히 말하여 기초 낱말의 말밑 해석이 학문의 특성상 확고부동한 정설로 확정되기가 어렵다. 어느 정도 개연성(蓋然性)을 인정할 수밖에 없는 것이 어원학의 한계이자 현실임은 두루 아는 사실이다. 다만, 언어 내 · 외적 정보를 헤아리지 못한 경우나 흥미 위주의 어원 풀이는 마땅히 경계해야 한다. 여기에서는 낱말의 통시적 흐름을 따져 밝히는 데에 초점을 두었다. 또한 문헌 위주의 실증적 정신과 형태 · 의미적 유연성(有緣性), 비교 언어학적 관점에서 기술하였다. 올림말(표제어)의 대부분은 학계의 연구 성과를 반영하여 분석 · 검토한 것으로 객관성이 확보된 자료다.

이 사전은 지난날 펴낸 보잘것없는 <우리말의 뿌리를 찾아서(1998, 2006)>를 십여 년 동안 지며리 깁고 더하여 말밑을 알기 쉽게 풀이한 책이다. 그럼에도 일반 독자가 이해하기에 조금은 버거울 수도 있을 줄 안다. 그러나 인내심을 갖고 꼼꼼히 따져 읽어낸다면, 말의 신비로움과 참뜻을 알고 훨씬 더 풍부한 어휘를 구사할 수 있는 능력을 갖추게 될 것이다. 나아가 우리말에 대한 관심도 높아질 것이다.

우리말 연구에 헌신한 선학의 빛나는 업적에 머리를 숙인다. 특히, 학문의 길로 이끌어 주신 고 이길록(강원대), 유병석(한양대), 최철(연세대) 스승님과 서울대학교 명예교수이며 어학전문 국제학술지 「형태론」 편집대표로 활약하셨던 금산(金山) 고영근 은사님께 깊이 감사드린다. 그리고 이 자리를 빌려 정성으로 뒷바라지한 어진 아내 이기자에게 고마움을 전하며, 늘 훈훈한 사랑으로 용기를 북돋아주신 거룩한 나의 어머님(장금례)께 이 책을 바친다. 아울러 격려를 아끼지 않는 주위 분들을 비롯하여 거친 원고를 곱게 꾸미신 박찬익 사장님과 김려생 편집장을 비롯한 편집진께 고맙다는 말씀을 드린다.

두즈믄열넷째 해 봄날

광교산 기슭에서 잣뫼 백문식

일러두기

1. 이 사전에 실린 올림말은 2,500여 개이며, 여기에 딸린 동근어 · 동원어 · 복합어(파생어, 합성어)를 함께 셈하면 어지간히 많은 수에 이른다.

2. 올림말의 늘어놓은 차례는 한글 맞춤법의 자모순에 따랐다.
   자음　ㄱ ㄲ ㄴ ㄷ ㄸ ㄹ ㅁ ㅂ ㅃ ㅅ ㅆ ㅇ ㅈ ㅉ ㅊ ㅋ ㅌ ㅍ ㅎ
   모음　ㅏ ㅐ ㅑ ㅒ ㅓ ㅔ ㅕ ㅖ ㅗ ㅘ ㅙ ㅚ ㅛ ㅜ ㅝ ㅞ ㅟ ㅠ ㅡ ㅢ ㅣ

3. 올림말은 먼저 기본적인 뜻풀이를 하고, 문헌에 처음 기록된 어형과 어휘의 변천 과정 및 어원적 의미를 알기 쉽게 설명하였다. 그리고 속담, 관용구, 용례를 들었다.

4. 어원이 밝혀진 낱말을 위주로 실었으며 해당 낱말의 어원설이 여럿인 경우, 설명적 타당도에 따라 순서대로 보여 독자의 이해를 돕고자 하였다.

5. 약호 및 부호
   〉, 〈　통시적인 변천의 방향을 나타내는 표시
   →　공시적인 음운 변화, 표제어 참조
   ←　낱말의 연원 표시
   =　같은말, 동의어(同義語)
   ≒　비슷한말, 유의어(類義語)
   ↔　맞선말, 반의어(反意語), 상대어(相對語)
   ～　음운론적 조건에 의한 이형태 또는 음운 교체형
   *　문헌적으로 실증되지 않은 재구형(再構形) 또는 어법에 맞지 않는 단어나 문장

-	형태소 결합 및 어근과 어근, 어근과 접사의 결합
+	낱말의 형태소 분석에 의한 결합 관계
/ /	음운의 기호
¶	용례(用例)의 시작
/	용례에서 여러 예문을 구분한 표시
[ ]	낱말의 의미나 소리, 또는 속담
◇	관용구(어)
☞	참고를 위한 찾아보기
〈 〉	출전(出典)
〈작〉	작은말
〈큰〉	큰말
〈준〉	준말

ㄱ

ㄱ(기역) 현행 한글 자모(字母)의 첫째 글자. 어금닛소리 /ㄱ·ㅋ·ㆁ/의 기본이 되는 음운이다. 혀뿌리를 여린입천장에 ㄱ 모양으로 올리고 붙여 공기의 흐름을 막은 후 순간적으로 터뜨려 소리를 낸다. 'ㄱ(기역[k])'은 발음할 때 혀[舌(설)]의 모양을 본떠 만든 글자다. <훈몽자회(1527)>에서 'ㄱ其役(기역)'이라 하였다. /ㅋ/은 /ㄱ/에서 한 획을 더한 거센소리 글자고, 'ㆁ(옛이응)'은 이체자(異體字)로 훈민정음 창제 이후 16세기 말엽까지 쓰이다가 그 뒤 'ㅇ'에 통합되었다. [낫 놓고 기역자도 모른다] 아주 무식하다.

가 복판으로부터 바깥쪽을 향하여 끝난 곳. 어떤 대상 자체의 가장 바깥쪽 부분이나 모서리. 가장자리. 변두리. 언저리. ↔ 가운데. 복판. 중세어형은 'ᄀᆞᆺ~ᄀᆞᇫ, ᄀᆞ[邊(변)]'다. 'ᄀᆞᆺ'에서 파생된 동사는 'ᄀᆞᆺ다[切(절)·斷(단)]'다. 갈라져서 생긴 공간 개념어 'ᄀᆞᆺ'은 '옷깃, 산기슭, 처마기슭, 기스락'에서 '깃, 기슭'과 동원어며, 경계(境界)를 뜻하는 몽골어 qaja>haʒi와 대응하는 어형이다. '기슭'과 '가'는 뜻이 가장자리로 같다.

오늘날 제주도 사투리 kas[邊]은 중세어의 모습 그대로다. 합성어에 '냇-가, 바닷-가; 가-녘(가장자리의 쪽), 가-두리, 가-없다(끝이 없다)' 등이 있다. ¶ 운동장 가에 학생들이 옹기종기 모여 앉아 있다.

가게 자그마한 규모로 물건을 벌여놓고 파는 집. '가게'는 한자 '假家(가가)'로 취음(取音)되면서 '임시로 허름하게 지은 집'을 말한다. 16세기 문헌 <훈몽자회>의 표기는 '가개'다. 접두어 '假(가)-'는 '가-건물(假建物)'처럼 '임시로'라는 뜻이다.(가가>가개/가게) '가개'는 시렁이나 선반, 가옥(假屋)을 뜻하다가 '가게'로 바뀌면서 상점(商店)을 가리킨다.

'구멍-가게'는 손과 물건이 겨우 드나들 수 있을 정도로 바람벽에 구멍을 뚫어 물건을 파는 아주 작은 지난날의 상점을 이르던 말인데, 지금은 조그맣게 차린 가게를 일컫는다. '가게-내기'는 기성품(旣成品)을 뜻한다. [가게 기둥에 입춘이라] 제격에 어울리지 않는다는 말. ¶ 가게에서 물건을 사다.

가까스로 애를 써서 간신히. 빠듯하게. 흥분이나 격정을 진정시켜서 억지로 겨우. 마지못해 겨우 또는 다행히. 가까스로(<갓가ᄉᆞ로←갓갓+(ᄋᆞ)+로)'는 '갓(<ᄀᆞᆽ)[纔(재; 겨우)]'에서 파생된 말이며, '가깝다[近(근)], 가장[最(최)]'과 동근어다. ¶ 가까스로 살아나다. 가까스로 제 시간에 가 닿았다.

가깝다 거리가 짧다. (시간적으로) 동안이 짧다. 멀지 아니하다. ↔ 멀다. 중세어형은 '갓갑다'다. 가깝다[近]는 'ᄀᆞᆽ[端(단)·邊(변)]'에 어원을 둔 말이다. 어근 'ᄀᆞᆽ~갓/*갖'에 접사 '-갑다'가 결합하면서 된소리되기에 의하여 '가깝다'로 되었다.(ᄀᆞᆽ/갓+-갑다→가깝다>가깝다) 경기도 사투리는 '가찹다(←갖+압다)'다. 결국 '가깝다'는 '가장자리인 한계점에 이르다'는 뜻이다. [가까운 남이 먼 일가보다 낫다] 이해 관계로 보아 가까이 있는 이웃이 먼 곳에 있는 일가보다 더 낫다는 말. ¶ 서울에서 수원까지는 가깝다. 그 사람은 나와 아주 가까운 친척이다.

가끔 어쩌다가. 이따금. 때때로. ↔ 자주. 17세기 문헌 <박통사언해중간>에 'ᄀᆞᆽ곰'이 나온다. 'ᄀᆞᆽ+곰(부사 밑에 붙는 접사)'으로 분석된다. 'ᄀᆞᆽ'은 '처음. 방금. 겨우'를 뜻하는 부사다.(ᄀᆞᆽ곰>ᄀᆞᆽ금>가끔) ¶ 지나다가 가끔 만나는 사람.

가난 재산이나 벌이가 적어서 살림살이가 넉넉하지 못하고 쪼들림. 또는 그런 상태. 원래 한자말로 '괴롭고 고생스러움'을 뜻하는 艱難(간난)이 /ㄴ/음의 동음생략에 의하여 '가난'으로 되었다.(간난>가난) '木瓜(목과)>모과, 出斂(출렴)>추렴'도 같은 음운 현상이 일어난 말이다. '가난뱅이, 가난살이, 가난하다(↔가멸다); 물가난, 인물가난(人物; 뛰어난 인물이 드문 일), 찰가난(아주 심한 가난)' 등으로 쓰인다. [가난한 집 제사 돌아오듯] 치르기 힘든 일이 자주 닥쳐온다는 말. ¶ 근면과 절약으로 가난에서 벗어나다.

가냘프다 가늘고 약하다. 몸매가 호리호리하고 연약하다. '가르다[分(분)]'와 동원어인 '가늘다(<ᄀᆞᄂᆞᆯ다[細(세)·纖(섬)])'와 '얇다[薄(박)]'의 합성어다. 이 두 단어의 어근에 형용사화 접사 '-ᄇᆞ다'가 결합하여 섬세성을 강조하는 '가냘프다'로 파생되었다.(ᄀᆞᄂᆞᆯ-+얇+-ᄇᆞ다→가냘ᄑᆞ다>가냘프다) ¶ 목소리가 가냘프다. 가냘픈 몸매에 비해 목소리는 굵다.

가녀리다 물건이나 사람의 신체 부위 따위가 몹시 가늘고 연약하다. 소리가 몹시 가늘고 힘이 없다.(=가냘프다) '가늘다'와 '여리다'가 결합된 말이다. '여리다'는 수척하고 유약(柔弱)함을 뜻하는 말로 '얇다/엷다[薄(박)]'와 동근어다. 가녀리다의 어원적 의미는 '가늘고 엷다'다. ¶ 가녀린 팔. 가녀린 목소리. 해쓱한 얼굴에 다 가녀린 몸매. ☞ 여위다

가늘다 기다란 것이 둘레가 작거나 너비가 좁다. 물체가 썩 잘다. 소리가 낮고 약하거나, 움직임이 미약하다. 베나 천 따위의 바탕이 곱고 촘촘하다. ↔ 굵다. '가늘다(<ᄀᆞᄂᆞᆯ다[細 · 纖])'는 '가르다[分]'와 동원어다. 가느다랗다는 '가늘-+-다랗-(형용사에 붙는 접사)+-다'로 분석된다.

'눈'과 '귀'와 어울려 '가는-눈(실눈), 가는-귀(작은 소리를 잘 듣지 못하는 귀)/-먹다'로 쓰인다. ¶ 눈을 가늘게 뜨다. 가는소금(↔굵은소금). 올이 썩 가는 모시.

가늠 목표나 기준에 맞고 안 맞음을 헤아려 봄. 짐작하는 일. '看(간)+음'로 분석된다. 한자 '看'은 보다[視(시)]이고 '-음'은 명사화접사다.(*간ᄒᆞ다→간홈>간음>가늠) 어원적 의미는 '보는 것'이다. 총을 목표물에 조준할 때 이용하는 장치를 '가늠-쇠'라고 한다. '가늠-하다'는 동사다. ◇ 가늠이 가다 - 짐작이나 헤아림이 이루어지거나 미치다. ¶ 막연한 가늠으로 사업을 하다가는 실패하기 쉽다. 그의 나이를 가늠하기가 어렵다.

가다 목적한 곳을 향하여 움직이다. 떠나다. ↔ 오다. <삼국유사(제망매가)>에 去奴隱處毛冬乎丁(가논 곧 모ᄅᆞ온뎌)가 나온다. 중세어형 '가다, 니다, 녀다'가 동의 관계(同義關係)로 공존하다가 오늘날 '가다'만이 서술어로 쓰이고 있다. '녀다~니다'는 <계축일기>에 나오는 '예다'와 '옛날'에 그 흔적이 보인다. '가다[去(거) · 行(행)]'는 몽고어 gar-(나가다, 올라가다)와 상응하는 말이다. [가는 말이 고와야 오는 말이 곱다] 남에게 말이나 행동을 좋게 하여야 자기에게도 좋은 반응이 돌아온다는 말. ¶ 고향에 가다. 기러기 울어 예는 하늘 구만리.

가다듬다 정신, 생각, 마음 따위를 바로 차리거나 다잡다. 중세어형은 'ᄀᆞ다ᄃᆞᆷ다'다. 형태 분석을 하면 'ᄀᆞᆯ(다)+다+ᄃᆞᆷ(다)+다'다.(ᄀᆞ다듬다>가다듬다) 'ᄀᆞᆯ'은 'ᄀᆞᆯ다(>갈다)[磨 · 硏]'의 어근 'ᄀᆞᆯ~ᄀᆞᄅᆞ(>가루[粉(분)])'다. '다ᄃᆞᆷ다[修 · 鍊]'에서 '다-'는 부사로 '매우, 아주'를 의미하고, 'ᄃᆞᆷ다[沈(침)]'는 '잠기다'는 뜻이다. 결국 '다듬다'는 '마음 상태가 수련되어 차분하게 가라앉다. 매우 침착하다'를 의미한다. 가다듬다의 어원적 의미는 '갈고 닦다'다. ¶ 정신을 가다듬고 다시 한 번 해 보거라. 돌을 다늠어 조각을 하다. ☞ 가루, 갈다[2]

가두다 사람이나 동물 따위를 둘러싸인 일정한 장소에 넣다. 중세어형은 '가도다'

다. '갇+오(사동접사)+다'로 분석된다.(가도다>가두다) '갇-'은 '가지다(<가디다[持(지)]), 거두다/걷다(<갇다[收·倦])'와 동근어로 내포(內包) 개념어다. '가두다'는 수감(收監; 감방에 가둠)을, '걷다'는 거두어들임을 뜻하는 말로 의미가 분화되었다. ¶ 송아지를 우리에 가두다. 죄인을 옥에 가두다. 논에 물을 가두다.

가두리 물건 가에 둘린 언저리. '가+두르(다)+이'로 분석된다. '가두리-양식(養殖)'은 그물 안에서 물고기 따위를 기르는 방법을 뜻하는 말이다. '변(邊)-두리'는 어느 지역의 가장자리가 되는 곳이나 물건의 가장자리를 뜻한다. ¶ 가두리를 따라 무늬가 그려져 있다. ☞ 가, 두루마기

가득 그릇이나 어떤 공간 따위에 한껏 차 있는 모양. <큰>그득. <센>가뜩. <삼국유사>에서의 향찰 표기는 居得[*가득]이다. 중세어형은 'ᄀᆞ득'이며, 'ᄀᆞᄃᆞ기, ᄀᆞ득다, ᄀᆞ득ᄒᆞ다'로 쓰였다. 'ᄀᆞ득'은 'ᄀᆞ득다[滿(만)]'의 어간이며 'ᄀᆞᆮ(다)+ᄋᆞᆨ(접사)'으로 분석된다. 'ᄀᆞᆮ-'은 갖추다[備(비)]의 중세어형 'ᄀᆞᆽ초다'의 어근이다.(ᄀᆞ득>ᄀᆞ득>가득) ¶ 바구니에 가득 담긴 과일. 항아리에 물을 가득가득 부었다.

가라사대 '말하되, 말하기'를 뜻하는 가로되(<ᄀᆞ로ᄃᆡ)의 높임말. 중세어 'ᄀᆞᄅᆞ샤ᄃᆡ'는 'ᄀᆞᆯ/가로(다)+-시-(높임선어말어미)+(ᄋᆞ)+ᄃᆡ(의존명사)'로 분석된다. <계림유사>의 舌曰蝎(갈)로 보아, 어근 '말하다'를 뜻하는 'ᄀᆞᆯ(다)[曰(왈)]-'는 '혀'와 연결된다. 중세어 '맛ᄀᆞᆱ다(←맞+ᄀᆞᆯ+ㅁ+다)'는 '대답하다, 응답하다'를 뜻하는 말이다. 어근 '갇(ᄀᆞᆯ)'은 일본어 어근 kata-[語(어)]와 대응한다. ¶ 공자 가라사대. 옛 사람이 가로되. ☞ 혀

가라앉다 바닥으로 내려앉다. 활기를 잃은 상태로 되다. '가르다[分(분)]'와 '앉다[坐(좌)]'가 결합된 말이다.(가르/갈-+-아→갈아+앉다→가라앉다) 어원적 의미는 '(어떤 물체가 액체를) 가르면서 내려앉다'다. 물체가 가라앉으면 안정된 상태로 돌아오므로 '마음이 안정되다. 조용하다'로 의미가 확장되었다. ¶ 폭풍에 배가 가라앉다. 통증이 가라앉다. 흥분이 가라앉다. 파도가 가라앉다.

가락 가늘고 길게 토막이 난 물건의 낱개. '가르다[分(분)]'의 어간 '가르/갈-'에 명사화 접사 '-악'이 결합된 말이다. 중세어형도 오늘날과 같다. 어원적 의미는 '갈라진 것'이다. '가락-국수; 손-가락, 발-가락, 엿-가락'과 같이 쓰인다. '가락-지(고리)'는 장식으로 손가락에 끼는 반지(斑指)를 뜻한다. 가락은 '까닭[緣由(연유)], 가닥(낱낱의 줄), 가다귀(땔나무로 쓰이는 참나무 따위의 잔가지)'와 동근어다. ¶ 가락이 굵다. 엿 한 가락. 한 가닥의 희망이 남아 있다. ☞ 까닭

가랑비 가늘게 내리는 비. 중세어형은 'ᄀᆞᄅᆞᄫᅵ, ᄀᆞᄂᆞᆫ비'다. 가랑비는 '가르다[分]'와 동원어인 'ᄀᆞᄂᆞᆯ다(>가늘다), 갈다[磨(마)]'의 어근이 변하여 명사로 된 'ᄀᆞᄅᆞ(>가루[粉(분)])'에 '비'가 합성된 말이다. 여기에 접사 '-앙'이 붙어 '가랑비'가 되었다.(가루/갈[霧(무; 안개)]+-앙+비) 중세어 'ᄀᆞᄅᆞᄫᅵ>ᄀᆞ랑비'는 가루같이 내리는 안개비, 이슬비를 뜻한다. 이와 달리 '가랑비(<ᄀᆞᄂᆞᆫ비)'를 '가늘-(<ᄀᆞᄂᆞᆯ-)'의 관형사형 '가ᄂᆞᆫ'에 '비'가 붙어 '가느다랗게 내리는 비'로 볼 수도 있다.
'가랑-'은 갈라져 나온 작은 것을 뜻하며, '가랑-이, 가랑-눈, 가랑-니(서캐에서 갓 깬 새끼 이), 가랑-머리, 가랑-모래, 가랑-무, 가랑-파' 등에 나타난다. '떡이나 엿 같은 것을 둥글고 길게 늘이어 놓은 토막'을 뜻하는 '가래(떡)'도 동원어다. [가랑비에 옷 젖는 줄 모른다] 아무리 사소한 것이라도 거듭되면 무시하지 못할 정도로 된다는 말.

가랑잎 떡갈나무의 잎. 활엽수에서 떨어진 마른 잎. '가락[柞(작; 떡갈나무)]+잎[葉(엽)]'으로 분석된다. 17세기 문헌 <역어유해>에서 떡갈나무인 가락나무를 '가랑나모', 그 잎을 '가랑잎/갈잎'이라 하였다.(가락/갈+닢→가랑잎) 오늘날 가랑잎은 일반적으로 '마른 잎'을 일컫는다. [가랑잎이 솔잎더러 바스락거린다고 한다] 자기의 허물이 더 많으면서 허물이 적은 사람을 나무라거나 흉보는 경우를 이르는 말.

가래 흙을 파헤치거나 떠서 던지는 기구. '가래(←갈+애)'는 갈다[1][耕(경)]에서 파생한 말이다. 16세기 문헌 <훈몽자회>에 '枚; 가래 홈, 俗呼木又鐵ㅣ 눌가래'가 나온다. '가래꾼, 가랫날, 가랫밥(가래로 떠내는 흙덩이), 가랫줄, 가래질/하다; 넉가래, 눈가래, 먼가래' 등으로 쓰인다. ◇ 가래 터 종놈 같다 - 힘든 가래질을 억지로 하는 종과 같다는 뜻으로, 성품이 거칠고 버릇없이 굴거나 매사에 못마땅해서 무뚝뚝하게 구는 사람을 비유적으로 이르는 말.

가래톳 허벅다리 기부(基部)의 림프샘이 부어 아프게 된 멍울. 가래톳은 '가ᄅᆞ~가ᄅᆞᆯ[가랑이]'와 '덧[患(환; 병)]'이 합성되어 거센소리 현상이 일어난 말이다.(가ᄅᆞᆯ톳/가ᄅᆞᆺ톳>가랏돗>가랫톳) '덧'은 '덧-니, 덧-셈; 덧-나다, 덧-들이다'와 같이 중복(重複) 개념어인데, 음운이 교체되어 질병(疾病)을 뜻하는 '돗'이 되었다.(덧>돗>톳) '가ᄅᆞ'는 가르다[分]에서 파생되어 枝(지) · 岐(기) · 肢(지)의 뜻을 담고 있다. 임신한 지 이삼 개월이 되어 구역질이 나는 증세를 '입덧'이라고 한다. 가래톳은 '가랑이에 덧난 병'이다. ¶ 가래톳이 서서 제대로 걷지 못하다.

☞ 덧셈

가렵다 살갗에 긁고 싶은 느낌이 나다. 중세어형은 'ᄀᆞ랍다'다. 17세기 초 문헌 <언해두창집요> 표기는 'ᄀᆞ랍다'다. 동사 'ᄀᆞᆰ다(>갉다)~긁다[搔(소; 긁다)·刮(괄; 비비다)]'에 형용사화 접사 '-ㅂ다/업다'가 붙은 말이다.(ᄀᆞᆰ-+-업다→ᄀᆞ랍다/ᄀᆞ랍다>ᄀᆞ렵다>가렵다) 가렵다[癢(양)]의 어원적 의미는 '긁고 싶다'다. ◇ 가려운 데를 긁어 주다 - 괴로움이나 불편한 점, 소망 따위를 잘 알아서 풀어 줌을 이르는 말.

가로 왼쪽에서 오른쪽으로 나 있는 방향. 또는 그 길이. ↔ 세로. 중세어형은 'ᄀᆞᄅᆞ'다. 'ᄀᆞᄅᆞ'는 동사 ᄀᆞᄅᆞ다[橫(횡)]의 어간이다.(ᄀᆞᄅᆞ/ᄀᆞᄅᆞ+-오→ᄀᆞ로>가로) '가로-금, 가로-놓다, 가로-눕다, 가로-막다/막히다, 가로-맡다(대신 맡다)가로-서다, 가로-젓다, 가로-지르다, 가로-퍼지다' 등으로 쓰인다. ◇ 가로 지나 세로 지나 - 이렇게 되든지 저렇게 되든지 결과는 같음을 이르는 말.

가루 깨뜨리거나 갈아서 아주 잘고 보드랍게 부스러진 상태의 물질. ↔ 덩어리. 중세어형은 'ᄀᆞᆯ, ᄀᆞᄅᆞ'다. 'ᄀᆞᆯ~ᄀᆞᄅᆞ(>가루)'는 분쇄(粉碎) 개념어 'ᄀᆞᆯ다(<갈다[磨(마)])'의 어근 'ᄀᆞᆯ-'에 접사 'ᄋᆞ'가 붙은 말이다. 가루[粉(분)]의 어원적 의미는 '갈아서 잘게 부순 것'이다. '가루'의 사투리에 '가리(밀가루), 돌가리(시멘트), 갈기(←ᄀᆞᄅᆞ/ᄀᆞᆯ+기)'가 있다.(ᄀᆞᆯ-+ᄋᆞ→ᄀᆞᄅᆞ>가로>가루)

'가루-눈, 가루-받이[受粉(수분)], 가루-붙이, 가루-비누; 밀가루, 쌀-가루, 콩-가루' 등으로 쓰인다. [가루는 칠수록 고와지고 말은 할수록 거칠어진다] 말이 많으면 해가 되는 수도 있으니 말을 삼가라고 경계하는 말. ☞ 갈다[2]

가르마 이마에서 정수리까지의 머리털을 갈라 빗을 때 생기는 골. '가르(다)+마'로 분석된다. '마'는 '위. 꼭대기. 머리'를 뜻하는 말이다. 가르마의 어원적 의미는 '가른 머리'다. ¶ 가르마를 타다. 가르마 같은 논길을 따라 걷다.

가르치다 지식·기능 따위를 알게 하다. 교육하다. 중세어형은 'ᄀᆞᄅᆞ치다'다. 'ᄀᆞᄅᆞ치다'는 教(교)·指(지)의 뜻을 아울러 가지고 있던 말이다. 그러나 오늘날은 가르치다[教]와 가리키다[指]로 구별하여 쓰고 있다. '가르치다'는 사물을 분간하여 '가르다[分別]/가리다[擇]'의 어근 'ᄀᆞᆯ[分, 別, 岐, 曰, 耕, 播, 磨 …]'에 기르다[育(육)]의 뜻을 나타내는 '(가축을) 치다'가 결합되었다. 'ᄀᆞᆯ+ᄋᆞ+치다[育·奉養]'로 분석된다.

가르치다는 '분별하다, 말하게 하다, 경작(耕作)하여 가꾸어 기르다, 교육(教

育)하다'를 뜻한다. ¶ 할아버지께서 손자에게 한글을 가르치시다. 손가락으로 방향을 가리키다. 가축을 치다(기르다).

가리끼다 사이에서 거치적거리다. 중세어형은 '가리ᄢᅵ다'다. '가리(다)[1][蔽(폐; 가리어 막다)]+-어-ᄢᅵ다[挾(협; 끼다)]'로 분석된다. 가리끼다의 어원적 의미는 '(무엇에) 가리어 끼다'다. ¶ 키 큰 사람이 앞에 가리껴 구경을 할 수 없다.

가리다[1] 가리어지다. 막히다/막다. 가림을 당하다. 중세어형은 'ᄀᆞ리다[蔽(폐)·障(장); 덮다, 막다, 숨기다]'다.(ᄀᆞ리다>가리다) '가리개, 가리끼다(방해하다), 가림; 낟-가리, 치-가리다' 등으로 쓰인다. ¶ 자옥한 안개가 앞을 가리다. 커튼으로 창문을 가리다. 손으로 두 눈을 가리다.

가리다[2] 여럿 가운데서 골라내거나 구별해 내다. 중세어형은 'ᄀᆞᆯᄒᆞ다, ᄀᆞᆯ히다'다. 'ᄀᆞᆯ-[擇(택; 가리다, 고르다)]'은 '가르다[分(분)], 가리새(일의 갈피와 조리), 갈다[替(체; 바꾸다); 가리-사니'의 어근이다.

'가린-나무'는 건축의 자재로 쓰임에 따라 알맞게 켜 놓은 나무를, '가린-병아리'는 암수를 구별해 놓은 병아리를 이르는 말이다. ¶ 쌀에 섞인 뉘를 가리다. 옳고 그름을 가리다. 어린아이가 똥·오줌을 가리다. 자기 앞도 못 가리면서 처자식을 어떻게 책임질 수 있겠나?

가리사니 사물을 가리어 헤아릴 실마리. 사물을 판단할 수 있는 힘이나 능력. '가리(다)[2]+사니(접사)'로 분석된다. '-사니'는 가납사니(쓸데없이 말수가 많은 사람), 어릅사니(광대)처럼 사람을 뜻하는 접사다. ¶ 일이 너무 얽히고설키어 도저히 가리사니를 잡을 수가 없다. 그는 가리사니가 없는 사람이다.

가리산지리산 이야기나 일이 질서가 없어 갈피를 잡지 못하는 모양. ≒ 갈팡질팡. 우왕좌왕. '가리다[2]'에 어원을 둔 말로, '가리-사니(사물을 가리어 헤아릴 실마리)'가 '가리산'으로 되면서, 거기에 산 이름인 지리산(智異山)을 끌어다 붙인 말로 보인다. ¶ 가리산지리산 어쩔 줄을 모른다. 암흑 속에서 가리산지리산 헤매다.

가마 크고 우묵한 솥. 본딧말은 '가마솥'이다. 중세어형도 현대어와 같다. <계림유사>의 釜曰吃枯吃反은 중세어 '가마, 솥'과 발음상 차이가 심하다. 가마는 '검다'의 모음 교체형 '감다'의 어근이 변한 말로 '검은 것, 곧 검은 색깔을 띤 밥 짓는 도구'를 뜻한다. 우리말 '가마'는 알타이 공통어 kama와 일치한다. '가마[黑·玄]'와 동근어에 '가마괴(>까마귀), 가마오디(>가마우지), 가마조ᅀᅵ(>까마

종이; 龍葵), 까마득하다' 등이 있다.

'가마'와 함께 쓰이는 '가마-솥'은 '쇠'에 어원을 둔 말로 재료 때문에 붙여진 이름이다. 또한 숯 · 기와 · 벽돌 · 질그릇 따위를 구워내는 재래식 시설을 가마[窯(요)]라고 한다. 일본어 [가마(釜 · 窯)]는 도자기 기술과 함께 우리말이 그대로 건너가 쓰이게 된 것이다. ◇ 가마솥에 든 고기 - 꼼짝 없이 죽게 된 신세를 이르는 말. [가마 밑이 노구솥 밑을 검다 한다] 제 허물을 모르고 남의 흉을 본다는 말. ☞ 검다, 쇠

가마니 짚으로 섬 모양으로 만들어 곡식을 담는 용기. 1900년대 초에 일본으로부터 들여온 '가마니'는 일본어 [가마스]에서 비롯된 말이다. 가마니가 나오기 전에는 날 사이가 성기게 짚으로 만든 '섬'을 사용하였다. 요즘에는 가마니 대신 마대 · 종이포대 등이 주로 쓰인다. ¶ 쌀 두 가마니. 쌀 한 섬.

가마우지 가마우짓과의 물새. 중세어형은 '가마오디'다. '가마[黑(흑; 검다)]+오디'로 분석된다.(가마오디>가마오지>가마우지) '오디'는 '오리[<올히[鴨(압)]'를 가리킨다. 어원적 의미는 '검은 오리'다. 가마우지는 목에 주머니가 있고 물속에서 헤엄도 치기 때문에 길들여 고기잡이를 시키기도 한다.

가막조개 백합과의 민물조개인 '재첩'을 달리 이르는 말. '감(다)[黑(흑)]+-악(접사)+조개'로 분석된다. 어원적 의미는 '검은 조개'다. ☞ 조개

가만 아무런 손도 쓰지 않고 그냥 그대로. 조용하게. 유심히 잘. 신경을 써서. 곰곰이. 가만(<ᄀᆞ만)은 '(눈을) 감다'의 중세어형 '·ᄀᆞᆷ·다[閉(폐; 닫다)]'의 어근으로 보인다. '가만가만, 가만두다, 가만바람(약하게 부는 바람), 가만사뿐(발소리가 나지 않게 조용히), 가만히(<ᄀᆞ마니/ᄀᆞ만이), 가만하다(<ᄀᆞ만ᄒᆞ다)'로 쓰인다. ¶ 가만 놔 두어라. 가만 생각해 보면 알게 될 것이다. 입가에 가만한 미소가 번지다.

가말다 일을 맡아 헤아리거나 재량껏 처리하다. 책임지고 맡아보다(주관하다). 중세어형은 'ᄀᆞᅀᆞᆷ알다'다. 이는 재료(材料)를 뜻하는 'ᄀᆞᅀᆞᆷ'과 알다[知(지)]가 결합된 것이다.(ᄀᆞᅀᆞᆷ알다/ᄀᆞᄋᆞᆷ말다>가말다) 'ᄀᆞᅀᆞᆷ'은 'ᄀᆞᆽ/ᄀᆞᆾ(다)[備(비; 갖추다)]+ᄋᆞᆷ'으로 분석되며 '김장감, 먹잇감, 신랑감, 옷감'과 같이 '감'으로 어형이 바뀐 말이다. 가말다의 어원적 의미는 '(어떤 일의) 감을 알다'다. ¶ 그 많은 일을 혼자 가말기는 버겁지 않겠니? 맡은 일이니 가말고 난 뒤에 얘기하라. ☞ 갖추다

가멸다 재산이 많다. 살림이 넉넉하다. 부유하다(富裕). 중세어형은 '가 · ᅀᆞ멸다'다. 이는 '가ᅀᆞᆷ+열(다)[開(개) · 結(결)]+다'로 분석된다.(가ᅀᆞᆷ열다>가ᄋᆞ멸다>가멸다) '가ᅀᆞᆷ'은 감(재료)이다. 곧 가멸다의 어원적 의미는 '재료 즉 열매가 많이 열리다'다. '가멸-차다'는 재산이 매우 많고 살림이 풍족하다를 뜻한다. ¶ 가멸은 재산. 가멸은/가면 집과 가난한 집. ☞ 가말다

가무리다 가뭇없이 먹어 버리다. 감추다. 남의 물건을 슬그머니 제가 가지다. 중세어 갊다[藏(장) · 隱(은)]에서 온 말이다. '갊(다)+(으)+리(접사)+다'로 분석된다. 어원적 의미는 '간직하다. 감추다'다. ¶ 딸기를 따는 족족 가무리다. 손에 들고 있던 것을 얼른 치마폭에 가무리다. ☞ 감추다, 갈무리

가물치 가물칫과의 민물고기. 16세기 문헌 <사성통해>의 표기는 '가모티'다. '가모+ㄹ+-티'로 이루어진 말이다. 어근 '가모'는 <훈몽자회>에 玄(현)을 '가ᄆᆞᆯ 현'이라 하여 '검다'와 모음이 교체된 말로 검은색을 뜻한다. '-치'는 '갈치(<갈티), 날치(<ᄂᆞᆯ티), 꽁치, 넙치, 준치'에 보이는 것처럼 물고기 이름에 붙어 형태나 성질을 뜻하는 접사로 '티'가 구개음화된 것이다. 가물치의 어원적 의미는 '검은 색을 띤 물고기'다. '가물치'는 먹거리 특히 산부(産婦)의 보혈약으로 쓰인다.(감+오/을+티→가모티>가몰치/감올치>가물치) ☞ 검다, 골치

가뭇하다 조금 검다. '감(다)[黑(흑)]+읏(접사)+하(다)+다'로 분석된다. <큰> 거뭇하다. '가뭇가뭇'은 군데군데 감은 점이 있는 모양을, '가뭇-없다'는 사라져서 찾을 길이 없다를 뜻한다. '가뭇없이'는 '눈에 띄지 않게 감쪽같이'를 뜻하는 부사다. ¶ 가뭇 간 곳이 없다. 파도가 모래성을 가뭇없이 휩쓸었다. ☞ 검다

가방 가죽 · 비닐 · 천 따위로 만들어 물건을 넣어 들고 다니게 만든 주머니. 네델란드어 kabas가 일본어 [가반]을 거쳐 우리말 '가방'이 되었다. '가죽가방, 돈가방, 멜가방(배낭), 손가방, 여행가방, 책가방' 등으로 쓰인다. ◇ 가방끈이 짧다 - 학교 교육을 많이 받지 못하다. ¶ 가방을 들다.

가볍다 무게가 적다. ↔ 무겁다. 중세어형은 '가ᄇᆡ얍다'다. '*갑다[半 · 中]'의 어근 '갑~가ᄫ'의 명사형 '가ᄇᆡ(←갑+ᄋᆡ)'에 형용사화접사 '-압다'가 결합된 말이다. ¶ 손에 든 짐이 가볍다. 가벼운 마음/ 차림새.

가쁘다 힘에 겨워 어렵고 곤란하다. 몹시 숨이 차다. 중세어형은 'ᄀᆞᆺᄇᆞ다'다. 가쁘다는 'ᄀᆞᆽ다[勞(노)]'의 동사 어근에 형용사화 접사 '-ᄇᆞ다'가 결합하여 파생된 형용사다. 'ᄀᆞᆽ다(힘들이다. 애쓰다)'는 'ᄀᆞᆺ[邊(변)]'에 어원을 둔 말로 'ᄀᆞᆺᄇᆞ다>

ᄀᆞᆺ브다>가쁘다[疲(피)]'를 파생시켰다. 동사 어근에 '-ᄇᆞ다/-브다'가 붙어 형용사로 전성되는 조어 방식은 우리말에 보편적으로 나타나는 현상이다.(고프다, 아프다, 슬프다, 기쁘다 등) ¶ 숨이 가빠 산마루까지 올라갈 수 없다. 숨을 가삐 쉬다. 숨이 가빠지다. 살기가 가쁘다.

가새- 다른 말에 붙어 '어긋나게'를 뜻하는 말. '가위'의 옛말이면서 오늘날 사투리로 남아 있다. '가새-다리치다, 가새-모춤(어긋나게 묶은 볏모의 단), 가새-발, 가새-주리, 가새-지르다(어긋매끼어 엇갈리게 걸치다), 가새-진(陳)' 등으로 쓰인다. ☞ 가위

가사 중이 입는 옷. 장삼 위에, 왼쪽 어깨에서 오른쪽 겨드랑이 밑으로 걸쳐 입음. '옷'을 가리키는 범어 kasāya[가사야]를 한자음 袈裟(가사)로 적은 말이다. ¶ 현대인은 가사 한 벌만 남기고 입적하신 큰스님께 배워야 할 점이 한 두 가지가 아니다.

가슴 사람이나 동물의 몸통 앞부분 가운데 목 아래에서 배 위에 이르는 부분. 폐나 심장이 있는 곳. 중세어형은 '가ᄉᆞᆷ'이다. <계림유사>에 胸曰軻(흉왈가)라 하였다. 胸曰軻에 心이 빠진 것이라 하는 이도 있다. 중세어 '가ᄉᆞᆷ'은 고려어 軻(가)에 '말씀(←말[言]+ㅅ+ᄋᆞᆷ)'과 같이 접사 'ᄋᆞᆷ'이 붙어 '가슴'이 된 것으로 보인다.(가+ㅅ+ᄋᆞᆷ→가ᄉᆞᆷ/가ᄉᆞᆷ>가슴)

람스테트는 '가[side]+ᄉᆞᆷ[근육]'으로 분석하였다. 그렇다면 가슴은 '몸체의 가장자리에 불룩하게 붙은 살'의 뜻이 될 것이다. 가슴은 모성, 양육, 보호, 사랑을 상징한다. ◇ 가슴이 뜨끔하다 - 양심에 찔리다. ◇ 가슴에 맺히다 - 한(恨)이나 슬픔이 마음속에 남아 없어지지 않다. ¶ 가슴이 아프다. 그의 가슴에는 뜨거운 피가 흐르고 있다. 벙어리 냉가슴 앓듯 하다. ☞ 가

가시 식물의 줄기나 잎이 바늘 모양으로 뾰족하게 돋아난 부분. 물고기의 잔뼈. 중세어형은 '가ᄉᆡ'다. 가시[荊(형)]는 첨단(尖端) 개념어 'ᄀᆞᆺ~갓/ᄀᆞᆺ다[切(절)]'에 청각 인상을 강하게 하기 위하여 접사 'ᄋᆡ/의'가 결합된 말이다.(ᄀᆞᆺ+-ᄋᆡ→가ᄉᆡ>가싀>가시) 말총으로 만든 의관(衣冠)인 '갓'도 동근어다. '가시-눈(날카롭게 쏘아보는 눈), 가시-덤불, 가시랭이(초목의 가시의 부스러기), 가시-밭/길, 가시-철사(鐵絲); 눈엣-가시, 잔-가시' 등으로 쓰인다. ¶ 장미의 가시. 목에 생선 가시가 걸리다. ☞ 고깔

가시내 계집아이. 중세어형은 '갓나ᄒᆡ, 갓나희'이다. '가시내'는 '사나이(<ᄉᆞ나

ᄒᆡ)'와 대립되는 말로 아내 곧 계집[女人(여인)]을 뜻한다. 어원적 분석은 '갓[女 · 妻]+나ᄒᆡ[胎生 · 人]'다. '갓>가시>각시'는 여자 또는 아내를 가리킨다. 곧 '갓나ᄒᆡ(가ᄉᆞ나ᄒᆡ)'는 아내가 될 사람으로 태어난 여자 아이라는 뜻이다. 지금도 경상도에서는 '가시나'라 하고, 함경도 사투리에서 장인, 장모를 '가시아비, 가시어미(<가싀엄의)'라 하며, 처가(妻家)는 '가시집'이라 한다. '가시'는 15~16세기까지만 해도 여러 뜻으로 널리 쓰였으나, 17세기 문헌에는 처(妻)로 쓰였다. 가시는 몽골어 'ger[家(가; 집)]+gei(접미사)'와 대응되는 말이다.

오늘날 '가시내'는 젊은 여자(처녀)를 가리키며, '가시버시(←갓+의+벗[朋]+이)'는 처녀의 친구 정도로 쓰이다가 부부(夫婦)를 낮잡아 이르는 말이 되었다. 북한에서 쓰는 '간나'는 가시나의 준말이고, '에미나이'는 '어미+나ᄒᆡ'로 분석된다. '종갓나(새끼)'는 종살이하는 가시내 또는 그 자식이라는 뜻이다. [가시나 못된 게 과부 중매 선다] 제 앞도 못 가리는 주제에 남의 일을 해 주려고 덤빈다는 말.

가심 깨끗하게 하는 일. 가심(←가시+ㅁ)은 가시다(<가싀다; 깨끗이 씻다. 부시다)의 명사형이다. '가심-끌(나무에 뚫은 구멍을 다듬는 끌), 가심-질/하다; 볼-가심(입요기), 약(藥)-가심, 입-가심(무엇을 먹어서 입맛을 개운하게 함), 집-가심(악귀를 물리치는 일)' 등으로 쓰인다. ☞ 개숫물

가야 우리나라의 고대 부족 국가. 낙동강 유역을 중심으로 이루어짐. 한자로 伽倻(가야), 加羅(가라), 駕洛(가락) 등으로 쓴다. 가야/가라/가락은 'ᄀᆞᄅᆞᆷ(江)'과 동근어로 가르다[分]에 뿌리를 둔 말이다. 가야금(琴; 가얏고)은 가야국의 우륵(于勒)이 만들었다는 우리나라 고유의 12줄 현악기다. ☞ 강(가람), 겨레

가엾다/가엽다 불쌍하고 딱하다. [+선의의 희생자]. 가장자리를 뜻하는 'ᄀᆞᆺ~ᄀᆞᇫ'과 '없다'의 합성어다. 'ᄀᆞᆺ~ᄀᆞᇫ+없다→ᄀᆞᇫ없다>ᄀᆞ이업다>가엽다'로 변천 과정을 거친 '가엽다'는 15세기에 '어엿브다(불쌍히 여기다)'의 뜻이었다. 후대에 '어엿브다'가 예쁘다[美(미)]로 어의 전성되면서 '가엽다'는 불쌍하다의 뜻으로 쓰이게 되었다. 본래 'ᄀᆞ이없다(<가없다)'의 어원적 의미는 '끝이 없다'인데, '가엾다~가엽다[憐(련)]'로 형태가 변하면서 '딱하고 불쌍하다'의 뜻으로 바뀌었다. ¶ 그 아이가 하루아침에 고아가 되다니 참으로 가엾다. 가엾이 여겨 보살펴 주다. ☞ 가, 그지없다

가운데 일정한 공간이나 사물의 끝에서 안쪽에 이르는 부분. '한가운데(꼭 한복판)'의 준말이다. 중세어형은 '가ᄫᆞᆫᄃᆡ'다. 가운데는 두 부분으로 갈라진 중심

개념어 '*갑다[半 · 中], 갋다, 값'의 어근 '*갑~가ᄫ'에 관형사형어미 '-(ᄋᆞ)ㄴ'과 'ᄃᆡ(>데')가 결합한 장소를 뜻하는 의존명사 '데'는 알타이어 '-da~-de[처소격어미]'와 동일하며, '달~드러[山 · 高處]>ᄃᆡ>데'로 어형 변화 과정을 거쳤다.(갑+ᄋᆞᆫ+ᄃᆡ→가ᄫᆞᆫᄃᆡ>가온ᄃᆡ/가온대>가운데) 중세어형 '가ᄫᆞᆫᄃᆡ'의 자취로 보이는 사투리에 '가분데~가분테'(경북 예천)가 있다. '한-가위[秋夕]'의 '가위'도 같은 말이다. ¶ 고장 난 자동차가 길 가운데 서 있다.

가웃 되 · 말 · 자 따위로 되거나 잴 때, 그 단위의 절반가량에 해당하는, 남는 분량을 이르는 말. '가웃[半(반)]'은 '가운데'와 동근어다.(가옷>가웃). 가웃의 어원적 의미는 '하나를 반으로 가른 것'이다. '나절-가웃(하루 낮의 절반이 되는 동안), 되-가웃, 말-가웃, 자-가웃, 뼘-가웃' 따위로 쓰인다. ☞ 가운데

가위 종이, 옷감, 털 따위 얇은 것을 베는 데 쓰이는 두 날이 엇갈린 도구. <계림유사>의 표기는 割子蓋[*ᄀᆞ시개]고, 중세어형은 'ᄀᆞ새(ᄀᆞᇫ애)'다. 'ᄀᆞ새'는 '끊다'의 옛말 'ᄀᆞᆺ다'의 어간에 명사화 접사 '-애'가 결합하여 이루어졌다.(ᄀᆞᆺ+애→ᄀᆞ새>가위) 사투리 '가새/가시개'는 옛말의 흔적이다.

우리말 '가위'는 몽골어 qaiči, 만주어 xasa-xa[鋏], 퉁구스어 karti와 대응한다. 가위의 어원적 의미는 '끊는 것'이다. 가위바위보에서 '가위'는 집게손가락과 가운뎃손가락을 가위 모양으로 내민 것이다. x표를 모양에 따라 '가위표'라 한다. ¶ 가위로 옷감을 자르고 바늘로 꿰매다.

가을 여름 다음에 오고 겨울과 바뀌는 철. 논밭에 농작물을 거두어들이는 일. 중세어형은 'ᄀᆞᄉᆞᆯ'이다. 'ᄀᆞᄉᆞᆯ'은 절단 개념어 'ᄀᆞᆺ다[切(절; 끊다. 베다)]'의 어간에 관형사형어미 '-ᄋᆞᆯ'이 결합한 말로 보인다.(ᄀᆞᆺ+ᄋᆞᆯ→ᄀᆞᄉᆞᆯ>ᄀᆞᄋᆞᆯ>가을) '가을(<ᄀᆞᄉᆞᆯ)'은 원래 '끊을'이란 뜻이다. '곡식을 베어들일, 추수할'이라는 의미로 옮겨지면서 추절기(秋節期)를 가리키게 되었다. [가을 중 싸대듯 한다] 가을에 행각승이 동냥 다니듯 여기저기 분주하게 돌아다님을 이르는 말. ¶ 가을은 독서와 사색의 계절이다.

가장 여럿 가운데 어느 것보다 더. 맨 처음이나 위에 오는 것. 중세어형은 'ᄀᆞ장'이다. 가장은 'ᄀᆞᆺ/ᄀᆞᆽ[邊]+앙(접사)'으로 분석된다.(ᄀᆞᆽ+앙→ᄀᆞ장>가장) 중세어에서 'ᄀᆞ장'은 명사로서 '끝'을, 부사로는 '매우'를 의미하였다. 지금은 부사로만 쓰인다. 시간이나 공간의 미치는 한도를 뜻하는 조사 '까지(<ᄭᆞ장)'와 동근어다. ¶ 비행기가 가장 빠르다. 나는 된장찌개를 가장 좋아한다.

가재 가잿과의 절지동물. 민물 게의 한 가지. 석해(石蟹). 16세기 문헌 <훈몽자회>의 표기도 '가재[螯(오)]'다. 가재는 '갖(가죽 · 겉)+-애(접사)'로 분석된다. 가재는 게나 새우처럼 껍데기를 갖고 있다. '가재-걸음'은 뒤로 걷는 걸음 또는 퇴보(退步)를 뜻한다. [가재는 게 편이라] 됨됨이나 형편이 비슷한 사람끼리 어울리게 되어 서로 사정을 보아줌을 이르는 말.

가죽 동물의 몸을 싸고 있는 질긴 껍질. <계림유사>에 皮曰渴翅[kat-tsi]라 하였다. 중세어형은 '갗'이다. 살갗(피부)을 의미하는 '갗'의 파생어군은 '갗/갓/갓'으로 표기가 다양하고 '갓(갗)'은 '갓ㄴ뭊(가죽주머니), 갓쯰(가죽띠), 갓신(가죽신), 갓옷, 갓플(아교)' 등 피혁 제품의 이름에 붙였다. 근대어 '가족(>가죽)'은 '거죽[外表(외표)]'을 의미하던 '겇 · 것 · 겉[皮(피; 껍질)]'에 접사 '-옥/-욱'이 결합된 파생명사다. '-옥/-욱'은 특별한 뜻이 없이 음절을 늘이는 기능만 갖는다.(갗+옥/욱→가족>가죽)

후대에 가죽[皮(피)]과 거죽[表(표)]은 모음교체로 의미가 분화되었다. 람스테트는 '가죽'을 퉁구스어 kačuj(가죽 코트)와 대응하는 말로 보았다. '가죽'의 어원적 의미는 동물의 겉을 싸고 있는 부분이다. 한편, 쌀의 껍질인 '겨[糠(강)]'도 '갗[皮(피)]'이 변한 말로 보인다. [갖바치 내일 모레] 약속한 날짜를 차일피일 미룬다는 말. [가죽이 있어야 털이 나지] 무엇이나 재료가 있어야 만들 수 있다는 말. ¶ 가죽 제품은 보드랍고 가벼운 것이 좋다.

가지[1] 가짓과의 한해살이 풀. 가지의 열매. 16세기 문헌 <훈몽자회>의 표기도 오늘날과 같다. 가지는 한자어 '茄子'에서 온 말이다. '-子(자)'는 자그마한 물건을 가리키는 접미사인데, 중국어 발음이 [지]다. '가지김치, 가지나물, 가지말랭이, 가지찜' 등으로 쓰인다.

가지[2] 사물을 그 성질이나 특징에 따라 구별 지어 낱낱의 부류를 헤아리는 말. 가지[條 · 種]는 사물을 뜻하는 '것[物(물)]'이 모음교체된 '갓'에 접사 '-이'가 결합된 말이다. '(여러) 가지, 갖가지(가지가지), 갖은; 각가지(各), 온갖' 등으로 쓰인다. 가지[枝(지; 나무나 풀의 줄기)]도 동근어다. ☞ 것

가지기 정식 혼인을 하지 아니하고 다른 남자와 사는 과부나 이혼한 여자. '家(가)+直(직)+이(사람)'로 분석된다. '直(직)+이'는 '-지기' 형태로 몇몇 명사 뒤에 붙어, '나루-지기, 등대-지기, 뫼-지기, 문-지기' 등과 같이 '그것을 지키는 사람'을 뜻하는 말로 굳어졌다. 가지기의 어원적 의미는 집을 지키는 사람이다.

가지다 손이나 몸에 지니다. 중세어형도 오늘날과 같다. '갇-+이(사동접사)+다'로 분석된다. 어근 '갇-'은 수장(收藏) · 내포(內包) 개념어로 '가두다(<가도다[囚]), 갖추다(<ᄀᆞ초다[備(비)])'와 동원어다. '갇다[收(수)]'에서 파생된 '가지다'는 '가디다'가 구개음화되어 변천한 어형이다.(가디다>ᄀᆞ지다/가지다) 분량이나 수효 따위가 꽉 찬 모양을 뜻하는 동근어 '가득(<ᄀᆞ득; 滿)'도 어근 '갇'에 접사 '-악'이 결합된 말이다. ¶ 가진 돈이라곤 겨우 이것뿐이다.

가짜 거짓으로 만든 것. 참인 체한 것. ↔ 진짜. '假(가; 거짓)+짜'로 분석된다. '-짜'는 사람 또는 사물을 뜻하는 말로, 한자 '字 · 者 · 資'가 발음이 변한 것으로 보인다. '방짜, 퇴짜; 갱짜, 괴짜, 은근짜; 알짜, 정짜, 진짜' 등으로 쓰인다. ¶ 가짜 수표. 가짜 박사.

가타부타 '옳다느니 그르다느니'를 뜻하는 부사. '가(可)하다 부(否)하다'가 줄어지면서 굳어진 말이다. 어간의 끝음절 '하'의 /ㅏ/가 줄고 /ㅎ/이 다음 음절의 첫소리와 어울려 거센소리가 되었다.(가하다 부하다→가타부타) 이와 같은 구조로 된 낱말에 '결코(←결하고), 무심코(←무심하고)' 등이 있다. ◇ 가타부타 말이 없다 - 옳다든지 그르다든지 하는 무슨 말이 없다. ¶ 왜 가타부타 말이 없는가?

가탈 일이 순조롭지 못하게 방해하는 조건. 타고 앉기에 거북스러운 말의 걸음걸이. '가탈걸음'이란 뜻이다. 불쾌감, 거북스러움을 느끼게 한다는 뜻도 있다. 16세기 문헌 <박통사언해초간>에 '가탈'이 나온다. 중세 몽골어의 qatara-는 말[馬(마)]의 잰 걸음을 의미하는데, 이것이 '불편한 걸음걸이'로 확장되어 고유어처럼 쓰인다.

'가탈'은 '가탈-거리다, 가탈-부리다, 가탈-스럽다, 가탈-지다'라는 낱말을 파생시켰으며 '까다롭다(<ᄭᅡ다롭다; 별스럽게 까탈이 많다)'와도 동근어다. ◇ 가탈을 부리다 - 일이 잘 진행되지 못하게 방해하는 조건을 만들어 내다. ¶ 시누이의 가탈 때문에 시집살이가 더욱 고달프다.

가팔막 몹시 가파르게 비탈진 곳. = 가풀막. '가파르다(<가ᄑᆞᄅᆞ다)'의 어간에 접사 '-막'이 결합된 말이다. '-막'은 '내리막, 오르막, 느지막, 늘그막, 어슬막(어슬어슬해 질 무렵), 이슬막(이슥한 때)'과 같이, 동사나 형용사 어간에 붙어 '그렇게 된 곳(자리). 무렵. 때'의 뜻을 더하고 명사를 만드는 말이다. ¶ 가팔막을 기어오르다.

각다귀판 서로 남의 것을 사정없이 뜯어먹으려는 사람이 모여드는 곳을 비유적으로 이르는 말. '각다귀(꾸정모기; 모기와 비슷한 해로운 벌레)'와 일이 벌어진 자리 · 국면을 뜻하는 '판'으로 이루어진 말이다. ¶ 사람들이 서로 헐뜯고 싸우는데 이건 완전히 각다귀판이었다.

각담 논밭의 돌 · 풀을 추려 한편에 나지막이 쌓아놓은 무더기. <조선어사전(문세영)>에서는 '밭두둑'의 사투리라고 하였다. 각담[각땀]을 '角(각)+담[墻(장; 경계)]'으로 분석하기도 한다. 돌각담은 돌담을 이르는 말이다. ☞ 담

각설이 '장타령꾼'의 속된 말. '각설(却說)+이(사람)'로 분석된다. 각설(却說)은 주로 고전소설 문장에서 화제(話題)를 돌려 다른 줄거리로 접어들려고 할 때 그 첫머리에 쓰는 말이다. '각설이-타령'을 장타령이라고 한다. ¶ 작년에 왔던 각설이 죽지도 않고 또 왔네. 자, 각설하고 본론으로 들어갑시다.

각시 갓 결혼한 젊은 여자. 새색시. 조그맣게 만든 여자 인형. 중세어형도 오늘날과 같다. '갓[女 · 妻]>가시>각시'는 어린 여자를 뜻한다. 각시는 만주어 gaksi와 대응되는 말이다. '각시-놀음, 각시-방(房); 꼭두-각시, 새-각시(색시)'로 쓰인다. ☞ 가시내, 색시

간장 음식의 간을 맞추는 데 쓰는, 짠 맛이 있는 액체. 16세기 문헌 <훈몽자회> 표기는 'ᄀᆞᆫ쟝'이다. 이는 '간을 보다. 간이 싱겁다; 간간 · 건건하다, 짭짤하다'처럼 음식의 짠 맛의 정도를 나타내는 간(<ᄀᆞᆫ; 염분)에 醬(장<쟝)이 결합된 말이다. (ᄀᆞᆫ쟝>간쟝>간장)

된장[<된쟝←되(다)+ㄴ+장]은 물기를 적게(되게) 한 장이고, 고추장(<고쵸쟝)은 고춧가루를 넣어 만든 장을 일컫는다. 간국(간물)은 짠맛이 우러난 물을 뜻하고, 간수(<ᄀᆞᆫ슈)는 두부를 만들 때 쓰는 짠 물이다. ¶ 간장이 그 집 음식 맛을 좌우한다. 간을 보다. 간이 맞다. 음식 맛이 짜고 싱거운 정도를 북한에서는 '간-새'라고 한다.

간지다 붙은 데가 가늘어 끊어질 듯이 위태롭다. 목소리가 간드러진 멋이 있다. '간지다, 간드러지다(목소리가 가늘고 멋들어지면서 애교가 있다)'의 어근 '간(←가늘+ㄴ)'은 '간당간당(<ᄀᆞᆫ댕ᄀᆞᆫ댕), 간드랑간드랑, 간들간들'과 동근어로 '가늘다(<ᄀᆞᄂᆞᆯ다[細 · 纖])'에서 온 말이다. '간지다'의 어원적 의미는 '가늘어-지다'다. ¶ 가는 덩굴에 호박이 간지게 매달려 있다. 간지게 넘어가는 노랫가락. 간드러진 여자의 목소리. ☞ 가늘다

간직하다 물건 따위를 어떤 장소에 잘 갈무리하여 두다. 생각이나 기억 따위를 마음속에 깊이 새겨 두다. 17세기 <동국신속삼강행실도> 표기 ‘간딕ᄒᆞ다’는 ‘간(看; 보다)+딕(直)+ᄒᆞ(다)+다’로 분석된다. ‘딕ᄒᆞ다’는 후에 ‘지키다’ 어형이 변한 말이다. 간직하다[收藏(수장)]의 어원적 의미는 ‘지켜보다’다. ¶ 귀금속을 장롱 속에 간직하다. 아픔을 간직하고 살다. ☞ 지키다

갈기 말이나 사자와 같은 짐승의 목과 등에 난 긴 털. 또는 갈기 모양. 중세어형도 ‘:갈·기[鬣(렵)]’다. 갈기는 가르다[分(분)]에 어원을 둔 말이다. 어원적 의미는 ‘갈래진 것’이다. ‘갈기늑대, 갈깃머리, 갈기털; 눈갈기(말갈기처럼 흩날리는 눈보라), 물갈기, 불갈기(타래 모양으로 흩날리는 불길), 앞갈기’ 등으로 뜨인다. ¶ 눈부신 갈기를 휘날리며 은빛 백말이 뛰어간다.

갈다[1] 땅을 파 뒤집다. 어근 ‘갈-’은 가르다[分]에 어원을 둔 말로 몽골어 quru-[掘(굴; 파다)]와 비교 가능하다. ‘갈묻이(논밭을 갈아엎어 묵은 그루터기 따위가 묻히게 하는 일), 갈바래다(논밭을 갈아 햇볕과 바람에 바래다), 가다루다(논밭을 갈아서 다루다)’ 등으로 쓰인다. ¶ 농부가 쟁기로 밭을 갈다.

갈다[2] 맷돌로 가루를 만들다. 연마(研磨)하다. 분쇄 개념어 갈다(<ᄀᆞᆯ다)의 어근 ‘ᄀᆞᆯ-’은 ‘가르다, 칼(<갈ㅎ)’과 동원어다. ‘(곡물을 맷돌에) 갈다. (칼을) 갈다’로 의미 분화한 말이다. 갈다는 만주어 xala, xalan와 대응한다. ¶ 갈고 닦은 솜씨.

갈대 볏과의 여러해살이풀. 습한 땅이나 냇가에 흔히 숲을 이루어 자람. <준>갈. 15세기 문헌 <금강경삼가해>에 ‘ᄀᆞᆳ곶(>갈대꽃)’이 나온다. 갈대는 단독형 ‘ᄀᆞᆯ[蘆(노)]’에 식물의 줄기를 뜻하는 ‘대’가 결합된 말이다.(ᄀᆞᆯ+ㅅ+대→갈대) ‘갈대발, 갈대밭, 갈댓잎, 갈대청, 갈멍덕(갈대로 만든 삿갓), 갈목(갈대의 이삭), 갈목비/갈비, 갈품(꽃 피기 전의 갈목. 아직 피지 않은 갈꽃)’ 등으로 쓰인다. ¶ 갈대밭을 거닐다. ☞ 대

갈래 한 군데로부터 갈라져 나간 부분이나 가닥. 또는 그것을 세는 단위. ↔ 줄기. 갈래는 ‘가르다(가ᄅᆞ다[分岐])’에서 파생된 말이다. 중세어형은 ‘가ᄅᆞ/가ᄅᆞᆯ’이다. ‘가ᄅᆞ다’의 어간 ‘가ᄅᆞ-’가 그대로 명사로 쓰이다가 ‘가ᄅᆞᆯ[分派·脚], 가래(토막)’로 형태를 바꾸어 쓰이기도 하였다.

‘가ᄅᆞ다’의 어근 ‘가ᄅᆞ-~갈-’에 파생 접사 ‘-애’가 결합되어 ‘갈래’가 되었고, ‘-앙이/-앵이’가 붙어 ‘가ᄅᆞᆯ[脚(각)]’을 ‘가랑이/가랭이’라고 하였다. ¶ 강물 줄기가 이 지점에서 두 갈래로 갈리다. 한 가닥의 희망이 남아 있다.

갈림길 여러 갈래로 갈린 길. 기로(岐路). 18세기 문헌 <동문유해>의 표기는 '가름길'이다. 하나의 사물에서 둘 이상으로 갈라지는 '가르다~가리다[分 · 岐]'의 명사형 '가림'에 '길'이 합성된 말이다.(가림길>가름길>갈림길) ◇ 갈림길에 서다 - 둘 중에 하나를 선택해야 할 상황이 되다. ¶ 갈림길에서 망설이다. ☞ 길

갈마들다 서로 번갈아들다. 갈음하여 들다. 17세기 문헌 <가례언해> 표기는 'ᄀᆞᆯᄆᆞᄃᆞ리다'다. 갈다(<ᄀᆞᆯ다[代(대; 번갈다) · 替(체; 바꾸다)]와 들다[入(입)]가 합성된 말이다. 'ᄀᆞᆯ다'는 교대(交代)를 뜻한다. '갈마들다'의 어원적 의미는 '바꾸어 들다'다. '갈마-'는 '갈마들이다, 갈마보다, 갈마쥐다' 등으로 쓰인다. ¶ 가뭄과 장마가 갈마들다.

갈망 일어난 사건이나, 앞으로 생길 일을 제힘으로 맡아 해냄. 중세어 'ᄀᆞᆷ다[藏(장) · 隱(은)]'와 동근어인 '갈무리하다'에서 온 말이다. 'ᄀᆞᆷ(다)+앙(접사)'로 분석된다. '끝갈망, 눈:갈망, 뒷갈망, 말:갈망, 바람갈망, 비갈망, 앞갈망' 등으로 쓰인다. ¶ 갈망도 못하면서 나서다. 스스로 갈망도 못할 것을 왜 시작을 했던고. ☞ 갈무리

갈매기 갈매깃과의 바닷새. 백구(白鷗). 중세어형은 'ᄀᆞᆯ며기'다. 'ᄀᆞᆯ[ᄀᆞᄅᆞᆷ(水)]+멱[鷹(응)]+이/ᄀᆞᆯ+며+기'로 분석할 수 있다.(ᄀᆞᆯ며기>갈머기>갈매기) <훈몽자회>에 鷗(구)를 俗呼江鷹이라 하였다. 결국 갈매기는 '물에서 사는 새'란 뜻이다. '괭이-갈매기'는 울음소리가 고양이와 비슷하다고 하여 붙여진 이름이다. [갈매기도 제 집이 있다] 어찌 사람에게 집이 없겠느냐는 말.

갈매기살 돼지의 가로막 부위에 있는 살. = 안창고기. '갈매기-살'은 '가로막이살, 간막이 살'이 변한 말로 돼지의 폐와 내장을 가로막고 있거나 칸[間(간)]을 막고 있는 살을 일컫는다.(가로막이살/간막이살→갈매기살) 소의 가로막 부위의 살은 '안창살'이라고 한다.

갈맷빛 짙은 초록빛. 청록(青綠). 갈매는 갈매나무의 열매로 둥글고 초록빛을 띤다. ¶ 눈부신 햇빛 속에 갈매 등성이를 드러내는 여름 산.

갈모 기름종이로 만들어, 비가 올 때 갓 위에 덮어 쓰는 것. 16세기 초 문헌 <박통사언해초간> 표기는 '갇모'다. '갇[笠(립)]+帽(모)'로 분석된다.(갓모>갈모) '갈모-지(紙), 갈모-테'로 쓰인다. [갈모 형제라] 동생이 잘나고 형이 동생만 못한 형제를 이르는 말.

ㄱ

갈무리 물건을 잘 챙기어 간수함. 저장(貯藏). 자기에게 닥친 일을 처리하여 마무리함. '갊(다)+ᄋᆞᆯ+이(접사)'로 분석된다. 중세어 갊다[藏(장) · 隱(은)]는 '간직하다. 감추다'의 뜻이다. '갈무리광(곳간), 갈무리먹이(저장사료), 갈무리하다' 등으로 쓰인다. ¶ 연장을 잘 갈무리하여 두다. 복잡한 일을 잘 갈무리하다.

갈보 웃음과 몸을 팔며 천하게 노는계집. 유녀(遊女). '갈보'는 갈다(<ᄀᆞᆯ다(바꾸다)의 어근 '갈-'에 모자라거나 천시되는 사람을 뜻하는 '-보'가 결합된 말이다.(*ᄀᆞᆯ보>갈보) 접미사 '-보'는 알타이어에 공통으로 쓰이는 형태소다.(먹보, 떡보, 울보, 심술보 들) '갈보'는 19세기 말부터 쓰였다. 양갈보는 '洋(서양)+갈보'로 분석된다. 갈보를 피를 빨아먹고 사는 벌레인 '빈대'의 속어 갈보(蝎鋪/甫)로 보는 설도 있다.

갈비 동물의 가슴통을 이루는 부분의 뼈와 살. 갈비는 '가르다[分岐(분기)]'에서 파생된 말이다. 동물의 늑골(肋骨)을 '갈비뼈'라 하는 것은 등뼈에서 갈라진 선(線)이기 때문이다. '갈비'는 만주어 kalbin, 몽골어 xarbing, 에벤끼어 kalbiŋ, 퉁구스어 kalba, kalbi(肩胛骨)와 대응된다. 소의 갈비를 먹거리로 일컬을 때는 /ㅂ/이 약화, 탈락되어 '가리'라고 한다. '가리구이, 가리찜, 가리볶음' 등이 그 예이다. 땔감으로 쓰이는 소나무의 솔잎도 '갈비, 솔가리'라고 한다.(가ᄅᆞ/ᄀᆞᆲ+이→갈비)

갈비를 16세기에 '녑발치'라고 하였다. 이 낱말은 '녑[橫(횡; 옆)]+발치'로 분석되며, '발치'에서 '발'은 '깃발, 잇발, 햇발'에서와 같이 줄[線(선)]과 길다의 뜻을 가진 형태소다. 가슴과 등 사이의 양쪽 옆 부분을 가리키는 '옆구리(<녑구레)'도 '갈비'와 관계 있는 말이다. '갈비'의 어원적 의미는 등뼈에서 '갈라져 나온 것'이다. ◇ 갈빗대(가) 휘다 - 갈빗대가 휠 정도로 책임이나 짐이 무겁다. [옆구리에 섬 찼나] 많이 먹는 사람을 조롱하는 말.

갈치 갈칫과의 바닷물고기. 도어(刀魚). 18세기 문헌 <역어유해>의 표기는 '갈티'다. '갈ㅎ[刀(도)]+티(>치)'로 분석된다. 어원적 의미는 '칼처럼 생기 물고기'다. '갈치-구이, 갈치-자반, 갈치-잠(비좁은 방에서 여럿이 모로 끼어 자는 잠), 갈치-조림; 먹-갈치, 은(銀)-갈치' 등으로 쓰인다. ¶ 갈치가 갈치 꼬리를 문다.(친한 사이에 서로 모함하다) ☞ 가물치

갈퀴 낙엽 · 검불 · 솔가리 따위를 긁어모으는 기구. 대쪽이나 철사 등의 끝을 갈고리지게 휘어 부챗살 모양으로 펴서 긴 자루를 달았다. 18세기 문헌 <역어유

해보>에 갈키(柴把子)라 하였다. ‘갈퀴’는 ‘갈쿠리(<갈고리)’의 준말이다. 어근 ‘갈’은 ‘긁다(<ᄀᆞᆰ다), 가렵다(<ᄀᆞ랍다)’와 동근어다. 갈퀴다(갈퀴로 긁어모으다)는 ‘갈퀴’에서 파생된 동사다. ‘갈퀴질’은 갈퀴로 긁어모으는 행위 외에 돈이나 물품을 억지로 달라는 토색질을 비유하여 쓰이는 말이다. ¶ 갈퀴로 낙엽을 긁어모아 태우다. ☞ 할퀴다

갈피 사물의 갈래가 구별되는 어름. 겹쳐졌거나 포개어진 물건의 한 겹(장) 한 겹의 사이. 갈피는 ‘ᄀᆞᆲ다[竝(병)]’의 어근 ‘ᄀᆞᆲ-’에 명사 파생 접사 ‘-이’가 결합하여 이루어진 말이다.(ᄀᆞᆲ+이→ᄀᆞᆯ비>ᄀᆞᆯ피>갈피) 중첩 개념어 ‘겹’과 동근어인 ‘ᄀᆞᆲ-[重疊(중첩)]’은 가르다[分] 계에 속한다. ‘갈피’의 어원적 의미는 ‘갈라져 겹친 것’이다.

부사 ‘거듭(<거듧/거ᄃᆞᆲ), 겹겹이’도 동근어다. ‘갈피-갈피’는 갈피마다를, ‘책-갈피’는 책장과 책장의 사이를 뜻하는 말이다. ◇ 갈피를 못 잡다 - 앞뒤를 분별하지 못하여 헷갈리다. ¶ 무슨 일부터 시작해야 할지 갈피를 못 잡겠다. 책갈피에 끼워 둔 꽃잎. ☞ 케케묵다.

감 물건을 만드는 데 바탕이 되는 재료. 또는 자격이나 알맞은 대상. 중세어형은 ‘ᄀᆞᅀᆞᆷ’이다. ‘ᄀᆞᆽ/ᄀᆞᆾ(다)[切(절) · 具備(구비)]+-ᄋᆞᆷ’으로 분석되며 ‘감(재료)’으로 어형이 바뀐 말이다.(ᄀᆞᅀᆞᆷ>ᄀᆞᄋᆞᆷ>감) ‘기둥감, 땔감, 먹잇감, 사냥감, 신랑감, 신붓감, 옷감, 혼수감(<혼인ᄀᆞᅀᆞᆷ); 팻감(覇; 바둑에서 패를 쓸 만한 자리)’ 등으로 쓰인다. [감이 재간이다] 재료가 좋아야 일의 성과가 좋다는 말. ☞ 가말다, 갖은

감돌다 둘레를 여러 번 빙빙 돌다. 기체나 기운 따위가 가득 차서 떠돌다. 생각 따위가 마음속에서 사라지지 않고 자꾸 아른거린다. 중세어형은 ‘감ㅅ돌다’다. ‘감(다)[繞(요; 두르다)]+돌(다)[回(회)]+다’로 분석된다. 어원적 의미는 ‘감아서 돌다’다. ¶ 물이 수챗구멍으로 감돌며 빠져나간다. 긴장이 감돌다. 귓가에 감도는 아름다운 음률.

감아쥐다 손이나 팔로 감듯이 움켜쥐다. <큰>거머쥐다. ‘감(다)[捲(권; 말다)]+아+쥐(다)[幄(악)]+다’로 분석된다. ¶ 머리채를 감아쥐고 싸우다. ☞ 주먹

감자 가짓과의 여러해살이풀. 북감자. 마령서(馬鈴薯). 원산지는 남미 안데스산맥이며, 이규경의 <오주연문장산고>에 의하면 1824년경 만주 간도 지방으로부터 우리나라에 들여왔다고 전한다. 감자는 한자어 甘藷(감저)에서 온 말로 고구

마를 아울러 일컬었다가 나중에 감자만을 가리키는 말로 굳어졌다.(감져>감쟈>감자). 감자는 소화가 아주 잘 되며 비타민C, 아미노산, 단백질, 티아민, 니코틴산 등이 들어 있다. 고구마는 남쪽에서 들어왔다고 하여 남감자라고 부른다.

이와 달리 16세기 문헌 <훈몽자회>에 보이는 동음이의어 '柑子(감ᄌᆞ)'는 귤(橘)의 일종인 홍귤을 가리키는 말이다. '감잣가루, 감잣국, 감자떡; 돼지감자, 씨감자, 자주감자' 등으로 쓰인다.

감쪽같다 남이 전혀 알 수 없도록 날쌔고 솜씨 있게 꾸며 아무런 흔적도 없이하다. 원래 곶감의 쪽을 먹는 것과 같이 '재빠르게 행동하다'는 뜻이다. 곶감은 달고 맛이 있어 남에게 빼앗길까 봐 빨리 먹을 뿐만 아니라 흔적도 없이 말끔히 다 먹어 치운다는 데서 온 말이다. 그러므로 일을 빨리 하거나 흔적을 남기지 않고 처리할 때 비유적으로 이 말을 쓴다. '감'은 <계림유사>에 柿曰坎(감)이라 하여 현대어와 일치한다. '쪽[片(편)]'은 어떤 물건의 쪼개진 한 부분을 뜻하는데, 15세기에 'ᄧᅩᆨ(ᄧᅩ각, ᄧᅡ개)'으로 표기하였다.

이와 달리 '감쪽같다'는 눈을 잠깐 감았다가 뜨는 모양을 나타내는 부사 '깜작~깜짝(<ᄀᆞᆷᄌᆞᆨ[瞬(순)])'에 '같다'가 합성되어 '눈 깜짝거릴 사이, 재빠른 동작'을 뜻하는 말로 볼 수도 있다. ¶ 모조품을 진품같이 만들어 내어 감쪽같이 남을 속이는 사람이 있다. 감쪽같이 사라지다. ☞ 조각, 같다

감추다 어떤 물건이나 일 또는 정서적인 상태를 찾지 못하도록 숨기다. ↔ 드러내다. 중세어형은 'ᄀᆞ초다[具(구)・藏(장)], ᄀᆞᆫ초다, ᄀᆞᆷ초다, 갊다[藏(장)]'다. 감추다는 암흑(暗黑)을 의미하는 'ᄀᆞᆷ다~검다'와 동근어로 '눈을 감다. 멱을 감다'처럼 '안 보이게 가려진, 감추어진'을 뜻하는 폐장(蔽藏) 개념어다.(ᄀᆞ초다>ᄀᆞᆫ초다>ᄀᆞᆷ초다>감추다) '감추다'의 어원적 의미는 '가리어 안 보이게 하다'다. [감출 줄은 모르고 훔칠 줄만 안다] 하나만 알고 둘은 모른다. ¶ 돈을 양말 속에 감추다. 슬픔을 감추다. ☞ 검다, 갖추다

감칠맛 맛깔스러운 뒷맛. 사람의 마음에 휘감기어 여운을 남기는 묘미. '감(다; 두르다)+치(접사)+ㄹ+맛'으로 분석된다. 어원적 의미는 '(음식을 먹은 뒤에까지도) 혀에 감기듯이 남는 뒷맛'이다. '감-(감칠맛 나게)'은 '감빨다/감빨리다, 감씹다'의 선행어근이다. ¶ 감칠맛 나는 어리굴젓. 꿀맛이 입에 감치다. ☞ 맛

감투 말총, 가죽, 헝겊 따위로 만들어 머리에 쓰던 옛 의관(衣冠)의 하나. 16세기 문헌 <박통사언해초간>의 표기는 '감토'다. '감투'는 만주어 'kamtu(투구 안에

쓰는 모자)'에서 왔는데, 우리나라에서는 의미가 바뀌어 '벼슬(관직), 벼슬자리'를 뜻하는 말로 쓰인다.

'감투-밥'은 그릇 위까지 수북하게 담은 밥을, '벼락-감투'는 자격 없는 사람이 얻어 걸린 높은 벼슬 또는 갑자기 얻어 하게 된 관직이나 직책을 이른다. '감투-거리'는 여자가 남자 위로 올라가서 하는 성행위다. ◇ 감투를 쓰다 - 벼슬자리나 높은 지위에 오름을 속되게 이르는 말. ¶ 감투싸움이 치열하다.

감풀 썰물 때에만 드러나 보이는 비교적 넓고 펀펀한 모래벌판. '감+벌/펄'로 분석된다. '감'은 '썰물 때 해수면이 가장 낮아진 때의 물'을 뜻하는 말이다. ¶ 썰물 때가 되면 감풀에 나가서 게도 잡고 해초도 주을 수 있다. ☞ 벌판

갑갑하다 공간이 비좁아서 마음이 답답하다. 궁금하다. 지능이 모자라서 상대하기에 지겹다. 중세어형은 'ᄀᆞᆲᄀᆞᆲᄒᆞ다'다. 'ᄀᆞᆲ다[竝(병; 아울다)]'의 어근 'ᄀᆞᆲ-'은 중복 개념어 '겹[重]'이나 '곱[培]'과도 동원어 관계다.(ᄀᆞᆲ+ᄀᆞᆲ+ᄒᆞ+다→갑갑ᄒᆞ다>갑갑하다) 갑갑하다의 어원적 의미는 '답답한 마음이 겹겹이 쌓이다'다. [갑갑한 놈이 송사한다] 급하고 절실히 필요로 하는 사람이 그 일을 먼저 서둘러서 한다는 말. ¶ 합격인지 불합격인지 알 길이 없어서 갑갑하다. ☞ 답답하다

갑자기 미처 준비하지 않은 상태에서 생각할 겨를도 없이 급히. 뜻하지 아니하게. 시간적으로 아주 짧은 기간에. <큰> 급자기. 17세기 문헌 <가례언해>에 'ᄀᆞᆸ작도이(갑작스레)'가 나온다. 'ᄀᆞᆸ작'은 한자 '急作(급작)'에서 온 말이 아닌가 한다. ¶ 갑자기 물이 불어났다. 갑자기 날씨가 추워졌다.

값 사고팔기 위하여 정한 금액. 가치. 수 또는 수량. 15세기 문헌 <법화경언해>의 표기 'ᄀᆞᆹ[價(가)]'은 '*갑다[半 · 中], 갚다[酬 · 償 · 報]'의 어근 '갑-~갚-'과 동근어로 가운데를 뜻하는 공간 또는 보답을 뜻한다. '값'은 어근 '갑/갚-'에 명사화접사 /ㅅ/이 결합된 꼴이다. 고대 일본어 kafi[代價(대가)]는 '값'과 대응한다. 18세기 문헌 표기 '논값'은 높은 가격을 이른다. 16세기 문헌 <훈몽자회>에 선금(先金; 먼저 치르는 돈)을 뜻하던 '민갑[>민값←밀(다)+값]'은 되살려 쓸 만하다. [값도 모르고 싸다 한다] - 속내도 잘 모르면서 이러니저러니 참견을 하려 든다. ☞ 가운데

값어치 값에 해당하는 분량이나 정도. '값+-어치'로 분석된다. '-어치(於値)'는 그 값에 상당한 분량이나 정도의 물건을 뜻하는 접미사다. 값어치[가버치]의 어원적 의미는 '중간에 해당하는 물건이나 보답, 즉 가치'다. ¶ 값어치가 있는

일. 일한 값어치만큼의 대가(代價). 이 물건은 만 원 값어치는 있다.

갓 이제 막. 금방. 이제 겨우. 중세어형은 'ᄀᆞᆺ'이다. 신라어로 임금을 이르는 '麻立干[마루간/한], 居世干[ᄀᆞᆺ한]'에서 '처음[始初(시초)]'의 뜻을 가진 'ᄀᆞᆺ'으로 보인다. '갓'은 부사이면서 접두사로 쓰이는 말이다. '갓난아기(←갓+낳(다)+은+아기), 갓밝이'로 쓰인다. [갓 마흔에 첫 보살(버선)] 오래 기다리던 일이 뒤늦게 이루어졌을 때 이르는 말. ¶ 갓 태어난 아기. 갓 시집온 새 색시. 갓 스물/ 서른/ 마흔/ 쉰 들.

갓길 고속도로 양쪽 가장자리에 있는 비상도로. 영어로 비상도로를 shoulder(어깨)라 하는데 일본인들은 노견(路肩)으로 번역하였다. 우리는 일본식 한자를 그대로 써 오다가 순우리말 갓길(←가+(ㅅ)+길)을 만들어 쓰게 되었다. '갓길'은 주도로의 '가장자리에 난 길'을 가리키며 교통도로에 공식적으로 쓰이는 용어이다. 길 가장자리 풀이 난 곳인 '길가'는 '길섶'이라 한다. ¶ 아무리 바쁘더라도 갓길 통행은 교통 법규를 어기는 짓이다. ☞ 길

갓밝이 날이 막 밝을 무렵. 여명(黎明). 중세어형은 'ᄀᆞᆺᄇᆞᆰ기'다. 'ᄀᆞᆺ(방금. 막)+ᄇᆞᆰ(다)+기'로 분석된다. 갓밝이의 어원적 의미는 '이제 막 밝은 때'다. ¶ 초겨울 갓밝이의 찬 기운이 볼을 할퀴었다.

강(江; 가람) 강의 고유어로 중세어형은 'ᄀᆞᄅᆞᆷ'이다. 'ᄀᆞᄅᆞᆷ'은 '가ᄅᆞ다[分·分岐]'에서 온 말로 물줄기의 갈래가 모여 흐르는 것을 뜻한다. 물이 흐르는 곳에는 반드시 지역의 경계가 생겨 사람들은 서로 다른 문화를 이루어 가면서 살게 된다. <계림유사>에 江曰江(강왈강)이라 적은 것을 보면, 한자 어휘 江은 벌써 고려시기에 널리 쓰인 것 같다. 그러나 15세기 초에는 보편적으로 'ᄀᆞᄅᆞᆷ'이 쓰였다. <조선관역어>에는 江(강)을 海(해)와 함께 把刺(pa-la)라 하였다. 16세기 초기 문헌에 'ᄀᆞᄅᆞᆷ 강(江)', 16세기 말에는 '강 강(江)'이라 표기한 것으로 미루어, 이 무렵 'ᄀᆞᄅᆞᆷ'이 한자어 강(江)에 점차 세력을 잃게 된 사실을 알 수 있다

'ᄀᆞᄅᆞᆷ'은 조선 초기에 쓰인 '걸(渠; 거랑, 가랑창)'과 어원적으로 밀접한 관련이 있다.(가ᄅᆞ/ᄀᆞᆯ+ᄋᆞᆷ→ᄀᆞᄅᆞᆷ) 샛강, 시내, 만(灣) 등을 나타내는 몽골어 garim, garam은 우리말과 일치한다. 강은 창조력, 인생 유전(流轉), 역사의 흐름을 상징한다. [강 건너 불 구경] 자기와는 아무 상관도 없이 여긴다는 말. ¶ 접동/ 접동/ 아우래비 접동/ 진두강 가람 가에 살던 누나는/ 진두강 앞마을에/ 와서 웁니다. …… <김소월(접동새)>

강강술래 정월 대보름날이나 팔월 한가위에 남부 지방에서 행하는 민속놀이. 이 놀이의 기원에 대해서는 여러 견해가 있다. '强羌水越來(강강수월래; 강한 오랑캐가 물을 건너온다)'는 임진왜란 때 적개심을 불러일으키기 위해서 충무공 이순신이 지었다고 한다. 그러나 원시시대의 부족이 달밤에 축제를 벌여 노래하고 춤추던 유습에서 비롯한다는 주장이 유력하다. '강강술래'에서 '강'은 전라도 사투리로 원(圓)을, 그리고 '술래'는 순라(巡邏)를 의미한다. 또한 수레바퀴처럼 부녀자들이 손을 감고(잡고) 도는 춤[圓陣舞(원진무)]이어서 강강술래(←감감수레)가 되었다는 설도 있다.

강낭콩 콩과의 한해살이풀. 긴 꼬투리에 여러 개 들어 있는 길쭉한 큰 콩을 말한다. 강낭콩은 중국 강남(江南)에서 왔다하여 붙여진 이름이다. ¶ 강낭콩을 심어 자라는 모습을 관찰하다. ☞ 콩

강다짐 밥을 먹을 때, 술적심이 없이 그냥 먹음. 까닭 없이 남을 억누르며 꾸짖음. 억지로 또는 강압적으로 함. '강-+다짐'으로 분석된다. '강-'은 일부 명사나 용언 앞에 붙어 '그것만으로 이루어진. 마른 · 물기가 없는. 억지스러운. 몹시 심한'의 뜻을 더하는 말이다.[강기침, 강더위, 강된장, 강울음, 강추위 따위] '다짐'은 단단하게 하다를 뜻하는 '다지다(<다디다)'의 명사형이다. ¶ 그렇게 강다짐으로 먹다간 체할라. 강다짐으로 한 일이라 무리가 많았다. ☞ 다짐.

강아지 개의 새끼. 중세어형도 오늘날과 같다. 강아지는 '가ㅎ+-아지'로 분석된다. '가ㅎ'은 '개[犬(견)]'의 중세어형이다. '-아지'는 송아지나 망아지에서와 같이 '작은 것'을 뜻하는 접사다. 개새끼(<개삿기)라고도 한다.

갖은 골고루 갖춘. 온갖. '가지가지'의 뜻을 가진 관형사다. '갖은'은 형용사 'ᄀᆞᆽ다[備 · 具]'의 관형사형에서 굳어진 말이다.(ᄀᆞᆽ+은→ᄀᆞᄌᆞᆫ>갖은) 중세어형 'ᄀᆞᆽ다(>갖추다)'는 'ᄀᆞᄌᆞ론이(가지런이), ᄀᆞᄌᆞ론ᄒᆞ다(가지런하다)'와 동근어다. '갖은'과 결합된 낱말에 '갖은-것, 갖은-고생, 갖은-소리, 갖은-양념' 등이 있다. '갖은'은 '온갖 구비된 모든 것'을 뜻하는 말이다. [갖은 놈의 겹철릭] 이미 다 갖춘 사람이 필요 이상의 물건을 겹쳐서 가짐을 이르는 말. ¶ 갖은 심부름을 다하다.

갖추다 필요한 것들을 고루고루 지니거나 차려 가지다. 중세어형은 'ᄀᆞ초다'다. ᄀᆞᆽ다[備(비) · 具(구)]의 어근에 사동접사 '-호/후-'가 결합된 말이다.(ᄀᆞᆽ-+호+다→ᄀᆞ초다>갖추다) '갖추(고루고루 다 갖추어), 갖춘-마디, 갖춘-잎' 등으로 쓰인

다. ¶ 예복을 갖추어 입다. 예의를 갖추다.

갗풀 쇠가죽을 진하게 고아서 식혀 굳힌 것. 목재를 붙이는 접착제로 쓰임. 아교(阿膠). 중세어형은 '갓플'이다. 이는 '갗(>갖/가죽)+풀[膠(교)]'로 분석된다. '풀'은 전분질로 만드는 접착제다. '풀'은 '풀기[끼]; 한풀-꺾이다(기세가 수그러지다), 한풀-죽다(기세가 줄어들다), 부레풀(말린 민어의 부레를 끓여서 만든 풀)' 등으로 쓰인다. ◇ 풀이 죽다 – 활기나 기세가 꺾이어 맥이 없다. [풀 방구리에 쥐 드나들 듯 한다] '자주 들락날락함'의 비유. ☞ 가죽

같다 서로 다르지 않다. 한가지다. 닮아서 비슷하다. 중세어형은 'ᄀᆞᆮᄒᆞ다'다. 같다의 어근 'ᄀᆞᆮ'은 가르다에 어원을 둔 말이다. '하나[一(일)]' 역시 퉁구스어 kalta(半), kaltala-(分)에 보이듯 '가르다'가 그 어원이다. 하나의 사물을 가르고 나면 두 조각이 생겨 반 쪽 또는 한 쪽 개념이 생기는데, 이것을 서로 비교하면서 우리는 '같다, 다르다'로 판단한다. 'ᄀᆞᆮᄒᆞ다>ᄀᆞᇀ다>같다'로 어형이 변하였다.

'똑-같다'는 갈라진 두 쪽이 일치한다는 뜻이고, '똑'은 꼭(<ᄯᅩᆨ)과 동근어다. '같잖다(같지 아니하다)'는 '눈꼴사납다'를 뜻한다. 조사 '같이(<ᄀᆞ티)'도 동근 파생어다. ¶ 그는 나와 고향이 같다. 샛별같이 반짝이는 눈동자. ☞ 하나

갚다 → **'값'** 참조

개 갯과의 젖먹이동물. <계림유사>에 犬曰家稀[ka-hi]라 하였고, 중세어형은 '가히'다. 개는 '오이>외, 누리>뉘'와 같이 '가히(가ㅎ+ㅣ)'가 축약된 말이다.(가히>개) 만주어 kuri[黎狗]와 길리야크어 kanyn[犬]과 비교 가능하다.

'개'는 야생동물 가운데 가장 먼저 가축화된 짐승으로 그 조상은 이리[狼]다. 일본어 [inu; 犬]는 우리말 '이리'와 관계 있는 것으로 보인다. 현대 중국어는 犬[quǎn], 狗[gǒu]이다. '헛된. 하찮음'의 뜻을 나타내는 접두사 '개-'는 '개-고생, 개-꿈, 개-망신, 개-죽음' 등으로 쓰인다. '두-절-개(한 가지도 못 이룸)'는 두 절을 왔다갔다하는 개는 두 절에서 다 얻어먹지 못한다는 데서 생긴 말이다.

개구리 양서류 개구리목에 딸린 동물을 두루 일컫는 말. 개구리는 '개골개골' 울음소리에 접사 '-이'가 결합된 말이다.(개골+이→개고리>개구리) 개구리를 뜻하는 중세어형 '머구리'가 보인다. [개구리도 옴쳐야 뛴다] 아무리 급하더라도 일을 이루려면 마땅히 그 일을 위하여 준비할 시간이 있어야 함을 이르는 말. ☞ 악머구리

개밥바라기 저녁때 서쪽 하늘에 보이는 금성(金星; 새벽에는 '샛별'로 불림). '어둠

별'이라고도 한다. '개+밥+바라(다)+기'로 분석된다. 배고픈 개가 저녁먹이를 바랄 무렵에 뜨는 창백한 별이라는 데서 붙여진 이름이다. ☞ 샛별, 바라다

개부심 장마로 큰물이 난 뒤, 한동안 멎었다가 다시 비가 내려 명개를 부시어 냄. 또는 그 비. '개'는 흙탕물이 지나간 자리에 앉은 검고 보드라운 흙(개흙), 곧 명개를 이르는 말이다. '명개+부시(다)+-ㅁ'으로 분석된다. '부시다'는 그릇 따위를 깨끗이 씻다를 뜻하는 동사다. 개부심의 어원적 의미는 '명개를 씻어냄'이다. ¶ 그릇을 부시다.

개사망 남이 뜻밖에 이득을 보거나 재수가 좋음을 욕하여 이르는 말. '개+사망'으로 분석된다. '개-'는 '변변하지 못한. 헛된. 이치에 맞지 않거나 더러운'을 뜻하는 접두사다. '사망'은 장사에서 이익을 많이 보는 운수를 일컫는 말이다. ¶ 개사망하게 돌쇠가 복권에 당첨되었다고 한다.

개숫물 부엌에서 그릇을 씻는 물. 설거지물. '개수'는 고대 터어키어 kasïg(사발 · 공기 · 접시 · 술잔)을 중국에서 '家事[갸스]'로 음차(音借)하여 쓰는 것을 우리가 빌린 말이다. 15세기 문헌 <월인석보> 표기는 '갸ᄉᆞ(사발 접시의 식기류)'다. '깨끗이 씻다. 부시다[洗(세)]'를 뜻하는 '가시다(<가싀다)'도 동원어다.(갸ᄉᆞ>갸스>개수+ㅅ+물) '개수통'은 그릇을 씻는데 쓰이는 통으로 부엌에서 쓰는 큰 그릇을 가리킨다. 개숫물을 북한에서는 '가시물'이라고 한다. ¶ 그릇을 물로 가시다(씻다) ☞ 물, 설거지

개울 골짜기나 들에 흐르는 작은 물줄기. 개울은 '개+골'로 분석된다. '개'는 <용비어천가>에 보이며 浦(포; 강이나 내에 조수가 드나드는 곳)를 뜻하는 말이다. 개-천(川), 개-골창(수채 물이 흐르는 작은 도랑), 갯벌(바닷물이 드나드는 모래톱), 개-펄(갯가의 개흙 땅), 개흙 등으로 쓰인다. '골'은 '골짜기, 개골창, 고랑'을 뜻한다. 개골은 /ㄱ/이 탈락되면서 '개울'이 되었다.(*가ᆡ/개골>개올>개울) 경기도 북부 사투리에 '갱굴'이 있다. 개울의 어원적 의미는 '물이 흐르는 골짜기'다. ¶ 개울에서 물장난을 하다. ☞ 고을

개잘량 털이 붙어 있는 채로 무두질하여 다룬 개 가죽. 방석처럼 깔고 앉는 데 쓴다. '개[狗(구)]+잘(량)'으로 분석된다. '잘'은 '검은담비의 털가죽'을 가리키며 '잘덧저고리, 잘두루마기, 잘배자, 잘토시'로 쓰인다. 개잘량의 어원적 의미는 개 가죽 털이다. ¶ 개잘량을 깔고 앉다.

개짐 여성이 월경할 때 헝겊 따위로 기저귀처럼 만들어 샅에 차는 물건. 생리대(生

ㄱ

理帶). '개-+지(다)+ㅁ'으로 분석된다. 접두사 '개-'는 '변변치 못한. 더러운'을 뜻하고, '짐'은 부담스러운 물건을 일컫는 명사형이다. 개짐의 어원적 의미는 변변치 못한 짐이다. 빨래나 개짐을 뜻하는 '서답'은 사투리다. ☞ 지게

개차반 행실과 마음보가 더럽고 막된 사람을 욕으로 이르는 말. '개[狗(구)]+차반(茶盤; 차와 밥)'으로 분석된다. 개차반의 어원적 의미는 '개가 먹는 차반(음식. 반찬; 餐) 곧 똥'이다. 개차반은 하는 짓이나 성질이 아주 못된 사람을 이르는 '개망나니'와 비슷한 뜻으로 쓰이는 말이다. ¶ 그 사람은 술만 마시면 개차반이다.

객쩍다 쓸데없이 실없다. 싱겁다. '객(客; 손님)+적다[小(소)]'로 분석된다. 어원적 의미는 '손님이 많지 않다'다. ¶ 객쩍은 수작은 그만 두어요. 객쩍은 소리 말게나. ☞ 멋쩍다

갸륵하다 하는 일이 착하고 장하다. 기특하다. 16세기 <신증유합>에 驕(교; 잘난 체하다)와 傲(오; 거만하다)를 '갸륵/갸륵'이라고 하였다. 갸륵은 '거룩(하다)'와 동원어로 보인다. ¶ 갸륵한 마음씨. ☞ 거룩하다

거기 말하는 사람이 듣는 사람 쪽에 가까이 있다고 생각하는 장소를 가리키는 말. 그것. 중세어형은 '그어기, 거긔'다. '그[其(기)]+억(장소)+의(처소격 조사)→그어기>거긔>거기'로 어형이 변하였다. '거기'는 기원적으로 '그+억'에 처격 조사 '의'를 붙여 세 개의 형태소로 이루어진 말이다. 후에 한 낱말로 굳어져 장소를 가리키는 지시 대명사가 되었다. 어원적 의미는 '그 곳에, 그 중에'다. '여기(←이[此]+억+의), 저기(←뎌[彼(피)]+억+의)'도 같은 구조다. ¶ 거기가 어디쯤이냐? 거기에 대해서는 아무 걱정도 마라.

거닐다 이리저리 한가로이 걷다. 중세어형은 '걷니다'다. '걷:다[步(보)]'와 '니다[行(행)]'가 합성된 말이다.(걷-+니-+다→걷니다>건니다>거닐다) 거닐다의 어원적 의미는 '걸어 다니다'다. ¶ 공원을 거닐며 사색에 잠기다.

거두다 널리거나 흩어진 것을 모으다. 어떤 결과나 성과 따위를 얻거나 올리다. 받아들이다. 걷다의 어근에 접사 '-우-'가 결합된 사동사다. 걷다[收(수)]는 '저고리 소매를 걷다. 안개가 걷다'처럼 쓰인다. <두시언해초간>의 '거두들다'는 현대어 '걷어들다'로 늘어진 것을 추켜올려 들거나 흩어진 것을 거두어 들다를 뜻하는 말이다. '거듬거듬'은 흩어지거나 널려 있는 것을 대강대강 거두어 나가는 모양을 뜻하는 부사다. ¶ 시험지를/ 돈을 거두다. 승리를 거두다. 거듬거듬 주워 바구니에 담다.

거들다 남이 하는 일을 옆에서 도와주다. 남의 일에 참견하다. 18세기 문헌 <한중록>에 '거들다'가 보인다. '거:들다'는 뜻이 같은 한자와 고유어가 합쳐 '擧(거)+들다'가 된 것으로 보인다. '거들떠-보다(눈을 크게 치켜뜨고 아는 체하거나 관심 있게 보다)'도 동근어다. ¶ 어머니가 하시는 일을 거들다. 자네가 거들고 나설 일이 아니네.

거듭 어떤 일을 되풀이하여. 다시 덧포개어. 18세기 문헌 <한청문감>의 표기는 '거듧'이다. 거듭(<거듧/거듧[重(중) · 疊(첩)]은 'ᄀᆞᆲ다[竝(병)]'와 동근어다. '거듭거듭, 거듭나다, 거듭되다, 거듭제곱, 거듭하다' 등으로 쓰인다. ¶ 거듭 강조하다. 거듭 쌓다.

거룩하다 성스럽고 위대하다. ↔ 비천하다. 18세기 문헌 <해동가요>, <동문유해> 표기는 '거록/거륵ᄒᆞ다'다. 거룩하다는 크다[大(대) · 偉(위)]를 뜻하는 명사 '거륵'에 '-ᄒᆞ다'가 결합한 파생형용사다. '거륵(←*걸+옥/욱)'은 '클 거(巨)나 걸(傑)'에 이끌린 것으로 보인다. 거룩하다의 어원적 의미는 '크다'다.(거륵/거록ᄒᆞ다>거룩하다) ¶ 거룩하신 하느님.

거룻배 돛을 달지 않고 강이나 내로 다니는 작은 배. '거루+ㅅ+배'로 분석된다. 18세기 문헌 <한청문감>에 '거르션[渡船(도선)]'이 나온다. '거루/거르'는 <두시언해초간>에 도랑을 뜻하는 ':걸[渠(거)]'이다. 거룻배의 어원적 의미는 '개천이나 도랑에서 쓰는 작은 배'다. '거루다'는 배를 강기슭이나 냇가에 대다를 뜻하는 말이다.

거름 땅을 걸게 하거나 식물이 잘 자라게 하기 위하여 땅에 뿌리는 영양 물질. 비료(肥料). <삼국사기>의 땅 이름 표기에서 沃溝를 '嘉林(가림)'이라고 하였다. 거름은 '걸다[沃(옥; 비옥하다)]'가 명사로 전성된 것이다. 더러운 것을 닦거나 훔쳐 내는 데 쓰는 헝겊인 '걸레'도 같은 뿌리로 볼 수 있다. 합성어에 '거름기, 거름발, 거름통, 거름풀, 거름흙'이 있다. '걸차다'는 '땅이 매우 걸다. 사람됨이 야무지고 당차다(다기지다/차다)'를 뜻하는 말이다. ¶ 밭에 거름을 뿌리다. ☞ 걸쭉하다

거리 음식을 만드는 데 밑감(재료)이 되는 것. '걸(다)[濃(농; 짙다)]+이'로 분석된다. '거리'는 국물에 있는 건더기로 쓰이다가, '국거리, 반찬거리; 걱정거리, 구경거리, 먹거리, 일거리, 읽을거리'처럼 내용이 될 만한 밑감으로 뜻이 바뀐 말이다.

ㄱ

거리끼다 거치적거려 방해가 되다. 꺼림칙하게 마음에 걸리다. 중세어형은 '거리씨다'다. <금강경삼가해>에 '걸씨다[滯(체; 막히다. 걸리다)]'가 보인다. '거리/걸(다)[掛(괘)]+씨다[挾(협)]'로 분석된다. 거리끼다의 어원적 의미는 '(무엇에) 걸리어 끼다'다. '꺼리다(<써리다), 꺼림칙하다, 꺼림하다'와 동근어다. ¶ 사업을 하자니 거리끼는 것이 많다. 양심에 거리끼는 일은 하지 말자.

거머리 몸체에 빨판이 있어 피를 빨아 먹고 사는 환형동물. '남에게 바짝 달라붙어 괴롭게 구는 사람'을 비유하는 말. <향약채취월령(1431)>에 '水蛭 鄕名 巨末伊[*거말이]'가 나온다. 16세기 <훈몽자회>의 표기는 오늘날과 같다.(검(다)[黑]/감(다)[捲]+-어리→검어리>거머리) 사투리에 '거멀장, 검머리, 검저리, 금저리'가 있다. 거머리의 어원적 의미는 '검은 것'이다.

어린아이의 두 눈썹 사이의 살 속에 파랗게 내비치는 힘줄을 뜻하는 '거머리'와 동음이의어다. '말거머리, 찰거머리'로 쓰인다. ¶ 논에 모내기를 할 때면 종아리에 거머리가 붙어 피를 빨기도 한다. ☞ 검다

거멀못 나무 그릇 따위의 벌어지거나 금이 간 데에 거멀장처럼 걸쳐 박는 못. 목재를 한데 대어 붙일 때 더 단단하게 하기 위하여 걸쳐 박는 쇠(거멀쇠). '거머먹다, 거머삼키다, 거머안다, 거머쥐다, 거머잡다, 거머당기다'에 분포하는 '검~거머'의 관형사형 '거멀'에 못[釘(정)]이 합성된 말이 '거멀못'이다.(검얼못>거멀못) '거머'의 어근 '검'은 '감다[卷(권)]'와 모음교체된 동근어로 원곡(圓曲) 개념어다.

거멀못은 두 곳을 단단히 거머쥐는 구실을 하는 'ㄷ' 자 형태의 못이다. 거멀은 '거멀띠, 거멀맞춤, 거멀쇠, 거멀장(걸쳐 대는 쇳조각), 거멀장식(裝飾), 거멀접기(수수반대기를 지어 끓는 물에 익혀 낸 것에 팥고물을 묻힌 떡)' 등으로 쓰인다. ¶ 그는 우리 민족의 거멀장이라 할 수 있는 사람이다.

거문고 고구려의 왕산악이 만든 우리나라 전래의 6줄 현악기. 밤나무와 오동나무를 재료로 하여 만든다. 중세어형은 '거믄고'다. '거문고'는 나라 이름 '고구려'와 고대 현악기를 두루 칭하는 '고'의 합성어다. '감 · 검[高句麗 · 玄 · 黑 · 神]'이 '고마(고구려의 고대발음)>곰>감>검'으로 소리가 변한 말이 '거문고'가 되었다. 형태와 의미상 만주어 kumun[음악]과 관계 있는 듯하다.(감고/검고>거믄고>검은고>거문고)

12줄로 된 현악기는 '가얏고'가 고유어이고, 가야금(琴)은 고유어+한자말이

다. 처음 가야에서 만들어졌기 때문에 붙여진 이름이다. [거문고 인 놈이 춤을 추면 칼 쓴 놈도 춤을 춘다] 못난 주제에 남의 흉내만 내다가 웃음거리가 됨을 이르는 말.

거미 거미목에 딸린 절지동물을 두루 이르는 말. 중세어형은 '거믜'다. '검(다)+의'로 분석된다. '거미'는 '검다'의 어근에 명사화 접사 '-의'가 붙은 파생 명사로 몸통의 색깔이 검다는 데서 붙여진 이름이다.(검+의→검의>거믜>거미) 일본어 kumo[蜘蛛(지주)]는 뜻과 소리가 우리말과 일치한다. '거미'의 어원적 의미는 거미줄을 쳐서 곤충을 잡아먹고 사는 '검은 것'이다. [산 사람의 입에 거미줄 치랴] 가난한 사람이 스스로 위로하는 말. '거미치밀다'는 부러움과 시새움으로 욕심이 거미가 기어오르듯 목구멍에 치밀어 오르다는 동사다. ¶ 거미줄 같은 통신망은 정보 산업 사회의 상징이다.

거스러미 나뭇결 따위가 얇게 터서 가시처럼 일어난 것. '거슬/거스르(다)+어미(어기/엉이; 작은 것)'로 분석된다. 어원적 의미는 '거슬리는 것'이다. '손-거스러미'는 손톱에 박힌 자리 위에 일어난 거스러미를 이르는 말이다. ☞ 거칠다

거스름돈 덩이 돈 속에서 받을 돈만 빼고 남는 것을 되돌려 내주거나 받는 돈. 우수리. 잔돈. <준>거스름. 되돌림의 의미인 '거슬다/거스르다[倒 · 逆]'의 명사형에 '돈'이 결합된 말이다. 거스르다는 '셈할 돈을 빼고 나머지 돈을 돌려주거나 돌려받다'를 뜻한다.

거슬리다 마음에 맞지 않아 기분이 상하다. 반대 방향을 뜻하는 '거슬다/거스르다[倒(도) · 逆(역)]'의 어간에 피동접사 '-이-'가 붙은 말이다. 거슬리다(<거스리다, 거스리왇다)의 어원적 의미는 '순조롭지 않다'다. ¶ 말이 귀에 거슬리다. 남의 눈에 거슬리는 행동. 단골 고객의 비위를 거스르다.

거울 물체의 모양을 비추어 보는 물건. 모범이나 교훈이 될 만한 사실. 귀감(龜鑑). 중세어형은 '거우루'다. <월인천강지곡>에서 '거역하다, 대적하다'를 뜻하는 동사 '거우다'가 명사 '거우루/거우로[鏡(경)]'로 전성 되었다. 결국, 거울은 물체가 '거꾸로(<갓ㄱ로) 나타남', 곧 물체를 되돌림, 되비침의 작용을 하는 것이다.

'거울'을 '*걸+울'로 분석하고, '*걸'은 만든 재료로 보아 구리[銅(동)]의 조어(祖語) '굳'일 것이라고 하는 견해도 있다.

옛날 거북이 등의 반질반질한 부분을 거울로 이용하기도 하였다. 그런 연유로

'귀감(龜鑑)'은 거울로 삼아 본받을 만한 모범(본보기)을 뜻하는 말로 전의되었다.(거스르>거ᄉᆞ르>거으르~거울; 거우로(거우루)>거울) 거울은 진리, 지혜, 자각, 자기 인식을 상징하며, 마력(魔力)을 가진 물체로 전도된 세계로의 통로 역할을 한다. ¶ 실패를 거울삼아 더욱 분발하다.

거위 오릿과 기러기속의 새. <삼국사기>에 鵝州縣本巨老縣 곧 巨老[*kǎru]가 보인다. 중세어형은 '거유'다. 거위는 동북아시아에서 오래 전부터 가금화(家禽化; 집에서 기르는 새)한 새로서 만주어 garu, 몽골어 qura, 일본어 kari[雁(안)], 고대토이기어 qaz[鵝]과 대응한다. '게사니'는 거위의 황해 · 함경 · 평안 사투리다.

거의 전부에서 조금 모자라게. 어느 한도에 가까울 정도로. 얼마 안 되게. 서기(庶幾). 거지반(居之半). 중세어형은 '거의'다. 동사 '거의다(가깝게 되다)'의 어간이 명사나 부사로 파생된 말이다.(거싀>거ᄋᆡ>거의) ¶ 거의 다 왔다. 일이 거의 끝나간다.

거죽 물체의 겉 부분. **'가죽'** 참조

거지 남에게 빌어먹고 사는 사람. 남을 업신여기고 멸시하여 욕하는 말. '거지'의 사투리에는 '거러지, 그지, 거렁뱅이, 걸뱅이, 비렁뱅이' 등이 있다. 거러지는 '걸(乞)+어지[小]', 비렁뱅이는 '빌[乞]+엉(접사)+-뱅이(사람)'로 분석된다. <훈몽자회>의 표기 '거러치'에서 접미사 '-치'는 '장사-치, 그-치, 저-치' 등에서와 같이 사람을 낮추어 부르는 형태소로 서북 사투리에 보인다. 이 말은 몽골어 chi(치)의 영향으로 생각된다.(거ᄋᆞ지/거어지>거지) 이와 달리 수렴(收斂), 파지(把持) 개념어 '거두다/걷다[收(수)]'의 어근 '걷-'에 접미사 '-이'가 결합하여 구개음화가 일어나 '거지'가 되었다는 설도 있다.

'거지'를 '동냥-아치'라고도 한다. '동냥'은 불교 용어로 중이 시주를 얻으려고 돌아다니는 일을 뜻하는 한자 動鈴(동령)이 변음된 것이다. [든 거지 난 부자] 재산이 없는 사람이 밖으로는 부자처럼 살아감을 이르는 말. [동냥은 안 주고 쪽박만 깬다] 돕기는커녕 오히려 훼방만 놓는다는 뜻 ¶ 일이 되어 가는 꼴이 거지같다. ☞ 빌다

거짓 사실과 어긋남. 사실같이 꾸밈. 허위(虛僞). ↔ 참. 중세어형은 '거즛'이다. 거짓은 '거칠다(<거츨다[虛妄하다])'와 동근어로 거친 행동이 잘못된 태도로 평가됨을 이르는 말이다. 일면 '거짓'이 '거죽[表 · 皮]'에서 왔으며, 속과 겉이 다른 헛된 말을 거짓말이라고 하는 견해도 있다.(거죽~거즛>거짓) 어원적 의미

는 '거친 모습. 겉 행동'이다. '거짓되다, 거짓말, 거짓부리, 거짓소리[가성(假聲)]' 등으로 쓰인다. ¶ 거짓과 참. 거짓으로 말하다. 거짓 꾸미다.

거칠다 나무나 살결 등의 결이 곱지 아니하고 험하다. 격렬하다. 표면이 고르지 아니하다. ↔ 매끄럽다. 중세어형은 '거츨다'다. <삼국사기>에 '居柒夫 或云荒宗' 곧 荒(황)의 우리말 새김 '居柒(거칠)'로 보아 '거칠다'는 상당히 오래 전부터 쓰였음을 알 수 있다. '거슬다~거스르다[逆(역)]'와 동원어로 '순순히 받아들여지지 아니하고 언짢은 느낌이 들다'를 뜻하기도 한다.(거슬다~거츨다>거칠다)

'거슬거슬, 거칠거칠 · 가칠가칠, 거칠 · 꺼칠/가칠 · 까칠하다, 거칫거리다/대다, 거칫 · 가칫하다'와 동근어다. '덩-거칠다(<덤ㅅ거칠다[蕪(무)])'는 풀이나 나무가 덩굴지게 우거져 거칠다를, 거치렁이(←거칠+엉이)는 벼나 보리의 낟알에 붙어 있는 까끄라기를 뜻한다. '거츨'은 '황무(荒蕪)'의 뜻 외에 '거짓'의 의미도 있다. ¶ 살결이 거칠다. 그는 행동이 거칠다. 거친 파도/ 물결.

거탈 실속이 아닌, 겉으로만 드러나 보이는 태도. = 겉틀. '겉[表(표) · 皮(피)]+알'로 분석된다. '알'은 卵(란)으로 알맹이를 뜻한다.(겉+알→거탈) 거탈의 어원적 의미는 '알맹이의 껍질/껍데기'다. '거탈-수작(酬酌)'은 실속 없이 겉으로만 주고받는 말이다. ¶ 사람을 볼 때는 거탈만 보지 마라.

거푸집 쇠붙이를 녹여 부어서 만드는 물건의 바탕으로 쓰이는 모형. 주형(鑄型). 16세기 문헌 <선가구감언해>에 '거플'이 나온다. 거푸집은 '거ᄑᆞᆯ/거플+집'으로 분석된다.(겊[皮]+을→거플) '가ᄑᆞᆯ>가플~거플>까풀~꺼풀/껍질(껍데기)'에 '집[틀; 家]'이 결합된 말이다. '껍질'은 '겊+질'로 분석된다. 꺼풀은 튀르크어 kabɨr, 고대 일본어 kapa, kàpï[木皮, 膚]와 대응형이다. 거푸집은 철기 시대부터 사용한 조형 도구로써 15세기 문헌 <두시언해초간>, <능엄경언해>에 '거플' 또는 '소ㅎ'라고 하였다.(긃[竝]~겁/겊+을+집→겁푸집>거푸집) 결국 거푸집은 '겉껍질로 된 집'이다. ☞ 집

거품 액체가 공기를 머금고 둥글게 부풀어 물 위에 뜬 작은 방울. 중세어형은 '더품'이다. 거품은 '긃>겁~겹>덮-'으로 발달한 덮다의 어근 '덮-'에 명사형 어미 '-(우)ㅁ'이 결합하여 '덮+움→더품>거품'으로 이루어진 어형이다. '덮다'는 중첩 · 중복의 개념을 나타내는 '긃다[竝 · 重疊]'에 어원을 둔 말이다. '겁-'의 도치형인 '벅-'은 거품의 사투리 '버큼, 벅캐'와 일치한다.

한편 <계림유사>에 둘[二]을 [tup-ul]이라 기록하고 있는 것으로 미루어 '둘'은

곧 하나[一]의 중복 의미다. '둡, 둡~덮'은 'ᄃᆞᆸ-'의 발달형으로 보인다. 거품은 '껍데기, 껍질, 덮개'와 동근어로 물 위에 '덧덮은 것'이란 뜻이다. ◇ (입에) 거품을 물다 - 매우 흥분하다. ◇ 거품이 빠지다 – 실질적이 내용이 없어지다. ¶ 비누 거품. ☞ 덮개

건너다 사이를 지나서 저쪽으로 가거나 이편으로 오다. 건너다[越(월)]는 '걷다[步(보)]'와 '나다[出(출)]'의 합성어다.(걷나다>건나다>건너다) 어원적 의미는 '걸어서 나오다'다. '건너(맞은편), 건너가다/오다, 건너편, 건넌방, 건널목, 건네다(건너게 하다)' 등으로 쓰인다. ¶ 개울을 건너다.

건널목 철길과 도로가 교차하는 곳. 강, 길, 내 따위에서 건너다니게 된 일정한 곳. '건너(다)+ㄹ+목'으로 분석된다. 명사 '목[頸(경)]'은 신체의 명칭인데, 잘록한 형상에서 유추하여 '손목, 발목, 길목, 병목' 등으로 쓰이는 말이다. ¶ 건널목을 건너가다. ☞ 건너다, 목숨

건달 하는 일 없이 빈둥빈둥 놀거나 게으름을 부리는 짓. 또는 그러한 사람. 밑천을 다 잃고 빈털터리가 된 사람. '건달'은 범어 Gandharva를 한자 '乾闥婆(건달바)'로 적은 말이다. <삼국유사(혜성가)>에 '건달바'가 나온다. 원래 '건달바'는 불경(佛經)에서 음악가[樂神]나 배우(俳優)를 뜻하던 말이다. 그런데 오늘날 부랑인(浮浪人)으로 그 의미가 바뀌어 쓰인다. '날건달, 백수건달(白手), 알짜건달' 등으로 쓰인다. ◇ 건달을 부리다 - 건달의 짓을 하다. ¶ 건달 생활. 사업에 실패하고 하루아침에 건달이 되다.

건더기 국 · 찌개의 국물에 잠겨 있는 고기나 채소 따위. '내세울 만한 일의 내용'을 속되게 이르는 말. 17세기 문헌 <두창경험방>에 '건디'가 나온다. 건더기(<건디)는 '건지<건디(다)+어기(아기)'로 분석된다. 어원적 의미는 '건진 것'이다. 건더기가 변한 말 '건지'는 '건더기'와 '물의 깊이를 재는 데 쓰는 돌을 매단 줄'을 뜻한다. ¶ 건더기를 건지다. 말할 건더기가 없다.

걷잡다 잘못 치닫거나 기우는 형세 따위를 붙들어 바로잡다. '거두(다)[收(수)]+어+잡(다)+다'로 분석된다. 어원적 의미는 '거두어 잡다'다. [걷잡을 수 없다] 잘못 치닫거나 이미 기울어져 가는 형세를 바로 잡을 길이 없다. 이와 혼동하지 말아야 할 '겉잡다'는 겉가량으로 하여 먼저 어림치다는 뜻이다. ¶ 번지는 불길을 걷잡지 못하다. ☞ 거두다, 잡다

걸때 사람의 몸피의 크기. 큰 몸뚱이. 음식을 먹는 분량. 한자 '걸대(傑大; 크다)'에

ㄱ

서 온 말로 보인다. '걸까리-지다'는 '사람의 몸이 크고 실팍하다(걸때가 크다)'를 뜻하는 말이다. ¶ 동생은 형보다 걸때가 커서 옷을 물려 입을 수 없다오. 걸때가 황소 같다. 걸때가 좋은 사람. 우람하고 걸까리진 사나이.

걸쭉하다 액체 속에 건더기가 많아서 묽지 아니하고 매우 걸다. 18세기 문헌 <한청문감> 표기는 '걸쥭ᄒᆞ다'다. '걸+쥭+ᄒᆞ다'로 분석된다. ':걸[渠(거)]'은 '개천, 도랑'으로 곧 지저분한 찌꺼기가 있는 시궁창을 뜻하며, ':걸다[濃(농)]'를 파생시킨 말이다. '쥭(>죽)'은 '곡식을 푹 끓여 만든 음식'이다. 결국 '걸쭉하다'란 걸게 쑨 죽 같은 상태를 이른다. ¶ 동지 팥죽을 걸쭉하게 쑤다.

검다 빛이 먹빛 같다. ↔ 희다. <삼국사기>에 黑壤郡本高句麗今勿奴郡라 하였다. 고구려어 今勿[黑; 거믈]은 <계림유사>의 黒日軻門(조왈가문)을 거쳐 검다[黑(흑)]의 어근 '검-'과 일치한다. 고대어 '거믈-'은 일본어 kemuri[煙(연)]'과 비교될 수 있다. '검'은 흑(黑)으로 본디 명사[검댕(<'검듸영)]였다가 파생접사 '-다'와 결합하여 형용사로 전성되었다. <훈몽자회>에서 '감다~검다'의 교체형이 보이는데, '검다'는 천문 현상인 어둡다와 관련되며 '(눈을) 감다'와도 동근어다.
'그믐[晦(회)], 구름, 까마귀(←감+악/가막), 가물치' 등과 같은 명사도 '검다'에서 파생된 말이다. 털빛이 검은 말을 가리키는 '가라말'에서 '가라'는 몽골어에서 온 말이다.(今勿[*kjəm - mjuət>kəmur-]) [검다 희다 말이 없다] 반응이나 의사 표시가 전혀 없다는 뜻. · 검댕 : 연기나 그을음 따위가 맺혀서 된 검은 빛깔의 물질. 솥검댕.

것 사물, 현상, 성질, 사람 따위를 추상적으로 이르는 말. 사물의 개념을 내포하는 의존명사 '것'은 중세어 '갓[物(물)]'이 모음교체된 말이다. '가리개, 깔개, 덮개, 찌개; 지게' 등 일부 동사 어근 뒤에 붙어 '그다지 크지 아니한 기구'를 뜻하는 '-개/게'도 동근어로 보인다. ¶ 이 책은 내 것이다.

겉절이 배추, 상추, 무 따위를 절여서 곧바로 무쳐 먹는 반찬. '겉(←거죽[外表(외표)]+절+이(사동접사)+(다)+다'로 분석된다. <청구영언>에 '저리지이(소금에 절인 배추나 무), 저리짐치'가 나온다. '절다/절이다[<저리다; 鹽(염)]'는 푸성귀 · 생선 따위에 소금기가 배어들어 간이 배거나 숨이 죽다/죽이다를 뜻하는 말이다. ¶ 나는 신 김치보다는 겉절이를 더 좋아한다. 배추가 소금에 절다. ☞ 가죽

겨끔내기 서로 번갈아 하기. 겨루다[競爭(경쟁)]의 중세어 '겻ㄱ다(겻고다/겻구

다)'에서 온 말로 보인다. '겻ㄱ+-음+나(다)[出(출)]+이+-기'로 분석된다. 겨끔내기는 겨루듯이 서로 주고받으며 번갈아 한다는 뜻이다. ¶ 두 사람이 겨끔내기로 짐을 날랐다. 두 사람이 겨끔내기로 내게 질문을 퍼부었다. ☞ 겨루다

겨냥1 목표물을 겨눔. 겨냥은 '겨누(다)+樣(양)'으로 분석되며, 겨눔(←겨누-+ㅁ)과 같이 쓰이는 말이다. ◇ 겨냥(을) 대다 – 목표물을 겨누어 보다. 겨냥(을) 보다 – 목적물을 겨누어 어림을 보다. ¶ 겨냥이 빗나가다. 총의 가늠구멍으로 목표물을 겨냥하다.

겨냥2 어떤 물건에 겨누어 정한 치수와 양식. 한자어 見樣(견양; 서식. 본보기)에서 온 말이다.(견양>겨냥) '겨냥-내다(실물에 겨누어 치수와 양식을 정하다), 겨냥-대, 겨냥-도(圖)' 등으로 쓰인다. ¶ 새 상품의 겨냥.

겨드랑이 가슴의 양쪽 옆. 어깨와 팔이 만나는 부분 아래의 오목한 곳. 준말은 '겨드랑'이다. 중세어형은 '겯'이고, 17세기 문헌 <가례언해> 표기는 '겨ᄃᆞ랑'이다. 겨드랑은 '겯+으랑(접사)'으로 분석된다. '겯(곁)[傍(방)]~녑[脇(협)]~녁[方 · 側]'은 본체의 옆이란 뜻으로 '곁길, 곁가지, 곁눈질, 곁방살이' 등에 쓰이며 'ᄀᆞᆺ[邊(변)]'의 변이형이다. '옆구리'를 17세기에 '녑당이'라 하였는데 '-당이'는 겨드랑이의 '-(으)랑이'와 같은 접미사다. ¶ 겨드랑이가 가렵다. 철봉에 겨드랑이를 끼고 매달리다.

겨레 한 조상에서 태어난 자손들의 무리. 같은 동포나 민족. 16세기 문헌 <소학언해> 표기도 같다. 17세기 <가례언해>에 'ᄒᆞᆫ결레'가 보인다. 친척의 뜻으로 중세어 '아ᅀᆞᆷ'이 쓰였는데 근대에 없어졌다. 족당(族黨; 친족 · 가문)을 뜻하는 겨레는 'ᄀᆞᄅᆞᆷ, 갈래, 가락'과 같이 '가ᄅᆞ다[分岐(분기)]'에 어원을 두고 있다. 몸체에서 갈라져 나간 지체가 '겨레'다.(가ᄅᆞ-/갈-~결-+에/ᄋᆡ→결에/겨ᄅᆡ>겨레) 이와 달리 '겯-[編(편; 맺다. 엮어 짜다)]+-에(접사)'의 짜임으로 보는 이도 있다. 겨레는 만주 퉁구스어나, 몽골어 'kala, xala, hala[姓 · 一族]', 일본어 gara, 만주어 Kure[굴]와 동일 어휘족으로 처음에 가라(加羅), 가야(伽耶) 등 씨족(氏族)이나 친족(親族)을 나타내던 말이었다. 그러나 근래 사회 변동에 따라 동포(同胞) · 민족의 뜻으로 쓰이고 있다.

'겨레-말'은 한겨레가 공통으로 쓰는 말을, '겨레-붙이'는 혈연관계가 있는 사람을, '배달-겨레'는 우리 겨레를 예스럽게 이르는 말이다. 동근어 '결찌'는 어찌어찌하여 연분이 닿는 먼 친척을 일컫는다. ¶ 중국에 거주하고 있는 조선족

ㄱ

은 우리와 한 겨레다.

겨루다 서로 버티어 승부를 가리다. 겨루다[競爭(경쟁)]의 중세어형은 '겻ㄱ다(겻고다/겻구다)'다. 16세기 문헌 <소학언해>에 '겯오다/겯우다', <청구영언>에는 '겨로다(싸우다)'가 나온다.(겨로다/겨르다>겨루다) 겨루다는 '서로 마주 대어 보다[比(비)]. 다투다'를 뜻하는 '견주다. 겨누다(<견호다)'와 동근어다.

'겨루기'는 태권도에서 기본 기술과 품세 기술을 바탕으로 두 사람이 서로 기량을 겨루는 일이다. '겨룸'은 서로 버티어 힘이나 승부를 다투는 일이다. ¶ 팔씨름으로 힘을 겨루다. 수학 실력을 견주다.

겨를 일을 하다가 쉬게 되는 틈. 얼핏 스쳐가는 짧은 동안. 기회(機會). <준> 결. 중세어형은 '겨를(결/겨르/겨ᄅᆞ[暇(가)·遑(황)])'이다. 중세어 '겨르ᄅᆞᆸ다'는 '한가롭다(한가하게 보이다. 한가한 느낌이 있다)'를 뜻한다.

사이나 짬을 의미하는 '결'은 '결결이(그때그때마다. 때때로); 구름결(구름처럼 슬쩍 지나가는 겨를), 꿈결, 눈결(깜짝할 동안), 무심결, 바람결, 얼떨결, 엉겁결, 잠결, 지날결(지나가는 길이나 편)' 등으로 쓰인다. ¶ 한숨 돌릴 겨를도 없다. 머뭇거릴 결이 없다.

겨리 소 두 마리가 끄는 쟁기. ↔ 호리. 겨리는 '겹[重(중)], 겨레[족(族)]'와 동근어 관계다. '겨릿소, 겨리소리(쟁기질소리), 겨리질/하다; 소겨리, 외겨리(호리)'로 쓰인다.

겨린 살인 사건이 났을 때, 그 범인의 이웃에 사는 사람. '곁[傍(방)]+隣(린; 이웃)'으로 분석된다. 겨린의 어원적 의미는 '곁의 이웃'이다. 한편, 한자어 '切隣(절린)'의 발음이 변한 말로 보기도 한다. 여기서 切(절)[qiē]은 '다그다. 접근하다'를 뜻한다. ◇ 겨린을 잡다 – 겨린과 범죄 현장을 지나던 사람까지 증인으로 데려가다.

겨우 어렵게 힘들이어. 가까스로. 넉넉하지 못하게. 고작. 기껏. '이기지 못하다[不勝(불승)]'를 뜻하는 중세어 '계오다/계우다(>겹다)'의 어간이 부사로 파생된 말이다.(계오/계우>겨오/겨우) [+기대에 못 미침] ¶ 몸이 아파서 겨우 출근했다. 한 시간 동안 겨우 두 장밖에 못 읽었다. ☞ 겹다

겨울 한 해 네 철 가운데 끝 철. 중세어형은 '겨슬'이다. 겨울은 여자(女子)를 나타내는 고유어 '겨집'이 재가(在家)의 뜻을 갖는 것처럼 '겨시다[居·在]'의 어근 '겨'에 관형사형어미 '-을'이 결합되어 '겨슬(在家할)'로 이루어진 말이다. 날씨가 추워 농사일이 끝나면 동면 상태로 집에 겨시던 때, 곧 '겨슬사리>겨ᅀᆞ사

리>겨스사리'하는 계절이 '겨슬'이다. '겨ᇫ(<겻; 在)+을→겨슬>겨을>겨울'의 어형 변천 과정을 거쳤다. [겨울이 다 되어야 솔이 푸른 줄 안다] 난세(亂世)가 되어야 훌륭한 사람이 뚜렷이 돋보인다는 말.

견주다 둘 이상의 사물을 질이나 양 따위에서 어떠한 차이가 있는지 알기 위하여 서로 대어 보다. 비교하다. 명사 '곁[傍(방)·側(측)]'에 동사화접미사 '-우-'가 결합하여 '견주다[比(비)]'가 되었다. 근세어형은 '견초다/견추다, 견호다/견후다'다. 동원어에 '겨누다(겨냥하다), 겨루다(<겻고다[競(경)])'가 있다. 견주다의 어원적 의미는 '곁에 두고 비교하다'다. 목표물을 겨눈다는 뜻의 '겨냥하다'는 한자음을 억지로 붙여 '見樣ᄒᆞ다'로 개화기 때 쓰인 표기다. ¶ 실력을 견주다. 과녁을 겨냥해서 활을 겨누다. 힘을 겨루다. ☞ 겨드랑이

견칫돌 돌로 성을 쌓는 데 쓰는, 사각뿔[방추형] 모양의 돌. 축댓돌(築臺). 간지석(間知石). '견치(犬齒; 송곳니)+돌'로 분석된다. ¶ 견칫돌로 축대를 쌓다.

겯고틀다 시비나 승부를 다툴 때 지지 않으려고 서로 버티어 겨루다. '겯(다)+고+틀(다)[捻(념; 꼬다)]+다'로 분석된다. '겯다[結(결)]'는 '어긋 맺다. 엮다'를 뜻한다. 어원적 의미는 '어긋나게 맺어 비틀다'다. 동근어 '겯-지르다'는 서로 엇걸리게 걸다는 의미다. '겯거니-틀거니'는 부사다. ¶ 겯거니틀거니 싸우다. ☞ 비틀다

결 나무나 돌, 살갗의 겉면의 상태나 겉면에 드러나는 줄무늬. '결'은 '가르다'에 뿌리를 둔 말인 '갈래, 겨레'와 동원어다. '구름-결(엷고 고운 구름의 결), 돌-결, 물-결, 비단-결, 살-결, 성-결(性; 성품이 곱고 사나운 정도나 상태), 소릿-결, 숨-결, 은(銀)-결' 등으로 쓰인다.

그러나 '꿈결, 잠결, 아침결'에서 '결'은 무늬가 아니라 '짧은 동안'이란 뜻으로 '겨를[暇(가)]'의 준말이다. ¶ 결이 곱다. 결(성결)이 고운 아가씨.

결딴 어떤 일이나 물건 따위가 아주 망가져서 못쓰게 됨. 결딴은 한자 '切斷(절단; 자르거나 베어서 끊음)·決斷(결단)'이 발음이 변한 말로 보인다.(절단/결단>결딴) '결딴나다, 결딴내다(망치다)'로 쓰인다. ¶ 번창하던 사업이 결딴나다. 네가 우리 집안을 아주 결딴낼 작정이냐?

결찌 어찌어찌하여 연분이 닿는 먼 친척. '결(겨레)+찌(사람)'으로 분석된다. ¶ 누구의 결찌라고 그를 홀대하겠나. 그의 결찌에 요로(要路)에 선이 닿는 사람이 하나 있네. ☞ 겨레

ㄱ

결코 부정어와 함께 쓰이어 '절대로'의 뜻. 한자어 명사 '결(決)'에 '하다(<ᄒᆞ다[爲])'가 결합된 동사 어간 '결ᄒᆞ-'에 연결어미 '-고'가 붙어 부사로 되었다.(결+ᄒᆞ+고→결ᄒᆞ고>결코) '하다'의 '하-'는 동사 어간이면서 파생접미사의 기능도 가진 형태소다. 명사에 '-하다'가 붙어 동사로 된 낱말에 '일-하다, 공부-하다, 운동-하다' 등이 있다. '결하다'는 '결정하다, 승부를 내다'란 뜻이고, '결코'는 어원 의식이 흐려져 소리 나는 대로 표기하여 '절대로'를 의미한다. '결단코(결단하고), 맹세코(맹세하고), 분명코(분명하고), 무심코(무심하고), 가타부타(가하다 부하다)' 등이 같은 구조로 형성된 말이다. ¶ 결코 용서할 수 없다.

겹다 정도에 지나쳐 감당하기 어렵다. 어떤 감정이나 기분에 흠뻑 젖어 있다. 때가 지나거나 기울어서 늦다. 겹다는 '이기지 못하다[不勝(불승)]'를 뜻하는 중세어 '계오다/계우다'가 변천한 말이다.

'겨우(가까스로), 눈물-겹다, 시름-겹다, 정(情)-겹다(정이 넘치는 듯하다), 철(계절)-겹다(제철에 뒤져 맞지 아니하다), 흥(興)-겹다, 힘-겹다' 등으로 쓰인다. ¶ 그는 졸음에 겨워 무거운 머리를 손으로 문질렀다. 제멋에 겨워 어쩔 줄을 모른다. 김장 때가 겨워 초겨울로 접어들고 있었다.

경마 남이 탄 말을 몰기 위하여 잡는 고삐. 또는 고삐를 잡고 남의 말을 모는 일. 한자어 '牽(견; 끌다)'과 '말[馬(마)]'이 합성된 말이다.(견+말→견마>경마) ◇ 경마를 잡히다 - 말고삐를 남에게 잡혀 몰고 가게 하다. [말 타면 경마 잡히고 싶어 한다] 사람의 욕심이 한이 없음을 이르는 말.

경첩 돌쩌귀처럼 문짝을 다는 데 쓰는 장식. 두 쇳조각을 맞물려 만듦. 본딧말은 '겹첩'이다. 겹첩은 '겹(포개진 것)+첩(疊; 겹쳐지다. 접다)'로 분석된다.(겹첩>경첩) 경첩의 어원적 의미는 '겹으로 접힌 것'이다. '경첩-관절(關節); 나비-경첩(나비 모양으로 된 경첩), 장(長)-경첩' 등으로 쓰인다. ¶ 경첩을 달다.

경치다 호되게 꾸지람을 듣다. 아주 단단히 벌을 받다. 아주 심한 상태를 못마땅하게 여겨 이르는 말. '黥(경)'과 '치다(그리다)'가 합성된 말이다. 黥(경)은 예전에 도둑의 얼굴에 죄명(罪名)을 새겨 넣는 형벌이다. [경쳐 포도청이라. 경치고 포도청 간다] 매우 혹독한 벌을 받는다. ¶ 이런 경칠 녀석 같으니. 날씨 한번 경치게(매우) 덥군. 죽을 경을 겪다.

곁두리 농사일 등 힘든 일을 하는 사람이 끼니 밖에 참참이 먹는 음식. 사이참/새참. '곁누리'라고도 한다. '곁[側(측; 옆)]+누리/두리'로 분석된다. '전누리'는 강원도 사투리다. 여기서 '누리'는 때[時(시)] 곧 '끼니'를 이르는 말이다. '곁두리-때, 저녁-곁두리(점심과 저녁밥 사이에 먹는 밥)'로 쓰인다.

계시다 '머물러 있다'의 높임말. 중세어형은 '겨시다'다. 이는 '*겨(다)+시(높임선어말어미)+다'로 분석된다. '*겨다'가 '있다[在(재)]'의 뜻인 것은 이두 표기 '爲良在(ᄒᆞ얏견; 하여 있는)'으로도 알 수 있다. 높임선어말어미 '-시-'의 <삼국유사(원가)> 향찰 표기는 賜[샤. 시]다. 계시다는 사람의 존재만을 밝히는 서술어다. ¶ 어머니는 방에 계신다.

계집 계집은 조선 초기에 여자나 아내[妻(처)]를 가리키는 평범한 말이었으나, 지금은 여자의 낮춤말로 쓰인다. ↔ 사내. 지아비. 중세어형은 '겨집'이다. 계집은 '계시다'의 옛말 '겨시다(<*겨다[在 · 有])'의 어근 '겨-'에 '집[家(가)]'이 결합하여 이루어졌다.(겨집>계집)

'겨집ᄒᆞ다'는 장가들다의 뜻으로 쓰였고, '계집'은 집에 있는 사람이란 뜻에서 생겨난 말이다. 이는 모계 중심의 사회에서 부계 중심으로 가족 제도가 바뀌면서 여자들이 집을 지키고 아이를 기르게 된 사실에 기인한다. '계집'이 합성된 말에 옛말 '곳-계집[情婦(정부)]'과 '돌-계집[石女(석녀)], 군-계집(아내 이외에 몰래 상관하는 여자)' 등이 있다. 이와 달리 '겨집'의 어원을 '겨레[血族(혈족)]를 생산하는 주머니'로 보는 이도 있다. [발이 편하려면 버선을 크게 짓고, 집안이 편하려면 계집 하나를 둬라] 첩을 두면 집안이 편하지 못하다는 말. ☞ 집

고개 산이나 언덕의 넘어 오르게 된 비탈진 곳. = 재. 목의 뒷등 부분. 일의 어떤 고비나 절정. 중세어형도 현대어와 같다. 비탈진 '고개'와 목[頸(경)]의 뒤쪽인 부분을 뜻하는 '고개'는 동음이의어이자 동근어다. '고개'의 어근 '곡'은 굴곡 개념어 kop(곱)-~kup(굽)-[曲]에서 kok(곡)-으로 변한 꼴이다.(곡+애→고개) 목의 뒤쪽을 이르는 고개는 일본어 kubi와 대응되는 말이다. 사물의 가장 긴요한 기회나 막다른 절정을 나타내는 고비(←곱+이)도 어원이 같다.

고개를 제주 사투리로 '고뱅이'라 한다. 따라서 고개는 '위로 굽어 언덕을 이룬 길'이란 뜻이다. ◇ 고개가 수그러지다 - 존경하는 마음이 일어나다. ¶ 고개 너머 저쪽에 있는 마을이 우리 동네다. 이번 일로 어려운 고개 하나를 또 넘은 셈이다. 보릿고개[春窮期(춘궁기)]를 넘기다.

고구려 기원전 37년 주몽이 졸본(길림성 일대) 지역에 세운 고대국가. '고+구려'로 분석된다. '고(高)'는 왕실의 성씨(姓氏)로 삼은 말이고, '구려(句麗)'는 돌로

쌓은 성(城)을 뜻하는 '구루(溝婁)'다. 이는 만주어 gurun[국가]과 비교된다. gur-은 '고을(<ᄀᆞ볼; 忽 · 邑)'과 일치하는 말이다.(고+구루→고구루/고구리>고구려) 고구려를 이룬 주민 집단은 예맥족(濊貊族)이다. '貊(맥)'은 단군신화에 등장하는 곰[熊; 고마]과 통하는 말이다. 고구려는 처음에 '구려'로 불리다가 기원을 전후한 시기부터 '맥(貊)'으로 불렸다. 돌궐족도 고구려를 '매크리[貊高麗]'라 하였다.

'고구려'란 명칭은 기원전 107년 이전에 기록된 땅 이름[高句麗懸; 현도군]이나 그 당시 중국 세력을 몰아낸 역사적 사실을 보더라도 고구려 건국은 기원전 75년경으로 거슬러 올라간다. 고조선과 부여를 계승한 고구려는 고조선 때 빼앗긴 우리 땅 요동을 되찾았다. '고려'는 고구려를 계승한 의미에서 줄인 나라 이름이다. ☞ 곰, 고을, 조선, 코리아

고구마 메꽃과의 여러해살이풀. 줄기는 땅 위로 길게 벋고 땅속뿌리의 일부가 살이 쪄서 덩이뿌리를 이룸. 멕시코가 원산지다. 1600년경 중국에 전해진 후 일본을 거쳐 1700년대 후반부터 우리나라에서 재배되기 시작하였다. 고구마는 탄수화물이 대량 함유된 영양 식품이다.(孝行藷[일본어; 고코이모]→고금아>고구마) '고구마-술, 고구마-엿; 군-고구마, 날고구마' 등으로 쓰인다. ☞ 감자

고기 식품으로 쓰는 짐승의 살. 물고기의 준말. '고기'를 <계림유사>에서는 魚肉皆曰姑記(고기)라 표기하여 현대어와 일치한다. 고기[肉(육)]는 '모든 짐승과 물고기의 살'을 일컫는 말로 '살'과 구별되어 쓰인다. 만주어 jali, 위글어 goʃi에 미루어 *goli가 '고기'의 기원이라고 하는 설이 있다. 살코기는 '슳ㅎ+고기'로 합성되면서 발음이 변한 말이다. '방자-고기'는 다른 양념은 하지 않고 소금만 뿌려서 구운 짐승의 고기를 뜻한다. [고기도 저 놀던 물이 좋다] 낯익은 곳이 역시 좋다는 말. ☞ 살

고깔 중이 머리에 쓰는 건(巾)의 하나. 베 조각으로 세모지게 만든 물건. 중세어형은 '곳갈'이다. '곳갈(←곳+갇)'에서 '곳'은 '송곳, 동곳; 곶(串)'과 같은 형태소로 뾰족한 것을 뜻하고 '갇'은 모자를 의미한다. '갇[笠(립)]'이 '갓~갇>갈>깔'로 변하였다. <삼국사기(지리지)>에 관(冠)을 骨蘇曷(골소갈)로 기록하였는데, 이 말은 고깔의 이두식 표기다.(고소갈>곳갈>고깔) 오늘날 '고깔'은 농악춤을 추는 사람들이 머리에 쓰는 모자를 가리킨다. 우리말 '갓'은 일본어 kasa와 대응된다. ¶ 얇은 사(紗) 하이얀 고깔은/ 고이 접어서 나빌레라 …… <조지훈 (승무)>

☞ 꽃

고깝다 섭섭하고 야속하여 마음이 언짢다. '曲(곡; 굽다)'에 '-갑다(형용사화접사)'의 결합으로 보인다.(*곡갑다>고깝다) '고까움타다, 고까워하다, 고까이'로 쓰인다. 고깝다의 어원적 의미는 '(마음이) 굽다/바르지 않다'다. ¶ 그게 그렇게 고깝냐? 내 말을 고깝게 듣지 말게.

고누 땅이나 종이 위에 말밭을 그려 놓고 두 편으로 나누어 말을 많이 따거나 말길을 막는 것을 다투는 놀이. 18세기 문헌 <물보>에 '고노'가 나온다. '고노'는 '고노다(>꼬느다)'의 어간이 명사로 된 말이다. 현대어 동사 '꼬느다(<ᄭᅩ노다)'는 '잔뜩 차리어 가지고 벼르다'를 뜻한다. 경기도 사투리는 '꼬니/꼬누'다. '고누-판; 사발-고누, 우물-고누' 등으로 쓰인다. ¶ 고누를 두다.

고달이 물건을 들거나 걸어 놓기 좋도록, 노끈 따위로 고리처럼 만들어 물건에 달아 놓은 것. '고리+달(다)[懸(현; 매달다)]+이'로 분석된다. '고리'는 '귀고리, 문고리'처럼 가늘고 긴 쇠붙이 따위를 굽혀서 동그랗게 만든 것을 뜻하는 말이다. 어원적 의미는 '고리를 단 것'이다. ¶ 액자 고달이가 떨어졌다. ☞ 고리

고달프다 몸이나 처지가 몹시 지쳐서 느른하다. 중세어형은 '고ᄃᆞᆯ프다'다. 고달프다는 '고(공이)+닳(다)+-브다(접사)'로 분석된다. '닳다'는 접촉 개념어 '닿다'와 동근어다. '애달프다(←애+닳+-브다)'와 형태 구조가 같은 고달프다의 어원적 의미는 '절굿공이가 닳아 일하기에 힘이 들다'인데, '몸과 마음이 지쳐 고단하다'는 뜻으로 전의 되었다. '고단하다'와 '아프다'의 합성어로 보는 설도 있다. ¶ 하는 일이 무척 고달프다. ☞ 닿다

고두밥 아주 되게 지어 고들고들한 밥. = 지에밥(술밑으로 쓰려고 시루에 찐 고두밥). '곧(다)[直(직)]+우+밥'으로 분석된다. 고두밥의 어원적 의미는 물기가 적어 퍼지지 않아 쌀이 '곧게 된 밥'이다. ☞ 밥

고두리 물건 끝의 뭉뚝한 곳. 고두리살(화살)의 준말. 몽골어 qodoli(화살)에서 온 말이다. '고두리-뼈(넓적다리뼈의 머리빼기), 고두리-살; 뼈-고두리(뼈로 만든 화살촉)'로 쓰인다. [고두리에 놀란 새] 고두리살에 맞은 듯 새처럼 놀랍고 두려워 어찌할 바를 모르고 떨고 있는 경우를 두고 이르는 말.

고두쇠 작두 따위의 머리에 가로 끼어 날이 빠지지 않고 움직이게 하는 끝이 굽은 쇠. 17세기 문헌 <역어유해>의 표기는 '고도쇠[鍘釘(전정)]'다. '고두쇠'는

'곧다[直(직)]'의 어근에 '쇠'가 결합된 말이다.(고도쇠>고두쇠)

고드름 낙숫물이 흘러내리다가 길고 뾰족하게 얼어붙은 얼음[氷柱(빙주), 氷垂(빙수)]. 17세기 문헌 <역어유해보> 표기는 '곳어름'이다. '곳어름'은 '곳다, 곧다[直(직)], 곶/곶(串)'의 어근 '곳/곧'에 '얼음'이 합성된 말로 발음이 변하여 고드름이 되었다. 고드름의 어원적 의미는 '곧게 뻗은 얼음'이다. 제주도 사투리 '곳아죽다(얼어죽다)'에서 '곳다'와 추워서 손이 '곱다'의 어근 '곳-'과 '곱-'은 같은 뿌리에서 나온 말로 보인다. [고드름 초장 같다] 겉으로 보기에는 훌륭하나 실속은 무미(無味)함을 이르는 말. ¶ 처마 끝에 매달린 고드름을 따다. ☞ 얼음

고랑[1] 밭이나 논의 두둑의 사이. 두두룩한 두 땅 사이의 낮은 곳. 밭 따위를 세는 단위. <준>골. 고랑[甽(견) · 溝(구)]은 '골(골짜기[谷])+-앙(접사)'으로 분석된다. '골'은 '좁고 길게 움푹 파인 곳'을 뜻한다.(고랑/골항) '고랑-못자리, 고랑배미, 고랑창/골창(폭이 좁고 깊은 고랑); 개-골창(수채 물이 흐르는 작은 도랑), 갯고랑(갯가의 고랑), 밭고랑, 산고랑' 등으로 쓰이는 말이다. ¶ 고랑이 얕으면 물이 고인다. 밭 두 고랑. ☞ 고을, 구멍

고랑[2] 쇠고랑[수갑(手匣)]의 준말. '고리+-앙'으로 분석된다. '고리'는 가늘고 긴 금속 따위를 굽혀서 동그랗게 만든 것을 뜻하며 '귀고리, 문고리' 따위로 쓰인다. ¶ 고랑을 차다. ☞ 고리

고래 방의 구들장 밑으로 있는 고랑을 뜻하는 '방고래'의 준말. '골[谷(곡)]+-ᄋᆡ/애(접사)'로 분석된다.(고ᄅᆡ>고래) 방고래에 쌓여 있는 재를 '고랫재'라고 한다. ¶ 방고래가 막혀 불길이 잘 들지 않아 재를 퍼냈다. ☞ 고을

고래고래 화가 나서 큰 소리를 지르는 모양. '골(다)+애(부사화 접사)'로 분석된다. '골-'은 잠잘 때 크게 콧소리를 내다를 의미하는 동사 '골다'의 어근으로 '코'와 동근어다. 고래와 같은 말인 '고래기'는 아우성을 뜻하는 평북 사투리다. ¶ 고래고래 소리를 지르다. ☞ 코

고래실 바닥이 깊숙하고 물길이 좋아 기름진 논. = 고래실논. 고래-실(<고ᄅᆡ실)은 '방고래'에 골짜기를 뜻하는 '실'이 결합된 말이다. 여기서 '고래'는 방고래와 같은 말이지만 '깊은 물구덩이'를 뜻한다. 이러한 골짜기에 있는 논이 '고래실-논'이다.

고로쇠나무 단풍나뭇과의 낙엽 활엽 교목. 고로쇠나무는 수액(水液)이 뼈에 이롭

다는 의미에서 한자 '骨(골; 뼈)+利(이)+水(수)'의 음이 변한 말이다.(골리수>고로쇠) ¶ 마을 사람들은 이른 봄에 고로쇠를 받느라 분주하다.

고름¹ 살갗의 곪은 곳에서 생기는 끈끈한 물질. 중세어형은 '고롬'이다. 고름은 '곯다/곪다[膿(농)]+옴(명사형어미)'으로 분석된다.(고롬>고름) '고름균(菌), 고름덩이, 고름집; 피고름' 등으로 쓰인다. ¶ 고름을 짜다.

고름² 저고리나 두루마기의 깃을 여미어 매기 위하여 깃 끝과 그 맞은편에 단 헝겊 끈. '옷고름'의 준말. 18세기 문헌 표기는 '고롬'이다. 이는 '고로(다>고르다; 和)+옴(명사형 어미)'으로 분석된다.(고롬>고름) 어원적 의미는 가지런하게 함이다. ¶ 고름을 단정히 하다.

고리 가늘고 긴 금속 따위를 굽혀서 동그랗게 만든 물건. 중세어형은 '골ᄒᆡ, 골회'다. 고리는 중세어 '골회'에서 /ㅎ/이 탈락되면서 유추작용이 일어난 말이다. 어근 '골'은 원곡(圓曲) 개념어 '구슬, 꿇다'와 동근어다. '고리'는 몽골어, 만주어의 gorgi와 상응한다.

'고리-개(고리눈을 가진 개), 고리-눈(<골희눈; 눈동자의 둘레에 흰 테가 돌린 눈); 귀-고리(<귀엿골/귀엣골ᄒᆡ), 문-고리, 갈-고리, 열쇠-고리; 골-뱅이'와 같이 모양이 둥근 것을 이르는 원형어(圓形語)다.(골ᄒᆡ>고리) ☞ 동그라미

고린내 발가락 같은 데서 나는 역한 때 냄새. 구린내, 코린내[臭氣(취기)]라고도 한다. 썩거나 상한 상태를 뜻하는 '고리다, 곪다; 걸다[沃(옥)]'와 '곯다'는 동원어다. 고린내는 '곯다'의 관형사형인 '곯은'에 '내(냄새)'가 결합하여 '곯은+내'가 되었다. 지금도 풀이나 달걀이 썩은 상태를 '곯다'라고 하며, 살이 썩은 것은 '고름(←곯+음)[膿(농)]'이라고 한다.

'곤-죽(←곯은+죽), 고린-전(고린내 나는 돈); 고리-삭다(젊은이가 마치 늙은이처럼 성미가 삭고 맥이 없다), 고리-타분하다(냄새가 고리고 타분하다), 고리-탑탑하다, 고림보, 고린짓'도 동근어다. '내'는 '구린내, 노린내, 누린내, 비린내'에서와 같이 냄새를 의미한다. 연기(煙氣)를 뜻하는 '내(<ᄂᆡ)'와 같은 말로 기체에 의해 후각으로 느끼는 감각어다. 결국 '고린내'는 '곯은 냄새'가 '곯은+내→고린내'로 변하면서 생긴 말이다. ¶ 발에서 고린내가 심하게 나다. ☞ 냄새

고릿적 옛날의 때. '고려(高麗)+(ㅅ)+적[時(시; 때)]'으로 분석된다. '적'은 '요마적, 이마적(이제에 가까운 얼마 동안의 지난날)'으로 쓰이는 말이다. 어원적 의미는 '고려 시대'다. ¶ 왜 갑자기 고릿적 얘기는 꺼내니?

ㄱ

고맙다 남이 베풀어 준 은혜나 신세에 대하여 마음이 흐뭇할 만큼 느껍고 즐겁다. 곧 감사하다는 뜻이다. '고맙다'는 신(神)이나 공경(恭敬)을 뜻하는 ':고 · 마/곰'에서 파생된 말이다. '곰+-압다(형용사화 접사)'로 분석된다.

본래 '고맙다'는 '신령의 은혜를 입다. 존귀(尊貴)하다. 공경스럽다'로 쓰이던 말인데 '감사하다'의 뜻으로 된 것은 18세기부터다. 중세어형인 '고마ᄒᆞ다'는 오늘날 동사 '고마워하다'가 대체되어 쓰인다. ¶ 인간이면 입은 은혜를 고맙게 생각하고 그것을 갚을 줄 알아야 한다.

고무 고무나무 껍질에서 나오는 액으로 만든 물질. 프랑스어 gomme에서 온 말이다. '고무공, 고무다리, 고무보트(boat), 고무신, 고무장갑(掌匣), 고무줄, 고무창, 고무풀, 고무풍선(風船); 찰고무' 등으로 쓰인다. 고무신을 신기 시작한 것은 1910년 이후다.

고무래 곡식을 그러모으거나 펴거나 밭의 흙을 고르거나, 아궁이의 재를 긁어내는데 쓰는 도구. 18세기 문헌 표기는 '고미ᄅᆡ, 고미레'다. '곱(다)[曲(곡)]+밀(다)[推(퇴)]+ᄋᆡ'로 분석되며, '*곱미ᄅᆡ'에서 /ㅂ/이 약화 탈락하고 원순모음화 하여 '고미레>고무레'가 되었다. 어원적 의미는 'J자 모양의 굽은 것으로 미는 연장'이다. 사투리에 '밀게(미는 것)'과 '당그리(당기는 것)'가 있다. ¶ 고무래로 밭의 흙을 고르게 만들다.

고물 배의 뒤쪽이 되는 부분. 꽁지부리. 선미(船尾). ↔ 이물. 16세기 문헌 <훈몽자회>의 표기는 '고ᄆᆞᆯ'이다. 고물은 '곰[後(후; 뒤)]+ᄋᆞᆯ'로 분석된다.(고ᄆᆞᆯ>고믈>고물) '고물닻, 고물머리, 고물사공; 뱃고물' 등으로 쓰인다. ¶ 노와 삿대로 배의 고물을 두들겨댔다. ☞ 곰비임비

고부탕이 피륙 따위의 필을 지을 때 꺾이어 겹쳐 넘어간 곳. <준> 고붙. '곱(다)[曲(곡)]+붙(다)[附(부)]+-앙이(접사)'로 분석된다. '고붙치다'는 고부탕이가 지게 접거나 꺾어 넘겨 겹치다를 뜻하는 말이다. ¶ 진열장에 옷감을 고붙쳐 쌓아 두다.

고분고분 시키는 대로 순순히 잘 듣는 모양. 말이나 행동이 공손하고 부드럽게. '곱(다)[麗(려)]+은(관형사형어미)'로 분석된다.(곱+ᄋᆞᆫ→고ᄫᆞᆫ>고분) ¶ 말을 고분고분 잘 듣다. ☞ 곱다

고비 일이 되어가는 데 있어서의 요긴한 기회. 또는 한창 막다른 때나 상황. = 고팽이/고패. '곱(다; 曲)+ᄋᆡ(명사화접사)'로 분석된다.(고ᄇᆡ>고비) '고빗길,

고비늙다(지나치게 늙다), 고빗사위, 고비샅샅; 마감고비, 막고비, 한고비(절정)' 등으로 쓰인다. ¶ 죽을 고비를 여러 번 넘기다. 대한 때가 겨울 추위의 고비다.

ㄱ

고뿔 감기(感氣)를 뜻하는 순수 우리말. 16세기 문헌 <분문온역이해방>에 '곳블'이 나온다. 고뿔은 '고ㅎ[鼻(비)]+ㅅ+블[火(화)]'로 분석된다.(곳블>고쁠>고뿔) 어원적 의미는 '코에서 불(열기)이 나는 것같이 콧물이 흘러나오다'다. ¶ 고뿔이 들다. ☞ 코

고삐 마소의 굴레나 재갈 또는 코뚜레에 잡아매어 몰거나 부릴 때에 끄는 줄. '고ㅎ[鼻(비)]+(ㅅ)+비(轡; 고삐. 줄. 바)'로 분석된다.(곳비>고삐) 어원적 의미는 '코에 매는 줄'로 고유어와 한자의 합성어다. 중세어형 '셕(굴레, 고삐)'은 革(혁)의 변음으로 재료가 가죽 끈이었음을 알 수 있게 하는 말이다. 말 아가리에 물리는 쇠막대인 '재갈(<쟈갈[勒])'은 몽골어다. ◇ 고삐를 늦추다 - 감시나 주의를 누그러뜨려 관대하게 대하다. [고삐가 길면 밟힌다] 나쁜 짓을 오래 계속하면 끝내 들키고 만다.

고사리 고사릿과의 여러해살이 양치식물. 궐채(蕨菜). 어린잎은 삶아서 말렸다가 나물로 씀. 중세어형도 오늘날과 같다. 고사리[蕨(궐)]는 원곡(圓曲) · 굴절(屈折) 개념어 '곱다[曲(곡)]'와 '사리'가 합성된 말로 의미가 겹쳐 '굽은 상태'를 뜻한다. 끝이 돌돌 말리기 때문에 붙여진 산나물 이름이다.(곱[曲]+사리→고사리) ¶ 우리 민요에 고사리꺾기 놀이가 전한다. ☞ 사리

고샅 시골 마을의 좁은 골목길. 좁은 골짜기의 사이. '고샅'에서 '고'는 골[谷(곡; 골짜기)]이 /ㄹ/ 탈락한 형태고, '샅'은 사람이나 짐승의 두 다리가 갈라진 '사이[間(간; 사타구니)]'를 이르는 말이다.(골+샅→고샅) 샅(사이)의 15세기 문헌 <내훈초간> 표기는 '삿[間(간)]'이다. '샅'이 결합된 낱말에 '손-샅(손가락의 사이), 잇-샅(<닛삿; 잇몸의 틈)'이 있다. '고샅'의 어원적 의미는 '골목 사이'다. ¶ 고샅을 빠져 나와 넓은 운동장으로 향하다. ☞ 고을, 사타구니

고생 괴롭고 힘든 일을 겪음. 어렵고 힘든 생활을 함. 또는 그런 생활. 18세기 문헌 <염불보권문>의 표기는 '고상'이다.(고상>고생) 잠이 오지 않아 누운 채로 이 생각 저 생각하며 애태우는 모양을 뜻하는 부사 '고상고상'은 같은 말이다. 순수 고유어 '고생'을 '苦生[*고싱]'으로 적는 것은 한자 취음이다. '고생길, 고생살이, 고생스럽다, 고생티' 등으로 쓰인다. ¶ 고생 끝에 낙이 있다. 객지에서 고생해 봐야 집이 좋은 줄을 안다.

ㄱ

고소하다 깨소금이나 참기름 같은 맛이나 냄새가 나다. <큰> 구수하다. 중세어형은 '고ᄉᆞ다', <두시언해중간>에는 '곳곳다'고, 그 이후 표기는 '고소다[香(향)]'다. 현대어 '고소하다(<고소다)'의 어근 '곳'은 '꽃(<곳[花(화)])'과 동근어로 꽃의 냄새(향기)와 관련된다. 중세어 '곳답다, 옷곳ᄒᆞ다'는 '향기롭다'를 뜻하다가 후대에 '꽃답다'로 어형이 변화하면서 '꽃과 같이 아름답다'는 뜻으로 쓰인다. '고소하다'는 미운 사람이 잘못되는 것을 마음속으로 재미있게 여김을 비유하기도 한다. ¶ 참기름 맛이 매우 고소하다. ☞ 꽃

고스란히 건드리지 아니하여 조금도 축나거나 변하지 아니하고 온전하게. ≒ 모두. 몽땅. 전부. 그대로. 고스란히는 중세어 '오ᄋᆞᆯ다. 오ᄋᆞᆯ오다[全(전)]'의 어근에 /ㄱ/이 덧붙어 '*고ᄉᆞ로'를 거친 말이다. (오ᄋᆞᆯ+오→오ᄋᆞ로/고ᄉᆞ로→고스란(하다)+히) 어원적 의미는 '온전히'다. ¶ 용돈을 고스란히 저축하다. 옛 모습을 고스란히 간직하다. ☞ 온전하다

고슴도치 고슴도칫과의 동물로 등과 몸 양편에 가시가 돋쳐 있다. <향약채취월령(1431)>에 이두식 표기 '蝟皮 鄕名 高所音猪[고솜돝]'이 보인다. 중세어형은 '고솜돋, 고솜돝'이다. '고솜+돝[豕(시)]+이(주격형)'로 분석되는 합성어다. 구개음화하여 '고슴도치'로 굳어졌다. '고솜'은 식물에 바늘처럼 가늘게 돋아난 부분을 가리키는 '가싀(>가시)'에 명사형 어미 '-ㅁ'이 붙어 형성된 말이다.

<고려도경(1123)>에 麗俗謂刺蝟毛爲苦苫의 고려말 '苦苫(고점)'은 중세어 '고솜돝'의 '고솜'이다. 이 동물의 이름이 본래 '고솜'이었고, 돝[豕; 돼지]이 후대에 붙었음을 보여준다. <향약구급방>에는 蝟皮俗云苦蔘猪(위피속운고삼저)가 나온다. 결국 고슴도치는 '가시가 돋친 돼지 같은 모습을 한 짐승'이란 뜻이다. [고슴도치도 제 새끼는 함함하다고 한다] 누구나 제 자식은 귀여워한다는 말. · 함함하다 : 털 따위가 보드랍고 윤기가 있다.

고약하다 냄새나 맛이 비위에 거슬릴 정도로 나쁘다. 성미나 언행이 괴팍하고 사납다. 일이 꼬이거나 빗나가다. 한자어 괴악(怪惡; 언행이 괴이하고 흉악함)에서 온 말이다.(괴악>고약) '고얀'은 '고약한'의 준말이다. ¶ 고약한 냄새. 일이 고약하게 되어가다. 고약한/고얀 녀석.

고양이 고양잇과의 동물을 통틀어 이르는 말. <준> 괭이. <계림유사>에 猫曰鬼尼[*고니], <고려사>에 方言猫曰高伊[*고이/괴]라 하였다. 고양이는 '고니/괴+-앙이'로 분석된다. '고냉이'는 경상도 사투리다. 고양이를 부를 때에 쓰는 말

'나비'는 원숭이를 가리키는 '납, 잰나비'에 넘겨주었다.

'괭이-잠'은 깊이 들지 못하고 자주 깨면서 자는 잠이다. '들-고양이'는 '살쾡이. 들이나 산에서 사는 고양이'를, '도둑-고양이'는 집에서 기르지 않아 돌아다니며 음식을 훔쳐 먹는 고양이를 말한다. ◇ 고양이와 개 - 서로 앙숙인 관계를 이르는 말. [고양이 쥐 생각] 속으로는 해칠 마음을 품고 있으면서, 겉으로는 생각해 주는 척함을 이르는 말. = 고양이 쥐 사정 보듯.

고요하다 잠잠하고 조용하다. 조용하고 평화롭다. 중세어형은 '괴외ᄒᆞ다[寂(적)]'다. <월인석보>에 '괴외ᄌᆞᆷᄌᆞᆷᄒᆞ다(고요 잠잠하다)'가 나온다.(괴외ᄒᆞ다>괴요ᄒᆞ다>고요하다) '외'는 '외롭다[獨(독; 홀로)]'의 어근이다.(외~괴) '괴외'는 동음이 생략되면서 '고요'로 변하였다. 동근어에 '괴괴하다(쓸쓸할 정도로 아주 고요하고 잠잠하다)'가 있다. ¶ 고요가 깃들다. 고요한 바다. 고요한 아침의 나라. 겨울밤이 깊어지자 온 마을이 괴괴하다. 괴괴한 달빛.

고을 조선 시대에 주(州) · 부(府) · 군(郡) · 현(縣) 등을 두루 일컫던 '고을'은 마을[郡 · 村]을 뜻한다. 중세어형은 'ᄀᆞᄫᆞᆯ'이다. 이는 가르다[切 · 分]와 동근 파생형 어근 'ᄀᆞᆸ'에 'ᄋᆞᆯ'이 붙어 '경계를 지어 구획을 나눌'이라는 뜻의 관형형이 그대로 명사화된 말이다.(ᄀᆞᆸ+ᄋᆞᆯ→ᄀᆞᄫᆞᆯ) 'ᄀᆞᄫᆞᆯ'은 '셔ᄫᅳᆯ(>서울)'의 'ᄫᅳᆯ[原(원)]'과 함께 고대 신라의 땅 이름 '火[불], 伐(벌)' 그리고 백제의 '夫里(부리)'와 연결된다. 이들은 촌락(村落)이나 '집단 거주 지역'을 뜻한다. 고대 어형 'ᄀᆞᄫᆞᆯ'이 일본에 건너가 köföri[郡]가 되었음은 두루 아는 사실이다.(ᄀᆞᄫᆞᆯ>ᄀᆞ올/ᄀᆞᄋᆞᆶ>고을>골[谷]/고을)

고구려 땅 이름에 널리 쓰인 '忽'은 한자음이 그 당시도 [홀]이었을 것으로 추정되며, 이에 해당하는 만주어는 holo[谷] golo[河 · 中], 몽골어 gool, 칼묵어 gol[강물의 중심, 주거지, 중앙]이다. 한편 高句麗(고구려)에서 句麗는 '성(城), 골/고을' 등을 의미하는 '골, 구루(溝漊)'의 소리를 표기하여 [ko+guru](큰 나라)라 읽혀진 것으로 보인다. '골'은 '골짜기, 개골창, 고랑, 골목' 등과 동근파생어로 <용비어천가>에 '가막골[加莫洞], ᄆᆞᅀᆞᆷ골[舍音洞], ᄇᆡ얌골(蛇洞)'과 /ㄱ/이 탈락한 형태로 'ᄀᆞ래올[楸洞]'이 있다. 경기도 수원시 이의동(지금의 광교지구)에 전해 오던 마을 이름 '가재울, 성죽골, 안골, 쇠죽골' 등 전국 곳곳의 토박이 땅 이름에 '골'이 전한다. ¶ 우리 고을의 특산품은 버섯이다. 시골은 공기도 맑고 한적하다.

고작 얕잡아 하는 말로 기껏 따져 보거나 헤아려 보아야. 평가 기준보다 훨씬 미흡한 정도로. 많아야. ≒ 겨우. 기껏. 중세어형은 '고ᄌᆞ기'다. 어근 '고ᄌᆨ(ᄒᆞ다)'은 '극진히(그 이상 더 할 수 없이)'를 뜻하던 말이다. ¶ 고작 한다는 것이 이것이냐? 이제 고작 십 리 걸었다.

고장 사람이 모여 사는 일정한 지방 또는 고향. 어떤 물건이 특징적으로 많이 나는 곳. 고장은 '곧+-앙'으로 분석된다. '곧(>곳)'은 장소를 뜻하는 명사며 '-앙'은 '마당(←맏+앙), 고랑(←골[谷]+앙), 이랑(←일[耕]+앙)' 등의 파생어를 만드는 접사다. 고장이란 '일정한 지역'을 일컫는다. ¶ 이 고장에는 쌀이 많이 난다.

고주망태 술을 많이 마시어 정신을 차릴 수 없는 상태. 고주망태는 술을 거르거나 짜는 틀인 '고주'와 '망태(기)'가 결합된 말이다. 의미가 확대되어 술을 거르는 틀 위에 올려놓은 망태처럼 술에 잔뜩 전 상태를 이른다.

16세기 초 문헌 <사성통해>에 고주망태와 유사한 '고조주머니(술주자 주머니)'가 나오며, 술주자에서 갓 뜬 술을 '고조목술'이라 하였다. <역어유해>에 동두주(銅頭酒)를 '고주목술'이라 하였는데, 이는 오늘날 '동동주'의 고유어로 보인다. ¶ 고주망태가 되도록 술을 마시다.

고주박 땅에 박힌 채 썩은 나무의 그루터기. 윗동을 베어내고 몇 해 지난 뒤 죽은 뿌리를 말한다. '枯株(고주; 마른 나무의 밑동)+박(다)+(이)'로 분석된다. '고주박이'라고도 한다. 어원적 의미는 '박힌 나무의 밑동'이다. '고주박-잠'은 등을 구부리고 앉아서 자는 잠을 이른다. ¶ 고주박을 도끼로 치고 비틀어 뽑아 땔감으로 쓰다.

고지 호박이나 가지 따위를 납작하게 썰거나 길게 오려서 말린 것. '곶다(>꽂다)'의 어간에 명사화접사 '-이'가 결합한 말이다. 어원적 의미는 '(꼬챙이에) 꽂은 것'이다. '고지말랭이; 가지고지, 무고지, 박고지, 호박고지' 등으로 쓰인다. 동음이의어로 누룩이나 메주 따위를 디디어 만들 때에 쓰는 나무틀을 '고지'라고 한다. ¶ 고지를 켜다. 고구마 고지. ☞ 꼬치

고지식하다 성질이 외곬으로 곧아 융통성이 없다. 중세어형은 '고디식ᄒᆞ다'다. '곧(다)[直(직)]+이(접사)+식(識)+ᄒᆞ(다)+다'로 분석된다. 어원적 의미는 '알고 있는 대로 하다'다. '고지식하다'는 본래 '성실하다. 진실하다'의 뜻으로 쓰이다가 '융통성이 없을 정도로 판단력이 둔함'을 의미하는 말로 바뀌었다. ¶ 강직하고

고지식한 인품. 그 분의 성품은 고지식하고 대쪽 같아 웬만한 잘못은 그냥 넘기는 법이 없다.

ㄱ

고추 가짓과의 한해살이 풀. 익은 열매는 빻아서 양념으로 씀. 고추는 맛이 쓴 풀 곧 '苦草(고초)'라는 뜻의 한자로 조어(造語)된 말이다. 중세어형 '고쵸'는 음운의 이화(異化) 작용에 의하여 '고추'로 어형이 변하였다.(고쵸(苦椒)>고초>고추)

고추의 현대 중국어는 '辣子[làzi]'다. 향신료 '후추'도 '호쵸(胡椒)'가 모음교체 되어 순우리말처럼 쓰이는 말이다. '고춧가루, 고춧대, 고추씨; 땡고추(빨갛게 잘 익은 고추), 마른고추, 물고추, 실고추' 등으로 쓰인다. 빨간빛의 고추는 민간에서 잡귀(雜鬼)의 출입을 막는데 쓰인다. 경북 지방 민요에 '고추 당초 맵다더니 시집살이 더 맵더라'는 구절이 있다.

16세기 말 임진왜란 때 토요토미 히데요시가 조선에서 일본으로 고추를 가져갔는데 그들은 고추를 '고려후추'라고 불렀다는 기록이 일본 문헌 <대주편연략>에 '朝鮮蕃椒渡'로 전한다. [고추는 작아도 맵다] 몸집은 작아도 힘이 센 사람, 하는 일이 야무진 사람을 비유한 말.

고치다 낡거나 해진 것을 다시 좋게 만들다. 바꾸다. 치료하다. <삼국유사(광수공양가)> 향찰 표기에 '直體良焉多衣(고티란ᄃᆡ)'가 나온다. 중세어형은 '고티다'다. 고치다[改(개)·癒(유)]는 '곧(다)+히(사동접사)+다'로 분석된다. '곧'은 직선적(直線的) 의미를 나타내는 곧다[直(직)]의 어근이고, '-히/이-'는 접사로 '넓다→넓히다, 좁다→좁히다, 높다→높이다'와 같이 형용사를 동사로 파생시킨 형태소다. 결국 '고치다'는 굽어서 잘못된 것을 바르게 편다는 뜻이다. ¶ 부서진 책상을 고치다. 위장병을 고치다. 자세를 고치다. ☞ 곧다

고콜 방안의 등화용으로 관솔불을 올려놓을 수 있도록 벽에 뚫은 구멍. 흙벽 한 귀퉁이에 제비집 같은 턱을 만들어 불을 피우게 하고 위쪽에는 밖으로 구멍을 내어 연기가 빠져나가게 한 시설이다. 18세기 문헌 <한청문감>에 '곡홀(糠燈洞子)'이 나온다. 고콜은 '고ㅎ[鼻(비; 코)]+골/홀[谷·忽]'로 분석된다.(고ㅎ+골/홀→곡홀>고콜/고굴) 어원적 의미는 '콧구멍 같은 굴'이다. ☞ 코, 고을

고패 줄을 걸쳐 높은 곳에 기(旗)나 물건을 달아 올리고 내리는 도르래나 고리. 또는 그것이 오르락내리락하는 상태. 천천히 뜨겁게 열을 주어 구부린 나무. <물명고>에 '창ᄋᆞ고패(挾口子)'가 나온다. 고패는 '곱(다)/곱히(다)[曲(곡)+애'

로 분석된다. '곱히다'의 앞선 표기는 '고피다/곱흐리다'다.(곱히-+-애→고패) 고패의 어원적 의미는 '고부라진 것'이다.

'고패낚시, 고패떨어뜨리다, 고패떼다(굴복하다), 고패절(고개를 숙이어 하는 절), 고팻줄, 고패집, 고패치다, 고팽이; 창(窓)고패' 등으로 쓰인다. '고패-집'은 일자로 된 집채에 부엌이나 외양간 따위를 직각으로 이어 붙인 집을, '고팽이'는 새끼·줄 따위를 사리어 놓은 돌림을 세는 단위나 비탈진 길의 가장 높은 곳, 고비를 뜻하는 말이다. ¶ 고패를 올려 태극기를 달다.

고프다 → **'아프다'** 참조

곡괭이 황새의 부리처럼 한쪽 또는 양쪽으로 길게 날을 내고 가운데에 자루를 박은 괭이의 한 가지. 18세기 문헌 <한청문감>의 표기는 '곳광이'다. '곳[直(직)]/곶(串)+광이'로 1차 분석된다. '곳'은 '곳다(>곧다)'의 어근이다. 광이(>괭이)는 땅을 파는 기구로 '鍋(과)+-앙이'로 된 말이다. 곡괭이의 어원적 의미는 '뾰족한 괭이'다. ¶ 곡괭이로 땅을 파다.

곤두박질 몸을 번드쳐 갑자기 거꾸로 내리박히는 일. = 곤두질. <물보>에 '곤두박질(擲倒)'이 보인다. '곤두+박(다)+질(접미사)'로 분석된다. '곤두'는 한자 '筋頭(근두; 머리)'가 변한 말이고, '박-'은 동사 '박다/박히다'의 어근으로 속이나 가운데에 들여 넣는다는 뜻이다. 어원적 의미는 '머리를 내리박는 짓'이다. '곤두-박-이, 곤두-박다, 곤두-서다, 곤두-짓'으로 쓰인다. ¶ 비탈이 급해 곤두박질을 하기 십상이다. 주가가 하루아침에 바닥으로 곤두박질쳤다.

곤죽 몹시 질어서 질퍽질퍽한 것을 이르는 말. 일이 뒤죽박죽이 되어 갈피를 잡을 수 없이 된 상태. '곯(다; 물크러지다)+ㄴ+粥(죽)'이다. '죽'은 낟알을 물에 오래 끓여 알갱이가 흠뻑 무르게 만든 음식이다. 어원적 의미는 '곯아서 죽처럼 물크러진 것'이다. ¶ 밥이 곤죽이 되었다. 일을 곤죽으로 만들다. 술에 곤죽이 되었다. 땅이 질어서 곤죽같이 된 곳을 이르는 '진창'이라고 한다.

곧다 구부러지거나 비뚤어지지 아니하고 똑바르다. 마음이 정직하다. 마음이 외곬으로 바르다. ↔ 굽다. 중세어형도 같다. <삼국유사(두솔가)>에서 향찰 표기 '直等隱'은 '고둔'이 된다. 곧다[直(직)·貞(정)]는 '굽다[曲(곡)]'의 어근이 음운 도치되어 뜻바꿈한 말로 보인다. '잘못된 것을 바로 잡다. 수리하다'는 뜻의 '고치다(←곧+히+다)'와 '고르다[調(조)·均(균)]'도 어근이 '곧-'이다. 직선적(直線的)인 의미를 나타내는 곧다는 '곧, 고대(즉시), 곧바로, 곧잘, 곧장,

곧추다(곧게 하다), 꼿꼿하다, 고지식하다, 곧이듣다' 등으로 파생되어 쓰이고 있다.

마음이 바르고 곧은 것[貞(정)]을 '올곧다, 올바르다'라고 한다. 여기서 '올'은 실이나 줄의 가닥 또는 '옳다'의 어근과 같은 뜻이며, 동사 '옮다, 옭아매다'를 파생시킨 말이기도 하다. 동근어인 부사 '줄곧(끊임없이 잇달아)'의 어원적 의미는 '줄이 곧다'다. [곧은 나무 먼저 찍힌다] 똑똑하고 정직한 사람이 먼저 도태된다는 말.

골똘하다 한 가지 일에 온 정신을 쏟아 딴 생각이 없다. <조선어사전(문세영)>에 한자어 '汨篤(골독)하다'가 나온다. 발음이 변하여 '골똘'이 되었다.(골독>골똘) ¶ 골똘하게 생각하다. 무얼 그리 골똘히 생각하느냐?

골막하다 그릇에 담긴 것이 다 차지 않고 조금 모자라는 듯하다. <큰>굴먹하다. '곯(다)[虛(허; 가득 차지 않고 조금 비다. 모자라다)]+막(접사)+하(다)+다'로 분석된다. 동근어에 '고프다, 골막골막, 골싹, 골쏨; 배곯다'가 있다. ¶ 곯은 배. 말라서 속이 곯은 밤. 동이마다 쌀을 골막골막 채우다. 골막하게 담긴 밥사발.

골목 동네 가운데의 좁은 길. 큰길에서 동네로 들어가는 좁은 길. '고을/골[谷(곡)]+목[頸(경)]'으로 분석된다. '골목길, 골목대장(大將), 골목쟁이(골목에서 더 깊숙이 들어간 좁은 곳); 뒷골목' 등으로 쓰인다. ¶ 골목골목 외치고 다닌다. ☞ 고을, 목

골백번 '여러 번'을 강조하거나 속되게 이르는 말. '골+百番(백번)'으로 분석된다. 백만(百萬)을 뜻하는 옛말 '골'은 순수 고유어이던 것이 한자 '만(萬)'에 밀려 죽은말이 되었다. 한자어 '백(百)과 천(千)'의 고유어는 각각 '온, 즈믄'이다. '골백번'은 '백 번을 다시 만 번이나 되풀이하다'는 뜻으로, 어원적 의미는 '매우 여러 번'이다. ¶ 골백번도 넘게 말하다.

골뱅이 연체동물 복족강에 속하는, 몸이 나선형 껍데기 속에 들어 있는 동물을 통틀어 이르는 말. 전자 우편 주소에서 @를 가리키는 말. '골[谷(곡)]+뱅이(원형 개념어)'로 분석된다. 15, 16세기에 소라[螺(나)]나 우렁을 '골/골와라/골왕이'라고 하였다. 골뱅이의 어원적 의미는 '뱅뱅 돌려진 것'이다. ☞ 달팽이

골병 속으로 깊이 든 병. '곯(다)[虛(허; 속이 비다)]+病(병)'으로 분석된다. 골병의 어원적 의미는 '속이 차지 않은 병'이다. '골병-들다'는 '좀처럼 고치기 어렵게 속으로 깊이 병이 들다'다. 동근어 '고삭다'는 '곯아서 썩거나 삭아 빠지다'로,

'고삭부리'는 '곯고 삭은 사람. 몸이 약해서 늘 병치레를 하는 사람'이다.

골치 머릿골의 낮춤말. 골머리. '골+-치'로 분석된다. 골[腦(뇌)]은 <삼국사기> 心岳城本居尸押의 기록으로 보아 '마음, 정신'을 뜻하며, 소리도 오늘날과 거의 일치한다.(居尸[*걸]) 합성어에 '골나다(성나다), 골탕(되게 당하는 손해나 낭패), 골통(머리)/꼴통' 등이 있다. '-치'는 물고기 이름이나 사람 · 사물을 낮잡아 이르는 말이다. ◇ 골치(가) 아프다 - 성가시고 귀찮아 머리가 아프다.

곰 곰과의 짐승. '미련한 사람'을 비유. 알타이 조어(祖語)에서 신(神), 국가 등을 뜻하는 낱말의 어근 kur(굴)-이 '간(干)/군(君)/ᄀᆞᆷ>곰'으로 변화 과정을 겪은 것으로 추정된다. 단군 신화나 백제 땅 이름 熊津[고마ᄂᆞᄅᆞ]으로 보아 오래전부터 있어온 말이다. <삼국사기>에 熊[곰]을 功木[*고모]라고 하였다. 이는 고대 일본어 kuma[熊(웅)], 에벤키어 kuma[海豹(해표)]와 대응된다. 일본의 북부 아이누에서는 곰을 [kamui]라 이른다. 'ᄀᆞᆷ'은 알타이어에서 신(神)을 가리킨다. 중세어형도 '곰'이다.

'곰'은 우리 민족이 먼 옛날부터 신성시하는 동물로 '부활(復活), 신성(神聖)'을 상징한다. 곰을 이르는 평북 지방의 심마니말 '너패'는 만주 · 여진어에서 비롯되었다. '곰열'은 웅담(熊膽; 곰의 쓸개)을 이르는 말이다. [곰 가재 뒤듯] 곰이 개천에서 돌을 뒤져 가재를 잡듯이 서두르지 않고 침착하게 행동함을 이르는 말.

곰국 소의 뼈와 고기를 푹 삶은 국. '고다'의 명사형 '곰'과 '국'의 합성어다. 고다(<고으다)[烹(팽; 삶다)]는 뭉그러지도록 푹 삶거나 진액만 남도록 매 끓인다는 동사다. 탕(湯)은 국을 뜻한다. '곰탕'은 '고으(다)+옴(명사화접사)'에 '-탕(湯; 끓이다)'이 결합된 말이다. ¶ 곰을 고다.

곰보 얼굴이 얽은 사람. = 얽보. '곪(다)[膿(농)]+보(접사)'로 분석된다. 어근 '곰'을 구멍[孔(공)]이나 곱(다)[曲(곡)]로 보기도 한다. '곰보-'는 '오톨도톨한 모양'을 뜻하여, '곰보-딱지, 곰보-망치, 곰보-빵, 곰보-유리, 곰보-철판(鐵板)' 등으로 쓰인다.

곰비임비 물건이 거듭 쌓이거나 일이 겹쳐 일어나는 모양. 자꾸 앞뒤 계속하여. [<곰ᄇᆡ림ᄇᆡ] <악학궤범(동동)>에 '德으란 곰ᄇᆡ예 받ᄌᆞᆸ고, 福으란 림ᄇᆡ예 받ᄌᆞᆸ고'가 나온다. 옛말 '곰ᄇᆡ림ᄇᆡ'는 '앞뒤 계속하여'란 뜻이다. '곰비'는 뒤[後(후)], '임비'는 앞[前(전)]의 옛말이다. ¶ 경사스러운 일이 곰비임비 일어나다. 곰비임

비 캐묻다. ☞ 이마

곰팡이 하등균류(下等菌類)에 속하는 미생물의 하나. 동식물에 기생하며 음식물 · 의복 · 가구 등에도 생기고 포자로 번식한다. <준> 곰. 곰팡. 16세기 문헌 <훈몽자회> 표기도 '곰[殕(부; 썩다)]'이다. 곰팡이는 동사 '곰퓌다(>곰피다; 곰팡이가 피다)'의 어간 '곰퓌-'에 접사 '-앙이'가 결합된 파생어다. '곰'은 '곪다(<곰다), 곯다; 검다'와 동원어다. ◇ 곰팡내 나다 - 생각이나 행동 따위가 고리타분하다. [믿는 나무에 곰피다] 굳게 믿었던 사람이 배신을 하거나, 그 사람을 믿다가 일이 잘못되는 경우를 말함. ¶ 누룩곰팡이는 양조용 디아스타아제 등의 원료로 쓰인다.

곱 같은 수량이나 분량을 몇 번이고 거듭 합치는 일 또는 그 셈을 뜻하는 '곱절'의 준말이다. '곱'은 '곫다[並(병; 아울다)]'의 어근 '곫-'에서 온 말로, 중복 개념어 '겹[重(중)]'과 동원어 관계다. '곱절이 되다'를 중세어에서는 곱다[培(배)]라고 하였다.

'곱-빼기(두 그릇 몫을 한 그릇에 담은 분량), 곱-셈; 곱-먹다(곱들다), 곱-삶다, 곱-새기다, 곱-씹다(거듭 씹다. 언행을 곰곰이 되풀이하다), 곱-잡다(곱절로 쳐서 헤아리다), 곱-쟁이(곱절이 되는 수량), 곱-치다, 곱-하다(곱절로 하다)' 등으로 쓰이는 말이다. '갑절'은 어떤 수나 양을 두 번 합친 것을 뜻하는 '갑절, 곱절[倍(배)]'의 '갑, 곱'은 모음이 교체된 말이다.

곱다 보기에 또는 듣기에 아름답다. 부드럽고 순하다. 중세어형도 ':곱다'다. '고+-ㅂ다'로 분석된다. <삼국사기>에 신라 땅 이름 '花園縣本古(舌)火縣'의 *kupul로 보아 고대어형이 확인된다. 어근 '고'는 꽃(<곶[花])과 동원어다. 몽골어 goa[아름답다]와 대응한다. 한국인의 미의식을 고려할 때 원형 개념어 '굽다(<곱다)'와 모음교체된 동근어 관계다.(곱살하다, 곱상(곱게 생긴 모양)/하다, 곱살스럽다)

부사 '고이(곱게. 고스란히. 편안히)'는 '곱(다)+이'로 분석된다. '곱다시(무던히 곱게)'는 '곱다랗듯이'가 줄어든 말이다. '곱단하다'는 '곱고 단정하다'를 뜻한다. 사랑하다[愛(애)]의 옛말 '괴다(고와하다)'도 '곱다'와 동원어다. [고운 사람 미운 데 없고 미운 사람 고운 데 없다] 한번 좋게 보면 그 사람이 하는 일이 다 좋게만 보이고, 한번 밉게 보면 그 사람이 하는 일이 다 밉게만 보인다는 말. ☞ 꽃

ㄱ

곱창 소의 작은창자. '곱(굳은 기름)'과 '창자(腸子; 밸)'로 이루어진 말이다. 부스럼이나 헌데에 끼는 곰팡이 같은 흰 물질 모양의 지방질(굳은 기름)을 '곱'이라고 한다. 합성어에 '곱-똥, 곱-끼다, 꼽-재기(때나 먼지 같은 작고 더러운 것); 눈-곱' 등이 있다. 곱[脂(지)·膏(고)]의 이형태 '골[膏]'은 '골[腦(뇌)], 고름(←곯+음[膿(농)]), 곰(곰팡이)'과 동원어다. 곱창의 어원적 의미는 '기름기가 많은 창자(밸)'다. 소의 곱창을 재료로 한 음식에 '곱창-구이, 곱창-전골'이 있다.

곱하다 어떤 수를 곱절로 셈하다. ↔ 나누다. 중세어형은 '곱다'다. 후대에 동음이의어인 ':곱다[娟(연)], 곱·다[曲(곡)]'와 혼동을 피하기 위해 '곱하다(←곱[培]+하다[爲])'로 어형이 변하였다. '곱'은 중복 개념어 'ᄀᆞᆲ다[竝·重疊], 겹[重(중)]'과 동근어다. ☞ 곱, 갑갑하다, 거품

곶 바다로 길게 뻗어 세 면이 바다로 둘려 있는 육지의 끝 부분. 갑(岬). 지취(地嘴; 땅 부리) <삼국사기>에 땅 이름 岬城郡本百濟古尸伊縣[*고시]가 나온다. 백제어를 거쳐 중세어형도 오늘날과 일치한다. '곶[串]'(<고지)은 '곧다[直(직)], 곶다(>꽂다)[揷(삽)]'의 어근이다.

땅 이름 '고잔동(곶의 안쪽 동네; 경기도 안산시에 있는 동네 이름); 간절곶(울산시), 장기곶(호미곶), 장산곶, 죽변곶' 따위로 쓰이는 말이다. '곶(串)'은 의미 형태상 '코[鼻; 곻]'와 동근어다. '곶'은 일본에 건너가 '구시[串]'로 쓰인다. ☞ 코

곶감 껍질을 벗겨 꼬챙이에 꿰어 말린 감. 건시(乾柹). '곶(다)+감'으로 분석된다. '곶다'는 꽂다[揷(삽)]의 옛말로 '곧다(<곶다[直(직)])'와 동근어다. 곶감(<곳감)의 어원적 의미는 '꽂은 감'이다. [곶감 꼬치에서 곶감 빼 먹듯] 애써 모아 둔 것을 조금씩 쉽게 헐어 써 버림을 이르는 말.

과녁 활이나 총 따위를 쏠 때 목표로 삼는 물건. <고려도경>에 보이는 한자어 관혁(貫革; 가죽을 뚫음)이 본딧말이다.(관혁>과녁) '과녁-빼기/집'는 조금 먼 거리에 똑바로 건너다보이는 집을 일컫는다. ¶ 화살이 과녁에 명중하다.

과메기 꽁치를 차게 말린 것. 원래는 꽁치가 아니라 비웃을 간하지 않고 반으로 갈라 말린 것(건청어)에서 비롯되었다. 비웃(청어)의 눈에 나뭇가지를 꿰어 말렸다는 뜻의 '관목(貫目)'이 경상도 사투리 '관메기'로, 다시 /ㄴ/이 떨어져나가 '과메기'로 변한 말이다.(貫目+이→*관모기/관메기>과메기/과매기) 과메기는 꽁치를 추녀 밑에서 1주일에서 보름 정도 꾸덕꾸덕하게 말린 생선으로

보통 김에 싸서 먹는다. '코달이'는 명태의 밸을 따고 코를 꿰어 매달아 꾸덕꾸덕 하게 말린 것을 일컫는다.

과일 살과 수분이 많고 단맛 또는 신맛이 있는 식물의 열매. 사과 · 배 · 복숭아 · 수박 · 참외 따위. 과일은 한자어 果實(과실)이 변한 말이다.(과실>과일) '과일가게, 과일꾸미(과일을 채를 쳐서 만든 꾸미), 과일나무, 과일즙(汁), 과일칼, 과일편' 등으로 쓰인다.

과판 국화(菊花) 모양을 새긴 쇠나 나무의 판. 국화 모양을 찍어 내는 데 쓰임. '국화(菊花)+판(版; 널)'로 분석된다.(국화+판→*구화판>과판) 국화의 변이음 '구화'는 '구화반자(국화 무늬의 반자), 구화장지(국화 무늬의 장지)' 등으로 쓰이는 말이다.

곽 물건을 담는 작은 상자. = 갑(匣; 작은 상자). <훈몽자회>에 '곽[柩(구)]'이 나온다. 밥을 담는 도시락을 북한에서는 '밥곽'이라고 한다. '꿀곽'은 떠낸 꿀을 모아 담은 큰 통을 일컫는다. 성냥의 제주도 사투리는 '곽'이다. 이와 달리, 관(棺)을 넣는 궤를 뜻하는 곽(槨)은 한자어다.

곽쥐 어린아이가 울거나 보챌 때, 을러서 달래는 말. 옛날에 세력을 떨쳤다는 곽준(郭逡) 등 여덟 형제의 별명인 郭走(곽주)에서 온 말이다. ¶ 울지 마라. 저기 곽쥐가 온다.

관솔 송진이 많이 엉긴 소나무의 가지나 옹이. '괄(다; 불길이 세다)+ㄴ+솔[松(송)]'로 분석된다. 관솔에 붙인 불을 '관솔불/솔불'이라고 한다. ¶ 관솔에 불을 붙여 어둠을 밝히고 밤일을 하였다. ☞ 소나무

관자놀이 귀와 눈 사이의 맥박이 뛰는, 태양혈(太陽穴)이 있는 곳. '관자(貫子)+놀(다)[躍(약; 뛰다)]+이'로 분석된다. 관자(貫子)는 망건(網巾)에 달아 당줄을 꿰는 작은 고리를 뜻한다. 관자놀이의 어원적 의미는 '관자가 왔다갔다 움직이는 곳'이다. ¶ 미련퉁이 사내는 주먹으로 상대편의 관자놀이를 주먹으로 힘껏 후려쳤다.

광 광은 세간 따위를 넣어 두는 곳으로 한자어 고방(庫房)에서 귀화한 말이다. '고방>고빙>고왕'이 줄어 '광'으로 되었다. 어원적 의미는 물건을 저장하여 두는 곳간(庫間)으로서의 방(房)이다. 16세기 문헌 <계초심학인문>에 '고방'이 나오며, 오늘날 경상도 사투리 '고방'은 표준어 '광'의 원형(原形)이다. 구한말

ㄱ

'곳집'으로 쓰였다. '땅-광'은 뜰이나 집채 아래에 땅을 파서 만든 광이다. [광에서 인심 난다] 제 살림이 넉넉하고 윤택하여야 남을 동정하게 된다는 말. ¶ 시어머니는 며느리에게 광의 열쇠를 넘겨주었다.

광주리 대오리나 싸리 · 버들가지 따위로 엮어 만든 둥근 그릇. 16세기 문헌 <훈몽자회> 표기는 '광조리[筐(비) · 筐(광)]'다. 광주리는 筐(광)에 조리(笊籬; 쌀을 이는 데 쓰는 기구)가 합쳐진 말이다.(광조리>광ᄌᆞ리/광즈리>광주리) '광주리-장수'는 광주리에 채소 · 어물 따위를 담아 이고 다니며 파는 사람을 가리킨다. '광우리'는 '우리/어리[籬(이; 울타리)]'에 유추된 사투리다. ¶ 광주리에 사과를 가득 담았다.

괘씸하다 남이 도리에 어긋나는 말이나 행동을 하여 못마땅하고 밉살스럽다. <역어유해>에는 '과심ᄒᆞ다(可惡)', <동문유해>는 '과씸ᄒᆞ다'로 나온다.(과심>과씸>괘씸) 어원적 의미는 '올바르지 않아 밉다'다. '괘씸-죄(罪)'는 아랫사람이 윗사람의 눈 밖에 나는 행동을 하여 받는 미움을 뜻한다. '괘씸-스럽다'는 못마땅하고 밉살스러운 데가 있다를 의미하는 말이다. ¶ 괘씸한 녀석 같으니라고. 괘씸죄에 걸리다.

괜찮다 별로 나쁘지 아니하다. 상대방의 말이나 행동이 자신이 하고 있는 일과 별다른 관계가 없다. 주로 상대방을 안심시킬 때 걱정하지 말라는 표현으로 쓴다. 괜찮다는 '관계(關係)하지 아니하다'가 줄어든 말이다. '아니ᄒᆞ다'는 '없다'의 음운 교체형으로, 어근 '없'은 '안->엄->업-'의 발달로 볼 수 있다. '괜찮다'와 같은 조어법으로 형성된 낱말에는 '귀(貴)찮다, 편(便)찮다, 점잖다, 적잖다, 같잖다' 등이 있다. '까닭이나 필요가 없이'를 뜻하는 부사 '괜히'는 '공연(空然)히'의 준말이다. ¶ 늦어도 괜찮다. 여기서 놀아도 괜찮다. ☞ 아니다

괴롭다 몸이나 마음이 편하지 못하다. 힘들고 어렵다. 중세어형은 '苦ᄅᆞ외다, 苦로외다'다. 한자 苦(고)에 '되다'의 옛 표기 'ᄃᆞ외다(<ᄃᆞᄫᅵ다)'가 결합되면서 음운 변화가 일어나 '苦+ᄃᆞ외다→고ᄃᆞ외다>고되다'와 '고ᄅᆞ외다>고로외다>고롭다>괴롭다'가 되었다. '괴롭다'의 선행형은 '고되다(←苦+ᄃᆞᄫᅵ다)'다. 현대어 '고되다'는 하는 일이 힘에 겨워 고단하다는 뜻이다.(고+-롭-+-다→괴롭다) ¶ 아주 괴로운 일이 벌어지다.

괴발개발 고양이 발자국인지 개의 발자국인지 알 수 없이 어지럽다는 뜻에서, 글씨를 휘갈겨 써 놓은 모양을 가리킨다. '괴[猫(묘)]'는 고양이의 준말이다.

발[足(족)]은 '밟다'를 파생시킨 형태소다. ◇ 괴발개발 그리다 - 글씨 쓰는 솜씨가 아주 사납다. ¶ 담벼락에 괴발개발 아무렇게나 낙서가 되어 있었다. ☞ 고양이, 개, 발

괴팍하다 성미가 까다롭고 별나서 붙임성이 없다. 어근 '괴팍'은 한자어 乖愎(괴퍅; 어그러지다. 남의 말을 듣지 않다)이 발음 변화한 말이다.(괴퍅하다>괴팍하다) ¶ 괴팍한 성격.

굄 유달리 귀엽게 여겨 사랑함. 총애(寵愛). '굄'은 사랑하다를 뜻하는 중세어 '괴·다'의 명사형이다.(괴+ㅁ→굄) '괴다'는 곱다[美(미)]에서 발달한 말이다. <악작가사(사모곡)>에 '괴시리(사랑할 사람이) 업세라'가 나온다. '굄-성'은 남의 눈에 들게 구는 성미나 성질을 뜻한다. ¶ 굄을 받다.

구더기 파리의 애벌레. 중세어형도 오늘날과 일치한다(구더기/귀더기). 구더기[蛆(저)]는 '궂(다)[惡]+어기'로 분석된다. 어원적 의미는 '궂은 것'이다. '누엣-구더기, 똥-구더기, 술-구더기(걸러 놓은 술에 뜬 밥알)'로 쓰인다. [구더기 무서워 장 못 담글까] 어려움이 있더라도 해야 할 일이나 하고 싶은 일은 하게 마련이라는 뜻. ¶ 쓰레기통에는 언제나 구더기가 들끓었다.

구덥다 굳건하고 확실하여 아주 미덥다. = 확실하다. '굳(다)[固(고; 단단하다)]+-업다'로 분석된다. 구덥다의 어원적 의미는 '굳은 것 같이 미덥다'다. ¶ 그가 전한 말은 구더운 사실로 드러났다. ☞ 굳세다

구덩이 땅이 움푹 팬 곳. 또는 땅을 우묵하게 파낸 곳. 땅속을 파 들어간 곳. '굳+-엉(이)'로 분석된다. '돌림-구덩이(벽과 기둥을 통하여 그 밑에 길게 돌려 판 구덩이), 물-구덩이, 불-구덩이(세차게 타오르는 불의 속), 흙-구덩이' 따위로 쓰인다. ¶ 구덩이를 파다. 진흙 구덩이. ☞ 구들

구두 주로 가죽을 원료로 하여 발등을 덮게 만든 서양식 신. 처음에 양화(洋靴)로 일컫다가 일본어 [구쓰; kutsu]를 '구두'로 받아들인 말이다. 몽골어는 [구둘]이다. '구두끈, 구두닦이, 구둣발, 구두약(藥), 구둣주걱, 구두창' 등으로 쓰인다.

<계림유사>의 鞋曰盛(혜왈성[sin])은 오늘날 '신(발)'과 일치한다. 15세기 문헌 <능엄경언해>에 '목 있는 신'을 '훠[靴]', 목이 없는 것은 '신'으로 구별하였다. <역어유해>에 신 뒤축을 '훳뒤측'이라 하였다.

구두쇠 마음이 굳고 몹시 인색한 사람. 구두쇠는 단단한 물건에 대한 촉감 표현인

'굳다'의 어근 '굳-'에 매개음 '-우-'와 '인성(人性)에 어떤 특질이 있는 사람'을 의미하는 '-쇠'를 결합시킨 말이다.(굳-+우+쇠→구두쇠) 어근 '굳'은 '곧다'의 모음교체형으로 동근어다. 접미사 '-쇠'는 '억쇠, 돌쇠, 먹쇠'처럼 사람 이름에 쓰여 쇠와 같이 굳세고 단단함을 나타내는 형태소다. 결국 구두쇠란 '굳은 사람. 재물을 굳게 지키는 사람'이다.

그리고 남에게 인색하고 이기적인 사람을 일컫는 '깍쟁이'는 어원적 의미가 물건 값을 깎는 데서 나온 말로 보인다. ¶ 그는 이름 난 구두쇠다. ☞ 곧다, 쇠

구들 방고래 위에 덮어 깔아 방바닥을 만드는 얇고 넓적한 돌. '굳[坑(갱)]+을'로 분석된다. 중세어형은 '굳'이다. 구들은 원래 '굴[穴(혈)]'을 뜻한다. 의미가 전의되어 방을 덥히는 방바닥에 까는 돌을 가리키게 되었다. '구들'은 퉁구스어와 만주어 kul(굴)-, 몽골어 kol(골)-과 통하며, 중세어 '굳(구덩이. 굴)'과 관련된다.(굳→굳+을→구들)

이와 같이 명사에 접사 '-을'이 결합된 낱말에는 '수풀(←숲+을), 구슬(←굽+을), 아들(←앋+을)'이 있다. 부뚜막을 뜻하는 일본말 구도(久度)는 '구들, 굴뚝(<*구도)'이 건너간 것으로 보인다. ◇ 구들 장군(將軍) - 제 집 안에서만 활개를 치는 남자나 방 안에만 박혀 있는 사람을 이르는 말.

구레나룻 귀밑에서 턱까지 잇달아 난 털. '구레'와 '나룻'의 합성어다. '구레'는 '구르(다)+-에'로 분석된다(*굴게>굴레[勒(륵)]>구레) 마소의 얼굴에 씌우는 '굴레'와 양쪽 갈비 아래의 잘록한 부분을 일컫는 '허구리(<녑구레; 옆구리)'에서 '구레'는 같은 말이다. 16세기 문헌 <소학언해>의 '날옺(*<날곶)'과 17세기 문헌에 보이는 '나롯(>나룻)'은 수염(鬚髥)을 뜻하는 순우리말로 '가잠나룻, 다박나룻, 답삭나룻, 아랫나룻' 등으로 쓰인다.(굴에+날옺/날옷→구레나룻) 구레나룻의 어원적 의미는 '굴레를 씌우는 데 난 수염'이다. ¶ 나룻이 석 자라도 먹어야 샌님. ☞ 굴레

구름 공기 중의 수분이 상승하여 이슬점 이하에서 엉기어 맺혀 아주 작은 물방울이나 얼음 입자 상태로 모여 높이 떠 있는 것. <계림유사>에 '雲曰 屈林'이라 하였다. 고려말 屈林과 중세어 '구룸'은 현대어와 일치한다. 구름은 '굴+움(접사)'으로 분석되며, '굴'은 검다의 어근 '검-'과 동근이형태로 일본어 [kumo]와 대응한다. 결국 구름의 어원적 의미는 '검은 것'이다. 이와 달리 '구르다'의 명사형으로 보기도 한다.

옛날부터 우리 조상들은 구름의 상태로 날씨를 예측하였고, 천둥을 동반한 검은 구름은 공포의 대상이었다. '열-구름(<녈구름)은 떠가는 구름을, '구름-다리(<구롬ᄃᆞ리)'는 육교(陸橋)를 뜻하는 말이다. ◇ 구름(을) 잡다 - 뚜렷하지 아니하고 막연하여 걷잡을 수 없음을 비유. [구름 갈 제 비 간다] 둘이 의례 같이 붙어 다니어 서로 떠나지 않는 것을 이름. ¶ 구름 한 점 없는 파란 하늘이 눈부시다.

구리 원소 기호 Cu로서 붉은색을 띠는 금속. <삼국사기> 땅 이름에 仇知縣을 金池縣이라 한 것으로 보아 구리는 쇠와 대응된다. 중세어형도 오늘날과 같다. 구리는 무르다의 상대어인 고체 개념어 '굳다[견고(堅固)]'의 어근에 명사화 접사 '-이'가 결합되면서 발음이 변한 말이다.(굳+이→*구디>구리) 구리의 기원은 서기 전 1천 년경 한반도에 청동기가 나타나면서부터고, 오늘날 산업 전반에 걸쳐 널리 쓰이는 금속 재료다.

구멍 뚫어지거나 파낸 자리. 중세어형은 '굼ㄱ, 구무'다. 구멍[穴 · 孔]은 중허(中虛) 개념어 '구ᇚ~구무'에 파생접사 '-엉'이 결합된 말이다. 접사 '-앙/-엉'이 붙어 파생된 낱말에 '고랑(<골항[溝]), 구렁(<굴헝[壑]), 벼랑(<별)' 등이 있다.

구멍은 여러 지역의 사투리에 '굼, 굼기, 궁, 옴/움, 옹/웅'의 형태로 그 흔적이 남아 있다. '구멍가게, 구멍노리(구멍의 둘레), 구멍새(구멍의 생긴 모양), 구멍탄(炭); 땅구멍, 목구멍, 밑구멍, 콧구멍' 등으로 쓰인다. ◇ 구멍이 나다 - 도중에 까탈이 생겨 일이 잘못되다. [구멍을 보아 말뚝 깎는다] 형편을 보아 가며 알맞게 일을 꾸려 나간다는 말.

구메구메 남모르게 틈틈이. 새새틈틈. 기회 있을 때마다. 18세기 문헌 <청구영언>에서 '구멍'과 함께 쓰인 '구메'는 '구무/굼(<구ᇚ)+에(조사)'로 분석된다. 오늘날 죄수에게 옥문의 좁은 구멍으로 넣어 주는 밥을 '구메-밥'이라 하고, 작은 규모로 짓는 농사를 '구메-농사'라 한다. 구메구메는 어원적 의미가 '구멍구멍이 난 곳에'다. ¶ 구메구메 먹여 살리다. 구메구메 모아둔 잔돈.

구석 모퉁이의 안쪽. 16세기 문헌 <훈몽자회>, <소학언해>의 표기는 '굿/구석'이다. '구석'은 가장자리의 어근 'ᄀᆞᆺ'과 동근어인 '굿[角(각)]'에 장소를 나타내는 접사 '-억'이 결합된 말이다.(굿+억→구석) 구석의 사투리 '구억'은 땅 이름인 '구억말(구석+마을; 구석에 있는 마을)'에 나타난다. 구석의 어원적 의미는 '가장자리의 후미진 곳'이다. '구석구석/이, 구석방(房), 구석장(欌), 구석지다'로 쓰인다. ¶ 이 물건을 저 구석에 두어라. 집안의 구석구석까지 뒤지다.

구슬 유리나 보석 등을 동그랗게 다듬은 물건. <삼국사기>에서 구슬[玉(옥)]을 古斯/丘斯[*고사/구사], <계림유사>에 珠曰區戌(주왈구술)로 적고 있어 오늘날 ‘구슬’과 일치한다. ‘구슬’의 어근 ‘굿’은 원형 개념어 ‘굽다[曲(곡)]’의 어근 ‘굽-’과 동근어다.(굽+을/굿+을→구슬) ‘굽-’의 말음(末音)이 ‘ㅂ->ㅅ-’로 변하여 ‘굿-’이 되었다.(굽>굿) ‘굽다’는 동사 ‘굴다(구르다), 꿇다(<숧다), 굴리다’와 동원어로 원형 어근과 관계 있는 말이다. 일본어 kusirö[釧 · 玉]는 우리말 구슬[珠]의 차용일 개연성이 높다. 만주어 gu(玉)는 제주도 사투리 [gu]와 일치한다.

구슬처럼 방울방울 맺힌 땀을 ‘구슬-땀’이라 하고, 알사탕을 ‘구슬-사탕’이라고 한다. 목걸이는 작은 구슬에 구멍을 뚫어 끈으로 꿰어 목에 거는 장신구를 가리키는 말이다. 그럴듯한 말로 꾀어 상대방의 마음을 움직이게 하다를 뜻하는 동사 ‘구슬리다’의 원뜻이 ‘구르게 하다’로, 구슬에서 파생된 말이다. ‘(바퀴를) 굴리다(<구을리다)’도 ‘구슬리다’와 동근어다. 구슬을 꿴 염주는 순환(循環)하여 끝없이 계속됨을 상징한다. ◇ 구슬려 삶다 - 잘 달래어 마음이 솔깃하도록 만들다. [구슬이 서 말이라도 꿰어야 보배라] 아무리 좋은 것이라도 쓸모 있게 만들어 놓아야 값어치가 있다는 말.

구실 자기가 마땅히 하여야 할 일. 역할(役割). 중세어형은 ‘그위실, 구위실’이다. ‘그위, 구위/구의’는 관청(官廳) 또는 관직(官職), 관리(官吏)를 일컫는 말이고, ‘실’은 직(職) · 무(務) · 사(事)의 뜻이다. ‘구위실’은 동음생략에 의하여 ‘구실’로 음절이 줄어 그 뜻도 ‘관청의 일’에서 조세(租稅)로 바뀌었다가, 지금은 ‘역할, 직책(職責), 직분(職分)’을 나타낸다.(구위실/그위실>구의실/구우실>구실) 중세어에 공금(公金)을 ‘그윗金, 그윗것’이라 하였는데, <대한매일신보(1908)>에 ‘구실돈’으로 쓰였다. ‘관리 생활’의 순수 고유어는 ‘구실살이’다. ¶ 제 구실을 다하다. 이번 일을 성사시키는 데 그가 큰 구실을 하였다.

구완 아픈 사람이나 해산한 사람을 돌보아 주는 일. = 바라지. 한자어 救患(구환; 환난을 구함)에서 온 말이다. ‘병-구완(病; 간병. 고수련), 해산-구완(解産; 해산바라지)’으로 쓰인다. ¶ 약을 지어다 구완을 하다. 산모를 구완하다.

구유 마소의 먹이를 담아 주는 큰 그릇. 흔히 큰 나무토막이나 돌을 길쭉하게 파내어서 만듦. 15세기 문헌 <남명집언해>에 ‘구ᅀᅵ’, 16세기 <훈몽자회>에는 ‘구슈/구유’로 나온다. 어근은 ‘*굿’으로 ‘굳[坑(갱; 구덩이)]’과 동근어다.(*굿+

이→구ᅀᅵ>구슈>구유) 구유[槽(조)]의 어원적 의미는 '구덩이(를 파낸 것)'다. 말의 먹이를 담아 주는 그릇을 '말-구유(<ᄆᆞᆯ규슈)'라고 한다. 구유는 '구유-골(좁고 깊은 골짜기), 구유-방아, 구유-배[船(선)], 구융/귀융-젖(젖꼭지가 우묵하게 들어간 여자의 젖); 귀웅(도자기를 만드는 곳에서 진흙을 담는 데 쓰는 통)' 등으로 쓰인다. ¶ 소 외양간 구유에 여물을 넣어 주다.

구적 돌이나 질그릇 따위가 삭아서 겉에 일어나는 얇은 조각. <준>적. '굴+적'으로 분석된다. 어원적 의미는 '굴 껍데기'다. '적'은 '조각[片(편)]'과 동근어며, '-쩍'으로도 쓰인다. '굴쩍'은 굴을 까 낸 살에 섞여 든 굴깍지(굴 껍데기)를, '이쩍'은 오래되어 굳어 붙은 이똥을 이르는 말이다. ¶ 구적이 일다. 적을 따다(굴의 살에 붙은 껍데기 조각을 떼어내다). 구적돌은 돌이 삭아서 겉에 일어난 엷은 조각이다. ☞ 조각

구접 하는 짓이 너절하고 지저분함. '궂(다)+-업(접사)'로 분석된다. '구저분하다, 구접/귀접스럽다, 구중중하다'는 더럽고 지저분하다를 뜻하는 파생어다. 구덥(구차한 생활이나 처지)이나 구듭(귀찮고 힘 드는 남의 뒤치다꺼리)도 동근어다. ¶ 구접이 도는 늙은이. 구접스럽게 놀다. ☞ 궂다

구정물 무엇을 빨거나 씻거나 하여 더럽고 흐려진 물. <작>고장물. 구정물[汚水(오수)]은 '궂(다)[惡(악)]+-엉(접사)+물'로 분석된다. '구정물받이, 구정물통(개수통)'으로 쓰인다. ¶ 구정물을 하수구에 버리다. ☞ 궂다, 물

구태여 일부러. 굳이. <준> 구태. [+부정어]. 중세어형은 '구틔여'다. 기본형은 '구틔다(굳히다)'로 어근은 '굳[硬(경)]-'이다.(굳+희/히+어→구틔여>구ᄐᆡ여>구태여) '굳이(굳게. 구태여)'는 '굳(다)+-이(부사화 접사)'로 분석된다. ¶ 구태여 말할 필요가 없다. 구태여 네가 떠날 것까지는 없다.

국말이 밥이나 국수를 국에 만 것. '국/국물[湯(탕) · 羹(갱)]+말(다)+이'로 분석된다. '국'은 17세기부터 쓰이기 시작하였다. 동사 '말다(물에 넣어 풀다)'는 물[水(수)]에서 파생된 말이다. ¶ 장터에서 톱톱한 국말이 한 그릇을 사 먹었다. ☞ 말다 · 톱톱하다 : 국물이 묽지 않고 바특하다.

국수 밀가루나 메밀가루 따위를 반죽하여 얇게 밀어 가늘게 썰거나 국수틀에 눌러 빼낸 식품. 면(麵). 17세기 초 문헌 <동의보감>에 '실ᄀᆞᄅᆞ 국슈'가 나온다. 18세기 <동한역어>에서는 국수를 우리나라에서 만든 한자어 麴鬚(국슈)에 어원을 둔 말로 설명하고 있다.

칼국수는 칼로 밀가루 반죽을 가늘게 썰어 만든 국수다. '국수물, 국수사리, 국수틀, 국숫발, 국숫집; 가락국수(우동), 비빔국수, 잔치국수, 칼국수, 콩국수, 틀국수' 등으로 쓰인다. 국수는 장수(長壽; 오래도록 삶)를 상징한다. ◇ 국수를 먹다 – 혼인식을 올리다.

국으로 자기가 생긴 그대로. 제 주제(분수)에 맞게. '국(본바탕)+으로(조사)'로 분석된다. 어근 '국'은 '숫국(숫보기로 있는 사람이나 진솔대로 있는 물건); 제국(거짓이나 잡것이 섞이지 아니한 제격의 상태), 진국(眞; 참되어 거짓이 없는 사람'과 동근어다. ¶ 모르면 국으로 가만있지 무슨 말 참견이냐? 욕심을 버리고 그냥 국으로 있었으면 오늘날 저 지경은 안 됐을 텐데 말이야.

군것질 끼니 외에 과일이나 과자 따위의 군음식을 먹는 일. '군-+것[物(물)]+-질'로 분석된다. 접두사 '군'은 '쓸데없는. 가외로 더한'을 뜻하는 말로 '군것(그리 요긴하지 않은 것), 군계집, 군글자, 군내(제 맛이 아닌 다른 냄새), 군말, 군새, 군소리, 군식구, 군입, 군일, 군음식, 군입질(군것질)' 등으로 쓰인다. ¶ 하루 종일 군것질만 하고 있다.

군새 초가지붕의 썩은 곳을 파내고 덧끼워 질러 넣는 짚. '쓸데없는. 가외로 더한'을 뜻하는 접두사 '군-'이 풀[草(초)]을 뜻하는 '새'와 결합된 말이다. '억-새, 썩은-새(썩은 이엉)' 등으로 쓰인다. ¶ 장마철이 다가오자 물이 새는 초가지붕 여기저기에 군새를 채워 넣다. ☞ 억새

굳세다 힘차고 튼튼하다. '굳다'와 '세다'의 비통사적 합성어로 어원적 의미는 '굳고 세다'다. 굳다는 곧다와 모음교체형으로 '단단하다'를 뜻한다. '세다'는 '힘이 세다'에서 '힘(심)'과 동원어다. 굳건하다는 '굳다'에 같은 뜻의 한자 '健(건; 굳세다)'이 결합된 말이다. ¶ 굳센 주먹/ 의지. 힘이 절로 솟는 굳센 팔과 다리.

굴 땅이나 바위가 깊숙하게 팬 곳. 산이나 땅속을 뚫어 만든 길. 짐승들이 사는 구멍. '굴:'은 '구덩이[<굳[坑(갱)], 구멍(<구무), 구렁(구렁텅이), 움; 굴헝[巷(항; 거리. 마을)'과 동근(원)어다. 고유어 '굴:'은 공교롭게도 한자 窟(굴)과 소리와 뜻이 같으며, 몽골어 ger(집), 만주어 Kure와 대응된다.(구레>굴) '굴다리, 굴뚝, 굴속, 굴집; 바위굴, 땅굴' 등으로 쓰인다. ¶ 호랑이의 굴. ☞ 구들

굴대 바퀴의 가운데 구멍에 끼우는 긴 쇠나 나무. 축(軸; 회전의 중심). '구르/굴(다)[轉(전)]+대(막대기)'로 분석된다. 수레바퀴의 굴대[軸(축)]를 끼우는 부분

을 '굴대/굴-통', 물레의 몸이 얹힌 굴대를 '굴-똥'이라고 한다. '굴대-장군(將軍)'은 몸집이 크고 살빛이 검은 사람을 이르는 말이다.

굴뚝 불을 땔 때 연기가 빠져나가도록 만든 구조물. 구들을 통하여 나온 연기를 빨아내는 굴뚝[煙桶(연통)](<굴독, 굴쑥)은 '굴[穴(혈)]'에 장형체(長形體)의 표현에 쓰이는 '뚝'을 붙인 말이다. '말>말뚝, 풀/팔>팔뚝'과 어휘 변화 구조가 같다.

'굴뚝-같다'는 무엇을 하고 싶은 생각이 간절하다는 뜻이다. ◇ 마음이 굴뚝같다 – 어떤 일을 몹시 하고 싶음을 나타냄. [아니 땐 굴뚝에 연기 나랴] 원인이 있으면 결과가 있게 마련이다. ¶ 경복궁 굴뚝의 조형미는 우리 전통 건축의 백미다. ☞ 구들

굴렁쇠 쇠붙이나 대나무 따위로 만든 둥근 테로써, 굴렁대로 굴리며 노는 어린아이 장난감의 하나. = 동그랑쇠. '구르/굴(다)[轉(전)]+(으)+-엉(접사)+쇠'로 분석된다. 원형 개념어 '굴-'은 굽다/구부리다[曲(곡)]에서 파생한 '구르다'의 어근이다. 굴렁쇠의 어원적 의미는 '구르는 쇠'다. ¶ 굴렁쇠를 막대기로 굴리다. ☞ 구슬, 쇠

굴레 소나 말의 고삐에 걸쳐 머리에 얽어매는 줄. 비유적으로 '얽매임'을 뜻한다. 중세어형은 '굴에[勒(륵)]'다. 굴레는 '구르/굴(다)+게/에'로 분석된다.(굴게>굴에/굴릐>구레/굴레) 어원적 의미는 '고삐로 돌린 것'이다. 구레나룻에서 '구레'도 같은 말이다. ◇ 굴레를 벗다 – 구속이나 통제에서 벗어나 자유롭게 되다. ¶ 굴레를 씌우다.

굴레미 나무로 만든 바퀴. '구르/굴(다)-+-에(접사)+미(것)'로 분석된다. 굴레미는 '굴레[勒(륵)]'와 구별하기 위하여 '어레미(삼태기), 딸내미'처럼 '작거나 작고 귀여운 것'을 이르는 '미'를 덧붙인 것으로 보인다. 굴레미의 어원적 의미는 '구르는 것'이다.

굼닐다 몸을 굽혔다 일으켰다 하다. 굽다[曲(곡)]와 닐다[起(기)]가 합성된 말이다. '굽-+(어)+닐-+다→굽닐다'가 음운동화에 의해 '굼닐다'로 되었다. 어원적 의미는 '굽히고 일으키다'다. ¶ 만삭이라서 굼닐기가 쉽지 않다.

굼벵이 매미의 유충. 몸놀림이나 하는 일이 매우 굼뜬 사람을 조롱하여 이르는 말. 중세어형은 '굼벙이'다. '굼벵이'에서 '굼-'은 구물구물 · 꿈틀꿈틀 움직이는 모양을 뜻하며, '굼적거리다, 굼실대다, 꿈틀거리다, 꿈쩍이다' 등을 파생시킨

형태소다. 동사 '움직이다(<금즈기다), 움츠리다'에서의 '움-'과 '굼-'은 음운 교체형으로 동근어다. '-벵이'는 원형 개념어 '벙이~방이'에 'ㅣ'모음 역행동화가 일어난 꼴이다.(굼/굼벙+벙이/이→굼벙이>굼벵이) '굼벵이'의 어원적 의미는 '굼틀 · 꿈틀거리는 애벌레'다. '굼벵이-대롱, 굼벵이-매듭' 등으로 쓰인다.

굼벵이의 속성에서 유추된 말에 '거렁뱅이, 주정뱅이, 앉은뱅이, 게으름뱅이'가 있다. [굼벵이도 제 일을 하는 날은 열 번 재주를 넘는다] 미련한 사람도 자기 일이 급하면 무슨 수를 내서든지 해낸다는 말. ¶ 저 사람은 워낙 굼벵이라 모임에 늘 늦는다.

굽 말 · 소 · 양 따위 짐승의 발톱. 그릇의 밑바닥 받침. 구두 밑바닥의 뒤축이 붙어 있는 부분. <훈민정음해례>에 '· 굽爲蹄'가 나온다. '굽[蹄(제; 짐승의 발굽)]'은 '굽다[1][曲(곡)]'의 어근이다. '팔꿈치, 뒤꿈치'에서 '꿈'과 동근어다. '굽-갈이, 굽-격지(굽 달린 나막신), 굽-뒤축, 굽-통(짐승의 굽의 몸통); 말-굽, 발-굽' 등으로 쓰인다. '굽'의 어원적 의미는 '굽은 것'이다. ¶ 굽이 낮은 구두. 접시의 굽이 깨지다.

굽다[1] 휘다. 구부러지다. <삼국유사 권5 피은 제 8>에 曲(곡)을 求佛 또는 屈佛 [*kupul]로 보아 고대어형이 확인된다. 중세어형도 오늘날과 같다. 원형(圓形) 개념어 '굽다'는 '곱다[麗(려)], 굽다[燒(소) · 炙(자)]'와 모음교체된 동근어 관계다. ¶ 팔이 안으로 굽는다.

굽다[2] 불에 익히다. ':굽 · 다[炙(자)]'는 '굽 · 다[曲(곡)]'와 동근어다. 옛날 짐승 고기나 물고기를 불에 올리면 열을 받아 굽어지며 익는 데서 온 말로, 어원적 의미는 '구부러지다'다. 구이(←굽+이)는 '생선구이, 조개구이' 등으로 쓰인다. [구운 게도 다리를 떼고 먹는다] 틀림없을 듯하더라도 만일의 경우를 생각하여 주의를 기울여야 낭패가 없음을 이르는 말. ¶ 고기를 석쇠에 굽다. ☞ 구슬

굿 무당이 노래하고 춤추며 귀신에게 치성(致誠)을 드리는 의식. 연극 또는 여럿이 모여 법석거리는 구경거리. '굿'은 <삼국사기>와 <삼국유사>에서의 땅 이름 '仇只(구지), 屈支(굴지), 龜旨峯(구지봉)'과 의미가 통하며, 일본의 땅 이름에 분포하는 [kuzi]도 같은 말이다. 그리고 드라비다어 kuttu[춤]과 대응한다.

또한 '굿'은 무가적(巫歌的)인 주술성(呪術性)을 갖고 있는 고대 가요 '구지가(龜旨歌)'와 관계 있는 말이다. '굿'의 어원적 의미는 '높은 곳(신성한 곳)'이다. [굿 뒤에 날장구 친다] 일이 끝난 다음에 쓸데없는 문제로 떠들고 나섬.

ㄱ

궁글다 착 붙어야 할 물건이 들떠서 속이 비다. 단단한 물체 속의 한 부분이 비다. 소리가 웅숭깊다. 내용이 부실하고 변변치 아니하다. 15세기 문헌 <구급간이방>에 '솝 궁근 남긔(樹空)'가 나온다. 궁글다[空(공)]는 구멍[穴(혈)]의 앞선 표기 '궁기(←굼ㄱ)'와 동근어다. ¶ 장판의 궁근 자리가 보인다. 통나무가 궁글다. 노랫소리가 궁글다. 궁글 대로 궁근 살림살이.

궁둥이 앉으면 바닥에 닿는 엉덩이의 아랫부분. 18세기 문헌 <동문유해>에 '궁둥이(外胯)'가 나온다. 여기서 外胯(외과)는 '사타구니의 밖의 부분'을 뜻한다. 궁둥이는 '궁기(←굼ㄱ; 구멍)'와 '덩이[塊(괴)]'가 결합된 말로 보인다. 어원적 의미는 '구멍이 있는 덩어리'로 볼 수 있다. '궁둥이내외(內外), 궁둥이뼈, 궁둥잇바람, 궁둥잇짓, 궁둥짝' 등으로 쓰인다. '엉:덩이'는 볼기의 윗부분[둔부(臀部)]을, '방둥이'는 길짐승의 엉덩이를 이르는 말이다. ◇ 궁둥이가 무겁다 – 동작이 굼떠 한 자리에 오래 앉아 있는 성미다. ¶ 궁둥이 붙일 데도 없을 만큼 좁은 땅. 그가 엉덩이로 글씨를 쓰다. 못된 송아지 엉덩이에 뿔난다더니 네가 그 꼴이다.

궂다 비나 눈이 내려 날씨가 나쁘다. 언짢고 나쁘다. 궂다[惡(악)·凶(흉)]는 '굽다[曲(곡)], 구기다(<구긔다; 구김살이 생기다. 마음이 언짢게 되다)'와 동원어다. 결국 '궂다'는 곧지 않아 언짢다는 불쾌감(不快感)을 갖는 말이다. '궂은고기, 궂은날, 궂은비, 궂은살, 궂은소리(사람이 죽었다는 소리; 궂긴 소식), 궂은쌀, 궂은일; 데설궂다(성질이 털털하여 꼼꼼하지 않다), 심술궂다, 앙상궂다(몹시 앙상하다), 짓궂다' 등으로 쓰인다.

'궂기다'는 '윗사람이 죽다'를, '궂히다'는 '죽게 하다. 일을 그르치게 하다'를 뜻한다. '구저분하다, 구접스럽다. 구정물, 구중중하다, 구질구질(더럽고 구저분한 모양)/하다'는 동근어다. ¶ 비바람이 치는 궂은 날씨. 좋으니 궂으니 해도 궂은일에는 부모형제고 좋은 일에는 남이라 안 해요?

권커니잣거니 술 따위를 남에게 권하고 따르면서 계속 마시는 모양. '권(勸)+하(다)+거니+잣(다)+거니'로 분석된다. '권하다'는 어떤 행동을 하도록 부추기다를, '잣다'는 물을 빨아올리다를 뜻하는 동사다. 어원적 의미는 '권하고 마시니'다. ¶ 오랜만에 만난 친구와 둘이서 권커니잣거니 술을 마시며 시간 가는 줄 몰랐다.

귀 듣는 기능을 하는 감각기관. 의미가 확대되어 모가 난 물건의 모서리 또는 천의 올이 풀리지 않게 짠 가장자리, 바늘에 실을 꿰는 구멍을 뜻하기도 한다. <계림유사>에 耳曰愧[구이]로 적었으며, 중세어형 '귀'를 거쳐 17세기 <역어유해>에는 '耳 貴(귀이)'라고 하였다. '귀'는 구멍의 옛말 '굼기'의 변화형이다. '굼기>궁기>귀'로 어형 변화를 거친 '귀'는 본 물건에 붙은 채 '구멍이 나 있는 물건'을 뜻한다.

'귀고리, 귀띔, 귀마개, 귀먹다, 귀밑, 귓불, 귀엣말, 귀울음[耳鳴(이명)], 귀이개, 귀잠(매우 깊이 든 잠), 귓전, 귀지, 귀청; 글귀, 말귀; 귀기둥(건물의 모퉁이에 세운 기둥), 귀박(내모난 함지박), 바늘귀(바늘구멍)' 등으로 쓰인다. ◇ 귀가 여리다 - 속는 줄도 모르고 남의 말을 그대로 잘 믿다. [귀가 보배라] 배운 것은 없어도 얻어들어 아는 것이 있음을 농으로 하는 말. ¶ 귀가 크다. 귀가 반듯하다.

귀때 액체를 담는 그릇의 한쪽에 액체를 따르기 편하게 바깥쪽으로 내민 부리. = 귀. '귀[耳(이)]'와 '바리-때(중들이 쓰는 넓적하게 생긴 그릇)'처럼 그릇을 뜻하는 '때'가 결합된 말이다. '때'는 '대야(<다야)'가 축약된 꼴이다. '귀때-그릇(귀가 달린 그릇), 귀-대야, 귀때-동이, 귀때-병(甁), 귀때-항아리' 등으로 쓰인다.

귀뚜라미 귀뚜라밋과의 곤충. 중세어형은 '귓돌아믜'다. 우는 소리를 본뜬 '귀돌>귀똘>귀뚤'에 접사 '-이/-아미(와미)'가 더해져서 된 말이다. 이와 같이 의성어에 명사화 접사 '-이'가 붙어 형성된 말은 '매미, 꾀꼬리, 부엉이, 뻐꾸기, 기러기' 등으로 새나 곤충의 이름에 많다. '-이'는 '~와 같은 성질 또는 특징을 갖는 것'을 뜻하는 명사 파생 접미사다. 한자어로는 실솔, 청렬, 촉직(促織)이라 부른다. 귀뚜라미는 '귀뚤귀뚤 소리를 내는 작은 것'이란 뜻이다.

귀뚜라미 울음소리는 처량하여 고독이나 시름을 나타내며, 영리한 동물로도 인식된다. [알기는 칠월 귀뚜라미] 모든 일에 유식한 듯이 나서는 사람을 이름. [귀뚜라미 풍류 하겠다] 귀뚜라미가 깃들어 울겠다는 뜻으로, 게을러 빠져서 김(풀)이 우거지도록 논밭에 손을 대지 않는 사람을 비꼬아 이르는 말.

귀머거리 귀로 소리를 잘 듣지 못하는 사람. <월인석보>에 '귀먹다'가 나온다. 같은 책에 '먹뎡이(귀머거리)'라 하였는데, 18세기 무렵에 '귀머거리'가 되었다. '귀+먹+어리'로 분석된다. '귀먹다'에서 '먹다'는 食(식)이 아니라 귀가 먹먹하다와 같이 '막다, 막히다'의 뜻이다. '-어리'는 '그런 사람'을 나타내는 접미사다. 제주도 사투리에서 귀먹다를 '귀막다'로 귀머거리를 '귀막쉬, 귀마구리'라 하고,

ㄱ

경상 · 전북 · 충북 지방에서는 '먹보'라고 한다. 귀머거리의 어원적 의미는 '귀가 막힌 사람'이다. [귀머거리 삼 년 벙어리 삼 년] 여자가 출가하여 처음 시집살이하기가 매우 어려움을 이르는 말.

귀양 죄인을 먼 시골이나 섬으로 보내어 일정한 기간 동안 제한된 곳에서만 살게 하던 형벌. 한자 歸鄕(귀향)이 본딧말이다.(귀향>귀양) '귀양가다, 귀양다리, 귀양살이, 귀양지' 등으로 쓰인다. ¶ 외딴섬으로 귀양을 보내다.

귀엽다 보기에 귀염성이 있어 사랑스럽다. ≒ 앙증하다. '貴(귀)+-업다/ㅂ다(형용사화접사)'로 분석된다.(*귀업다>귀엽다) 귀여워하다(귀엽게 여기다)는 동사다. 예쁘거나 애교가 있어 사랑스러움을 뜻하는 명사 '귀염'은 '귀염둥이, 귀염바치(귀여움을 받는 아이), 귀염성/스럽다'로 쓰인다. ¶ 하는 짓이 귀엽다. 귀염을 부리다/ 받다. 장난감 기차가 무척이나 앙증하다.

귀이개 귀지를 파내는 기구. 17세기 문헌 <역어유해>에 '귀우개'로 나온다. '귀+우의/우븨/후비(다)+-개(접사)'로 분석된다.(귀-후비개>귀휘개>귀우개>귀이개) 귀이개의 어원적 의미는 '귀를 후비는 것'이다. '후비다'는 속에 붙은 것을 구멍을 통하여 어떤 기구로 끄집어내다를 뜻하는 동사다. ☞ 후비다

귀지 귓구멍 속에 낀 때. 18세기 문헌 <동문유해>에 '귀여지'가 나온다. '귀[耳(이)]+-지'로 분석된다. '지(<즛. 즛의)'는 '찌꺼기, 지게미' 또는 '아주 작은'을 의미한다. '이부지'는 귀지의 궁중말이고, '탄지(←타다)'는 담뱃대에 피우다가 덜 타고 남아 있는 담배를 이르는 말이다. ¶ 귀지를 파다.

귀찮다 마음에 들지 아니하고 괴롭거나 성가시다. '귀(貴)하지 아니하다'가 줄어서 된 말이다. ¶ 귀찮게 자꾸 따라다닌다. 나는 몸이 아파 만사가 다 귀찮다. 제발 귀찮게 좀 하지 말라.

귀퉁이 사물의 구석. '긋/구석[隅(우; 깊숙한 곳)+-퉁이[際(제) · 邊(변)]'로 분석된다. '구석'에 접미사 '-엥이/-텡이'가 붙어 '구석엥이, 구석텡이, 귀텡이(귀퉁이)'와 같은 사투리가 있다. 귀퉁이(구석)는 귀[耳(이)]에 유추되어 '귀의 언저리. 물건의 쑥 내민 부분'의 뜻도 가지게 된 말이다. ¶ 마루 귀퉁이. ☞ 구석, 모퉁이

귀틀집 굵은 통나무를 '井(정; 우물)'자 모양으로 귀를 맞추어 층층이 얹고 틈을 흙으로 메워 지은 집. '귀(모난 물건의 모서리)+틀(일정한 격식이나 형식)+집'으로 분석된다. 어원적 의미는 '귀퉁이를 틀로 짠 집'이다.

귓불 귓바퀴의 아래쪽으로 늘어진 살. 귓불은 귀[耳(이)]와 '불'의 합성어다. 여기서 '불'은 불룩하다와 같은 팽창(膨脹)·비대(肥大) 개념어로 '불알/불[睾丸(고환). 부리]'와 동원어다. 귓불은 '귀의 불룩한 부분'을 일컫는다. 귓불의 두께를 '귓밥'이라 하고, 여자들이 귓불에 다는 장신구를 '귀고리(<귀엿골)'라고 한다. 귓불의 어원적 의미는 '귀의 볼록한 살'이다. [귓불만 만진다] 무슨 일을 그 이상 어떻게 해 볼 계획이 나타나지 않아 운명만 기다린다는 뜻.

귓전 귓바퀴의 가. 귀 가까이. 17세기 문헌 <역어유해>의 표기는 '귀ㅅ젼'이다. '귀[耳(이)]+ㅅ+전(<젼)'으로 분석된다. '전'은 물건의 가장자리나 나부죽하게 된 부분(윗부분. 테두리)을 뜻한다. '전대야, 전두리, 전박, 전함지; 마룻전, 솥전, 이맛전, 절구전' 등으로 쓰인다. ¶ 귓전을 스치는 바람 소리.

그냥 더 이상의 변화 없이 그 상태 그대로. 그런 모양으로 줄곧. 아무런 대가나 조건 없이. '그냥'은 지시대명사 '그'에 꼴(모양)을 뜻하는 한자 '樣(양)'이 결합되면서 /ㄴ/이 덧붙은 말이다.(그+樣→그양>그냥) 어원적 의미는 '그러한 모양'이다. ¶ 뒤도 안 보고 그냥 도망을 쳤다.

그네 민속놀이의 하나 또는 그 시설. 추천(鞦韆). <훈몽자회>의 표기는 '글위'다. 그네는 왕복 운동을 뜻하는 동사 '근ᄃᆞ기다~근드기다(근들거리다; 흔들리다)'의 어근 '근'에 접사가 붙어 명사가 된 말이다. 그네는 '근-'과 같이 '근들/흔들거리는 것'이 핵심 의미다. *kVr-(글위)>kVn(군데, 그네)>hVn-(흔글흔글/흔들흔들, 흐늘흐늘)로 음운이 변하면서 '글위>그릐>그늬>그네'로 되었다.

그네의 어원적 의미는 시계추처럼 '건들건들, 흔들흔들하는 놀이 기구'다. 한편 그네의 어원을 두 발에 힘을 주어 들었다 놓았다 하다의 동사 '(발을 동동) 구르다' 또는 '건너다'로 보기도 한다. 함경북도 사투리 '굴레'는 '구르(다)-+에'로 분석된다. ¶ 그네를 뛰다.

그늘 빛이 가리어져 어두워진 상태. 또는 그 자리. 겉으로 잘 드러나지 않는 처지나 환경. 중세어형은 'ᄀᆞᄂᆞᆯㅎ'이다. 볕이 가리어진 곳[陰影(음영)]을 뜻하는 그늘[陰(음)]은 검다[黑(흑)]와 동근어로서, '그림자'와 관련된 말로 보인다.(ᄀᆞᄂᆞᆯㅎ>그늘)

'꽃그늘, 나무그늘, 본그늘(本; 빛이 전혀 미치지 않는 그늘), 부분그늘, 산그늘, 솔개그늘, 해그늘; 그늘대(길거리에서 장사하는 사람이 볕을 가리는 물건), 그늘지다(<ᄀᆞᄂᆞᆯ지다)' 등으로 쓰인다. '솔개-그늘'은 '아주 작게 지는 그늘'을 이르는

말이다. ¶ 나무의 그늘. 그늘이 져 어둡다. 그늘진 곳을 응달이라고 한다. 그늘에서 사는 사람들.

그대 친구나 아랫사람을 높이어 점잖게 이르는 말. (주로 글에 쓰이어) 애인이나 어떤 대상을 친근하게 부르는 인칭 대명사. 중세어형은 ‘그듸, 그ᄃᆡ, 그디’다. ‘그[其(기)]+듸/ᄃᆡ’로 분석된다. ‘듸~ᄃᆡ’의 원형(原形) ‘ᄃᆞ’는 처소(處所)의 뜻이다. 우리말 ‘ᄃᆞ’는 토이기어 da(장소), 퉁구스어 du(처격), 일본어 ta[田]와 비교된다. ‘그대’의 어원적 의미는 ‘그 곳(그 장소)’을 가리키던 말이었는데, 그 후 상대방을 완곡하게 부르는 호칭어가 되었다.

2인칭 대명사 ‘그대’는 너[汝(여)]에 대한 존칭어이고, ‘너’의 복수는 ‘너희’, ‘나[我(아)]’의 복수는 ‘우리’다. 그녀(그 여자)는 ‘그+女(녀)’로 분석되며, 3인칭 대명사로 쓰이기 시작한 것은 20세기부터다. ¶ 그대들은 장차 이 나라의 일꾼이 될 사람들이다. 조국이여 내 그대를 사랑하노라. ☞ 나

그럴싸하다 제법 그러하다고 여길 만하다. 제법 훌륭하다. = 그럴듯하다. ‘그렇(다)+ㄹ+싸/사+하(다)+다’로 분석된다. ‘-ㄹ사/싸하다’에서 ‘사’는 한자 ‘似(사; 같다. 닮다)’가 아닌가 한다. ‘작을사하다, 클사하다, 붉을사하다, 익을사하다’ 등은 북한에서 일반적으로 쓰는 말이다. ¶ 그럴싸한 변명. 그럴싸해 보이다.

그루 나무나 곡식 따위의 줄기의 밑동. 나무를 세는 단위. 중세어형은 ‘그르ㅎ’이다. <삼국사기>에 赤木縣 一云 沙非斤乙[*글]이라 한 것으로 보아 나무를 세는 단위성 의존명사 ‘그루[株(주)]’와 ‘긷(>기둥)’은 동원어라 하겠다. 그루터기는 ‘나무나 풀 따위를 베고 남은 밑동’이다. ¶ 추수가 끝난 논에는 벼의 그루만이 남아 있었다. 정원에 소나무 세 그루를 심었다. ☞ 기둥

그림 사람이나 물체의 모습을 그리어 나타낸 것. <계림유사>에 畵曰乞林[ki-rim]으로 적고 있어 15세기를 거쳐 오늘날과 발음이 유사함을 알 수 있다. 그림과 글[文(문)]은 ‘긁다[搔 · 刮]’에 어원을 둔 동사 ‘그리다’에서 갈라져 나왔다. ‘그림을 그린다’는 행동은 글을 쓴다는 행동보다 먼저 있었던 것으로 보인다.

‘그리다’는 선사시대 벽화를 그릴 때 손톱이나 날카로운 쇠붙이 끝으로 바닥 또는 벽면을 긁어 파는 원초적인 동작과 관련이 있다. ‘그림’은 ‘그리다’의 어간 ‘그리-’에 명사형 어미 ‘-ㅁ’이 붙은 꼴이다. ‘글’은 어근 ‘그리~글’ 자체로 명사를 이룬 말이다. ◇ 그림의 떡 - 실지로 이용할 수 없거나 차지할 수 없는 것을 이르는 말. ☞ 글

그림자 물체가 빛을 가리어 나타나는 검은 현상. 자취 · 흔적. 어두운 심리 상태. 중세어형은 '그리메, 그림제'다. '그림자'의 원형(原形)인 '그림'은 그리다[畵(화)]가 명사로 된 말이다. '그림제/재'에서 '재'는 '자이'의 준말이고, 선행형이 '잣'이다. '잣ᄋᆡ>자이>재'의 변천으로 '모양이나 시늉'의 뜻을 지닌 '즛>짓'과 동원어다.

중세어에 '그림+에/그림+ㅈ+에→그리메/그림제[暗影(암영) · 影像(영상)]'로 두 형태가 함께 쓰였다. 여기서 /ㅈ/의 조음은 /ㅁ/ 아래에서 실현된 것이다. 그림자는 부정의 원리로서 긍정적 원리인 빛에 대립되는 상징적 의미를 지니고 있다. ¶ 호숫가에 산 그림자가 비치다.

그립다 그리는 마음이 간절하다. 어떤 것이 매우 필요하거나 아쉽다. <삼국유사(모죽지랑가)>에 '去春皆理米(간본그리매)'가 나온다. '그립다'는 그림을 '그리다'와 같은 말인데, 뜻이 분화된 것이다. 그립다에서 '그리움(그리는 마음이 간절함)'이 전성되었다. '그리움'의 어원적 의미는 '마음에 그림으로 떠오르는 것'이다. 결국 '그리다[畵(화)]'는 '연모(戀慕) · 사억(思憶)'의 대상을 상상하여 그리워하는 행위와 연결된다. ¶ 고향이 그립다. 요즘 아이들은 쌀밥 그리운 줄을 모른다. ☞ 그림

그만 '그 정도까지만'을 뜻하는 부사. '금+안'으로 분석된다. 중세어 '금(<그슴)'은 한도(限度; 일정하게 정한 정도)나 한정(限定; 제한하여 정함), 기한(期限; 미리 한정한 시기)을 뜻하는 말이다. '안[內(내)]'은 내포 개념의 원형어다. 따라서 '금'과 '안'의 합성어인 '그만(하다<금안ᄒᆞ다)'의 어원적 의미는 '일정한 정도의 안쪽'이다.(금+안→금안>그만)

동사 '그만두다(하던 일을 그 정도에서 그치다)'와 형용사 '그만이다(마지막이다. 그것뿐이다)'는 '그만'에서 파생된 말이다. ¶ 체할라 그만 먹어라. 직장을 그만두다. ☞ 그지없다, 안팎

그믐(날) 한 달의 마지막 날. 그믐날이 되면 달이 사그라져 깜깜하다. 그믐[晦(회)]은 '검다[黑(흑)]'에 어원을 둔 말이다. 검다는 <훈몽자회>에서 '감다~검다'의 교체형을 보여 준다. '검다'는 동사 '그믈다(어두어지다. 꺼지다. 까무러지다)'와 동원어다. 그믐은 '검다, 그믈다'의 명사형으로 달빛이 '검어 없어져 버린 날[月盡(월진)]'이란 뜻이다.([검>그믈]+옴→그몸/그뭄>그믐) ¶ 그믐께부터 다음 달 초승까지의 사이를 '그믐초승'이라고 한다. ☞ 검다

그빨로 못된 버릇을 버리지 아니하고 그대로. '그[其(기)]+빨+로(부사격조사)'로 분석된다. '빨'은 '일이 되어 가는 형편이나 모양'을 뜻하는 의존명사다. ¶ 그빨로 놀다가는 신세 망칠 줄 알아라. 그빨로 굴 테냐? 그가 하는 빨로 내버려 둬라.

그윽하다 깊숙하고 아늑하다. 뜻이나 생각이 깊다. 은근하다. 중세어형은 '그ᅀᅳᆨᄒᆞ다[幽(유; 깊다)]'다. <월인석보>에 '그ᅀᅦ(숨는 곳; 隱處)'가 나온다. 이들의 어근 '긋'은 구석과 같은 의미로 '끝(<긋[端(단)])'을 뜻한다. 그윽하다는 '구석이나 끝'에 어원을 둔 말이다. 부사는 '그윽이'다. ¶ 산수화의 그윽한 정경. 그윽한 애정. 방안에 국화 향기가 그윽하다. 그윽이 들려오는 뻐꾸기 소리.

그저께 어제의 전날. <준>그제. 중세어형은 '그저긔'다. 17세기 표기는 '그젓긔'다. '그+적[時(시; 때)]+의(조사)'로 분석된다.(그적긔/그젓긔>그저께) 그저께의 어원적 의미는 '그 때에'다. '엊그제(엊그저께)'는 '어제그제'가 줄어서 된 말이다. ¶ 그저께 다친 다리가 아직도 쑤신다.

그지없다 마음이나 감정이 끝이 없다. 이루 다 말할 수 없다. 물체나 시공간의 맨 마지막을 뜻하는 '끝'의 중세어형은 '그지, 귿'이고, 'ᄀᆞᆺ[邊(변)] · 깃(옷깃) · 긋[端(단)]'과 동생(同生) 관계에 있다. 존재하지 않는 것에 대한 표현의 말 '없다'는 현대어와 어형이 같다. <계림유사>에 無曰不烏實이라고 기재된 것을 <여언고>의 저자는 不烏實은 烏不實[없]의 잘못된 표기라고 지적하였다. 그지없다는 '귿+이+없다'로 분석된다. 상대어 '그지잇다(限이 있다)'가 15세기 문헌에 보이나 오늘날은 쓰이지 않는다. ¶ 그지없이 고마우신 부모님의 은혜에 보답하여야 한다.

그치다 계속되던 일이나 움직임이 멈추다. 중세어형도 '그치다, 긏다'다. '그치다'는 '끝(<귿[端(단)])'에 '-이다'가 결합되어 구개음화 현상이 일어난 어형이다.(귿+이+다→그치다/긏다) 15세기에는 '끊다'의 뜻으로도 쓰였는데, 제주도 사투리에 그 흔적이 남아 있다. ¶ 비가 잠시 그치다/긋다. 아이가 울음을 그치다. ☞ 끝

글 말을 글자로 나타낸 기록을 두루 이르는 말. <삼국사기> '文峴一云斤尸[*kïr; 文]波兮', <계림유사>의 讀書曰乞鋪(글보-)에서 書(서)를 한자음 乞[*글]로 적어 현대어와 유사하다. 중세어형은 '글발'이다. '글'은 '그리(글)-'의 어근형 명사다. 글이나 그림은 인간의 원초적인 행동을 나타내는 '긁다, 긋다, 그리다'에 어원을 둔 말이다. 여기에 '빗발, 햇발, 서릿발' 등에 나타나는 발[脚 · 簾 · 臂]과 동근어

(同根語)인 접미사 '-발'이 결합하여 '글월'이 되었다.(글+발→글ᄫᅡᆯ>글왈>글월) '글월'은 글이나 편지를 일컬으며 때로 문장(文章)을 뜻하기도 한다. <훈몽자회>에서 훈(訓)을 글월로 붙인 한자는 '契, 詩, 書, 篇, 章, 文, 字, 簡' 등이 있다.

한편 '글'을 契(계)의 발음이 '결>걸>글'로 변화된 것을 들어 한자어 차용일 가능성이 있다고 보기도 한다. 글씨(글의 생김새)는 '契+쓰(다)+이'로, 그리다는 '글[契]+이(사동접사)+다'의 구조로 풀이 된다. [글 속에 글 있고, 말 속에도 말 있다] 말과 글에 담겨 있는 뜻은 무궁무진하다. ☞ 그림

글겅이 마소의 털을 빗기는 빗 모양의 기구. '백성의 재물을 긁어 들이는 벼슬아치'를 비유함. '긁다(<ᄀᆞᆰ다)[搔(소)]'의 어근에 '-엉이'가 결합된 말이다. '-엉이'는 용언의 어간에 붙어 '그 말의 특질을 지닌 도구나 사물'을 뜻하는 접사다.(긁-+-엉이→글겅이) '글겅이질, 글겅이질하다'로 쓰인다.

금 긋거나 접거나 한 자리. 갈라지지 않고 터지기만 한 자국. 중세어형도 오늘날과 같다. '긋[限(한) · 端(단)]+음, 긋(다)+움'으로 분석된다. 명사 '긋'은 동사 '긋다[劃(획)]'를 파생시킨 말이다. ¶ 금을 긋다. 도자기에 금이 가다.

금세 지금 바로. 곧. '금시(今時)+에'가 줄어든 말이다. '-에'는 '단김-에, 대번-에, 얼떨결-에' 등과 같이 명사 뒤에 붙어 부사를 만들거나, 부사 뒤에 붙어 '강조'의 뜻을 더하는 접미사다. ¶ 소문이 금세 퍼졌다.

금실 남편과 아내가 서로 이해하며 주고받는 사랑. 한자 琴瑟(금슬; 거문고와 비파)이 전설모음화하여 '금실'로 되었다.(금슬>금실) 두 악기에서 나는 조화로운 소리처럼 '부부가 화합함'을 비유하여 이르는 말이다. ◇ 금실이 좋다 - 부부의 정이 깊다.

기껍다 속마음에 썩 기쁘다. 어근 '깃ㄱ-[喜(희)]'에 감정을 나타내는 형용사화 파생접사 '-업다'가 결합되었다.(깃ㄱ-+-업다→*기썹다>기껍다) '기꺼워하다/기꺼하다'는 '기껍게 여기다'는 뜻을 가진 동사다. ¶ 기꺼운 소식. 기껍게 여기다. 시험에 합격했다는 소식을 듣고 기꺼워하다. ☞ 기쁘다

기껏해야 아무리 한다고 해야. 아무리 높거나 많게 잡아도. = 끽해야. '기(氣)+껏+하[爲]+이(접사)+야(강세조사)'로 분석된다. '기껏(<*긔ᄀᆞ장)'은 '힘이나 정도가 미치는 데까지'를 뜻하는 말로, 어원적 의미는 '기운(힘) 있는 데까지'다. '껏'은 부사화 접미사다. 그 뿌리는 'ᄀᆞ장'이며, 17세기에 들어와 조사 '까지'가 되었다. ¶ 기껏 세차를 해놓았더니 비가 왔다. 기껏해야 다섯 명에 불과하다.

그놈이 아무리 결심이 굳어도 끽해야 3일도 못갈 거다. ☞ 까지

기대다 몸이나 물건을 무엇에 의지하면서 비스듬히 대다. 남의 힘에 의지하다. 기대다는 ‘길(다)+대다’로 분석된다. 길다[長(장)]는 가르다[分 · 岐]의 어근에 속하는 말이다. ‘대다(<닿이다)’는 ‘닿다(사이에 빈틈이 없게 붙다)’의 사동형이다. 기대다의 어원적 의미는 ‘길게 닿게 하다’다. ‘기대서다, 기대앉다; 엇기대다’로 쓰인다. ¶ 난간에 몸을 기대다. 어려서 고아가 되어 기댈 곳 없이 자라다. ☞ 닿다

기독 왕 또는 구세주라는 뜻으로 ‘예수’를 이르는 말. ‘基督(기독)’은 ‘그리스도(Kristos; 하느님이 머리에 기름을 부어준 사람)’를 한자음으로 적은 것이다. ‘기독교/도, 기독교적, 기독교회’로 쓰인다.

기둥 어떤 물체를 밑에서 위로 곧게 받치거나 버티는 물건. 건물의 주춧돌 위에 세워 보, 도리 따위를 받치는 나무. 중세어형은 ‘긷’이다. 기둥은 ‘긷’은 <삼국사기>에 赤木縣 一云 沙非斤乙[*글]이라 한 것으로 보아 나무를 세는 단위성 의존명사 그루[株(주)]와 동원어라 하겠다. ‘긷[柱(주)], 그르(>그루)’는 일본어 ki[木]와 관련된다. ‘긷’에 접사 ‘-옹’이 결합되어 ‘집+웅→지붕’의 경우처럼 의미를 한정시켜 건축 재료로서의 ‘목재(木材)’를 뜻한다.(긷+옹→기동>기둥)

배가 불룩한 기둥을 ‘흘림-기둥’, 들보 위에 세워 다른 들보를 받쳐 주는 짧은 기둥을 ‘동자(童子)-기둥[쪼구미]’이라고 한다. 기둥은 대들보를 지탱하는 것으로 안정, 주인, 힘, 인재[棟樑(동량)]를 상징한다. [기둥을 치면 대들보가 운다] 직접 맞대어 탓하지 아니하고 간접적으로 넌지시 말해도 알아들을 수가 있다는 말.

기러기 오릿과의 물새. <계림유사>에 ‘雁曰哭利弓幾’라 하여 중세어형 ‘그려기/그력’과 일치한다. 기러기가 내는 소리인 ‘기럭기럭(<그력그력)’에 명사화접사 ‘-이’가 결합하였다. ‘개구리, 꾀꼬리, 딱따구리, 뜸부기, 부엉이, 뻐꾸기’ 등의 낱말 만들기 방법도 이와 같다.

‘기러기-발’은 거문고, 가야금, 아쟁 따위의 줄을 고르는 기러기 발 모양으로 만든 기구다. ‘기러기-아빠’는 자녀 교육을 위해 아내와 자녀를 외국에 보내고 홀로 지내는 아버지를 이르는 말이다. ◇ 기러기 한평생 – 정처 없이 떠도는 고생스러운 한평생을 비유적으로 이르는 말.

기르다 생물을 보살피어 자라게 하다. 가르치다. 익히다. 중세어도 오늘날과 같다.

기르다[養(양)]는 형용사 '길다[長(장)]'의 어근에 사동접사 '-ᄋ(으)-'가 결합되어 동사로 전성되면서 '자라게(成長하게) 하다. 길어지게 하다'의 뜻으로 쓰이는 말이다.(길-+으+다→기르다) 이와 같은 조어 방법으로 형성된 낱말에 '사ᄅ다(살리다 · 살게 하다), 도ᄅ다(돌리다 · 돌게 하다), 니ᄅ다(일으키다)' 등이 있다. ¶ 닭을 기르다. 어려움을 이기려면 정신력을 길러야 한다.

기리다 좋은 점이나 잘하는 일은 세상에 드러내고 추어서 말하다. 중세어형도 '기리다[讚(찬) · 褒(포)]'다. 기리다는 '길(다)[長(장)]+이(명사화접사)'에 '-다'가 결합된 파생 동사로 어원적으로 '(좋은 점을) 오랫동안 칭찬하고 간직하다'를 이른다. ¶ 스승의 은덕을 기리다. 고인의 깊은 뜻을 기립니다.

기쁘다 마음에 즐거운 느낌이 있다. ↔ 슬프다. 주체의 감정 상태를 나타내는 말이다. 중세어형은 '깃브다'다. 어근 '깃ㄱ-[喜(희)]'에 감정을 나타내는 형용사화 파생접사 '-ᄇ다'가 결합되었다.(깃ㄱ-+-ᄇ다→깃브다>기쁘다) 이와 같은 조어법으로 형성된 낱말에 '곯+ᄇ다→골ᄑ다>고프다, 슳+브다→슬프다' 등이 있다. '기꺼워하다, 기껍다/ 기꺼이'도 동근어다. ¶ 더없이 기쁘다.

기슭 → '가' 참조

기와 흙을 일정한 모양으로 굳히고 가마에서 구워낸 것. 지붕을 이는 데 씀. 중세어형은 '디새'다. 기와는 '딜[土 · 陶]+새→디새>지새/지애>지와>기와'로 발음이 변하였다. '딜'은 흙이나 흙으로 빚은 도자기를 뜻하며, '새'는 이엉을 만드는 재료인 억새풀이다. 초가집을 '새집[草堂(초당), 茅屋](모옥)]'이라 하였다. '디새'는 구개음화되어 '지새, 지애'로 변한 뒤 한자음 瓦(와)에 이끌려 '지와'로 되었다. '지와'는 다시 구개음화의 반작용으로 '기와'로 굳어졌다. [기와 한 장 아껴서 대들보 썩힌다] 조그마한 것을 아끼다가 큰 손해를 본다는 뜻. ¶ 지붕에 기와를 이다.

기장 옷 따위의 긴 정도. 고유어 '길다'와 이를 뜻하는 한자 長(장; 길다)이 결합된 말이다. '길(다)+長'으로 분석된다. 물건이 곧고 길다를 뜻하는 '기장-차다(곧고 길이가 길다)'는 '길-차다'(아주 미끈하게 길다)와 '장(長)-차다'의 합성어다. ¶ 바지의 기장이 길다. 기장차게 자란 나무.

기저귀 똥오줌을 받아 내기 위하여 젖먹이의 샅에 채우는 헝겊이나 종이. '기저귀(←깆+어귀[小])'를 18세기에 '삿깃(←삿ㅎ+깃; 사타구니에 댄 깃)'이라고 하였다. 어근 '깃/깆(어린아이의 옷[褯(석)]'은 천 조각을 가리키는 '깁[絹(견) · 紗(

사)·布(포)]'과 같은 말이며 '깃[羽(우)·巢(소)]'과도 동근어다. '기장구, 기저구, 기저기'는 사투리다. 기저귀의 어원적 의미는 '작은 헝겊'이다. ☞ 깁다, 깃

ㄱ

기지개 피곤할 때에 몸을 쭉 펴고 팔 다리를 뻗는 짓. 중세어형은 '기지게'다. '氣直(기직)+에(접사)'로 분석된다.(기직+에→기지게>기지개) 기지개의 어원적 의미는 '팔을 벌려 기운(氣運)을 곧게 펴는 것'이다. ◇ 기지개를 켜다 - 기지개를 하다.

기침 목구멍의 점막이 자극을 받아 갑자기 숨소리를 터뜨려 내는 일. 중세어형은 '기춤'이다. '깇(다)+움(명사화접사)'로 분석된다.(기춤>기츰>기침) 어근 '깇'은 물을 끼치다(뿌리다), 영향을 끼치다[遺(유)]의 옛말 '기티다/끼티다'와 동근어다. 기침의 어원적 의미는 '(소리가) 긴 것. 끼치는 것'이다. [기침에 재채기] 어려운 일이 공교롭게 계속됨을 비유적으로 이르는 말. ¶ 기침 소리가 계속 들리다. ☞ 끼치다

기틀 어떤 일의 가장 중요한 계기. ≒ 고동. 18세기 초 문헌 <삼역총해> 표기는 '긔틀'이다. 이는 '긔(機; 틀, 기계)+틀[機(기; 기계)]'로 분석된다. 기틀은 같은 의미를 가진 한자어와 고유어가 결합된 말이다. ◇ 기틀이 잡히다 - 어떤 일의 가장 중요한 부분이 자기 기능을 발휘하게 하다. ¶ 도약의 기틀을 마련하다. ☞ 틀

긴가민가하다 그런지 그렇지 않은지가 분명하지 않다. 아리송하다. '기연가 미연가 하다'의 준말로 한자 기연(其然)과 미연(未然)이 합성된 말이다.(其然未然→긴가민가) ¶ 사실인지 아닌지 긴가민가하다. 긴가민가 의심이 가지 않는다.

길 다른 곳으로 다닐 수 있게 나 있는 곳. 사람으로서 지켜야 할 도리. 신장(身長)의 길이 단위인 '길'로도 쓰인다. '길'은 길리야크어 kyl, 만주어 girin(線·列)과 유사한 어형이며, 몽골어 ǯil-(道)과 대응하는 말로 흙[土·地]을 의미하는 '질(<딜)'과 동원어다. 길을 의미하는 고대 일본어 '지(ぢ)'는 우리말 '질'에서 /ㄹ/ 탈락된 말이다.

명사 '길'에 어미 '-다'가 결합하여 형용사로 파생된 길다[長(장)]는 가르다[分·岐]와 동원어다. 사물을 가르면 일차적으로 선조적(線造的)인 것이 생기는데, 길[路(로)·道(도)]은 '가르/갈-'의 모음교체형이다. [길이 아니거든 가지를 말고 말이 아니거든 듣지를 말라] 언행을 소홀히 하지 말고 정도(正道)에 벗어나는 일은 처음부터 하지 말라는 말.

ㄱ

길거리 사람이 많이 다니는 번화한 길. <준> 거리. '거리'는 가르다[分(분)]와 모음교체된 '가리다~거리다[分 · 岐]'의 어간이 영변화(零變化)하여 명사가 된 말이다.(길ㅎ+ㅅ+거리→긼거리[岐(기; 갈림길)]>길꺼리) 길거리의 원뜻은 '길이 여러 갈래로 난 복잡한 곳'이다. ¶ 어둠이 깔려 길거리에 수은등이 켜지다. 길거리에 나앉게 되었다.

길들다 어떤 환경에 익숙하게 되다. 짐승을 잘 가르쳐서 부리기 좋게 되다. 물건이나 세간에 손질을 잘하여 윤이 나거나 쓰기 좋게 되다. 중세어형은 '질들다'다. 18세기 문헌 <십구사략언해>에 '룡 길드리기를 빅화'가 나온다. '길들이다(<질드리다[馴(순)]), 질다(<즐다[濕])'도 '길~딜[泥(니; 진흙)]'에서 파생된 말이며 '기르다'와 동근어다. ¶ 새로운 환경에 길들다. 망아지를 길들이다. ☞ 길

길라잡이 앞에 나서서 길을 안내하는 사람을 뜻하는 '길잡이'의 본딧말. 길라잡이는 조선 시대에 수령이 외출할 때 길을 인도하던 나장을 가리키던, 길나장이(길+나장(羅將; 使令)+이)에서 온 말이다. '길+라(나장)+잡(다)+이(사람)'로 분석된다. ¶ 길잡이도 없이 떠나다. 풍요로운 삶의 길라잡이.

길마 짐을 실으려고 소의 등에 얹는 안장. 중세어형은 '기ᄅᆞ마'다. 이는 '기ᄅᆞ/길(다)[長(장) · 道(도)]+마'로 분석된다. '마'는 말[馬(마)]로 보인다(기ᄅᆞ마>기르마>길마) 길마[鞍(안)]는 '짐. (여행에 따르는) 고생'의 뜻으로 의미가 확장되었다. '갈맛가지(<기ᄅᆞ마가지)'는 길마의 몸을 이루는 말굽쇠 모양으로 구부러진 나무를 뜻한다. 고창 소요산의 '질마재'는 길마 모양을 한 재(고개)의 이름이다. [길마 무거워 소 드러누울까] 일을 당하여 힘에 부칠까 걱정하지 말라는 말. ¶ 길마를 지우다. 자식 많은 이 길마 벗을 날 없다.

길미 빚돈에 대하여 얼마 동안에 덧붙는 돈. 이자(利子). 변리(邊利; 빚돈에서 느는 이자). '길(다)[長(장)]'의 어근에 쌀을 뜻하는 한자 米(미)가 결합된 것으로 보인다. 봄에 꾸어 준 곡식에 대하여 가을에 그 절반을 길미로 쳐서 받는 변리를 의미하는 '장리(長利)'와 관련된 말이다. 길미의 어원적 의미는 '(원금에서) 길어진 돈'이다. ¶ 길미가 나날이 붙어서 이제는 본전(원금)보다도 많아졌다.

길섶 길의 가장자리(길가). 길옆. '길[道(도)]+섶'으로 분석된다. '섶'은 장소(옆, 가장자리)를 뜻한다. 길섶의 어원적 의미는 '길의 옆'이다. ¶ 길섶에 주저앉아 쉬다. 길섶에 핀 코스모스. ☞ 길, 부엌

길속 익숙해져 길난 일의 속내. 전문으로 하는 일의 속내. '길(방법이나 수단)+속

ㄱ

[內(내; 마음)]'으로 분석된다. ¶ 길속이 다르다. 길속을 알아내다. 길속이 트이다. 처음 하는 일이라 길속을 모르겠다.

길쌈 자연 섬유를 원료로 하여 피륙을 짜는 일. 낳이. 16세기 문헌 <석봉천자문> 표기는 'ㆍ질삼[紡績(방적)]'이다. 'ㆍ질(다)+삼[麻(마; 삼베)]'으로 분석된다. 'ㆍ질'은 '길(다)[長(장)]'의 사투리 '질다'로 보인다.(질삼>길쌈) 길쌈의 어원적 의미는 '삼실을 길게 잇는 것'이다. 길쌈은 삼한(三韓) 시대부터 내려온 우리나라의 전통적인 옷감 짜는 공정이다. 조선조 여성들에게 길쌈은 생활의 한 부분으로 한평생을 숙명처럼 베틀과 씨름을 해야 했다. ¶ 길쌈을 하여 옷을 지어 입다.

김 논밭에 난 잡풀. 중세어형은 '기슴'이다. 김[풀; 草(초)]은 풀이 무성한 것을 뜻하는 중세어 동사 '깃다'에서 파생한 명사다.(깃+음→기슴>기음>김) '논밭에 잡풀이 많이 나다'를 뜻하는 동사 '깃다'는 '길다[長(장)]'와 동근어다. 따라서 '김'의 어원적 의미는 '길게 자라난 것'이다. '김-매기'는 작물을 잘 자라게 하기 위하여 잡풀을 뽑는 일이다. 홍조식물의 해초(海草)인 식용 '김[乾苔(건태)]'도 동음이의어다. [김매는 데 주인은 아흔 아홉 몫을 맨다] 남을 부려서 하는 일에는 주인만 애쓴다는 말. ¶ 호미로 콩밭의 김을 매다.

김장 겨우내 먹기 위하여 늦가을에 김치ㆍ깍두기ㆍ동치미 따위를 한목 담그는 일. '김장'은 한자 '딤장(沈藏) 또는 진장(陳臟)'에서 온 말이다.(딤장>짐장>김장) '김장감, 김장값, 김장김치, 김장독, 김장마늘, 김장철' 등으로 쓰인다. 이웃간 나눔의 정신을 실천하는 우리나라의 김장문화(김치 만들기와 나누기)는 2013년 12월 유네스코 인류무형문화유산으로 등재되었다. ¶ 김장을 하러 시골에 내려가다.

김치 배추나 무 등을 소금에 절여서 고춧가루, 파, 마늘, 생강 등의 양념을 버무려 담근 반찬. 김치보다 더 오래된 말에 '디히'가 있다. '디히'는 /ㅎ/이 약화, 탈락되면서 명사로서의 독립성에 위협을 받게 되었다. 16세기 <훈몽자회>에 우리가 만든 한자어 '딤치(沈菜)'가 나타나 '디히'를 대체하게 된다. '딤치>짐츼>김츼>김치'로 변화 과정을 거쳤다.

전라도 지방에서는 지금도 김치를 '지'라고 한다. '단무지, 묵은지(묵은 김치), 오이지, 섞박지, 싱건지, 오그락지(무말랭이 반찬), 젓국지, 익은지, 짠지, 장아찌'와 같이 '지(찌)'가 쓰인다. 이 '지'는 '디히'가 변한 것이다.(디히>디이>지이>지/찌) '디히'의 어근 '딯-'는 동사 '딯다(>짓다[製])'와 동근어다. 김치를 담그는 일이 물건을 만드는 행위와 동일하다는 뜻에서 '지'를 짓다와 관련시킬 수 있다. 한편 '지'는 '절다, 절여서 담그다[鹽漬(염지)]'의 어간 '절-'과 대응하는 것으로도 보인다. 멸치 · 새우 따위를 소금에 절여 삭힌 '젓(새우젓, 멸치젓)'은 '절다'의 어근이 변한 것으로 추정된다.

김치는 이제 우리 고유의 전통 음식일 뿐만 아니라 세계적인 음식이다. 일본 사람도 [기무치]라고 하면서 우리 맛에 익숙해지고 있다. ¶ 김치를 담그다.

깁다 해진 곳에 천 조각을 대고 꿰매다. 글이나 책에서 모자란 점을 보충하다. 깁다[縫(봉) · 補(보)]는 명사 '깁[絹 · 紗 · 布]'에 '-다'가 결합되어 동사로 파생된 말이다. <계림유사>에 絹曰及[kiəp], <조선관역어>에 絹 吉[ki]라 하였다. '깁'은 몽골어 kib과 대응한다. '깁-바탕'은 그림을 그리거나 글씨를 쓸 때 바탕이 되는 깁이다. ¶ 찢어진 옷을 깁다. 깁고 더한 책. ☞ 비단

깃 새 날개의 털. 새의 집. 보금자리. 중세어형도 오늘날과 같다. '깃[羽(우) · 巢(소)]'은 'ᄀᆞᆺ[邊(변)] · 긋[端(단)]'과 동근어다. 가축의 우리나 둥지에 깔아 주는 짚이나 마른풀을 가리키는 '깃'과 옷깃의 준말 '깃'은 동음이의어다. '깃대(깃의 줄기), 깃이불, 깃촉, 깃털, 깃펜(pen)' 등으로 쓰인다. 뜻이 바뀌어 '헝겊'의 의미도 갖는다. ◇ 깃을 주다 – 외양간 · 마구간 같은 데에 짚이나 마른 풀을 깔아 주다. ¶ 오리가 깃을 다듬고 있다.

깃들이다 짐승이 보금자리를 만들고 그 안에 들어 살다. 머물러 살다 또는 자리 잡다. 18세기 문헌 <오륜행실도> 표기는 '깃드리다'다. 깃들이다는 '깃[巢(소; 보금자리)]+들(다)+이(접사)+다'로 분석된다. '깃'은 본래 새의 둥지를 의미하나 '깃>짓>집'으로 변한 말이다. '들다[入(입)]'는 내포(內包) 개념어다. 중세어 '깃다, 깃깃다(둥지 틀고 살다)'는 명사 '깃'에서 파생한 동사다.

깃들이다/깃들다[棲(서)]의 원뜻은 '집(둥지)에 들이다'인데 오늘날 그 뜻이 추상화되어 '아늑하게 서려 들다. 감정 따위가 어리거나 스미다'의 의미로 쓰인다. ¶ 건전한 정신은 건전한 신체에 깃든다. 이 마을 앞산에는 곳곳에 사찰이 깃들여 있다. ☞ 깃, 집

깃발 기(旗)의 바탕이 되는 널따란 부분. '사상이나 목적 따위를 뚜렷하게 내세우는 태도나 주장'을 비유하여 이르는 말. '旗(기)+-발'로 분석된다.(긧발>깃발) 旗(기)는 무엇을 상징하기 위하여 헝겊이나 종이 같은 것에 특정한 그림을 그리거나 빛깔을 넣어 만든 것이다. '-발'은 일부 명사 뒤에 붙어서 '죽죽 내뻗는

줄 · 기세 · 힘이나 효과 · 흔적'의 뜻을 더하는 접미사다.(눈발, 빗발, 서릿발, 오줌발, 햇발 따위) ¶ 승리의 깃발. 민주주의 깃발 아래 뭉치다.

까뀌 한 손으로 나무를 찍어 깎는 연장. '자귀'와 비슷하나 크기가 작다. 18세기 문헌 <한청문감> 표기는 '각괴'다. 이는 '깎다(<ᄭᅡᆩ다)'의 그 당시 어형 '*갂다'에 명사화접사 '외/위'가 결합된 말이다. 까뀌는 어원적 의미는 '깎는 것'이다. '까뀟밥, 까뀌질/하다; 돌까뀌, 옥까뀌(날이 오긋한 까뀌)'로 쓰인다. ¶ 까뀌로 말뚝을 다듬다.

까끄라기 벼나 보리 따위의 낟알 겉껍질에 붙어 있는 껄끄러운 잔가시. 중세어형은 'ᄀᆞᅀᆞ라기'다. 형태를 분석하면 '가시(<가ᄉᆡ[棘(자)])'에 '작은 것'을 뜻하는 접미사 '-아기[小]'가 결합된 다음 된소리되기 현상에 의하여 '까끄라기'가 되었다.(ᄀᆞᄉᆞ라기>ᄀᆞᅀᆞ라기>ᄀᆞᄋᆞ라기>까끄라기) 가시는 '가ᄉᆡ>가ᅀᅴ>가시'로 어형이 변하였다. 사투리에 '까시락, 까시랑이, 까시'가 있다. 형용사 '깔끄럽다(껄끄럽다)'는 잔가시 따위가 살에 닿거나 붙어서 신경이 쓰이게 따끔따끔하다의 뜻으로 까끄라기[芒(망)]와 동근어다. ¶ 까끄라기가 살에 붙어 따끔거린다.

까다롭다 → '가탈' 참조 ¶ 몹시 귀찮고 까다로운 일. 식성이 까다롭다.

까닭 어떤 일이 생기거나 이루어진 조건이 되는 이유. 속셈. 꿍꿍이속. 까닭[緣由(연유)]은 가르다[分]의 어근 '갈-'에 명사형성접미사 '-악'이 붙어 '가락[支(지)]'으로 파생된 후, /ㄹ/이 /ㄷ/으로 바뀌고 다시 된소리되기 현상이 일어난 말이다. 까닭은 '가락, 가닥'과 동근어다.(가르~갈+악→가락>가닥/가닭[縷(누; 실)]>까닭)

'까닭-수'는 까닭으로 삼을 만한 근거를 뜻하고, '까닭-표(標)'는 수학에서 왜냐하면(∵)을 나타내는 부호다. ¶ 까닭 모를 눈물이 난다. 아무 까닭 없이 싫어하다. 무슨 까닭으로 이걸 보냈을까? 캐고보니 뚜렷한 까닭수가 없는 사건이다.

까마귀 까마귓과의 새. 반포조(反哺鳥). 중세어형은 '가마괴[烏(오)]'다. '감(다)[黑(흑)]+-아괴(접사)'로 분석된다.(가마괴>가마귀>까마귀) '까마귀-밥, 까마귀-사촌(四寸; 몸에 때가 끼어 시커먼 사람), 까마귀-소식(消息; 소식이 전혀 없음), 까마귀-손(때가 덕지덕지 낀 손)' 등으로 쓰인다. [까마귀 고기를 먹었나] 잘 잊어버리는 사람을 두고 이르는 말. ☞ 검다

까불다 가볍거나 방정맞게 행동하다. 건방지고 주제넘게 굴다. 몹시 아래위로 흔들리거나 흔들다. '까다(<ᄣᅡ다[開 · 剝皮])'와 '불다[吹(취)]'의 합성어다 '까불다'는 원래 키[箕(기)]에다 껍질을 깐 곡식을 담아 위아래로 흔들어 검불(티끌)을

날려 보낸다는 뜻이다. 다시 말해 '까불다'의 어원적 의미는 '키질하다'다. 지금은 추상화되어 '가볍게 행동하다'는 뜻으로 쓰이고 있다.(ᄭᅡ보로다~가볼오다>ᄭᅡ불다>까불다)

몹시 방정맞게 촐랑거리며 까부는 사람을 '까불이'라고 한다. '땅-까불'은 암탉이 혼자서 땅바닥에 대고 몸을 비비적거리는 짓을 이르는 말이다. ◇ 찧고 까불다 - 경솔한 소리로 이랬다저랬다 하며 몹시 까불다. ¶ 그렇게 까불다가는 혼이 나겠다. 곡식을 까부르다. ☞ 깨닫다

까지 시간 또는 공간의 종결점이나 한도 · 보탬을 나타내는 보조사. ↔ 부터. '까지'의 이두(吏讀) 표기는 '至, 可只'다. 15세기에는 명사였던 'ᄀᆞ장'이 17세기부터 조사 'ᄀᆞ지'로 쓰였다. 'ᄀᆞ지'는 앞의 명사와 결합할 때 사이시옷이 붙어 'ᄭᆞ지(>까지)'가 되었다. '까지'는 가장[極(극)]이나 끝[終(종)]의 뜻을 가진 중세어 'ᄀᆞᆺ, ᄀᆞ장(<ᄭᆞ장)'이 어형 변화된 말이다. 사투리 '까장'은 옛말의 흔적이다. ¶ 6시까지 마감이다. 너까지 그럴 수가 있느냐.

까짓 하잘것없는 정도. 어느 한계점을 나타내는 조사 '까지'에 관형격 사잇소리인 'ㅅ'이 덧붙은 말이다. 주로 대명사 '이 · 그 · 저 · 요 · 네' 등의 뒤에 붙는다. '까짓-것/까짓'은 '별 것 아닌 것. 무엇을 포기하거나 용기를 낼 때' 쓰는 말이다. ¶ 까짓, 내가 하지 뭐. 까짓것은 신경 쓸 것 없다. 까짓것, 오늘 못 하면 내일 하지.

까치 까마귓과의 새. 중세어형은 '가치'다. 이는 까치가 내는 소리인 '갖갖'에 명사화 접사 '-이'가 결합된 말이다.(갖+이→가치>갓치>ᄭᅡ치>까치) '까치-걸음, 까치-놀, 까치-눈(발가락 사이의 터진 자리), 까치-발[1](발뒤꿈치를 든 발), 까치-발[2](선반을 받치는 나무나 쇠), 까치-밥(늦가을에 몇 개 남겨두는 감), 까치-집'으로 쓰인다. [까치 뱃바닥 같다] '흰소리 잘하는 사람'을 놀림조로 이르는 말.

까치- 몇몇 명사에 붙어 '작은. 버금'의 뜻을 더하는 말. '까치-'는 설날의 전날을 뜻하는 까치설에서 온 말이다. 작다[小(소)]를 뜻하는 옛말 '아ᄎᆞᆫ'과 '설'이 결합되어 '아ᄎᆞᆫ설(설날의 전날)'이 되었다. 이를 [까치설]로 발음되면서 '작은'을 뜻하는 말로 바뀌었다.(아ᄎᆞᆫ/아츤>아치>까치) '까치-구멍(지붕 위의 작은 구멍), 까치-두루마기, 까치-설날, 까치-설빔, 까치-조금(작은 조금) 등으로 쓰인다. ☞ 살[1], 섣달

까치놀 석양을 받아 멀리 바다의 수평선에서 번쩍거리는 노을. 풍랑이

일 때 솟아오르는 하얀 물거품의 파도. '까치노을/까치놀[白頭波(백두파; 사나운 바다물결)]'은 까치의 털처럼 검은색과 흰색이 대조된 상징적 의미를 띠는 말로 '흰 파도거품'을 의미한다.(가티노을/가티놀>가치노을>까치놀) ☞ 까치, 노을

까투리 꿩의 암컷. ↔ 장끼. 18세기 <청구영언>에 '가토리. 가톨'이 보인다. '갓[雌(자; 암컷)]/가시[女·妻]+두리/도리(새)'로 분석되는 '까투리'는 암꿩이다. '까투리-웃음(경망스럽게 키드득거리며 웃는 웃음), 까투리-타령; 서울-까투리(지나치게 약은 사람)' 등으로 쓰인다. ☞ 가시내, 닭

깍두기 무를 작고 모나게 썰어서 소금에 절인 다음, 고춧가루와 함께 양념을 하여 버무린 김치. 깍두기는 무를 깍둑깍둑 썰어 만들었기 때문에 깍두기라고 한다. '깍둑깍둑'은 시늉말로 조금 단단한 물질을 고르지 아니하게 마구 썬다는 뜻이다. 여기에 명사화 접사 '-이'가 붙어 소리 나는 대로 표기한 어형이 '깍두기'다.(깍둑+이→깍두기)

'깍둑깍둑'은 동사 '깍둑거리다'를 파생시켰다. 의태·의성 부사에 '-이'가 붙어 파생된 명사에 '오뚝이, 깜박이, 개구리, 꾀꼬리, 뻐꾸기, 기러기' 등이 있다. 이와 같은 단어 형성 방법은 우리말 조어법의 한 특징으로 매우 생산적이다.

깍지[1] 콩이나 팥 따위의 꼬투리에서 알맹이를 까낸 껍질. 한자 殼(각; 껍데기)에 한자어 접미사 '子(자)'가 결합된 말이다. 18세기 문헌 <동문유해>에 '과실 각디(果殼子)'와 <물명고(유희)>에 '橡椀 도토리 각디'가 나온다.(각디/각대>각지/깍지)

'깍짓동(깍지의 묶음. 뚱뚱한 사람의 몸집); 콩깍지(<콩각대/콩깍지)' 등으로 쓰인다. '깍정이'는 밤나무·떡갈나무 따위의 열매를 싸고 있는, 술잔 모양의 받침을 이르는 말이다. ¶ 깍지가 터지면서 씨가 퍼지다. 몸이 깍짓동처럼 불었다.

깍지[2] 열 손가락을 어긋매끼게 바짝 맞추어 잡은 상태. 화살을 쏠 때 시위를 잡아당기는 엄지손가락의 아랫마디에 끼는 뿔로 만든 기구. 한자어 角指(각지)에서 온 말이다. '깍짓손(<각지손)'은 깍지를 낀 손 또는 활시위를 잡아당기는 손이다. ¶ 깍지 낀 두 손을 뒷머리에 대고 목을 움직이다.

깐 속으로 헤아려 보는 생각이나 가늠. 용언의 관형사형 아래에 쓰이어, '요량, 가늠'의 뜻을 나타낸다. 중세어형은 '간'이다. '간'은 '분수(分數; 자기의 처지에 마땅한 한도)'를 뜻하는 말이다.(간>깐) ¶ 제 깐에는 그만하면 충분하다고 생각했

겠지. 전에 제가 한 깐이 있으니까, 저렇게 면박을 당하고도 아무 말을 못하는 거지.

깔종 미리 정한 중량의 금은(金銀) 세공품을 만들 때, 재료의 무게에서 얼마를 덜어 내어야 할지 어림으로 셈하는 종작. '까(다)+ㄹ+종/종작(겉가량으로 헤아리는 짐작)'으로 분석되며 발음은 [깔쫑]이다. ◇ 깔종을 잡다 - 깔종을 헤아려 짐작하다. ¶ 이 금은 얼마나 깔종을 잡아야 되나?

깔축없다 조금도 축나거나 버릴 것이 없다. '까(다; 겉을 싸고 있는 것을 벗기다)+ㄹ+縮(축; 줄이다)'에 '없다[無(무)]'가 결합한 말이다. '깔축'은 '일정한 수효에서 모자람이 생김'을 뜻한다. 깔축없다의 어원적 의미는 '줄일 것이 없다'다. ¶ 월급에서 한 푼 깔축을 안 내고 아내에게 주었다. 제법 깔축없이 잘 되었다.

깜냥 일을 해낼 만한 능력. 일에 대한 판단력. '깜냥'은 '감+량(量)'으로 분석된다. '감'은 '재료 · 자격에 알맞은 사람'을 뜻하는 말(일감, 글감; 사윗감, 남편감)이다. 어원적 의미는 '재료(일감)의 분량'이다. '깜냥깜냥-이'는 '저마다의 깜냥대로'를 뜻하는 부사다. ¶ 그는 자기의 깜냥을 잘 알고 있었다. 그의 깜냥으로는 벅차다.

깜박이다 등불이나 별빛 따위가 순간적으로 어두워졌다 밝아졌다 하다. 눈을 순간적으로 감았다 떴다 하다. '깜박이다'는 감다[暗(암)]와 밝다[明(명)]의 합성어다.(ᄀᆞᆷ/검+ᄇᆞᆰ→*ᄀᆞᆷᄇᆞᆰ>감박>깜박) '감다'는 검다의 모음 교체형으로 '(눈을) 감다(<ᄀᆞᆷ다[閉])'와 동원어다. '깜박이다(<ᄀᆞᆷᄌᆞ기다)'의 어원적 의미는 '어둡고 밝은 상태가 반복되다'다.

'깜박이다, 깜빡거리다'는 의미가 확장되어 '정신이 자꾸 순간적으로 흐려져서 기억력이 상실된 상태'를 뜻한다. 횡단보도에 설치하어 교통 신호를 알리는 점멸등(點滅燈)을 흔히 '깜박이'라고 한다. '깜박'은 '깜작(<ᄀᆞᆷ즉; 순간)'과 동근어다. ¶ 밤거리에 네온사인이 깜박이다. ☞ 검다, 밝다

깡통 생철로 만든 빈 통조림통. 아는 것이 없이 머리가 텅 빈 사람을 비유하기도 한다. 깡통은 영어 can[캔]의 우리식 발음 '깡' 또는 일본어 '깡[罐(관)]'에 '동이다[束(속)]의 어근 '동~통[桶(통)]'이 합성된 말이다. 식품의 장기 보존용인 깡통은 오래 전 서양에서 전투 식량 보급을 위하여 고안한 용기다. 깡통은 양철로 만든 통이고, 동이(<동히[盆])는 흙을 빚어 구워 만든 그릇이다. 거지가 그릇 대신 깡통을 들고 다니면서 빌어먹는 신세를 '깡통을 차다'라고 한다. ¶ 깡통을

발로 차다. 저런 깡통은 처음 본다.

깡패 폭력 따위를 휘두르며, 남에게 못된 짓을 일삼는 불량배. 깡패는 영어 gang과 '패(몇 사람이 어울린 동아리. 무리)'가 결합한 것이다. '패'는 '패를 짓다/ 짜다'로 쓰인다. '깽판'은 일을 훼방하거나 망치는 짓을 속되게 이르는 말이다. ¶ 깡패들이 싸움질이나 하는 으슥한 뒷골목을 경찰이 매일 밤 순찰한다.

깨끗하다 때나 먼지가 없다. 말쑥하다. 맑고 산뜻하다. ↔ 더럽다. 중세어형은 'ᄀᆞᆽᄀᆞᆽᄒᆞ다[淸(청; 맑다)]'다. 어근 'ᄀᆞᆽ'은 'ᄀᆞᆽ[邊(변)]'과 동근어로 처음[初(초)], 새로[新(신)]를 의미한다. 'ᄀᆞᆽ>갓'은 갓스물, 갓난아이에서 '이제 막, 겨우'의 뜻을 나타내는 접두어로도 쓰인다. 깨끗하다의 어원적 의미는 '새로운 상태'다. (ᄀᆞᆽᄀᆞᆽᄒᆞ다/ᄀᆞᄌᆞᆺᄒᆞ다>ᄭᆡᆺᄭᆡᆺᄒᆞ다>깨끗하다) ¶ 집안이 깨끗하다. 옷을 깨끗하게 차려 입다.

깨닫다 생각하거나 궁리하여 알게 되다. 중세어형은 'ᄭᆡ돋다'다. 'ᄭᆡ+돋(다)'로 분석된다.(ᄭᆡᄃᆞᆺ다>ᄭᆡ돋다>깨닫다) 깨닫다는 '까다(<ᄣᆞ다[剝(박)])'의 어간에 접사 '-이'를 결합하여 '깨다[破(파; ←ᄣᆞ+이+다)]'로 의미가 강화되면서 '(잠을) 깨다'는 뜻으로 변하였다. '돋다'는 '달려가다'를 뜻한다. '깨치다'는 각성을, '깨닫다'는 오도각성(悟道覺醒)의 뜻으로 의미가 분화되었다. 깨닫다의 어원적 의미는 감추어졌던 것이 '겉으로 드러나다. 정신을 차려 있는 힘을 다하여 달려가다'다.

'깨단하다'는 오래 생각나지 아니하다가 어떠한 실마리로 말미암아 깨닫고 분명히 알다를, '깨도'는 깨달아 알아차리는 짐작(이해)을 뜻하는 말이다. ¶ 잘못을 깨닫다. 어려운 수학 문제를 해답을 보고 나서야 깨단할 수 있었다. 되풀이해서 이야기했더니 깨도가 간 모양이다.

꺼벙하다 허우대는 크나 짜이지 아니하고 엉성하다. 야무지지 못하고 조금 모자란 듯하다. '꺼벙이'는 조금 모자란 듯한 사람을 뜻한다. 어간 '꺼벙'은 꿩의 어린 새끼를 이르는 '꺼병이(←꿩+병아리)'다. ¶ 겉으로는 꺼벙해 보이나 마음은 단단하다. 꺼벙하게 생기다. ☞ 꿩

꺼풀, 껍질 → '거푸집' 참조

-껏 몇몇 명사 뒤에 붙어 '가능한 데까지. 그것이 닿는 데까지', '때'를 나타내는 부사 뒤에 붙어 '그 때까지 내내'의 뜻을 더하고 부사를 만드는 말. 끝을 의미하는 부사화 접미사 '-껏'은 중세어 'ᄀᆞᆽ[邊 · 端], 귿[端(단)], ᄀᆞ장[最(최)]'에서 온

말로, 한계점을 나타내는 조사 '까지'와 동원어다. '기껏, 마음껏, 여태껏, 이제껏, 재주껏, 정성껏, 힘껏' 등으로 쓰인다.

께(서) '-께'는 사람 또는 동물과 관련된 체언에 붙이는 부사격 조사 '-에게'의 높임말이고, '-께서'는 주격 조사 '-가/-이'의 높임말이다. 중세어형은 '-ᄭᅴ(셔), 겨ᄋᆞᆸ셔(겨오셔)'다. '-께서'는 '그[其]+억+의→그어긔'에 사이시옷(ㅅ)이 덧붙은 축약형 'ᄭᅴ(>께)'에다가 '이시(다)[有]+어>이셔>셔>서'가 결합된 말이다.(ᄭᅴ셔>께서)

'-께옵서'는 '겨다[在(재)]'의 어근에 겸양선어말어미 '-ᄋᆞᆸ-(옵)'이 덧붙은 '겨ᄋᆞᆸ셔'에서 발달한 것이다. '-에게'도 본래 '거기'를 뜻하던 대명사인데 여격 조사로 문법적 기능이 바뀌었다.(그억기>거기>(의)게>에게) 결과적으로 '-께서'의 어원적 의미는 동작주를 빙 둘러 표현한 '거기에 있어서'다. ¶ 어제 할머니께서 오셨다.

꼬리 동물의 몸에서 가늘고 길게 뒤로 뻗어 나온 부분. 주로 새의 엉덩이 부분에 달린 것은 '꽁지'라고 한다. 중세어형은 'ᄭᅩ리'다. 꼬리는 뒤[後(후)]의 뜻을 가진 말이다.(ᄭᅩᆯ+이→ᄭᅩ리>꼬리)

꼬리의 속된 말은 '꼬랑이'고, 꽁지의 속된 말은 '꼬랑지'다. '꽁무니(<ᄭᅩᆼ뭉이)'는 사람이나 동물의 등마루뼈의 아래 끝 부분 또는 연의 방구멍 아래의 부분을 뜻한다. '꽁다리'는 짤막하게 남은 동강이나 끄트머리를 이른다. '꼬리곰탕, 꼬리날개, 꼬리별(혜성, 살별), 꼬리뼈, 꼬리지느러미, 꼬리털, 꼬리표(票); 게꽁지(무엇이 극히 짧거나 보잘것없는 것)' 등으로 쓰인다. ◇ 꼬리를 밟히다 - 행적(行蹟)을 들키다. 꽁무니를 빼다 - 슬그머니 물러나다. ¶ 꼬리가 길면 잡히게 마련이다. 반딧불은 꽁무니에서 불빛이 나온다. 새의 꽁지는 날 때 방향을 잡아 준다. ☞ 꼴찌, 눈초리

꼬마 어린아이를 귀엽게 이르는 말. 조그마한 동물이나 사물. <법화경언해>에 '고마(妾) ᄃᆞ외아지라'가 나온다. 중세어 '고마[後妻(후처) · 妾(첩)]'는 '곰빅(뒤), 고물(배의 뒤쪽이 되는 부분)'에서 온 말로 보인다. 뒤에 된소리되기 현상이 일어나 '꼬마'가 되어 몸집이나 키가 작은 꼬맹이/꼬마둥이나 작은 물건을 가리킨다. '꼬마대장, 꼬마신랑, 꼬마인형, 꼬마전구, 꼬마자동차; 땅꼬마' 등으로 쓰인다. ¶ 꼬마야, 말 좀 묻자.

꼬챙이 가늘고 길쭉한 나무나 대 · 쇠 등으로 된 끝이 뾰족한 물건. '곶다[揷(삽)],

곧다[直(직)]'의 어간에 접사가 결합되어 '곶>곶이>곧치+앙이(접사)→고챵이>꼬챙이'로 변천하였다. 꼬챙이는 일본어 [구찌]에 영향을 준 말이다. '-앙이'는 '지팡이(←짚+앙이)'의 예처럼 도구를 나타내는 접사인데 '-개/-게'와 그 기능이 같다. 결국 꼬챙이는 '꽂는 것'이란 뜻이다. [꼬챙이는 타고 고기는 설었다] 꼭 되어야 할 것은 안 되고, 되지 말아야 할 것이 되었다는 말. ¶ 꼬챙이에 꿰다.

꼬치 꼬챙이에 꿴 음식물. 가늘고 길쭉한 나무나 대 · 쇠 따위로 된 끝이 뾰족한 '꼬챙이'의 준말. 꼬챙이의 18세기 표기는 '곳챵이'다. 꼬치는 '곶[串]+이(접사)→*고지/꽂이>꼬치'로 어형이 변화 되었다. '곶'은 '곶감[乾柿(건시)], 책꽂이, 호박고지' 등에 보이는 형태소로 '곧다[直(직)]'와 동근어다. 명사 '곶[串]'은 '-다'와 결합하여 동사 '곶다[拱 · 揷]'를 파생시켰다. 꼬치는 '(어떤 물건을) 꽂는 것'이다.(곶다>솟다>꼿다/꽂다) ¶ 곶감 열 꼬치.

꼬투리 콩, 팥, 완두 등 콩과식물의 씨가 들어 있는 깍지로 식물의 핵심(核心) 또는 어떤 일이나 사건의 실마리. 16세기 문헌 <사성통해> 표기는 '고토리'다. 고토리는 '고ㅎ+도리'로 분석된다. '고ㅎ'는 코[鼻(비)]의 옛말이며 '두드러져 솟아 난' 의미로 '꽂(<곶), 곶(串)'과 동원어다. '-도리/-두리'는 원형어인 '두르다'에서 파생되어 '(핵심을) 두른 부분'을 뜻하게 되었다. 꼬투리의 원뜻은 식물의 줄기(꼭지)에 매달린 '껍질(깍지), 주머니'이다.(고ㅎ+도리→고토리>꼬투리)

관용어로 쓰이는 '꼬투리를 캐다'에서 꼬투리는 '원인, 근본'을 뜻한다. 이는 알맹이(사물의 핵심)를 찾기 위한 단서 또는 트집을 비유한 말이다. ¶ 자꾸 상대방의 말꼬투리(말꼬리)를 물고 늘어지니까 싸움이 된다. ☞ 코

꼭대기 맨 위쪽. 여럿 중의 우두머리. 꼭대기는 '꼭'과 '대기'로 분석된다. '꼭~곡'은 하늘을 가리키고, '대기'는 위[上(상)]를 뜻하는 말이다. 토이기어로 하늘을 gok[곡]이라고 한다. 동물의 머리나 어떤 사물의 앞부분이나 꼭대기를 가리키는 '대가리[頭(두)]'는 몽골어 degere[上]와 대응한다. 꼭대기의 비표준말 '꼭두머리'가 '일의 맨 처음'을 뜻하듯이 '꼭두'는 '꼭두-새벽, 꼭두-식전(食前)' 등에 붙는다. '꼭뒤'는 '뒤통수의 한복판'을 이르는 말이다.

한편, 일본어 takaki(높다)의 어근 taka와 takë(봉우리)는 우리말 '꼭대기'의 '대기(←닥+이)'에서 '닥[高 · 峯], 덕(언덕, 둔덕)'과 일치한다. 꼭대기의 어원적 의미는 '하늘 위'다.(곡ᄃᆡ>꼭대기) '산-꼭대기, 지붕-꼭대기'로 쓰인다. ¶ 건물의

꼭대기에 피뢰침을 꽂아 벼락을 방지하다.

꼭두각시 꼭두각시놀음에 나오는 인형. 점차 의미가 확대되어 줏대 없이 남의 조종에 움직이거나 놀아나는 사람[傀儡(괴뢰)]을 비유하는 뜻으로 쓰인다. 꼭두는 15세기 문헌 <금강경언해>에 '곡도[幻影(환영)]'로 나온다. 원래는 몽골에서 괴뢰의 얼굴(가면)을 지칭하던 godoγ 가 중국에서 郭禿(곽독)으로 소리적기한 것이다. 이것이 우리나라에 '곡도, 곡독'으로 귀화되어 아내(계집)를 일컫는 '각시(<가시)'와 결합하면서 '꼭두각시'가 되었다.(곡도>곡독>꼭둑>꼭두) '꼭두각시-놀음, 꼭두-놀리다(꼭두각시를 놀리다)'로 쓰인다.

꼭뒤 머리 뒤통수의 한가운데. 중세어형은 '곡뒤ㅎ'이다. '곡+뒤ㅎ[後(후)]'로 분석된다.(곡뒤ㅎ>꼭뒤/꼭듸>꼭지) '곡'은 '꼭지, 꼭대기'와 동근어다. 꼭뒤는 '꼭두-'로 변하여 '꼭두-머리(일의 가장 처음), 꼭두-새벽(첫새벽), 꼭두-식전(食前; 이른 새벽); 꼭두-쇠(모가비)'에서와 같이 '시간적으로 이른. 우두머리'를 뜻한다. [꼭뒤에 부은 물이 발뒤꿈치로 내린다] 윗사람이 나쁜 짓을 하면 이내 그 영향이 아랫사람에게 미치게 된다는 말.

꼭지 잎사귀나 열매를 가지에 달려 있게 하는 짧은 줄기. 몸에 붙은 도도록한 부분. <두창경험방>에 '곡지'가 나온다. '꼭지각(角), 꼭지눈(식물의 곁눈), 꼭지마리(물레를 돌리는 손잡이), 꼭지미역, 꼭짓점(點)' 등으로 쓰인다. 꼭지(<꼭지<곡지)는 '꼭대기'와 동근어 관계다. ¶ 사과 꼭지. 냄비 뚜껑의 꼭지가 떨어졌다.

꼴 사물의 생김새나 됨됨이. 사물의 모양이나 행색 · 처지 따위를 홀하게 이르는 말. 중세어형은 '골'이다.(꼴<꼴<골[形狀(형상)]) 옛 어형의 흔적으로 보이는 현대어 '몰골'은 '됨됨이 또는 아주 볼품이 없는 얼굴 꼴이나 모양새'를 뜻하며 '몰골사납다, 몰골스럽다'로 쓰인다.

'꼴'의 합성어에는 '꼴사납다, 꼴값/하다, 꼴같잖다/꼴답잖다, 꼬락서니(←꼴+악서니), 꼴불견(不見), 꼴좋다; 거짓꼴, 새끼-꼴(모형), 세모-꼴, 네모-꼴' 따위가 있다. ¶ 꼴이 말이 아니다. 우스운 꼴을 당했다.

꼴찌 차례로 맨 끝. 꼴찌는 첫째와 대조되는 말로 '*꼴째[末(말; 끝)]'의 발음이 변하여 형성되었다. 꼴찌를 사투리로 '꼬라비, 꼬래비'라 하고, 첫째는 '첫찌'라고 한다. 꼴찌에서 '꼴'의 선행형 '꼴'은 '꼬리(<꼬리)'와 동근어다. '찌'는 오늘날 서수에 붙는 '-째(차례)'로 중세어형은 '자히/재, 째, 빼, 차'다. 결국 꼴찌는 '끝의 것'이란 뜻이다.(꼴+차이→꼴채>꼴찌)

새의 꽁무니에 붙은 기다란 깃인 '꽁지', 짐승이나 새의 등마루뼈 끝 부분 '꽁무니'와 등급(等級)의 맨 끝을 뜻하는 '꼴등(等), 꽁다리, 꽁수(연의 방구멍 아래의 부분)'는 '꼬리, 꼴찌'와 동원어다. ¶ 꼴찌로 합격하다. ☞ 꼬리

꼼수 쩨쩨한 수단이나 방법. '꼼+수(수단 · 방법)'로 분석된다. '꼼'은 '꼼꼼하다(빈틈이 없이 자세하고 찬찬하다), 꼼꼼쟁이, 꼼-바르다(도량이 좁고 야멸치다)/꼼바리, 꼼-바지런하다, 꼼-치(잔챙이), 꼬막(안다미조개), 곰상곰상 · 곰상스럽다(성질이나 하는 짓이 잘고 꼼꼼하다)'와 동근어로 '작은 것'을 뜻한다. 꼼수의 어원적 의미는 '작은 방법'이다. '꼼수-정치(政治)'는 정치인이 치졸한 방법으로 반대파를 공격하는 일을 이르는 말이다. ¶ 꼼수를 쓰다. 야당은 여당이 꼼수정치를 한다고 비난했다.

꼽사리 남이 노는 판에 거저 끼어드는 일. 또는 그런 사람. '곱[倍(배)]+살+이(접사)'로 분석된다. '살'은 노름판에서 걸어 놓은 돈에 더 태우는 돈을 뜻하는 말이다. 꼽사리의 어원적 의미는 '두 배로 살을 거는 일. 또는 그 사람'이다. ¶ 꼽사리를 끼다. 꼽사리를 붙다. 꼽사리꾼. 살을 지르다.

꼿꼿하다 물건이 휘거나 구부러지지 아니하고 단단하다. 사람의 기개, 의지, 태도나 마음가짐 따위가 굳세다. '곧+곧+ᄒᆞ(다)+다'로 분석된다. '곧다[直(직)]'의 어근이 겹치면서 파생한 말로 전의(轉義)되어 '의지가 굳세다'로 쓰인다.(*곧곧ᄒᆞ다>ᄭᅩᆺᄭᅩᆺ하다>꼿꼿하다) 큰말 '꿋꿋하다'는 '곧다'의 모음교체형 '굳다'가 어근이다. '꼬들꼬들하다, 꽛꽛하다(물건이 어지간히 굳어져서 거칠고 단단하다)'도 동근어다. [꼿꼿하기는 서서 똥 누겠다] 고집이 세어 융통성이 없음을 비유적으로 이르는 말. ¶ 허리를 꼿꼿하게 세우다. 꼿꼿한 선비의 기질. 시련을 꿋꿋하게 이겨 나가다. 꽛꽛이 얼다. ☞ 곧다

꽃 식물의 번식 기관의 하나. 대부분 빛깔이 곱고 냄새가 좋다. 꽃받침, 꽃잎, 꽃술로 이루어져 있다. <계림유사>에 花曰骨[kuət, kor]이라 하였다. [kor]은 땅 이름 '골메, 꼴말, 꼴미(꽃뫼)' 등에 그 흔적이 남아 있다. 중세어형은 '곶'이다. <조선관역어>에 花를 果思[곳]으로 표기하였다.(곶/곳>꽃) 꽃은 식물의 가지 끝에 있고 꽃망울 끝이 뾰족하다는 점에서 '곶다'의 어근 '곶-', 돌출 개념어 '코[鼻(비)], 곶[串]'과 동근어다.

중세어 '곳답다(>꽃답다)'는 '향기롭다'는 뜻이었는데, 오늘날에는 '꽃같이 아름다움을 지니고 있다'는 의미로 쓰인다. 꽃을 '여성, 인기 있는 사람, 문화'에

비유하기도 한다. [꽃 본 나비 담 넘어가랴] 그리운 사람을 본 이가 그냥 지나쳐 가버릴 리가 없다는 말.

꽃다지 오이 · 가지 · 호박 따위의 맨 처음 열린 열매. 꽃다지(<곶다대)는 '꽃+닫(다)[閉(폐)]+이'로 분석된다. 어원적 의미는 '꽃이 닫힌 것'이다. ¶ 텃밭에 심어 놓은 오이에도 벌써 꽃다지가 열렸다.

꽈리 가짓과의 여러해살이풀. 꽈리 열매의 속을 우벼낸 다음 입 안에 넣어 소리가 나게 한 것. '꽈리 모양'을 뜻하는 말. 15세기 문헌 <구급방언해>에 '酸漿은 ᄭᅪ리라'가 나온다. '꽈리(<ᄭᅩ아리/ᄭᅪ리)'는 원형어 곱다[曲(곡)]에서 온 말로, '(실이나 새끼를) 꼬다(<ᄭᅩ다)'의 어근에 '-아리(둥근 것)'가 결합된 말이다. 꽈리는 똬리(<또아리)와 같은 구조로 이루어졌다. '꽈리'의 어원적 의미는 '꼬여 있는 것'이다. '꽈리고추, 꽈리단추(매듭단추), 꽈리주둥이; 알꽈리, 허파꽈리' 등으로 쓰인다. ¶ 꽈리를 불다.

꽈배기 과자의 한 가지. 밀가루 따위를 반죽하여 엿가락같이 가늘게 두 가닥으로 꼬아 기름에 튀겨서 만든다. 곱다[曲(곡)]와 동원어인 '꼬다(여러 가닥을 비틀어 한 줄이 되게 하다)'의 어근에 접사 '-배기(물건. 것)'가 결합한 말이다. 꽈배기의 어원적 의미는 '꼬아서 만든 것'이다.

꽛꽛하다 물건이 어지간히 굳어져서 거칠고 단단하다. 휘거나 굽은 데가 없이 똑바로 곧다를 뜻하는 '꼿꼿하다(<괃괃하다 ←곧다)'와 동근어다. 단단하다를 뜻하는 '굳다'는 '곧다'의 모음교체형이다. ¶ 밖에 널어둔 빨래가 얼어서 꽛꽛하게 되었다. 꽛꽛이 얼다. ☞ 곧다

꽹과리 놋쇠로 만든 전통 민속 타악기의 하나. '꽹괄+이'로 분석된다. 치면 '꽹괄 꽹괄' 소리가 나므로 붙여진 이름이다. 지역에 따라 '꽹매기, 꽹쇠'라고 부르기도 한다. 지름이 25cm, 둘레의 높이는 5cm 정도다.

농악에서, 무리의 맨 앞에서 꽹과리를 치며 전체를 지휘하는 사람을 '상쇠'라고 부른다. 꽹과리는 고려 때부터 군악기로 사용하였다. 꽹과리 · 징 · 북 · 장구를 사물(四物)이라고 한다. ¶ 꽹과리와 징을 치고 날라리를 부는 농악대.

꾀하다 어떤 일을 계획하다. 꾀하다는 명사 '꾀'에 동사 '하다'가 붙어 '도모(圖謀)하다'를 뜻한다. 중세어형은 'ᄭᅬᄒᆞ다'다. 어근 '꾀(<ᄭᅬ)'는 '(실이나 새끼를) 꼬다(<ᄭᅩ다)'의 사동사 어근 'ᄭᅩ이-'가 줄어든 말이다. '꾀다(<ᄭᅬ다; 유혹하다), 꾀똥, 꾀바르다(약삭빠르다), 꾀쟁이, 꾀주머니; 얕은꾀, 잔꾀, 좀꽤(좀스러운

ㄱ

꾀)' 등으로 쓰인다. ¶ 못된 짓을 꾀하다. 꾀가 많다. ☞ 꽈리, 깨닫다

-꾸러기 일부 명사 밑에 붙어서, 그 말이 가지는 뜻의 사물이나 버릇이 심한 사람을 이르는 말. '꾸러기'는 내포 개념어 '꾸리다[包(포; 싸다)]'의 어근에 '작은 것'을 뜻하는 접사 '-어기'가 결합된 말이다.(꾸리+어기→꾸러기) '구럭(큰 주머니)'과 동근어인 '-꾸러기'는 '잠꾸러기, 빚꾸러기(<빗ᄭᅮ럭이), 심술꾸러기, 장난꾸러기, 천덕꾸러기(賤데기), 욕심꾸러기' 등에 붙어 접미사 구실을 한다.

꾸러미 꾸리어 싼 물건 또는 세는 단위. 짚 따위로 길게 묶어 중간 중간 동인 물건. 꾸러미는 내포(內包) 개념어인 동사 '(이삿짐을) 꾸리다'의 어근 '꾸리-'에 접사 '-어미'가 붙어 파생된 명사다. 중세어형 'ᄢᅳ리다'의 /ㅂ/ 어두음은 팽창 개념어 '불룩하다'의 어두음 /ㅂ/과 동근 관계를 형성한다. 따라서 꾸러미는 '꾸리어 불룩하게 싼 뭉치'다.

'불꾸러미, 선물꾸러미, 알꾸러미, 열쇠꾸러미'로 쓰인다. '불-꾸러미'는 불씨를 옮기기 위하여 짚 뭉치 따위에 붙인 불이다. [꾸러미에 단 장 들었다] 겉모양은 흉하나 속에 든 것은 좋다는 말. ¶ 달걀 한 꾸러미는 10알이다.

꾸미다 물건을 모양 나게 잘 만들다. 거짓이나 없는 것을 사실인 것처럼 지어내다. 중세어형은 'ᄭᅮ미다'는 'ᄭᅮᆷ[夢(몽)]+이+다'로 분석된다. 어근 '꿈(<ᄭᅮᆷ)'은 '꾸다<ᄭᅮ다'에서 전성된 명사며, '(꿈을) 꾸다'는 '꾸리다(<ᄭᅳ리다[包(포)])'와 동원어로서 만들다를 뜻한다. 결국 꾸미다의 어원적 의미는 '꿈속에서 본 사물처럼 아름답게 장식하다'다.

꾸미다는 '꾸미(고명), 꾸민잠(簪), 꾸밈말(수식어), 꾸밈새, 꾸밈없다(수수하다, 솔직하다), 꾸밈음(音)' 등으로 쓰인다. ¶ 방을 꾸미다. 음모를 꾸미다. 꾸며낸 이야기.

꾸벅이다 졸거나 절을 할 때, 머리와 몸을 앞으로 숙였다가 들다. 18세기 문헌 <청구영언> 표기는 '구버기다'다. '굽+억(접사)+이+다'로 분석된다. 어근 '굽-[曲(곡)]'은 원형 개념어다. '꾸벅꾸벅(<구벅구벅)'은 남의 말에 어김없이 따르는 모양을 나타내는 부사다. ¶ 만날 때마다 머리를 꾸벅이며 인사를 하다.

꾸지람 아랫사람의 잘못을 꾸짖는 행위나 그 말. 높임말은 '꾸중'이다. 꾸지람은 '꾸짖다'의 중세어형인 '구짖다~구짇다>ᄭᅮ짇다'의 명사형 '구지돔, 구지람/구지럼'이 변한 말이다.(구짇+암→구지람>ᄭᅮ지럼>꾸지람) '꾸짖다'는 '궂다'와 동근어이며, '좋다'의 맞선말로 '좋지 않다'는 뜻이다. '죽다'와 '궂다'는 음운도

치형으로 불쾌 감각어다. 그러므로 '꾸중(<ᄭᅮ죵~ᄭᅮ즁)'은 '꾸중하다(<ᄭᅮ죵/구숑ᄒᆞ다)'의 어간이 명사로 전성되어 '궂은 말'을 뜻하게 되었다. ¶ 영철이는 부모님께 꾸지람을 들었다.

-꾼 일부 명사 뒤에 붙어 '어떤 일의 직업적 · 전문적 또는 습관적으로 하는 사람' 또는 '어떤 일로 모인 사람'의 뜻을 더하는 말. '꾼'은 군사를 가리키는 명사 軍(군)이 그대로 접미사로 된 말이다.(군>꾼) 만주어나 몽골어 han(왕. 사람)과 동원어다. '노름꾼, 누리꾼, 사기꾼, 사냥꾼, 소리꾼, 일꾼, 짐꾼, 타짜꾼, 흥정꾼' 등으로 쓰인다.

꿇다 무릎을 굽혀 바닥에 대다. 중세어형은 'ᄭᅮᇙ다'다. 꿇다[跪(궤)]는 원형어근 '굽다[曲(곡; 구부리다) · 屈(굴)]'와 동원어다. 어원적 의미는 '구부리다'다. '꿇어-앉다/꿇앉다'는 무릎을 꿇고 앉다를 뜻한다. ¶ 무릎을 꿇고 빌다. ☞ 굽다[1]

꿈 → **'꾸미다'** 참조

꿩 꿩과의 새. 중세어형은 'ᄭᅯᇰ'이다. 꿩은 울음소리인 '꿔~꿩'에서 온 말이다. 꿩은 *암꿩, *수꿩이라 하지 않고 '까투리, 장끼/수기'라고 한다. 꿩의 어린 새끼를 '꺼병이'라고 하는데, 이는 '꿩의 병아리'가 줄어든 말이다.

성격이 야무지지 못하고 조금 모자란 듯하다를 의미하는 형용사 '꺼벙하다'도 '꺼병이'와 같은 말이다. [꿩 대신 닭] 꼭 적당한 일이 없을 때 그와 비슷한 것으로 대신함. [꿩 잡는 것이 매다] 방법이 어떻든 간에 목적을 이루는 것이 가장 중요함을 비유적으로 이르는 말.

끈 물건을 묶거나 꿰거나 하는데 쓰는 줄. 기댈 만한 연줄. 중세어형은 '긴ㅎ'이다. '긴'은 길다[長(장)]의 관형사형이 명사로 굳어진 것이다.(길-+ㄴ→긴) 그 뒤에 된소리 '끈(<ᄭᅳᆫ)'으로 되었다. 사투리 '낀'도 마찬가지다. '긴ㅎ/ᄭᅵᆫ[絲(사)]'과 '길ㅎ[道(도)]'은 의미 형태상 동근어로 보인다. '끈'의 어원적 의미는 '긴 것'이다.(긴>ᄭᅵᆫ/ᄭᅳᆫ>낀/끈)

'끄나풀'은 끈의 길지 않은 토막 또는 '남의 앞잡이 노릇을 하는 사람'을 얕잡아 이르는 말이다. [끈 떨어진 망석중이/ 뒤웅박] 물건이 못 쓰게 되었거나, 일이 그만 허사로 돌아가게 되었을 때를 이르는 말. ¶ 끈으로 묶다.

끈끈하다 끈기가 많아 진득진득하다. 성질이 검질기다. 관계가 매우 친밀하다. 18세기 문헌 <물보> 표기는 'ᄭᅳᆫᄭᅳᆫᄒᆞ다'다. 어근은 '끈(<ᄭᅳᆫ)'과 동근어다. '끈기(氣), 끈끈이(끈끈한 물질), 끈덕-지다, 끈적-거리다/대다, 끈-질기다, 끈히(끈질

기게)’ 등으로 쓰인다. ¶ 끈끈한 정을 느끼다. 땀이 배어 끈끈하다. 은근과 끈기. ☞ 끈

끊다 길게 이어진 것을 따로따로 떨어지게 하다. 중세어형은 ‘긏다(끊다). 그치다[絶(절) · 斷(단)]’다. 어근 ‘긏’은 ‘끝’과 동원어다.(긏다>그츠다>ᄭᅳᆫ츠다/ᄭᅳᆭ다>끊다) ¶ 고무줄을 끊다. 말을 끊다. ☞ 끝

끌다 바닥에 댄 채 잡아당기다. 수레나 마소 · 차 따위를 부리거나 움직이게 하다. ↔ 밀다. 끌다는 ‘긋다[引(인)]’가 형태 변화한 말이다.(긋다>그을다>ᄭᅳ을다>ᄭᅳᆯ다>끌다) 15세기에 ‘긋다, ᄭᅳ스다’와 ‘ᅘᅧ다(>혀다>켜다)’가 공존하였다. ‘긋다’는 ‘(수레를) 끌다’에 쓰였고, ‘혀다’는 ‘(줄을) 당기다’에 쓰인 말이다. ¶ 신을 끌다. 수레를 끌다. ☞ 이끌다

끝 마지막 한계가 되는 곳이나 부분. 차례의 나중. 중세어형은 ‘그지, 긑, 긑’이다. ‘긑’의 어원은 가장자리를 뜻하는 ‘ᄀᆞᆺ~ᄀᆞᆽ[邊(변)]’과 같이 ‘ᄀᆞᆺ다[切(절) · 斷(단)]’에서 나온 말이다. 공간 개념어 ‘ᄀᆞᆺ’은 복판에서 바깥쪽으로 향해 끝난 곳, 즉 복판의 반대되는 부분을 가리키는데 極(극) · 端(단)의 뜻으로 어형이 변화하여 ‘끝’이 되었다. ‘긑, 긑’의 동사형은 ‘긏다, 그치다(←긑+이+다)’다.

끝은 공간 개념으로 물건의 맨 꼭대기나 맨 아래, 맨 끝의 가장자리를 의미한다. 시간 개념으로 확대되어 ‘일의 맨 나중 차례나 끄트머리(←끝+으+머리)’를 뜻하기도 한다. ‘끄덩이(←끝+덩이)’는 머리끝이나 실 따위의 뭉친 끝이나 일의 실마리(단서)를 뜻한다. ‘끝물’은 ‘끝이 날 무렵’이라는 뜻으로 생선, 푸성귀, 과일이 제 철의 맨 끝에 나오는 차례를 가리킨다. [끝 부러진 송곳] 가장 긴요한 곳이 탈이 나서 못쓰게 됨을 이르는 말. ¶ 처음과 끝. 장대 끝에 매달리다.

끝장 일의 마지막. 결말(結末). 실패 · 패망 · 죽음 따위를 속되게 이르는 말. ‘끝+場(장)’으로 분석된다. 끝장의 어원적 의미는 ‘장의 끄트머리’다. ‘끝장-나다/내다’는 ‘하는 일을 마치다’를 뜻한다. ◇ 끝장(을) 보다 – 끝장이 나는 것을 보다. ¶ 이제 곧 끝장이 날 것 같으니 보고 가자. 그 회사도 이제는 끝장이다. ☞ 끝

끼 연예에 대한 재능이나 소질을 속되게 이르는 말. 바람기. 한자 ‘氣(기; 활동하는 힘. 뻗어나가는 기운)’가 된소리로 바뀐 말이다. ‘열-끼’는 눈동자에 드러난 정신의 당찬 기운을 뜻한다. ¶ 노래에 관한 한 끼가 다분하다. 끼가 있는 여자.

끼니 날마다 일정한 때에 밥을 먹는 일. 중세어형은 ‘ᄢᅵ니’다. ‘끼니’는 ‘끼[時(시)]+니’로 분석된다. ‘끼’는 시간을 뜻하는 중세어 ‘ᄢᅳ[時(시; 때)]’가 어형이

변한 말로, 사이[間(간)]를 뜻하는 '금(<ᄢᅳᆷ[隙(극)])'이나 '끼다(벌어진 틈에 사물을 넣다)'와 동근어다. '니'는 벼[稻(도)]나 껍질을 벗겨 가공한 쌀을 일컫는 말이다. '입쌀(<닙ᄡᆞᆯ), 이밥(쌀밥), 잇짚(메벼의 짚)'에 '이(니)'로 그 흔적이 남아 있으며, 중국 남부 지방어 nian, 일본어 ni와 일치한다.

'끼'는 끼니를 셀 때, '끼니-때'는 아침저녁으로 끼니를 먹을 때를 가리키는 시간 개념어다. [끼니 없는 놈에게 점심 의논] 궁한 처지에 놓인 사람에게 도와달라고 함은 경우에 닿지 않은 일이라는 말. ¶ 하루 세 끼 밥. 아무리 바빠도 끼니를 거르면 건강을 해친다.

-끼리 일부 명사 뒤에 붙어, '여럿이 함께 무리를 지음'을 뜻함. 끼리끼리(낄끼리; 무리를 지어 따로따로)는 부사다. [+복수 · 군집명사] 18세기 문헌 표기도 오늘날과 같다. <조선어사전(문세영)>에서는 '뜻이 같은 사람. 한곳에서 같이 일하고 있는 사람'을 뜻하는 명사라고 하였다. '끼리'는 '끼(다; <ᄢᅵ다)+ㄹ(관형사형어미)+ㅣ(의존명사)'로 분석되며, 어원적 의미는 '여럿 사이에 끼일(들어갈) 것'이다. ¶ 우리끼리. 끼리끼리 어울리다. 행진 대열에 끼어들다.

끼얹다 물 · 가루 따위를 다른 물건 위에 흩어지게 뿌리다. '끼(뜨리다)+얹(다)[<엱다]+다'로 분석된다. '끼-뜨리다'는 '흩어지게 내던지다'를 뜻하는 동사다. 여기서 '끼'는 '자리-끼'에서와 같이 물의 뜻으로 보인다. ¶ 물을 끼얹다.

끼치다 남에게 손해를 입히거나 후세에 남게 하다. 중세어형은 '긷티다, 기티다'다. <삼국유사(수천수관음가)>의 향찰 표기 吾良遺知支賜尸等焉(기티샬ᄃᆞᆫ-끼쳐 주신다면)에서 '遺(유)'의 훈(訓)이 '깉(다)+이+다→기티다'로 '영향을 미치다/ 남기다. 끼얹거나 뿌리다'는 뜻이다. 어근 '긷/깉'은 '긷[柱(주)], ᄭᅵᆫㅎ[線(선)], 길ㅎ[道(도)], 길다'와 동근어로 보인다.(긷티다>기티다>기치다>끼치다) '끼치다'의 어원적 의미는 '길게 남게 하다'다. ¶ 손해를 끼치다. 후세에 큰 영향을 끼치다.

낌새 어떠한 일의 야릇한 기틀이나 눈치. 어떤 일의 되어가는 형편. '낌새'의 '낌'은 '틈새(벌어진 사이)'의 '틈'과 같은 뜻이다. <계축일기>에 '틈틈이'를 'ᄭᅵᆷᄭᅵᆷ이'라 하였다. 중세어형 'ᄢᅵᆷ'과 'ᄢᅳᆷ'은 모음교체형이지만 뜻이 같다.(ᄢᅵᆷ[隙(극)]-/ᄡᅵ(다)+ㅁ+사이/새→낌새) ¶ 낌새를 살피다. 무슨 낌새를 맡은 게 아닐까?

ㄴ

ㄴ(니은) 현행 한글 자모의 둘째 글자. 혓소리 /ㄴ · ㄷ · ㅌ/의 기본이 되는 음운이다. 혀끝을 윗잇몸에 ㄴ 모양으로 올려붙인 후, 순간적으로 터뜨려 소리를 낸다. 'ㄴ[n]'을 조음할 때 혀[舌(설)]의 모양을 본떠 만든 글자다. <훈몽자회>에서 'ㄴ 尼隱(니은)'이라고 이름을 붙였다. /ㄷ · ㅌ/은 기본자 /ㄴ/에 획을 더하여 만들었다. 획을 더한 것이 아닌 이체자(異體字) 'ㄹ(반설음; 유음)'은 <훈몽자회>에서 'ㄹ 梨乙(리을)'이라고 하였다.

나 말하는 사람이 자기 스스로를 가리키는 제1인칭 단수 대명사. 인식의 주체. 복수형은 '우리'고 겸칭(謙稱)은 '저'다. <삼국유사(제망매가, 우적가)>에 吾隱去內如辭叱都(나ᄂᆞᆫ 가ᄂᆞ다 말ㅅ도), 自矣心米(제의 ᄆᆞᅀᆞᄆᆡ), <계림유사>에 稱我曰能奴台切[nɔi; 내]가 보인다. 중세어형도 '나'다.

우리말 '나[吾 · 我]'는 몽골어 제1인칭 대명사 bi[私(사)]의 격조사 결합형 어근 na-와 대응되며, 길리야크어의 ni-[我(아)]와도 유사성을 보인다. 고대 일본어 na, ana[我]는 어두음 n-이 탈락되어 우리말 '나'와 일치한다. 오로코어 nari[人], 나나이어 nai[人], 만주어 nyalma[人]의 어근 nyal-로 보아 '나'는 원래 사람의 뜻이다. '저, 자기(<ᄌᆞ갸(自家)'는 재귀성 1인칭 겸사말이다. [나는 바담풍 해도 너는 바람풍 해라] 자기는 잘못하면서도 남보고는 잘하라고 요구하는 말. ¶ 나보다 남을 먼저 생각하는 사람이 되자.

나가시 지난날, 관공서나 동네에서 집집이 떠맡기어 거두어들이던 돈. '나가시'는 낚다(<낛다~낛다[釣(조)])의 어근 '낛[稅(세)]'에 '앗(다)[奪(탈)]+이'가 결합된 말이다. 한자어 세금(稅金) 대신 되살려 쓸 순수 우리말이다. ☞ 낚시

나그네 제 고장을 떠나서 객지에 있거나 여행 중인 사람. 중세어형은 '나ᄀᆞ내'다. 나그네는 '나가다[外出(외출)]'의 사투리 '나그다'의 어간에 관형사형어미 '-ㄴ'이 붙은 뒤, 사람을 나타내는 접미사 '-네/-내'가 결합된 말이다. '-네'는 몽골어 복수접미사 '-nar/ner'과 관련이 있는 것으로 추정한다. '나그네'는 원래 자기

집을 떠난 사람을 뜻하였으나, 지금은 딴 곳에서 자기 집을 찾아온 사람을 일컫는다. [나그네 귀는 간짓대귀(장대)] 나그네는 얻어듣는 것이 많다는 말. ¶ '철새'를 '나그네새', 여행하는 길을 '나그넷길'이라고 한다.

나들목 고속도로에서 차가 드나드는 곳. 인터체인지(interchange)를 순화한 말이다. '나(다)[出]+들(다)[入]+목(넓다가 좁아지는 통로)'으로 분석된다. '나들다'는 '드나들다'의 준말이다. 나들목의 어원적 의미는 '차가 드나드는 길목'이다. ¶ 수원 나들목은 차로 항상 붐빈다. ☞ 건널목, 목

나들이 개인적인 볼일로 집을 떠나 가까운 곳에 잠시 다녀오는 일. 나다[出(출)]와 들다[入(입)]가 합성된 '나들다'에 접사 '-이'가 붙어 명사로 된 말이다.(나들이 <나드리←나-+들-+이) '나들이객(客), 나들이옷, 나들이차림; 봄나들이, 첫나들이, 친정(親庭)나들이' 등으로 쓰인다. '나들문(門)'은 출입문을 뜻한다. ¶ 나들이 삼아 공원에 다녀왔다.

나라 일정한 범위의 땅을 중심으로 사람들이 모여 스스로 생활을 영위해 나가는 곳. 세계. 중세어형은 '나라ㅎ'이다. 나라는 '나[地(지; 땅)]+랗(접미사)'으로 분석된다. [na]는 고구려 땅 이름에 '奴, 內, 腦, 那'로 나타나며, 남방 퉁구스어 na(地)와 일치한다. '나라'의 어원을 국호 新羅(신라)와 우리말이 건너간 일본의 땅이름 nara(奈良郡)에 관련시켜 sar-a>nara(太陽; 몽골어 naran)로 풀이하기도 한다. [나라 상감님도 늙은이 대접은 한다] 누구나 노인은 우대해야 한다는 뜻. ¶ 나라가 부강해야 다른 나라가 넘보지 못한다. 꿈나라, 하늘나라는 동화의 세상이다. ☞ 누리

나락[1] 포아폴과의 한해살이풀인 '벼'의 사투리. 볍씨를 '씨나락'이라고도 한다. 나락은 곡식의 씨알을 뜻하는 '낟[粒(입)]'에 접사 '-악'이 붙어 이루어진 말이다. /ㄷ~ㄹ/의 음운 교체에 따라 '낟+악→나락'으로 되었다. '낟'은 '나다[出 · 生]'와 동원어다.

'나락'이 벼를 뜻하고 '낟알'은 곡식의 열매란 뜻으로서 곡식 일반을 가리킨다. [나락 까먹기 게 까먹기] 보기와는 달리 먹어 보면 헤픈 것을 이르는 말. ¶ '나락뒤주'는 곡식을 담기 위하여 짚으로 엮어 둘러막고 이엉으로 지붕을 덮은 시설이다. ☞ 하나

나락[2] 지옥. '도저히 벗어날 수 없는 마음의 구렁텅이'를 비유하여 이르는 말. 범어 Naraka를 한자음 奈落/那落(나락)으로 적은 말이다. ¶ 나락으로 떨어지다.

절망의 나락에 빠지다.

나루 강가나 냇가 또는 좁은 바닷목에서 배가 건너다니는 일정한 곳. 중세어형은 'ᄂᆞᄅᆞ[津(진)]'다. 어근 ' ᄂᆞᆯ'은 '나리/내[川(천)]' 또는 나르다(<나ᄅᆞ다; 옮기다)와 동근어로 보인다. '나루'의 함경도 사투리는 '날구'다.(ᄂᆞᄅᆞ/ᄂᆞᆯ>나르/나로>나루)

'나룻가, 나룻목, 나룻배(<나로ᄇᆡ/ᄂᆞᄅᆞᆺᄇᆡ), 나루터/지기, 나루턱' 등으로 쓰인다. 나루의 상징적 의미는 '난관 극복의 출발점. 이별인 동시에 안식처'다. ¶ 강나루 건너서 밀밭 길을 구름에 달 가듯이 가는 나그네. <박목월(나그네)>

나른하다 몸이 고단하여 기운이 없다. 보드랍고 곱다. <큰> 느른하다. 16세기 문헌 <소학언해> 표기는 'ᄂᆞ론ᄒᆞ다'다. 18세기 <한청문감>에 '늘은ᄒᆞ다, 늘흔ᄒᆞ다[軟(연; 보들보들하다. 연약하다)]'가 나온다. 나른하다는 늘어지다(>나라지다; 몹시 나른해지다)와 동근어로 '늘다[延(연)]'에 뿌리를 둔 말이다. 한편으로는 한자어 苶然(날연; 나른함)의 변이음으로 보기도 한다. ¶ 봄날이 되니 하는 일 없이 나른하다. 몸이 나라져 만사가 귀찮다.

나리 지난날 권세가 있는 사람이나 지체가 높은 사람을 이르던 말. <이두편람(吏讀便覽)>에 '進賜나ᅀᆞ리 堂下官尊稱也'가 나온다. 나리는 '낫다/나아가다[進])'의 어근에 관형사형어미 '-ᄋᆞᆯ'과 접사 '-이'가 결합하여 '낫(다)+ᄋᆞᆯ+-이→나ᅀᆞ리>나ᄋᆞ리>나으리/나리'로 어형이 변한 꼴이다. 어원적 의미는 '(나보다) 나은 사람'이다. '배부장-나리'는 배가 몹시 뚱뚱한 사람을 이르는 말이다.

나머지 나눗셈에서 나누어떨어지지 않고 남는 수. 무엇을 하고 남은 것. 어떠한 일의 결과. '나머지'는 '남다'의 어근 '남-'에 '작은 것'을 의미하는 접사 '-어지'가 결합된 말이다. '남다'는 '나누다(<ᄂᆞᆫ호다)'와 동근어며, '넘다'의 모음교체형으로 분리(分離) 개념어다. 여분(餘分)을 뜻하는 '나머지'와 '찌꺼기(못 쓸 것)'는 구별된다.(남+아지/어지→남아지>나머지) ¶ 나머지 정리. 두 사람은 먼저 가고 나머지 세 사람은 늦게 출발하였다. 감격한 나머지 눈물을 흘리다.

나무 줄기나 가지가 단단하게 된 여러해살이식물. 재목(材木). <계림유사>에 木曰南記[낡], <조선관역어>에는 那莫(나모)로 기록하였다. 중세어형는 '나모, 낡'이다. 나무를 사투리에서 '남, 낭, 낭구, 낭기, 낭게; 낭오림(나무를 켜는 일)'이라 하는데, 이는 단독체 '낡'이 비음화된 결과다. 나무는 몽골어 namiya(가지; 枝)와 대응된다.(낡>나모>나무) 나무는 번영, 생명력, 정신적 에너지를 상징한다.

나무의 속을 파내어 비 오는 날에 신었던 신을 '나막신'이라 한다. 나무의 옛말 '남ㄱ'에서 /ㄱ/이 탈락하고 접사 '-악'과 명사 '신'이 합성되어 '남+악+신/*나ᄆᆞᆨ+신→나막신'이 되었다. [나무는 큰 나무 덕을 못 보아도 사람은 큰 사람의 덕을 본다] 큰 사람한테서는 덕을 입게 된다는 말.

나부끼다 천이나 종이 따위가 바람을 받아 가볍게 흔들리다. 중세어형은 '나봊기다'다. 나부끼다[飄(표)]는 '나불거리다/나풀거리다'와 같은 말이다. '나불거리다'는 시늉말 '나불나불'에 동사화 접사 '-거리다'가 결합하여 품사 전성이 되었다.(*나볼/나봊+기다→나보ᄭᅵ다>나부끼다) '나부끼다'는 '날다[飛(비)]'와 동원어로 보인다. ¶ 태극기가 바람에 나부끼다. 나비가 나풀나풀 춤을 추며 날아가다.

나비 나비목에 속하는 곤충 중 낮 동안 활동하는 무리를 두루 이르는 말. 호접(胡蝶). 중세어형은 '나ᄇᆡ, 나뵈'다. 나비는 날개로 공중을 날아다닌다는 뜻의 의태어 '나불나불'에서 온 말이다.(나불/납+ᄋᆡ→나ᄇᆡ/나뵈/나븨>나비) 어원적 의미는 '나불나불 춤을 추며 날아다니는 것'이다. 나비의 조어(祖語)를 '납[平(납작하다)]'으로 보기도 한다.

생김새가 나비와 비슷하나 몸체가 더 통통하고 주로 밤에 활동하는 해충 '나방이/나방'은 '날다'의 어근에 '-방(원형어근)+-이'가 결합되어 'ᄂᆞᆯ+방이→*ᄂᆞ방이>나방이'로 어형 변화한 말이다. 지난날 '나방이'도 '나븨'라 하였으나 지금은 구별하여 쓴다. 나비의 전남 · 경남 사투리 [나부]는 '나방이'의 사투리 '나붕이(←나부+웅이)'와 일치한다.

'나비'의 합성어에 '나비-물(옆으로 쫙 퍼지게 끼얹는 물), 나비-잠(갓난아기가 두 팔을 벌리고 반듯이 누어 자는 잠), 나비-질(쭉정이를 날리려고 키로 바람을 내는 일), 나비-춤' 등이 있다. ☞ 날다

나쁘다 좋지 아니하다. 옳지 아니하다. 부족하다. 중세어형은 '낟ᄇᆞ다'다. 나쁘다는 '낮다(<ᄂᆞᆽ다[低])'에 형용사화 접사 '-ᄇᆞ다/-브다'가 결합된 어형이다.(ᄂᆞᆽ+ᄇᆞ다→낟ᄇᆞ다>나쁘다) 중세어 'ᄂᆞᆽ다'에서 파생하여 지체나 지위 따위가 매우 낮음을 이르는 낱말에 'ᄂᆞᆺ갑다[賤 · 低]'와 'ᄂᆞᆯ압다[賤(천)]'가 있다. '나쁘다'의 어원적 의미는 '높지 않다. 부족하다'였으나, 오늘날에는 '좋지 않다'는 뜻으로 바뀌어 쓰인다. ¶ 나쁜 소문은 빨리 퍼진다.

나사 양털 또는 거기에 무명 · 명주 · 인조 견사 따위를 섞어서 짠 모직물. 포르투

갈어 raxa를 일본에서 한자음 羅紗로 적은 것이다. '나사-점(店), 나사-지(紙)'로 쓰인다.

나수다 내어서 드리다. 내어서 바치다. 높은 자리로 나아가게 하다. 중세어형은 '나소다'다. ':낫·(다)[進(진)]+오(사동접사)+다'로 분석된다.(나소다>나수다) '낫다(나아가다)'는 '나다[出(출)]'와 동근어다. ¶ 잔을 들어 승상께 나수다. ☞ 나타나다

나위 더 할 수 없는 여유나 더해야 할 필요. ≒ 까닭. 이유. 동사의 어간에 관형사형 어미 '-(으)ㄹ'이 결합한 꼴 다음에 서술어 '없다'와 함께 쓰여 '틈. 여지(餘地). 필요성'을 뜻한다. '나위'는 접미사 '-답다(성질이나 태도. 조건을 충분히 갖춤)'의 고어형 '라빙(>라위>나위)가 변한 말이다. '옴-나위'는 '몸을 움직일 여유. 꼼짝달싹'을 뜻한다. ¶ 더할 나위 없이 훌륭한 작품이다. 의심할 나위 없는 사실이다. 옴나위도 못한다.

나이 사람이나 생물이 나서 살아온 햇수. 연령. 중세어형은 '나ㅎ'이다. 출현(出現) 개념어 '나다, 나타나다(<낟다)'와 동근어인 '낳다'의 어근 '낳-'에 접사 '-이'가 결합되어 '낳+이→나히>나이'로 어형이 바뀌었다.

중세어 '나히[年齡(연령)]'는 나물 이름 냉이[菜(채)]의 옛말인 '나히, 나싀, 나이'와 뜻을 구별하기 위하여 '나이(연령)'로 표기 형태를 달리한 것으로 보인다. 나이의 어원적 의미는 '낳은 햇수'다. '낫살'은 '나잇살'의 준말이다. '나틀다(←나ㅎ+들다)'는 '나이가 들어 어른이 되다'는 뜻이다. [나이 차 미운 계집 없다] 무엇이나 한창일 때는 좋게 보인다는 말. ☞ 살[1]

나이테 나무의 줄기를 가로로 자른 면에 나타나는 바퀴 모양의 둥근 테. 한 해에 하나씩 생김. 연륜(年輪). '나이+테(←터+이)'로 분석된다. 나무를 베면 나이테가 넓은 쪽이 남향임을 알 수 있다. 북한에서는 '해돌이'라고 한다. ☞ 나이, 테두리

나절 하루 낮의 절반쯤 되는 동안. 낮의 어느 무렵이나 동안. '나절(<나잘)'은 '낮'에서 파생된 말이다. 중세어 '나잘[半日(반일)](←낮+알/올)'은 오늘날 '나절가웃(하루 낮의 3/4쯤 되는 동안); 반나절, 저녁나절, 열나절(일정한 한도 안에서 매우 오랫동안), 점심나절, 한나절' 등으로 쓰이고 있다. ¶ 차 시간이 다 되었는데도 열나절이나 안내판을 들여다보고 있다. ☞ 낮

나중 지금이나 어떤 일이 있었던 때보다 얼마가 지난 뒤. ↔ 처음. 먼저. 중세어형

은 '내죵'이다. 저녁[夕(석)]을 뜻하는 중세어 '나조ㅎ'가 'ㆁ'음의 첨가로 '나죵>나중'이 된 것이다. 한자 '乃終(내종)'은 고유어 '나중'의 음역(音譯)이다. [나중 난 뿔이 우뚝하다] 후배가 선배보다 나을 때 이르는 말. ¶ 나중의 일. 나중에 만나자.

나지리 '품위나 능력의 정도가 자기보다 못하게'의 뜻을 나타내는 말. [+보다. 여기다. 대하다]. '낮(다)[低(저)]+을(관형사형어미)+이(접사)'로 분석된다. 동근어 '나지라기'는 '지위나 등급이 낮은 사람이나 물건'을 낮잡아 이르는 말이다. ¶ 나지리 보고 함부로 대접하였다.

나쪼다 어른 앞에 나타나다. '낫다(<나아가다[進(진)])'의 어근에 객체존대선어말어미 '-즙-'이 결합된 말이다.(낫+즙+다→나쪼다) ¶ 할머니 앞에 나쪼아 앉다.

나타나다 숨거나 감추어졌던 것이 겉으로 드러나다. ↔ 사라지다. 없어지다. 중세어형은 '낟다, 낟다, 나담나다'다. '*낟다(>나타나다)'의 어근 '낟-'은 신라말 '奈乙(蘿井)', 고구려말 '於乙(泉)'과 동원어로 '출현(出現)'을 뜻하며, 낯(얼굴)과 동근파생어다. '낟+호(접사)+아→*나톼>나타'와 '나다[出(출)]'가 결합하면서 발음이 변하여 '나타나다'가 되었다. '낳다, 놓다, 나이(←낳+이), 나다[生(생)], 낫다[進(진)], 누다[排泄(배설)]'는 동근어다. ¶ 돌아가신 아버지가 꿈에 나타나다. 일의 결과가 나타나다. ☞ 샘물, 나타나다

낚시 미끼를 꿰어서 물고기를 낚는 데에 쓰는 작은 갈고리. 낚시질. 중세어형은 '·낛'이다. 낚시는 동사 '났다~낛다[釣(조)]'의 어근 '낛-'에 '-이'가 결합되어 '낛+이→낙시(낚시)'로 굳어진 명사다. '낚다'는 꾀를 부리어 남을 꾀거나 어떠한 이득을 얻는다는 뜻으로도 쓰인다. ◇ 낚시에 걸리다 - 빠져나오기 어려운 환경에 빠지다.

난달 길이 여러 갈래로 통한 곳. '나(다)[出]+ㄴ+달(곳)'로 분석된다. '달[山 · 높은 곳]'은 의미 변화를 일으켜 장소의 뜻으로 쓰이는 고유어다. '산달(산이 있는 곳)'은 '산(山)+달'로 이루어진 말이고, 박달은 '밝은 곳'이다. ¶ 사방 난달. 난달이었던 별채 주변을 사랑채 담장과 잇달아 담을 쌓았다. ☞ 땅, 응달, 비탈

난데없이 별안간 불쑥 나타나 어디서 나왔는지 알 수 없이. 형용사는 '난데없다'다. 난데없이는 '나오다[出(출)]'의 관형사형 '나온>난'에 장소를 뜻하는 의존명사 '데'와 '없(다)+이(부사화 접사)'가 결합된 말이다. 장소를 가리키는 '데'는 땅의 앞선 말 'ᄃᆞ'에 처소격 조사 'ᄋᆡ'가 결합된 꼴이다.(다+ᄋᆡ→ᄃᆡ>데) 난데없이

의 어원적 의미는 '나온 곳(출처)을 알 수 없이'다. '쓸데없이, 간데없이, 온데없이'도 같은 조어 방식으로 이루어졌다.

난데는 '난뎃놈(다른 고장에서 온 사람), 난뎃사람, 난뎃손님'으로 쓰인다. ¶ 난데없는 총소리가 밤의 정적을 깨다. 난데없이 나타나 시비를 걸다. ☞ 나타나다, 그지없다

난쟁이 기형적으로 키가 작은 사람. 17세기 표기도 같다. 난장이는 '낮다[低(저)]'의 관형형 '낮(다)+은→난' 또는 '낳(다)+은→난'에 접미사 '-장이(←匠+이)'가 결합되어 성장이 멈춰 키가 자라지 않는 사람을 가리킨다. '난쟁이'의 어원적 의미는 '낳은 상태로 키가 낮은 사람'이다. [난쟁이 교자꾼 참여하듯] 자기 분수에 맞지 않는 일에 주제넘게 참여함을 이르는 말. ☞ 얕보다

낟가리 낟알이 붙은 곡식의 단을 그대로 쌓은 더미. 낟가리[露積(노적)]는 곡식의 씨알을 뜻하는 '낟[穀(곡)·粒(입)]'에 '가리(다)[蔽(폐)]'의 어간이 결합된 말이다. '가리'는 곡식·땔나무 등을 쌓은 더미를 이른다. '가리부피; 볏가리, 솔가리, 장작가리 등으로 쓰인다. 어원적 의미는 '낟알을 가린 것'이다.

낟알 껍질을 벗기지 아니한 채로 있는 곡식의 알맹이. 쌀알. 중세어형은 ':낟[穀(곡)]'이다.(낟+알→낟알) '낟'은 '나다[出·生]'와 어원적으로 관계가 있다. '낟'과 합성된 낱말에 '낟가리; 낟알, 낟알기, 낟알모이' 등이 있다.

중세어 ':낯[粒·箇], 낱[箇]'은 '낟'과 동근어로 오늘날 셀 수 있는 물건의 하나하나를 뜻하여 '낱개, 낱말, 낱권, 낱값' 등의 합성어를 이룬다. [낟알은 익을수록 고개를 숙인다] = 벼는 익을수록 고개를 숙인다. ¶ 낟알을 줍다. 좁쌀 난 같은 핏방울이 송송 솟는다.

날 하루 동안. 낮 동안. 날씨. 중세어형도 오늘날과 같다. 'ᄂᆞᆯ-'은 하늘(<하ᄂᆞᆯ)에서의 'ᄂᆞᆯ[日·天空]'과 동일한 형태소다. 그리고 해와 관련된 '날'은 낮[晝(주)]과 동원어다. 우리말 날[日(일)]은 퉁구스어 nari, 몽골어 naran(태양)과 일치한다. '날짜, 날씨; 옛날, 오늘날' 등으로 쓰인다. ☞ 낮

날개 날짐승이나 곤충의 몸 양쪽에 붙어 날아다니는 데 쓰이는 기관. 기구나 기계 따위에 붙은 바람개비 모양의 물건. 중세어형은 'ᄂᆞᆯ개, ᄂᆞᆯ애'다. 날개는 '날다(<ᄂᆞᆯ다)'의 어근에 명사형성 접사 '-개'가 결합한 말이다.

이와 같이 용언의 어간에 접사 '-개/-게'가 붙어 명사를 이루는 조어법은 우리말에 보편적으로 나타난다. 날개는 /ㄹ/ 아래에서 /ㄱ/이 탈락하여 'ᄂᆞᆯ+개→

ᄂᆞᆯ개>ᄂᆞᆯ애>나래/날개'로 어형이 변하였다. ◇ 날개가 돋치다 - 상품 등이 시세를 만나 재빨리 팔리다. ¶ 독수리가 날개를 펼치다. 선풍기의 날개.

날다 동물이나 물체가 공중에 떠 한 위치에서 다른 위치로 이동하는 상태가 되다. 속도가 빠름을 비유하는 말. 중세어형은 'ᄂᆞᆯ다'다. 어근 'ᄂᆞᆯ-'은 'ᄂᆞᆯ[日・天空]'과 동일한 형태소다.(ᄋᆞᆯ/ᄂᆞᆯ+다→ᄂᆞᆯ다>날다) '날다'에 상응하는 퉁구스어 na-는 '날개로 퍼덕이다'의 뜻이다.

'날리다, 날래다, 날렵하다, 날뛰다(<ᄂᆞᆯᄠᅱ다), 날쌔다'는 '날다'와 동근어로 '빠른 움직임'을 나타내는 용언이다. '날개, 날라리, 날림/치(아무렇게나 날려서 하는 일이나 그렇게 만든 물건), 날짐승, 날치, 날파리' 등으로 쓰인다. [기는 놈 위에 나는 놈이 있다] 잘하는 사람 위에 더 잘하는 사람이 있다는 말. ¶ 하늘을 나는 새/ 비행기.

날씨 맑고 흐리고 덥고 춥고 습하고 건조한 기상(氣象) 상태를 구체적으로 가리키는 말. 일기(日氣). 15세기 문헌 <두시언해초간>에는 '낤氣運'이라 하였다. '하루 동안, 시기, 날씨'를 두루 뜻하는 '날'은 하늘(←한+ᄋᆞᆯ[天空])의 'ᄋᆞᆯ>ᄂᆞᆯ>날[日]'로 '날다, 날개'와 동근어다.

'날'에 시간적 개념이 더하여 '날, 날짜'가 되는데, 이는 해가 하늘에 반복적으로 뜨고 지는 데서 비롯된다. '-씨'는 '글씨, 말씨, 마음씨' 등에서와 같이 '그 상태나 태도'를 뜻하는 접미사다. ¶ 날씨가 매우 덥다. ☞ 하늘

날짜 날의 수. 무엇을 하려고 정한 날. 어느 달의 며칟날에 해당하는 그 날. '날[日(일)]+짜'가 결합된 꼴이다. '짜'는 중세어 '-차(次)'로써 '차례'를 뜻하는 말이다. 날짜의 어원적 의미는 '날의 차례'다. ¶ 결혼 날짜가 다가오다. 그는 어제 날짜로 사표를 냈다. ☞ -째

날카롭다 끝이 뾰족하다. 예리하다. 사물을 대하는 능력이 매우 빠르고 명확하다. 중세어형은 'ᄂᆞᆯ캅다'다. '날카롭다'는 명사인 'ᄂᆞᆯㅎ'이 형용사로 바뀐 어형이다. 'ᄂᆞᆯ캅다(←ᄂᆞᆯㅎ[刃(인)]+-갑다)'가 후대에 '날카롭다(←ᄂᆞᆯㅎ+갈[刀(도)]+롭다)'로 되었다.

'ᄂᆞᆯㅎ'은 '칼-날, 톱-날, 도끼-날' 등과 같이 '날'이 달린 연장 이름에 붙는다. '-갑다, -롭다'는 형용사화 접사다. 날카롭다는 '신경이 예민하다'는 뜻으로도 쓰인다.(ᄂᆞᆯㅎ+-갑다→ᄂᆞᆯ캅다/ ᄂᆞᆯ캅+ᄅᆞᆸ다→날카롭다) ¶ 날카로운 칼/ 감각/ 신경/ 판단력.

남방셔츠 여름에 남자들이 양복저고리 대신 입는 민소매의 얇은 옷. = T셔츠. '南方+shirts'로 분석된다. 남방(南方)은 열대지방인 동남아시아를 가리키는 말이다. 여기에 영어 '셔츠'가 결합하였다. 줄여서 '남방'이라 한다. 티셔츠는 영문자 T와 모양이 같아 붙여진 이름이다.

남새 밭에서 가꾸는 온갖 푸성귀 곧 채소(菜蔬)를 이르는 말. = 나물. 16세기 초 문헌 <번역소학>에 'ᄂᆞᄆᆞ새'가 나온다. 채소를 뜻하는 'ᄂᆞᄆᆞ새'는 'ᄂᆞᄆᆞᆯ(>나물)'에 '-새(풀)'가 결합되면서 /ㄹ/ 받침이 탈락된 형태다.(ᄂᆞᄆᆞᆯ+새→나무새>남새) 남새와 나물 그리고 냉이(<나ᅀᅵ)는 출현 개념어 '나다[出 · 生]'에 나온 동근어다. 남새의 어원적 의미는 '나물 풀'이다.

만주어 namu(生菜)는 우리말 '나물(<ᄂᆞᄆᆞᆯ)'과 대응한다. 형태나 의미가 이와 비슷한 말에 '푸새(←풀+새), 푸성귀(<프엉귀<프ᅀᅥᆼ귀)'가 있다. '남새'는 전라도 사투리에 남아 있는 옛말인데, 북한에서는 문화어의 지위를 누리고 있다. ¶ 남새밭에 물을 대다.

남우세스럽다 남에게 놀림과 비웃음을 받을 듯하다. = 남세스럽다. '남(<ᄂᆞᆷ)+웃(다)+에+-스럽다'로 분석된다. '우세'는 남에게 비웃음을 당하는 것을 뜻한다. '-스럽다'는 일부 명사나 상태성 어근에 붙어 '그러한 성질이 있음. 격에 어울리지 않음'의 뜻을 더하고 형용사를 만드는 접미사다. ¶ 처녀가 애를 배도 할 말이 있다지만 소문이 남세스러워 바깥출입을 어찌할꼬?

남짓 분량 · 수효 · 무게 따위가 '일정한 기준보다 조금 더 되거나, 어떠한 한도에 차고 조금 남음이 있음'을 뜻하는 말. 중세어형은 '남ᄌᆞᆨ'이다. '넘다[越(월)]'와 동근어 관계인 '남다[餘(여)]'의 어근에 접사 '-ᄌᆞᆨ/즉'이 결합된 말이다. 어원적 의미는 '남는 것'이다. ¶ 한 달 남짓. 학생수가 500명 남짓하다.

남편 혼인하여 여자의 짝이 되어 사는 남자를, 그 여자에 대하여 일컫는 말. <높> 부군(夫君). ↔ 아내. 남편은 '남[他(타)]+편(쪽)'으로 분석된다. 중세어형도 오늘날과 같다. '·ᄂᆞᆷ'은 '·놈[者(자)]'과 동근어다. 남진(男人[남ᅀᅵᆫ])을 고려하면 한자 男便은 취음(取音)임을 알 수 있다. 여편도 '년+편'의 짜임이지 女便이 아니다. 남편의 어원적 의미는 '사내 쪽'이다. ¶ 남편을 얻다. 남편을 사랑하는 아내. ☞ 놈, 년

남포등 석유를 연료로 하는 서양식 등잔. 양등(洋燈). 등잔과는 달리 불을 켜는 심지의 둘레에 볼록한 유리관이 씌워져 있다. 구한말 개화기에 서양인들이

들여온 물건(lamp)으로 원래 발음은 [램프]다. 그 당시 우리나라 사람들은 말 첫머리의 /ㄹ/음을 소리 내지 못하여 [남포]로 발음하였는데 이것이 굳어져 현재의 외래어가 되었다.(lamp+燈→남포등) 나지오(radio)가 [라디오]로, 나면이 [라면]으로 소리를 내는 것처럼 현대인은 말 첫머리의 유음 /ㄹ/을 편안하게 발음할 수 있다. '남포'는 생명, 신성(神性)의 빛, 지혜 및 인도(引導)를 상징한다.

ㄴ

납 청백색이며 무겁고 연한 금속 원소(Pb). 납[鉛(연)]은 <삼국사기>에 '鉛城本乃勿忽'로 나온다. 이른 시기 고구려말 [乃勿(나모리)]와 고려 시대에 간행된 <향약구급방>의 [那勿(나물)]이 그 후 '납'이 되었고, 일본어 [namari(鉛)]와 일치한다. '납구리, 납덩이/같다, 납땜, 납염(染), 납유리, 납중독(中毒)' 등으로 쓰인다. ¶ 납은 독성(毒性)이 있어 우리 몸에 해로운 물질이다.

납시다 '나가시다. 나오시다'의 뜻으로 주로 궁중에서 임금의 출입에 쓰던 말. '나(다)[出(출)]+-압-+-시-+다'로 분석된다. ¶ 상감마마 납시오.

낫 풀이나 곡식 같은 것을 베는 연장. 중세어형은 '낟'이다. 낫은 '날<늘ㅎ[刃(인)]'과 동원어로서 고대 일본어 nata[鉈(사)]와 일치한다. 낫의 종류에 '겹낫, 깎낫, 버들낫, 양낫, 옥낫, 왜낫, 왼낫, 접낫, 조선낫' 등이 있다. [낫으로 눈 가리기] 미련하여 경우에 맞는 처신을 못한다는 말. ¶ 숫돌에 낫을 갈다.

낫갱기 낫자루에 들어가 박히는 부분(슴베)을 단단히 하기 위하여 둘러 감은 쇠. '낫+감(다)+기'로 분석된다.(낫감기>낫갱기) 어원적 의미는 '낫을 감은 것'이다. 짚신이나 미투리에 관련된 총갱기와 뒷갱기를 함께 이르는 '신갱기[-깽-]'의 본딧말은 '신감기'다.

낫다 보다 더 좋거나 앞서 있다. 병이나 상처 따위가 고쳐져 본래대로 되다. 15세기에 '는ᄒᆞ다, 늘다'가 쓰였으나 16세기부터는 '낫다[勝(승)]'로 바뀌었다. '는ᄒᆞ다, 늘다'는 넓다와 널다[延(연)]와 동근어로서 모음이 바뀌어 '낫다'가 되었다. 낫다의 어근 '낫'은 연장(延長) 개념어로 어원적 의미는 '(다른 것과 비교하여) 긴 것'이다. '조금 많게. 좀 낫게'를 뜻하는 부사는 '나우(←낫+우)'다. ◇ 낫기는 개 코가 나아 - 조금도 나을 것이 없음을 속되게 이르는 말. ¶ 형보다 동생이 인물이 낫다. 병이 씻은 듯이 나았다.

낭떠러지 깎아지른 듯한 언덕. '낭'과 '떨어지다[落(낙)]'의 어간이 합성된 말이다. '낭'은 낭떠러지의 뜻으로 17세기 문헌 <동국신속삼강행실도>에 나온다. 낭떠러지의 어원적 의미는 '낭에 떨어짐'이다. 이는 아래에서 위를 쳐다보는 '벼랑'과 달리, 위에서 아래로 내려짐을 강조하기 위한 것으로 보인다.(낭→낭떨어지/(기)>낭떠러지) [서울이 낭이라니까 과천부터 간다] 어떤 일을 당하기도 전에 말로만 듣고 지나치게 겁을 먹다. ¶ 낭떠러지에서 떨어지다. 낭길을 아슬아슬하게 걸어가고 있다. ☞ 벼랑

낭만 주정적(主情的) 또는 이상적으로 사물을 파악하는 일. 또는 그렇게 하여 파악된 세계. 낭만(浪漫)은 프랑스어 roman[로망]의 한자어 표기다.(로망>낭만) '낭만적, 낭만주의, 낭만파'로 쓰인다. ¶ 지성과 낭만이 넘치는 곳.

낭오림 나무를 켜는 일. '낭(나무)+오리(다)+ㅁ'으로 분석된다. '낭'은 나무의 사투리다. '남, 낭, 낭구, 낭기, 낭게'는 단독체 '낡[木(목)]'이 '낭'으로 비음화된 것이다. '오리다'는 '종이나 천 따위를 칼이나 가위를 사용하여 필요한 모양으로 베다'는 말로 '도리다'와 동원어다. ☞ 나무

낮 해가 떠서 질 때까지의 동안. ↔ 밤. 중세어형도 현대어와 일치한다. <계림유사>에 午日稔帝(*넘ᄌᆡ>ᄂᆞ죄)로 표기하였다. 같은 책에 暮日占捺或言古沒의 기록으로 보아 午日占捺[*졈낮]이 더 타당성이 있어 보인다. '나조ㅎ, 나죄[夕]'는 '밤낮, 한낮, 대낮, 졈낫'이 점차 세력을 얻게 되자 '낮'과 혼동이 일어나면서 소멸하고 18세기부터는 '저녁'이 쓰이게 된다. '나죄/나조'는 'ᅌ [ŋ]' 음의 덧붙임으로 '나죵>나중'이 되어 시간상 뒤를 뜻하는 단어로 바뀌는 운명에 처한다.

낮은 해와 관련이 있으며 날[日]에서 파생한 말이다.(nal~nat-날[日], 낮) 요컨대 '나조'는 '늦다 · 저물다'의 뜻이었다가, 근대 국어에서 '낮'으로 바뀌어 햇볕이 쬐는 때를 가리키게 되었다. [낮말은 새가 듣고 밤말은 쥐가 듣는다] 항상 말조심을 하라는 말.

낯 얼굴의 바닥. 면(面). 남을 대할 만한 체면(면목). 중세어형은 'ᄂᆞᆾ'이다. 낯(<ᄂᆞᆾ)[顔(안)]은 <계림유사>의 面曰捺翅[nat-si]로 보아 상당히 오래된 어형이다. '낟다(>나타나다[表(표) · 顯(현)])'와 동근어다. 낯의 어원적 의미는 '겉'이다. '낯-가리다, 낯-가죽, 낯-간지럽다, 낯-모르다, 낯-설다, 낯-익다' 등으로 쓰인다.

◇ 낯이 뜨겁다 – 남 보기가 부끄러워 얼굴이 달아오르다. ¶ 낯을 씻다. 더는 볼 낯이 없다. ☞ 나타나다, 얼굴

낳다 사람이나 동물이 아이 또는 새끼나 알을 몸 밖으로 내놓다. 생산하다. 배출하다. 중세어형도 오늘날과 같다. '낳다'는 출현(出現) 개념어 '나다(<낟다/낟다)'와 동근어며, '놓다'의 모음교체형이기도 하다. '돌실낳이, 한산낳이'처럼 피륙

을 짜는(낳는) 일을 뜻하는 '낳이'도 동근어다. ¶ 아기를 낳다. 많은 이익을 낳는 아이티 사업. 그 사람은 우리나라가 낳은 천재적인 과학자다. ☞ 나타나다.

내¹ 시내보다 크고, 강보다는 조금 작은 물줄기. 개천. <삼국유사(찬기파랑가)>에 '逸烏川理叱磧惡希(이로 나릿 지벽히)'가 나온다. 중세어형은 '내ㅎ'이다. '내'는 물이 위에서 아래로 흘러내리는 하강(下降) 개념어로 동사 '내리다'를 파생시켰다. 합성어에 '냇가, 냇물, 냇버들; 시내(←실[谷]+내[川])[시냇가, 시냇물]'가 있다.

내² 연기 따위에서 나는 매운 기운. '냄새'의 준말. '내'는 '나다/내다[出(출)]'의 어근이 명사 '내[臭(취)]'로 영접사파생된 말이다. 어원적 의미는 '나온 것'이다. '내'는 '고린내, 군내, 냇내(연기의 냄새), 단내, 땀내, 문뱃내(술에 취한 사람의 입에서 나는 냄새), 비린내, 쇳내(음식에 쇳물이 우러나서 나는 냄새), 젖내, 풋내, 흙내' 등으로 쓰인다. '단내(눋거나 달아서 나는 냄새)'는 '달(다)[煎(전)]+ㄴ+내'로 분석된다. ¶ 고소한 내가 난다.

내로라하다 바로 '나이로라'하고 자신하다. 어떤 분야를 대표할 만하다. '나+이(서술격조사)+-로라(어미)+하(다)+다'로 분석된다. '-로라(←오+다)'는 1인칭 주어와 함께 자신의 행동을 의식적으로 드러내어 말할 때 쓰인다. ¶ 내로라하는 장사들이 모래판에서 힘을 겨루다. 내로라 뽐낸다. ☞ 나

내리다 위에 있던 것이 움직여 아래에 있는 상태가 되다. ↔ 오르다. 중세어형은 'ᄂᆞ리다'다. 'ᄂᆞ리누르다(내리 누르다), ᄂᆞ리우다(내리게 하다), ᄂᆞ리왇다(내리치다)'에서 'ᄂᆞ리-'는 동사 'ᄂᆞ리다'의 어간인데 영변화(零變化)하여 부사로도 쓰였다. '내리다'는 시내보다 크고 평지에 흐르는 '내(<나리[川(천)])'가 동사로 전성된 말이다.

내리다는 '누리[世(세)]+다→누리다[享(향)], 누비[衣(의)]+다→누비다'도 '내리다'와 같은 구조로 된 파생어다.(ᄂᆞ리/나리+다→ᄂᆞ리다/나리다>내리다) 명사 '내림(←내리+ㅁ)'은 부모나 조상으로부터 내려오는 유전적인 특성을 이른다. ¶ 겨울에 눈이 내리다. 키가 큰 것도 몸이 뚱뚱한 것도 그 집 내림이다.

내미손 물건을 흥정하러 온, 어수룩하고 만만하게 보이는 사람. '내미+손[客(객; 손님)]'으로 분석된다. '내미'는 송아지의 사투리다. '딸내미, 아들내미'에서는 귀여움을 뜻한다. 내미손의 어원적 의미는 '송아지처럼 앳되고 귀여운(어리숙한) 사람'이다. ¶ 상인이 나를 내미손 취급을 하여 흥정이 깨지고 말았다. ☞

손님

내색 속마음이나 감정 따위를 얼굴에 드러냄. 또는 겉에 나타난 얼굴빛. '나(다)[出(출)]+이+色(색)'으로 분석된다. 내색의 어원적 의미는 '색(느낌)을 드러냄'이다. ¶ 싫어하는 내색을 하다.

내숭 겉으로 순하게 보이나 속은 엉큼함. 한자어 內凶(내흉)에서 /ㅎ/이 /ㅅ/으로 변한 말이다.(내흉>내숭) '내숭-떨다, 내숭-스럽다'로 쓰인다. ¶ 내숭을 떨다.

내일 → '어제' 참조

내풀로 내 마음대로. [+부정어] '나+이(조사)+풀/풀기+로(부사화접사)'로 분석된다. '풀기/풀'은 '활기나 기세'를 뜻하는 말이다. 어원적 의미는 '내 기운으로'다. '내절로(자기 스스로), 저절로, 제출물로(제 생각대로. 제 힘으로), 제풀로'와 낱말 만드는 방식이 같다. ¶ 이건 내풀로 되는 것이 아니다. 이 세상에 내풀로 되는 일은 별로 없다. 풀이 죽다(활기나 기세가 꺾이어 맥이 없다).

냄비 음식을 끓이거나 삶는 데 쓰는 용구의 하나. ≒ 쟁개비. '냄비'는 일본어[nabe; 鍋(과; 노구솥)]가 들어온 말이다.(나베>남베>남비>냄비) 이처럼 일본에서 17세기 말엽에 귀화한 말에는 '가마니(←kamasu), 고구마(←kôkôimo), 구두(←kutsu)' 등이 있다. ◇ 냄비 근성 - 변덕이 심한 행동을 빗대어 이르는 말. ¶ 냄비에 물이 끓고 있다.

냄새 코로 맡을 수 있는 온갖 기운. 냄새는 '내+음(명사형어미)+새'로 분석된다. '내'는 '나다/내다[出(출)]'의 어근이 명사 '내[臭(취)]'로 영접사파생된 꼴이고, '-새'는 일부 명사 또는 용언의 파생명사형 '-음'의 뒤에 붙어 '됨됨이 · 모양 · 상태 · 정도'의 뜻을 더하는 접미사다.(나/내[臭(취)]+ᄋᆞᆷ+새→내ᄋᆞᆷ새>내음새>냄새) '냄새-나다, 냄새-피우다; 고린내, 군내(제 맛이 아닌 다른 냄새), 단내' 등으로 쓰인다. ◇ 냄새(를) 맡다 - 어떤 일에 있어서 낌새를 눈치 채다. ¶ 구수한 냄새. 냄새가 향긋하다. ☞ 내[2]

냇내 연기(煙氣)의 냄새. 음식에 밴 연기의 냄새. 17세기 문헌 <두창경험방> 표기는 'ᄂᆡᆺ내'다. '내[2](<ᄂᆡ)[煙(연)]+ㅅ+내[臭(취)]'로 분석된다. 내(<ᄂᆡ)는 연기 따위에서 나는 매운 기운을 뜻하는 말로 몽골어 nüle(火焰)와 대응한다.

'내'에서 파생한 '내다'는 연기와 불꽃이 아궁이로 되돌아 나오다를 뜻하는 동사다. '냅다(←내+ㅂ다)'는 연기가 눈이나 목구멍을 자극하여 맵고 싸하다를 뜻한다. ¶ 냇내가 심해서 먹을 수가 없다. 내워서 눈을 뜰 수가 없구나.

냉과리 덜 구워져서 피울 때 연기와 냄새가 나는 숯. 17세기 문헌 <역어유해>에 'ᄂᆡᆼ과리(煙頭子)'가 나온다.(ᄂᆡᆼ과리>ᄂᆡᆼ괄이>냉과리) 냉과리는 'ᄂᆡ[2][煙氣(연기)]'에 접사 '과리'가 붙으면서 /ㅇ/이 첨가된 말이다. ¶ 냉과리를 피워 연기가 자욱하게 낀 부엌.

너 친구나 손아랫사람을 지칭하는 2인칭 대명사. ↔ 나. '너'의 향찰 표기는 汝(여)이고, 你(니)는 현대어의 사투리 [니]에 남아 있다. '나'와 '너'는 양성모음과 음성모음의 교체를 통하여 인칭이 구분되는 것으로 보인다. '너'의 존칭어는 '그대', 복수형은 '너희'이다. 고대 일본어에서 2인칭 대명사 na[汝(여)]는 우리말 '너'에 대응한다.

<소학언해>에서 한자어 '당신(當身)'이 '너'의 아주 높임말로 쓰였다. 그러나 '당신'이 예사 높임으로 격이 떨어지면서 보편적으로 쓰이기 시작한 때는 18세기 말기 근대 국어부터다. 17세기 중엽에는 2인칭 대명사 '자네(<자내)'가 보인다. [너하고 말하느니 개하고 말하겠다] 말이 잘 통하지 아니하는 상대에게 핀잔투로 하는 말. ¶ 너 자신을 알라. ☞ 그대, 자네

너그럽다 마음이 넓고 남을 헤아리는 아량이 있다. ≒ 넨다하다. 중세어형은 너르다[寬(관)]다. '너ᄅᆞ다[廣(광; 넓다)]'와 동근어다. 18세기 문헌 <한청문감>에 부사 '너그러이'가 보인다. ¶ 너그럽게 용서하다.

너끈하다 무엇을 하는 데에 모자람이 없이 넉넉하다. '넉+끈+하+다'로 분석된다. 어근 '넉'은 '넓다~너르다'와 동근어다. '끈'은 줄[線(선)]을 뜻한다. 어원적 의미는 '줄이 충분하다'로 물건을 동여매거나 멜빵끈이 길어 여유가 있다는 말이다. ¶ 이 정도 방이면 세 사람이 자기에 너끈하다. ☞ 넉넉하다, 끈

너나들이 서로 너니 나니 하고 부르며 허물없이 말을 건네는 일. 또는 터놓고 지내는 사이. = 호형호제(呼兄呼弟). '너+나+들(다)[入(입)]+이'로 분석된다. 어원적 의미는 '너 나 할 것 없이 들어감'이다. '너나없이'는 너나 나나 가릴 것 없이 모두를 뜻하는 말이다. ¶ 나와 사장과는 너나들이로 지내는 사이다. 너나들이하는 사이일수록 말을 함부로 해서는 안 되네. ☞ 나, 너

너름새 일을 멋있고 능란하게 해내는 솜씨. 떠벌리어 주선하는 솜씨. 발림(판소리에서의 가벼운 몸짓). '널(다)+ㅁ+새(됨됨이. 상태. 정도)'로 분석된다. '널다'는 '너르(다)[넓다(廣)]'와 동근어다. 어원적 의미는 '넓게 펼친 상태'다. ¶ 그녀는

남편 못지않게 너름새가 좋아 동네 반장을 맡아 한다. 판소리는 '창, 추임새, 발림(너름새)'으로 이루어진다.

너무 알맞은 정도를 넘어. 지나치게. [+부정적 의미] '넘(다)[越(월)]+-우(부사화 접사)'로 분석된다.(너모/너므>너무) '너무'는 정도가 지나쳐서 결과가 안 좋음을 뜻한다. ¶ 문제가 너무 어렵다. 너무 보기 싫다. '*너무 좋다. *너무 예쁘다'는 어법에 맞지 않는 문장이다.

너벅선 너비가 넓은 옛날의 나무배. '넓/넙(다)[廣(광)+-억(접사)+船(선; 배)'으로 분석된다. = 잉박선(芿朴船). 어원적 의미는 '넓은 배'다. ¶ 너벅선은 젓기가 매우 힘든 배다.

너벅지 둥글넓적하고 아가리가 넓게 벌어진 질그릇을 뜻하는 '자배기'의 사투리. '넓/넙(다)[廣(광)+-억(접사)+지(질그릇)'로 분석된다. 너벅지는 '넓적다리'의 충청남도 사투리이기도 하다.

너비아니 쇠고기를 얇고 너붓하게 저미어 갖은 양념을 하여 구운 음식. '넓(다)+이+아니(?)'로 분석된다. 궁중에서는 '너비-구이'라고 하였다. 너비아니의 어원적 의미는 '넓은 것'이다. ¶ 석쇠에 너비아니를 구우니 연기가 올라왔다.

너와 지붕을 이는 데 쓰는, 소나무 토막을 쪼개어 만든 널빤지. '널(널빤지)+와(瓦; 기와)'로 분석된다. '널'은 '넓/너르(다)[廣(광)]'의 어근이다. 어원적 의미는 '널로 된 기와'다. 너와는 '넓/너르(다)+새(이엉으로 쓰는 억새풀)'로 짜인 '너새'가 변한 말이다. '망새[鴟尾(치미)]'는 기와집 지붕의 대마루에 얹는 장식용 기왓장이다. ¶ 너와로 지은 집을 '너와/너새집'이라고 한다. ☞ 널, 기와

너울¹ 지난날, 여자들이 나들이할 때 얼굴을 가리기 위하여 머리에 썼던 쓰개. 검정빛 얇은 헝겊으로 만듦. 고유어인 '너울'은 시늉말 '너울거리다/대다, 너울너울'로 옷감이 바람에 흔들리는 모습을 묘사한 말이다. 羅兀(라올)은 너울의 소리를 적은 것이며 고려 시대에 사용하던 몽수(蒙首)를 가리키던 한자다. '너울-짜리'는 양반의 부녀를 낮잡아 이르는 말이다.

너울과 비슷한 '쓰개-치마'는 부녀자가 나들이할 때 머리와 윗몸을 가리어 쓰던 치마다. [너울 쓴 거지] 몹시 시장하여 체면을 돌볼 수 없는 처지. ¶ 봄처녀 제 오시네. 하얀 구름 너울 쓰고 새 풀옷을 입으셨네.

너울² 바다의 크고 사나운 물결. <준>놀. '너울'은 '너울-가지, 너울-거리다/대다,

너울-지다, 너울-춤(흥에 겨워 팔다리를 내저으며 추는 춤); 물-너울' 따위로 쓰이는 말이다. '너울-가지'는 '남과 잘 사귀는 솜씨(사교성). 붙임성이나 포용성'을 뜻한다. ¶ 너울이 이는 바다. 세차게 너울지는 푸른 바다. 너울가지가 있다/ 없다/ 좋다.

넉가래 곡식이나 눈 따위를 한 곳에 밀어 모으는 데 쓰는 기구. '넙-'은 '넙다(>넓다)[廣(광)]'의 어근이고, '가래'는 '가르다[分]'에서 파생된 말이다. '넉가래'는 넓적한 나무쪽에 자루를 달아 낟알이나 눈[雪(설)]을 가르고 모으는 도구다.(넙+가르-+애→넙가래[험(杴)]>넉가래) 밑날 부분이 넓은 괭이를 '넉-괭이'라고 한다. ◇ 넉가래 내세우듯 - 일을 변통하는 주변도 없으면서, 쓸데없는 호기(豪氣)를 부리며 고집한다는 말.

넉넉하다 크기 · 수량 · 시간 따위가 어떤 기준에 차고도 꽤 남음이 있다. 살림에 여유가 있다. 16세기 문헌 <소학언해>에 '넉넉ᄒᆞ다'가 나온다. 넉넉하다의 어근은 '넓다~너르다, 너그럽다(←넉+(으)럽다), 너끈하다'와 같다. '멀다[遠(원)]'도 동근어일 가능성이 있다.(nər-~məl-)

어근 '널'은 얇고 넓게 켠 나무를 가리키며, 합성어에 '널빤지, 널대문, 널다리, 널뛰기' 등이 있다. '넉넉하다'는 공간적으로 매우 넓어 부족함이 없다는 의미에 유추되어 시간적 · 경제적으로 여유 있고 풍족하다는 뜻으로 확대되었다. '넉살/꾼, 넉살-스럽다'에서의 어근 '넉'도 동근어다. ¶ 식량이 넉넉하다. 넉넉한 집안에서 태어나다. 서 되넉넉 된다. 그는 몹시 넉살이 좋다.

넋두리 무당이 죽은 사람의 넋을 대신하여 하는 말. 마음에 못마땅하여 불평을 하소연하는 말. '넋+두리'로 1차 분석된다. 넋은 정신이나 마음[얼 · 魂魄(혼백)]을 뜻하는 말로 중세어형도 오늘날과 같다. '두리'는 두르다(간접적으로 빙 둘러 표현하다)의 어간에 접사 '-이'가 붙은 말이다.(두르-+-이→*둘리>두리). 어원적 의미는 '넋을 둘러댐'이다. ¶ 무당의 넋두리는 끝이 없었다. 넋두리를 늘어놓다.

넌지시 드러나지 않게 가만히. 중세어형은 '넌즈시'다. '넌+즛[貌(모)]+이(접사)'로 분석된다. '넌'은 '넓다~너르다'의 어근에 관형사형어미 '-ㄴ'이 결합한 꼴이다. '즛(>짓)'은 행동을 뜻하는 명사고, '-이' 부사화접사다.(넌즈시>넌지시) 어원적 의미는 '넓은(넉넉한. 여유 있는) 행동으로'다. ¶ 넌지시 말하다. ☞ 짓다

널 판판하고 넓게 켜낸 나무판대기. 널뛰기에 쓰는 널빤지. 중세어형도 오늘날과 같다. 널[板(판)]은 넓게 켠 나무판을 가리키는데, 형용사 '너르다'의 어간이 명사로 전성된 말이다. '너르다, 널따랗다, 넓다, 넓적하다, 널찍하다, 널빤지, (빨래를) 널다'의 공통 어근 '넓-'은 '면적이 큰'을 뜻한다. 한편 '납작하다(<납죡ᄒᆞ다)'의 어근 '납-'은 '넙-[廣(광)]'의 모음교체된 어형이다. '널감, 널다리, 널대문, 널뛰기, 널무덤, 널빈지, 널쪽' 등으로 쓰인다.

널뛰기 긴 널빤지의 중간을 괴고 양쪽 끝에 한 사람씩 올라서서 번갈아 뛰는 놀이. '널+뛰(다)+-기'로 분석된다. '뛰다'는 분리 개념어로 '뜨다(<ᄠᅳ다[開 · 浮]), 튀다(<ᄠᅱ다[跳 · 勝])'와 음운이 교체된 동근어며, 만주어 dori-[走行(주행)]와 비교 가능하다. 널뛰기(<널뒤기)는 음력 정월에 여자들이 하는 민속놀이다. [미친년 널 뛰 듯] 무슨 일을 멋도 모르고 미친 듯이 한다는 뜻.

널빤지 판판하고 넓게 켜낸 나무토막. 널. 널판자. '널[板(판)]+板子(판자)'로 분석된다. '널'은 '넓다'의 어근이다.(널+板子→널판자>널빤지) 한 짝씩 끼웠다 떼었다 할 수 있게 만든 가게문을 뜻하는 '널빈지'도 동근어다. ¶ 널빤지로 상자를 만들다. 널을 뛰다/ 구르다.

넘빨강살 햇빛을 스펙트럼으로 분산시킬 때, 파장(波長)이 빨강 가시광선보다 길고 열작용이 큰 전자파. 적외선(赤外線). '넘(다)[越(월)]+빨갛(다)+앙+살(줄 · 기세)'로 분석된다. '넘-보라-살(자외선)'도 같은 구조로 된 말이다.

넛-할아버지 아버지의 외숙(外叔). '넛-'은 아버지의 외숙이나 외숙모와 자기와의 관계 또는 종손(從孫)과 자기와의 관계를 나타낼 때 쓰는 접두사로 옆(<녑)이 변한 말이다. 결국 직계(直系)가 아니고 옆에 있는 관계를 이른다. 넛-할머니(<넛할미; 아버지의 외숙모), 넛손자(누이 자매의 손자)가 있다. ☞ 옆, 할아버지

네뚜리 사람이나 물건을 대수롭지 않게 보고 업신여김. '넷+뚫(다)+이'로 분석된다. 어원적 의미는 새우젓 한 독을 네 몫으로 가르는 일이나 그 몫이다. 얼마 안 되는 몫을 '대수롭지 않음'으로 비유하여 쓰이는 말이다. ¶ 네뚜리로 알다/ 여기다. ☞ 넷

넨다하다 어린아이나 아랫사람을 사랑하여 보살펴 주다. '네+이/인다고(이라고; 조사)+하(다)'로 분석된다. '네'는 손윗사람의 말에 대답하는 소리다. 넨다하다의 어원적 의미는 '(무엇이나 받아주면서) '네'라고 하다'다. ¶ 네, 맞습니다. 너무 넨다하며 키우다. 아이를 넨다하며 길렀더니 버릇이 없다.

넨장맞을 ‘네 난장(亂杖)을 맞을’의 준말. 네 난장을 맞을 만하다는 뜻으로, 못마땅할 때 욕으로 하는 말이다. ≒ 넨장칠. ‘넨장칠’은 ‘네 난장을 칠’, ‘젠장맞을’은 ‘제기 난장을 맞을’의 준말이다. ‘난장’은 고려 · 조선 시대에, 신체의 부위를 가리지 아니하고 마구 매로 치던 고문인데 영조 46년(1770)에 없어진 형벌이다. ◇ 난장을 맞다 - 마구 얻어맞다. ◇ 난장을 치다 - 함부로 마구 때리다. ¶ 넨장맞을 놈. 저런 젠장맞을 놈.

넷 셋에 하나를 더한 수. 사(四). <삼국유사(처용가)>에 ‘脚烏伊四是良羅(네히어라)’가 나온다. 중세어형의 수사로는 ‘네ㅎ’, 수관형사로는 ‘네/너’다. <계림유사>의 四曰迺[nəi]는 오늘날 ‘넷’의 사투리 [너이, 느이]를 포함하여 현대어와 일치한다. 우리말 ‘네’는 *nər->nəi>~ne의 변화로 볼 수 있으며, ‘넷, 너이’와 길리야크語 ny-, nu-는 유사성이 있어 비교 가능한 말이다. ‘넷’의 만주어 dürben, duin, 퉁구스어 dogin, 일본어 yö는 d-(알타이) : n-(한국어) : y-(일본어)로 대응한다.

녘 → ‘**옆**’ 참조

년 여자를 낮추어 이르거나, 윗사람이 여자 아이를 귀엽게 이르는 말. ≒ 계집. ↔ 놈. 16세기 문헌 <순천김씨묘출토간찰>에 ‘년’이 나온다. ‘년’은 중세어 ‘녀느/년ㄱ(다른. 여느; 他)’에서 온 말이다. ‘여편’은 ‘녀편(←년+편[便; 쪽])’, ‘남편(←놈[他(타)]+편’으로 구성되었다. ¶ 네 년이 어디다 대고 반말이냐? ‘언년(←어린년)’은 손아래 계집아이를 귀엽게 부르는 말이다. ☞ 남편

노구솥 놋쇠나 구리로 만든 작은 솥. <준>노구. 노구[鍋(과)]는 놋쇠[鍮(유). 靑銅(청동)]를 뜻하는 말로 ‘놋(쇠)’과 ‘구리’의 합성어로 보인다. ‘솓/솥[鼎(정)]’은 쇠[鐵(철)]와 관련된 말이다. ‘퉁-노구’는 품질이 낮은 놋쇠로 만든 작은 솥이다. ‘노구메’는 산천의 신령에게 제사 지내기 위하여 노구솥에 지은 메밥을 이르는 말이다. ☞ 노랗다

노느몫 물건을 나누어 가지는 몫. ‘노느(다)+몫’으로 분석된다. ‘노느다(<논호다)’는 여러 몫으로 나누다는 동사다. ‘노느매기(<노누마기)’는 여러 몫으로 노느는 일 곧 분배(分配)를 뜻하는 고유어다. ¶ 이익을 노느몫하다.

노닐다 한가로이 이리저리 다니며 놀다. 중세어형은 ‘노니다’다. 노닐다는 ‘놀(다)+닐(다)[行(행; 다니다)]+다’로 분석된다. 어원적 의미는 ‘놀며 다니다’다. ¶ 잔잔한 호수에서 한가로이 노니는 물새들.

ㄴ

노다지 바라던 광물이 많이 묻히어 있는 광맥. 필요한 물건이나 이익이 생각보다 많이 나오는 것. 언제나(부사). 구한말 미국인들이 들어와 금광을 발견하여 채굴해 갈 때, 노무자들에게는 금덩어리 하나라도 손대지 못하게 하였다. '노다지'는 '만지지 말라'는 뜻의 영어 no touch[노터치]에서 유래된 말로 보인다. 이와 달리 금의 색깔이 놋쇠와 같이 '노랗다'는 데서 어근 '놑(>놋)'에 접사 '-아지'가 붙어 '노다지'가 되었다는 설과 한자 露頭地(노두지)로 보기도 한다. ¶ 그는 무슨 노다지라도 발견한 듯 싱글벙글 좋아 한다. 노다지 놀기만 한다.

노드리듯 노끈을 드리운 듯 빗발이 죽죽 퍼붓는 모양. = 놋날드리듯. '노(끈)+드리(다)+듯'으로 분석된다. 어원적 의미는 '노끈을 드리는 것처럼'이다. '드리다'는 '여러 가닥의 끈이나 줄을 땋거나 꼬다'를 뜻하는 동사다. ¶ 창밖에는 소나기가 노드리듯 퍼붓고 있었다. 바를 길게 드리다. 빨간 댕기를 드리다.

노랗다 산뜻하게 매우 노르다. 황금이나 놋쇠의 빛과 비슷한 색깔이다(누렇다). <계림유사>에 黃日那論[nu-rən]이라 하였다. 중세어형은 '노ᄅᆞ다, 노라ᄒᆞ다'다. '노랗다'는 쇠붙이 '놋[鍮(유)]'에서 연유된 색채어로 어감에 따라 다양하게 분화되어 쓰인다.(놑+다→놑다>노ᄅᆞ다)

'노랑'은 '노랗다'의 어간에 접사 '-앙'이 결합하여 명사로 된 말이다.(노라ᄒᆞ->노랗->노랑) 몹시 인색한 사람을 비유하여 '노랑-이'라고 한다. 누른빛이 나도록 조금 타다를 뜻하는 '눋다[焦(초)]', '놀놀 · 눌눌하다(누르 · 노르스름하다)도 '누렇다'와 동근어다.

노래 가사에 가락을 붙여서 부르는 소리. 중세어형은 '놀애'다. 노래는 동사 '놀다[遊 · 연주하다]'의 어근에 명사형성 접미사 '-ᄋᆡ/애'가 붙어 명사가 되었다.(놀+ᄋᆡ/애→놀ᄋᆡ/놀애>놀래>노래) '놀다'는 업무와 관계되지 않는, 재미나는 일을 하면서 즐겁게 시간을 보내는 상태를 나타내는 동사다. 노래는 '부르다'와 결합하여 관용적으로 쓰인다. '노름(도박)'과 마땅히 해야 할 일을 뜻하는 '노릇'도 '놀다'와 동근파생어다. ¶ 손뼉을 치며 노래를 부르다.

노량으로 어정어정 놀아가면서. 느릿느릿한 행동으로. '놀(다)+ㄹ(관형사형어미)+樣(양; 모양)+으로(부사화접사)'로 분석된다. '놀-'은 '놀다[遊(유)]'의 어근으로 한자 樣과 결합되면서 'ㄹ'이 탈락한 꼴이다.(놀량>노량/노냥) 어원적 의미는 '노는 모양으로'다. '노상. 늘'의 경기 사투리 노냥(덤비지 않고 천천히. 늘), 평안 사투리 '놀멘(천천히; ←놀+면)'도 같은 말이다. ¶ 노량으로 일을 하다. 밥을 노냥노냥 먹는다.

노루 사슴과의 짐승. 중세어형은 '노로[獐(장)]'다. 노루(<노로/놀)는 '노ᄅᆞ다(<노랗다)'의 어간형이 굳어진 말이다. 일본어도 [noro]이고, 몽골어는 [sirga]다. '노루걸음, 노루글(내용을 건너뛰며 띄엄띄엄 읽는 글), 노루막이(산의 막다른 꼭대기), 노루목, 노루발, 노루잠(깊이 들지 못하고 자주 깨는 잠), 노루발장도리; 본노루(오래 묵어서 늙고 큰 노루)' 등으로 쓰인다. ◇ 노루 꼬리만 하다 - '매우 짧다'를 이르는 말.

노른자위 알의 흰자위에 둘러싸인 둥글고 노란 부분. 사물의 가장 중요한 부분. 난황(卵黃). <준> 노른자. 18세기 문헌 <역어유해보>에 '노른ᄌᆞ의'가 나온다. 이는 '노ᄅᆞ(다)[黃(황)]+ㄴ+ᄌᆞ의(<ᄌᆞᅀᆞ)'로 분석된다. ¶ 이곳은 서울에서 노른자위에 위치하는 땅이다. ☞ 노랗다, 눈자위

노름 금품을 걸고 화투나 트럼프 따위로 서로 따먹기를 다투는 일. 도박(賭博). '놀다[遊(유)]'의 어근에 명사형성 접미사 '-음'이 붙어 명사가 된 말이다.(놀옴>노롬>노름) '놀음(놀이)'과 달리 '노름'으로 적는 것은 어간 '놀-'이 본뜻에서 멀어진 것이므로 소리 나는 대로 적는다. '노름꾼, 노름빚, 노름질/하다, 노름판' 등으로 쓰인다. ¶ 노름으로 집안 살림을 망치다.

노릇 마땅히 해야 할 일. '노릇'은 직업이나 직책을 이르는 말과 어울려 '주인 노릇, 과장 노릇, 아버지 노릇' 등으로 쓰인다. 중세어형은 '노ᄅᆞᆺ'이다. '놀(다)[遊(유)]+(ᄋᆞ)+ㅅ(명사화접사)'로 분석된다.(노ᄅᆞᆺ>노롯>노릇) 중세어 '노ᄅᆞᆺ바치[才人(재인), 倡優(배우)]'에서 '노ᄅᆞᆺ(놀이 · 장난 · 희롱)'도 동근어다. ¶ 이 노릇은 정말 못 하겠다.

노리개 가지고 노는 물건. 여자의 한복 저고리의 고름이나 치마허리 따위에 다는 패물의 한 가지. 중세어형도 현대어와 같다. '놀(다)+이+-개'로 분석된다. 노리개의 어원적 의미는 '놀이기구'다. '노리개-첩(妾)'은 노리개처럼 데리고 노는 젊은 첩을, '노리개-함(函)'은 '노리개를 보관하는 그릇'을 이르는 말이다.

노박이로 줄곧 계속하여. 붙박이로. '노+박(다)+이/히+로(조사)'로 분석된다. '노'는 '노상(늘/늘상)'의 준말이다. '노박'은 '계속해서 오래. 줄곧'을 뜻하는 말이다. 노박이로의 어원적 의미는 '늘 박혀 있는 상태로'다. ¶ 노박이로 그곳에만 머물러 있다. 비가 노박이로 퍼붓다.

노새 암말과 수나귀 사이에서 난 튀기. 몽골어 'lausa'에서 온 말이다.(로새>노새) 푸른빛을 띤 노새를 '청(靑)-노새'라고 한다. ¶ 노새가 코를 벌름거린다.

노엽다 섭섭하고 분하다. 중세어형은 '노ᄒᆞᆸ다'다. '怒(노; 성내다. 화내다)+ᄒᆞ(다)+-ㅂ다(형용사화 접사)'로 분석된다.(노ᄒᆞᆸ다>노엽다) ¶ 노엽게 여기다. 할아버지의 노여움을 사다.

노을 해가 뜨거나 질 무렵에, 하늘이 햇빛에 물들어 벌겋게 보이는 현상. 파도가 일 때에 희끗희끗하게 줄져 일어나는 물거품. <준> 놀. 16세기 표기도 오늘날과 같다. 노을은 '*ᄂᆞᄫᆞᆯ'로 재구되며, 형태상 · 의미상 나불거리는 불꽃[焰(염)]과 관련된다.(*ᄂᆞᄫᆞᆯ>ᄂᆞ올>노올[霞]/나올[焰]) 노을의 어원적 의미는 '나불거리는 것'이다. '너울거리다, 너울대다'도 동근어다. '북새(←붉+새[氣])'는 '붉은 기운'을 뜻하는 말로 '노을'의 사투리다. '노을빛; 저녁노을' 등으로 쓰인다. ¶ 노을이 지다. 하늘에는 노을이 불타올랐다.

노틀 '늙은이'를 속되게 이르는 말. 중국어 '老頭兒[라오터울]'이 노털/노터리/노틀로 발음이 변하였다. 20세기 중반 무렵 사전에 등재되었다. 노-티(老)는 '늙어 보이는 모습'을 뜻하는 다른 말이다.

노파리 삼 · 종이 · 짚 따위로 꼰 노로 결은 신. 주로 겨울에 집안에서 신음. 승혜(繩鞋; 미투리). '노ㅎ(끈)+-아리(작은 것)'로 분석된다. '-아리'는 '사금파리, 이파리' 등에 쓰인 접미사다. ◇ 노파리가 나다 – '신바람이 나다'를 비유적으로 이르는 말.

녹초 맥이 풀어져 힘을 못 쓰는 상태. 녹초는 '녹(다)+초[燭(촉)]'로 분석된다. '녹다[溶解(용해)]'는 '(날씨가) 눅다(추위가 풀려 푸근하다)'와 모음교체형으로 '풀어지다. 누그러지다'를 뜻한다. 동근어에 '녹녹/눅눅하다, 녹신하다, 녹작지근하다(몸이 몹시 나른하다), 녹진/눅진하다' 등이 있다. 녹초의 어원적 의미는 '녹은 초'인데, 초가 녹은 것처럼 된 상태를 빗대어 쓰이는 말이다. ◇ 녹초가 되다 - 아주 맥이 풀리어 늘어지다. ≒ 녹초를 부르다. ¶ 녹초가 되어 잠이 들었다.

논다니 웃음과 몸을 파는 계집. 노는계집. 유녀(遊女). 논다니는 '놀(다)[遊(유)]+ㄴ+닫/다니(다)[行(행)]+이(사람)'로 분석된다. 논다니의 어원적 의미는 '놀러 다니는 사람'이다. 이와 같은 구조로 짜인 '안다니(←알+ㄴ+다니)'는 무엇이든지 잘 아는 체하는 사람을 일컫는 말이다. ¶ 참하던 방울이는 어떤 연유로

색줏집의 논다니가 되었는지 모르겠다.

놀라다 가슴이 두근거리거나 무서움을 느끼다. 중세어형도 오늘날과 같다. '놀(다)[遊·躍]+나(다)[出(출)]'로 분석된다. 놀랍다는 '놀라(다)[驚愕(경악)]+-ㅂ다'로 짜인 형용사다. '놀란-[놀란가슴, 놀란흙], 놀랍다, 놀래다' 등으로 쓰인다. ¶ 깜짝 놀라다. 놀라운 소식을 듣다. 너의 효성이 정말 놀랍다.

놈 남자를 낮추거나 남자 아이를 귀엽게 이르는 말. ≒ 녀석 ↔ 년. 동물의 암수를 가리키거나 어떤 대상을 홀하게 이르는 말. 중세어형도 오늘날과 일치한다. '놈(사람. 남자)'은 중세어 '놈(>남; 다른 사람)'에서 온 말이다. ¶ 건방진 놈. 큰 놈으로 하나 가져라. 망할 놈(마뜩찮음)의 자동차가 또 말썽이네. 웬 놈의 날씨가 이리도 덥나. ☞ 년

높다 위로 길게 솟아 있다. 신분이나 지위가 남보다 위에 있다. ↔ 낮다. <삼국유사(모죽지랑가)>에 '栢史叱枝次高支好(잣ㅅ가지 노파)'가 나온다. <계림유사>의 高曰那奔(*노픈)은 15세기를 거쳐 현대어와 일치한다. 높다의 어근 '높'은 '놉[noph]'으로 소급된다. 이를 일본어 [take;山]와 비교해 보면 /t=n/ /k=ph/와 같은 음운 법칙에 따라 동원어로 확인된다. 대구의 옛 이름 達丘火의 [dag-]도 '놉'의 선행형이다. 높은 곳에 오르다는 뜻의 일본어 [noboru]의 어근 nob와 [noppo(키 큰 사람)]에서 nop-, 그리고 아이누어 [nupuri;山]의 어근 nup은 우리말 '놉'과 공통되는 말이다.

형용사 '높다'는 명사 '높이(<노픠)'로 전성되어 쓰인다. '높게더기'는 고원의 평평한 땅을 뜻하고, '높드리'는 골짜기의 높은 곳을 이르는 말이다. [높은 가지가 부러지기 쉽다] 높은 지위일수록 그 자리를 오래 보전하기가 어렵다는 말. ¶ 산/ 식견/ 명성/ 기세(이)가 높다.

높새(바람) 뱃사람이 북동풍(北東風)을 이르는 말. <성호사설>에 東北風謂之高沙라 하여 高沙는 우리말 [놉새]로 읽힌다. 높새바람은 '높[高·北]+새[식;東]+바람'으로 분석된다. 북풍을 '뒤울이, 된바람'이라 한다. '높[高(고)]'은 뒤[北(북)]와 같이 북쪽 방향을 가리키는 말이다. '노'는 '북쪽'의 뱃사람 말이다. 북쪽에서 거세게 부는 바람을 경남 사투리로 '댑바람(大+바람) 또는 된바람'이라 한다. 동풍을 '샛바람'이라 하고 남동풍은 '샛마'라고 한다.

뇌다 지나간 일이나 한번 한 말을 여러 번 거듭 말하다. 15세기 문헌 <구급간이방>에 '병이 ᄂᆞ외어든(病復)'이 나온다. 어근 '뇌'는 중세어 'ᄂᆞ외(다시·반복)'의

축약형이다.(ᄂᆞ외다[更·復]>뇌다) 현대어 '되-뇌다'는 의미를 중첩시킨 동사로 '같은 말을 되풀이하여 말하다'를 뜻한다.

'뇌까리다'는 아무렇게나 되는대로 마구 지껄이다(말하다)는 뜻으로 '뇌다'의 비속어다. '뇌알다'는 '뉘우치다'를 뜻한다. ¶ 입버릇처럼 같은 말을 뇌다. 그는 뚱딴지같은 소리를 뇌까렸다. 새 집이 더할 나위 없이 좋다.

뇟보 사람됨이 천하고 더러운 사람. '뇌(하다)+ㅅ+-보(접미사)'로 분석된다. '뇌'는 '뇌하다(천하고 아주 더럽다)'의 어근이다.

누구 그 사람이 어떤 사람인지 모를 때, 의문의 뜻을 나타내는 말. 준말은 '누[誰(수; 누구)]'다. <계림유사>에 '問你汝誰何曰禳箇[누고]'가 나온다. 중세어형은 '누'다. '누고'는 어근 '누'에 의문형 어미 '-고'가 결합된 말이다.(누+고→누고>누구) ¶ 어디서 오신 누구십니까. 누가 왔느냐.

누긋하다 성미가 급하지 않고 부드럽다. 날씨가 좀 누그러진 듯하다. 18세기 초 문헌 <삼역총해>에 '누긋ᄒᆞ다'가 나온다. '눅(다)+읏(접사)+ᄒᆞ(다)+-다'로 분석된다. 어근 '눅(다)'은 녹다[融(융)]의 음운교체형으로 '무르다[軟(연)], 묽다[稀(희)]'를 뜻한다. 동근어에 '누그러지다(좀 부드러워지다. 좀 수굿해지다), 눅눅·녹녹하다, 눅실·녹실하다, 눅지다, 눅진·녹진하다' 등이 있다. ¶ 마음이 누긋하다. 누긋한 날씨. 태도가 누그러지다. 값이 누그러지다.

누더기 헝겊을 대고 누덕누덕 기운 헌 옷. 남루(襤褸). <훈몽자회>에는 '누더기'로 나온다. '눕덕/누덕+이'로 분석된다. 어근 '눕'은 누비(←衲衣)와 동근어다. 누더기란 '누덕누덕 기운 것'을 뜻한다. 현대어에서 '해어지고 꿰진 곳을 여러 번 덧붙이어 기운 모양'을 '누덕누덕'이라고 표현한다. [누더기 속에서 영웅 난다] 어려운 환경에서 자라난 사람이 후에 영웅이 된다는 말. ☞ 누비다

누룩 술을 빚는 데 쓰는 발효제. 밀을 굵게 갈아 반죽하여 덩이를 만들어 띄워서 누룩곰팡이를 번식시켜 만듦. 중세어형도 '누룩'이다. '누르(다)+욱(명사파생접사)'으로 분석된다. '누르-'는 누르다[黃(황)]의 어근이다.(누륵/누룩/누룩) 어원적 의미는 '(색깔이) 누른 것'이다. <고려도경(1123)>에 누룩에 관한 기록이 처음 보이는 데, 우리나라 술의 역사로 미루어 삼국 시대에도 누룩이 있었음을 알 수 있다.

'누룩곰팡이, 누룩밑; 메밀누룩, 보리누룩, 술누룩, 여뀌누룩, 흰누룩' 등으로 쓰인다. ¶ 누룩이나 메주 따위를 디디어 만들 때 쓰는 나무틀을 '고지'라 한다.

누룽지 솥 바닥에 눌어붙은 밥. '눌은밥'은 누룽지에 물을 부어 불려서 긁은 밥이다. 누룽지는 '눋(다)+-웅(접사)+지'로 이루어진 말이다. '눋-'은 '누른빛이 나도록 조금 타다[焦(초)]'를 의미하는 동사 '눋다'의 어근으로 '누르다[黃(황)]'와 동근어다. '누렇다'를 <계림유사>에서 黃曰那論(나론)이라 하였는데, 오늘날과 발음이 유사하다. '지(<즛. 즈ᅀᅴ)'는 '찌꺼기, 지게미' 또는 '아주 작은'을 뜻하는 말이다. 따라서 누룽지는 솥 바닥에 '누렇게 탄 찌꺼기 밥'이란 뜻이다. 경기 북부, 황해 사투리 '솥훑이(←솥+훑(다)+이)'는 누룽지를 물에 불려 훑어낸 밥을 일컫는다. ☞ 노랗다

누름적 고기와 채소를 꼬챙이에 꿰어 굽거나 달걀을 씌워 번철에 지진 음식. 황적(黃炙). '누르(다)+ㅁ+炙(적; 구운 고기)'으로 분석된다. 어원적 의미는 '누렇게 구운 고기'다. 산적(散炙)과 비슷한 음식인 누르미(←누르+ㅁ+이)에는 '사슬누르미, 잡누르미, 화양누르미'가 있다. ¶ 누름적을 부치다. ☞ 노랗다

누리 사람들의 삶이 이루어지고 있는 세상. <삼국유사(원가)>에 '世理都(*누리도)'가 나온다. 중세어형은 '누리'의 축약형 '뉘'다. 우주 · 세계를 뜻하는 '누리'의 선행형이 원형어(圓形語)인 '두리[圓(원)]'로 추정된다.(두리/누리>뉘/누리) 누리[世(세)]는 신라의 왕 이름 朴赫居世(不矩內; 블ᄀᆞ뉘→붉은 누리), 弩禮尼叱今, 儒理(一作 世里智王; 누리)尼叱今과 고구려 瑠璃王(一作累利; 누리)에서 볼 수 있듯이, 어원적 의미가 일정한 지역을 다스리는 우두머리와 관계 되는 말이다.

'누리'는 '나라'와 동원어로 내포(內包) · 공간 · 시간 개념을 나타낸다. '누리'에서 파생된 동사 '누리다'는 '복 받고 잘 살다'를 뜻하는 말이다. '한뉘'는 '한평생을, '뒷뉘'는 앞으로 올 세상 곧 후세(後世)를 뜻하는 말이다. ¶ 온 누리 밝은 세상. 권세를 누리다.

누비다 두 겹의 피륙으로 안팎을 만들고 그 사이에 솜을 넣어 죽죽 줄이 지게 박다. 어떤 단체나 지역 따위의 안에서 영향력을 행사하며 거리낌 없이 활동하다. '누비'는 본래 누덕누덕 기운 옷(누더기), 중의 옷이라는 뜻이다. <두시언해초간>에 '누비. 누비옷'이 나온다. '누비다'는 한자어 '衲衣(납의)'가 [누비]로 귀화하여 파생한 동사다. 이 말은 의미가 확대되어 마치 누비바느질을 하듯, 정신없이 이리저리 쏘다닌다는 뜻으로도 쓰인다.(衲衣+다→누비다)

잘게 누빈 누비를 '잔누비'라고 한다. '누비-혼인(婚姻)'은 누비질을 하듯이

두 성(姓) 사이에 겹쳐서 하는 혼인(겹혼인)을 뜻하는 말이다. ¶ 누비옷과 누비바지를 입고 다니다. 뒷골목을 누비다. 인파를 누비고 가다.

누에 고치에서 실을 뽑기 위하여 치는 벌레. 중세어형도 '누에'다. <구급방언해>에 '누웨ᄢᅵ(누에의 알)'로 나온다. '눕다[臥(와)]'의 어간에 원구형(圓球形)을 의미하는 maŋ(망)~paŋ(방) 계의 접사 '-벙이'가 결합되어 '누에'가 되었다. 누에는 '눕(다)+벙이→누ᄫᅦ>누에'로 이루어졌다. 'ᄂᆞᆯ(다)+-방이→나방이>나비, 굼(굼틀거리는)+벙이→굼벵이'도 같은 방법으로 생성된 말이다. 누에를 사투리로 '누비, 누웨, 누베'라 한다. 누에는 '누워 있는 벌레'란 뜻이다. ¶ 누에를 치다(기르다).

누이 남자에 있어서 동기인 여자. 보통 자기보다 나이가 적은 여자에 대하여 쓴다. 중세어형는 '누위/누의'다. 누이를 <조선관역어>에서 餒必[nupi]라 하였는데 '눕[臥(와)]+이→누ᄫᅵ'로 분석할 수 있다. 함경북도 사투리 [누비]는 누이의 고어형으로 보인다. 누나는 '누니+아(호격조사)'로 분석된다. 누이의 호칭어는 '누나'고, 높임말은 '누님(<누의님)'이다.

눈 보는 기능을 맡은 감각 기관. 시력, 사물을 인식하고 판단하는 힘. <계림유사>에서 眼曰嫩[눈]으로 적어 중세어를 거쳐 오늘날과 같다. 몽골어 nidün은 에벤끼어 ñundun의 전 단계 어형으로 볼 수 있다. 여기서 *nun-은 우리말 눈(nun)과 일치한다. 눈[眼(안)]은 봄이 되어 움이 터서 나오는 초목의 싹눈[芽(아)]처럼 밝은 세상으로 나올 생명을 상징한다. '눈뜨다'의 맞선말 '눈감다'는 '죽음 또는 어둡다. 모른 체하다'의 뜻이다. [눈 가리고 아웅 한다] 얕은꾀를 써서 속이려 함을 이르는 말. ¶ 눈이 보배다. 보는 눈이 다르다.

눈곱 눈에서 나오는 진득진득한 즙액이나 그것이 말라붙은 것. '매우 적거나 작은 것'을 비유하여 이르는 말. '눈+(ㅅ)+곱'으로 분석된다.(눈솝>눈곱) '곱'은 굳은 기름[膏(고) · 脂(지)]을 뜻하는 말이다. '곱끼다, 곱똥, 곱창, 꼽재기(작고 더러운 것); 눈곱자기('눈곱'의 속된 말), 때꼽, 발곱, 손곱; 눈곱만하다' 등으로 쓰인다. ¶ 눈곱이 끼다. 눈곱만큼의 여유도 없다. ☞ 곱창

눈꼴 눈의 생김새나 움직이는 모양. 바라볼 때의 눈. '눈+꼴(<골)'로 분석된다. '꼴(ᄭᅩᆯ<ᄉᆞᆯ<골[形狀(형상)])'은 모양이나 짓을 뜻하는 말이다. [+부정어] '눈꼴사납다(태도나 행동이 아니꼬워 보기 싫다), 눈꼴시다(하는 짓이 같잖아서 보기에 아니꼽다), 눈꼴틀리다(눈꼴시다)'로 쓰인다. ¶ 눈꼴을 보아하니, 순한 인품이 아닌 것 같다. 으스대는 꼴이 눈꼴시다. ☞ 눈, 꼴

눈두덩 눈언저리의 두둑한 부위. 눈꺼풀. 중세어형은 '눉두베'다. '눈+둪~덮(다)+게(접미사)→눈둪게/눈두베(ㄱ탈락)>눈두에'로 형성 변화되었다. 중세어 '둪다(>덮다)'의 어근에 도구를 뜻하는 접미사 '-게'가 결합하여 '뚜껑, 덮개'로 파생하였다. 눈두덩의 어원적 의미는 '눈을 덮는 덮개(뚜껑)'다. ¶ 눈두덩이 시퍼렇게 멍이 들다. ☞ 뚜껑

눈멀다 시력을 잃어 보이지 아니하게 되다. 사물의 이치나 글에 아주 어둡다. 어떤 일에 몹시 마음이 쏠리어 이성을 잃다. '눈멀다'는 중세어형과 현대어가 일치한다. '멀다[盲(맹)]'는 '막다, 닫다'와 같이 음운이 교체된 폐색(閉塞) 개념어다. 귀나 눈이 막히고 닫힌 상태를 '귀먹다. 눈멀다'라 한다. ◇ 눈이 멀다 - 어떤 일에 몹시 마음이 쏠리어 이성을 잃는다는 뜻. ¶ 눈먼 아들을 한평생 뒷바라지한 노모의 처지가 딱하기만 하다. 금전에/ 사랑에 눈멀다.

눈부처 눈동자에 비치어 나타난 사람의 형상. 동인(瞳人). 17세기 문헌 <역어유해>에 '눈ㅅ부텨(眼瞳子)'가 나온다. 이는 '눈(동자)+부텨(>부처)'로 분석된다. '부처'는 '비치(다)+어(어미)'로 짜인 말인데, '부처(님)'에 이끌린 것으로 보인다. 어원적 의미는 '눈 속에 비친 부처'다. '외눈부처'는 하나밖에 없는 눈동자라는 뜻으로 '매우 소중한 것'을 가리키는 말이다. ¶ 이몽룡의 눈동자에 비친 춘향이의 얼굴이 눈부처다. ☞ 눈, 부처

눈비음 남의 눈에 좋게 보이도록 겉으로만 꾸미는 일. '눈'과 '비음'의 합성어다. 비음은 동사 '빗다~비스다>비ᄋᆞ다(곱게 꾸미다)'의 명사파생형으로 '빗음>비음/빔'으로 어형이 변한 말이다. '입빔'은 '입을 꾸미는 일. 즉 입막음이나 입씻이로 주는 돈이나 물건'을 뜻한다. ¶ 보기에는 소담스러운 열매건만 막상 먹어보니 눈비음뿐이다. ☞ 설빔

눈시울 눈의 가장자리에 속눈썹이 나고 둥글게 모양이 진 곳. 15세기 문헌 <몽산화상법어약록>에 '눈ㄷ시올'이 나온다. <훈몽자회> 표기는 '눈시올[睫(첩)]'이다. 눈시울은 '눈+시올/시울[弦·舷]'로 형성된 말이다. '시울'은 원래 배의 양쪽 가장자리 타원형 부분인 '뱃전'을 나타내는 말이었다. 의미가 확대되어 '가장자리. 둘레'를 뜻한다. ¶ 눈시울을 적시다. 눈시울이 뜨겁다(감동하다). ☞ 입술

눈썰미 한두 번 보고도 곧 그대로 해내는 재치. <악학궤범(동동)>에 '설믜 모도와 有德ᄒᆞ신가ᄉᆞ매'가 나온다. '눈-썰미'에서 '썰미(<설믜)'는 지혜(智慧; 슬기)를 뜻하는 고유어다. 일의 갈래가 구별되는 어름을 '갈피' 또는 '설미'라고 한다.

'귀-썰미'는 한 번만 들어도 잊지 아니하는 재주를 뜻한다. ¶ 눈썰미가 있어 무슨 일이든 곧잘 한다.

눈썹 눈두덩의 위쪽에 몰려서 나 있는 짧은 털. <계림유사>에 眉曰嫩涉(눈섭)이라 하여 중세어를 거쳐 오늘날과 발음이 일치한다.(눈+섭/섶→눈썹) '섭(>섶[薪(신)]'은 털을 뜻하며 '숲(<숩[森])'의 의미와 같다. 눈썹은 눈두덩에 '숲같이 난 털'을 이르는 말이다. ◇ 눈썹도 까딱 안 하다 - 놀라는 기색이 없이 태연하다. [눈썹에 불이 붙는다] 뜻밖의 큰 걱정거리가 닥쳐서 매우 위급하게 되었다는 말. ☞ 수풀

눈엣가시 몹시 밉거나 싫어 늘 눈에 거슬리는 사람. 남편의 첩을 이르는 말. '눈+에(조사)+ㅅ+가시'로 분석된다. 어원적 의미는 '눈에 들어간 가시'인데, '성가시고 미운 사람'을 비유하는 말로 쓰이고 있다. ¶ 눈엣가시 같은 존재. 눈엣가시로 여기다. ☞ 눈, 가시

눈자라기 아직 곧추 앉지 못하는 어린아이를 이르는 말. '눕(다)+ㄴ+자라(다)+-기'로 분석된다. 어원적 의미는 '누워서 자라는 아이'다. ¶ 눈자라기를 업고 김을 매는 바쁜 농촌의 아낙네.

눈자위 눈의 언저리. 눈동자. 중세어형은 '눈ᄌᆞᅀᆞ'다. '눈'과 'ᄌᆞᅀᆞ[核(핵; 알맹이)]'가 합성된 말이다. '눈ᄌᆞᅀᆞ[眼精(안정)]>눈ᄌᆞᅀᆡ>눈자위'로 어형이 변천하였으며, 그 뜻은 눈의 핵심 · 눈동자다. 눈자위는 원래 눈알이 있는 자리 곧 눈동자만을 지시해야 하는데, 현대어에 와서 '눈 둘레 전부'를 가리키게 되었다.

달걀 노른자위 · 흰자위의 '자위'는 핵[ᄌᆞᅀᆞ]이라는 제한된 의미 외에 단순한 둥근 물체라는 뜻으로도 확대되어 쓰인다. 종요롭다[要(요)]의 옛말 '조ᅀᆞᄅᆞᄫᆡ다'의 어근 '조ᅀᆞ'도 ᄌᆞᅀᆞ'와 같은 말이다. ¶ 눈자위가 벌겋게 충혈이 되다.

눈초리 눈이 귀 쪽으로 째진 구석. '눈'과 '초리(꼬리)'의 합성어다. <역어유해>에 '눈초리'가 보인다. 본뜻인 안미(眼尾)가 시선(視線), 주시(注視)로 어의 전성되었다. 눈초리에서 '초리'는 독립적으로 쓰이지 않고, '회-초리, 제비-초리, 나무-초리, 말-초리'에서와 같이 '꼬리'의 변이형으로 '가늘고 뾰족한 끝 부분'을 뜻한다. 눈초리의 어원적 의미는 '눈의 꼬리'다. 현대어에 와서는 '눈길, 시선(視線)'을 뜻하게 되었다. ◇ 눈초리가 차갑다 - 냉정하다. ¶ 매서운 눈초리로 쏘아 보다.

눈치 남이 자기에게 대하는 나타나지 아니한 태도. 남의 마음이나 일의 낌새를

알아챌 수 있는 힘. 겉으로 드러나는 어떤 태도. 17세기 문헌 <역어유해> 표기는 '눈츼'다.(눈츼>눈치) '츼'는 오늘날 접두사 '치-(위로)'와 같은 말이다. 눈치의 어원적 의미는 '눈의 치우침. 치올려 뜸'이다. '눈치꾼, 눈치놀음, 눈칫밥, 눈치작전(作戰), 눈치코치('눈치'의 힘줌말)' 등으로 쓰인다. ¶ 눈치가 빠르다. 좀 이상한 눈치였다.

눌러듣다 탓하지 않고 너그럽게 듣다. 그대로 계속 듣다. '누르(다)[壓(압)]+어+듣(다)[聽(청)]+다'로 분석된다. 눌러듣다의 어원적 의미는 '감정을 억누르고 듣다'다. '지내-듣다'는 살펴 듣지 않고 예사로 흘려듣다를, '눌러앉다'는 같은 곳에 계속 머물러 있다를 뜻하는 말이다. ¶ 귀에 거슬리는 점이 있더라도 눌러들어 주시오.

뉘 자손에게서 받는 덕. 별로 대단하지 않은 것. 중세어형도 오늘날과 같다. '뉘'는 세상이나 일생(一生)을 뜻하는 '누리'가 줄어든 말이다. '뉘-보다(살아 있는 동안 자손들에게 덕을 보다); 볕-뉘(잠깐 드는 볕; 은덕)' 등으로 쓰인다. ¶ 늘그막에 뉘를 보다. ☞ 누리

느끼다 자극을 받아 감각이 일어나다. 어떤 감정이 우러나다. 16세기 문헌 <석봉천자문>에 '늗기다'로 나온다. 어근 '늗'과 동근어인 '늦[조짐, 徵候(징후)]'은 중세어 '느지르샷다'의 어근이다. '늗기다>늣기다(>느씨다>느끼다[感(감)])'의 어원적 의미는 '징조(徵兆)를 감각하다'다.

기름기가 많아 개운하지 않고 비위에 거슬리다를 뜻하는 '느끼하다(<늿근ᄒᆞ다<늑지근ᄒᆞ다)'와 어떤 느낌이 가슴에 사무치게 일어나다를 뜻하는 '느껍다(←느끼-+-업다)'도 동근어다. ¶ 시장기를 느끼다. 책임을 느끼다. 음식이 느끼하다. 그 사람은 말하는 게 느끼해서 싫다.

느루 한꺼번에 몰아치지 않고 길게 늘여서. 오래도록. '늘(다)[延(연)]+우(부사화 접사)'로 분석된다. ¶ 긴 장마로 마을이 고립되어 식량을 느루 먹어야만 하였다. 용돈을 느루 쓰다. 출발 날짜를 한 보름 느루 잡을 수 없을까요.

느티나무 느릅나뭇과의 낙엽 활엽 교목. <훈몽자회> 표기는 '누틔나모'다. 나무껍질은 회갈색이고 5월에 푸른색을 띤 누런 꽃이 피는 나무로 '느티<느틔<누튀(←누렇+의)'는 누렇다[黃(황)]에서 온 말이다. '느릅나무'와 구별하기 위하여 색깔의 의미를 더한 것이 느티나무다. 어원적 의미는 '누런색을 띤 나무'다. 음력 4월에 연한 잎을 쌀가루에 섞어서 시루에 찐 떡을 '느티-떡'이라고 한다. ¶

느티나무 정자는 고향의 시원함과 휴식을 떠오르게 하는 상징물이다.

늑대 갯과의 젖먹이짐승. 말승냥이. 여자에게 음흉한 생각을 가진 남자를 비유하여 이르는 말. 늑대는 퉁구스어 가운데 올차어 'nekte(늑대)'에서 온 말이다. '늑대별; 가리늑대'로 쓰인다.

늑장 느릿느릿 꾸물거리는 태도. = 늦장. 정해진 때보다 지나다, 기준이 되는 때보다 뒤져 있다는 용언 '늦(다)[晩(만) · 遲(지)]'의 어근에, 장(場; 마당 · 상태)이 결합된 말이다.(늦+장→늦장/늑장) 늦다는 확장 개념어 '늘다, 느리다, 느른하다[疲困(피곤)], 느긋하다/늑하다'와 동원(근)어다. '늦장'은 일부러 좀 늦게 보는 장을 뜻한다. ¶ 늑장을 피울 시간이 없다. 늑장/ 늦장을 부리다.

늑줄 아랫사람을 엄하게 다잡다가 조금 자유롭게 풀어주는 일. '늦추다(느슨하게 하다. 움직임이나 속도를 줄이다)'의 어근 '늦-'과 '줄[線(선)]'이 비통사적으로 합성된 말이다.(늦+줄→늑줄) 어원적 의미는 '줄을 늦춤'이다. ◇ 늑줄(을) 주다 - 엄하게 다잡지 않고 좀 늦추어 주다(↔다잡이하다). ¶ 지난 주 밤샘 작업을 한 직원들에게 이번 주는 늑줄을 주어야겠다.

늘 언제나. 항상. 만날. ↔ 가끔. 늘다[延(연)]의 어근 '늘-'이 부사가 된 말이다. '늘상'은 '늘'과 뜻이 같은 한자어 '常(상; 항상)'이 결합된 겹말이다. ¶ 늘 웃음을 띠고 있다. 늘 깨끗한 마을.

늘-옴치래기 늘었다 줄었다 하는 물건. 늘다[延(연)]와 옴츠리다[縮(축)]가 합성된 말이다. '옴츠리다'는 움직이다와 동근어다.

늘품 앞으로 좋게 발전할 품질이나 품성. 또는 그 가능성. ≒ 발전성. 장래성. '늘(다)+品(품; 품질. 품격)'으로 분석된다. 늘품의 어원적 의미는 '늘어날 품성'이다. '늘품성(性)'은 앞으로 좋게 될 품성이다. ¶ 늘품이 있어 보인다.

늙다 나이가 한창때를 지나 기력이 차차 약해지다. ↔ 젊다. (식물의 열매가) 지나치게 익다. '낡다'는 물건이 오래되어 헐었거나 삭은 상태를 의미하고, '늙다'는 사람이 나이가 많은 것을 뜻한다. '늙다'와 '낡다(<ᄂᆞᆰ다[古])'는 음운이 교체된 말로 동원어다. <계림유사>에 '老曰乃斤[늘근]'이라 하여 고려말이 현대어와 일치함을 알 수 있다.

늙다는 '빠르다'의 상대어 '느리다, 늘다[延(연)], 늦다'와 동근어다. '누긇다[解弛(해이)]>느ᇰᄒᆞ다(느즈러지다)>늙다'의 변화 과정을 거쳤다. '늘그막/늙마(←늙+으+막)'는 '늙어 가는 무렵'을 뜻하는 말이다. [늙은 말 콩 더 달란다] 늙어 갈수록 욕심이 많아진다는 말. ¶ 젊은이는 늙은 사람을 공경해야 한다. 이 집은 너무 낡아서 수리해야 한다.

능놀다 천천히 쉬어가며 일을 하다. 일을 자꾸 미루어 나가다. '능+놀다[遊(유)]'로 분석된다. <농가월령가>에 '食口를 헤아리되 넉넉히 능을 두소'가 나온다. '능'은 '여유(餘裕)있도록 넉넉히 잡음'을 뜻하는 말이다. 동근어에 '능두다(넉넉하게 여유를 두다), 능준하다(역량이나 수량 따위가 어떤 기준에 미치고도 남아서 넉넉하다)'가 있다. ¶ 능놀다가 보니 일이 많이 밀렸다. 능을 두어 옷을 짓다. 그의 실력으로는 능준하게 당해낼 것이다.

늦깎이 나이가 들어서 중이 된 사람. 보통 사람보다 늦게 배움이나 수련 따위에 들어선 사람. '늦(다)[晩(만)]+깎(다)[削(삭)]+이'로 분석된다. 늦깎이의 어원적 의미는 '머리를 늦게 깎은 사람'이다. '되-깎기'는 '속인이 된 승려가 다시 중이 되는 일'을 뜻한다. ¶ 늦깎이 대학생/ 배우. 어머니는 공부를 늦깎이로 하셨다.

-님 말하는 사람이 자기보다 나이나 지위가 위인 사람을 부를 때, 자기와의 관계를 나타내는 말 뒤에 붙여 존경의 뜻을 나타내는 접미사. 지난날에 '임금, 주인'을 뜻하였다. '임(<님)'은 고려가요에서도 '사모하는 사람[戀人(연인)]'을 뜻으로 쓰인 말이다. '님'의 고대어는 [*니머, *나마]로 추정된다. 이는 <삼국사기>에 나오는 신라의 관직 이름 '奈麻(나마)'와 같은 말일 것이다.(나마/니머>님>임) <삼국유가(서동요)>의 善花公主主隱에서 '主(주)'가 '님'의 표기임을 알 수 있다.

'님'은 '님금, 님자, 스승님'처럼 명사의 앞뒤에 붙었으나, 주로 화자와의 관계를 나타내는 말 뒤에 붙는 것이 일반적이다. '아버님, 형님, 선생님, 달님, 임금님, 사장님' 등이 그 예다. 다만, 사람 이름이나 친인척을 가리키는 몇몇 호칭에는 '-님'을 붙일 수 없다.(*오빠님, *삼촌님, *장인님) 요즘 사람의 이름 바로 뒤에 높임의 뜻으로 '-님'을 붙이는 용례도 있지만, 이는 전통적인 용법에서 벗어난 경우다. [임도 보고 뽕도 딴다] 좋은 일을 한꺼번에 겸하여 한다는 말. ☞ 임금

ㄷ

-다 용언(동사, 형용사)의 어간이나 어미에 붙는 종결어미. <삼국유사(안민가)> '民是愛尸知古如(알고다)'에서 보듯이 향찰(鄕札) 표기에서 '-다'를 '如(여; 같다)'로 적었다. 이두문(吏讀文)에서도 '如'가 많이 쓰였다. 어미 '-다'는 15세기 문헌에 보이는 '다ᄫᅵ(←답이), 다히, ᄃᆞ외다(>되다)'와 의미가 통하는 말로 접미사화된 것이다. 한편, 체언에 붙는 '-(이)다/라'는 아직도 학계에서 더 풀어야 할 과제다. ¶ 잡다, 푸르다, 계시다, 맑다; 동물이다, 사람이다, 책이다.

다니다 일터나 학교 등 일정한 곳에 늘 갔다 오다. 지나다. 드나들다. 돌아다니다. 중세어형은 'ᄃᆞᆫ니다'다. 'ᄃᆞᆮ다[走行(주행)]'와 '니다[去(거)]'가 비통사적으로 합성된 말이다. 'ᄃᆞᆮ다'의 어근 'ᄃᆞᆮ'은 다리[脚(각)]의 선행형으로 츄바스어 tar-(달리다)과 비교되며, '니다'는 '가다'와 이음동의어다.(ᄃᆞᆮ+니+다→ᄃᆞᆫ니다>ᄃᆞ니다>다니다) 경기도 사투리 '댕기다'는 옛말 'ᄃᆡᆼ기다[行(행)])'의 잔영이며, '당기다[引(인)]'와 동근어로 보인다. '다니다'의 어원적 의미는 '바쁘게 달려가다'다. ¶ 학교에/ 회사에 다니다. ☞ 가다, 다리

다다르다 목적한 곳에 이르러 닿다. 어떤 기준에 이르러 미치다. 중세어형은 '다ᄃᆞᆮ다[到(도; 이르다)]'다. 이는 '다+ᄃᆞᆮ · 다[走(주)]'로 분석된다. '다'는 장소를 뜻하는 의존 명사 'ᄃᆞ(>데)'로 보인다. 15세기 문헌 <월인석보>에 '硏은 다ᄃᆞᆮ게 알씨라'에서 '궁구(窮究)하다'는 뜻으로도 쓰였다. 다다르다[到(도)]의 어원적 의미는 '(어느) 곳까지 달리다(끝에 이르다)'다. ¶ 정상에 다다르다. 절정에 다다르다.

다듬이질 옷이나 옷감 따위를 풀을 먹여 꾸덕꾸덕하게 말린 다음 방망이로 두드려 반드럽게 하는 일. <준> 다듬질. '다듬(다)+ㅁ+질'로 분석된다. '다듬다(<다ᄃᆞᆷ다; 修 · 鍊)'에서 '다-'는 부사로 '매우, 아주'를 의미하고, '담다(<ᄃᆞᆷ다)'는 '잠기다[沈(침)]'는 뜻이다. 결국 '다듬다'는 '마음 상태가 수련되어 차분하게 가라앉다. 매우 침착하다'를 의미한다. 다듬이질의 어원적 의미는 '(방망이로 단련시켜)

반반하게 하는 일'이다.

다듬이(<다드미)는 '다듬잇감, 다듬잇돌, 다듬잇방망이, 다듬잇살; 넓다듬이, 소반(小盤)다듬이(소반 위에 곡식을 펴 놓고 뉘 · 모래 따위를 골라내는 일), 싸다듬이(매나 몽둥이 따위로 함부로 때리는 짓), 홍두깨다듬이' 등으로 쓰인다. 다듬이질은 1950~60년대까지만 해도 한복을 손질하는 중요한 과정이었다. 그리고 다듬이 소리는 우리의 멋과 가락을 대표하는 것 중의 하나며, 다듬이질은 여인들의 맺힌 응어리를 푸는데 한몫을 하였다. ☞ 가다듬다

다라니 불교에서 모든 악법을 막고 선법을 지킨다는 뜻으로, 범어로 된 문구를 번역하지 않고 그대로 읽거나 외는 일. <범어> dhāranī가 한자 陀羅尼를 거쳐 [다라니]가 되었다. '다라니경, 다라니주(呪; 범어로 된 비밀스러운 주문); 대다라니, 육자다라니' 등으로 쓰인다.

다라지다 성질이 깐질기고 야무지다. 됨됨이가 단단하고 겁이 없다. '달(다)[煎(전)]+-아(연결어미)+-지다'로 분석된다. '달다/닳다'는 '물이 바짝 졸아붙다. 쇠나 돌 따위가 몹시 뜨거워지다'를 뜻하는 동사다. 달이다(<달히다)는 사동사다. '다라진-살'은 가늘고 무거운 화살을 뜻한다. ¶ 자그마한 체구에 안차고 다라진 사람.

다락 부엌과 천장 사이의 공간에 이층처럼 만들어 물건을 넣어 두는 곳. 중세어형도 오늘날과 같다. 다락은 '들다'와 동원어인 '달다'의 어근 '달-'에 작음[小(소)]을 뜻하는 명사화 접사 '-악'이 결합된 말이다. '달다(매달다)'의 어원은 고구려 땅 이름에 쓰인 '達(달; *tal-[高])'에서 찾을 수 있다. 지형이 분지로 형성된 대구(大邱)의 옛 이름 大丘縣 本達句火縣[달구벌]에서 '達'은 <삼국사기>의 兎山縣 本高句麗息達에 보이듯 山(산) · 高處(고처)를 뜻하는 글자다. 다래기논~山대래기(奉天畓)에서 '다래기'와 달[月]은 다락과 동근어다.

'다락'의 어원적 의미는 '높은 곳'이다. '다락'은 '다락-집, 다락-방, 다락-마루, 다락-장지; 고미-다락(다락방), 누-다락(樓; 다락집의 위층)' 등의 합성어에서 '높다'는 뜻이 확인된다. 비탈진 산골짜기 같은 곳에 층층대로 된 좁고 작은 논배미를 '다랑이, 다랑논'이라 한다. 땅모양이 다락처럼 생겼다 하여 붙여진 마을 이름에 '다락-대, 다락-마을'이 있다. 결국, 다락은 '높이 달려 있는 곳'이란 뜻이다. ¶ 물가가 다락같이 오르다. ☞ 높다

다람쥐 다람쥣과의 동물. 쥐와 비슷하나 누런 밤빛의 바탕색에 긴 꼬리가 있으며

등에는 5개의 검은 줄이 있다. 다람쥐(<ᄃᆞᄅᆞᆷ쥐)는 '달리다'의 옛말 'ᄃᆞᆮ다[走(주)]'의 어근 'ᄃᆞᆮ'에 명사화 접사 '-암'이 결합한 후, 쥐와 합성된 말이다.(ᄃᆞᆮ+암→ᄃᆞᆯ암>ᄃᆞ람/ᄃᆞ라미)

'달리다(<ᄃᆞᆮ다[走])'는 츄바스어 tar-, 몽골어 taulai[달리다, 뛰다]와 비교된다. <훈몽자회>에서 다람쥐를 'ᄃᆞ라미'라고 표기하였다. 날다람쥐(<ᄂᆞᆶᄃᆞ람)는 청설모를 일컫는다. 다람쥐의 어원적 의미는 '달리는 쥐'다. [다람쥐 쳇바퀴 돌듯] 한없이 반복하나 결말이 없다는 말. ☞ 두더지

다랑귀 두 손으로 붙잡고 매달리는 짓. 들러붙어서 몹시 졸라 댐. '달(다; 매달다)+앙(접사)+귀(옷섶의 끝)'로 분석된다. 어원적 의미는 옷자락을 붙잡고 매달림이다. ◇ 다랑귀(를) 뛰다 –매달려 몹시 조르다. ¶ 달려들어 다랑귀를 뛰며 반가워하는 아이들.

다래 다래나무의 열매. 다래는 달다[甘(감)]의 어근에 명사화접사 '-애'가 결합된 말이다.(ᄃᆞᆯ+ᄋᆡ→ᄃᆞᄅᆡ>다래) 아직 피지 아니한 목화의 열매도 씹으면 단맛이 나므로 '다래'라고 일컫는다. '다래덩굴, 다래술, 다래즙; 개다래' 등으로 쓰인다. ¶ 머루랑 다래랑 먹고 청산에 살으리랐다.

다루다 사람을 대하다. 일이나 물건을 맡아 처리하다. 거친 물건을 매만져서 부드럽게 하다. 중세어형은 '달오다(불에 대어 뜨겁게 하다)'다.(달호다/달오다>다루다) '달구다[熱(열)]'도 동근어다. 어원적 의미는 '물체를 뜨겁게 하다'다. '다룸가죽(다루어 부드럽게 만든 가죽), 다룸새; 가다루다(논밭을 갈아서 다루다), 설다루다(선불리 다루다)' 등으로 쓰인다. ¶ 어린아이를 함부로 다루어서는 안 된다. 기계를 다루다(이용하다).

다르다 같지 아니하다. 특별히 표나는 데가 있다. ↔ 같다. 중세어형은 'ᄃᆞ르다(←닫+ᄋᆞ+다)'다. 어근 '닫(다)[別(별)]'은 중세어 '닫나다(따로 나다), 닫내다(달리하다)'로 쓰이던 말이다. 다르다는 어원이 분리 개념어 '가르다'다. kel-(가르-/갈-)>ta(t)l-(닫~다르-/달-)과 같이 k->t-의 변화를 일으켰다. 다르다는 것은 한 쪽에서 갈라진 개념이다. 그러므로 '다르다'의 어원적 의미는 '갈라져서 같지 않다'다. ¶ 방법이 서로 다르다. 교육자는 역시 다르다. ☞ 다음

다리 동물의 몸통 아래에 붙어 몸을 지탱하면서, 서거나 걷거나 뛰거나 하는 기능을 가진 부분. 물건의 아래쪽에 붙어 받치거나 버티어 놓은 부분. 중세어형도 오늘날과 같다. '다리'의 선행형은 *kari(<가르다[分])로 '가를, 가랑이'와 같은

말이다. 동사 'ᄃᆞᆮ다[走(주)], 달리다'의 어근에 접사가 결합하여 '다리(<ᄃᆞ리<ᄃᆞᆯ[脚])'가 되었다.(*kari>tari)

중세어에는 '다리[脚]'와 'ᄃᆞ리[橋], ᄃᆞ리[梯(제)]'로 구별하였으나, 17~18세기에·/(아래아)/가 없어지면서 '다리'는 脚(각)과 橋(교)의 뜻으로 동음이의어가 되었다. ◇ 다리를 뻗고 자다 - 걱정과 시름을 잊고 편히 자다. ¶ 다리가 길다. 책상다리/ 안경다리가 부러지다.

다리미 쇠붙이로 바닥을 매끄럽게 만들어 뜨겁게 달궈 옷이나 피륙 따위를 문질러 구김살을 없애는 기구. 울두(熨斗). 중세어형은 '다리우리'다. 이는 'ᄃᆞ리(다)+熨(울)+이'의 짜임이다. 다리미는 '다리(다)+-ㅁ(명사형어미)+-이'로 분석된다. 어근 '다리-'는 '달다(쇠나 돌 따위가 몹시 뜨거워지다)와 동근어다.

'다리미-질/하다, 다리미-판(板); 전기-다리미'로 쓰인다. 백제 무열왕릉에서 청동제 다리미가 출토된 것으로 보아 삼국 시대에도 쓰였음을 알 수 있다. ¶ 한복을 다리미로 곱게 다리다. 쇠가 벌겋게 달았다.

다림 어떤 물체가 수평으로 반반한가, 수직으로 바로 섰는가를 헤아려보는 일. <훈몽자회>에 'ᄃᆞ림 튜(錘)', <한청문감>에 '다림[臬(얼; 말뚝)]'이 나온다. 이는 'ᄃᆞ리다/다릐(다)[引(인; 당기다)]+이+ㅁ'으로 분석된다. 어원적 의미는 '당기는 것'이다. '다림-보다(겨냥하여 살펴보다), 다림-줄(다림을 볼 때 추를 달아 늘어뜨리는 줄), 다림-추(錘), 다림-판(板)' 따위로 쓰인다. ¶ 목수가 한 눈을 지그시 감고 다림을 본다.

다물 잃은 옛 땅을 되찾음. 고구려 말로 옛 영토를 회복한다는 뜻이다. <삼국사기-고구려본기 1>에 麗語謂復舊土爲多勿이라는 기록이 있다. 다물의 어원적 의미는 '다시 물림'이다. 대마도(對馬島)는 예전의 우리말 [다물섬]으로 읽혀 역사적으로 우리 땅임을 주장하는 근거가 된다. ☞ 땅

다물다 위아래의 입술, 또는 그와 같이 된 두 쪽의 물건을 마주 꼭 대다. ≒ 닫다. 닥치다. ↔ 벌리다. 17세기 초 문헌 <언해태산집요>의 표기는 '다믈다'다. 이는 닫다[閉(폐)]와 물다(<믈다[咬(교)])가 결합된 말이다.(다믈다>다물다) '닫다'와 '닿다[接(접)]'는 동원어다. '다물리다; 강다물다, 앙다물다, 옥다물다, 윽다물다' 등으로 쓰인다. ¶ 입을 꼭 다물다.

다비 불교에서 불에 태운다는 뜻으로, 곧 시체를 화장(火葬)하여 그 유골을 거두는 일을 이르는 말. 범어 Jhāpita를 한자 荼毘로 소리를 적은 말이다. '다비법(法),

다비소(所; 화장터), 다비식(式; 시체를 화장하여 그 유골을 거두는 의식), 다비하다'로 쓰인다.

다섯 넷에 하나를 더한 수효. 오(五). <계림유사>에 五曰打戌[tasat], <조선관역어>에는 五 打色[tasut]이라 하여 오늘날 '다섯'과 가까운 표기다. 우리말 '다섯[五(오)]'은 몽골어 tabun, 길리야크어 t`o-, t`u-(5)와 대응된다. <동국여지승람>에 기록된 고구려 땅 이름에서 五를 '于次(우차)'라고 하였는데, 이는 고대 일본어 itu(5)와 매우 유사하다. 한편 '다ᄉᆞᆺ'에서 '다'는 모두[皆(개)]의 뜻이고, 'ᄉᆞᆺ'은 손[手(수)]으로 보아, 셈할 때 손가락을 다(모두) 꼽아서 닫은 손의 모양이 바로 '다섯'의 어원이라고 하기도 한다.

다스리다 국가나 사회, 단체, 집안의 일을 보살펴 관리하고 통제하다. 마음을 바르게 가다듬다. 치료하다. <삼국유사(안민가)>의 향찰 표기는 '治良羅[다ᄉᆞᆯ/다ᄉᆞ리]'다. 중세어형은 '다ᄉᆞ리다, 다ᄉᆞᆯ다[治(치)]'다. '다(모두)+ᄉᆞᆯ(다)[生]+이(사동접사)+다'로 분석된다. 어원적 의미는 '모두 살려내다'다. ¶ 나라를 다스리다. 마음을 다스려야 높고 넓게 보이나니.

다시 되풀이하여 또. 달리 고쳐서 새로이. 잇대어 또. 있다가 또. '다르다'의 어근 '닷~닫[異(이) · 別(별)]'에 부사화 접사 '-이'가 결합된 말이다.(닷+이→다 · 시[更 · 再]) 힘줌말은 '다시금(<다시곰)'이다. ¶ 다시 연습하다. 다시 계산하다. 다시 시작이다. 내일 다시 만나자. ☞ 다르다, 다음

-다시피 동사의 어간 뒤에 붙어 '-는 바와 같이. -는 것과 다름없이; 어떤 동작에 가까움'을 나타내는 연결어미. '-다(동사의 종결어미)+싶(다)+이(접사)'로 분석된다. '-다시피'는 20세기에 들어와 쓰이는 말이다. ¶ 너도 잘 알다시피 내게 무슨 힘이 있니? 그는 연구실에서 살다시피 했다. 보시다시피 이렇습니다.

다음 어떤 차례의 바로 뒤. 일정한 시간이 지난 뒤. 버금. 중세어형은 '다ᅀᆞᆷ'이다. '닷+ᄋᆞᆷ→다ᅀᆞᆷ>다ᄋᆞᆷ>다음'으로 어형이 변하였다. 어근 '닷~닫[異 · 別]'은 분리 개념어로 '다른(<ᄯᆞᆫ[異]), 다시[更 · 再]'와 동근어며, 몽골어 dahi[回], 일본어 tabi[度]와도 비교된다.

'다ᅀᆞᆷ(>다음)'은 '다ᅀᆞᆷ-아비[繼父(계부)], 다ᅀᆞᆷ-어미[繼母(계모)], 다ᅀᆞᆷ-자식[假子]' 등에 쓰였다. 오늘날 계모(繼母)의 경상도 사투리 '다선어머니, 다심어미'는 옛말 '다ᅀᆞᆷ어미'의 화석이다. '다음[次(차)]'은 원래 처음이 아니고 이어진 다른 것이나 거짓을 뜻하였다. 이것이 '버금'과 함께 '차례의 뒤'라는 의미로

바뀌어 쓰이게 되었다. ¶ 다음이 네 차례다.

다이를까 그 말에 뒤따르는 사실이 분명하고 옳아서 자세히 다 말할 필요가 없다는 말. '다(모두)+이르-(말하다)+ㄹ까(자기의 의지를 나타내는 종결어미)'로 분석된다. 어원적 의미는 '(어찌) 다 말할까'다. ¶ 어찌 다이를까, 부모님의 은혜를.

다조지다 일이나 말을 다그쳐 아퀴를 짓다. 다급히 재촉하다. '닿다'와 '조지다/좆다'가 합성된 말이다. '조지다'는 상투나 낭자 따위를 틀어서 죄어 매다. 사개를 맞추다를 뜻하는 동사다. '다조지다'는 '다그다. 다그치다'와 동근어다. ¶ 끝마무리를 다조지고 일어나다. 다조지며 캐묻다. ☞ 닿다, 당조짐

다짐 다져서 확실한 대답을 받음. 이미 한 일이나 앞으로 할 일이 틀림없음을 조건 붙여 말함. 마음을 굳게 가다듬음. 다짐(죄인의 자백을 증명하는 것)의 이두(吏讀) 표기는 '侤音'이다. '다짐'은 무르거나 들떠 있는 것을 단단하게 하다를 뜻하는 '다지다'의 어간에 명사형어미 '-(으)ㅁ'이 결합한 말이다.(다딤>다짐) 다지다는 '닿다'와 동원어다.

'다짐글(<다짐글월), 다짐기(記; 서약서), 다짐대; 강다짐, 우격다짐, 입다짐, 주먹다짐, 초(初)다짐, 하냥다짐(일이 잘 되지 않으면 어떤 형벌이라도 받겠다는 다짐)' 등으로 쓰인다. ¶ 다짐[약속(約束)]을 놓다. 다짐을 하고 돈을 받다. 필승을 다짐하다. 강다짐으로 한 일이라 무리가 많았다. ☞ 닿다

다짜고짜(로) 옳고 그름을 묻지 않고 단박에 들이덤벼서 덮어놓고 마구. 20세기 초(신소설) 표기는 '닷자곳자로'다. 이는 '닿(다)+-자(어미)+곧[卽(즉)]+-자+로(부사격 조사)'의 짜임으로 보인다. 어원적 의미는 '도달하자마자 곧바로'다. ¶ 다짜고짜로 멱살을 잡다. 뺨을 다짜고짜 후리치다. ☞ 닿다

다치다 부딪치거나 맞거나 하여 신체에 상처를 입다. 중세어형은 '다티다'다. '닿(다)+티(다)+다'로 분석된다. '닿(다)'은 '땅'과 동원어고, '티다'는 구개음화가 일어나 '치다'로 되었다. 어원적 의미는 '쳐서 닿다. 접촉하다'다. 현대어 '닿-치다'는 물체와 물체가 세차게 마주 닿는다는 말이다. ¶ 넘어져 무릎을 다치다. 다리를 다쳐 병원에 다녀왔다. ☞ 땅, 닿다

다홍 짙은 붉은빛. 다홍은 한자어 '大紅(대홍)'이 발음이 변한 말이다.(대홍>다홍) '다홍-빛, 다홍-색, 다홍-치마'로 쓰인다.

닥치다[1] 어떤 때나 사물이 가까이 다다르다. 이것저것 가릴 것 없이 앞에 나타나거나 눈에 띄다. '다그(다)[近接(근접)]+치(강세접사)+다'로 분석된다. '다그다'는 '닿다, 닮다'와 동근어다. '닥쳐-오다'는 가까이 다다라 오다를 뜻한다. ¶ 코앞에 닥친 졸업 시험. 나무를 닥치는 대로 베어 버리다. ☞ 닿다

닥치다[2] 입을 다물다. 주로 명령문에 쓰임. '닫(다)[閉(폐)]+치(강세접사)+다'로 분석된다.(닫치다→닥치다) ¶ 너는 입 좀 닥치고 있어. ☞ 다물다

ㄷ

단골 늘 정해 놓고 거래하는 관계. 원래 무속 신을 모시는 집이 있는 골짜기 또는 무당을 일컬었다가 후대에 의미 변화하여 '단골-집'으로 거래가 잦은 집을 뜻한다. 지금도 전라도 지방에서는 무당을 '당골(단골무당)'이라고 한다. 18세기 문헌 <물보>에 '단골(主顧)'이 나온다. '堂(당)+골[谷(곡)]'로 분석된다. (당골>단골) 丹骨로 씀은 한자 취음(取音)이다. 무(巫)에 대하여 경상도에서 '홰랭이'라 칭하는 것은 신라 때 '화랑(花郞)'의 변이음일 것이다. ¶ 단골손님. 단골 가게. 저 손님은 우리 식당 단골이다.

단군 우리 겨레의 시조로 받드는 단군조선의 임금. 단군(檀君/壇君)은 호남 지역에서 무당을 가리키는 '당골'이나 몽골 · 터어키어에서 하늘[天(천) · 천신(天神)]을 뜻하는 [탱그리]와 대응한다. 즉, 단군(왕검)이 하늘의 신에게 제사 지내는 제사장적인 성격을 지닌 존재지만, 정치적 권력자로서의 면모를 지녔음이 <삼국유사>의 단군신화를 통해서 알 수 있다.

단군은 '박달의 임금(밝은 땅의 임금. 하늘이 낸 임금; 박달검)'이란 뜻이다. '왕검'은 왕(王)의 우리말 '감/검, 임금'으로 최고의 통치자, 정치적 지배자를 가리킨다. 국조(國祖) 단군은 조선 세종 때 평양에 사당을 지어 모셨다. ☞ 단골, 겨레, 조선

단단하다 무르지 않고 매우 굳다. ↔ 무르다. 중세어형은 'ᄃᆞᆫᄃᆞᆫᄒᆞ다[堅(견)]'다.(ᄃᆞᆫᄃᆞᆫᄒᆞ다>ᄃᆞᆫᄃᆞᆫᄒᆞ다[硬(경)]>단단하다) 어근 'ᄃᆞᆫ'은 'ᄃᆞ'로 소급되며 곳(장소)을 뜻하는 말로 'ᄃᆞ>ᄯᅡㅎ>ᄯᅡᇰ>땅'으로 변천하였다. '단단하다'는 땅에서, '무르다'는 물에서 온 말이다. '든든하다(굳다. 실속이 있다), 딱딱하다, 탄탄하다, 튼실하다, 튼튼하다'는 동근어다. ¶ 땅이 단단하다. 각오가 단단하다. 속이 든든하다. ☞ 땅, 무르다

단말마 불교에서 숨이 끊어질 때의 괴로움이나 죽을 때를 이르는 말. '단(斷; 끊다)+말마'로 분석된다. 한자음 末摩(말마)는 생명의 급소(急所; 死血)를 뜻하

는 범어 marman을 소리로 적은 말이다. 단말마의 어원적 의미는 '급소가 끊어짐. 죽음'이다. ¶ 단말마의 비명을 지르다.

단무지 무짠지. 새들새들하게 말린 무에 소금과 쌀겨를 고루 뿌린 뒤에 돌로 눌러 담금. '달(다)[甘(감)]+ㄴ+무+지(김치)'로 분석된다. '지'는 '오이지, 섞박지, 익은지, 짠지, 장아찌'와 같은 말이다.(디히>디이>지이>지/찌) 단무지의 어원적 의미는 '달게 만든 무'다. ¶ 김밥에는 단무지가 들어간다. ☞ 김치

단봇짐 아주 간단하게 꾸린 하나의 봇짐. '單(단; 하나)+褓(보; 보자기)+지(다)[負(부)]+-ㅁ'으로 분석된다. '봇짐'은 보자기에 싼 짐이고, 봇짐장수는 보부상(褓負商)를 일컫는 말이다. '괴나리봇짐'은 걸어서 먼 길을 갈 때 걸머지는 조그마한 봇짐이다. [봇짐 내어 주며 앉아라 한다] 속으로는 가기를 바라면서 겉으로는 붙잡는 체 한다. ¶ 단봇짐을 싸다.

단추 옷고름 등의 끈 대신 옷자락이나 주머니 따위의 여미는 부분에 달아 구멍에 넣어 걸리게 만든 물건. 16세기 <사성통해>에는 'ᄃᆞᆯ마기', 18세기 문헌에는 '단쵸'로 기록되어 있다. 'ᄃᆞᆯ마기'는 오늘날 평안 · 황해 · 함남 사투리 '달마구'로 남아 있는데, 'ᄃᆞᆯ다(>달다[懸(현)])'와 '막다[防 · 塞]'의 합성어로 분석된다. (ᄃᆞᆯ+막-+-이→ᄃᆞᆯ막이>달마기)

후대 어형 '단쵸'는 옷깃을 여며 닫는다는 뜻으로 볼 때, 폐쇄 개념어 '닫다'가 명사로 파생된 것이 아닌가 한다.(단쵸>단추) 전기 장치에서 '누름단추'는 옷에 다는 단추와 모양이 비슷한 데서 붙여진 이름이다. ◇ 첫 단추 - 모든 일의 시작 또는 시초. ¶ 단추를 끼우다. 신호 단추를 누르다. 무슨 일이든지 첫 단추를 잘 꿰어야 한다.

닫집 궁전 안의 옥좌 위나 법당의 불좌 위에 만들어 다는 집 모양. = 감실(龕室). '달(다)[懸(현)]+집'으로 분석된다.(달+집→닫집) 어원적 의미는 '매달은 집'이다. ☞ 다락, 달다, 집

달 지구의 위성. 한 해를 열둘로 나눈 하나를 단위로 하는 기간. 15세기 문헌 <훈민정음해례>에 'ᄃᆞᆯ 爲月'이 나온다. 달은 '달다(<ᄃᆞᆯ다[懸(현)])'의 어근 '달-'과 동근어다. 만주어 pyatari(每月)에서 [다리]는 우리말 '달'과 비교 가능하다. 달의 어원적 의미는 '하늘에 달린 것'이다. '달나라, 달님; 그믐달, 보름달' 등으로 쓰인다. ☞ 달다

달개 처마 끝에 잇대어 늘이어 짓거나 차양을 달아 원체에 잇대어 지은 의지간(依

支間). ≒ 까대기. ‘달(다; 잇대다)+-개(명사화접사)’로 분석된다. 어원적 의미는 ‘달린 것’이다. ‘달개-집’은 몸채의 뒤편 모서리에 낮게 지은 외양간을 이르는 말이다. ☞ 달다

달걀 닭이 낳은 알. 중세어형은 ‘ᄃᆞᆯᄀᆡ알’이다. 중세어 ‘ᄃᆞᆰ’에 관형격 조사 ‘ᄋᆡ’와 원형 개념어 ‘알’이 결합된 후, 연음되어 ‘ᄃᆞᆯᄀᆡ알>달걀’로 어형이 줄어들었다. 달걀은 ‘닭의 알’의 준말이다. 계란(鷄卵)은 한자어다. 달걀의 제주도 사투리는 ‘ᄃᆞᆨ새기’다. [달걀로 백운대(白雲臺) 치기] 약한 것이 강한 것에 맞서면 도리어 파멸하기에 이른다는 말. ☞ 닭, 알

달구 집터 따위를 다지는 데 쓰는 기구. 굵고 둥근 나무 도막이나 쇳덩이 또는 돌덩이에 손잡이나 줄을 달아서 만듦. 16세기 문헌 <소학언해>에 ‘달고’로 나온다. 이는 ‘달+고’로 분석된다. ‘달’은 땅[地(지)]을, ‘고[杵(저)]’는 ‘공이(방아 찧는 기구). 방망이’를 뜻하는 말이다. ‘달구질(<달고질), 달구질하다, 달굿대’로 쓰인다. 달구질의 사투리는 ‘달궁이질’이다. ‘어허라-달구야’는 달구질을 할 때, 여럿이 힘을 모으려고 노래하듯 부르는 소리다. ☞ 비탈

달구리 이른 새벽에 닭이 울 무렵. ‘닭+울(다)[鳴(명)]+-이’로 분석된다. 어원적 의미는 ‘닭이 울 때’다. ¶ 농부의 일과는 달구리부터 시작이다.

달구지 소나 말이 끄는 짐수레. 17세기 문헌 <박통사언해초간>의 표기는 ‘ᄃᆞᆯ고지’다. 달구지는 퉁구스어 terge, 만주어 dergeci[車夫(차부)]에서 온 말이다. ¶ 달구지를 타고 가던 어린 시절이 생각난다.

달다 큰 것에 작은 것의 일부를 매거나 붙여 떨어지지 않게 하다. 중세어형은 ‘ᄃᆞᆯ다’다. 어근 ‘달(<ᄃᆞᆯ)-’은 ‘달, 다락’과 동근어다. <삼국사기>에 ‘大丘縣本達句火縣’이 나온다. 고구려 땅 이름에서 ‘達(달)’은 ‘高(높다)=大(크다)’와 대응한다. 따라서 ‘달다’는 ‘높이 매달리다’란 뜻이 된다. ‘(저울에) 달다(<ᄃᆞᆯ다)’도 동근어다. ‘매-달다’는 ‘매어서 드리우거나 걸다’다. ¶ 옷에 단추를 달다. 저울에 고기를 달다. ☞ 다락

달리기 달음질하는 일. 경주(競走). ‘닫(다)[走(주; 빨리 가다)]+리(사동접사)+-기’로 분석된다. 어근 ‘닫-’은 ‘다리[脚(각)]’와 동원어다. ‘달음질(<ᄃᆞᄅᆞᆷ질)’은 빨리 달리는 것이다.(잔달음, 줄달음/치다, 한달음) ‘달아나다’는 ‘빨리 내닫다. 도망치다’를 뜻한다. ‘이어-달리기’는 계주(繼走) 경기를 이르는 말이다. ¶ 달리기를 잘 한다. 닫는 말에도 채를 친다. 말을 달리다. 범인이 달아나다.

달마 자연계의 법칙과 인간의 질서. 불교에서, '법(法) · 진리 · 본체 · 궤범(軌範) · 교법 · 이법(理法)'의 뜻을 나타내는 말.[←達磨←dhama<범>] '달마대사, 달마도(圖), 달마종(宗)'으로 쓰인다.

달무리 달 언저리에 둥그렇게 둘리어 구름같이 보이는 허연 테. 월훈(月暈). <훈몽자회> 표기는 'ᄃᆞᆯ모로'다. 'ᄃᆞᆯ[月(월)]+모로[暈(훈)]'로 분석된다. '모로'의 어근은 '몯[集(집; 모으다)]'으로 보인다. 달무리의 어원적 의미는 '달 주위에 모여 있는 것'이다. '무리'는 '무리지다(무리가 생기다), 밖무리[外暈(외훈)], 햇무리(<ᄒᆡᆺ모로)' 등으로 쓰인다. ¶ 달무리가 서다. ☞ 달

달밑 솥 밑의 둥근 부분. '달[月(월)]+밑[低(저; 아래)]'으로 분석된다. 솥의 밑이 달처럼 둥글게 생긴 데서 붙여진 말이다. ¶ 달밑이 깨진 가마솥을 땜질하다.

달창나다 물건이 오래 써서 닳아 해지거나 구멍이 뚫리다. 많던 물건이 조금씩 써서 다 없어지게 되다. '닳(다)+창+나(다)[出(출)]+다'로 분석된다. '닳다'는 '닿다'와 동원어이고, '창'은 '구두창, 깔창, 신창(신 바닥에 댄 창)'처럼 신의 바닥 부분 또는 피륙 따위로 된 물건의 해져서 생긴 구멍을 뜻한다. ¶ 신발은 달창나도록 신어야지 새신을 버려서 되겠느냐. 뒤주의 쌀이 달창나다. 구두에 창이 나다. ☞ 닿다

달팽이 달팽잇과의 연체동물을 통틀어 이르는 말. 나선형의 껍데기를 지고 다니며, 암수한몸으로 난생(卵生)이다. 중세어형은 'ᄃᆞᆯ파니, ᄃᆞᆯ팡이'다. <향약집성방>에 蝸牛鄕名 有殼月乙板伊(집 잇는 ᄃᆞᆯ판이)라 하였다. 'ᄃᆞᆯ'은 '달다[懸(현)]'의 어근으로 '달[月(월)]과 동근어다. 원형(圓形) 개념어 '-팡이'는 '굼-벵이, 골-뱅이, 곰-팡이, 나-방이'에 쓰인 접사와 동일하다. 돌리는 장난감 '팽이'도 같은 뿌리에서 나온 말이다.(ᄃᆞᆯ+판이→ᄃᆞᆯ팡이>달팡이>달팽이) 따라서 달팽이는 '물체에 달라붙어 팽이 모양을 한 벌레'로 해석된다. 한편 '판이'를 판(板; 널빤지)으로 보는 이도 있다. ◇ 달팽이 눈이 되다 - 움찔하다. 핀잔을 받거나 겁이 나서 기운을 펴지 못하다.

닭 꿩과에 속하는 날짐승의 일종. 가금(家禽). 중세어형은 'ᄃᆞᆰ'이다. 원형(原形)은 'ᄃᆞᆯ'이며, ㄱ곡용(曲用)의 어형이 굳어져 'ᄃᆞᆨ'이 된 것이다. <계림유사>의 鷄曰喙音達에서 喙(훼)의 소리가 達임을 밝히고 있다. 달걀의 제주도 사투리가 'ᄃᆞᆨ새기'인 것을 보면, 닭(<ᄃᆞᆰ)의 선행형은 'ᄃᆞᆨ~ᄃᆞᆯ기'가 아닐까 싶다. 닭의 원형에서 *tɔlk-i>töri[鳥(조)]가 된 것이 일본어형이고, 우리말은 *tɔlk-i>*tɐlk-i>*tari>*sari>sai[새;鳥]로

변화하였다. 닭은 퉁구스계의 turaki(까마귀)와도 비교된다.

닭은 일반적인 새를 뜻하다가 집에서 기르는 특수한 새의 일종으로 의미가 축소되었다. 독수리(<독쇼리)의 '독'과 종달새의 '달'도 닭의 원형 'ᄃᆞᆨ'과 동근어다. 닭의 울음소리 '꼬꼬댁, 꼬끼오'는 만주어 coko(꼬꼬)와 공교롭게도 유사하다. 우리말 '닭'은 몽골어 taraki, takija(닭)과 비교 가능하다.

닭도리탕(湯)은 일본어 [도리(새)]로 잘못 인식하여 '닭볶음탕'으로 다듬어 쓰고 있으나, 본래는 우리말이다. 그 근거로 암꿩인 까투리(<가토리)에서 '*도리'를 들 수 있다. 그리고 'ᄃᆞᆰ>ᄃᆞ리>도리'로 변하면서 일본어 [도리]가 되었기 때문이다. '도리'를 '도리다(둥글게 베어내다)'로 보는 이도 있다. [닭의 새끼 봉이 되랴] 아무리 하여도 타고난 성질은 고칠 수 없다는 말. [장닭(수탉)이 울어야 날이 새지] 집안일을 처리하는 데는 남편의 주장이 되어야 한다는 말. ¶ 닭이 새벽에 울다. 닭살이 돋다.

닮다 사람 또는 사물의 생김새나 성질 따위가 다른 사람이나 사물과 비슷하다. 16세기 표기도 현대어와 일치한다. 닮다(<담다)는 '다르다'의 명사형인 '닮(<다름)'에 접사 '-다'가 결합된 말이다. 중세어에서 '더러워지다. 물들다'를 뜻하는 '덞다/닮다[染(염)]'는 모음이 교체된 어형으로 오늘날 '비슷하다, 같아지다'는 뜻으로 전의되었다. '닮다'는 일본어 taubaru[似(사)]와 대응한다. ¶ 아버지는 할아버지를 많이 닮았다. ☞ 다르다

닳다 갈리거나 오래 쓰여서 어떤 물건이 낡아지거나, 그 물건의 길이, 두께, 크기 따위가 줄어들다. 18세기 표기도 현대어와 같다. '닳다[摩擦(마찰; 물체가 서로 닿아 비벼지다)]'는 닿다와 동근어다. 닿다[觸(촉)·至(지)]는 땋(<ᄯᅡㅎ)에 접사 '-다'가 붙어 파생된 동사다. ◇ 닳고 닳다 – 세상일에 시달려 약아빠지다(닳아빠지다). ¶ 옷소매가 닳다. 신발이 다 닳아 못 신게 되었다. 연필심이 닳아 몽당연필이 되었다. ☞ 닿다

담 집의 둘레나 일정한 공간을 막기 위하여 흙이나 돌 따위로 쌓아 올린 물건. 중세어형도 오늘날과 같다. 담[墻·垣]은 '둠[圓(원)]'의 모음 교체형이다. '둠'은 '둠글다>둥글다, 동그라미'와 동근어다. '둥글다'는 내포(內包) 개념을 나타내는 원형어(圓形語)며, 몽골어 tügürikleho(둥글게 하다)와 대응·비교된다. 그리고 위글어 dam, 칼묵어 tamɐ, 오스만어 dam, 만주어 tama-(모으다)와 일치한다. 결국 '담'은 집 둘레에 친 벽(壁)이란 뜻이다. '담구멍, 담쌓다; 강담(돌로만

쌓은 담), 겹담, 맞담(돌과 흙을 섞어 쌓은 담), 엔담, 쪽담, 흙담(토담)' 등으로 쓰인다.

억새풀이나 나무 등을 엮어서 집의 둘레를 친 것은 '울타리'다. '담장(←담+墻), 담벼락'은 '개천(←개+川), 역전앞(←驛前+앞)'과 같이 동의어인 고유어와 한자어가 중복되어 합성된 말이다. ◇ 담을 쌓다 - 서로 왕래가 없다. 인연을 끊다. ↔ 담을 헐다(화해하다). ¶ 흙담이 서민적이라면 돌담은 귀족적이다. ☞ 우리

담그다 액체 속에 집어넣다. 술 · 간장 · 김치 · 젓갈 따위를 만들 때, 익거나 삭게 하려고 재료를 버무려 그릇에 넣다. 중세어형은 'ᄃᆞᆷㄱ · 다'다. '담그다'는 '담다'에 /ㄱ/이 끼어든 말이다.

'담금질(←담그+ㅁ+질)'은 쇠를 불에 달구었다가 찬물 속에 담그는 일이나 집중적으로 훈련시키는 것을 비유적으로 이르는 말이다. ¶ 시냇물에 발을 담그다. 김장 김치를 담그다. 막바지 훈련 담금질. 우승을 목표로 삼아 선수들을 담금질하다.

담다 어떠한 물건을 그릇이나 부대 같은 데 넣다. 어떤 생각이나 사상 따위를 글이나 그림 같은 데 나타내다. 중세어형도 ':담 · 다'다. '담다[含容(함용)]'는 내포 개념어 '담'에서 파생된 말이다. 어근 '담-'은 명사 '담[墻(장)]'과 동근어다. ¶ 항아리에 쌀을 담다. ☞ 담

담배 담배 잎을 말려 가공하여 피우는 기호품. 원산지는 아메리카인데 포르투갈어 tabaco가 들어와 일본식 발음인 [다바꼬]로 변하고, 우리나라에서는 '담바고, 담바'를 거쳐 '담배'로 되었다. 담바고는 민요 '담바고 타령'에서 볼 수 있는 말이다. 담배가 들어 온 시기는 임진왜란 무렵이며, 그 때부터 심기 시작하였다. 담배를 남쪽에서 들어 온 풀이라는 뜻에서 남초(南草) 또는 남령초(南靈草)라고도 일컬었다. [담배씨네 외손자] - 담배씨가 몹시 잘므로 성격이 매우 잔 사람을 두고 이르는 말. ¶ 담배는 우리 몸에 백해무익하다.

-답다 일부 명사나 명사성 어근 뒤에 붙어 '성질이나 태도를 드러냄', 인성명사에 결합하여 '조건을 충분히 갖춤'의 뜻을 더하고 형용사를 만드는 말. '-답다(<ᄃᆞᇦ다)'는 되다(<ᄃᆞ외다<ᄃᆞᄫᆡ다)에서 온 말이다. 향찰 표기인 '葉如(닙다이), 軍如(군다이)'에서 그 뿌리를 찾을 수 있다. '군인답다, 꽃답다, 아름답다, 인간답다, 정답다, 참답다' 등으로 쓰인다.

'-답다'는 '괴롭다, 새롭다, 외롭다, 한가롭다'처럼 '-롭다(<ᄅᆞᇦ다)'로 바뀐다.

'반갑다, 즐겁다, 보드랍다'의 접미사 '-압/업'이나 '가깝다'의 '-갑/겁', '고프다, 기쁘다, 나쁘다, 슬프다, 아프다' 등에 쓰인 형용사화 접사 '-ㅂ다/브다'도 동원어로 보인다.

답답하다 근심이나 걱정 따위로 애가 타고 갑갑하다. 숨을 쉬기가 가쁘다. 안타깝다. 사람됨이 고지식하다. 중세어형은 '답깝다'다. 이는 '답끼(다)'에 형용사화 접사 '-압다'가 붙은 형태다. <소학언해>에는 울적하고 답답한 상태[憂鬱(우울)]를 '덤써츨다~덦거츨다'라 하였는데, 이는 '덥'과 '거츨다(>거칠다)'의 합성어다. 어근 '답'은 중복 개념어 '덮다, 덥다'와 모음 교체형이고, '갑갑하다'와는 자음 교체형으로 동근어라 할 수 있다.(답~덥; 답~갑)

'답답하다'는 가슴이 어떤 사물에 쌓여 있거나 막힌 상태를 뜻하는 말이다. [답답한 놈이 소지(소송문서) 쓴다] 아쉬운 사람이 일을 해결하려고 서두르고 덤빈다는 말. ¶ 소식을 알 수 없어 답답하다. 가슴이 답답하여 숨쉬기가 곤란하다. ☞ 덮개

답쌓이다 한군데로 들이 덮쳐 무더기가 높아지게 하다. 중세어형은 '답사히다'다. '답[重(중; 겹)]+샇/쌓(다)+이(사동접사)+다'로 분석된다.(답사히다>답싸히다>답쌓이다) 어원적 의미는 '겹겹이 포개어 쌓이다'다. ¶ 바람에 낙엽이 답쌓이다.

당나귀 말과의 짐승. '唐(당; 중국)+나귀'로 분석된다. 중세어형은 '라귀/나귀'다. 나귀는 중국어 驢駒(려구)에서 온 말이다.(나귀<라귀) 당나귀는 중국에서 들여왔으므로 나귀에 당(唐)을 덧붙인 것이다. '노새(←lussa<몽>)'는 수나귀와 암말 사이에서 난 튀기고, '버새'는 암노새와 수말, 또는 암나귀와 수말 사이에 난 튀기다.

당수 곡식을 물에 불려 간 것이나, 메밀가루에 술을 넣어서 미음과 비슷하게 쑨 음식. 16세기 문헌 <훈몽자회>에 '당쉬 漿(장; 미음. 마실 것)'이라 하였다. 17세기 <박통사언해중간>에 '탕숫고물(고명. 꾸미)'이 나온다. 어원은 한자어 '湯(탕; 국. 끓이다)'에서 온 말로 보인다. '메밀당수, 묵당수, 밥당수(물을 붓고 끓인 밥), 조당수(좁쌀로 묽게 쑨 미음)' 등으로 쓰인다. ¶ 보리당수를 마시다.

당조짐 정신을 차리도록 단단히 조지는 일. '당+조지(다)+ㅁ'으로 분석된다. '당'은 단단하다는 뜻이며, '조지다(틀어 매다)'는 '짜임새가 느슨하지 않게 단단히 맞추다. 단단히 잡도리하다(엄중하게 단속하다)'를 뜻하는 동사다. 조지다는 '조이다/죄다'와 동근어다. 당조짐의 어원적 의미는 '단단히 잡도리함'이다.

¶ 그 사람이 어떤 일을 했는지 일일이 아뢰어 바치라고 당조짐을 하셨다.

닻 배를 멈추게 하기 위하여 줄에 매어 물 밑바닥으로 가라앉히는 기구. 16세기 표기는 '닫'이다.(닫>닺>닻) 닻은 '닿다[觸(촉)]'와 동근어로 어원적 의미는 '닿는 것'이다. ◇ 닻을 감다 - 하던 일을 걷어치우고 단념하다. ¶ 닻을 내리다. ☞ 닿다

닿다 사물이 서로 접하다. 어떤 목적지에 가서 이르다. 중세어와 일치한다. 닿다[觸(촉) · 至(지)]는 땅(<ᄯᅡㅎ)에 접사 '-다'가 붙어 파생된 동사다. '(물을) 대다, 다다르다, 닥치다[到着(도착)], 다그다[近(근)], 다그치다, 다지다, 닿치다, 닳다(≒해지다; 닳도록, 닳아빠지다)'와 동원어다. '닿다(<다히다)'는 어원적으로 '물체가 물에서 뭍에 접촉한다'는 뜻이다. ¶ 배가 항구에 닿다. ☞ 땅, 비탈

대 볏과에 속하는 상록 교목을 두루 일컫는 말. <계림유사>에 竹曰帶(죽왈대)라 하여 15세기를 거쳐 오늘날과 일치한다. 남방 식물인 대나무가 중국에 전해지면서 竹(죽)의 중국 옛 발음 [덱]이 우리 발음 '대'로 변하였다. 한편 곧고 높게 자라기 때문에 고구려말 山(산), 高(고)를 뜻하는 達[*달]과 통하는 말로도 보인다. 일본어 take[竹]는 우리말 '대'와 대응한다. '막대(<막다히), 대(줄기), 깃대, 돛대, 장대' 등에서 '대'는 '길다'의 의미로 나무라는 뜻이다.

'대'는 '대-지르다(찌를 듯이 대들다), 대-살지다(대쪽같이 몸이 강파르다)' 등의 용언을 파생시켰다. 대나무의 어린순은 먹고, 나무는 건축 용재나 세공용으로 쓰인다. 대나무는 품행이 바르고 성정(性情)이 곧으며, 속마음이 겸허한 '선비'를 상징한다. [대 끝에서도 삼 년이라] 어려운 일을 당해서도 오래 참고 견딘다는 말.

대거리 상대편에게 언짢은 기분이나 태도로 맞서서 대듦. 또는 그런 말이나 행동. 동사 '대들다(←對+들다; 반항하다)'와 재료나 구실을 뜻하는 준접미사 '-거리(일거리, 짓거리)'가 결합된 말이다. 어원적 의미는 '상대에게 반항할 구실'이다. 한편 '대(代)거리'는 밤낮으로 일하는 작업에서 서로 번갈아 듦 곧 교대(交代)를 뜻하는 동음이의어다. ¶ 한바탕 대거리를 벌일 것처럼 소리를 질러 댔다.

대뜸 이것저것 헤아릴 것 없이 그 자리에서 곧. 15세기 문헌 <석보상절>에 '곧'을 뜻하는 말 '띠'가 나오는데 '대뜸(<*댓듬)'의 어근 '대'와 관계 있는 것으로 보인다. 이는 '때[垢(후) · 時(시)]'와 혼동을 피하기 위하여 음절을 늘린 결과로 볼 수 있다. '-듬'은 '으뜸(<읏듬)'에서와 같은 접사다.(띠+듬→대뜸) 동근어

'댓-바람'은 '단 한 번. 지체하지 않고 당장'을 뜻하는 부사다. ¶ 그는 내 얼굴을 보자마자 대뜸 욕부터 해댔다. 댓바람에 모두 해치우다. ☞ 으뜸

대로 그 모양과 같이. 서로 따로따로. '되다'의 중세어형 '다ᄫᅵ다'의 어근 '답-'에 부사화 접미사 '-이'와 '-로'가 겹쳐 형성된 말이다.(답-+이→다ᄫᅵ/다이+로→대로) ¶ 그대로 두어라. 하고 싶은 대로 하라.

대롱 가늘게 생긴 통대의 토막. 대나무로 만든 홈. 빨대. <심경언해>에 '管ᄋᆞᆫ 대로이니'가 나온다. 한자어 竹筒[대통]이 유음화 한 말이다.(대통>대동>대롱) 시늉말 '대롱대롱[+매달리다. 흔들리다]'과 동사 '대롱거리다'는 물방울이 대롱에 매달려 늘어진 채로 흔들림을 이르는 말이다. ¶ 약수가 대롱을 타고 물통으로 흘러내렸다. 풀잎마다 이슬이 대롱대롱 맺혔다.

대수롭다 중요하게 여길 만하다. 18세기 문헌 <인어대방>에 '대ᄉᆞ롭다'가 나온다. '대수롭다'는 한자어 '大事(대사; 큰 일)'에 형용사화 접사 '-롭다'가 결합되어 '큰 일로 인정할 만하다'는 뜻을 나타낸다.(大事+롭다→대ᄉᆞ롭다>대사롭다) '대수롭다'는 부정과 의문을 뜻하는 '않다, 아니하다'와 어울려 쓰인다. 이와 같은 방식으로 한자어에서 온 말은 '장난(←作亂), 고약하다(←怪惡하다), 가난하다(←艱難하다), 괴롭다(←苦롭다)' 등이 있다. ¶ 대수롭지 않다.(중요하지 않다. 시들하다)

대쪽 대를 쪼갠 조각. 성미 · 절개 등이 곧은 것을 비유. <훈몽자회>의 '대ᄧᅩᆨ'은 '대(나무)'와 'ᄧᅩᆨ(>쪽)'의 합성어다. '대'는 사군자(四君子; 梅 · 蘭 · 菊 · 竹) 중의 하나로 사철 푸르고 곧게 자라는 성질 때문에 지조나 절개의 상징으로 인식되었다. '대쪽 같은 사람'이란 불의(不義)나 부정과는 일체 타협하지 않고 지조를 굳게 지키는 사람을 이르는 말이다. ¶ 사육신은 대쪽 같은 절개를 지킨 선비이다. ☞ 조각, 대

대충 어림잡아. 건성으로. 대강(大綱). 대충은 한자어 大總(대총; 두루 모아 묶음)에서 온 말이다.(대총>대충) ¶ 대충 스무 명가량 올 것이다. 시간이 없어서 대충 치웠다.

대패 나무를 곱게 밀어 깎는 연장. 대패는 한자어 推/椎鉋[투이파오]에서 온 말이다.(ᄃᆡ패>대패) 정약용의 <아언각비>에 '뒤파오'라 하였다. '대팻날, 대팻밥, 대팻집' 등으로 쓰인다. ¶ 톱으로 썰고 대패로 밀다.

대한민국 우리나라의 이름. 대한민국(大韓民國; 한국)은 아시아 대륙 동쪽에 자리한 민주공화국이다. 고조선(기원전 2333)부터 삼국시대-남북국시대-고려-조선-대한제국(1897)-대한민국임시정부(1919)로 이어져 오다가 1948년 남측만의 총선거로 대한민국 정부가 수립되었다. 북한의 국호는 조선민주주의인민공화국이다.

'어른이 다스리는 나라'를 일컫는 '마한(馬韓), 진한(辰韓), 변한(弁韓)'에서 '한'은 원래 순수 고유어인데 한자 韓으로 적은 것이며, 말뜻은 '크다[大(대)]'다. <삼국사기>의 '大舍或云韓舍'는 중세어의 '한[大 · 多]'과 일치한다. 결국 대한(大韓)의 어원적 의미는 '큰 나라'다. 나라 이름의 유래는 조선 말기에 청나라의 간섭을 떨쳐버리고 독립국임을 강조한 고종 황제가 500년 써 오던 조선(朝鮮)을 대한제국(大韓帝國)으로 바꾸었다. 일제 강점기에도 대한이란 이름을 그대로 사용하여 오늘에 이른다. ¶ 대한민국은 민주공화국이다.(헌법 제1조 ①항). 대한 사람 대한으로 길이 보전하세.(애국가) 남북이 하나가 되면 통일된 나라의 이름은? ☞ 코리아, 조선

댕기 여자의 길게 땋은 머리끝에 드리는 장식용 끈이나 헝겊. <해동가요>에 '당게, 당기'가 나온다. 줄을 팽팽하게 하다를 뜻하는 동사 '당기다(<ᄃᆞᆼ기다[引(인)])'의 어근이 명사로 전성된 것이다.(ᄃᆞᆼ기>ᄃᆞᆼ긔>당기>댕기) '당기/댕기'는 터어키어 taŋ-(매다)과 비교 가능하다.

'쪽-댕기'는 부인네가 쪽을 찔 때 드리는 댕기다. '댕기-풀이'는 관례(冠禮)를 지낸 사람이 벗들에게 한턱내는 일이다. ¶ 댕기를 드리다. · 쪽 : 시집간 여자가 뒤통수에 땋아 틀어 올려서 비녀를 꽂은 머리털. 낭자.

더기 고원(高原)의 평평한 땅. <준>덕. 팽창 개념어 '돋다'와 동근어인 '덕'은 18세기 문헌 <북새기략>에 高阜曰德(고부왈덕)이라 하여 흙을 쌓은 땅이란 뜻이다. '더기밭/덕밭, 덕땅, 덕수(물맞이), 덕판(고원의 평평하고 밋밋한 땅); 높게더기, 펀더기(펀펀하게 넓은 들), 팬덕' 등으로 쓰인다. '팬-덕(←파이-+ㄴ+덕)'은 평탄한 지면이 침식 작용으로 패면서 생긴 덕땅이다. ☞ 언덕

더께 몹시 찌든 물건에 더덕더덕 달라붙은 거친 때. '덖(다)+에'로 분석된다. '덖다'는 때가 올라서 매우 찌들거나 때가 덕지덕지 묻다를 뜻하는 동사다. '더껑이(액체의 거죽에 엉겨 붙어 굳은 꺼풀), 더뎅이/더데(부스럼 딱지나 때의 더께)'도 동근어다. ¶ 마룻바닥에 이끼처럼 앉은 더께. 일복이 너무 덖어서

때가 잘 안 빠진다. 더데가 앉은 상처. 더뎅이가 두껍게 앉다.

더넘 넘겨 맡은 걱정거리. '더(하다)[加(가)]+넘(다)+ㅁ'으로 분석된다. 더넘의 어원적 의미는 '더하여 넘침'이다. '더넘-스럽다(다루기에 버거운 데가 있다), 더넘-차다(쓰기에 거북할 정도로 덩치가 커 벅차다), 더넘-바람(초가을에 선들선들 부는 바람)'으로 쓰인다. ¶ 더넘을 안겨 받다. 더넘이 생기다. 더넘찰 정도의 돈. 신입사원에게는 업무가 더넘스러우니 좀 쉬운 일로 주었으면 한다. ☞ 더하다

더덕 초롱꽃과의 여러해살이풀. <향약채취월령(1431)>에 나오는 '加德(가덕; 덕이 더해져서 [더덕])'은 더덕의 이두식 표기다. <훈몽자회>에 '더덕 숨(蔘)'이 나온다. <명물기략>에서는 더덕을 사삼(沙蔘)이라고 하였다. 더덕은 울퉁불퉁한 뿌리에 작은 혹이 더덕더덕(덕지덕지) 붙어 있는데서 붙여진 이름이다. '더덕구이, 더덕바심, 더덕술, 더덕장아찌; 미더덕(←물+더덕)' 등으로 쓰인다. ☞ 덕지덕지

더디다 늦다. 오래다. 오래 걸리는 느낌이 있다. ↔ 재다. 빠르다. 중세어형은 '더듸다'다. 어근은 '덛(>덧; 사이. 동안)'이다(덛+이/의(접사)+다→더듸다>더디다). 어원적 의미는 '사이를 두다'다. ¶ 손놀림이 왜 그리 더디냐?

더러 '에게. 한테. 에 대하여. 보고'의 뜻으로, 어떤 일이 미치어 닿는 대상을 나타내는 부사격 조사. 중세어형은 'ᄃᆞ려'다. 이는 'ᄃᆞ리다[率(솔; 더불다. 거느리다)]'의 어근에 접사 '어'가 결합된 말이다.(ᄃᆞ리+어→ᄃᆞ려>더러) 'ᄃᆞ · 리 · 다'는 오늘날 '데리다(더불다. 거느리다. 자기 몸 가까이 있게 하다), 데려가다(<ᄃᆞ려가다), 데려오다'로 쓰인다. ¶ 누구더러 하라고 할까? 친구더러 도와 달라고 했다.

더럽다 때나 찌끼 따위가 묻어 깨끗하지 못하다. ↔ 깨끗하다. 중세어형도 오늘날과 같다. '더럽다'는 '더러워지다. 물들다'를 뜻하는 중세어 동사 '덞다[染(염)]'의 어근 '덞/덜'에 형용사화 접사 '-업다'가 결합된 말이다. '덞~덜'은 '얼룩, 때, 점'을 뜻하는 명사로 보이며, 튀르크어 tōŕ(먼지)와 대응될 수 있다. 하는 짓이 보기에 아주 치사하고 더러운 데가 있다를 뜻하는 '던적 · 단작스럽다'도 동근어다. ¶ 옷에 때가 묻어 더럽다.

더리다 격에 맞지 않아 좀 떠름하다. 싱겁고 어리석다. 마음이 야비하고 다랍다. 짧다[短(단)]의 중세어 '뎌리다'가 단모음으로 변한 말이다.(뎌리다>더리다)

어원적 의미는 '모자라다'다. '지더리다(←짓+더리다)'는 행동이나 성질이 지나치게 더럽고 야비하다를 뜻한다. ¶ 하는 짓이 더리다. 사람이 더리다.

더미 많은 물건이 모여 쌓인 큰 덩어리. 집적(集積) 개념어 '몯다(<모으다)'와 결속(結束) 개념어 '맺다'의 공통 어근 mVt-의 음운 도치형인 tVm-(덤-)에 접사 '-이'가 결합된 말이다. '덤불, 더불어, 더부룩하다' 등도 동근어다.

'더미'는 '산-더미, 잿-더미, 빚-더미, 장작-더미' 등에서와 같이 '덩어리나 무더기'를 뜻한다. 어근 '덤-'이 '덩-'으로 변하여 '덩이(덩어리)'가 되었다. 꽃이나 눈 · 열매 따위를 세는 단위성 의존 명사 '송이(꽃송이, 눈송이, 밤송이)'는 어두음이 'ㄷ>ㅅ'의 변천을 겪은 어형이라 하겠다. ¶ 두엄 더미. 순식간에 잿더미로 변하다.

더버기 한군데에 무더기로 쌓이거나 덕지덕지 붙은 상태. 또는 그런 물건. '더벅[←덮(다)[掩 · 覆]+억(접사)]+이'로 분석된다. 더버기의 어원적 의미는 '덮인 것. 더부룩한 모양'이다. ¶ 진흙 더버기.

더벅머리 더부룩하게 흐트러진 머리, 또는 그런 머리털을 한 아이. '덮(다)[掩 · 覆]+억/엉(접사)+머리'로 이루어진 말이다. [더벅머리 댕기 치레하듯] 본바탕이 좋지 아니한데 당치도 않게 겉치레를 하여 오히려 꼴만 사나운 모양. ¶ 더벅머리 총각. ☞ 덮다, 머리

더부살이 남의 집 곁방을 빌려 사는 살림. 또는 남의 집에서 먹고 자며 일을 하여 주고 삯을 받는 사람. 더부살이와 같은 뜻으로 쓰인 15세기 문헌 <삼강행실도>에 '다ᄆᆞ사리[雇傭(고용)]'가 나온다. '다ᄆᆞᆺᄒᆞ다'와 '더불다'는 '함께 하다. 같이하다'의 뜻이다. 여기서 '덥~담-'은 음운 교체형으로 동근어다. '다ᄆᆞᆺ하다'의 어근형 부사 '다ᄆᆞᆺ[與(여)]'은 15~18세기에 걸쳐 쓰이다가 없어졌다.

'더하다(<더으다[加])'와 동근어(同根語)인 '더불다'는 부사 '더불어(<더브러)'로 전성되어 '함께'라는 뜻으로 쓰인다. '-살이'는 '무엇에 종사하거나 기거하여 살아가는 일'을 뜻하며, '겨우-살이, 곁방-살이, 시집-살이, 하루-살이' 등에 쓰이는 접미사로 굳어졌다.(다ᄆᆞᆺ/더불+살[生]+이→다ᄆᆞ사리/더부살이) [더부살이 환자(還子) 걱정] 남의 일에 주제넘은 걱정을 함을 이르는 말.

더불어 함께 · 같이 · 한가지로. 불완전 동사 '더불다'의 어간에 부사형 어미 '어'가 결합된 말이다. 중세어형은 '더브러'다. '더[加(가)]+븓/블[附(부)]+어'로 분석된다. '더'는 '더으다(>더하다)', '븓'은 '븓다(>붙다)'의 어근이다.(더+븓+어→

더브러>더불어) '더불어'의 어원적 의미는 '덧붙어'다. '더불다'와 '덧붙다'는 동원어 관계다. ¶ 아우와 더불어 낚시를 즐기다.

더하다 더 보태어 늘리거나 많게 하다. ↔ 빼다. 덜다. 중세어형은 '더으다, 더ᄒᆞ다'다. 더하다[加 · 增]는 중복 개념어 '덮다[蓋(개) · 覆(복) · 加(가)], 덥다[暑(서)]'와 동근어다.(더으다>더ᄒᆞ다>더하다) '더욱(←더으+욱), 더욱이[去益(거익)]'도 '더하다'에서 파생된 부사다. '거듭, 겹친'의 뜻을 더하는 접두사 '덧-'도 동근어다.(덧니, 덧버선; 덧대다, 덧붙이다) 맞선말인 '빼다(<ᄢᅢᅘᅧ다)'는 '뽑다(<ᄲᅩᆸ다)'와 함께 분리 개념어에 속하는 말이다. ¶ 하나에 둘을 더하다.

덕 나뭇가지 사이나 양쪽에 버티어 놓은 나무 위에 막대기나 널을 걸치어서 맨 시렁이나 선반. 15세기 문헌 <금강경삼가해>에 '棚ᄋᆞᆫ 더기라'가 나온다. '덕/더기'는 흙을 높이 쌓은 더미를, '언덕'은 땅이 좀 높게 비탈진 곳을 뜻하는 말이다.

덕에서 하는 민물낚시를 '덕-낚시'라 한다. '덕-대[1]'는 덕을 매어 시체를 얹고 용마름을 덮어 장사를 지내던 일이나 무덤을 일컫는다. '덕대[2]'는 남의 광산의 일부에 대한 채굴권을 맡아 경영하는 '굿-덕대'의 준말이다. '덕-장'은 생선 따위를 말리기 위하여 덕을 매어놓은 곳을 일컫는다. 결국 '덕'의 어원적 의미는 '높은 곳'이다. ¶ 덕을 매다. ☞ 더기, 언덕

덕석 추울 때 짐승의 등을 덮어 주기 위하여 멍석처럼 만든 것. '덮(다)+席(석; 자리)'으로 분석된다. 어원적 의미는 '덮는 자리'다. '덕석말이, 덕석밤(알이 굵은 밤), 덕석잠, 덕석풀기; 말덕석, 쇠덕석' 등으로 쓰인다. [덕석이 멍석인 듯] 약간 비슷함을 빙자하여 그 실물인 것처럼 자처함을 이르는 말. ☞ 덮개, 멍석

덕수 곧추 떨어지는 작은 폭포. 물맞이(병을 고치려고 약수를 마시거나 약수로 몸을 씻는 일). '덕/더기+수(水; 물)'로 분석된다. '더기' 높은 곳을 뜻하는 말이다. '덕물, 덕수욕(浴), 덕수탕(湯)'으로 쓰인다. 덕수의 어원적 의미는 '높은 곳에서 떨어지는 물'이다. ¶ 깊은 산 속에 들어가 덕수를 맞으며 몸닦달(몸의 단련)을 하다.

덕장 생선 따위를 말리기 위하여 덕을 매어 놓은 곳. 15세기 문헌 <금강경삼가해> 표기는 '덕[柵(책; 울짱)]'이다.(덕>덕장) '덕+장'으로 분석된다. '덕'은 나무로 만든 시렁을 가리키며 언덕(조금 높은 땅)과 동근어다. '장'은 '거멀장, 나비장,

널장, 닻장, 빗장, 숨은장, 울짱'과 같은 말로 '가늘고 긴 나무'를 뜻한다. 덕장의 어원적 의미는 '나무로 시렁[덕]을 설치한 곳'이다. ¶ 덕을 매다. '덕낚시'는 저수지의 덕에서 하는 민물낚시다. 겨울철 덕장에는 황태가 건조되고 있다. ☞ 언덕

덕지덕지 먼지나 때 같은 것이 두껍게 많이 끼거나 묻어 있는 모양. 어지럽게 덧붙거나 겹쳐 있는 모양. <작> 닥지닥지. 때가 올라서 매우 찌들다를 뜻하는 '덖다/덕지다'의 어근이 변한 말이다. 헌데나 상처 상처에서 진물이 나와 말라붙어 생기는 껍질을 뜻하는 '딱지(<덕지; 쇠딱지, 코딱지, 피딱지)'도 동근어다. ¶ 먼지가 덕지덕지 끼다. 전단이 덕지덕지 붙은 벽.

덜 완전한 정도에 채 이르지 못하여. 일정한 상태가 정도에 미치지 못하게. 낮거나 적은 정도로. ↔ 더. '덜다[減(감)]'의 어간이 부사로 된 말이다. ¶ 잠이 덜 깼다. 과일이 덜 익었다. ☞ 덜다

덜다 일정한 수량이나 정도에서 얼마를 떼어 줄이다. 어떤 상태나 행동의 정도를 적게 하다. 중세어형도 오늘날과 같다. '덜다'는 '가르다[分(분)]'에 어원을 둔 '뎌르다~뎔다(>짧다)'와 동원어다.(뎔다>덜다) '덜다'의 어원적 의미는 '짧게(적게) 하다'다.

'덜리다, 덜어내다, 덜되다, 덜름하다(짧다)' 등으로 쓰인다. '덜-되다'는 '온당하지 못하고 좀 모자라다. 다 되지 아니하다'를 뜻하는 말이다. ¶ 그릇에 담긴 밥을 덜다. 이제야 겨우 근심을 덜었다. 입던 옷이 덜름하여 입을 수 없게 되었다. ☞ 젊다

덤 물건을 사고 팔 때, 제 값어치 외에 조금 더 얹어 주거나 받는 물건. 더하다[加·增]가 명사로 전성된 말이다. '더으(다)+-ㅁ'로 분석된다. '덤달(윤달), 덤바둑, 덤받이, 덤통(桶), 덤터기; 벼슬덤(벼슬 덕분에 얻는 이득), 운덤(운이 좋아 덤으로 받는 소득)' 등으로 쓰인다. '덤-받이'는 개가(改嫁)하여 온 아내가 데리고 들어온 자식을 일컫는다. '덤터기(←덤+턱+이)'는 큰 걱정거리나 허물 따위를 말한다. ¶ 덤으로 한 개 더 드립니다. ☞ 더하다

덧게비 이미 있는 것 위에 다시 덧대거나 덧보탬 또는 그런 일이나 물건. '덧/덮[覆(복)]+게비'로 분석된다. '게비/개비'는 '댓개비, 성냥개비, 장작개비'에서와 같이 가늘게 쪼갠 나무토막을 이르는 말이다. 덧게비의 어원적 의미는 '나무토막으로 덮음'이다. '덧게비-치다'는 다른 것 위에 덧얹어 대다를 뜻하는 동사다.

¶ 남의 광고물 위에 극장 광고가 덧게비를 치고 있다. ☞ 덮다

덧셈 더하는 셈. ↔ 뺄셈. 덧셈은 '덧(<덮[覆])+셈(<혬[算])'으로 이루어졌다. 'ᄀᆞᆲ다[重疊(중첩)]'의 어근 'ᄀᆞᆲ'이 '겁~겹[重]/갚~갑[報]>덥-/더으-'로 발달해 관형형 접두사 '덧(거듭, 더함)'으로 되었다. '덧'은 '덧-개비/치다, 덧-니, 덧-버선, 덧-붙이다, 덧신, 덧옷' 등을 파생시킨 형태소다. 또한 '겹'은 '겹치다; 겹옷, 겹사돈, 겹받침' 등의 합성어를 만든 명사다. 결국 '덧'과 '겹'은 동근어다. '셈'은 중세어 '혜다(생각하다. 계산하다)'의 명사형 '혬'이 '형님(성님), 힘(심), 세다'의 경우처럼 '셈'으로 발음이 변한 것이다. 셈은 '셈평(계산속. 생활의 형편); 곱셈, 나눗셈, 뺄셈' 따위로 쓰인다. 덧셈의 어원적 의미는 '겹으로 덮으면서 하는 셈'이다.

덧없다 알지 못하는 사이에 세월이 속절없이 흐르다. 보람이나 쓸모가 없어 헛되고 허전하다. '덧(<덛)'은 얼마 안 되는 퍽 짧은 시간(동안)을 뜻하는 형태소다. '덧없이, 그덧(그 사이. 잠시 동안), 어느덧; 해덧(해가 지는 짧은 동안)' 등으로 쓰인다. 덧없다의 어원적 의미는 '시간이 없다'다. 뜻이 바뀌어 '세월의 흐름이 허무하게 빠르다. 무상(無常)하다'로 쓰인다. ¶ 덧없는 세월은 빠르기도 하다. 덧없는 인생.

덩굴 벋어나가 다른 물건에 감기기도 하고 땅바닥에 퍼지기도 하는 식물의 줄기. '넝쿨'이라고도 한다. '덩쿨'은 비표준어다. 중세어형은 '너출'이고, 동사는 '너출다(뻗치다)'이다. 덩굴을 의미하는 제주도 사투리 '너출, 줄, 쿨[草(초)]'에서 '너출'은 중세어와 동일하다. '너출'에 /ㄴ/이 첨가되어 '넌출'이 되고, 다시 '넝쿨/덩굴'로 어형이 변화하였다.(너출>넌출>넝쿨/덩굴) 덩굴은 '벋어나가는 줄기'다. '덩-거칠다(초목이 우거지다), 덩굴걷이, 덩굴뒤집기, 덩굴무늬, 덩굴손, 덩굴줄기, 덩굴지다' 등으로 쓰인다. ¶ 칡덩굴이 산을 온통 뒤덮고 있다.

덩이 뭉쳐서 이루어진 것. 작은 덩어리. 중세어형도 오늘날과 같다. 크게 뭉쳐진 덩이는 '덩어리'라고 한다. 덩이는 둥글다(<둠그다)[圓(원)]와 동근어다. 어원적 의미는 '둥근 것'이다. '덩이뿌리, 덩이줄기; 간(肝)덩이, 고깃덩어리, 돌덩이, 쇳덩이, 흙덩이' 등으로 쓰인다. '덩저리(뭉쳐서 쌓인 물건의 부피), 덩치(몸집의 크기)'도 동근어다.

'-덩이'는 일부 명사 뒤에 붙어, 그러한 성질을 가지거나 그러한 일을 일으키는 사람 · 사물을 나타내는 말이다(걱정덩어리, 골칫덩이, 심술덩이) ¶ 떡 한 덩이를

다 먹다.

덮개 물건 · 그릇 등의 아가리를 덮는 물건. 뚜껑. 중복 개념어 '덮개'는 '덮다(<둪다)'의 어근 '덮-'에 기구(器具) 이름에 붙는 명사형성 접미사 '-개'가 결합된 말이다. '(날씨가) 덥다[暑(서)]'도 '덮다'와 음운이 교체된 동근어다. <조선관역어>에 袍 得盖[*덮개]가 나온다. '덮다'는 몽골어 dabhor(겹; 二重), 만주어 tebku, dabkūri[重], 퉁구스어 tepku와 대응한다. (아기를 등에) '업다'의 어근 '업-'도 '덮(다)'와 동근어다. ¶ 온상에 덮개를 씌우다.

덮다 → '덮개, 두겁, 둘[二]' 참조

데굴데굴 크고 단단한 물건이 계속해서 구르는 모양. '데구루루'도 같은 말이다. 머리의 속된말 '대가리(<ᄃᆡ고리)'가 둥글다는 데서 유추된 시늉말이다. '대가리'는 몽골어 tügerik[圓(원; 둥글다)]과 대응한다. ¶ 땅바닥을 데굴데굴 구르다.

데릴사위 처가(妻家)에서 데리고 사는 사위. 자기 몸 가까이 있게 하다를 뜻하는 '데리다(<ᄃᆞ리다)'에 '사위'가 결합된 말이다. 데릴사위(<ᄃᆞ린사회)는 '데리(다)+-ㄹ(관형사형어미)+사위'로 분석된다. 어원적 의미는 '데리고 있는 사위'다. ¶ 데릴사위를 들이다. ☞ 더러, 사위

데모 위력이나 기세를 드러내어 보이는 대중적 운동. 영어 demonstration의 준말(demo)이다. ¶ 군중이 구호를 외치며 데모를 하고 있다.

데뷔 일정한 활동 분야에 처음으로 나타나는 일. 프랑스어 début에서 온 말이다. '데뷔-전(戰), 데뷔시키다, 데뷔하다'로 쓰인다. ¶ 데뷔 작품. 문단에 데뷔하다. 가요계 데뷔 2년 만에 정상에 오르다.

데우다 찬 것을 덥게 하다. <준>데다. ↔ 식히다. 중세어형은 '더이다'다. 이는 '덥(다)+이(사동접사)+다'로 분석된다.(*더ᄫᅵ다>더이다/데다→덥+이(사동접사)+우(사동접사)+다→데우다) '(날씨가) 덥다[暑(서)]'는 '덮다[覆(복)]'와 음운이 교체된 동근어다. 데우다의 어원적 의미는 '덥게(뜨겁게) 하다'다. ¶ 솥에 물을 데워 머리를 감았다. 찌개를 데우다.

데치다 끓는 물에 잠깐 넣어 슬쩍 익혀 내다. '더/덥-+이(사동접사)+치(<티)+다'로 분석된다.(데티다>데치다) '더'는 '덥다[暑(서)]'의 어근이다. '-치-'는 일부 동사 어간 뒤에 붙어 '놓치다, 넘치다, 밀치다, 헤치다'와 같이 '힘줌(강세)'을 나타내는 접사다. ¶ 시금치를 데치다.

도가니 쇠붙이를 녹이는 내열성 그릇. 흥분이나 감격 따위로 들끓고 있는 상태를 비유하여 이르는 말. ‘독(옹기)+관(罐; 항아리)+이’로 분석된다.(도관>도간+이→도가니) ‘도가니로(爐), 도가니집게; 불도가니’ 등으로 쓰인다. 어원적 의미는 ‘항아리’다. 소의 무릎의 종지뼈와 거기에 붙은 고깃덩어리를 일컫는 ‘(무릎)도가니’와는 동근어 관계다. ¶ 열광의 도가니.

도거리 따로따로 나누어서 하지 않고 한데 합쳐 몰아치는 일. 되사거나 되팔지 않기로 약속하고 물건을 사고파는 일. ‘도+거리’로 분석된다. ‘도’는 ‘도-맡다(모든 책임을 혼자 맡다)’와 같이 ‘모두’를, ‘거리’는 ‘내용이 될 만한 재료. 구실’을 뜻하는 말이다. ‘거리’는 원래 국물에 있는 건더기다. ¶ 일을 도거리로 맡다. 물건을 도거리로 흥정하다.

도깨비 동물이나 사람의 형상을 한 잡된 귀신의 하나. 불안하고 어수선함을 비유한 말. 중세어형은 ‘돗가비’다. 도깨비는 ‘돗+아비[父(부)]→돗가비>도깨비>도깨비’로 어형 변화가 일어났다. ‘돗’은 ‘돗ㄱ[帆(범; 돛)]’과 동근어로 돌출 개념어며, ‘두억신’과 같이 귀신(鬼神)을 뜻한다. 도깨비의 사투리에 ‘도까비, 도차비, 헛가비’ 등이 있다. 도깨비는 ‘실체가 아닌 헛것’을 이르는 말로 어원적 의미가 ‘갑자기 나타난 아비 같은 것’이다.

도깨비는 초인간적이고 변화무쌍함과 신통력을 가진 헛것이다. ‘도깨비 살림’은 있다가도 별안간 없어지는 불안정한 살림을 비유하는 말이다. ◇ 도깨비장난 같다 - 까닭을 알 수 없는, 터무니없는 짓을 이르는 말. [도깨비도 수풀이 있어야 모인다] 무슨 일이든 의지할 것이 있어야 이루어진다는 말.

도끼 나무를 패거나 찍는 연장의 한 가지. 쐐기 모양으로 된 큰 쇳날에 머리 쪽으로 긴 자루가 박혀 있다. 중세어형은 ‘돗귀, 도ᄎᆡ, 도최’로 다양하게 나타난다. <계림유사>에는 斧曰烏子蓋(부왈오자개)라 하였다. 그러나 烏(오)가 島(도)의 잘못된 표기라면, 15세기의 ‘도ᄎᆡ’와 유사한 어형으로 볼 수 있다. 도끼는 ‘돌(<돓)’과 ‘귀[耳(이)]’의 합성어이다. 석기 시대부터 사용한 도끼는 재료가 돌이고 사물의 돌출부 즉 날[刃(인)]이 있는 물건이다. ‘돓+귀→돐귀’가 사잇소리 /ㅅ/ 앞에서 /ㄹ/이 떨어져 ‘돗귀’로 변하였다. ‘도ᄎᆡ>도최’는 어근 ‘돛(돌, 돋, 독)’에 ‘-의/-ᄋᆡ’가 접미한 형태다.

제주도 사투리에 ‘도치’, 그 외 지역에서는 ‘돌치’가 보인다. 도끼는 퉁구스어 tukka, 길리야크어 tuk과 대응되는 말이다. [도끼 가진 놈이 바늘 가진 놈을 못 당한다] 작은 것이라고 깔보다가는 오히려 당한다는 말. ¶ 도끼로 보라(쐬로 쐐기처럼 만든 연장)를 박아가며 통나무를 패다.

도나캐나 하찮은 아무나. 무엇이나. 되는 대로 마구. '도(돼지)+나+캐[←개/캐<가히]+나'로 분석된다. 어원적 의미는 '돼지나 개나 (다 나선다)'다. ¶ 장사가 잘된다 하니 도나캐나 나선다. 도나캐나 제가 다 차지하다. 도나캐나 마구 지껄여 대다. ☞ 돼지, 개

ㄷ

도드리 국악 장단의 하나. 또는 이 장단에 맞춘 악곡 · 춤. 6박 1장단으로 구성되는 보통 속도. '돌(다)+들(다)+이'로 분석된다. 도드리의 어원적 의미는 '다시 돌아서 들어감'이다. '도드리장단, 도드리형식(形式); 밑도드리(군자풍의 음악), 삼현(三絃)도드리, 염불(念佛)도드리, 잔도드리' 등으로 쓰인다.

도떼기-시장 정상적인 시장이 아닌 일정한 곳에서, 재고품 · 중고품 · 고물 따위 온갖 상품의 도산매 · 방매 · 비밀 거래가 이루어지는 시끌벅적한 시장. '도+떼(다)+기'로 분석된다. '도'는 도맡다(도거리로 몰아서 맡다), 도거리(한데 합쳐 몰아치는 일)와 동근어로 한자 都(도; 모두 합하여. 모두)에서 온 말이다. '-떼기'는 '그 분량 몽땅'을 뜻하는 접사다. 도떼기시장(市場)의 어원적 의미는 '물건을 모개로 넘겨 파는 저자'다. ¶ 도떼기시장처럼 시끄럽다.

도라지 초롱꽃과의 여러해살이풀. 산이나 들에 절로 나며 뿌리는 먹으며 사포닌이 들어 있어 한방에서 거담이나 진해의 약재로 쓴다. 길경(桔梗). <준> 도랒. <향약구급방(1417)>에 이두식 표기 '道羅次', <향약채취월령>에 '都乙羅叱'가 나온다. 16세기 문헌 <구황촬요>, <훈몽자회>에는 '도랒/도랏', <우마양도염역병치료방(1543)>에는 '돌앗(桔梗)'이다. 이는 '돌[石(석)]+갓[物(물; 것)]'으로 분석된다.(돌+갓→돌앗/도랏/돌랒+이→도라지)

도라지의 어원적 의미는 '돌밭(척박한 땅)에서 나는 것'이다. 도라지의 경상 · 전라 사투리에 '돌가지'가 있다. 노랫말 '돈-도라지'에서의 '돈'은 '돌-나물'에서의 '돌(야생의. 들에서 나는)'과 같은 어근이다. 도라지타령은 경기도 지방의 민요다. ¶ 도라지를 캐면서 도라지타령을 하면 한층 더 흥겨울 것이다.

도랑 너비(폭)가 좁은 작은 개울. 구거(溝渠). 중세어형은 ':돌ㅎ'이다. 도랑은 '돌ㅎ+-앙(접사)'으로 분석된다.(*돌항>돌앙>도랑) 길리아크어 tol[海 , 江, 水]에 대응되는 이두문자 돌[梁(dol)]은 땅이름 '울돌목, 손돌목'에서와 같이 '물, 강, 바다'를 뜻하는 말이다. '도랑둑, 도랑물, 도랑창/돌창(시궁창); 논도랑, 밭도

랑, 실도랑, 앞도랑' 등으로 쓰인다. [도랑 치고 가재 잡는다] 한 번의 노력으로 두 가지 소득을 본다는 말.

도래 둥근 물건의 둘레. '돌(다)+애'로 분석된다. '도래굽/이, 도래떡, 도래매듭, 도래샘(빙 돌아서 흐르는 샘물), 도래솔(무덤가에 둘러선 소나무), 도래자(줄자), 도래진(陣), 도래함지' 등으로 쓰인다. ☞ 돌다

도량 불도(佛道)를 닦는 곳. 범어 Bodhimadan을 중국에서 소리를 빌려 적은 菩提道場(보리도량)은 옛 한자음 표기대로는 '도댱'이던 것이 16세기 초 문헌 <육조법보단경언해>에 /ㄷ/이 /ㄹ/로 음운 변화가 일어나 '도량'으로 쓰이고 있다. 그러나 무예(武藝)를 익히는 곳은 '도장(道場)'이라 한다. ¶ 도량에서 열심히 불도를 닦아 득도를 하다.

도렷하다 흐리지 않고 밝고 분명하다. <큰>두렷하다. <센> 또렷하다. 중세어형은 '도렫ᄒᆞ다'다. 어근 '도렫/두렫(다)'은 본래 둥글다[圓(원)]는 뜻에서 의미 변화를 일으킨 말이다.(도렫ᄒᆞ다>도렷ᄒᆞ다>도렷하다) '또렷또렷 · 뚜렷뚜렷/하다'가 쓰인다. ¶ 도렷한 글씨. 정신을 도렷이 차리다.

도련님 '도령'의 높임말. 형수가 미혼의 시동생을 일컫는 말. 지난 날 귀한 집 자제로 머리를 깎고 절에 들어가 중이 된 총각을 闍黎(도려) 또는 闍梨(돌이)라 하였다. '돌쇠, 쇠돌이, 판돌이'와 같이 남자 이름에 '돌같이 단단히 자라라'는 뜻으로 붙인 '-돌/-돌이(乭伊)'는 원뜻이 돌[石(석)]로 闍梨(돌이)의 음사(音寫)다. '총각'을 대접하여 이르는 '도령'을 '道令(도령)'이라 적음은 한자 부회다. '돌이ㅅ님>돌잇님[되린님]>도련(도령)님'으로 소리와 어형이 변한 말이다. ◇ 도련님 천량 – 허투루 쓰지 않고 아껴서 모은 오붓한 돈을 비유하여 이르는 말. ¶ 도련님이 어서 장가를 가야 할 텐데.

도롱뇽 도롱뇽과의 양서류. <훈몽자회>의 표기는 '되룡'이다. <동의보감>에는 '도룡'으로 나온다. 이는 '*돌룡'으로 거슬러 올라가며 '돌-(접두사)+龍(용)'으로 분석된다. 여기에 뜻을 강조하기 위하여 '龍'을 하나 덧붙여 도롱뇽이 되었다.(*돌룡>되롱뇽>도롱뇽) 도롱뇽의 어원적 의미는 '용의 모습을 띤 작고 보잘것없는 것'이다. 도롱뇽은 1급 청정지역에서만 산다.

도롱태 바퀴. 굴렁쇠. 사람이 밀거나 끌게 된 간단한 나무 수레. '돌(다)[廻(회)]+-옹(접사)+테'로 분석된다. '테'는 깨지거나 어그러지지 못하게 그릇 따위의 몸을 둘러맨 줄이나 죽 둘린 언저리를 뜻하는 말이다. 도롱태의 어원적 의미는

‘돌리는 테’다. 맷과의 철새인 ‘도롱태’는 동음이의어다. ¶ 네 발 도롱태. 철사로 옹기의 테를 두르다. 테가 굵은 안경. ☞ 테두리

도르래 바퀴에 홈을 파고 이에 줄을 걸어 돌려서 물건을 위아래로 움직이는 장치. 활차(滑車). 두레박 · 기중기 따위에 쓰인다. 도르래는 회전(回轉) 개념어 ‘돌다’에서 파생된 말이다. 18세기 표기는 ‘도ᄅᆡ(轉軸)’다. 어근 ‘돌-’에 명사형성 접사 ‘-ᄋᆡ’가 결합되어 ‘돌+ᄋᆡ→도ᄅᆡ>도르래’로 되었다. ‘고정-도르래, 움직-도르래’가 있다. 이와 달리 17세기 <역어유해> 표기 ‘도로래’는 땅강아지(하늘밥도둑)라고 하는 곤충의 이름이다. ¶ 도르래의 원리를 이용하여 물을 퍼 올리다. ☞ 돌다

도르리 여럿이 차례로 돌려가며 음식을 내어 함께 먹는 일. 똑같게 나눠 주거나 또는 고루 돌라 주는 일. ‘돌/도르(다)+ㄹ+이(의존명사)’로 분석된다. ‘도르다’는 몫몫이 갈라서 따로따로 나누어 주다는 동사다. 동근어 ‘도리기’는 추렴한 돈으로 음식을 장만하여 함께 나누어 먹는 일을 뜻하는 말이다. ¶ 국수 도르리. 설렁탕 도리기. ☞ 돌다

도리깨 긴 작대기 끝에 회초리를 잡아매고 휘둘러 곡식의 낟알을 떠는 농기구. ‘돌(다)+이+-개(명사화 접사)’로 분석된다.(도리개/도리쌔>도리깨) <훈몽자회>에 ‘도리채’가 나오는데, ‘채’는 ‘뜰-채, 파리-채’와 같이 ‘가늘고 길게 생긴 물건’을 뜻하는 말이다. 도리깨는 ‘도리깨꼭지, 도리깻열, 도리깨채/도리깻장부, 도리깨침(탐이 나거나 먹고 싶어서 저절로 삼켜지는 침)’ 등으로 쓰인다.

도리도리 젖먹이에게 도리질을 시킬 때 하는 말. 말귀를 겨우 알아듣는 아기에게 머리를 좌우로 돌리게 하는 운동. ‘도리’는 돌다[廻(회)]의 어간에 접사 ‘-이’가 결합된 말이다.(돌+이→도리) ‘도리-질’은 어린아이가 머리를 좌우로 흔드는 재롱을 의미한다. ‘도리-머리’는 아니라거나 거절하는 뜻으로 좌우로 흔드는 머리 또는 그 짓을 이르는 말이다.

‘잼잼’은 ‘쥐다’에서 온 말로 손가락을 폈다 오므렸다 하는 시늉말이고, ‘짝짜꿍’은 손뼉을 치게 하는 소리다. 기특하고 장하다는 뜻인 ‘용타용타(勇 · 靈+하다)’는 두 다리를 모아 쥐고 걷기 전 다리의 힘을 기르게 하는 운동이다. 결국 ‘도리도리, 잼잼, 짝짜꿍, 용타용타’는 아직 신체의 기능이 미분화된 상태에 있는 어린 아기에게 몸을 움직여 운동을 시키는 과학적인 전통 육아법이다. ¶ 도리도리 짝짜꿍. 어린아이는 도리질을 하기 시작했다.

도리어 '오히려 · 반대로 · 차라리'의 뜻을 가진 부사. <준> 되레. 중세어형은 '도ᄅᆞᅘᅧ'다. 이는 '돌(다)+ᄋᆞ+ᅘᅧ(다)[引(인)]'로 분석된다.(도ᄅᆞᅘᅧ>도로켜>도리어) 결국 '도ᄅᆞᅘᅧ다(>돌이키다)'의 어간이 부사로 파생된 말이다. ¶ 도움을 주려던 게 도리어 방해만 되었다. 항복할 바에야 도리어 죽는 게 낫다. ☞ 돌다

도린곁 사람이 별로 가지 않는 외진 곳. '도리(다)+ㄴ+곁(어느 한쪽. 옆)'으로 분석된다. '도리다'는 '돌(다)[回(회)]+이+다'로 다시 분석되며, '둥글게 돌려 베어 내거나 파다'를 뜻하는 동사다. ¶ 산모롱이를 돌아가면 도린곁에 집 한 채가 있다. 도려낸 씨감자.

도마 식칼질할 때에 밑에 받치는 두꺼운 나무토막이나 널조각. 중세어형도 '도 · 마'다. 도마[俎(조)]는 크고 덩어리진 도막을 뜻하는 '토막[片(편)]'이 변한 말이다.(토막/도막>도마) '도맛밥(도마질할 때 생기는 부스러기), 도맛소리, 도마질/하다; 칼도마' 등으로 쓰인다. [도마에 오른 고기] 어찌할 수 없는 운명을 이르는 말. [도마 위에 오른 고기가 칼을 무서워하랴] 이미 죽음을 각오한 사람이 무엇을 무서워하겠느냐는 뜻.

도무지 아무리 해도. 이러니저러니 할 것 없이 아주. 18세기 문헌 <동문유해>에 '도모지(一槪)'가 나온다. '都(도; 모두)+몯[集(집)]+이(부사화 접사)'로 분석된다.(도+몯+이→도모지>도무지) 어원적 의미는 '모두 모아 놓아(대개, 대부분)'다. 후대에 어의가 변하여 오늘날 부정어와 함께 '아무리 해도'의 뜻으로 쓰인다.
황현의 <매천야록>에 기록된 형벌로서, 창호지를 얼굴에 붙이고 물을 뿌려 숨을 못 쉬게 하여 죽게 했다는 '도모지(塗貌紙)'와는 무관한 말로 보인다. ¶ 왜 그런 일을 했는지 도무지 속셈을 모르겠다. 이 음식은 도무지 맛이 없어서 먹을 수가 없다. ☞ 모두, 오로지

도사리다 몸을 웅크리다. 들떴던 마음을 가라앉히다. 조심하여 감추다. '돌다+사리(다)+다'로 분석된다. 도사리다(<도ᄉᆞ리다)의 어원적 의미는 '돌려서 포개어 감다'다. ¶ 마루 위에 도사리고 앉다. 개가 꼬리를 도사리고 달아나다. 음모가 도사리고 있다. 몸을 사리다. ☞ 돌다, 사리

도시락 고들 버들이나 대오리를 엮은 길동근꼴(타원형)의 작은 고리짝으로 밥을 싸 가지고 다니는 점심 그릇. 18세기 문헌 <청구영언> 표기는 '도슭'이다. 도슭은 동사 '듯다(뒷다)'의 어근 '듯-'에 접사 '-악'이 결합되면서 /ㄱ/이 탈락된 형태다.

'둧다'는 현대어로 '둘러싸다(안에 넣고 언저리를 동글게 싸서 저장하여 두다)'는 뜻이다. '도숡+-악→도스락>도시락'으로 어형이 변하여 오늘날 널리 쓰이고 있다. 함경북도 사투리에 '도스락'이 보인다.

순수한 우리말 '도시락'은 국가 기관에서 펴낸 <우리말 도로 찾기(1948)>에 제시되어 당시 통용되던 일본어 bentō를 물리친 좋은 본보기다. 북한에서는 '곽밥'이라고 한다. ¶ 소풍을 가서 점심 도시락을 맛있게 먹다.

ㄷ

도우미 행사 안내를 맡거나 남에게 봉사하는 요원. = 봉사자. 1993년 대전 세계엑스포에서 처음 쓴 말이다. '돕(다)+ㅁ(명사형어미)+이'로 분석된다. 어원적 의미는 '일을 돕는 사람'이다. 조어 방식이 같은 말에 '지킴이(←지키-+ㅁ+이)'가 있다. 도우미와 유사한 어형으로 16세기 문헌 <박통사언해초간>에 '손도으리(일손을 돕는 사람)'가 나온다. 어법상으로는 '*돕는이'가 맞는 말이다. ¶ 홍보를 위해 도우미를 뽑기로 했다.

도탑다 인정이나 사랑이 깊고 많다. <큰> 두텁다. 중세어형도 오늘날과 같다. '돋다'의 어근에 형용사화접사 '-압다'가 결합된 말이다. 도탑다[敦篤(돈독)]의 어원적 의미는 두껍다/두텁다[厚(후)]다. ¶ 형제 사이에 우애가 도탑다. ☞ 두꺼비

도토리 떡갈나무의 열매. 중세어형은 '도톨왐, 도토밤'이다. <훈몽자회>의 표기도 오늘날과 같다. 13세기에 간행된 <향약구급방>의 猪矣栗/돝ᄋᆡ밤(橡實)은 '돼지가 먹는 밤'이라는 어원적 의미를 가진 말이다. '돝+ᄋᆡ+밤→도ᄐᆡ밤>도토밤'으로 어형이 변하면서 '도톨왐'이 되었다. 도토리는 '돝(돼지)'의 의미를 잃고 돌출 개념의 상징부사 '도톨'로 인식하여, 접미사 '-이'가 결합된 파생명사다.

한편 상수리는 도토리와 비슷한 참나무 열매인데 '상실+이→상시리>상소리>상수리'로 변한 말이다. ◇ 도토리 키 재기 - 정도가 고만고만한 사람끼리 서로 다투는 일. [개밥에 도토리] 따로 떨어져서 어울리지 못하고 따돌림을 당하는 외로운 처지를 이르는 말.

도투락 '도투락-댕기'의 준말. 어린 계집아이가 드리는 댕기. '댕기'는 여자의 길게 땋은 머리끝에 드리는 헝겊이나 끈을 일컫는다. 18세기 문헌 <동언고략>에 '髮係曰 당기'가 나온다. '도투락'은 '돝[豚(돈; 돼지)]'과 '오라기'가 합성된 말이다. '오라기'는 '올(실)+아기[小]'로 분석된다. '실오라기'는 '실의 동강'이란 뜻이다. '도투락-댕기'의 본래 뜻은 '돼지 끈'인데, 이는 '돼지 꼬리'를 연상한 데서 나온 말이다.(돝+오라기→*도토라기>도투락)

관례(冠禮)를 지내고 동무들에게 한턱내는 일을 '댕기풀이'라 한다. 도투락과 형태가 유사한 중세어 '도투랏'은 식물 이름 명아주를 가리킨다. [댕기 끝에 진주] 매우 소중하고 보배로운 것을 비유하는 말. ☞ 댕기

독 운두가 높고 가운데가 조금 부르며 전이 달린 큰 오지그릇이나 질그릇. 항아리. 옹기(甕器). 간장, 술 따위를 담아 삭히거나 보관하는 데 씀. 중세어형도 오늘날과 같다. 독[甕(옹)]은 '돌[石(석)]'의 전라 · 충청 · 경상도 사투리 [독]과 일치하는 것으로 보아 돌과 동근어로 보인다. '간장독, 김장독, 김칫독, 술돌, 쌀독, 장독' 등으로 쓰인다. [독 안에 든 쥐] 아무리 애를 써도 피할 수 없는 궁지에 처해 있음을 비유하여 이르는 말. ☞ 돌[1]

ㄷ

독도 경상북도 울릉군 울릉읍 독도리에 위치한 섬의 이름. <1898년(광무2) 칙령>에 '석도(石島) '라 하였다. 어느 나라건 땅 이름을 지을 때 그 지역의 지리 · 환경적 특징을 반영한다. 독도는 기암절벽과 바위 동굴이 많은 화산섬으로 '독섬, 돌섬'이라 일컬어 왔다. '돌[石]'의 전라 · 충청 · 경상도 사투리는 [독]이다. 섬[島(도)]은 땅을 뜻한다. 결국, 독도는 '돌로 이루어진 섬'이란 뜻이다.(독/돌+섬→독섬/돌섬[石島]→독+島→獨島)

우리 땅 독도를 일본인들이 1905년에 '다케시마[竹島]'라 칭하는데, '다케'는 우리말 '독(돌)'이 다케[竹(죽; 대나무)]로 둔갑한데 불과하다. '시마'는 백제어(*시마>셤)가 건너간 것이다. 대나무가 자라지 않는 독도를 '대나무 섬'이라니 가당치도 않다.(독[石]+섬→*도케+시마→다케시마) ☞ 돌[1], 섬

독수리 수릿과의 새. 날개가 1m가량 되는 큰 새다. '禿(독; 대머리. 민둥산)+쇼리/수리[鷲(취)]'으로 분석된다. 수리는 단오절(端午節)을 뜻하는 '수릿날'과 '정수리'에서 '수리'와 같은 말로 '꼭대기. 으뜸'을 뜻한다. 독수리의 어원적 의미는 '머리에 긴 털이 없는 수리'다. ¶ 독수리는 하늘의 제왕이다.

돈 사물의 가치를 매겨 교환 수단으로 사용하는 물건. 화폐. 중세어형도 오늘날과 같다. '돈[錢(전)]'이 칼을 뜻하는 '刀(도)', 화폐로 쓰였던 '돌[石(석)]' 또는 '돌다[回(회)]'에서 유래했다는 설이 있고, '錢(전)'의 중국 상고음 dzjan에서 어원을 찾기도 하는데 아직 정설은 없다. '돈다발, 돈뭉치, 돈벼락; 거스름돈, 꾹돈(꾹 찔러 뇌물로 주는 돈), 잔돈' 등으로 쓰인다. 지폐(紙幣)의 종이는 면섬유다. [돈 주고 못 살 것은 기개] 의지와 기개가 있는 사람은 재물에 팔려 행동하지 아니함을 이르는 말. [주머닛돈이 쌈짓돈(이라)] - 그 돈이 그 돈으로 결국은

마찬가지라는 말.

돌[1] 바위의 조각으로 모래보다 큰 것. 넓은 뜻으로는 암석 및 광석의 통칭. 중세어형은 '돌ㅎ'이다. 돌의 가장 오래된 기록은 <삼국사기>에 나오는 石山縣本百濟珍惡山縣이라는 땅 이름이다. 石(석)을 '珍惡'으로 표기하였다. 백제 땅 이름 馬突郡一云馬珍과 <일본서기>의 신라 관직명 波珍干岐에서 珍을 [돌]로 음독한 사실이 확인된다. 전라남도 진도(珍島)가 '돌섬'인 것도 관계가 있다. 고려말을 기록한 <계림유사>에도 石日突(석왈돌)이라 하였다. tōr-ak[돌악]은 원래 의미가 조약돌(<쟉별[磧]; 작은 돌)이었는데, 접사 '-악'이 소멸되면서 일반적으로 돌을 뜻하게 되었다.(珍惡>*돍>돓>돌)

우리말 돌은 퉁구스어 dolo, 몽골어 čilarun<*tïla-gun, 토이기어 tāš<tāla(石), 퉁구스어 dole와 비교 가능하다. '돌'의 전라 · 충청 · 경상도 사투리는 [독]이다. 독[石]은 섬 이름 독도(獨島)의 순수 고유어 '독섬'에도 그 흔적이 보인다.

조그만 돌덩이를 가리키는 '돌멩이'에서 '-멩이/맹이'는 '알맹이, 열매'와 같이 원구형의 입자(粒子) 곧 '작은 덩어리'를 뜻하는 말이다. 한편 '돌덩이'를 나타내는 일본어 kurisi는 우리말 원형어(圓形語) '구르다'와 관계 있는 듯하다. [돌도 십 년을 보고 있으면 구멍이 뚫린다] 정성들여 애써 하면 안 되는 일이 없다는 말. [모난 돌이 정 맞는다] 성격이나 언행이 까다로우면서 남의 공격을 받게 된다는 말. ☞ 조약돌

돌[2] 어린아이가 태어난 날로부터 한 해가 되는 날(첫돌). 어떤 날짜나 해로부터 해마다 돌아오는 그 날이나 그 해. 주기(週期). 16세기 문헌 <소학언해> 표기는 '돐'이다. '돌'은 회전(回轉) 개념어 '돌다'의 어근과 '히[日]'가 합성되어 어형 변화를 거쳤다.(돌+히→돓>돐>돌) 주년(周年)을 '돌'이라 한 것은 지구가 해를 돌아 제자리에 온 것을 의미한다. '돌'은 순환을 나타내는 원형어다. '돌마낫-적'은 첫돌이 될락 말락 한 어렸을 때를 이르는 말이다. ¶ 첫아이의 첫돌 잔치를 하다. 올해가 우리 회사 창립 55돌이 되는 해다. 돌마낫적에 글자를 익힌 천재.

돌- 동 · 식물을 나타내는 일부 명사 앞에 붙어, '야생(野生)의. 품질이 떨어지는. 순수하지 않은. 거짓된'의 뜻을 더하는 말. 접두사 '돌-'은 '도랑/돌ㅎ[梁(양)]'에 뿌리를 둔 말이다. '돌능금, 돌미나리, 돌미역, 돌배, 돌삼; 돌돔, 돌붕어; 돌무당, 돌잡놈, 돌중, 돌치' 등으로 쓰인다. 이와 달리 사람이나 동물 이름 앞에 붙는 '돌계집, 돌암캐, 돌암소, 돌암퇘지'는 '제구실을 못하는(새끼를 낳지 못하는)'의

뜻으로 돌[石(석)]에 어원을 둔 말이다. ☞ 도랑

돌꼇 길쌈할 때 실을 감고 풀고 하는 데에 쓰는 기구. <역어유해> 표기는 '돌겻'이다. <조선어사전(문세영)>에도 '돌겻'이 나온다. '돌(다)[旋(선)]+겻/겯(다)[編(편; 엮다. 짜다)]'로 분석된다. 누운 자리에서 빙빙 돌면서 돌꼇처럼 자는 잠을 '돌꼇-잠(<돌겟줌)'이라고 한다.(돌겻>돌꼇) ¶ 어머니는 돌꼇을 돌려 길쌈할 준비를 하신다.

돌다 어떤 물체가 둥글게 움직이다. 어떤 기운이나 물기가 주위에 번지다. 또는 소문과 같은 것이 널리 퍼지다. 중세어형도 오늘날과 같다. 원곡(圓曲) · 회전(廻轉) 개념어인 '돌다'는 '돌-+-다'로 이루어진 동사다. 어근 '돌'은 '돌[週期(주기)], 돈(화폐)'과 동근어로, 만주어 torho-[回轉(회전)], 몽골어 원형어근 toγori-<*togãri-와 대응된다.

'돌다'는 '되-(접두사), 도래(둘레), 도로(←돌+오), 도르래, 도리깨, 도르리, 도리기, 도리어(<도ᄅᆞ혀), 돌이키다(<도ᄅᆞ혀다; 방향을 반대쪽으로 돌리다)' 등의 파생어를 형성시킨 원형어(圓形語)다. ¶ 달이 지구를 돌다. 얼굴에 생기가 돌다. 전염병이 돌다. ☞ 사리

돌발 돌담으로 만든 개막이. 해안에 돌을 쌓아 밀물 때 들어왔다가 썰물 때 물이 빠지면서 갇힌 고기를 잡는 고기잡이 방식. = 독살(←독+살). '돌+발'로 분석된다. '발'은 가늘게 쪼갠 대오리나 갈대 같은 것으로 엮어 무엇을 가리는 데 쓰는 물건이다. 어원적 의미는 '발처럼 쌓은 돌'이다. ☞ 돌[1]

돌보다 보살피다. 보호하다. 뒤를 보살펴 주다. <한청문감>에 '돌보다(看顧)'가 보인다. '돌다[回(회)]'와 '보다[見(견) · 看(간)]'가 합성된 말이다. 돌보다의 어원적 의미는 '주위를 돌아보고 살피다'다. ¶ 아기를 돌보다. 살림을 돌보다. 잘 돌봐 주십시오. ☞ 돌다

돌부리 돌멩이의, 땅 위로 뾰족 내민 부분. 돌부리[-뿌-]는 '돌+부리'로 분석된다. 부리는 '새의 주둥이. 물건의 뾰족한 부분. 병이나 자루 따위의 한 끝이 열린 부분'을 뜻하는 말이다. '뿌리[根(근)]'와 동근어다. [돌부리를 차면 발부리만 아프다] 쓸데없이 함부로 성을 내면 자기에게만 해가 돌아온다는 말.

돌쩌귀 문짝을 여닫게 하기 위하여 하나는 문설주에 다른 하나는 문짝에 박아 맞추어 끼우는 것. '경첩(기구에 장식을 꾸미는 쇠)'과 같은 부품이다. '돌+-저귀/-어귀(작은 것)'로 분석된다. '梁([돌]로 읽힘)'은 가야어로 '문(門)'을 가리키는

말이다. <삼국사기>에 旆壇梁 城門名 加羅語 謂門爲梁云이라 기록된 것으로 보아 알 수 있다.

중세에 문(門)의 고유어로 '입[門戶], 오래, 지게문[家戶]'이 쓰이었는데, 지금은 죽은말이 되었다. 18세기 문헌인 <북새기략>에 門曰烏喇(문왈오라)라 하였다. 돌쩌귀의 어원적 의미는 '문짝을 돌리는 것'이다. [돌쩌귀에는 녹이 슬지 않는다] 쉬지 않고 부지런히 하면 탈이 안 생긴다는 말. [거적문에 돌쩌귀] 제격에 맞지 않아 어울리지 아니함을 이르는 말.

돌팔이 떠돌아다니며 점이나 기술 또는 물건을 팔아 가며 사는 사람. 전문 지식이나 기술 없이 이리저리 돌아다니며 어설픈 기술을 파는 사람이란 뜻에서 '돌다[廻(회)]+팔다[賣(매)]'의 합성어로 보는 설과 오로지 돈벌이만을 위주로 하는 일을 뜻하는 '돈팔이(←돈[錢]+팔+이)'에서 말밑을 찾기도 한다.

'돌팔이-무당'은 돌아다니면서 굿을 해 주고 살아가는 변변하지 못한 무당을 이르는 말이다. 이런 연유로 돌팔이는 '가짜나 엉터리'를 뜻하게 되었다. 여러 시장으로 돌아다니면서 물건을 파는 장수인 '장돌림'의 속된말 '장돌뱅이'는 '장(場)+돌[廻]+-뱅이(접사)'로 분석된다. ¶ 돌팔이 의사가 사람 잡는다. ☞ 돌다

동그라미 둥근 모양. 동그라미의 어근 '둠(tum-)'은 둥그런 모양, 둘러싸인 모양의 특성을 드러내는 원형(圓形) 의미다. 연못, 늪, 웅덩이를 뜻하는 사투리 '둠, 둠벙'도 동근어다. 약탕관을 이르는 원형 용기(容器) '둚'과 '담[垣; 울타리]'도 '둥글다'와 동근(同根)으로 tuŋ(둥)- 이전의 tum(둠)-형을 보여준다.(둠>둥) 우리말 '둥글다'는 몽골어 tüg-, 퉁구스어 toŋgolle와 가까운 어형이다. 동고리다(동그라미를 그리다)에서 '-고리-'는 만주어, 몽골어, 퉁구스어의 공통어 gorgi와 일치하며 우리말 '고리[環(환)]'도 이의 변형일 것으로 보인다. 두 원형 어근이 합성한 '동+고리→동고리/동고림(명사)'에서 '동고리다'가 전성되었다.

<월인석보>에 '圓은 두려블씨오'가 나온다. 부사 '둥글'은 17세기에 '둥그러ᄒᆞ다'를 파생시켰고, 18세기에 '둥글다, 둥굴다(>뒹굴다)'로 변하여 오늘에 이르고 있다. '동이[盆(분)], 둥주리/둥우리, 동이다(동여매다)'도 원형 어근 '동'에서 파생한 것이다. 동그라미는 '동글동글'에 접미사 '-아미'가 결합된 말이다. 한편, 15세기에 '둥글다'의 뜻을 가진 '두렫ᄒᆞ다'는 말뜻이 바뀌어 '뚜렷하다'의 의미를 나타낸다. ¶ 동그라미를 그리다(치다).

동나다 물건이 전부 팔리거나 다 써서 없어져 바닥이 나다. '동/桶(통)+나다'로

분석된다. '동'은 광맥에서 광물이 비교적 적은 부분을 뜻하고, 桶(통)은 물건을 담는 그릇이다. '동나다'의 어원적 의미는 '광물이나 통의 바닥이 드러나다'다. ¶ 시장에 채소가 동났다더라. 땔감이 동나다. 준비한 상품이 순식간에 동났다.

동냥 거지나 동냥아치가 돌아다니며 돈이나 물건 따위를 거저 달라고 비는 일. 또는 그렇게 얻은 돈이나 물건. 중이 시주를 얻으려고 돌아다니는 일. 또는 그렇게 얻은 곡식. '동냥'은 한자어 동령(動鈴)이 변한 말이다.(동령>동냥)

탁발승이 방울을 흔들면서 집집마다 곡식을 얻으러 다니던 데서 비롯되었는데, 구걸(求乞)을 뜻하는 말로 바뀌어 쓰이고 있다. '동냥밥, 동냥주머니, 동냥질; 귀동냥, 눈동냥, 젖동냥' 등으로 쓰인다. '귀-동냥'은 남의 말을 귀로 얻어듣는 것이다. ¶ 동냥을 다니다. 동냥은 안 주고 쪽박만 깬다.

동무 늘 친하게 어울리는 사람. 벗. 친구. 16세기 문헌 <신증유합>에 '동모[伴(반)]'로 나온다. 동모는 '함께하다'의 뜻인 중세어형 '더블다[與(여)]'와 '더으다[加(가)]'의 어근 '덥->더으-'와 '동이다[束(속)]'의 어근 '동'과 같은 뿌리로 보인다. '동모~동무'는 t∨m-어근형에 명사형성 접미사 -u 나 -o 를 첨가시켜 형성되었다. 고유어인 '동모/동무'를 한자어 '同牟/同務'로 인식하는 것은 한자 어원 의식이 끼어든 결과다.

'동무'는 벗과 함께 '길-동무, 글-동무, 말-동무, 씨-동무(소중한 동무), 어깨-동무; 길-벗, 글-벗' 등으로 친근한 관계를 나타내는 말이다. 지금도 광산에서 한 덕대 밑에서 일하는 사람들끼리 '동무'라는 말을 거리낌 없이 쓰고 있다. 목적이 같은 사람끼리 이룬 한 패의 무리를 가리키는 '동아리'도 '동무'와 동원어다.

그러나 북한에서는 '노동계급의 혁명위업을 이룩하기 위하여 혁명대오에서 함께 싸우던 사람을 친근하게 이르는 말'로 사용한다. 남한에서는 '동무'보다 '친구'가 더 많이 쓰인다. [동무 따라 강남 간다] 하고 싶지 않은데 남에게 끌려서 덩달아 하게 된다는 말.

동무니 윷놀이에서, 한 개의 말에 어우른 말의 동을 세는 단위. '동(하나의 덩이)+물(다; 마주 눌러 집다)+ㄴ+이'로 분석된다. 어원적 의미는 '동을 물고(붙잡고) 있는 것'이다. '외/ 두/ 석/ 넉 동무니로 쓰인다. ¶ 넉 동무니가 다 나다.

동산 마을 가까이에 있는 낮은 언덕이나 작은 산. 집이 의지하여 있는 수풀이나 언덕. 규모가 큰 집의 울타리 안에 풍치로 만들어 놓은 작은 언덕이나 숲. <훈몽자회>에 '동산 苑(원)', <석봉천자문>에 '동산 원(園)'이 나온다. 같은 시기에 '위안

ㅎ[園(원)]'이 동산과 함께 쓰였다. 동산[園(원)]은 한자어 '東山(동쪽 산) · 童山(아이 무덤)'일지도 모르나, 순수 고유어로 인식하는 말이다. '동산바치(원예사); 꽃동산, 꿈동산, 놀이동산, 뒷동산' 등으로 쓰인다. ¶ 동산에 오르다.

동아리 목적이나 생각이 같은 사람들이 한패를 이룬 무리. 동아리는 '동+아리(접사)'로 분석된다. '동-'은 동이다[束(속; 묶다)]의 어근으로 하나의 덩이로 만든 묶음을 세는 말로 쓰인다. '아랫동아리, 윗동아리'와 같이 크거나 긴 물건을 위아래로 나눈 한 부분을 뜻하는 '동아리'도 같은 말이다. ¶ 한 동아리에 끼다. 축구 동아리에 들어가다. 나무를 동으로 묶다.

동안 어떤 일이 계속되는 시간. 어느 때로부터 어느 때까지의 시간적 사이. 동안은 사물과 사물을 잇는 마디[節(절)]를 뜻하는 '동'과 안[內(내)]이 결합된 말이다. '동-뜨다(동안이 뜨다)'는 '시간이 꽤 걸리다. 뛰어나다. 평상시와 다르다'는 뜻이다. '동-떨어지다'는 거리나 관계가 서로 멀리 떨어지다를 뜻하는 동사다. ¶ 동이 닿지 않는 엉뚱한 소리. 내가 없는 동안에 집을 봐 다오. 현실과 동떨어진 이상. 동떨어진 소리.

동이 양옆에 손잡이가 있으며 모양이 둥글고 아가리가 넓은 질그릇. 중세어형은 '동희[盆(분)]'다. 동이는 둥글다(<둠그다)[圓(원)]의 어근으로 보인다.(동희>동회/동희>동이) 어원적 의미는 '둥근 것'이다. '동이배(동이처럼 불룩하게 나온 배); 놋동이, 물동이, 술동이, 양(洋)동이, 질동이' 등으로 쓰인다.

동치미 소금물에 통무를 담근 무김치의 한 가지. 18세기에 편찬한 <고금석림(동한역어)>에 '用小蘿부 去莖葉 作 沈菜[김치] 冬月食之 其名曰冬沈(동침)'이라 기록되어 있다. 동치미는 한자어 '冬沈(동침; 겨울에 담근 것)'에서 온 말로 원뜻은 '겨울 김치'다.(冬沈+이→동치미)

연탄가스 중독이나 농약 중독에 동치미 국물이 효과가 있는 것은 동치미 국물 속의 유황성분 때문이다.

동티 흙을 잘못 다루어서 지신(地神)을 노하게 하여 재앙을 받는 일. 공연히 건드려서 스스로 걱정이나 해를 입음. 동티는 한자 통토(動土; 땅이 움직이다. 땅을 건드리다)가 발음이 변한 꼴이다.(동토>동티) '구들-동티'는 탓을 할 만한 아무 통티도 없이 죽은 것을 농조로 이르는 말이다. ¶ 동티가 나다.

돛대 돛을 달기 위하여 뱃바닥에 세운 기둥. 18세기 문헌 <동문유해> 표기는 '돗대'다. 이는 '돗ㄱ+대(긴 물체)'로 분석된다. '돗ㄱ[帆(범; 돛)]'는 '돗자리.

풀’을 뜻하는 말이다. 돗자리는 풀로 만들고, 돛(돛대에 매단 넓은 천)도 풀로 엮거나 베[布(포)]로 만든 천이다. ‘돛단배/돛배’는 돛을 단 배다.

돼지 멧돼짓과의 집짐승. <계림유사>에 猪曰突(저왈돌)이라 하였다. 이는 중세어형 ‘돋, 돝’과 유사하다. 19세기 초에 ‘돗아지’가 보이고 ‘도야지’를 거쳐 오늘날은 ‘돼지’라고 한다. 가축류의 호칭에 ‘아기(새끼)’를 뜻하는 ‘-아지’가 붙어 쓰이는 것이 우리말의 한 특징이다. 그러나 ‘돋아지, 도야지’의 경우는 ‘송아지, 망아지, 강아지’에서처럼 그 짐승의 새끼가 아니라 단순히 돼지라는 뜻으로만 쓰인다. ‘돋/돗+아지→도야지>돼지’ 변천 과정을 거쳤다. ‘돋’은 돼지를 부르는 말 ‘돌돌~도래도래/오래오래’가 변한 것으로 보이며, 퉁구스 방언 torö-ki, toro-kon(멧돼지), 몽골어 toroi(豚兒)와 비교되는 말이다.

옛날부터 돼지는 신에게 제물로 바쳤고, 복(福)을 가져다주는 동물로 여겨 인류와 가까이 지내온 가축이다. 돼지는 풍요와 탐욕을 상징한다. [돼지가 깃을 물어들이면 비가 온다] 미련한 사람의 직감이 맞아떨어짐을 비유한 말이다.

물고기 이름에 붙는 접두사 ‘돌-’은 돼지 모습에서 유추된 말로 ‘돌돔, 돌고래, 돌상어, 돌가자미’ 등에 쓰인다. 그러나 식물 이름에 붙는 ‘돌~들-’은 도랑[梁]이나 하천(河川) 또는 돌[猪(저)]의 뜻으로 ‘품질이 낮거나 들에 저절로 난 야생(野生)’을 나타낸다.(돌배, 돌삼, 돌나물, 돌미나리; 들깨 들)

되다[1] 이루어지다. 좋은 덕이나 조건을 갖추다. 중세어형은 ‘ᄃᆞᄫᆡ다’다. ‘ᄃᆞᆸ-[如(여; 같다)]+ᄋᆡ+다’로 분석된다.(ᄃᆞᄫᆡ다>ᄃᆞ외다>되다) ‘되다[化(화)]’와 동근어인 현대어 접미사 ‘-답다’는 일부 체언 뒤에 붙어, 그 체언이 지니는 성질이나 특성을 가지고 있다는 뜻의 형용사를 만드는 말이다. ‘될뻔-댁(宅), 될성-부르다, 됨됨-이, 됨직하다’로 쓰인다. ¶ 일이 제대로 되다. 물이 얼음이 되다. 된 인물.

되다[2] 말 · 되 · 홉으로 곡식이나 액체의 분량을 헤아리다. 중세어형도 ‘·되·다’다. 명사 ‘되[斗(두) · 升(승)]’가 동사로 파생된 말이다. ‘되질/하다, 됫박/질/하다, 되풀이(곡식을 되로 파는 일)’ 등으로 쓰인다. ¶ 쌀이 몇 되인지 되어 보다.

되다[3] 물기가 적어서 빽빽하다. ↔ 질다. 묽다. 줄 따위가 몹시 켕겨서 팽팽하다. 힘에 겹다. 벅차다. 어근 ‘:되’는 ‘강하다. 굳다’의 뜻을 나타내는 말이다. ‘되게(되우; 아주 몹시), 되우(몹시. 된통); 된똥, 된맛, 된바람(빠르고 세찬 바람), 된밥, 된불, 된비알, 된서리, 된서방, 된소리, 된장; 고-되다(하는 일이 힘에 겨워서 고단하다)’ 등으로 쓰인다. ¶ 반죽이 되다. 고무줄이 너무 되다. 일이 너무 되다.

되우 혼이 나다.

되메우기 건축 공사에서 터를 파고 기초 작업을 한 뒤 파낸 흙을 도로 메우는 일. '되(도로)+메(다)+우+기'로 분석된다. '되-'는 '되돌아가다, 되찾다, 되팔다'처럼 '돌다'에서 파생된 말로, 일부 동사 앞에 붙어 '도로(←돌+오)'의 뜻을 더하는 접두사다. ¶ 바닥 공사를 마치고 이제는 되메우기 작업이 한창이다. ☞ 돌다, 메우다

ㄷ

된바람 북풍(北風)의 뱃사람 말. = 뒤바람. 뒤울이. '되'는 ':뒤ㅎ[後(후)]'와 같은 말로 '뒤. 북쪽'을 뜻한다. '된새바람'은 북동풍의 뱃사람 말이다. '되-놈(중국 사람을 욕하여 이르는 말)'은 '北(북)쪽 오랑캐 놈'을 일컫는다. ☞ 뒤, 바람

두겁 가늘고 긴 물건의 끝에 씌우는 물건. '둪(다)[<덮다(覆(복)]'의 어근이 명사화한 말이다. '두겁가다(으뜸가다), 두겁벽돌, 두겁조상(祖上; 조상 가운데 가장 이름을 떨친 사람); 붓두껍, 쇠두겁(쇠붙이로 만든 두겁), 연필두겁(연필깍지), 인두겁(人), 투겁(뚜껑)' 등으로 쓰인다. ¶ 만년필 두겁. ☞ 덮개, 뚜껑

두꺼비 두꺼빗과의 양서동물. 15세기 초 문헌 <향약구급방>에 豆何非[*두가비/두거비]가 나온다. 중세어형은 '두터비(두텁)/둗거비'다. 두꺼비는 집적(集積) 개념어 '돋다(돋치다, 돋보이다, 두드러지다)'의 어근 '돋-/둗-'과 동근어인 '두텁다/두껍다(←둗+업다)'에서 파생된 말이다. '두꺼비'는 양서류 중에서도 갑골류와 같이 등이 두텁기 때문에 붙여진 이름이다.(두텁/두껍+이→두터비/두꺼비) [두꺼비 파리 잡아먹듯] 아무 것이나 닥치는 대로 늘름늘름 받아먹는다는 말.

두께 물체의 두꺼운 정도. 중세어형은 '둗긔'다. 두께는 '두껍다'의 옛말 어근 '둗-'에 명사형성 접미사 '-긔'가 붙으면서 명사로 된 말이다.(둗+긔→둗긔>두께) '두껍다(<두텁다~둗겁다)'의 어근 '둗-'은 집적(集積) 개념어로 불룩 솟아오르는 '돋다'와 동근어다. 동원어에는 '둑[堤(제)], (밭)두덩, 돋보기, 두드러기[疹(진)]' 등이 있다. 이와 같이 용언의 어간에 접사(-ᄋᆡ/-의, 긔 …)가 붙어 전성명사를 이루는 단어 형성 방법은 우리말에 널리 나타나는 현상이다. ¶ 책의 두께. 두께가 두껍다. 낯짝이 두껍다(뻔뻔하다).

두더지 두더짓과의 젖먹이동물로 뾰족한 주둥이와 삽 모양의 다리로 땅을 잘 팜. 농작물에 피해를 주는 동물이다. <훈몽자회>에 '두디쥐'가 나온다. '두디쥐'는 '두디다(>두지다>뒤지다)'의 어근 '두디-'에 명사 '쥐'가 결합된 말이다. 동사 '두디다'는 '뒤집다, 뒤다~뒤지[索(색; 찾다)]'의 옛말이다.(두디+쥐→두더

쥐>두더지)

'쥐'는 <계림유사>의 鼠曰嘴(서왈취)를 거쳐 15세기 '쥐[주이]'로 현대어와 발음이 일치한다. 두더지는 볕을 싫어하며 주둥이와 발로 '땅 속을 뒤지며 다니는 쥐'라는 특성에서 붙여진 이름이다. '두더지 혼인(婚姻)'이란 분에 넘치는 엉뚱한 희망을 가지거나, 자기보다 썩 나은 사람과 혼인하려다 실패하고 끝내 처지가 비슷한 사람끼리 혼인하게 되는 것을 이르는 말이다.

ㄷ

두동지다 앞뒤가 엇갈리거나 어긋나다. 모순되다(矛盾). '둘+동+-지다'로 분석된다. '동'은 '마디. 말의 도막. 사이(동안)'를 뜻하는 말로 '동닿다, 동대다, 동떨어지다(서로 멀리 떨어지다), 동뜨다' 등으로 쓰인다. '-지다' '값지다, 건방지다, 기름지다, 멋지다' 등과 같이, 일부 명사 뒤에 붙어 그렇게 되어 있는 상태임을 나타내는 뜻의 형용사를 만드는 접미사다. 어원적 의미는 '마디가 둘로 되다'다. ¶ 행동과 말이 두동지다. 동이 닿지 않는 이야기. 동떨어진 소리(조리에 닿지 않는 말).

두둑 밭과 밭 사이의 경계를 두두룩하게 된 언덕. 밭두둑. 논이나 밭을 갈아 골을 타서 만든 두두룩한 바닥. 중세어형은 '두듥'이다. '둗다(>돋다)'의 어근에 '둑(언덕. 제방)'이 결합된 말이다.(두듥>두들>두둑) '둗~두들'은 '둔덕(두두룩하게 언덕진 곳)/지다, 두드러지다, 두두룩하다/두둑하다'와 같이 표면에서 볼록하게 튀어나온 것을 뜻한다. ¶ 밭두둑에 콩을 심다.

두둔 돌보아 주는 것. 약한 사람을 편들어 허물 따위를 감싸 줌. ≒ 두남. 역성. 마음속에 넣고 잊지 아니하다를 뜻하는 동사 '두다[置(치)]'에 어원을 둔 '두둔'은 '두고 둔'의 준말로 보인다.

'두둔'은 18세기 <여사서언해>에 '복쳡의ᄂᆞᆫ 두남두고(恕於僕妾)'로 쓰인 '두남-두다[恕(서; 잘못된 것을 두둔하여 도와주다. 애착을 가지고 돌보다. 가엽게 여기다)]', '두남-받다(남다른 도움이나 사랑을 받다)'와 동근어 관계다. 斗頓(두돈)은 한자를 빌려 소리를 적은 것이다. ¶ 아이를 자꾸 두둔만 하면 버릇이 나빠진다. 형은 아우를 두둔하고 나섰다. 할머니가 손자를 무조건 두남두어 버릇이 나빠졌다. 범도 새끼 둔 곳을 두남둔다.

두드러기 약이나 음식의 중독으로 말미암아 살갗이 부르트며 가려운 급성 피부병의 한 가지. <향약구급방>에 '豆等良只'라 하였다. 두드러기[疹(진)]의 어근 '둗-'은 팽창 개념어 '돋다'와 동근 관계이고, '-어기/-아기'는 '작은 것'을 뜻하는 접미사다.(돋+을+어기→두드러기) 두드러기의 어원적 의미는 '돋은 것'이다. ◇ 두드러기가 나다 - 역겹다. ¶ 몸에 깨알 같은 두드러기가 돋다.

두렁 논이나 밭 사이의 작은 둑. = 두럭. 두렁은 '두르(다)[圍(위)]+-엉(접사)'으로 분석된다. '두렁길; 논두렁, 밭두렁'으로 쓰인다. [두렁에 누운 소] 편하여 팔자가 좋다는 말. ¶ 두렁에 콩을 심었다.

ㄷ

두레 농사꾼들이 농번기에 협력하기 위하여 이룬 마을 단위의 모임. 두레는 원형어(圓形語) 동사 '두르다'의 어간에 명사화 접사 '-에'가 결합된 말이다. 원형 어근 '두르~둘'은 '두레'로 파생되어 동내(洞內) 곧 '마을'을 의미하게 되었다.

17세기 문헌 <박통사언해중간본>에서 두레를 '달무리'의 뜻으로 썼는데, 이는 '테두리, 범위'를 뜻하는 '둘에(둘레)'와 동근어 관계를 보인 것으로 볼 수 있다. 농사 공동체의 뜻으로 '두레농사, 두레길쌈, 두렛논, 두레굿'이란 말을 쓴다. 우리말 '두레'는 마을을 뜻하는 몽골어 duli, düli와 대응된다. 두레의 어원적 의미는 '두루 뭉친 것'이다. ◇ 두레를 먹다 - 여러 사람이 둘러 앉아 먹다. 음식을 장만하고 농사꾼들이 모여 놀다.

두레박 줄을 길게 달아 우물물을 퍼 올리는데 쓰는 기구. 중세어형은 '드레(박)'이다. 두레박은 '들다'의 어간에 접사 '-에'가 결합되고, 여기에 다시 '박'이 합성된 말이다. 그 뜻은 '물을 길어 올리는 바가지'이다. 중세어 '드레박[水斗(수두; 물바가지)]'의 선행어근 '들'은 '들다[擧(거)]~달다'와 동근어다. 원구형(圓球形) 의미인 박[瓢(표)]은 '바가지, 바구니, 바퀴'의 어근과 같다. 이와 달리 '드레'를 몽골어로 보는 이도 있다.

두레에는 '방아두레, 쌍두레(맞두레), 용두레'가 있다. '용두레'는 낮은 곳에 있는 물을 언덕진 높은 곳의 논이나 밭에 퍼 올리는 농기구를 일컫는 말이다. ¶ 우물에서 두레박으로 물을 긷다. ☞ 바가지

두루마기 주로 외출할 때 입는 우리 고유의 웃옷. 옷자락이 무릎 아래까지 내려온다. 두루마기는 원형(圓形) 개념어인 '두르다'와 폐쇄(閉鎖) 개념어 '막다'의 어근에 명사형어미 '-기'가 결합된 말이다. 따라서 '두르마기'의 어원적 의미는 몸을 두르는 겉옷으로 바람을 막는 옷이다. '두르+우(부사화 접사)/두루+막(다)+이→두루마기'로 어형이 변하여 고정되었다.

두루마기는 고대사회부터 착용한 옷으로 고려 시대에는 백저포(白苧袍)로

이어져 귀족과 평민이 평상복으로 입었다. 웃옷으로 널리 입기 시작한 시기는 갑오경장 이후다. 제주도 사투리 '후루막, 후리매'는 몽골어 Xurumakči[袍(포)]와 대비되는 말이다. ¶ 두루마기를 입으신 할아버지께서 길을 물으셨다.

두루마리 종이를 가로로 길게 이어서 둥글게 둘둘 만 것. '두르(다)+말(다)+이'로 분석된다. 모나지도 않고 아주 둥글지도 않고 그저 둥글다는 뜻의 형용사 '두루뭉술하다', '두루주머니'도 둘레를 돌려 감거나 휘감아 싸다를 뜻하는 '두르다'가 결합된 말이다. ¶ 두루마리로 된 화장지.

두루미 두루밋과의 새를 통틀어 이르는 말. 두루미는 동사 '두르다'의 어간에 명사형어미 '-움'이 결합한 다음 다시 파생접사 '-이'가 결합한 말이다.(두르+움→두룸+이→두루미) 두루미의 어원적 의미는 '(날개 끝에 검은 무늬를 띠고, 머리 위에 붉은 색을) 두른 것'이다. 이와 달리 터어키어 turna[새]에서 왔다는 설도 있다. ◇ 두루미 꽁지 같다 - 머리카락이나 수염이 숱이 많고 짧으며 더부룩하다.

두르다 둘레를 돌려 감거나 휘감아 싸서 가리다. 둥글게 돌리다. 한 바퀴 돌다. 에돌아가다. 없는 것을 이리저리 변통하다. <작> 도르다. 중세어형도 '두르다/둘다[圍(위)]'다. '두르다/둘우다[圍(위)]'는 원형개념어로 '돌다[回(회)]'와 동근어다.

'빠짐없이. 골고루. 널리'를 뜻하는 부사 '두루'는 '두르(다)+-우(부사화접사)'로 분석된다. '두루-이름씨(보통명사), 두루춘풍(春風; 누구에게나 좋은 일로 대하는 일), 두루치기' 등으로 쓰인다. ¶ 목도리를 두르다. 앞치마를 두르다. 여기저기 두루 살피다. 두루 일컫는 말. 세상을 두루두루 살다. ☞ 돌다

두름 물고기 스무 마리를 열 마리씩 두 줄로 묶은 것. 나물을 열 모숨가량 엮은 것. 두름은 원형어 '두르다(둥글게 돌리다)'의 명사형이다.(두르-+ㅁ→두름) ¶ 조기 세 두름. 고사리 한 두름.

두름성 돈이나 물건 따위를 둘러대는 솜씨. 주변성(주변이 있는 성질). '두르(다)[廻(회)]+ㅁ+性(성)'으로 분석된다. 접미사 '性(성)'은 일부 명사 뒤에 붙어, 그러한 성질이나 경향을 나타낸다. ¶ 그는 두름성이 좋은 사람이다.

두름손 일을 잘 처리해 나가는 솜씨. '두르(다)+ㅁ+손[手(수; 솜씨)]'으로 분석된다. ¶ 두름손 좋은 맏며느리. ☞ 솜씨

두리기 크고 둥근 상에 음식을 차려 놓고 여럿이 둘러앉아 먹는 일. '두르(다)+이

(접사)+기(명사형어미)'로 분석된다. '두리-'는 '둥근'을 뜻하는 말로 '가두리, 변두리, 전두리; 두릿그물, 두리기둥, 두리반(盤), 두리함지박; 두리두리, 두루뭉술하다, 두리번거리다' 등으로 쓰인다. ¶ 두리기상에 모여 앉아 밥을 먹다.

두멍 물을 길어 담아 두고 쓰는 큰 가마나 독(물두멍). 독만큼 큰 동이나 통. 깊고 먼 바다. 두멍은 둥글다(<둠그다)[圓(원)]의 어근 '둠'에 접사 '-엉'이 결합된 말이다.(둠-+-엉→두멍) 두멍의 어원적 의미는 '둥근 것'이다. 질그릇을 만드는 흙의 앙금을 가라앉히기 위하여 땅을 파서 만든 구덩이를 '땅-두멍'이라고 한다. '두멍-거루(짐을 많이 실을 수 있는 큰 배), 두멍-솥; 무쇠-두멍' 등으로 쓰인다.

웅덩이를 뜻하는 사투리 '둠벙(움푹 패어 물이 괸 곳; 웅덩이)', 넓적하고 둥근 독을 이르는 '드므'도 동근어다.

두메 도시에서 멀리 떨어진 구석진 고장. 벽지(僻地). 산촌. 산협(山峽). 두메에서 '두'는 흙무더기, 두두룩한 곳이란 뜻으로 옛말 '두듥, 두던(丘·阜·原·坡·岸), 둑, 둪'과 같은 말이다. 일본어 tuti(土)의 어근 tut-도 우리말과 일치한다. '두듥(두던, 둔덕)'과 '두두룩ᄒᆞ다'는 물건이 불룩 솟아오르는 팽창 개념어 '돋다'와도 동근어다. '메'는 '뫼ㅎ(山)'의 변형으로 '멧새, 멧비둘기, 멧남새, 메아리'에 그 형태가 남아 있다. 두메는 흙무더기 산, 곧 높은 산이 있는 고장이라는 뜻이다.

한편 '둠'을 둥글다(<둠그다)[圓(원)]의 어근으로 보거나, 골짜기[谷(곡)]를 뜻하는 고구려어 '둔'에 '뫼'가 결합하여 '둔뫼[屯山(둔산)]>둠뫼>두메'로 보는 이도 있다. [두메 앉은 이방이 조정일 알 듯] 출입 없이 들어앉은 사람이 먼데 일을 잘 안다는 말. ¶ 이 화백의 고향은 강원도 두메산골이다.

두수없다 달리 주선이나 변통할 여지가 없다. '둘+수+없(다)+다'로 분석된다. '수'는 일을 처리하는 방법이나 수단을 뜻하는 명사다. '두:수없다'의 어원적 의미는 '두 가지 방법이 없다'다. ¶ 각방으로 힘써 보았지만 이제는 두수없다. 두수없이 기막힌 꼴을 당하다. 언뜻 좋은 수가 생각나다. 바둑에서 수를 읽다.

두툼하다 꽤 두껍다. 넉넉하다. 여유가 있다. <작>도톰하다. 두텁다[厚(후)]의 어근에 접사 '-옴/움'이 붙으면서 명사로 된 다음 다시 형용사로 파생한 말이다. (두터+움→두툼+하다) '두텁다~둗겁다)'의 어근 '둗-'은 집적(集積) 개념어다. ¶ 두툼한 입술. 오늘은 용돈을 받아 주머니가 두툼하다. 두터운 관계. ☞ 두꺼비

둑 홍수의 예방이나 물을 가두기 위하여 돌이나 흙으로 쌓은 언덕. 높은 길을 내려고 흙과 돌로 쌓은 언덕. 제방(堤防). 둑은 '덕/더기'가 변한 말이다. 이는 고대어 닥(高)과 일치하며, 토이기어 독(山)과 대응된다. '둑길(둑 위로 나 있는 길); 철롯둑; 밭두둑' 따위로 쓰인다. ¶ 흙으로 둑을 쌓다. ☞ 두둑, 언덕

둔치 큰물이 질 때에나 물에 잠기는, 물가의 널찍하게 둔덕진 곳. 물가. '둔+-치(것 · 곳)'로 분석된다. 어근 '둔'은 두두룩하게 언덕진 곳을 이르는 '둔덕'과 같은 말이다. ¶ 한강 둔치가 공원으로 개발되었다. 빠른 걸음으로 느티나무들이 늘어진 둔치를 넘어 마을로 접어들었다. ☞ 두둑

둘 하나에 하나를 더한 수. 하나 다음의 수. 이(二). 둘은 향찰(처용가) 표기 '二 肹', <계림유사>에 二日途孛[tup-ul]과 <조선관역어>의 覩卜二로 보아 '*두ᄫᅳᆯ'로 재구(再構)할 수 있다. '두ᄫᅳᆯ'은 중복(重複) 개념어인 '덮다(<둡다/덮다)'와 '더불다[伴]'의 어근 tVp-(둡-)에 어원을 둔 말이다.

몽골어 갑절[倍(배)]을 뜻하는 dabhorga의 접두어 dab-과 일본어 *puta>Futa(2)는 우리말 중복 개념 어근 '둡'과 일치한다. '덮다'와 '둘'은 동근 관계이다. '둘'은 셈을 할 때 엄지손가락으로 하나를 꼽고 검지를 덮어 두 손가락을 겹쳐서 꼬부리는 모습에서 비롯되었다. '둘[二]'의 어원적 의미는 '하나가 중복된 것'이다. ◇ 둘도 없다 - 하나뿐이다. 가장 귀중(貴重)하다. [둘이 먹다가 하나가 죽어도 모르겠다] 음식 맛이 매우 좋다는 말.

둘레 사물의 바깥 언저리. 주위(周圍). 중세어형은 '둘에'다. 이는 원형(圓形) 개념어인 '두르다'의 어근에 명사화 접사 '-에'가 결합된 말이다.(두르-+-에→둘에/둘네>둘레) ¶ 운동장 둘레를 한 바퀴 돌다. ☞ 두레, 두르다

둥우리 짚이나 댑싸리로 바구니 비슷하게 엮어 만든 그릇. 병아리 따위를 가두어 기르기 위하여 싸리 같은 것으로 둥글게 엮어 만든 어리. 17세기 문헌 <노걸대언해>에 '등울(雁翅板)'이 나온다. 둥우리는 원형 개념어 '동[圓(원; 둥글다)]'에 '우리[籠(롱)](←울+이)'가 합성된 말이다.(동우리>둥우리) '우리'는 '울타리'로서 '돼지-우리, 염소-우리' 등으로 쓰인다. '둥주리(둥우리처럼 만든 것), 둥지(새의 집)'도 동근어다. [둥우리의 찰밥도 쏟뜨리겠다] 복이 없거나 행동이 경솔함을 이르는 말. ¶ 병아리를 둥우리에 가두다. 빼꾸기 둥지. ☞ 동그라미, 우리

뒤 향하고 있는 방향과 반대되는 쪽이나 곳. 보이지 않는 곳. 마지막이나 끝이 되는 부분. 중세어형은 '뒤ㅎ'이다. 앞과 뒤는 방위 개념으로 앞[前]-南(남)/뒤

[後]-北(북)을 뜻하는 맞선말이다. <조선관역어>에 나오는 山前 磨阿迫(뫼알픠), 山後 磨堆迫(뫼듸희)를 보면 '듸'이 '뒤'로 쓰였음을 알 수 있다.(듸>두위>뒤) '뒷갈망, 뒷구멍, 뒤따르다, 뒤뜰, 뒷바라지, 뒤처리, 뒤통수(머리의 뒷부분), 뒤트임, 뒤풀이; 앞뒤' 등으로 쓰인다.

동사 '두비다>두위다>뒤다'는 뒤집기 곧 번반(飜返)·전복(顚覆)을 뜻하는 말이다. '뒤-'는 퉁구스어 dui>di(뒤), digida(뒤쪽)와 일치하며, '뒤집는다'는 뜻의 파생어군을 형성하였다. '뒤바꾸다, 뒤덮다, 뒤범벅, 뒤숭숭하다, 뒤엉기다, 뒤엎다, 뒤틀다' 등에 붙은 '뒤-'는 강조의 뜻으로 '마구·함부로·온통·뒤집어'의 의미를 지닌 접두사다. ◇ 뒤가 깨끗하다 - 일 끝에 미련이나 군더더기를 남기지 않고 깨끗이 마무리하다. [뒤를 캐면 삼거웃이 안 나오는 사람 없다] 털어서 먼지 안 나는 사람 없다. ¶ 뒤를 돌아보다. 뒤를 잇다(대를 잇다).

뒤안길 늘어선 집들의 뒤꼍으로 통한 길. 관심을 받지 못하는 초라하고 쓸쓸한 생활. '뒤[後(후)]+안ㅎ[內(내)]+길'의 합성어다. '뒤안ㅎ'은 뒤뜰/뒤꼍(집채의 뒤에 있는 뜰), 뒷동산을 뜻하고, '뒤안'과 동근어며 뜻이 구별되는 '뒤란'은 집채 뒤의 울안 곧 뒤울안을 가리킨다. '뒤안길'이란 뒤뜰에 난 으슥한 길이다. ¶ 그립고 아쉬움에 가슴 조이던/ 머언 먼 젊음의 뒤안길에서 …… <서정주(국화 옆에서)> ☞ 길

뒤웅박 쪼개지 아니하고 꼭지 근처에 구멍만 뚫어 속을 퍼낸 바가지. 중세어형은 '드븨'다. 뒤웅박의 '뒤'는 '드븨'가 변한 것이다.(드븨>드외>되/뒤) '드븨'는 들이[容器(용기)]라는 뜻으로 곡식을 되는 '됫박'의 되[升(승)]와 같은 말이다. 동의이음 합성어 뒤웅박은 '되+웅(접사)+박→되웅박>뒤웅박'으로 분석된다. 형용사 '뒤웅스럽다'는 뒤웅박처럼 생겨 어리석고 둔하여 미련스럽게 보인다는 뜻이다. 몸이 뒤웅박처럼 생긴 벌을 '뒝벌(≒뒤영벌)'이라고 한다. [뒤웅박 차고 바람 잡는다] 허무맹랑한 짓을 하며 떠벌리고 돌아다님을 이르는 말. ☞ 바가지

뒤지다 남보다 뒤떨어지거나 남의 뒤에 처지다. 뒤서다. ↔ 앞서다. 18세기 문헌 <동문유해>에 '뒤써디다[落後(낙후)]'가 나온다. '뒤+(써/쓰+어)+디(다)[落]+다'로 분석된다.(뒤써디다>뒤디다>뒤지다) '뒤:지다'의 어원적 의미는 '뒤떨어지다'다.

이와 달리 동음이의어 '뒤지다(<두디다/두위다)'는 무엇을 찾으려고 '들추거나 헤치다'를 뜻하는 말로, '뒤집다'와 동근어다. ¶ 평균 수준에도 뒤지다. 시대에

뒤져 있다. ☞ 뒤

뒤틀다 꼬아서 비틀다. 일이 바로 되지 못하게 하다. 중세어형은 '두위틀다'다. '두위(다)+틀(다)+다'로 분석된다. '두위다'는 '뒤집다/뒤엎다[反(반)]'를 뜻하는 말이다. 뒤틀다의 어원적 의미는 '뒤집어 비틀다'다. ¶ 온몸을 뒤틀며 괴로워하다.

뒤풀이 어떤 일이나 모임을 끝낸 뒤에 서로 모여 즐겁게 놂. 또는 그런 일. 농악이나 탈춤 따위의 놀이 뒤에 구경꾼들과 함께 춤을 추거나 즐김. 또는 그런 일. '뒤+풀(다)[解(해)]+이'로 분석된다. ¶ 우리는 발표회가 끝나고 뒤풀이를 하였다.

뒹굴다 → '동그라미' 참조

드난살이 남의 집을 옮겨 다니며 지내는 생활. '들(다)[入]+나(다)[出]+ㄴ+살(다)+이'로 분석된다. '드난'의 어원적 의미는 '들어오고 나감'이다. 결국 남의 집에 매이지 않고 임시로 붙어살며 일을 도와주는 고용살이를 뜻한다. '드난꾼, 드난살다'로 쓰인다.

드디어 무엇으로 말미암아 그 결과로. 끝에 이르러. 마침내. 중세어형은 '드듸여'고, 16세기 문헌 <소학언해>에 '드듸여'가 나온다. '드듸/드듸(다)+-어'로 분석된다. '드듸다'는 '앞의 말이나 원인을 이어받다. 디디다/딛다[踏(답; 발을 올려놓고 서거나 발로 누르다. 밟다)]'를 뜻한다. 어원적 의미는 '딛고 나아가'다. ¶ 드디어 남북 정상이 만나다.

드레 사람의 됨됨이로서의 점잖은 무게. '들(다; 손에 가지다. 올리다)+에(접사)'로 분석된다. 어원적 의미는 '위로 들린 것이나 가진 것'이다. '드레지다(점잖아 무게가 있다), 드레질(인격의 무겁고 가벼움을 떠 보는 짓; 평가)/하다'로 쓰인다. 두레-박(<드레박)에서의 '두레'와 같은 말이다. ¶ 나이는 어려도 사람이 드레가 있어 보인다.

드리다 '주다'의 높임말. 신이나 부처에게 정성을 바치다. '들다[入(입) · 容(용) · 納(납)]+이(사동접사)+다'로 분석되며, '들게 하다'를 뜻한다. 그런데 '獻(헌; 바치다), 呈(정; 드리다)'의 뜻도 포함하는 말로 확장되었다. 동음이의어 '(마루를) 드리다'는 집을 지어서 그 안에 딸린 시설이나 구조물을 만들다라는 동사다. ¶ 부모님께 선물을 드리다. 불공을/ 예배를 드리다. 문안을 드리다. 감사의 말씀을 드리다.

드림셈 질질 끌며 몇 차례로 나누어 주고받는 셈. '드리(우)+ㅁ+셈(수를 세는 일. 계산)'으로 1차 분석된다. '드리우다[垂(수)]'는 물체가 위에서 아래로 처져 늘어지다 또는 그렇게 하다'를 뜻하는 동사다. '드림'은 드림-새(막새), 드림-장막(帳幕), 드림-줄(마루에 오르내릴 때 붙잡을 수 있도록 늘어뜨린 줄), 드림-추(錘), 드림-흥정(값을 여러 차례 나눠 주기로 하고 하는 흥정)' 등으로 쓰인다. ¶ 지금은 가진 돈이 적으니 일 년 드림셈으로 합시다. 발을 드리워 볕을 가리다. 땅에 어둠이 드리우기 시작했다. ☞ 덧셈

드므 넓적하게 생긴 독. '드므'는 원형(圓形) 어근 '둠(둠글다>둥글다)'과 같은 말이다. 드므의 어원적 의미는 '둥근 것'이다. 드므는 건물의 화재(火災)를 막기 위해 비치한 방화수통이다. 궁궐 주변에 두어 화마(火魔)를 누른다는 상징적인 의미를 지닌 독이다.

드오 종묘 제례 따위에서, 음악의 시작을 알리는 신호. '들(다)[入(입)]+오(하오체의 종결 어미)'로 분석된다. 어원적 의미는 '들이오(들여갑니다). 들어가오'다. 음악을 끝내는 신호는 '지오[←지(다; 사라지다)+오]'다.

드잡이 서로 머리나 멱살을 움켜잡고 싸우는 짓. 빚을 못 갚아 솥 · 그릇 따위를 가져가는 짓(압류). 가마꾼을 쉬게 하려고 다른 두 사람이 들장대로 가마채를 받쳐 들고 하는 일. '들(다)[擧(거)]+잡(다)[執(집)]+이'로 분석된다. 어원적 의미는 '들어 잡는 것'이다. ¶ 드잡이할 기세다. 드잡이를 치다. 빚을 받으러 사람들이 몰려와서 드잡이하는 바람에 할아버지는 몸져눕고 말았다.

든손 일을 시작한 손. 일하는 김. 망설이지 않고 곧. 그 자리에서 얼른. '들(다)[擧(거)]+ㄴ+손[手(수)]'으로 분석된다. 어원적 의미는 '손을 듦'이다. ¶ 든손에 마저 다 해 버리세. 볼일이 끝나거든 든손(에) 돌아오너라. 이런 일을 든손으로 해치울 수 있다.

들 평평하고 넓게 트인 땅. 평원. 평야. 논밭으로 된 넓은 땅. 중세어형은 '드르ㅎ'이다. '드르, ᄆᆡ'는 <훈몽자회>에 坪(드르 평; 大野), 野(ᄆᆡ 야; 郊外)라 하였는데, 이들은 공간의 넓이에 따라 구분하여 쓰였음을 알 수 있다. 15세기에는 野(야)를 'ᄆᆡㅎ'라 하고, 넓은 들판을 '드르ㅎ'라 하였다. 이것이 16세기 후기부터 '드르(들)'로 대체되고, 'ᄆᆡ'는 죽은말이 되어 '두메산골, 메아리'에서 '메'로 흔적을 찾을 수 있다.

'드르'는 만주어와 몽골어 tara[原野 · 野外]와 대응하는 말로 18세기까지 그

명맥을 유지하다가 모음이 탈락되어 '들'로 굳어졌다. 한편 '드르ㅎ'와 공존한 '뜰ㅎ[庭(정; 정원)]'은 일찍이 의미가 분화되어 사용된 말이다.

'들'은 단독으로 쓰이기도 하고, '야생(野生)'의 뜻으로 '들국화, 들쥐, 들장미' 등의 파생어를 형성시킨 접두사로 쓰인다. [들 중은 소금을 먹고 산 중은 나물을 먹는다] 무슨 일이든지 무리하지 말고 사정이 허락하는 대로 하라는 말. ¶ 마을에서 멀리 떨어진 넓은 들을 '난들'이라고 한다.

ㄷ

-들 대명사 뒤에 붙어, 그것이 복수임을, 복수 대명사에 붙어 강조하는 뜻을 나타냄. 중세어형은 '돌ㅎ'다. 한글 창제 이전의 향찰(찬기파랑가) 표기는 '冬'이다. 이밖에 복수를 나타내는 말에는 '-네, -희'가 있다. '-네(<내)'는 '우리네, 부인네, 아주머니네'와 같이 '어떤 사람의 한 무리. 어떤 집안이나 가족임'을 나타내는 접미사다. '-희'는 인칭대명사 '너, 저' 뒤에 붙어 '너희, 저희'처럼 '그 무리'의 뜻을 나타내는 말이다.

이와 달리 '들'이 의존명사로 쓰일 때에는 '등(等), 따위'와 함께 같은 무리에 속하는 명사를 늘어놓은 다음에 띄어 쓴다. 또한 보조사로 쓰일 때는 '주체가 복수임'을 나타낸다. ¶ 사람들. 나무들. 저희들, 우리들 따위로 쓰인다. 소 · 말 · 돼지 · 닭 들을 가축이라고 한다. 잘들 논다. 어서들 오시오.

들것 천 따위로 길게 만들어 좌우에 채를 대고 앞뒤에서 들게 된 기구. 담가(擔架). '들(다)[擧(거)]+것[物(물)]'으로 분석된다. '들다'는 '달다[懸(현)]'와 모음교체된 동원어로 보인다. ¶ 들것으로 흙을 나르다. ☞ 달다, 것

들다 날이 날카로워 물건이 잘 베어지다. '들다'는 들어가다[入(입)]에서 끊다[切(절)]의 뜻을 갖게 되었다. 결국 '들다'의 어원적 의미는 '칼날이 물건에 잘 들어간다'다. ¶ 낫이 매우 잘 든다. 칼이 잘 들다.

들러리 결혼식에서, 신랑 · 신부를 보살피고 거들어 주는 사람. 주된 인물 주변에서 그를 돕는 사람을 얕잡아 이르는 말. <조선어사전(문세영)>에 '들레'가 보인다. 들레는 '들(다)+에(접사)'로 분석되며, '들러리'로 음절이 늘어난 말이다. 동사 '들다/거들다'는 '시중을 들다. 편을 들다'와 같이 '남을 위해 무엇을 하다'를 뜻한다. ¶ 들러리를 서다. ☞ 거들다

들무새 뒷바라지에 쓰이는 물건. 어떤 일에 쓰이는 재료. 남의 막일을 힘껏 도와줌. '들무(도와주다)'와 '새'의 합성어다. '들무'는 '들다[擧(거)], 거들다[助(조)]'와 관련이 있고, '-새'는 '됨됨이 · 모양 · 상태'를 의미하는 접미사로 '쓰임-새,

꾸밈-새, 짜임-새, 모양-새' 등의 낱말에 붙는다. ¶ 자질구레한 들무새가 많이 든다. 들무새(감. 재료)를 솥에 넣다. 그이는 들무새 일이라면 몸을 사리지 않고 열성이다.

들보 건물의 칸과 칸 사이의 두 기둥 위를 건너지른 나무. <준> 보. '들다[擧(거)]'의 어간에 '보ㅎ[樑(량)]'이 합성된 말이다. 어원적 의미는 '(두 기둥에) 들려진 보'다. '대(大)-들보(큰 들보)'는 '한 집안이나 한 나라를 이끌어 가는 중요한 사람'을 비유하는 말이기도 하다.

들쑥날쑥 제멋대로 들어가기도 하고 나오기도 하여 가지런하지 않은 모양. '들(다)[入(입)]'와 '나(다)[出(출)'가 결합된 말이다. 유의어 '들쭉날쭉'은 줄지어 있는 비슷한 여럿이 멋대로 조금씩 더 들어가기도 하고 나오기도 하여 고르지 못한 모양이나 일정하지 않는 모양을 이른다. ¶ 들쑥날쑥한 해안선. 바위가 들쑥날쑥 솟다. 수입이 들쭉날쭉하다. 행렬이 들쭉날쭉하다.

들이켜다 물 따위를 마구 들이마시다. 중세어형은 '드리혀다, 드리혀다'다. '들(다[入])+이(접사)+혀(다)+다'로 분석된다. '들이-'는 '밖에서 안으로; 함부로, 몹시, 마구'를 뜻한다. 혀다[引(인; 끌어당기다)]는 /ㅎㅎ/이 모음 /ㅕ/를 만나 /ㅋ/으로 바뀌어 '켜다'로 음운이 변하면서 '(불을) 켜다. (물을) 단숨에 들이마시다'를 의미하는 말이다.(드리혀다>들이켜다) ¶ 목이 말라 물을 한 바가지나 들이켰다. ☞ 켜다

등글개첩 등의 가려운 데를 긁어 준다는 뜻으로, 늙은이가 데리고 사는 젊은 첩을 일컬음. '등[背(배; 뒤)]+긁(다)+-애+妾(첩)'으로 분석된다. '등글개'는 등을 긁는데 쓰는 물건을 이르는 말인데, 현행 표기는 '등긁이'다.

등글기 다른 그림을 그대로 본떠서 그리는 일. 임화(臨畵). '謄(등; 베끼다)+긁(다)/그리(다)+이'로 분석된다. 등글기의 어원적 의미는 '베껴 그리는 것'이다. ☞ 그림

-디- 형용을 강조하기 위하여 형용사 어간을 겹쳐 합성어를 이룰 때, 앞 어간에 붙는 연결 어미. 정도가 심하거나 사실적이고 실제적이다. '가깝디가깝다, 곱디곱다, 다디달다, 쓰디쓰다, 젊디젊다, 차디차다, 희디희다' 등으로 쓰인다. 이와 유사한 형태소에 '-나-(감동 · 어림)'가 있다.(기나길다, 머나멀다, 크나크다)

따뜻하다 덥지 않을 정도로 온도가 알맞다. 오고 가는 정이 부드럽고 포근하다.

중세어형은 'ᄃᆞᆺᄒᆞ다, ᄃᆞᄉᆞᄒᆞ다[溫(온)]'다. 어근 'ᄃᆞᆺ'은 '덥다'와 동원어로 보인다.
 중세어 'ᄃᆞᆺ다'는 <법화경언해>의 '我ᄅᆞᆯ ᄃᆞᄉᆞ리 잇거든(雖彼深愛)'로 보아, '溫(온)의 뜻 외에 愛(사랑하다)의 뜻으로도 쓰여 어원이 같음을 알 수 있다. 사랑하는 것은 따듯함과 동일한 의미관계로 인식된다.(ᄃᆞᆺ+ᄒᆞ+다→ᄃᆞᆺᄒᆞ다>ᄯᆞᆺᄯᆞᆺᄒᆞ다/ᄃᆞᄉᆞᄒᆞ다>다스하다/따듯하다) 몹시 더운 느낌이 있다는 뜻의 '따갑다, 뜨겁다'도 동근어다. ☞ 덮다, 사랑

따라지 보잘것없거나 하찮은 처지에 놓인 사람이나 물건. '딸(<*ᄇᆞᆯ)+아지(작은 것)'로 분석된다. 재구형 '*ᄇᆞᆯ(>보득)'은 <계림유사>의 女兒曰寶妲(보달)과 동근어로 '未成熟(미성숙)·小少(소소)'를 의미한다고 할 수 있다. 따라지는 분리개념어 'ᄠᅳ다[異·分]'와 관련된 '덩어리에서 떨어져 나간 작은 것'이다. ¶ 따라지 인생. 삼팔따라지.

따발총 옛날 소련제 기관 단총. 똬리의 함경도 사투리인 '따발/따바리'와 총(銃)이 합성된 말이다. 따발총은 탄창(탄알을 재어두는 통) 부분이 똬리와 같은 모양으로 생긴데서 붙여진 이름이다. ☞ 똬리

따위 사람이나 사물을 얕잡거나 부정적으로 일컫는 말. 같은 종류나 부류임을 나타내는 말. = 들. 등(等). 접미사 '-답다(성질이나 태도)'의 고어형 '다ᄫᅵ(>다위>따위)가 변한 말이다. ¶ 이 따위 물건. 너 따위는 상대하기 싫다. 말·소·돼지 따위의 가축. 그 딴 놈은 악질범이다.

딱따구리 딱따구릿과의 새를 통틀어 이르는 말. 탁목조(啄木鳥). 부리로 나무를 쪼아가며 벌레를 잡아먹는 이로운 새다. '딱딱+울(다)[鳴(명)]+이'로 분석된다. (ᄯᅡᆨᄯᅡᆨ울이>딱딱구리) '딱딱'은 단단한 것이 마주치거나 부딪칠 때 나는 소리다. 18세기 문헌에 보이던 '닫뎌구리/닷져고리'는 'ᄯᅡᆺ져구리'를 거쳐 20세기 초 'ᄯᅢᆺ저구리'로 쓰이다가 딱따구리에 밀려난 말이다.

딴전 어떤 일을 하는 데 그 일과는 전혀 관계없는 일이나 행동. = 딴청. '딴전'은 다르다의 관형꼴인 '다른'의 된소리되기와 축약형 '딴'에, 가게를 뜻하는 한자어 '전(廛)'이 합성된 말이다. 어원적 의미는 '다른 가게. 곧 엉뚱한 딴 가게'다. '딴전 보다. 딴전 부리다 딴전 피우다'로 쓰여 원래 하고자 하는 일보다 엉뚱한 일에 매달린다는 의미를 가리킨다. ¶ 공부 시간에 왜 딴전을 벌이나? 남의 말은 듣지 않고 딴전만 부린다.

딴죽 씨름에서, 발로 상대편의 다리를 옆으로 치거나 끌어당겨 넘어뜨리는 기술.

'ᄠᆞ[異(이)]+ㄴ+足(족)'으로 분석된다.(딴+족→딴족>딴죽) 어원적 의미는 '다른 다리'다. 요즈음 종아리 뒤쪽의 살이 불룩한 부분을 일컫는 '장딴지'에 소리가 이끌려 '딴죽'을 '딴지'라고 쓰기도 한다. ◇ 딴죽(을) 걸다(치다) - 동의하였던 일을 딴전을 부려 어기다. ¶ 이미 결정난 일을 가지고 자꾸 딴죽 걸래?

딸 여성으로 태어난 자식. 고려말을 적은 <계림유사>에서는 딸[女息(여식)]을 女兒曰寶妲(보달), 亦曰古召盲曹兒로[꼬맹이; 召史(조시/조이/소사)] 적고 있다. 훈민정음 창제 초기 문헌 표기는 'ᄯᆞᆯ'이며, 그 선행형은 '*ᄠᆞᆯ'로 재구(再構)된다. 16세기 초 문헌에 재구형 'ᄠᆞᆯ'이 보이므로 '*ᄠᆞᆯ>ᄯᆞᆯ>ᄠᆞᆯ>딸'로 어형이 변화되었음을 알 수 있다. 가르다[分 · 別] 계(系)에 속하는 분리(分離) 개념어인 '*ᄠᆞᆯ'의 어원은 '뜨다(<ᄠᅳ다[開 · 分 · 離])'와 같이 '떨어져 나간 사람. 작은 사람'이란 뜻이다.

우리말 '딸'은 올차어 fatali, 골디어 patala와 비교 가능하다. '서로 다르게. 별도로'를 뜻하는 부사 '따로(<ᄠᆞ로[特 · 殊])'도 같은 뿌리의 말이다. 이와 달리 '딸'이 '따르다(<ᄯᆞ르다[隨(수)])'에서 왔으며, 어원적 의미는 '순종하고 복종하는 사람'으로 보는 견해도 있다.

'딸내미/딸따니(딸을 귀엽게 이르는 말), 딸년; 첫딸, 맏딸, 외동딸; 조카딸, 고명딸(아들이 많은 집의 외딸), 움딸' 등으로 쓰인다. [내 딸이 고와야 사위를 고른다] 이 편이 좋아야 결혼 상대를 구할 수 있다는 말.

딸기 장미과의 여러해살이풀. <훈몽자회>에는 'ᄠᆞᆯ기', 18세기 초 문헌 <왜어유해>에 'ᄡᅡ올기 ᄆᆡ(苺)'가 나온다.(*ᄠᆞᆯ+기→ᄠᆞᆯ기>ᄡᆞᆯ기>딸기) 딸기는 무더기[叢(총)]를 뜻하는 '떨기(<ᄠᅥᆯ기)'가 모음교체된 것으로 보인다. '딸깃-물, 딸기-밭, 딸기-술, 딸기-코(코끝이 딸기처럼 빨갛게 된 코); 나무-딸기(복분자), 멍석-딸기, 뱀-딸기, 산(山)-딸기, 양(洋)-딸기' 따위로 쓰인다. ¶ 빨갛게 잘 익은 딸기. ☞ 떨기

딸깍발이 신이 없어서 마른날에도 나막신만 신는다는 뜻으로 '가난한 선비'를 이르는 말. '딸깍(소리흉내말)+발(신발/ 나막신)+이(사람)'으로 분석된다. 어원적 의미는 딸깍딸깍 소리가 나는 나막신을 신고 다니는 사람이다. 딸깍발이는 게다(나무로 만든 신)를 끌고 다니는 일본 사람의 별칭이기도 하다.

딸꾹질 가로막(횡격막)을 비롯하여 호흡 작용을 돕는 근육이 갑자기 경련을 일으켜서 성문(聲門)이 열려 소리를 내는 현상. '딸꾹(의성어)+질'로 분석된다. 16세

기 문헌 <훈몽자회>에는 '피기'로 나오는데, 이는 북한에서 '피끼(피께대기; 평북 사투리)'로 쓰고 있다.

땀 사람이나 동물의 땀샘에서 분비되는 찝찔한 액체. 중세어형은 'ᄯᆞᆷ'이다. 땀은 분리(分離) 개념어 '뜨다(<ᄠᅳ다/ᄯᆞ다[떼어 내다])'의 어근에 명사형 어미 '-ㅁ'이 붙어 파생된 명사다. '따로(<ᄠᆞ로), 딸(<ᄯᆞᆯ[女息])'도 '땀'과 동근어다. 결국 땀[汗(한)]은 '몸체에서 떨어져 나간 것'이란 뜻이다. 합성어에 '땀-내다, 땀-띠, 땀-방울, 땀-벌창(땀이 많이 흘러 넘침), 땀범벅, 땀-투성이; 구슬-땀, 비지-땀, 피-땀(<피ᄯᆞᆷ)' 등이 있다. ☞ 틈

땀띠 땀을 너무 많이 흘려 피부가 자극되어 생기는 두드러기. 16세기 문헌 <사성통해>, <훈몽자회> 표기는 'ᄯᆞᆷ-도야기, ᄯᆞᆷ-되야기'다. 그 후 'ᄯᆞᆷ되, ᄯᆞᆷ쇠, ᄯᆞᆷ씌'를 거쳐 오늘날 '땀띠'가 되었다. '도야기/되야기'는 두드러기[疹(진)]를 뜻하는 말이다. 그 흔적이 '뙤약-볕'에 보인다. 땀띠의 어원적 의미는 땀 때문에 생긴 두드러기다.

땀받이 땀을 받아 내려고 껴입는 속옷이나 옷 속에 받친 물건. 한의(汗衣). ≒ 땀등거리. '땀+받(다)+이'로 분석된다. '땀-등거리'는 땀받이와 비슷한 옷이다. ☞ 땀, 받다

땅 바다를 제외한 흙과 돌로 된 지구의 겉면. 논과 밭을 두루 이르는 말. 영토 · 지방 · 곳. 중세어형은 'ᄯᅡㅎ'이다. 바다에 대하여 육지를 '뭍'이라 하고, 하늘에 대하여 대지(大地)를 '땅'이라 한다. 'ᄯᅡ'는 'ᄃᆞ'로 소급되며 15세기에 곳(장소)의 뜻을 나타내었다. 이것이 'ᄃᆞ>ᄯᅡㅎ>ᄯᅡᆼ>땅'으로 변천하였다. 'ᄯᅡㅎ'에서 /ㅎ/이 /ㅇ/으로 굳어진 예는 '집+우ㅎ+ㅇ→지붕, 나조ㅎ>나종>나중'이 있다. 'ᄯᅡㅎ'은 17세기에 와서 'ᄯᅡᆼ'으로 변한다. 한편, <조선관역어>에 땅을 大(대)라고 한 것을 보면, 그 당시 발음이 [때, 다]였을 것이고 장소를 뜻하는 'ᄃᆞ'와 일치함을 알 수 있다.

<고금석림(동한역어)>에서는 俗呼地爲多(속호지위다)라 하여 '地(지)'를 多[다]로 발음하였다. <삼국사기>의 '麗語謂復舊土爲多勿'에서 '多勿[ta-mör]' 계(系) 땅 이름이 그 근거가 된다. 땅을 뜻하는 만주어 na를 우리말 '나라'와 대응하는 것으로 보는 설도 있다. '땅'은 우주의 어머니로 다산(多産), 창조력을 상징한다. [땅 짚고 헤엄치기] 어떤 일을 해내기가 수월하다는 말.

땅거미 해가 진 뒤 컴컴하기 전까지의 어둑어둑하여지는 어둠. 땅거미는 '땅+검

(다)+이(명사화 접사)'로 이루어진 말이다. '땅거미'의 어원적 의미는 '날이 어두워지면서 땅이 검게 되는 상태'다. 저녁이 되어 어둑어둑하여지는 기운을 '저녁거미'라고 한다. ¶ 어느덧 땅거미가 짙게 깔리다. ☞ 땅, 검다

땅띔 무거운 물건을 들어 땅에서 뜨게 하는 일. '땅+뜨(다)[離(이)]+이+우(사동접사)+-ㅁ'으로 분석된다. 땅띔의 어원적 의미는 '(물건을) 땅에서 뜨게 함'이다. 땅띔은 '출발. 시작'으로 뜻이 변하였다. ◇ 땅띔도 못하다 - 조금도 알아내지 못하다. 아예 생각조차 못하다. ¶ 무거워서 겨우 땅띔을 할 정도다.

때 몸이나 옷에 묻은 더러운 것. 불순하고 속된 것. 중세어형은 'ᄣᆡ'다. '때[垢(구)]'는 분리(分離) 개념어 '뜨다(<ᄠᅳ다/ᄯᅳ다[떼어 내다])'의 어근에 명사형 어미 '-애'이 붙어 파생된 명사다. '따로(<ᄠᆞ로), 딸(<ᄯᆞᆯ[女息])'도 '땀'과 동근어다. 어원적 의미는 '몸체에서 떨어지는 것'이다. '때꼽재기/때꼽, 때밀이, 때수건' 등으로 쓰인다.

때다 아궁이에 불을 지피어 타게 하다. 17세기 문헌 <동국신속삼강행실도>에 '손조 블 대혀'가 나온다. '대히다'는 '닿다[觸(촉)]'의 어근에 사동접사가 결합한 말이다.(닿+이→대히-) '때다'의 어원적 의미는 '(연료와 불을) 닿게 하는 것'이다. '땔감, 땔나무'로 쓰인다. ¶ 사랑방에 군불을 때다. ☞ 닿다

떡 곡식 가루를 반죽하여 쪄서 만든 음식을 통틀어 이르는 말. 중세어형은 'ᄯᅥᆨ'이다. 떡은 집적(集積) 개념어인 '모으다(<몯다[集])'에서 파생한 '무더기'의 어근이 '*무덕(←묻+억)>*ᄠᅥᆨ>ᄯᅥᆨ(시더구)>떡'으로 어형 변화한 것이다. 평안북도 지방의 심마니는 떡을 '시더구'라 하는데, 이는 중세어 'ᄯᅥᆨ'에서 발음이 길어진 것이다. 결국 떡은 '뭉쳐 놓은 것'이란 뜻이다.

우리말 '떡'은 동사 '찌다(<ᄧᅵ다[蒸(증)])'와도 관련되며 일본어 [모찌]와 대응한다. 쌀가루로 만든 일본 떡 '시도키/시루키, 시루토쿠'는 우리말 '시루떡'이 건너간 것이다. '호(胡)-떡'은 중국 떡의 한 종류다. ◇ 떡 주무르듯 하다 - 저하고 싶은 대로 다루다. [떡 도르라면 덜 도르고 말 도르라면 더 도른다] 소문이나 말을 과장해서 퍼뜨리기를 좋아하는 인간 심리를 두고 이르는 말.

떡갈나무 참나뭇과의 낙엽 활엽 교목. 도토리가 열리는 '떡갈나무(<덥갈나모)'라는 이름은 떡을 찔 때 시루 밑에 까는 잎, 또는 넓적하여 덮고 깔 수 있는 잎(떡갈잎)이란 뜻에서 붙여졌다.

떨기 무더기진 풀이나 나무. 또는 꽃 따위의 수를 세는 데 쓰는 말. <훈몽자회>

표기는 'ᄡᅥᆯ기'다. 떨기[叢(총)]는 '떼(<ᄣᅦ)[群(군; 무리)]'와 동근어로 '무더기(<무들기)'에서 온 말이다.(무더기→ᄣᅦ/ᄢᅦ>떼) '꽃떨기, 나무떨기(크지 아니한 나무들이 한곳에 모여 난 무더기), 별떨기, 풀떨기' 등으로 쓰인다. ¶ 한 떨기 국화꽃.

떳떳하다 반듯하고 굽힘이 없다. 중세어형은 '덛덛ᄒᆞ다[常(상)]'며, 어근 '덛(>덧)'은 시간(때)을 나타낸다. 원뜻은 '세월이 흘러도 변함이 없다'는 뜻이었으나, 후세에 '정당하다'는 의미로 바뀌어 쓰인다.(덛덛ᄒᆞ다>떳떳하다) ¶ 떳떳한 행동. ☞ 하염없다

뗏목 재목을 엮어 흐르는 물에 띄워 사람이나 물건을 운반하는 것. '떼+ㅅ+木(목; 나무)'로 1차 분석된다. 명사 '떼[<ᄣᅦ<ᄢᅦ; 筏(벌)]'는 재목 또는 땔나무를 이어 엮어서 물에 띄워 운반하는 것으로 'ᄣᅳ/ᄠᅳ(다)[浮(부)]+에'로 짜인 말이다. 뗏목의 어원적 의미는 '물에 띄운 나무'다.

뗏장 흙을 붙여서 뿌리째 떠낸 잔디. '떼+ㅅ+장'으로 분석된다. '떼[茅(모)]'의 앞선 표기는 'ᄠᅱ/ᄣᅱ/ᄢᅱ/ᄠᅬ'다. '장'은 '구들장, 나비장(나비 모양의 나뭇조각), 얼음장'처럼 '조각이나 덩이'를 뜻하는 말이다. '떼'는 '뗏밥, 뗏일, 뗏장; 주먹떼(드문드문 심는 뗏장)'으로 쓰인다. 뗏장의 어원적 의미는 '떼의 덩이'다. ¶ 무덤에 떼를 입히다. ☞ 잔디

또 어떠한 행동이나 사실이 거듭 되풀이하여. 양보하자면. 그밖에 다시 더. 그래도 혹시. 중세어형은 'ᄯᅩ'다. '또'는 조사 '도'와 동근어다.(도→ᄯᅩ>또) <삼국유사(제망매가)>에 향찰 표기 '辭叱都(말ㅅ도)'가 나온다. '都(又都)'는 소리[도/ᄯᅩ]와 뜻[亦, 又; 모두. 역시. 또한. 다시]을 함께 이르는 표기다. 이두문에서는 '두[置(치)]'로도 쓰였다. '도'는 현대어에서 두 가지 이상의 사물(사실)을 아우르거나 열거할 때 쓰는 보조사다. ¶ 또 사고가 났다. 어린애라면 또 모르겠다. 그는 사업가이자 또 저술가다. 산도 설고 물도 설다.

또래 나이나 어떤 정도가 서로 비슷한 무리. 또래는 '돌(다)+애'로 분석되는 '도래(둥근 물건의 둘레)'가 된소리로 변한 말로 보인다.(도래>또래) 어원적 의미는 '테두리 안에 있는 무리'다. '또래모임, 또래집단(集團), 또래학습(學習); 같은또래(수준이나 나이 따위가 거의 비슷한 무리)'로 쓰인다. ¶ 같은 나이 또래의 아이들.

또리 짐을 일 때에 머리 위에 얹어서 짐을 괴는 고리 모양의 물건. 나선 모양으로

빙빙 틀어놓은 것이나 그 모양. '또+-아리(둥근 것)'으로 분석된다. 어근 '또'는 원형어(圓形語)인 '돌다[廻(회)]'에서 파생한 말이다. '똬리<또아리(<ᄯᅩ아리)'는 사투리 '따바리, 따뱅이'의 원형 어근 tVp-에서 /ㅂ/음이 탈락한 형태다. '똬리'의 어원적 의미는 짚이나 헝겊을 '돌려 감은 것'이다. [똬리로 눈 가린다] 가린다고 가렸으되 가장 요긴한 데를 덮지 못했다는 말. 북한에서는 '따바리'라고 한다. ¶ 똬리를 받치고 물동이를 이다. 뱀이 똬리를 틀다. ☞ 돌다

뙤약볕 되게 내리쬐는 뜨거운 볕. 땡볕. 폭양(曝陽). '뙤약+볕'으로 분석된다. 뙤약은 17세기 문헌 <노걸대언해>에 '되야기'로 두드러기[疹(진)], 18세기 <청구영언>에는 'ᄯᅩ약이'로 땀띠(<ᄯᆞᆷᄯᅬ/ᄯᆞᆷ도야기)를 뜻하는 말로 쓰였다. 볕은 빛과 동근어다. 뙤약볕의 어원적 의미는 '두드러기를 일으킬 수 있는 볕'이다. ☞ 땀띠, 빛

뚜껑 그릇 등 용기의 아가리를 덮는 물건. 덮개. 덮다의 중세어형 '둪다'의 어근에 도구를 의미하는 명사형성 접미사 '-엉/-게'와 결합하여 하나는 '둡+엉→두벙/(경상도 사투리)두껑>뚜껑', 다른 하나는 '둡+게(둡게)→두께>뚜께(제주 사투리)'가 되었다. 뚜껑은 물건이나 그릇의 아가리를 '덮는 것'이란 뜻이다. ◇ 뚜껑을 열다 - 일의 결과를 보다. ☞ 두겁

뜨내기 거처할 곳이 일정하지 못하여 떠돌아다니는 사람. 어쩌다가 가끔 하게 되는 일. '뜨(다)[浮(부)]+나(다)[出(출)]+ㅣ+다'로 분석된다. '-내기'는 '동갑내기, 새내기, 서울내기, 시골내기, 풋내기'처럼 '그러한 특성을 지닌 사람'의 뜻을 더하는 접미사다. 뜨내기의 어원적 의미는 '떠다니는 사람'이다. '뜨내기-꾼, 뜨내기-살이, 뜨내기-손님, 뜨내기-장사'로 쓰인다. ¶ 뜨내기 일감조차 없다.

뜨음하다 잦던 것이 한동안 머츰하다. <준> 뜸하다. '끔하다'는 사투리다. 뜸[사이; 間]의 중세어형은 'ᄠᅳᆷ[距離(거리)]'이다. 이는 분리(分離) 개념어 'ᄠᅳ다[離(이)]'의 명사형이고 틈(간격)과 동원어다.(ᄠᅳ다>ᄠᅳᆷ(거리)>틈(간격)/뜸(사이)) 뜨음하다의 어원적 의미는 '시간이 좀 걸리다'다. ¶ 소식이 뜨음하다.

뜬금 일정하지 않고 시세의 변동에 따라 달리 더해지는 값. '뜨(다)[浮(부)]+금(물건의 값; 價)'으로 분석된다. '금'은 '금나다, 금낮다, 금높다; 놀금, 똥금, 쌀금, 인금(人; 사람의 됨됨이)' 등으로 쓰인다. 뜬금의 어원적 의미는 '값이 떠 있음'이다. ¶ 뜬금없는 소리. 뜬금없이 나타나다. 뜬금없다(갑작스럽고 엉뚱하다).

뜰 집 안에 있는 평평한 땅. '뜰'은 평평하고 넓게 트인 땅을 뜻하는 '들[野(야)]'과

동원어다. '드르ㅎ'와 공존한 'ᄠᅳᆯㅎ[庭(정; 정원)]'은 일찍이 의미가 분화되어 사용된 말이다. '뜰'은 땅을 뜻하는 '달'과 동원어다. '뜨락(←뜰+악), 뜰아래-채, 뜰층계(層階); 뒤뜰' 등으로 쓰인다. ¶ 뜰을 가꾸다. 뜰에 꽃을 심다. ☞ 들, 비탈

뜸 무엇을 흠씬 찌거나 삶아 얼마 동안 그대로 두어 제풀에 속속들이 푹 익게 하는 일. '뜸[사이; 間]'은 '뜨음하다'와 동근어다. '지레-뜸'은 뜸이 들기 전에 밥을 푸는 일이나 그 밥을 이르는 말이다. 뜸의 어원적 의미는 '동안(어느 때부터 어느 때까지의 사이)'이다. ◇ 뜸을 들이다 – 일을 할 때에 쉬거나 서두르지 않고 한동안 가만히 있는 경우를 비유적으로 이르는 말. ¶ 뜸이 덜 든 밥. ☞ 뜨음하다

띠 옷 위로 허리를 둘러매는 끈. 한자어 帶(대)의 고대음 [*ᄃᆡ]가 변한 말이다. <계림유사>에 帶曰腰帶亦曰謁子帶로 보아, 허리띠를 한자음 [jo-tʌi, jo-z-tʌi]로 발음했음을 알 수 있다. 같은 문헌의 표기 女子勒帛曰實帶[sir-stɨi]는 중세어와 일치한다. '띠(<ᄠᅵ/ᄯᅵ)'는 고리[環(환)], 갈고리, 바퀴를 뜻하는 원형어다.

허리를 감거나 두르다를 뜻하는 '띠다(<ᄯᅵ다)'는 명사 '띠'에서 파생된 동사다. 띠로 테두리를 두른 수레바퀴를 15세기 문헌 <월인석보>에 '술윗ᄠᅵ'라고 하였다. 형제자매 사이의 정의(情誼)를 뜻하는 '띠앗-머리'에서 '띠'도 동근어다. '띠'는 '띠지(紙); 가죽띠, 머리띠, 벌레띠(나무에 돌려 바른 끈끈한 물질), 비단띠, 안전(安全)띠, 허리띠' 등으로 쓰인다. ☞ 바퀴

ㄹ

라면 기름에 튀겨서 말린 국수에 양념 봉지를 따로 넣어 간단하게 조리할 수 있도록 만든 즉석식품. 중국어 '拉麵[라미엔]'이 일본어 [라멘]을 거쳐 들여온 말이다. '拉'은 꺾다, '麵'은 국수를 뜻한다. 라면은 1963년부터 우리나라(삼양식품)에서 생산하기 시작하였다.(라미엔→라멘→라면) 북한말은 '꼬부랑국수'다.

레미콘 운반용 트럭에 장치된 콘크리트 혼합기. 콘크리트를 굳지 않게 개면서 필요한 곳으로 날라다 준다. 레미콘(remicon)은 미리 혼합된 콘크리트를 뜻하는 영어 ready-mixed concrete의 준말이다. '양회반죽/회반죽'으로 순화해 써야 할 말이다.

로써 모음이나 'ㄹ'로 끝난 체언에 붙어, '…을 가지고'의 뜻을 나타내는 부사격 조사. 재료 · 연장 · 방편을 나타내는 조사 '로'와 같으나, 이유 · 수단 · 조건이 더 확실함을 뜻함. 중세어형은 '로뻐'다. '로(조사)+쁘(다)[用]+어'로 분석된다. (로뻐>로써) 'ㄹ' 이외의 받침 뒤에서는 '으로써'로 쓰임. ¶ 쌀로써 떡을 만든다. 신념과 용기로써 시련을 이겨내다.

-롭다 일부 명사나 명사성 어근에 붙어 '어기(語基)의 속성이 풍부히 있음. 그럴 만함'의 뜻을 더하고 형용사를 만드는 말. '-롭다(<룹다)'는 '-답다'가 변한 말로 모음 아래에서 '괴롭다, 날카롭다, 새롭다, 슬기롭다, 외롭다, 이롭다, 종요롭다, 한가롭다, 향기롭다, 흥미롭다'처럼 쓰인다. 대체로 선행하는 명사들은 추상 개념을 나타내는 형태소다.

ㅁ

ㅁ(미음) 현행 한글 자모의 다섯째 글자. 입술소리 /ㅁ · ㅂ · ㅍ/의 기본이 되는 음운이다. 'ㅁ[m]' 소리를 낼 때 입의 생긴 모양을 본떠 /ㅁ/을 만들었다. 'ㅁ'은 공교롭게도 한자 입 구(口)와 형태가 같다. 순음(脣音) /ㅂ · ㅍ/은 'ㅁ'에 획을 더하여 만든 글자다. <훈몽자회>에 'ㅁ 眉音(미음)'이라 하였다.

마감 계속되던 일을 마물러서 끝을 맺음. 정한 기한의 끝. 마감은 폐쇄(閉鎖) 개념어 '막다'의 어근 '막-'에 명사화 접사 '-암'이 결합된 파생어다.(막+암→마감) 고유어인 '마감'을 이두식(吏讀式)으로 磨勘(마감)이라 적었다. 원래 磨勘(마감)은 중국 송나라에서 관리의 성적을 매기던 제도를 가리키던 말이다. '마감'은 순수 고유어로 '마지막 또는 끝'을 뜻한다. ¶ 입학원서 접수를 마감하다. 마감재(材)는 건축물의 안팎 마무리 공사를 하는 데 쓰이는 재료다.

마개 병의 아가리나 구멍 같은 데에 끼워서 막는 물건. '막(다)+-애(명사화접사)'로 분석된다. ¶ 술병을 마개로 막다. 코르크 마개.

마고자 한복 저고리 위에 덧입는 웃옷의 한 가지. 마고자는 원래 중국옷인 '마괘자(馬褂子)'에서 온 말이다. '마괘자'에서 음운이 탈락하여 '마고자'로 귀화하였다.(마괘자>마고자) 마고자는 우리나라 사람들이 개량하여 한복에 멋으로 어울려 입는 우리의 독특한 옷이다. '색동마고자, 솜마고자' 등으로 쓰인다.

마구리 길쭉한 물건이나 상자 등의 양쪽 머리의 면. 길쭉한 물건의 끝에 대는 물건. '막(다)+우리'로 분석된다. '우리'는 '울(울타리)'와 동근어로, 기와를 세는 단위성 의존명사다. 기와 한 우리는 2천 장이다. <훈몽자회>에서 막새(수키와)를 가리키는 '마고리'는 '마구리'와 의미와 형태가 같은 말이다. ¶ 서까래 마구리. 베개의 마구리. 장구의 마구리. ☞ 막새, 우리

마냥 '늘, 항상'을 뜻하는 부사. '~처럼, ~같이'의 뜻으로 쓰일 때는 조사다. 한자어 '每常(매상)'이 귀화한 말이다. 현대 중국어는 常常이다. 중세어형은 'ᄆᆡ샹'이다.

'ᄆᆡ샹>ᄆᆡ샹>ᄆᆡ양>ᄆᆞ양>마냥'으로 발음과 표기가 변하면서 어원 의식이 흐려져 우리말로 굳어진 것이다. ¶ 마냥 즐겁다. 어린애마냥 놀다.

마누라 아내를 허물없이 이르는 호칭어로 15세기 문헌 <삼강행실도>에 '마노라'로 나온다. 이 말은 원래 비복(婢僕)이나 신분이 낮은 사람이 지체 높은 주인이나 존귀한 사람(主上 · 上典)을 부를 때 쓰던 경어체로 남녀에 두루 사용하였다. 18세기부터 '처(妻), 아내'의 뜻으로 쓰이고 있다. '마노라'는 '만+오라'의 합성어다.(마노라>마누라)

'만'은 '첫째. 우두머리'의 뜻을 지닌 'ᄆᆞᆺ(가장), ᄆᆞᆫ(꼭대기), ᄆᆞᆮ'과 동원어고, '오라'는 중세어 '오래[門 · 家門; 집안]'와 일치한다. 결국, 마누라는 가문 또는 집에서 우두머리 곧 나이가 지긋한 여자를 이르는 말이다. 오늘날 노년층에서 자기 부인을 부르는 '마누라'에 대해, 남편은 지난 날 벼슬아치를 높여 부르던 '영감(令監)'을 쓰고 있다. 북한에서는 첩(妾)을 '곁-마누라'라고 한다. ¶ 여보 마누라, 이것 좀 보오.

마늘 백합과의 여러해살이풀. 비늘줄기는 요리의 양념감이나 강장제 등 알라신 물질이 들어 있어 약초로 널리 쓰인다. 원산지는 서아시아다. 중세어형은 '마ᄂᆞᆯ'이다. <삼국사기>의 '蒜山縣本高句麗買尸達縣'에서 고구려어 買尸[mair]은 현대어 '마늘'과 일치한다. <향약구급방>에 고려말 亇汝乙[마ᄂᆞᆯ]이 보인다.

단군신화에 나올 정도로 마늘의 역사는 매우 오래되었음을 알 수 있다. <고사기, 일본서기>의 기록인 mira, 현대 일본어 nira로 미루어 보아 8세기 이전에 우리가 전한 식물로 보인다. <명물기략>에서는 맛이 매우 날(辣; 몹시 매울 날)하므로 '맹랄(猛辣)'이라고 풀이하고 있다. 원산지를 고려하면 '마늘'은 몽골어 manggir에서 발전하였을 가능성이 있다.(만끼르→만ᄂᆞᆯ>마ᄂᆞᆯ>마늘) 제주도 사투리는 '마농(←*만+옹)'이다.

마당 집 · 건물 주위에 평평하게 닦아 놓은 땅. 어떠한 일이 벌어지고 있는 자리나 판 · 장면. 중세어형은 'ᄆᆞᇀ'이고, <훈몽자회>에는 'ᄆᆞᆮ[場 · 圃]'으로 나온다. 마당은 다른 낱말과 동음이의성을 피하고 청각 인상을 강하게 하기 위하여 '고랑(←골+앙), 도랑(←돌+앙), 구렁(←굴+엉)' 등과 같이 음절을 덧붙인 말이다. 'ᄆᆞᆮ[場 · 圃]~받[田]'은 16세기까지도 섞여 쓰이다가 'ᄆᆞᆮ'은 마당으로, '밭'은 바탕으로 뜻이 갈라졌다. 이들은 각기 'ᄆᆞᆮ+앙→마당, 밭+앙→바탕'으로 변하였다.

마당은 '판소리 열두 마당, 마당놀이, 마당질(가을에 곡식을 타작하는 행위),

마당발(교제 관계가 넓은 사람)' 등 여러 의미로 쓰인다. ¶ 그 집은 마당이 넓다. 사람이 죽는 마당에 네가 그런 소리를 할 수 있느냐?

마따나 '누구의 말/말씀'에 붙어, 그 말이 동의하는 뜻(말한 바와 같이 · 마찬가지로 · 말한 대로)을 나타내는 보조사. 20세기 초 신소설 작품에 '(말)맛다나'가 나온다. 어근은 '맞(다; 中 · 的 · 適)'이다. '(이)나'는 차선책(次善策)을 의미하는 보조사로 보인다. 어원적 의미는 '(말이) 맞다고 하니'다. ¶ 네 말마따나 쉬는 게 좋겠다. ☞ 맞춤

마땅하다 잘 어울리거나 알맞다. 그렇게 되어야 옳다. 중세어형은 '맛당ᄒᆞ다'다. 동사 맞다[適(적)]의 어근에 형용사화 선행 접사 '-당-'이 결합된 말이다. '-당-'을 한자 當(당)으로 보기도 한다.(맛당ᄒᆞ다>맛짱ᄒᆞ다>마땅하다) 중세어 '맛당[宜(의)]'은 '마땅함, 당연(當然)함'을 뜻하는 명사다. '마땅찮다, 마땅히(모름지기. 꼭)'로 쓰인다. '마뜩하다(마음에 들 만하다)'도 동근어다. ¶ 마땅한 신랑감. 벌을 받아야 마땅하다. 그 단체의 주장과 행동이 도무지 마뜩하지 않다.

마련 미리 헤아려서 갖춤(장만. 준비). 어떤 일을 하기 위한 궁리나 속셈. 일이나 물건을 이리저리 말라서 만들거나 꾸밈. 당연히 그러하게 되어 있거나 될 것임. 18세기 <자휼전칙>의 '마련(磨鍊)ᄒᆞ다'는 고유어를 한자로 취음한 것이다. '마련-그림'은 설계도를 뜻하는 순수 우리말이다. ◇ 마련이 아니다 – 사정이나 형편 따위가 몹시 어렵거나 딱하다. ¶ 집을 마련하다. 저도 무슨 마련이 있겠지. 인간은 불완전하기 마련이다. 힘든 마련으로 말미를 얻다. 옷이 마련이 아니다.

마렵다 오줌이나 똥이 나오려고 하는 느낌이 있다. '마렵다'는 'ᄆᆞᆯ[糞尿(분뇨) · 똥]'에 형용사화 접사 '-엽다'가 결합된 말이다.(ᄆᆞᆯ+-엽다→마렵다) 'ᄯᅩᆼ(똥)'과 'ᄆᆞᆯ'은 15세기 초기 문헌에 나온다. 'ᄆᆞᆯ'은 '대변, 소변'을 두루 일컬었다. <역어유해>에서는 '큰-ᄆᆞᆯ, ᄯᅩᆼ(>똥)', '져근-ᄆᆞᆯ, 오좀(>오줌)'이라 하였다. 'ᄆᆞᆯ'은 물(<미/마; 장마)과 동원어로 보이며, 19세기에 들어와 '변의(便意)가 있다'는 뜻의 '마렵다'에 화석으로 남아 있을 뿐이다.

'ᄆᆞᆯ'은 고대 일본어 ku so mari, yu mari[소변(小便) · 糞(분)]와 일치한다. 우리말 '똥'은 공교롭게도 영어 dung, 독일어 Dung, 그리고 중국어 '통, 마통[通, 馬通]'과 비슷한 음상(音相)을 지닌다. ¶ 똥/ 오줌이 마렵다.

마루 → '맏, 머리' 참조

마르다 물기가 없어지다. 야위다. 물기가 적어 갈증(渴症)이 나다. 중세어형은

'ᄆᆞᄅᆞ·다[乾燥(건조)]'다. 어근 'ᄆᆞᄅᆞ-'는 'ᄆᆞᆯ·다[卷(권; 말다)]' 그리고 물[水(수)]에 뿌리를 둔 'ᄆᆞᆯ다/ᄆᆞᆰ다[淸(청)]'와 동근어 관계다. 마르다의 어원적 의미는 '(물기가 없어지면서 돌돌) 말리다'다.

'마른과자, 마른국수, 마른안주, 마른장마, 마른포도, 마른하늘; 말라붙다, 말라빠지다, 말라죽다' 등으로 쓰인다. 그리고 '강-마르다, 메-마르다(<마ᄆᆞ르다), 얼-마르다(얼어 가며 차차 마르다); 성마르다(도랑이 좁고 성미가 급하다)'가 있다. 사동꼴은 '말리다(<ᄆᆞᆯ오다/말외다)'다. ¶ 젖은 옷이 마르다. 몸이 마르다. 목이 마르다. 돈이/ 씨가 마르다. 옷을 말리다.

마름¹ 이엉을 엮어 말아 놓은 단. 또는 그것을 세는 단위. '말(다)[卷(권)]+-음(접사)'으로 분석된다. 어원적 의미는 '말아 놓은 것'이다. '용-마름'은 초가(草家)의 용마루나 흙담 위에 덮는 짚으로 틀어 지네처럼 엮은 이엉이다. ¶ 이엉 한 마름.

마름² 땅 임자의 위임을 받아 소작지를 관리하던 사람. 마름 제도는 농지개혁법이 시행된 뒤부터는 없어졌다. 중세어형 'ᄆᆞᄅᆞᆷ'은 'ᄆᆞᆮ[上]/말[接舍]+ᄋᆞᆷ[長(장)]'으로 분석된다.(ᄆᆞᆯᄋᆞᆷ>ᄆᆞᄅᆞᆷ>마름) 'ᄆᆞᆮ>말'은 'ᄆᆞᄅᆞ[宗(종)]'의 어근이다. <용비어천가>의 舍音은 [ᄆᆞᄅᆞᆷ]으로서 舍[ᄆᆞᄅᆞ]와 音[ㅁ]은 이두식 차자(借字) 표기다. 마름의 어원적 의미는 원시공동체 사회에서 '마을의 우두머리'다. ¶ 저희는 마름이고 우리는 그 손에서 배재를 얻어... <동백꽃(김유정)>

마름쇠 적군이나 도둑을 막는 데 쓰는 네 갈래로 갈라진 날카로운 쇠. 아무렇게나 던져도 날 하나는 위로 향한다. 18세기 <동문유해>에 '마름쇠(鐵蒺藜)'가 나온다. 마름은 'ᄆᆞᆯ[菱]+밤[栗]'으로 분석된다.(말밤>말왐>말암>마름) 마름쇠는 '마름'과 '쇠'의 합성어다.

마름은 바늘꽃과의 물풀로서 열매가 납가새나 메밀(<모밀[蕎麥])과 비슷한 마름모꼴이다. 菱(마름 릉)은 '모[角·方], 모나다'의 뜻을 지닌 한자다. 결국 마름쇠의 어원적 의미는 '마름 열매 형상을 한 모가 난 쇠'다. 곡식 이름인 메밀도 '모가 난 밀'이다. [마름쇠도 삼킬 놈] 남의 물건이나 돈이라면 무엇이나 잘라먹는 버릇이 극도에 달한 사람을 이르는 말. ☞ 모퉁이, 쇠

마름질 옷감이나 재목을 치수에 맞게 베거나 자르는 일. 재단(裁斷). 마름질은 '마르다[裁(재)]'의 명사형에 접미사 '-질'이 붙어 파생된 말이다.(마르-+ㅁ+질→마름질) '마르다'는 '말다[卷(권)]'와 동근어다. '마름-돌, 마름-둥글이, 마름-

새(마름질해 놓은 솜씨), 마름-자, 마름-재목(材木), 마름질/하다' 등으로 쓰인다. 마름질의 어원적 의미는 '둥글게 마는 것'이다. ¶ 옷을 마르다. ☞ 마르다

마리 짐승이나 물고기, 벌레 따위를 세는 말. '마리'는 머리[頭(두)]의 모음교체형이다. '마릿수(數); 낱마리'로 쓰인다. ¶ 돼지 세 마리. 물고기 두 마리. ☞ 머리

마무리 일의 끝맺음. 마지막 단속. ≒ 휘갑. 마감. '마무리'를 파생시킨 '마무르다'는 <훈몽자회>에 '마ᄆᆞ오다', <박통사언해중간>에는 '마모로다'로 나온다. 이들은 '말다(<ᄆᆞᆯ다[卷 · 裁])'와 동근어다. '마무르/마물+이(접사)'로 이루어진 '마무리'는 종이나 피륙 같은 것의 가장자리를 돌돌 말듯이 일을 가지런히 끝맺는다는 뜻이다. 동사 '마무리-하다'는 일의 뒤끝을 맺는다를, '끝-마무리'는 일 끝을 마무르는 일을 뜻한다. ¶ 무슨 일이든지 마무리가 잘되어야 한다. 지난 한 해를 잘 마무리하다.

마사니 지난날, 가을걷이를 할 때 마름을 대신하여 곡식을 되는 사람. '말[斗(두)]+-사니(사람)'로 분석된다. '-사니'는 '가납-사니(말다툼을 잘하는 사람), 욕-사니(욕감태기)'에서와 같이 '사람'을 뜻하는 접사다.

마시다 → '맛' 참조

마을 주로 시골에서, 여러 집이 모여 사는 곳. 중세어형은 'ᄆᆞᅀᆞᇰ, 마ᅀᆞᆯ'로 취락(聚落) 또는 관청(官廳)을 뜻한다. 고대에 촌락(村落)을 뜻하던 '벌[平原(평원)]'이 '고을, 마을'로 바뀌어 쓰이게 되었다. 'ᄆᆞᅀᆞᆯ'은 'ᄆᆞᆺ+ᄋᆞᆯ(접사)'로 분석된다. 어근 'ᄆᆞᆺ'은 집적(集積) 개념어 '몯'과 동근어다. 어원적 의미는 '모인 것'이다. 결국 마을은 사람들이 모여 사는 곳이다. '마실, 마슬'은 사투리다. 현대 일본어 [mura; 村]는 신라 시대의 마을 이름 '居伐牟羅[모라]'가 건너간 것이다. ¶ 마을 앞에는 강이 흐르고 있다. ☞ 고을

마음 의식, 감정, 생각 따위의 정신적인 작용을 두루 이르는 말. 기분. 마음씨. 인심(人心). <삼국사기>에 '心岳城本居尸'이 보이며, 향찰(모죽지랑가) 표기는 心未[*ᄆᆞᅀᆞ미]다. 중세어형은 'ᄆᆞᅀᆞᆷ, ᄆᆞᅀᆞᆷ'이다. 마음은 'ᄆᆞᅀᆞᆷ>ᄆᆞᅀᆞᆷ>ᄆᆞᄋᆞᆷ>마음'으로 어형 변화가 일어났다. 心(심)이 고구려 땅 이름에 居尸[*kə:r]로 적은 것으로 보아, 몽골어 kororo[중심]와 대응되는 것으로 추정된다. <계림유사>에 心曰心音尋[*마음심]이 나온다. 중세어 'ᄆᆞᅀᆞᆷ'은 만주어 mujilen(心)과 대응될 가능성이 높다.

훈민정음 창제 초기에는 心을 '념통'으로 새기고 'ᄆᆞᅀᆞᆷ'으로 표기하였다.

그러다가 16세기부터 '념통'과 'ᄆᆞᅀᆞᆷ뽁'이 둘 다 쓰였다. 오늘날 '염통'은 주로 동물에, 심장(心臟)은 사람의 내장기관을 일컫는 말로 구별하여 쓰고 있다. 정신 작용을 뜻하는 'ᄆᆞᅀᆞᆷ'은 오늘날 '마음[心(심)]'으로 어형이 바뀌었다. 18세기부터 '안ㅎ[內(내)]'이 'ᄆᆞᄋᆞᆷ과 함께 쓰이고 있다. ¶ 마음씨를 바르게 가져라. 등산을 하니까 마음이 상쾌하다. 마음가짐을 굳게 하다.

마저 앞에 오는 말이 '하나 남은 마지막 것까지 남김없이 다'임을 나타내는 보조사. ≒ 조차. 부정적인 상황에 쓰인다. 'ᄆᆞᆽ/맞(다)+어→ᄆᆞᄌᆞ>마저/-마저)'로 이루어졌다. '마저'는 현대어에서 '남김없이 모두'를 의미하는 부사 '마저'와 '까지'를 뜻하는 보조사 '-마저'로 쓰이고 있다. '마지막, 마침내, 마저'는 동근(同根) 파생어다. 우리말 '마저'는 일본어 -made(-까지)와 어형이나 의미가 일치한다. ¶ 일을 마저 하다. 하마터면 목숨마저 잃을 뻔했다. 식량마저 떨어지다. ☞ 마지막

마중 오는 사람을 나가서 맞이함. ↔ 배웅. 중세어형은 '마ᄍᆞᄫᅵ(←맞+ᄌᆞᆸ+이)'다. 마중은 '맞다'의 어근 '맞-'에 접미사 '-웅'이 결합된 말이다. 이와 같이 용언의 어간에 접미사 '-웅/-앙'이 어울려 이루어진 파생어로 '빨강(←빨갛+앙), 꾸중(←꾸짖+웅)' 등이 있다. 마중은 '맞이[迎(영) · 逢(봉)]'와 같이 쓰이며 서로가 만남으로서 보람된 삶의 원동력을 이룬다는 뜻이다. 어근 '맞-'은 '(비를) 맞다. (매를) 맞다'와 동근어로 받다[受(수) · 奉(봉)]의 뜻을 나타낸다. 맞이하다(받아들이다)의 뜻으로 보아 '맞다'와 '받다'는 '맏-~받-'의 어근 교체형으로 보인다. '서로 똑바로 향하여'를 뜻하는 부사 '마주(←맞+우)'도 동근 파생어다.

'마중-나오다, 마중-물; 길-마중, 달-마중, 되-마중, 비-마중' 등으로 쓰인다. '마중-물'은 펌프에서 물을 끌어올리기 위하여 위에서 붓는 물이다. ¶ 공항으로 마중을 나가다.

마지기 논의 넓이를 세는 단위. 보통 논 한 마지기는 200평이다. '말[斗(두)]'과 '짓다[作(작)]'가 합성된 말이다. '마지기'의 어원적 의미는 볍씨 한 말을 모판에 뿌려 어느 정도 자라게 한 다음 모내기할 만한 넓이의 농토다.(말+짓+기→말지기>마지기) 볍씨 한 섬의 모를 심을 만한 논의 넓이는 '섬지기'라 하고, 한 되 또는 한 홉을 심을 만한 논의 면적은 '되지기, 홉지기'라 한다. ¶ 우리 집은 논 열 마지기를 짓는다. 두어 되지기나 되는 다랑논.

마지막 시간이나 순서상으로 맨 끝 또는 맨 나중. 중세어형은 'ᄆᆞᄌᆞ막'이다. 'ᄆᆞᄌᆞ

막'은 '몿다(>마치다)'에서 파생한 부사 'ᄆᆞᄌᆞ'와 명사 '막'이 결합된 꼴이다.(몿+ᄋᆞ+막→ᄆᆞᄌᆞ막) '막'은 폐쇄 개념어 '막다'의 어근으로 어떤 순서의 한계를 뜻하는 '막-내, 막-장, 막-판, 막-바지, 막-다르다; 가팔막, 나지막하다, 내리막, 늘그막, 야트막하다, 오르막' 등에 쓰인다. '마침내, 마저'는 동근(同根) 파생어다. ¶ 마지막 순간까지 최선을 다하다.

마찬가지 질이나 조건이 서로 같음. 매한가지. '마치+ᄒᆞᆫ+가지'로 분석된다. 여기서 '마치'는 '맞히다[中(중)]'의 어간이 부사로 되어 '바로, 영락없이, 꼭'을 뜻한다. 또한, '하나'의 수관형사 'ᄒᆞᆫ[一]'에 '가르다' 계인 '가지[枝(지)·種類(종류)]'가 결합되어 '마치 하나의 것'이란 뜻도 있다. 우리말 '가지'는 퉁구스어 gáčin, 만주어 xačáin과 대응된다. '마찬가지'의 어원적 의미는 '마치 한 가지'다. ¶ 이 정도면 새것이나 마찬가지다. ☞ 맞춤

마침내 마지막에 드디어. 끝끝내. 중세어형은 'ᄆᆞᄎᆞᆷ내'다. 마침내는 동사 '몿다[終(종)]'의 어근이 명사로 전성된 'ᄆᆞᄎᆞᆷ'에 부사형성 접사 '-내'가 결합된 말이다.(몿+ᄋᆞᆷ→ᄆᆞᄎᆞᆷ>마침+내) '마치다'의 옛말 어근 '몿'은 'ᄀᆞᆺ[邊(변)]~ᄭᅳᆺ[末(말)]'과 음운 교체된 동근 파생어다. 한편, 접사 '-내(시간적으로 계속)'는 '내내, 겨우내, 여름내'에서와 같이 '나다[經(경)]'의 부사형인 '내(←나+이)'가 원어(原語)다. <두시언해초간>에서 12월[季月(계월)]을 'ᄆᆞᄎᆞᆷᄃᆞᆯ'이라 하였는데, 오늘날 '마침달'로 되살려 쓸 만하다. ¶ 지루한 장마가 마침내 끝났다.

마파람 남쪽에서 불어오는 바람. 앞바람이라고도 한다. <월인천강지곡>에 남쪽 방향을 앒[前], 북쪽을 뒤[後]라 하였다. 집의 앞쪽 방향이 남(南)이고 뒤쪽이 북(北)의 방향이 되므로 앞을 남, 뒤를 북이라 한다. 따라서 마파람의 '마'는 앞에서 마주 보이는 쪽을 뜻하는 '맞' 또는 '마주'에서 온 말이다. 그 뜻은 원래 '마주한 바람, 앞에서 불어오는 바람'이다. 비바람이나 눈 같은 것을 몸으로 받는다는 동사 '맞다[的中(적중)]'의 어간 '맞-'이 '마ㅎ'으로 변해 바람과 결합하여 마파람이 되었다.(마ㅎ+ᄇᆞᄅᆞᆷ→*마ᄑᆞᄅᆞᆷ>마파람)

이와는 달리 '마ㅎ(장마)+ᄇᆞᄅᆞᆷ→마파람' 곧 장마를 몰고 오는 바람과도 관련지을 수 있다. 우리말 '마'는 토이기어 ma[南(남)], 일본어 maje[南風(남풍)]와 대응되는 것으로 보인다. 북풍은 '된바람(←뒤/되[後, 北·胡]+ㄴ+바람)', 동풍은 '샛바람', 서풍은 '하늬바람'이라고 한다. [마파람에 게 눈 감추듯] 음식을 어느 결에 먹었는지 모를 만큼 빨리 먹어 버림을 이르는 말. ☞ 바람

마하수리 경사스러운 일을 일으키시는 매우 거룩하고 위대한 높은 분(부처님)이시여. '마라수리/마수리'는 불교 경전 <천수경>에 나오는 말이다. '마하+수리'로 분석된다. 범어 '마하(←摩訶←Mahā)'는 '큼, 위대함, 뛰어남'의 뜻을 나타내는 말이다. '수리'는 길상존(吉相尊; 부처님)이다. '수리수리 마하수리 관세음보살. 수리수리 마하수리 수수리 사바하(길상존이여 길상존이여 대길상존이여 극길상존이시여 간절히 원하나이다)'로 쓰인다.

막걸리 찹쌀, 멥쌀, 보리, 밀, 감자 따위를 찐 뒤에 약간 말려 누룩과 물을 섞어 일정한 온도에서 삭힌 다음 이것을 걸러 짜낸 술. 체로 찌꺼기를 걸러서 마시는 술이다. <청구영언>에 '달괸 술 막걸러'가 나온다. 막걸리는 부사형 접두어 '막(몹시)'에 '거르다'의 어간이 설측음화한 어형 '걸러'나 '거르/걸-+-이(명사화 접사)→걸리'가 합성된 말이다.(막+걸+이→막걸리) 결국 막걸리는 '마구 거른 술'이란 뜻이다.

막걸리를 한자어로 탁주(濁酒)라고 한다. 전통 소주(燒酒)는 막걸리를 소주고리에 증류시켜 만든 것이고, 오늘날 대중화된 막소주는 알코올을 묽게 탄 술이다. '동동주'는 청주(淸酒)를 떠내지 않아 밥알이 그대로 동동 떠 있는 채로인 술을 말한다. [막걸리 거르려다 지게미도 못 건진다] 큰 이익을 보려다가 도리어 손해만 보았다는 말.

막내 형제자매 중에서 맨 마지막으로 태어난 사람. ↔ 맏이. 18세기 문헌 <역어유해보>에 '막나이(晩生子)'가 나온다. '막+낳-+이'로 분석된다. '막'은 폐쇄 개념어 '막다'의 어근으로 '막장, 막판, 막바지'와 같이 '마지막'을 뜻한다. '낳-'은 출현 개념어 '낳다'의 어근으로 '나다[出]'와 동근어다.(막나이>막내) 막내의 어원적 의미는 '마지막에 나은 아이'다.

한편, 아무렇게나 짜서 품질이 좋지 않은 막치 무명인 '막나이'는 동음이의어다. 여기서 '막'은 '마구, 함부로'의 뜻이고, '나이(←낳+이)'는 '실을 짜다'를 의미하는 말이다.

막대(기) 가늘고 기다란 나무나 대나무의 토막. 중세어형은 '막다히'다. '막대(기)'는 '막(다)/막+다히/대+기(접사)'로 분석된다.(막:대/막다 · 히) '막'은 '말(뚝)[橛(궐; 나무)]'과 동근어로 '막 · (다)[塞(색) · 防(방)]'를 파생시킨 말로 보인다. '대'는 긴 물체를 뜻하며, '돛-대, 바지랑-대(<바지랑이), 솟-대, 장-대' 등과 같이 쓰인다. 어원적 의미는 '(경계를 울타리 삼아) 나무로 막는 것[防柵(방책)]'

이다. '작대기'는 '자[尺(척)]+ㄱ+대+기'로 분석된다. ¶ 긴 막대를 휘두르며 짐승을 몰다. ☞ 말뚝, 대

막바지 막다른 곳. 일 따위의 마지막 단계. '막(다)+받(다)[受(수)]+이'로 분석된다. 어원적 의미는 마지막으로 받아들이는 곳이다. '받다'는 '맞다[迎(영)]과 동근어다. ¶ 계곡의 막바지. 일이 막바지에 접어들다. ☞ 마지막, 만나다

막새 재래식 골기와 지붕의 처마 끝을 꾸미는 수키와. 묘두와(猫頭瓦). 막새기와. 수막새. ↔ 내림새(한 끝에 반달 모양의 혀가 붙은 암키와. 암막새). '막(다)+새[草(초)]'로 분석된다. 막새의 어원적 의미는 '(끝을) 막은 기와'다. 16세기 문헌 <훈몽자회>에 '막새'를 '猫頭又花頭마고리'라 하였다. 이는 오늘날 '마구리'가 된 말이다. ☞ 새[3]

막창 '막(마지막. 끝)'과 '창자(腸子; 밸)'가 합성하여 맹장(盲腸)을 이르는 말이다. 腸(장)이 [창]으로 바뀌었다.(막장>막창)

만나다 마주 대하다. 거리가 가까워져 서로 닿는 상태가 되다. ↔ 헤어지다. 갈라지다. 중세어형은 '맞나다, 맛나다'다. 만나다는 '맞다[봉(逢)·迎(영)]'와 '나다[出]'가 합성되어 '맞나다>맛나다>만나다'로 음운 변천을 겪은 후, 어원 의식이 흐려지면서 굳어진 말이다. '맞+나다'는 사람을 오게 하거나 또는 사람을 맞아들이기 위하여 안에서 밖으로 나간다는 뜻이다.

'맞다'는 부사 '마주(<마조←맞+오)'를 전성시킨 동사며, 어근 '맞-'에 접사 '-이'가 결합되어 '달맞이, 봄맞이, 마중'으로도 쓰인다. 중세어 '맛보다'는 만나 보다다. '맞다'의 어근 '맞-[迎·當·的中]'은 '받다[受(수)], 받히다[衝(충)]'의 어근 '받-'과 어두음이 교체된 동근어다.(ㅁ→ㅂ) ¶ 형과 동생이 만나다. 선분과 선분이 한 점에서 만나다.

만날 매일 같이 계속하여서. '萬(만)+날[日(일)]'로 분석된다. 한자 '萬'은 '많은'을 뜻한다. 어원적 의미는 '아주 많은 날. 수없이 반복되는 날'이다. '맨날'은 잘못된 표기다. ¶ 만날 그 모양이다. 만날 놀기만 하다. ☞ 날씨

만두 밀가루를 반죽하여 얇게 밀어 소를 넣고 둥글게 빚어서, 삶거나 찌거나 기름에 튀겨서 만든 음식. 16세기 <훈몽자회> 표기도 오늘날과 같다. 만두는 중국어 '만두(饅頭; 구운 밀가루 떡)'를 빌린 말이다. 17세기 문헌 <가례언해>에 '만두ᄂᆞᆫ 상화ㅣ오'가 나온다. '상화(시루에 찐 음식)'는 만두를 일컫던 순우리말로 쓰이다가 없어졌다. 만두와 관련된 근세 중국어 '변시(扁食)'는 [편수]

로 받아들여 이북 지방에서 쓰고 있다.

'만둣국, 만두소, 만두피; 고기만두, 군만두, 굴만두(만두피를 싸지 않고 소를 밀가루에 살짝 굴려 만든 평양식 만두), 김치만두, 물만두, 보(褓)찜만두, 왕만두' 등으로 쓰인다. ¶ 만두는 주로 겨울철에 빚어 먹는 음식이다.

만들다 재료나 도구를 사용하여 어떤 물건이나 물질이 생기도록 작업하다. 손으로 작업하는 것과 같은 조형성(造形性)이나 인위성(人爲性)의 의미도 있다. 중세어형은 'ᄆᆡᇰᄀᆞᆯ다'고, 그 이전의 형태는 '*ᄆᆞᆫᄋᆞᆯ다'로 보인다. 어근 'ᄆᆞᆫ'은 손[手(수)]을 뜻하며 '만지다'와 동근어다. '*ᄆᆞᆫᄋᆞᆯ다'는 /ㄴ/ 아래에서 /ㄷ · ㄱ/이 덧붙고, 비음화를 거친 후, /ㅣ/모음이 덧붙어 'ᄆᆡᇰᄀᆞᆯ다'가 되었다. 그리고 후대에 거슬러 '만들다'로 어형이 변하였다.(*ᄆᆞᆫᄋᆞᆯ다>ᄆᆞᆫᄃᆞᆯ다/ᄆᆞᆫᄀᆞᆯ다>ᄆᆡᇰᄀᆞᆯ다>만들다)

사투리 [맨글다, 맹글다]는 고어형이다. 만들다의 어원적 의미는 '손으로 만져서 짓다'다. 옷을 입고 매만진 맵시를 뜻하는 '맨드리'는 어간 'ᄆᆞᆫᄃᆞᆯ-'에 접사 '-이' 결합된 말이다. 물건의 만들어진 본새나 짜임새를 '만듦-새'라고 한다.

만만하다 무르고 보드랍다. 다루기에 손쉬워 보이다. 힘들지 아니하고 손쉽다. <큰>문문하다. 17세기 초 <언해두창집요> 표기는 'ᄆᆞᆫᄆᆞᆫᄒᆞ다[軟(연; 부드럽고 연하다)]'다. 어근 'ᄆᆞᆫ'은 물(<믈[水 (수)])에 어원을 둔 말이다.

'만만찮다, 만만쟁이(남에게 만만해 보이는 사람), 만문하다(만만하고 무르다); 마닐마닐하다(음식이 씹어 먹기에 알맞게 만만하다)'로 쓰인다. 한자어 '만만(滿滿)하다(넘칠 정도로 가득하다)'는 동음이의어다. [만만찮기는 사돈집 안방] 자유롭지 못하고 거북함을 이르는 말. ¶ 음식이 만만하다. 감자를 문문하게 찌었다. 실력으로 만만한 상대다. 금액이 만만찮다. ☞ 무르다, 물

만무방 예의와 염치가 도무지 없는 사람. 막되어 먹은 사람. '만무(萬無)+방(사람)'으로 분석할 수 있다. '萬無'는 '절대로 없음. 전혀 없음'을 뜻하는 한자어다. '-방'은 건설방(오입판 건달), 짐방(싸전의 짐꾼)에서와 같이 사람을 뜻하는 말이다. '만:무방'의 어원적 의미는 '(예의와 염치가) 전혀 없는 사람'이다. ¶ <만무방>은 김유정의 단편소설 제목이다.

만지다 손으로 여기저기 누르거나 주무르다. 다루거나 손질하다. 중세어형는 'ᄆᆞᆫ지다/ᄆᆞ니다(>만지다)[摩(마; 어루만지다)]'다. 어근 'ᄆᆞᆫ'은 손을 뜻하며 '만들다(<ᄆᆞᆫᄃᆞᆯ다)'와 동근어다. '만지작거리다/대다, 만지작만지작/하다'로 쓰인다. ¶ 손으로 아픈 다리를 만지다. 그 기계를 만질 줄 아느냐?

만큼 체언이나 조사에 붙어 '정도가 거의 비슷함'을 나타내는 비교부사격 조사. 중세어형은 '마곰'이다. 격음화가 일어나면서 '마곰>만콤>만큼'으로 어형이 변화하였다. <월인석보>에 '만큼'의 뜻으로 쓰인 '맛감'은 '만(한정. 단독)+감(접사)'으로 분석된다. ¶ 나도 너만큼 달릴 수 있다. 부모님에게만큼은 잘해 드리고 싶다.

많다 어떤 일이나 물건의 수효 또는 사람의 수가 보통 정도를 넘는 상태에 있다. ↔ 적다. 중세어형은 ':만ᄒᆞ다'다. '많다'는 '萬(만), 말[大]'에 'ᄒᆞ다[爲(위)]'가 합성되면서 줄어든 말이다.(만ᄒᆞ다>만타/많다) '多(다)'의 뜻으로 중세어에서 '하다[多 · 衆]'가 널리 쓰이었고, '만ᄒᆞ다[多(다)]'도 함께 쓰였다. '수많다'는 '많다'에 한자 '數(수)'가 덧붙어 의미가 강조된 것이다. 고대 일본어 [mane]는 우리말과 대응한다. ¶ 수많은 사람들이 길거리에 쏟아져 나오다. ☞ 하고많다

맏 차례의 첫 번째라는 뜻. 중세어형은 'ᄆᆞᆺ[가장; 最]' 또는 'ᄆᆞᆮ'이다. 'ᄆᆞᆮ'은 머리[頭(두)]의 어근이다. 그것은 <계림유사>에서도 頭曰麻帝 곧 머리를 '마디'라 한 것으로 보아 증명된다. 머리가 '맏'인 것으로 볼 수 있는 방증은 '맡'에 있다. '맡'은 頭(두) · 端(단) · 상(上)의 뜻이며, '맏'이 격음화한 어형이다. 태어나는 차례의 맨 처음을 뜻하는 '맏'은 '맏-형, 맏-딸, 맏-누이, 맏-아들/맏이, 맏-며느리' 등의 낱말을 파생시키는 접두사다.

한편, 'ᄆᆞᆮ>말'은 'ᄆᆞᄅᆞ[宗(종)], 머리[頭 · 大]'와 동근어로 '말-벌, 말-개미, 말-매미, 말-거머리' 등과 같이 접두사로 쓰여 크다[大(대)]를 의미한다. ¶ 내가 우리 집 맏이다. ☞ 머리

말 말과의 젖먹이동물. <계림유사>에 馬曰末(말)이라 하였고, 중세어형도 'ᄆᆞᆯ'이다. 몽골어 morin과 함께 알타이 조어(祖語)에서 나온 '말'은 고구려어로는 '*ᄆᆞᄅᆞ/ᄆᆞ로'로 추정되며, '*ᄆᆞᄅᆞ>ᄆᆞᆯ>말'로 어형이 변하였다. 말의 새끼를 망아지(<ᄆᆡ야지/ᄆᆞ야지←ᄆᆞᆯ+-아지)라 한다. 동사 ':몰다[驅(구)]'의 어근 '몰-'도 '말'과 동원어다. [말 타면 경마 잡히고 싶다] 사람의 욕심이란 한이 없다는 말. ¶ 말을 몰다.

말괄량이 온순하지 않아서 여성답지 않은 여자. '말[馬(마)]+괄(다)+량이[사람]'로 분석된다. 어원적 의미는 '길들이지 않은 말처럼 성미가 진득함이 없이 팔팔한 사람이다. ¶ 말괄량이처럼 나대지 마라. 말괄량이 길들이기. 성격이 괄괄하다.

말다 밥이나 국수 따위를 물이나 국물에 넣다. 또는 물이나 국물을 밥이나 국수 따위에 넣는 상태가 되다. 중세어형은 'ᄆᆞᆯ다'다. '말다(<ᄆᆞᆯ다)'는 명사 '물(~ᄆᆞᆯ[水])'에 '-다'가 결합되어 뜻이 전혀 다른 말로 전성한 동사다.(ᄆᆞᆯ/믈+다→ᄆᆞᆯ다>말다[蕩 · 調]) ¶ 국에다 밥을 말아 먹다.

말뚝 땅에 박기 위하여 한 쪽 끝을 뻬죽하게 만든 기둥이나 몽둥이. 중세어형은 '말ㅎ[橛(궐; 나무)]'이다. 말뚝은 단독으로 쓰이던 '말'이 근대에 들어와 '굴-뚝, 팔-뚝'처럼 접미사 '독'이 결합되어 말뜻을 강하게 나타낸 어형이다.(말ㅅ독>말쏙>말뚝) '말뚝박기, 말뚝잠, 말목(木), 말장(杖); 팻말, 푯말' 등으로 쓰인다. ¶ 말뚝을 박다.

말랭이 무말랭이(반찬거리로 쓰기 위하여 잘게 썰어서 말린 무)의 준말. '무+마르(다)+앙(이)'로 분석된다. 마르다(<ᄆᆞᄅᆞ다[乾(건)])의 어근 'ᄆᆞᆯ'은 'ᄆᆞᆯ다[>말다; 捲(권)] 또는 'ᄆᆞᆯ다/ᄆᆞᆰ다[淸(청)]'와 동근어 관계다. '가지-말랭이, 고지-말랭이, 무-말랭이'가 있다. ☞ 마르다

말미 어떤 일에 매인 사람이 다른 일로 말미암아 얻는 겨를[假(가)]. 휴가(休暇; 쉼). 중세어형은 '말ᄆᆡ'로 '緣由(연유) 또는 겨를 · 틈[暇(가)]'을 뜻하던 말인데, '겨를 · 휴가'를 의미한다.(말ᄆᆡ>말믜>말미) ◇ 말미를 받다 - 휴가를 얻다. ¶ 직장에서 여름철 말미를 얻다.

말미암다 까닭 · 인연이 되다. 말미암다는 까닭 · 이유를 뜻하는 명사 '말ᄆᆡ'와 동사 '삼다[爲(위; 무엇이 되게 하다. 만들다)]'의 합성어로 '말ᄆᆡ+삼다→말ᄆᆡ삼다>말ᄆᆡ암다>말미암다'로 어형이 변화되었다. '말ᄆᆡ'는 '맏[처음; 初(초)]'에서 온 것으로 보인다.

이유(理由) · 연유(緣由)를 나타내는 '말ᄆᆡ'는 15, 16세기에 널리 쓰이다가 곧 사라지고, 지금은 '말미암다'에 그 흔적을 남기고 있다. '까닭으로 되게 하다'라는 뜻을 가졌던 '말ᄆᆡ삼다'는 '말미암다'로 어형이 변하여 '~로(으로) 말미암아(어디서부터 시작하여)'의 뜻으로 쓰이고 있다. 원래 의미는 '까닭을 삼는다. 계기가 되다'다. ¶ 그는 과로로 말미암아 몸살이 나고 말았다.

말썽 일을 틀어지게 하거나 성가신 일을 일으키는 말이나 짓. 또는 그러한 상태가 되는 것. '말:[言(언)]+성→말:썽'으로 분석된다. '성(불쾌한 감정)'은 성가시다(자꾸 들볶아 귀찮거나 괴롭다)를 뜻하는 말의 선행 어근이다. '말썽거리, 말썽꾸러기, 말썽꾼'으로 쓰인다. ¶ 말썽을 부리다/ 일으키다. 재봉틀이 툭하면 말썽이

다. ☞ 성가시다

말쑥하다 얼굴 모습이나 차림새가 말끔하고 깨끗하다. <큰>멀쑥하다. '맑(다)+淑(숙; 맑다)+하다'로 분석된다.(맑숙하다>말쑥하다) '말갛다, 말그스름하다, 말긋하다, 말끔하다, 말짱 · 멀쩡하다(흠이 없이 온전하다. 정신이 또렷하다. 깨끗하다)'도 동근어다. ¶ 말쑥한 옷차림. ☞ 맑다

말씨 말하는 버릇이나 태도. 어떤 말에서 느껴지는 독특한 가락. '말[言(언)]+쓰(다)[用(용)]+이'로 분석된다. '말씀(<말ᄊᆞᆷ)'은 '말'의 높임말이다. ¶ 말씨가 공손하다. 함경도 말씨.

말코지 물건을 걸기 위하여 벽 따위에 달아 두는 나무 갈고리. 보통 여러 갈래로 된 나뭇가지를 깎아 거꾸로 달아 놓는다. '말(나무. 말뚝)+코지'로 분석된다. '코지'는 코[鼻(비)]처럼 생긴 고리를 이르는 말이다. [말쿠지]는 말뚝의 평안북도 사투리다. 어원적 의미는 '나무 고리'다.

'외상-말코지'는 어떤 일을 시키거나 물건을 맞출 때, 돈을 먼저 치르지 아니하면 얼른 해 주지 아니하는 일을 뜻하는 말이다. '말코'는 길쌈을 할 때에 짠 베를 감는 나무를 가리킨다. ¶ 말코지에 옷을 걸다. ☞ 말뚝, 매

맑다 (물이나 공기 따위가) 다른 것이 섞이거나 흐리지 않고 깨끗하다. ↔ 흐리다. 중세어형은 'ᄆᆞᆰ다'다. 맑다는 '물[水(수)]'에 /ㄱ/이 덧붙으면서 어말어미 '-다'가 결합하여 형용사로 전성된 말이다.(믈+ㄱ+다→믉다>ᄆᆞᆰ다>맑다) '묽다, 무르다, 만만하다, (물에) 말다'와 동근어다. 사투리 [막다, 말가타]에서는 /ㄱ/의 소릿값이 유지되고 있다. 흠이 없고 온전하다를 뜻하는 '말짱 · 멀쩡하다'도 동근어다. [맑은 물에 고기 안 논다] 사람이 너무 깔끔하면 사람이나 재물이 따르지 않는다는 말. ☞ 물

맙소사 어처구니없거나 기막힌 일을 당했을 때 탄식조로 내는 소리. '말(다)+ᅌᆸ/옵(선어말어미)+-소서(<쇼셔; 명령형어미)'로 분석된다. 동사 '말:다'는 하던 일을 그만둔다는 뜻이다. '-소서'는 동사 어간에 붙어 합쇼할 자리에 쓰여 정중한 부탁이나 기원을 나타내는 종결어미다.(맙쇼셔>맙소서>맙소다) 맙소사의 어원적 의미는 '마십시오(그만두시오)'다. ¶ 하느님, 맙소사. 세상에 맙소사.

맛 혀를 자극하여 일정한 감각을 일으키게 하는 물질의 속성. 맛은 만주어, 몽골어의 amtai 어근과 비교된다. amt~ams-에서 mat~mas-(味)으로 변형되었다. 15세기에 '맛'은 음식물을 가리켰는데, 점차 음식에 대한 미감각 즉 맛[味(미)]으로만

쓰이고 있다. '맛갓(←맛+갓[物(물)]'은 음식의 옛말로 '맛난 것'을 의미한다. 음운이 교체된 '멋(외형의 맛)'은 심미적, 정신적 풍치(風致) 곧 조화감을 뜻하는 말이다.

'맛'은 감각 기관인 입이나 혀와 동원어일 가능성이 높고 '(냄새를) 맡다'에서 어근 '맡'과도 동근어로 보인다. 현대어 '맛깔'은 음식 맛의 성질을 뜻하고, '맛스럽다'는 '맛이 입에 맞다. 마음에 들다'는 뜻의 형용사다. 그리고 명사 '맛'은 접사 '-이-'에 어미 '-다'가 결합하여 동사 '마시다'를 파생시켰다. 합성어 '맛적다'는 '재미가(맛이) 적어 싱겁다'를 뜻하는 말이다. '맛맛으로'는 '여러 가지를 색다른 맛으로'를 뜻하는 부사다. ¶ 맛있는 음식도 늘 먹으면 싫증이 나는 법이다. 맛맛으로 차려 놓은 갖가지 별미. 맛깔스러운 저녁 식사를 준비했다.

ㅁ

망나니 조선 시대에는 사형을 집행할 때 죄인의 목을 베는 사람을 가리켰으나, 지금은 말과 행동이 몹시 막되고 나쁜 짓을 일삼는 사람의 뜻으로 바뀌었다. 망나니는 '막+낳(은)+이(사람)'로 분석된다. '막난니>망난이>망나니'로 어형이 변화되었다.

'막'은 부사 '마고/마구'의 준 형태로 '되는 대로 마구, 함부로'란 뜻이며, '막-노동, 막-일꾼, 막-되다, 막-가다' 등의 단어를 파생시킨 부사형 접두어다. '낳다'는 출현(出現) 개념어 '나다(<낱다/낟다)'와 동근어며, '놓다'의 모음교체형이기도 하다. 어원적으로 망나니는 '막된 사람'을 뜻한다. [망나니짓을 하여도 금관자(金貫子) 서슬에 큰 기침한다] 나쁜 짓을 하고도 벼슬아치라는 배짱으로 도리어 남을 야단치고 뽐내며 횡포하게 군다는 말. ¶ 이제부터라도 망나니짓은 그만하고 정신 좀 차려라.

망치 단단한 물건이나 달군 쇠 따위를 두드리는 데 쓰이는 연장. 중세어형은 '마치'다. '·마·치[鎚(추)]'는 동사 '·마·치다(>맞히다[的中(적중)])'의 어근이며, 후대에 /ㅇ/이 덧붙어 망치가 되었다.(맞+이→마치/맛티>망치)

망치보다 작은 것을 '마치'라고 한다. '망치질/하다; 나무망치, 방마치/방망치(방망이의 옛말), 쇠망치'로 쓰인다. 망치의 어원적 의미는 '(목표에) 맞히는 것'이다. [마치가 가벼우면 못이 솟는다] 윗사람이 위엄이 없으면 아랫사람이 순종하지 않는다는 뜻. ¶ 망치로 못을 박다.

망태기 무엇을 넣어 가지고 다닐 수 있도록 새끼나 노 따위로 엮어서 만든 주머니. <준>망태. 망태기는 '網槖(망탁; 그물과 자루)+이'로 분석된다.(망탁+이→*망타기>망태기) ¶ 꼴망태를 메고 소를 몰고 가는 시골 아이의 모습이 눈에 선하다.

맞갖다 마음이나 입맛 또는 취향에 꼭 맞다. 알맞고 적당하다. '맞다[適(적)]'와 '갖다[備(비)]'가 합성된 말이다. 맞갖다의 어원적 의미는 '알맞게 갖추다'다. '맞갖잖다(마음이나 입맛에 맞지 않다)'는 '맞갖지 않다'의 준말이다. ¶ 맞갖은 음식. 원문에 맞갖게 번역하기란 쉽지 않다. 나들이옷이 마음에 맞갖잖아서 옷장 앞에서 한참 망설였다.

맞발기 두 통을 만들어 파는 사람과 사는 사람이 각각 한 통씩 간수하여 두는 문서. 계약서(契約書). '맞+발(글발, 글월)+記(기; 적다)'로 분석된다. '발기'는 사람이나 물건 이름을 죽 적은 글발이다. ¶ 둘이 잘 아는 사이라도 돈거래는 맞발기를 작성해야 법률적인 효력이 있다.

맞춤 맞추어서 만든 물건. 맞춤은 물건 만드는 일을 약속하여 부탁한다는 뜻의 동사 '맞추다(<마초다)'에서 파생된 명사다. '맞추다'의 주동사 '맞다[正·中·適]'는 두 개의 사물이 서로 부합(符合)한다는 뜻이며, 어근 '맛-'은 일본어 masa-[正·當]와 대응한다.(마최옴>맞춤)

'안성-맞춤'은 생각한 대로 튼튼하게 잘 만들어진 물건이나 어떤 계제에 들어맞게 잘된 일을 뜻한다. 경기도 안성(安城)의 놋그릇 주문에서 생긴 말이다. '맞다'와 동근어인 '마땅하다(<맛당ᄒᆞ다)'는 '정도에 알맞다'를 뜻하는 말로 '맞(다)+當(당)+ᄒᆞ+다'로 분석된다. ¶ 요즈음 맞춤옷은 기성복보다 더 비싸다.

매¹ 사람이나 마소 따위를 때리는 곤장·막대기·회초리 따위. 또는 그것으로 때리는 일. '매'는 말뚝의 어근 '말'과 동근어로 나무[木(목)]를 뜻한다.(말>*마리>*마이>매) '막대기, 말뚝, 말코지'에서 '막'과 '말'도 같은 말이다. '맷감, 매맛(매를 맞아 아는 느낌), 매싸리(종아리채로 쓰는 싸릿가지), 매질, 맷집(매를 맞고도 견딜 만한 몸매), 매타작(打作; 매우 심한 매질); 대매, 돌림매, 뭇매(모다깃매), 소나기매' 등으로 쓰인다. [매도 먼저 맞는 놈이 낫다] 어차피 당해야 할 일이라면 먼저 치르는 편이 낫다. ¶ 매를 맞을 짓을 하다.

매² 곡식 섬이나 곡식 단 따위를 묶을 때 쓰는 새끼나 끈(=매끼). 또는 그 묶음을 세는 단위. 'ᄆᆡ다>매다[結(결)]'의 어근이다. '맷고기(조금씩 떼어서 동여맨 덩이로 파는 고기), 맷담배; 동매, 장(長)매, 지(紙)매' 등으로 쓰인다. ¶ 살담배(썬담배) 두 매. 젓가락 다섯 매.

매³ 곡식을 가는 데 쓰는 기구. 맷돌. 매통. '磨(마; 갈다)+이(접사)'로 분석된다.

어원적 의미는 '가는 것'이다. 강원도 · 함경북도 사투리는 '망'이다. '맷돌(<돌매<매)'은 우리나라에서 1~2세기 무렵부터 사용된 것으로 추정된다. '매-조이'는 매통이나 맷돌의 닳은 이를 쪼아서 날카롭게 하는 일이다. ¶ 녹두를 매로 갈다. 맷돌을 죄다. ☞ 방아

매끄럽다 거침없이 저절로 밀리어 나갈 만큼 반드럽다. 15세기 문헌 <월인석보>에 동사 '밋밋ᄒᆞ다'가 나온다. 어근 '*밋~만-'은 '만지다'의 중세어형 'ᄆᆞᆫ지다'의 'ᄆᆞᆫ[手(수; 손)]' 또는 물[水]의 고대음 [미]와 동근어다. 어떤 물체를 여러 번 만지고 문지르면 그 면이 매끄러워진다.(만지다→문지르다) 결국 '매끄럽다'는 마찰 행위로 생긴 촉감의 형용 표현이다. '미끌미끌'도 어근 '민-/미-'에 어간형성 접사 '-글'이 붙어 부사로 된 말이다. ¶ 그 사람은 어떤 일이라도 매끄럽게(완벽하게) 처리한다. ☞ 미꾸라지

매무시 옷을 입고 나서 매고 여미고 하는 따위의 뒷단속. 옷매무시. 15세기 <두시언해초간>에 'ᄆᆡ무슨 사ᄅᆞ미'가 나온다. 매무시는 'ᄆᆡ다(>매다)'와 '무ᇧ다(>묶다)'의 합성어 'ᄆᆡ뭇다(結束하다)'에 명사화 접사 '-애/-이'가 결합된 말이다.(매+뭇+애→매무새, 또는 매+뭇+이→매무시) '매무시'는 매듭(<ᄆᆡ듭), 맵시와 동근어다. '매동-그리다'는 대강 매만져 몽똥그리다를 뜻하는 동사다.

'매[貌(모)]'는 '옷차림, 모양'을 뜻하고 '뭇'은 새끼나 끈 같은 것으로 다발을 지어 잡아매는 것인데, 어미 '-다'와 결합하여 'ᄆᆡ다>매다[結(결)], 뭇다>묶다[束(속)]'의 어형을 이루었다. 이와 같이 명사에 어미 '-다'가 붙어 동사로 전성되는 조어법은 우리말에 일반적으로 나타나는 현상이다.(신→신다, 배→배다, 발→밟다 등) ¶ 매무시에 신경을 쓰다. 매무새(매무시한 뒤의 모양새)가 단정하다. 옷가지를 보자기에 매동그리다.

매우 보통 정도보다 훨씬 더. 몹시. 맵다(<ᄆᆡᆸ다[猛 · 辛])의 어간에 부사화 접사 '-우/-오)'가 결합된 말이다.(ᄆᆡᆸ+오→ᄆᆡ오>매우) 어원적 의미는 '매서울 정도로'다. 어형 구조가 같은 부사에 '겨우(<계오[不勝]~겹다), 나우(←낫다), 느루(←늘다; 길게 늘여서)' 등이 있다. 동근어 '매(<ᄆᆡ이)'는 '몹시 심한 정도로. 보통보다 더 공을 들여'를 뜻하는 부사다. ¶ 한글은 매우 독창적이고 과학적으로 만들어졌다. 농약이 묻었을 지도 모르니 매 씻어야 한다. 매 끓이다.

매한가지 결국 같음. 결국 마찬가지임. 매일반(一般), '매(결국 구별이 없음. 마냥)+한[一(일)]+가지'로 분석된다. ¶ 잘못하기는 너나 나나 매한가지다.

매화틀 가지고 다닐 수 있게 만든 변기를 이르는 말. <훈몽자회>에 '매유통'이라 하였다. '매유'는 전대(前代)의 'ᄆᆞᆯ[糞尿(분뇨)]'의 변이음으로 '마요~마유'를 거쳐 형성된 말이다.(ᄆᆞᆯ~마유+통, 틀[機]→매유통/틀) 궁중 용어로는 '매우틀'이라고 하였다. 매화(梅花)라 한 것은 똥을 미화시킨 것으로 보인다. 매우(梅雨)는 매화나무 열매가 익을 무렵의 장마를 이르는 말이다. ☞ 마렵다

맥쩍다 심심하고 재미가 없다. 열없고 쑥스럽다. '맥[脈搏(맥박)]+적다[小(소)]'로 분석된다.(맥적다>맥쩍다) '맥쩍다'의 어원적 의미는 '맥박이 적게 뛰다'인데, '심심하고 재미가 없다'로 뜻이 바뀌었다. '맥-없다'는 기운이 없다는 말이다. ¶ 얼굴을 대하기가 새삼 맥쩍다. 일도 없이 맥쩍게 앉아 있다.

맨-나중 시간상으로 제일 끝. 먼저 할 일을 한 다음. '맏+내종'이란 말이 변한 것이다. '맨'은 가장 또는 머리란 뜻을 가진 'ᄆᆞᆺ'에서 온 말이다.(ᄆᆞᆺ>ᄆᆡᆫ>맨) '맨 처음, 맏-형'에서 '맨'과 '맏'은 동원어다. 관형접두사 '맨(가장. 제일)'과 합성된 말에 '맨-앞, 맨-뒤, 맨-처음'이 있다. '나중'은 '끝에'라는 뜻이다. '맨-나중'의 어원적 의미는 '가장 끝에'다. ¶ 맨나중에 온 사람이 누구냐. ☞ 나중

맨드리 물건의 만들어진 모양새. 옷을 입고 매만진 맵시. 중세어형은 'ᄆᆞᆫᄃᆞ리'다. 'ᄆᆞᆫᄃᆞᆯ(다)[作(작)]+이'로 분석된다. ¶ 맨드리를 보니 공이 들었구나. 몸매가 좋아서 아무 옷을 입어도 맨드리가 난다. ☞ 만들다

맨발 아무 것도 신지 않은 발. 19세기 <가곡원류> 표기 'ᄆᆡᆫ발'에서 'ᄆᆡᆫ'은 'ᄆᆡᆺᄆᆡᆺᄒᆞ다(매끈매끈하다)'의 어근이 어형 변화된 말이다.(ᄆᆡᆺ>ᄆᆡᆫ>맨) '다른 것을 더하지 않은. 그것만의'의 뜻을 나타내는 '맨-[空(공)]'은 '맨손, 맨발, 맨밥, 맨손(매나니), 맨입, 맨몸, 맨바닥, 맨주먹' 등의 낱말을 파생시킨 접두어다. '꾸밈새나 붙어 딸린 것이 없음'을 뜻하는 접두사 '민-'이나 '맹-'도 '맨-'과 동근어다.(민낯, 민비녀, 민저고리; 맹물, 맹탕) ◇ 맨발 벗고 나서다 - 어떤 일에 적극적으로 나서다. ¶ 맨발로 나와 반기다.

맵시 아름답고 보기 좋게 매만진 모양새. 어근이 되는 '매'는 곧 '옷매, 눈매, 몸매(몸의 맵시), 물매(기울기); 매만지다'에서의 '매[貌(모)]'와 같은 형태소다. 이 '매'는 근원적으로 옷을 입고 끈을 매어 마무리 짓는다는 뜻의 동사 '매다(<ᄆᆡ다~ᄆᆡᆫᄃᆞᆯ다)'와 동근어다. 맵시는 'ᄆᆡ다[結(결)]'와 'ᄡᅳ다[用(용)·冠(관)]'에서 파생된 어형으로 'ᄆᆡ+ᄡᅵ(ᄡᅳ다의 명사형)→맵씨>맵시'로 변화하였다. '매듭(<ᄆᆡ듭)'도 '매다'에서 파생된 말이다. '맵시'는 주로 물건을 다루는 사람의 솜씨와

관련하여 쓰인다. ¶ 한복 차림의 맵시가 한결 돋보인다.

머리 골이 들어 있는 목 위 부분. 생각하는 힘. 시작이나 처음. 으뜸. 위. 물체의 꼭대기란 뜻으로 15세기에는 '마리, 머리'가 함께 쓰였다. '마리'와 '머리'는 모음이 교체된 형태다. 신라 때 임금 이름으로 麻立干(마립간)이, 고구려에서는 莫離支(막리지)가 쓰였는데, 麻立과 莫離는 '마리[首(수)]'로 으뜸간다는 뜻이다. <계림유사>에 頭曰麻帝[마제]라 하였다. 麻帝는 그 당시 발음이 [마뎨]인데, 그 후 '마리>머리'로 어형이 변화되었다. 근대까지 궁중에서 머리를 '마리'라고 하였다.

'머리'는 '우두머리, 머리말, 뱃머리'에서와 같이 '꼭대기, 으뜸, 위, 앞, 처음, 두개골'의 뜻으로, '마리'는 동물의 수를 세는 단위성 의존 명사로 쓰인다. 또한 '마리'는 '마루(<ᄆᆞᄅᆞ[宗(종)])'로 모음이 교체되어 '뫼[山], 용마루(지붕의 꼭대기), 산마루, 등마루' 등과 같이 꼭대기를 의미한다. 집채 안에 땅바닥보다 높게 널빤지를 평평하게 깔아 놓은 곳을 이르는 '마루'도 동근어다. '밭머리, 베갯머리, 책상머리'에서 '머리'는 '한쪽 끝 또는 가장자리'를 뜻한다. 머리의 어원적 의미는 '높은 곳'이다.

중세에는 '껍질'로 쓰이다가 동물의 머리를 가리키는 '대가리'는 몽골어 tarihi (頭腦), tagali(釘頭)와 대응한다. ◇ 머리가 가볍다 - 상쾌하다. 머리를 식히다 - 잠시 휴식을 취하다.

머리맡 누운 사람의 머리 쪽. 또는 그 언저리. ↔ 발치. '머리[頭(두)]+맡(마당)'으로 분석된다. '베갯맡(=베갯머리)'은 베개를 베고 누워 있는 머리맡이다. ¶ 자리끼를 머리맡에 가져다 놓다. ☞ 머리, 마당

먹 벼루에 물을 붓고 갈아서 글씨를 쓰거나 그림을 그리는 데 쓰는 물감. 일부 명사 앞에 붙어 '검은빛을 띰'을 나타냄. 먹은 한자 墨(묵; 중국 고대음은 [먹])에서 온 말이다.(믁>먹) '먹구름, 먹그림, 먹물, 먹빛, 먹실, 먹종이, 먹칠, 먹투성이; 개먹, 숯먹; 먹두루미, 먹황새' 등으로 쓰인다. 종이 · 붓 · 먹 · 벼루를 서재에서 갖출 문방사우(文房四友)라고 한다.

먹거리 먹을 것. 사람이 먹을 수 있는 식량을 통틀어 이르는 말. 식품(食品). 중세어에 '머구리(먹을 것)'가 나온다. '먹(다)+(을)+거리'로 이루어진 '먹거리'는 용언의 어간에 관형사형어미 '-을'이 생략된 채 결합된 어형이다. 조어법상 동사가 정상적으로 명사에 결합되려면 관형사형으로 활용해야 하나, '꺾쇠,

감발, 늦잠'과 같이 비통사적으로 합성하기도 한다.

'-거리(←걸+이)'는 음식의 재료나 어떤 일의 소재를 나타내는 명사가 접미사로 '국거리, 일거리, 반찬거리, 관심거리, 웃음거리, *입거리' 등에 합성되어 쓰인다. ¶ 시골 장터에는 먹거리와 볼거리가 많다. ☞ 악머구리, 먹다[1]

먹다[1] 음식물을 입에 넣고 씹어서 삼키다. <높> 자시다. '먹다. (목이) 메다'는 목[頸(경)]이나 목의 앞쪽을 뜻하는 '멱'과 밀접한 관계가 있다. '음식을 먹는다. 안으로 머금다[含(함)]'의 뜻을 지닌 '먹다'는 '(입에) 물다'와도 관계 있는 말로 보인다. 어근 '먹-'은 '먹보, 먹음새/먹새, 먹성, 먹음직스럽다, 먹이[먹이사슬, 먹잇감, 먹이다툼]' 등으로 쓰인다. 먹다는 '마시다. 피우다. 모함하다. 횡령하다' 등의 여러 뜻을 지닌 말이다. ¶ 사과를 먹다.

먹다[2] 귀가 들리지 않게 되다. '막다[塞(색) · 防(방)]'와 모음이 바뀐 말이다. '귀먹다, 귀머거리(<먹뎡이); 먹먹하다(갑자기 귀가 먹은 듯이 잘 들리지 않다)' 등으로 쓰인다. ¶ 귀가 먹다.

먼동 말이 밝아올 무렵의 동녘 하늘. 18세기 문헌 <역어유해보> 표기도 오늘날과 같다. '멀(다)[遠(원)]+ㄴ+東(동)'으로 분석된다. '멀다'는 <삼국유사(우적가)>의 향찰 표기 遠鳥(烏)逸[머리/멀리]가 나온다. '먼동'의 어원적 의미는 '먼 동쪽'이다. '먼동-트다'는 동쪽이 밝아오다를 뜻하는 동사다.

멀다의 관형사형 '먼'은 '먼-가래'는 객사(客死)한 사람의 송장을 그곳에 임시로 묻는 일, '먼-개'는 썰물 때 멀리까지 드러나는 갯벌, '먼-물(↔누렁물)'은 먹어도 좋은 우물물을 뜻하는 말로 쓰인다.

먼저 시간적으로나 순서상으로 앞선 때(앞서서). 중세어형은 '몬져[先(선)]'다 '몬+져'로 분석된다. '몬'은 '멀다[遠(월)]'와 동근어며 '너르다'와 동원 관계다.(məl-~nəl-) '져[時(시; 때)]'는 '제, 적, 제'와 같이 시간을 뜻하는 말이다.(몬져>몬저>먼저) 어원적 의미는 '먼 때'다. [먼저 난 머리보다 나중 난 뿔이 더 무섭다] 후배가 선배보다 뛰어남을 이르는 말. ¶ 나 먼저 갈게. ☞ 아침

먼지 가늘고 보드라운 티끌. ≒ 티. 중세어형은 '몬지'다. '몬+지'로 분석된다. '몬'은 '멀다'의 어근과 동근어이고 '지[灰(회)]'는 불에 타고 남은 가루 모양의 물질이다. 먼지의 함경도 사투리는 '몬지'다.(몬지>몬지>먼지) 어원적 의미는 '멀리 보이는 재'다. [먼지도 쌓이면 큰 산이 된다] 티끌 모아 태산. 먼지가 나지 않을 정도로 조금 오는 비를 '먼지-잼(재우다의 명사형)'이라고 한다. '먼지-

떨음'은 어린 아이를 엄포로 때리는 짓이다. ¶ 책상 위에 먼지가 쌓이다. ☞ 먼저, 재

멋쩍다 쑥스럽고 어색하다. 격에 어울리지 아니하다. '멋[風致(풍치)]+적다[小]'의 합성어다. 어원적 의미는 '멋이 적다. 운치가 없다'인데, '하는 짓이나 모양이 격에 맞지 않다. 어색하다'는 뜻으로 쓰인다. '객-쩍다, 맥-쩍다'와 짜임이 같은 말이다. ¶ 혼자 있기가 멋쩍다. 하는 일 없이 맥쩍게 앉아 시간을 보내다. 객쩍은 수작은 그만 두어요. ☞ 맛, 객쩍다

멍들다 무엇에 맞거나 세게 부딪혀 피부 속에 퍼렇게 피가 맺히다. 일이 속으로 탈나다. '먹[墨(묵)]+들다[入(입)]'로 분석된다. 물[水]과 동원어로 글씨 · 그림 등에 쓰는 검은 물감인 '먹(물)'은 한자 墨(묵)의 훈이다. 그런데 발음이 변하여 [멍]이 되었다.(먹>멍) 현대 중국어는 墨[머]다. 멍[瘀血(어혈)]이 들어 검게 죽은피를 '먹-피'라 하고, 황새보다 조금 작고 온 몸이 검은 새를 '먹-황새'라 한다. 원래 '멍들다'는 '검게 된 것'이란 뜻이다. ¶ 기둥에 부딪혀 이마가 멍들다.

멍석 짚으로 결어서 만든 큰 자리(깔개). 멍석은 한자 網席(망석)이 변한 말이다. '멍석딸기, 멍석말이, 멍석자리'로 쓰인다. 추울 때 짐승의 등을 덮어 주기 위하여 멍석처럼 만든 것을 '덕석'이라 한다. '멍덕'은 재래식 벌통 위를 덮는 뚜껑을 이른다. ¶ 멍석을 깔다. ☞ 덕석

멍에 마소의 목에 얹고 수레나 쟁기를 끌게 하는 구부러진 나무. 중세어형은 '머에'다. '멍+에'로 분석된다. '멍'은 목에 걸기 때문에 의미의 상관성이 있는 말로 '목[頸(경)], 먹다'와 동근어다.(목~먹>멍) 어원적 의미는 '목에 거는 것'이다. 멍에는 행동에 구속을 받거나 무거운 짐을 비유한다. ◇ 멍에를 메다 - 행동에 구속을 받다. 어떤 고역을 치르게 되다. ¶ 멍에를 짊어지다.

메 육지의 표면이 주위의 땅보다 훨씬 높이 솟은 부분(산). '야생(野生; 거친). 시골티가 나는'을 뜻하는 말. 중세어형은 '뫼, 모로'다. <계림유사>에 山曰每[moi, *mori]라고 기록하였다. '뫼'는 '모이~모리'를 거쳐 축약된 어형으로 '상(上), 고(高)'의 뜻을 지닌 머리[頭(두)], 마루[宗(종)]와 동근어며, 집적(集積) 개념어 '모으다(<몯다)'와도 동원어다. 우리말 '뫼'에 해당하는 퉁구스어는 mo, mal, 몽골어는 modu, 만주어 mulu, 고대 일본어는 mori[森(삼; 숲, 산)]다.

(mori~moro~mɐrɐ[宗])

'뫼(>메; 山)'는 15세기까지 그대로 이어오다가 '온[百(백)], 즈믄[千(천)], ᄀᆞ람

[江(강)]' 등과 같이 한자어 세력에 밀려난 고유어다. '뫼/메'는 동음이의어로 '산소, 제삿밥'을 이르며, '메나리(<메ᄂᆞ리; 농부의 노동요), 메떨어지다, 메뜨다, 메부수수하다, 메지다(↔찰지다); 멥쌀, 메조, 멧새, 멧돼지, 두메산골' 등의 합성어에 남아 있다. 산(山)을 제주도에서는 'ᄆᆞᄅᆞ, 오름(<오롬; 솟아오른 곳. 오르는 곳)'이라고 한다. ¶ 메가 높아야 골이 깊다.

메기 메깃과의 민물고기. <훈몽자회>에 '메유기'가 나온다. '메유기'의 원형(原形)은 목[頸(경)]이다. 오늘날 일부 지역 사투리 '며기'는 '메유기'의 축약형으로 보인다. 메기란 '며기'가 변한 것으로 '목이 굵은 것'을 뜻하는 물고기 이름이다. 보통 입이 큰 상태를 '메기 같다'고 한다. 그렇다면 어근 '메'는 '입'일 가능성도 있다. ◇ 메기를 잡다 - 예상이나 기대에 어긋나서 허탕을 치다. 또는 물에 빠지다. [메기 나래에 무슨 비늘이 있나] 본래 없던 것이 돌연히 생겨날 리 없다는 말. ☞ 목

메다[1] 어깨에 걸치거나 올려놓다. 책임 · 의무 따위를 맡다. '메다'의 어근 '메-'는 만주어 meiren(어깨)과 상응하는 것으로 보아 '어깨'의 뜻을 가진 형태소로 보인다. 중세어형은 '메밧다/메왓다'가 '어깨를 벗다[袒(단); 옷 벗어 메다]'를 뜻한다. 어근 '메-'는 곧 '어깨'를 가리킨다. '어깨'는 물건을 다른 물건 위에 올려 놓다는 뜻의 동사 '엀다'와 관계가 있다.

메다는 '어깨'와, 그리고 '(짐을) 지다'는 등[脊(척)]과 어울려 쓰인다. '멜빵'은 메다의 어근에 관형사형어미 '-ㄹ'이 결합된 꼴에 바(<밯[繩(승)])가 합쳐진 말이다. '메다꽂다/메어꽂다, 메어붙이다, 메어치다; 둘러메다' 등으로 쓰인다. 메다의 피동형은 '메이다(멤을 당하다)'다. ¶ 총을 어깨에 메다.

메다[2] → '메우다' 참조

메뚜기 메뚜깃과에 속하는 곤충을 통틀어 이르는 말. <훈몽자회> 표기는 '묏도기'다. 이는 '뫼[山 · 野]+ㅅ+도기(←독+이)'로 분석된다.(묏도기>뫼ᄯᅩ기>메뚜기) '도기/독'은 현대어 '톡(<ᄯᅩᆨ; 작고 탄력성 있는 것이 튀어 오르는 소리)'이다. 메뚜기의 어원적 의미는 '들에서 톡 튀는 것'이다. 그런데 '뛰다(<ᄠᅱ다<ᄢᅱ다)'의 어간에 명사형어미 '-기'가 결합된 형태로 보기도 한다. [메뚜기도 오뉴월이 한철이다] '때를 만난 듯이 날뛰는 사람'을 빗대어 이르는 말. 무엇이나 한창때는 짧다는 뜻.

메아리 산이나 절벽 같은 데에 부딪쳐 되울려 오는 소리. 산울림. 중세어형은

‘뫼ᅀᅡ리’다. 메아리는 ‘뫼ㅎ+살(다)[生]+이’로 분석된다. ‘뫼’는 산(山)의 고유어다. 산에 사는 것(산에서 나는 소리)이란 뜻의 ‘뫼살이’는 ‘뫼사리>뫼ᅀᅡ리>뫼아리>메아리’로 어형이 변하였다. 메아리는 이 쪽에서 지르는 소리에 산에 살고 있는 어떤 것이 대답한다는 생각에서 만들어진 말이다. 결국 메아리는 사람과 사람을 이어주는 소리다. ‘메아리치다’는 ‘소리를 울리다’란 뜻이다. ¶ 온 산에 메아리가 울려 퍼지다. ☞ 메, 사람

메우다/메꾸다 구멍이나 빈 곳을 채우게 하다. 15세기 문헌에는 ‘몃고다/몃구다’와 ‘몌다’의 사동형으로 ‘몌오다/몌우다’, 16세기 문헌 <가례언해> 표기는 ‘멱고다’다. ‘메우다’는 ‘며/몌(다)+우(사동접사)+다’로 분석된다. 어근 ‘며/몌-’는 ‘막히다[塞(색)], 塡(전; 메우다), 充(충; 채우다)’를 뜻하는 말로 ‘목이 메다’에서처럼 목[頸(경)]의 앞부분 ‘멱’과 동원어 관계다.(목/멱→며ㄱ다/몌다→몟구다/메우다>메꾸다/메우다) ¶ 구덩이를 메우다. 갈라진 틈을 메우다.

‘메우다’는 ‘통 따위에 테를 끼우다. 북통이나 장구통 따위에 가죽이나 천을 씌우다. 체 등의 바퀴에 쳇불을 씌우다. 마소의 목에 멍에를 얹어서 매다. 활에 시위를 얹다’와 같이 여러 뜻을 지닌 말이다.

메주 간장 따위를 담그기 위하여 삶은 콩을 찧어 뭉쳐서 띄워 말린 것. 16세기 <훈몽자회> 표기는 ‘며주(醬麴)’다. 12세기 문헌 <계림유사>의 醬曰蜜祖[mjə-cu]는 메주를 일컫는 말이다. 장(醬)을 나타내는 만주어 misun이나 일본어 ‘미소’는 우리말 ‘메주’에서 유래되었다. <삼국사기>의 기록 ‘密醬豉(밀장시)’로 보아 고구려 시대에 간장과 된장이 있었으므로 그 원료인 메주도 이와 비슷한 역사를 가진 것으로 추정할 수 있다. 메주는 간장, 된장 등의 밑감이 되므로 ‘밑(<믿[바탕])’에 접사 ‘-오/우’가 결합되어 ‘미조/미주>며조/며주>메주’로 변화 과정을 거친 것으로 보인다.

우리의 장(醬)은 오랜 역사를 가졌을 뿐만 아니라 중국과 일본에 전파되기도 하였다. 메주의 재료인 콩[豆(두)]은 원산지가 옛 고구려 땅인 만주다. <삼국지 위지 동이전(3세기)>에 “고구려 사람들은 발효 식품을 잘 만든다”고 하였고, <신당서>에는 발해의 명산물로 된장을 꼽았다. 콩을 원료로 하는 두부(豆腐) 만드는 기술도 임진왜란 때 통신사 박호인이 일본에 전수하였다.

‘메주-볼’은 살이 많이 쪄서 축 늘어진 볼을 이르는 말이다. [무른 메주 밟듯] 아무런 어려움 없이 쉽게 두루 돌아다니는 모양을 이르는 말. ¶ 콩으로 메주를

쑤다. 메주를 디디어 만들 때에 쓰는 나무틀을 '고지'라고 한다.

며느리 아들의 아내. 중세어형은 '며ᄂᆞᆯ/며ᄂᆞ리, 며느리'다. 며느리의 사투리에 '메나리, 메누리, 메늘' 등이 있다. '메나리'는 '메(진지 · 밥)+나르(다)+이(사람)'로 분석된다. '뫼'는 '모이(닭의 먹이)'와 동원어다. 며느리는 모계 중심사회에서 정성스레 제사 음식(제삿밥=메)을 만들어 받드는 일과 관련이 있어 보인다. 어원적 의미는 '뫼(진지)를 나르는 사람'이다.

'민-며느리'는 장차 며느리를 삼으려고 미리 데려다 기르는 민머리 계집아이를 이르는 말이다. '맏-며느리'는 맏아들의 아내를, '어이-며느리'는 시어머니와 며느리를 일컫는다. [며느리 자라 시어머니 되니 시어미 티를 더 잘한다] 자기가 남의 밑에서 괴로움을 겪던 일은 생각하지 아니하고 아랫사람에게 더 심하게 군다는 말.

며느리-발톱 길짐승이나 날짐승의 발 뒤쪽으로 튀어나온 발톱. '며느리-발톱[距(거)](<며ᄂᆞᆯ톱)'의 15세기 문헌 <구급간이방> 표기인 '며ᄂᆞᆯ톱'에서 '며ᄂᆞᆯ'은 미늘[鉤距(구거)]의 변이음이다. '미늘'은 낚시의 끝 안쪽에 있는, 가시랭이 모양의 작은 갈고리를 말한다. ☞ 미늘

며칠 그 달의 몇째 날. 16세기 문헌 <박통사언해초간> 표기는 '며츨'이다. 훈민정음 창제 당시 '몃'과 '현[幾]'이 공존하였다. 이들은 경쟁적으로 사용되다가 '현'은 일찍이 사라지고 오늘날 '몇(<몃)'만이 남게 되었다. '몇'은 '똑똑히 알 수 없는 수효. 어느 정도인지 모르는 수'를 뜻한다. 며칠은 '몇+ᄒᆞᆯ/ᄋᆞᆯ[日]→몇ᄒᆞᆯ/몃출>며츨>며칠'로 어형이 변한 말이다. ¶ 오늘이 며칠인가. 며칠이 걸리더라도 반드시 그 일을 해야 한다. ☞ 하루

멱살 사람의 목 앞쪽의 살. '목/멱+살'로 분석된다. 현대어 '멱'은 목[頸(경)]의 앞쪽을 뜻하는 말이다. 소의 턱밑 고기를 '멱-미레', 턱 밑에 털이 많이 난 닭을 '멱-부리'라고 한다. '멱-따다'는 '짐승의 목을 찌르다'를 속되게 이르는 말이다. '산-멱통'은 살아 있는 동물의 목구멍을 뜻한다. ¶ 멱살을 쥐다/ 잡다. 두 사내가 서로 멱살잡이하고 싸운다. 돼지의 산멱통을 찌르다. ☞ 목, 살[2]

모가비 막벌이꾼이나 사당패 같은 낮은 무리의 우두머리. 꼭두쇠. '목(目; 두목. 우두머리)+아비[父(부)]'로 분석된다. 색시를 두고 영업을 하는 주인을 뜻하는 '모갑이'도 표기는 달라도 같은 말이다. ☞ 목, 아버지

모가치 제 앞으로 돌아오는 한 몫의 물건. 모가치는 '몫(<목)+아치/어치'로 분석된

다. '몫'은 여럿으로 나누어 가지는 각 부분을 뜻한다. '-어치(於値)'는 그 값에 상당한 분량이나 정도의 물건을 의미하는 접미사다. ¶ 이것은 내 모가치다. 몇 사람의 모가치만 남기고 나머지 물건들은 처분하였다.

모개 죄다 한데 묶은 수효. '모으/몯(다)+-개'로 분석된다. 모개의 어원적 의미는 '모은 것'이다. '모개로(한데 몰아서), 모개모개(여러 모개로), 모개용(用; 큰 몫으로 드는 비용), 모갯돈(액수가 많은 돈. 목돈), 모개흥정(많은 물건을 한꺼번에 몰아서 하는 흥정)/하다' 등으로 쓰인다. ¶ 이 과일 모개로 얼마요?

모금 액체나 기체 따위를 한 번 머금는 분량. 수 관형사 뒤에 쓰인다. 내포 개념어 '먹다(<머굼다)'에서 온 말이다. 15세기 <월인석보> 표기 '머굼다'의 어간이 영변화하여 '머굼>모금'으로 되었다. '모금'은 '목[頸·喉], 먹다'와 동근어다. 먹을 것은 목구멍을 통하기 때문에 '모금'이 머금는 분량을 나타내는 단위성 의존명사가 된 것이다. ¶ 물 두어 모금을 마시다. 담배 한 모금을 마시니 머리가 띵하다.

모꼬지 놀이나 잔치 또는 그 밖의 일로 여러 사람이 모이는 일. 중세어형은 '몯ᄀᆞ지'다. '몯[集(집)]+ᄀᆞᆽ(다)[備(비)]+-이(접사)'로 분석된다.(몯+ᄀᆞᆽ+이→몯ᄀᆞ지>못거지>*모꺼지/목거지>모꼬지) 어원적 의미는 '모아서 갖추어 차려놓은 것'이다. ¶ 결혼 모꼬지. 혼인날 모꼬지 자리에서 술을 마시고 춤을 추고 즐겼다. ☞ 모두, 갖은

모내기 모를 못자리에서 논으로 옮겨 심는 일. = 모심기. '모+나[出]+이(접사)+기(명사형어미)'로 분석된다. <두시언해초간>에 '모심기'가 보인다. 옮겨심기를 하기 위하여 가꾼 어린 벼를 뜻하는 '모'는 한자 苗(묘)의 변이음이다. <농사직설>에 의하면 우리나라의 모내기 방법은 15세기 이전으로 거슬러 올라간다. 예전에는 찔레꽃이 필 무렵이 모내기의 적기였으나 요즘은 시기를 앞당겨 내고 있다. 늦게 심는 모를 '마냥모(늦모↔이른모)'라 하는데, 이는 한자어 晩移秧(만이앙)이 줄어든 꼴이다.(만앙>마냥) [모내기 때는 고양이 손도 빌린다] 모내는 시기에는 어른, 아이 할 것 없이 있는 대로 다 참여해야 할 정도로 일손이 부족하다는 말. ☞ 나타나다, 심다

모닥불 나무나 검불 따위를 모아 놓고 피우는 불. 집적(集積) 개념어 '모으다'의 15세기 어형 '몯다'와 '불'이 합성된 말이다.(몯+악+이→모다기>모닥+불) '모닥/모다기'는 '모다기-욕, 모다기-수염, 모다기-매'와 같이 많은 것이 한꺼번에

쏟아짐을 뜻한다. 따라서 '모닥불'의 어원적 의미는 '땔감을 모아 피우는 불'이다. ¶ 모닥불을 피워 놓고 젖은 옷을 말리다.

모도록 풀이나 푸성귀 따위의 싹이 빽빽하게 난 모양. <큰>무두룩. 모도록은 '몯(다)+오(부사화접사)+록(접사)'으로 분석된다. 어원적 의미는 '모아진 듯'이다. ¶ 새싹이 모도록(이) 나다. 봄풀이 모도록하다.

모두 한데 합하여 다. 함께. 문제의 대상을 전부 모아서 전체에 이르게 하는 개념을 나타내는 말이다. 중세어형은 '모도'다. 집적(集積) 개념어 '몯다/모도다'의 어근 '몯'에 접사 '오'가 결합되어 부사로 전성되었다.(모두<모도←몯+오) 이와 같은 조어법으로 형성된 파생어에 '손수(<손소), 마주(←맞+오), 자주(←좇+오)' 등이 있다. <삼국유사(원앙생가)>의 향찰 표기 '集刀[모도]'는 신라어와 지금의 말이 일치함을 보여준다.(몯+오→모도>모두) '모조리(하나도 빠짐없이 모두)'도 동근어다. ¶ 거기 있는 것을 모두 가지고 오너라. 우리 모두가 잘못이다. 있는 대로 모조리 잡다.

모든 빠짐이나 남김없이 전부의. 여러 가지의. '모든'은 '몯(다)[集(집; 모으다)]+ᄋᆞᆫ(관형사형 어미)'으로 분석된다.(몯+ᄋᆞᆫ→모ᄃᆞᆫ>모든) '모아놓은 것'을 뜻하는 '모듬'은 '모으다(<몯다)'의 어근 '몯-'에서 파생된 명사다. ¶ 모든 국민은 법 앞에 평등하다.

모란 작약과에 속하는 낙엽 활엽 관목. 5월경에 꽃이 피고 뿌리의 껍질은 한약재로 쓰인다. 한자음 그대로 읽으면 牧丹[목단]이다. 그런데 /ㄱ/이 탈락되고 모음 사이에서 /ㄷ/이 유음 /ㄹ/로 바뀌어 [모란]이 되었다. 음운 변화가 일어난 '모란'은 우리말로 정착되어 고유어처럼 쓰이고 있다.(牧丹[목단]>모란) ¶ 탐스러운 모란꽃이 화단에 잔뜩 피었다.

모람모람 이따금씩 한데 몰아서. 조금씩 몰아서. '몰(다)[驅(구)]+-암'으로 분석된다. '몰다'는 '몯다(>모으다)'와 동근어다. ¶ 사과를 따는 족족 모람모람 함지에 넣는다. 모람모람 가다가 한번 톡톡히 혼을 낼 작정일세. ☞ 말

모래 자연의 힘으로 잘게 부스러진 돌. 중세어형은 '몰애'다. 모래는 '몰+(ㄱ)+애(명사화 접사)'로 분석된다. '몰'은 '몯다(>모으다[集])'의 어근이 'ㄷ~ㄹ' 교체에 의해 변한 형태다. '몰애'보다 전대(前代)의 어형인 '몰개'는 시금도 사투리에 남아 있다.(몰개>몰애/모ᄅᆡ>모래)

'모래-언덕'은 풍화작용에 의하여 잘게 부서진 작은 알갱이(모래)들이 한

데에 모아진 곳을 뜻한다. '모래-톱'은 강 하류에 모래가 쌓여 도드라진 곳을 이른다. 모래톱에서 '톱'은 '손톱, 발톱'에서와 같이 동사 '돋다'의 어근이 변한 것이다. '모새'는 모래의 전라 · 함경도 사투리다. 모래는 불안정, 비영속을 상징한다. [모래 위에 성 쌓기] 수고해 보았자 아무 보람이 없는 일(헛수고).

모래무지 잉엇과의 민물고기. 모래무지는 '모래+묻(다)[埋(매)]+이'로 분석된다. (모릐무디/므디>모래무지) 몸을 모래 속에 묻고 머리만 내놓은 채 숨는 데서 붙여진 이름이다. 모래가 쌓여 있는 더미를 뜻하는 '모래-무지'는 동음이의어다. ☞ 모래, 묻다

모레 내일의 다음 날. 17세기 <역어유해> 표기는 '모릐'다. 모레를 '모르(다)[不知]+희[日]' 또는 '*몰(다)[遠(원)]+이(日)'로 보는 이가 있다. ¶ 모레쯤이면 원고를 어느 정도 마무리할 수 있을 것이다. ☞ 어제

모로 비껴서. 대각선으로, 옆으로. '모(모서리)+로(부사격조사)'로 분석된다. 어원적 의미는 '모서리로'다. [모로 가도 서울만 가면 된다] 수단과 방법이야 어떻든 목적만 이루면 된다는 말. ¶ 모로 자르다. 모로 눕다. ☞ 모퉁이

모르다 사실을 알지 못하다. ↔ 알다. 중세어형은 '모ᄅᆞ다'다. '몰[不能(불능)]+ᄋᆞ+다'로 분석된다.(모ᄅᆞ다>모로다>모르다) 어원적 의미는 '못 알다(알지 못하다)'다. '몰래(남이 모르도록 가만히. 살그머니)'는 '모르(다)+애'로 분석되는 부사다. ¶ 모르면 모른다고 하는 것이 아는 것이다. 몰래 숨다.

모르쇠 아는 것이나 모르는 것이나 다 모른다고만 잡아떼는 일. '모르(다)+-쇠'로 분석된다. 접사 '-쇠'는 쇠붙이[鐵(철)]에 어원을 둔 말로, 일부 명사 뒤에 붙어 '특징적인 성질이나 습성을 가진 사람. 인성에 결함이 있는 사람. 지체가 낮은 사람'을 이르는 접미사다. '구두쇠, 돌쇠, 마당쇠, 먹쇠, 텡쇠' 등으로 쓰인다. ¶ 모르쇠로 일관하다. 끝까지 모르쇠를 잡다.

모름지기 사리를 따져 보건대 마땅히. 또는 반드시. 중세어 '모로매'는 '모ᄅᆞ다(>모르다[不知]'의 어간에 명사형어미 '옴'이 결합된 꼴에 접사 '-애'가 결합된 것으로 분석된다.(몰+ᄋᆞ+옴+애) 후대의 표기인 '모로미/모롬이/모름이'는 부사화 접사 '-이'의 결합형으로 '모롬즉'과 함께 쓰이다가 다시 접사 '-이'가 덧붙어 '모름지기(<모롬즉←몰+ᄋᆞ+옴+즉+이)'로 되었다. 모름지기의 어원적 의미는 '모르는 즉. 모르긴 몰라도'인데 '마땅히. 반드시'의 뜻으로 쓰이는 말이다. ¶ 자연 현상의 연구는 모름지기 실험에 의하여야 한다.

모습 사람의 생긴 모양이나 사물의 꼴. 자취나 흔적. 됨됨이. '모(사람이나 사물의 측면이나 각도)+습(접사)'로 분석된다. '겉모습, 뒷모습, 본(本)모습, 옛모습, 참모습' 등으로 쓰인다. 북한에서는 변태(變態)를 '모습갈이'라고 한다. 이와 음이 같은 한자어 모습(貌襲)은 모방(模倣; 본뜸)을 뜻하는 다른 말이다. ¶ 아기가 웃는 모습이 꽤 귀엽다. 서울의 발전된 모습. 모습을 감추다. 여러 모로 살피다.

모시 모시풀의 껍질에서 뽑은 실로 짠 피륙. 저포(紵布). 16세기 문헌 표기도 오늘날과 같다. 모시는 한자어 木絲(목사)가 [모시]로 발음이 변한 말이다. [모시 고르다 베 고른다] 좋은 것을 고르려다 도리어 좋지 못한 것을 차지하게 됨을 이르는 말. ¶ 여름철에 모시 적삼을 입다.

모시다 손윗사람을 받들며 가까이에서 시중들거나 함께 살다. (어디에) 자리 잡게 하다. (윗사람을 어디로) 데리고 가다. 중세어형은 '뫼다, 뫼시다, 모시다'다. 모시다는 명사 '모시[餌(이; 모이)]'에 용언 파생접사 '-다'가 붙어 형성된 말이다. 같은 시기에 '먹이다[食(식)]'의 뜻으로 '뫼호다'가 쓰였으며, <훈몽자회>에 '모실 목(牧; 치다)'이 나온다.

어근 '뫼(진지)'는 어른들에게 드리는 식사를 뜻하는 말로 '모이'의 축약형이다. 날짐승의 먹이(사료)를 가리키는 '모이'의 사투리에 [모시]가 있다. '모시다'의 어원적 의미는 '모시고 있다. 음식으로 웃어른을 봉양하다'다.(모시>모이>뫼>메[젯밥]) ¶ 젊은이는 웃어른을 잘 모셔야 한다.

모자라다 어떠한 표준의 정도나 양에 미치지 못하다. 지능이 정상적인 사람의 수준에 미치지 못하다. <삼국유사(우적가)>에 毛遶只將來呑隱(모ᄃᆞ라싼-모자랐던)가 나온다. 중세어형은 '모ᄌᆞ라다'다. 모자라다[不足]는 부정부사 '몯>못[不能(불능)]'의 받침이 탈락된 어형 '모'와 '자라다[足(족; 넉넉하다) · 生長(생장)]'의 합성어다.(몯+ᄌᆞ라다→모자라다)

'몯ᄌᆞ라다'는 16세기 문헌 <칠대만법>의 표기다. '몯'은 부정어 '말다'와 형태 · 의미상 관련된다. '자라다(<ᄌᆞ라다)'는 '길다'의 변화형인 '길오다/길우다>기르다(길게 하다→자라게 하다)'와 같은 뜻이다. '자라다'는 퉁구스어 ʒara-(반복하다, 계속하다)와 대응된다. '모자라다'의 어원적 의미는 '자라지 못하다. 부족하다'다. ¶ 손님을 대접하는데 음식이 모자라다.

모퉁이 구부러지거나 꺾어져 돌아간 자리. 산모퉁이의 휘어 둘린 곳. 중세어형은 '모ㅎ'이다. 16세기 문헌에 '모롱이'가 나온다. '모[角 · 隅 · 方]'는 모서리의 준말이며, 산(山)의 옛말 '뫼'의 능선과 관련되는 동근어다.(뫼ㅎ>모ㅎ>모) 도형에서 '세모, 네모'의 명칭에 쓰이는 '모'는 '각이나 구석 또는 사물을 보는 각도. 두드러진 성격'을 뜻하기도 한다. 원형 개념어 '-둥이(사람)/-퉁이[際 · 邊]'는 '몸뚱이, 검둥이; 귀퉁이' 등에 쓰이는 접미사다.(모ㅎ+둥이→모롱이~모퉁이)

산모퉁이의 휘어 둘린 땅을 뜻하는 '모롱이'와 동의어에 '보십고지'가 있다. 이는 세모꼴의 쟁깃날 부품인 보십(보습)의 모양에서 유래된 말이다. '보십+고지[串(곶)]'는 삼각지(三角地)를 의미한다. 초석(礎石; 주춧돌)을 '모퉁잇돌'이라고 한다. ◇ 모(가) 나다 - 성격이 원만하지 않다. 모를 재다 - 모퉁이를 깎아 내다. ¶ 길모퉁이를 돌아가다. 여러 모로 살피다. 두부 모가 크다. 모난 돌이 정 맞는다.

ㅁ

목 동물의 머리와 몸통을 잇는 잘록한 부분. 어떤 물체가 목처럼 생긴 부분. 중세어형은 '목/멱'이다. 회전 개념의 원형어(圓形語)인 '목'은 퉁구스어 moŋo와 비교되며, '손목, 발목' 등 인체 관절의 굴절부를 가리킨다. '목'은 '건널-목, 길-목, 골-목, 나들-목, 병-목; 목-새'에서와 같이 '넓다가 좁아지는 통로'를 뜻하기도 한다. '멱[頸(경)]'은 목의 앞쪽을 말하며, 모가지는 '목+-아지(작은 것)'로 분석되는 말이다. ¶ 목이 긴 사슴/ 병.

목말 남의 어깨 위에 두 다리를 벌리고 올라타는 짓. '목+말[마(馬)]'로 분석된다. 목말의 강원 · 경기 · 충북 사투리는 '무등[←무동(舞童)]'이다. 목말의 어원적 의미는 '말처럼 목에 타는 것'이다. 나무로 말의 형상처럼 만든 '목마(木馬)'와 전혀 다른 말이다. ¶ 목말을 타다/ 태우다.

목사리 소 굴레에서 목 위와 밑으로 각각 두르는, 가죽으로 만든 띠나 줄. '목+사리(다)'로 분석된다. 어원적 의미는 '목을 감은 것'이다. '목사리-송아지'는 '목매기 송아지'의 사투리다. ☞ 사리

목새 물결에 밀려 한 곳에 쌓인 보드라운 모래. '목(넓다가 좁아지는 통로)+모새(모래)'로 분석된다. 동음이의어 '목새'는 벼의 이삭이 팰 때 줄기와 잎이 누렇게 말라죽는 병을 이르는 말이다. ¶ 목새의 모래는 토건업자들 손에 바닥난 지 오래다. ☞ 목, 모래

목숨 숨을 쉬며 살아 있는 상태나 그 동안. 중세어형도 오늘날과 같다. '목'과 '숨'의 합성어로 생명을 뜻한다. '숨[息 · 호흡 · 목숨]'은 '쉬다'에서 왔으며, 출현(出現)을 뜻하는 '살다'가 그 원형(原形)이다. 사람이 살아 있는 동안을

'목숨이 붙어 있다'는 말로 나타낸다. 이는 곧 목에서 숨을 쉬고 있다는 뜻이다. '숨쉬다(숨을 쉬다)'와 같이 동족목적어로 형성된 통사적 합성어에 '꿈꾸다, 잠자다, 뜀뛰다, 셈세다, 춤추다, 코골다' 등이 있다. ◇ 목숨을 바치다. - 나라를 위해서 생명을 걸고 일하다.

목잠 곡식 이삭의 줄기가 말라서 죽는 병. '목[頸(경)·項(항)]+자(다)[寢(침)]+ㅁ'으로 분석된다. 목잠은 줄기가 말라죽어 마치 잠을 자는 것처럼 축 늘어진 상태로 되는 병이다.

목젖 연구개(軟口蓋; 입천장 뒤쪽의 연한 부분)의 뒤 끝 한가운데에 젖꼭지처럼 아래로 드리운 둥그스름한 살. 현옹수(懸壅垂). '목+젖'으로 분석된다.(목·젖>목젖) ¶ 감기가 들어 목젖이 부었다. ☞ 목, 젖

목청 목에서 울려나오는 소리. 성대(聲帶; 후두 가운데 있는 발성 기관). '목+청[膜(막)]'으로 분석된다. '청'은 어떤 물건의 속에 있는 얇은 꺼풀을 일컫는 말이다. '갈대청, 귀청, 대청, 속청, 자물쇠청, 코청, 피리청, 홀청' 등으로 쓰인다. ¶ 목청이 좋다.

몬다위 말이나 소의 어깻죽지가 붙은 부분. = 영안두(迎鞍頭). 낙타(약대)의 등에 두두룩하게 솟은 부분인 육봉(肉峰)을 이르는 말. 18세기 문헌 <역어유해보>의 표기는 '몬다회[迎鞍頭(영안두; 안장을 놓는 부분)]'다.(몬다회>몬다외>몬다위) 몬다위는 몽골어 mundara(불거져 나온 살덩어리)로 거슬러 올라간다. ¶ 단봉낙타는 몬다위가 하나다.

몰다 바라는 방향으로 움직여 가게 하다. 탈것을 부리거나 운전하다. 무엇을 인정하거나 닦아세워 그렇게 다루다. 한데 다 모으거나 합치다. 군집(群集)·구축(驅逐)을 의미하는 동사 '몰다'는 집단 개념어 '모으다(<몯다)'와 동근어로 흩어진 것을 한 곳에 모이게 한다는 뜻이다. '몯~몰'은 자음교체형으로 원형(圓形) 어근이다. '몰려가다, 몰아주다, 몰아오다, 몰아치다; 몰아대다, 몰아세우다, 몰이/꾼; 몰매, 몰표(票)' 등은 같은 어군(語群)이다. 한편, 어근 '몰-'을 '말[馬](<ᄆᆞᆯ)'과 동원어로 보기도 한다. ¶ 양 떼를 모는 목동. 잘잘못을 가리지 않고 마구 몰아대다.

몸 사람을 이루는 전체. 몸뚱이. 신분(身分). <계림유사>에 身曰門[mom=muən]이라 하였고, <조선관역어>에는 身 磨[muɔ]로 적어 오늘날 '몸'의 소리와 어형이 일치한다. 몸[身]은 퉁구스어 mən, 퉁구스어 방언 man, mon[自身]과 상응하는

말이다.

'몸가짐, 몸가축(몸을 매만져 거두는 일), 몸값, 몸닦달, 몸담다, 몸뚱이, 몸매, 몸부림/치다, 몸살, 몸서리(무서워서 몸이 떨림)/치다, 몸소(<몸소; 직접), 몸져눕다, 몸짓, 몸피; 맨몸, 알몸, 홀몸' 등으로 쓰인다. ◇ 몸 둘 바를 모르다 – 어찌할 바를 모르다. [몸이 되면 입도 되다] 힘써 일하면 먹을 것도 잘 먹게 된다는 말. ¶ 몸이 건강하다.

몸뚱이 사람이나 짐승의 몸의 덩치. '몸뚱어리'는 속된 말이다. 17세기 문헌 표기는 '몸똥이'다. 몸뚱이는 '몸'에 덩어리·덩이를 뜻하는 '-뚱이'의 어근 '동(←동이다)'에 접사 '이'가 결합된 말이다.(몸+ㅅ+동+이→몸똥+이→몸동이>몸뚱이) '동'에 유기음이 들어가 '통'이 되어 '몸통, 알통, 밥통, 숨통' 등으로 쓰이고 있다. ¶ 몸뚱이가 크다.

몸피 몸통의 굵기. 활의 몸의 부피. 17·18세기 문헌 표기는 '몸픠'다. 이는 '몸+프(다)+이'로 분석된다. 프다[展(전)]는 '펴다'로 변한 말이다.(몸픠>몸피) 몸피의 어원적 의미는 '몸의 부피'다. ¶ 추위를 피하려고 껴입은 옷 때문에 부풀어진 명숙은 키가 작아지고 몸피만 뚱뚱해져 보였다.

몹시 더할 수 없이 심하게. 대단히. 매우. [+부정적 의미]. '몯[不能(불능)]+쓰(다)+이'로 분석된다.(몯+쓰+이→*모씌>몹씨>몹시) 어원적 의미는 '쓰지 못하게'인데 뜻이 바뀐 말이다. [몹시 데면 회(膾)도 불어 먹는다] 무엇에 몹시 놀란 사람은 그와 비슷한 것만 보아도 미리 겁낸다는 말. ¶ 날씨가 몹시 덥다. 몹시 당황하다. 몹시 가난하다.

몹쓸 못되고 고약한. '몯>못+쓰(다)[用(용)]+ㄹ'의 합성어다. 부정부사 '못[不(불)]'은 '쓰-'에서 어두음 /ㅂ/의 영향으로 '몹'이 되었다. '몹쓰-'에 관형사형어미 '-ㄹ'이 결합되어 '몹쓸'이 되었다. <역어유해>에 '못쁠놈(派癩的)'이 보인다. ¶ 몹쓸 짓을 해서는 안 된다. 몹쓸 놈의 팔자. 몹쓸 병을 앓다.

못 넓고 깊게 팬 땅에 늘 물이 괴어 있는 곳. 중세어형도 '못[池(지)]'이다. 연못은 한자 '淵(연; 물건이 많이 모이는 곳. 깊다)'에 고유어 '못'이 결합되어 뜻이 겹친 말이다. 결국 '못'은 '몯다[集(집; 모이다)]'의 어근이다. 연못의 어원적 의미는 '모인 곳'이다. 오늘날 연못(蓮)이라고 쓰는 것은 '연을 심은 못'이란 뜻이다. ¶ 못을 파다. 못가(못의 가장자리)에 핀 꽃.

못내 잊지 못하고 늘. 그지없이. 중세어형은 '몯내'다. '몯[不(불)]+-내(접사)'로 분석된다. 접사 '-내(시간적으로 계속)'는 '나다[經(경)]'의 부사형인 '내(←나+이)'가 원어(原語)다. '못내'의 어원적 의미는 '끝까지는 못하여'인데, '매우 길게. 끝이 없이'로 쓰인다. ¶ 못내 아쉽다. 합격 소식에 못내 기뻐하다. ☞ 마침내

몽둥이 조금 굵고 둥글면서 기름한 막대기. 18세기 표기 '몽동이'는 원형(圓形) 개념의 의태어 '몽글몽글, 몽실몽실'에서 온 말이다. '몽'과 '몸동이(>몸뚱이)'가 소리 뒤섞임 현상에 의하여 형성되었다. 이와 같이 소리와 뜻이 비슷한 말끼리 뒤섞인 낱말은 사투리에 나타난다. 짧고 단단한 몽둥이를 '몽치'라 하는데, 이는 '뭉치(덩어리)'와 같다. 결속(結束) 개념어 '뭉치다/몽치다, 몽땅, 모조리'도 동근어다.

[몽둥이 세게 맞아 담 안 뛰어넘을 놈 없다] 사람은 누구나 매 맞는 것을 참지 못하며, 급해지면 달아나는 법이라는 말. [몽치 깎자 도적이 뛴다] 준비하는 데 시간을 다 보내고 목적한 바를 이루지 못한다는 말. ¶ 몽둥이세례를 받다. 뭉치면 살고 흩어지면 죽는다.

무거리 곡식 따위를 빻아서 체에 쳐서 가루를 내고 남은 찌끼. '묵(앙금; 가라앉음)+어리(접사)'로 분석된다. '무거리-고추장'은 메줏가루의 무거리로 담근 고추장이다. '묵'은 무겁다[重(중)]의 어근 '묵'과 동근어다. '무거리떡; 떡무거리, 쌀무거리' 등으로 쓰인다.

무겁다 어떤 물체나 물질의 무게가 보통 정도를 넘는 상태에 있다. 일이 힘들거나 괴로운 상태를 비유하기도 한다. ↔ 가볍다. 중세어형은 '므겁다'다. '믁+-업(형용사화접사)+다'로 분석된다. 후대에 원순모음화가 일어나 '무겁다'가 되었다. 중세어 '므긔(>무게), 므기다(무겁게 하다)'로 보아 어근은 '믁[重(중)]'이다. '무겁디무겁다, 묵직하다, 무지근하다/무직하다, 무끈하다'로 쓰인다. ¶ 짐이 무겁다.

무궁화 아욱과의 낙엽 활엽 관목. 우리나라의 무궁화를 처음으로 소개한 책은 지금으로부터 약 4,200년 전 단군시대에 중국에서 펴낸 <산해경>이다. '木槿(목근)'이라 기록되었는데, 후대에 무궁화(無窮花)로 어형이 변하였다.(목근화>무긴화>무깅화>무궁화)

'무궁화'는 16세기 초 <사성통해>에 나온다. 무궁(無窮)은 '공간이나 시간 따위가 끝이 없다'다. 무궁화는 일편단심(一片丹心)을 상징한다. 결국 '무궁화'

는 왕성한 생명력, 곧 민족의 영원무궁함을 나타내는 꽃이다. 이러한 의미에서 우리나라 국화(國花)로 삼은 것이다.

무꾸리 무당이나 판수 등에게 길흉(吉凶)을 물어보는 일. 중세어형은 ':묻 · 그리'다. ':묻 · (다)[問(문)]+그리(다)[畵(화)/거리(일)]'로 분석된다. '무꾸리-질/하다, 무꾸리하다'로 쓰인다. 무꾸리의 어원적 의미는 '물어서 그려 냄'이다. 경상도 사투리는 '묻거리'다. ¶ 무꾸리를 다니다.

무넘기 차서 남은 물이 저절로 아랫논으로 흘러 넘어가게 논두렁의 한곳을 낮춘 부분. 봇물을 대려고 도랑을 걸쳐 막은 부분. '물+넘(다)+기'로 분석된다. 땅이름에 '무너미/무네미 마을'이 있다. 온돌의 구조에서 쓰는 말 '부넘기'와 같은 짜임이다.

ㅁ

무녀리 짐승의 한 태에 낳은 여러 마리 가운데 맨 먼저 나온 새끼. 언행이 제대로 갖추어져 있지 않고 못난 사람을 낮추어 이르는 말. 무녀리는 모태(母胎)에서 처음으로 문을 열고 나왔다는 뜻의 '문[玉門(옥문; 암컷의 생식기)]+열(다)[開(개)]+이(접사)→무녀리'로 된 말이다. 통상적으로 제일 먼저 나온 새끼는 몸이 유난히 허약하므로 이에 빗대어 언행이 좀 모자라는 듯한 사람을 '무녀리'라 한다.

무늬 물건의 겉면에 어떤 모양을 나타낸 것. <소학언해>에 '문노흔 깁(文絹)'이 나온다. '무늬'는 한자 '문(文)'에서 온 말이다. 원래의 뜻은 紋(문)이다. 문(文)은 우리말 '글(문장)'을 나타내므로 문양(文樣; 무늬)을 의미하는 文(문)과 구별된다. 그래서 '문(紋)+의(접사)→무늬'로 어형을 바꿔 쓰게 된 것이다. ¶ 그 옷감은 무늬가 참 곱다. 무늬를 놓다.

무당 귀신을 섬겨 길흉을 점치고 굿을 하는 것을 업으로 하는 여자. '묻(다)+앙(접사)'으로 분석된다. 어근 '묻'은 '묻그리(>무꾸리; 무당에게 길흉을 점치게 하는 일)'와 동근어로 '말[言(언)]'을 뜻하며 '묻다[問(문)]'의 어근이다.

무당은 신과 인간 사이에서 중개자 구실을 하므로, 어원적 의미도 '(신에게) 묻는 사람'이 된다. 만주어 mudan[音 · 聲 · 響]과 연관을 지을 수 있다. 한자를 빌려 적는 '巫堂(무당)'은 신을 모신 제단을 뜻한다. '화랑이/화랭이[覡(격)]'는 사내무당 곧 박수를 일컫는다.

동물 · 곤충의 이름 앞에 붙는 '무당-'은 무당의 알록달록한 옷을 형용한 말로서, '무당-개구리, 무당-거미, 무당-벌레, 무당-새, 무당-알노린재, 무당-파리'

등으로 쓰인다. [무당의 영신(迎紳)인가] 맥없이 있다가도 어떤 일을 맡기면 기쁘게 받아들여 날뛰는 사람을 이르는 말.

무더기 한곳에 수북이 쌓인 물건의 더미. <작>모다기. 중세어형은 '무디'고, <훈몽자회> 표기는 '무들기'다. 집적(集積) 개념어 '몯다(<모으다)'의 어근에, 쌓아 놓은 것을 뜻하는 '더기/덕'이 결합된 말이다.(모닥/모다기; 무덕/이→무더기) '돌무더기, 사발무더기, 줄무더기, 흙무더기' 등으로 쓰인다. ¶ 무더기로 팔아넘기다. ☞ 더기, 언덕

무던하다 정도가 어지간하다. 성질이 너그럽고 수더분하다. 중세어형은 '므던ᄒᆞ다'로 '가(可)하다. 선량하다. 유순하다. 가볍다. 족(足)하다'의 뜻으로 쓰였다. 후대에 '무디다(<무듸다[鈍(둔)])'에 이끌려 '무겁고 까다롭지 않다'로 전의된 것으로 보인다.(무던하다<무던ᄒᆞ다<므던ᄒᆞ다[*믇/므디+언+ᄒᆞ+다]) ¶ 무던한 사람. 성품이 무던하다.

무덤 시체나 유골을 땅에 묻고 일정한 표시를 한 곳. 묘지(墓地). 무덤은 집적(集積) 개념어 '묻다'의 어근에 접사가 붙어 파생되었다. '묻(다)+-엄(명사형어미)'으로 분석된다. '묻(>뭍)'은 음운 도치형 '덤~덩-'의 형태로 '(산)더미, (잿)더미; 덩어리'와 동근어다. '무더기'의 어근도 '묻'이다. '뭍'은 땅[地(지)]과 함께 土(토)·地(지)·陸(육)을 뜻한다. '무덤'을 '뫼'라고도 하는 이유는 흙을 봉긋하게 쌓아 놓았기 때문이다. '뫼'는 산(山)의 고유어로 오늘날 '메'로 남아 다른 말에 결합되어 쓰인다.(멧새, 메아리) 무덤의 어원적 의미는 '묻은 것'이다. ◇ 무덤을 파다 - 잘하려고 한 일이 오히려 파멸을 자초하다. 뫼 쓰다 - 묏자리를 잡아 시신을 묻다. ☞ 메아리, 산

무덥다 습도와 온도가 매우 높아 찌는 듯 견디기 어렵게 덥다. '물[水(수)]+덥(다)+다'로 분석된다. '덥다'는 '덮다'와 음운이 교체된 동근어다. '무'는 '물'에서 'ㄹ'이 탈락한 꼴이다. 어원적 의미는 '뜨거운 물(땀)을 뒤집어 쓴 듯이 몹시 덥다'다.(물+덥다→무덥다) '무더위(←물+덯+의)'는 견디기 어려운 찌는 듯한 더위를 이르는 말이다. ¶ 날씨가 무덥다. 무더위가 기승을 부리다. ☞ 물, 덮개

무따래기 남의 일에 함부로 훼방을 놓는 사람들. 여러 사람. <조선어사전(문세영)>에 '무따라기, 무뜨라기'로 나온다. 이는 '뭇(무리)+따르(다)+기'로 분석된다. 어원적 의미는 '따르는 여러 사람'이다.

무랍 굿을 하거나 물릴 때 귀신을 위하여 물에 말아 문간에 내어두는 한술 밥.

'물+밥'으로 분석된다. /ㅂ/이 탈락되면서 변한 말이다.(물+밥→무랍) 동음이의어 '무랍'은 '정부나 공공단체가 국민에게서 거두어들이는 금품'이다.

무렵다 이 · 빈대 · 벼룩 따위의 물것에 물려서 가렵다. '물(다)[咬(교)]+-업다(형용사화 접사)'로 분석된다. ¶ 간밤에는 무러워서 한잠도 못 잤다. 모기에 물린 자리가 무러워 자꾸 긁었다.

무르다 단단하지 않고 여리다. 마음이나 힘이 여리고 약하다. 중세어형은 '믈다, 므르다'다. '무르다'의 어근은 '물(<믈[水])'이다. 곧 '수분이 많다. 물렁물렁하다(←무르-+-엉). 여리다. 약하다. 썩다'의 뜻으로 유연(柔軟)한 물체를 표현하는 말이다.(믈+다→믈다~므르다/므ᄅᆞ다>무르다)

'무르-'는 '무르-갈다(묽게 갈다), 무르-녹다, 무르-익다'를 합성시킨 부사성 어간이다. '무름하다'는 조금 무른 느낌이 있다를, '모름하다'는 생선이 약간 상하여 신선한 맛이 적다를 뜻하는 형용사다. '짓-무르다'는 '문드러지다. 물크러지다'를, '헤-무르다(<헤믈다)'는 '맺고 끊음이 분명하지 못하고 무르다'를 뜻한다. [물러도 준치 썩어도 생치] 사람이 곤경에 빠졌어도 그 절개나 본질은 변하지 않음을 이르는 말. ¶ 마음이 물러서 모진 소리를 못한다. ☞ 물, 주무르다

무르춤하다 무엇에 놀라거나 무안하여 갑자기 움직임을 멈추고 뒤로 물러서려는 자세를 취하다. <준>무춤하다. '무르(다)[退(퇴; 물러나다)]'와 '주춤하다(하던 동작을 멈추거나 몸을 움츠리다)'가 결합된 말이다. 어원적 의미는 '물러나 주춤하다'다. ¶ 왜 귀찮게 구느냐는 핀잔에 가던 걸음을 무춤 멈추었다.

무릅쓰다 어렵고 고된 일을 그대로 참고 견디어 내다. '무릅쓰다'는 중세어 '무롭다[被(피) · 蒙(몽)]'와 '쓰다[冠(관)]'가 합성된 말이다.(무롭-+쓰다→무릅쓰다) 어원적 의미는 '뒤집어쓰다'다. '무롭다'의 어근 *mul-은 '누르다'와 '밀다'의 의미가 있는 것으로 보인다. '무릅쓰다'는 화재가 났을 때 불을 뒤집어쓰면서까지 용감하게 사람의 목숨을 구조하는 것처럼, 뜻밖에 어떤 일이 생기면 어려움을 견디면서 감행(敢行)한다는 뜻이다. ¶ 온갖 역경을 무릅쓰고 성공하다.

무릎맞춤 두 사람의 말이 엇갈릴 때, 제삼자를 앞에 두고 전에 한 말을 되풀이하여 옳고 그름을 따짐. 대질(對質). 두질(頭質). '무릎+맞(다)+추(접사)+ㅁ'으로 분석된다. 어원적 의미는 '서로 무릎을 맞댐'이다. ¶ 이 일은 무릎맞춤을 해 보아야 진상이 밝혀지겠다. 그들이 무릎맞춤하면 진상이 밝혀지겠다.

무리 어떤 관계로 한데 모인 여러 사람. 짐승이나 새의 떼. 중세어형은 '물'이다.

무리[徒衆(도중)]는 집적(集積) 개념어 '몯다(<모으다)'의 어근이 변한 말이다.(몯/물→무리)

'무리-무리(떼를 지어), 무릇(<믈읫; 대체로 헤아려 보건대)'은 동근어다. '뭇-매, 뭇-별, 뭇-사람, 뭇-입, 뭇-짐승'처럼 수적으로 여럿임을 뜻하는 '뭇'도 같은 말이다. '돌-무지, 불-무지(모닥불을 피워 놓은 더미), 모래무지, 자갈무지, 재무지, 흙무지'에서의 '무지'도 같은 말이다. ¶ 기러기가 무리를 지어 날아간다. 반란군의 무리. 석탄 한 무지.

무리꾸럭 남의 빚이나 손해를 대신 물어 주게 되는 일. 18세기 <청구영언>에 '무리꾸리'가 나온다. '물(다)[치르다. 내다]+리(접사)+꾸럭'으로 분석된다. '꾸럭/꾸럭/구럭'은 '꾸리다(싸서 묶다)'와 동근어로 '구덩이, 구럭(망태기), 꾸러미'와 동원어다. 어원적 의미는 '빚을 꾸림'이다. ¶ 아내가 진 빚을 남편이 무리꾸럭을 하였다. ☞ 꾸러미, 빚

무명 솜을 자아 만든 실로 짠 피륙. 면(綿). '무명'은 한자어 '목면(木棉)'이 /ㄱ/이 탈락되면서 변한 말이다.(목면>무면>무명) '무명것, 무명베, 무명실, 무명씨(목화씨), 무명옷, 무명천, 무명활(솜활)' 등으로 쓰인다. ¶ 무명으로 두루마기를 지어 입다. 햇볕에 바랜 하얀 무명옷.

무섭다 두려운 느낌이 있다. 겁이 나거나 놀랄 만하다. 중세어형은 '므싀엽다'다. 이는 동사 '므싀(다)[畏(외)]'의 어간에 형용사화접사 '-업다'가 결합된 말이다.(므싀엽다>므의엽다/무셥다>무섭다) 동사 '무서워하다, 무시무시하다(매우 무서운 느낌을 주는 기운이 있다)'에서 '무시(←*므스+이)-'는 시늉말로 보인다. ¶ 밤길이 무섭다. 자동차가 무서운 속도로 달린다. 무시무시한 광경.

무솔다 땅이 너무 축축하여 푸성귀들이 물러서 썩다. <준> 솔다. '물[水(수)]+솔(다)+다'로 분석된다. 무솔다의 어원적 의미는 '무르다'다. '솔다'는 물기가 많아서 푸성귀 따위가 썩다를 뜻하는 말이다. ¶ 지난 장마철에 배추가 무솔았다. 늦장마로 인해 가을 채소밭이 무솔다. ☞ 무르다

무쇠 쇠의 강도(强度)로 보아 강철(鋼鐵)과 반대되는 무른 쇠. 선철(銑鐵). 정신적 · 육체적으로 '강하고 굳센 것'을 비유하여 이르는 말. '물/무르(다)+쇠'로 분석된다. [무쇠도 갈면 바늘 된다] 꾸준히 힘쓰면 어려운 일도 이룰 수 있다는 말. ¶ 무쇠 다리 돌주먹. ☞ 쇠

무엇 이름 · 내용 또는 직책이나 직위를 모르거나 또는 아직 정해지지 않았거나

분명치 않은 사물을 가리키는 말. <계림유사>에 問此何物曰設(沒)審[므슴]이 나온다. 이는 오늘날 '무슨'에 해당하는 말이다. '무엇'의 중세어형은 '므스것/므슥'이다. '므스[何(하)]+것[物(물)]'으로 분석된다. '무엇'은 관형사(무슨)와 명사(것)가 합성된 말로, 어원적 의미는 '무슨 것'이다. ¶ 그게 무엇이냐?

무자맥질 물 속에 들어가서 팔다리를 놀리며 떴다 잠겼다 하는 짓. 18세기 문헌 표기는 '믈ᄌᆞ믜악'이다. 동사 '므ᄌᆞᆷ다(←믈+ᄌᆞᆷ다)'에 되풀이되는 동작이나 행동을 나타내는 접미사 '-질'이 결합되었다. 'ᄌᆞᆷ다(잠기다)'는 침잠(沈潛) 개념어다. '믈+ᄌᆞᆷ(다)[浸(침; 잠기다)]]+(으)악→물ᄌᆞ믜악>무자맥(질)'로 어형이 변하였다. 무자맥질의 어원적 의미는 '물에 잠기는 짓'이다. ☞ 물, 잠

무자위 물을 높은 데로 자아올리는 데 쓰는 농기구. = 물푸개. 수차(水車). 양수기(揚水機). 16세기 문헌 표기는 '믈자새'다. 이는 '물+잣(다)+-애'로 분석된다. 어원적 의미는 '물을 자아올리는 것'이다. '자위'는 잣다(물을 퍼 올리다)에 명사화 접사 '-애/의'가 결합된 말이다.(물ᄌᆞ애>무자의>무자위) ☞ 자아내다

무자이 지난날 '물을 긷는 사람'을 일컫던 말. '물+-자이'는 '물[水(수)]'에 '칼-자이[刀尺], 먹-자이[墨尺]' 등과 같이 사람을 뜻하는 접사 '-자이'가 결합된 말이다.(물+자이→무자이[水尺(수척)]) '尺(척; 자)'은 신라 시대에 사용된 말로 '무자이'를 이두(吏讀) 표기 '水尺'으로 적은 것이다. '노자이, 칼자이, 활자이' 등으로 쓰였다. 동음이의어 '무(舞)-자이'는 춤자이[舞尺(무척)]를 이르는 말이다.

무좀 주로 발가락 사이 또는 발바닥에 물집이 생기거나 살갗이 갈라지거나 하는 피부병의 한 가지. '물+좀'으로 분석된다. '좀[蟲(고)]'은 헝겊이나 나무 · 낟알 따위를 해치는 벌레다. '좀내, 좀약(藥), 좀먹다; 가루좀, 나무좀' 등으로 쓰인다. 무좀의 어원적 의미는 '물집이 잡히는 병'이다.

무지개 대기 중의 물방울에 햇빛이 굴절 반사되어 태양의 반대 방향에 반원형으로 길게 뻗쳐 나타나는 일곱 가지 빛의 줄기. 중세어형은 '므지게'다. 쌍무지개를 'ᄀᆞᆲ션므지게'라고 하였다. 무지개는 '믈(물감을 들인 빛깔)+지게[家戶]'로 분석된다.

'무'는 '무쇠, 무좀, 무자위[水車(수차)]'와 같이 '물'에서 /ㄹ/이 탈락한 꼴이다. '지개'는 지게문(윗부분이 둥글고 작은 문)의 '지게'가 '번게>번개'의 경우와 같이 'ㅔ>ㅐ'로 바뀐 것이다. 지금도 제주도에서는 창(窓)을 '지게'라고 한다. 무지개의 어원적 의미는 작은 물방울이 햇빛에 반사되어 아치형의 문(門)처럼

보이는 현상, 곧 '물감을 들인 색깔로 만들어진 문'이다. ¶ 비 갠 하늘에 무지개가 서다.

무지렁이 헐었거나 끊어져서 못 쓰게 된 물건. '아무것도 모르는 어리석은 사람'을 얕잡아 이르는 말. 무지르다(<무줄이다<무지다[斷(단; 끊다)])의 어간에 접사 '-엉이'가 결합된 말이다. '모지랑이'는 끝이 닳아 모지라진 물건이고, '모지랑붓'은 끝이 다 닳은 붓을 일컫는다. ¶ 남의 말끝을 무지르고 나서다. 구한말 나라가 위태롭게 되자 산골 무지렁이들이 먼저 의병 활동에 나섰다.

무찌르다 적을 쳐서 없애다. 닥치는 대로 죽이다. 18세기 소설 <명주기봉>과 19세기 문헌 <경신록언해> 표기는 '뭇지르다'다. '뭇+지르/지ᄅ(다)[<ᄣᅵᄅ(다; 刺(자)]+다'로 분석된다. '뭇'은 무리[衆(중)]를 뜻하는 말이다. 무찌르다의 어원적 의미는 '무리를 찌르다'다. ¶ 침략군을 무찌르다. ☞ 무리, 찔레꽃

무치다 나물 따위에 양념을 하여 버무리어 맛을 고르다. 중세어형은 '무티다'다. 이는 '묻(다)+이+다'로 분석된다. 묻다(물이나 가루 따위가 들러붙다)는 '묻어가다, 묻어나다, 묻어오다(딸려 오다)'와 같은 뜻으로, '(옷에 때가) 묻다[染(염)]. (땅에) 묻다/묻히다[埋(매)]'와 동근어다. 무치다의 어원적 의미는 '(무엇에) 들러붙게 하다'다. ¶ 산나물을 진간장에 무쳐서 먹다. ☞ 묻다

무턱 어찌할 까닭이나 능력이 없음. 잘 헤아려 보지도 않고 마구. 턱없이. '무(無)+턱'으로 분석된다. '턱'은 '덕(언덕)'과 동근어로 평평한 곳에서 약간 두드러진 자리를 이르는 말이다. '무턱-대고(←닿+이+고)'는 일의 정당한 까닭이나 요량이 없이 마구를 뜻하는 부사다. 무턱의 어원적 의미는 '까닭 없이'다. ¶ 무턱 사람을 찾아 나서다. ☞ 언덕, 턱

무트로 한 목에 많이. '뭇[衆(중; 많은 사람/물건)]+으로'로 분석된다. ¶ 조금씩 가져가지 말고 무트로 가져가거라. 이익을 무트로 차지하다. ☞ 무리

묵 메밀이나 녹두 · 도토리 따위의 앙금을 되게 쑤어 굳힌 음식. 18세기 문헌 <역어유해보> 표기도 오늘날과 같이 '묵(烝豆腐)'이다. '묵'은 무겁다(<므겁다)[重(중)]의 어근이 '앙금(침전물. 가라앉음)'을 뜻하는 말로 굳어진 것이라 하겠다. '묵당수, 묵물, 묵볶이, 묵비지, 묵사발, 묵전(煎), 묵주머니; 도토리묵, 메밀묵, 어묵(魚)' 등으로 쓰인다. ¶ 묵을 쑤다. ☞ 무거리

문뱃내 술 취한 사람의 입에서 나는 술 냄새. 문배의 냄새와 비슷하여 이르는

말. '무르(다)+ㄴ+배[梨(이)]'로 분석된다. 문배는 '무른 배'를 뜻하는 말이다. 열매가 단단하여 물려서(푹 익히어 무르게 하여) 먹는다. ☞ 무르다, 내[2]

문설주 문의 양쪽에 세워 문짝을 끼워 닫게 한 기둥. '門(문)+서(다)[立(립)]+ㄹ+柱(주; 기둥)'으로 분석된다. 18세기 문헌 <물보>에 '문겻셜듕방(문 곁에 서 있는 중방)'이 나온다. 문설주의 어원적 의미는 '문에 서 있는 기둥'이다. ¶ 어머니는 문설주에 기대어 자식이 오기만을 기다린다.

문쥐 여러 마리가 앞의 놈의 꼬리를 물고 줄을 지어 다니는 쥐. '물(다)[咬(교; 깨물다)]+ㄴ+쥐[鼠(서)]'로 분석된다. '문쥐-놀음'은 여럿이 서로 뒤를 이어 옷자락을 잡고 문쥐처럼 줄을 지어 돌아다니면서 쥐 소리를 내는 아이들의 놀이다.

문지르다 → **'매끄럽다'** 참조

묻다 땅이나 다른 물건 속에 물건을 넣어 덮어 감추다. 매장(埋藏) 개념어 '묻다'는 땅을 뜻하는 명사 '묻/뭍[陸地(육지)]'에 용언 파생 접사 '-다'가 결합한 동사다. '무덤, 무더기, 더미' 등은 '묻다'에서 파생된 말이다. 동음이의어 '(옷에 때가) 묻다'는 뭍(흙. 땅)과 동원어다. ¶ 뒤뜰에 김장독을 묻다. 때가 묻다. ☞ 무덤, 섬

물 자연 상태에서 수소와 산소의 화학적 결합으로 된 액체. 강, 내, 호수, 바다 따위를 두루 이르는 말. 물감이 물건에 묻어서 나타나는 빛깔. 물고기의 싱싱한 정도를 뜻하기도 한다. 중세어형은 '·믈'이다. 원순모음화에 의하여 17세기 이후 '물'로 되었다.(믈>물) <삼국사기>에 '買忽郡一云水城, 泗水縣本史勿縣'이 나온다. 고구려어에 물[水]을 買[mai](水城-買忽)로 표기하였으며, 백제 땅이름 표기에 '勿(물)[水]'이 쓰였다.(勿奈兮郡一云水入) <계림유사>에는 水曰沒(수왈몰), 染曰 沒涕里(믈드리-)이라 하여 15세기 이전에도 오늘날과 발음이 비슷하였을 것으로 추정된다.

우리말 '물'은 몽골어 mören[江], 만주어 muku[水], 고대 일본어 midu[水]와 대응된다. 한편 '물'의 고대 변이음 *mi[水]는 '미-역, 미-나리, 미-더덕; 구미(땅이름; 물이 굽어 흐르는 마을)'에서 유추해 볼 수 있다. '물'은 '묽다, 물들다, 무르다, 멍들다, 맑다(<몱다)'와 동원어다. 물의 기원은 검은 빛깔인 바닷물을 가리키는 것 같다. 푸른빛에 대한 원초적 발상도 물빛이다. [물은 트는 대로 흐른다] 사람은 가르치는 대로 되고, 일은 주선하는 대로 된다는 말.

물감 물건에 빛깔을 물들이는 재료. '물+감(재료)'으로 분석된다. '물'의 중세어형은 '믈'이다. '물[染(염; 물들이다)'은 '물들다, 물집(염색집); 그림물감, 꽃물,

딸깃물, 반물(검은빛을 띤 남빛), 풀물' 등으로 쓰인다. ¶ 물이 바래다. 옥색 물감.

물결 물이 움직여 나타나는 결. 파랑(波浪). 중세어형은 '믈껼, 결'이다. '물+ㅅ+결'로 분석된다. '결'은 '가르다'에 뿌리를 둔 말인 '갈래, 겨레'와 동원어다.(믌결>믈껼>물결) '물결치다, 물결털[섬모(纖毛)], 물결표(標)' 등으로 쓰인다. ◇ 물결을 타다 - 시대의 풍조 · 형세에 맞게 처신하다. ¶ 물결이 일다. 사람의/시대의 물결. 신선한 감동이 물결치다. ☞ 물, 결

물꼬 논배미에 물이 넘어 흐르게 만들어 놓은 어귀. 어떤 일의 시작. 물꼬는 물이 빠져 나가는 작은 도랑을 뜻하는 '물곬(<믈꼴)'이 /ㄹ/이 떨어져 나간 말이다. '고-논'은 봇도랑에서 맨 먼저 물꼬가 있는 논을 일컫는다. '샘-고'는 샘의 근원(根源)을 이르는 말이다. ¶ 농부는 비가 오자 물꼬를 보러 갔다. 조국 통일의 물꼬를 트다.

물다짐 되메우기를 할 때 흙 속의 공기를 없애기 위하여 물을 흠뻑 주면서 다짐하는 일. '물+다지(다)+ㅁ'으로 분석된다. '다짐'은 무르거나 들떠 있는 것을 단단하게 하는 것이다. '비 온 뒤에 땅이 굳어진다'는 속담이 있다. 이를 이용한 것이 건설 현장에서 쓰는 물다짐 공법이다. 흙 사이의 틈이 물로 메워지면서 자연스럽게 공간이 없어지기 때문에 땅이 굳어지는 원리다. ☞ 다짐

물레 솜이나 털 따위를 자아서 실을 뽑는 재래식의 수공업 기구. 도자기의 성형(成形) 도구[輪臺(윤대)]. 유희(柳僖)의 <물명고>에서 '문ᄅᆡ[緯車]'는 고려 말 문익점의 후손인 문래(文萊)가 만든 데서 제작자 이름이 붙은 것이라고 전한다.

18세기 근대 국어 문헌인 <동문유해>에 '믈레[紡車]'가 나온다. 재구형(再構形) 동사 '*므르다(실을 잣다)'의 어근 '므르~믈'에 연장을 뜻하는 접사 '-게'가 결합하여 '*믈게'라 하였다. 그 후 /ㄱ/이 탈락되면서 원순모음화가 일어나 '믈레>물레'로 되었다. 쓰임새는 다르지만 한반도에서 도자기의 성형 도구로 물레를 사용하기 시작한 것은 서기를 전후한 김해의 토기 제작 때부터다. ¶ 물레를 돌리다. 물레로 실을 잣다.

물레방아 내리 쏟는 물의 힘으로 바퀴를 돌려 공이가 오르내리도록 하여 낟알을 찧는 방아. 물레의 원리를 이용한 기구. 돌고 도는 인생유전(人生流轉)에 비유. 15세기 문헌 <두시언해초간>에 '방하'가 나온다. 물레방아는 '물레+방아'의 합성어다. '물레(<문ᄅᆡ, 믈레)'는 '수레[車](<수ᄅᆡ)'와 같이 회전체인 바퀴를

이용한 물건이다.

물레방아에 대한 최초의 기록은 <세종실록 권 148 지리지>인데, 지금의 서울 세검정 근처에 처음으로 설치된 것으로 전한다. 고려 때부터 물레방아를 사용한 것으로 보이며, 수륜기(水輪機)라 불린 물레방아는 1899년에 처음으로 등장하였다. 방아의 종류에는 '물레방아, 디딜방아, 연자방아, 절구방아'가 있다.

물레방아는 산수(山水)와 조화를 이룬 과학의 산물이요, 첫사랑이 싹트는 물방앗간은 우리 근 · 현대문학의 배경으로 빼놓을 수 없는 사랑의 한 장면이 되었다. ¶ 물레방아를 돌려 방아를 찧다. ☞ 방아

물마 비가 많이 와서 미처 빠지지 못하고, 땅 위에 넘쳐흐르는 물. ≒ 시위. 큰물. '물+마'로 분석된다. '마ㅎ[霖雨(림우)'는 물[水(수)]의 고대음이다. 물마의 어원적 의미는 '물 장마'다. ¶ 물마 위를 자동차가 달리고 있었다. ☞ 장마

물보낌 한 사람이 여러 사람을 모조리 매질함. '물/무리[衆(중)]+볶(다)[炒(초)]+이(사동접사)+-ㅁ'으로 분석된다. 여기에서 '볶다'의 사동형 '볶이다'는 못 견디도록 재촉하거나 성가심을 당하다를 뜻하는 동사다. '물보낌'과 달리 여러 사람이 한꺼번에 덤비어 때리는 매는 '뭇매, 무릿매, 몰매'라고 한다.

물부리 궐련(얇은 종이로 가늘게 말아 놓은 담배)을 끼워 입에 물고 빠는 물건. 연취(煙嘴). '물(다)+부리'로 분석된다. 어원적 의미는 '(입에) 무는 부리'다. 담뱃대에서 입에 물고 빠는 부분을 '빨부리~빨주리'라고 한다. ☞ 부리

물숨 떨어지거나 내뿜는 물의 힘. '물'과 '숨'이 합성된 말이다. 물숨[-쑴]의 어원적 의미는 '물이 숨을 쉬다'를 비유한 표현인데, '숨'이 '힘/심[力(력)]'에 유추되어 '물의 힘'이 되었다. ¶ 분수의 물숨이 세다. ☞ 숨, 힘줄

물이못나게 부득부득 조르는 모양. '물+이+못[부정]+나(다)[出(출)]+게'로 분석된다. '물이못나게'는 샘에서 물이 고여야 푸는데, 잠시도 기다리지 못하는 급한 성미라는 데서 온 말이다. ¶ 안 된다고 하여도 어찌나 물이못나게 조르는지 할 수 없이 허락하였다. 아이가 물이못나게 재촉을 한다. ☞ 물

물초 온통 물에 젖음. 또는 그런 상태. '물+(녹)초'로 분석된다. '초[燭(촉)]'는 '녹초'를 뜻하는 말이다. 물초의 어원적 의미는 '물에 녹초가 됨'이다. ¶ 갑자기 소나기를 만나 온몸이 물초가 되었다. 물초가 된 옷도 채 벗지 못하고 그 자리에 주저앉고 말았다. ☞ 물, 녹초

물켜다 물을 많이 들이켜 마시다. 물켜다는 '물+켜다(<혀다[引; 당기다])'로 분석된다. '헛물켜다'는 '물켜다'에 한자어 접두사 '허(虛)'가 붙어 애쓴 보람도 없이 허사(헛일)가 된다는 뜻이다. <역어유해>에 퇴조(退潮)의 뜻으로 '믈혀다'가 보인다. 결국 '물켜다'는 음식을 짜게 먹어 많은 양의 물을 끌어당겨 마신다는 뜻이다.(믈+혀+다→믈혀다>물켜다) ◇ 물을 먹다 – 실패하다. 낭패를 보다. ¶ 짜게 먹은 사람이 물켜게 마련이다. ☞ 켜다

물푸레나무 물푸레나뭇과의 낙엽 교목. 잎은 겹잎이며 가장자리에 톱니가 있고, 5월경에 꽃이 핀다. 나무는 목질이 단단하여 가구재, 도끼자루, 총대(銃臺) 등에 쓰이고, 껍질은 한방에서 약재로 쓰인다. 물푸레나무는 '물[水]+푸르(어)+나무'로 분석된다.(므프레>무프레>물푸레) 물에 가지를 넣으면 색깔이 푸르게 변한다는 뜻에서 붙여진 이름이다. ¶ 물푸레 작대기 하나를 골라 매감으로 집에 들여 놓았다. ☞ 물, 푸르다

ㅁ

뭇다 조각을 모아서 잇다. 여러 개를 붙여서 만들다. 조직이나 모임을 만들다. '묶다(<뭇ㄱ다)'에서 온 말로, 어근 '뭇'은 집적 개념어로 '여러' 또는 '묶음을 세는 단위'를 뜻한다. '뭇따래기, 뭇떡잎, 뭇매, 뭇별, 뭇사람, 뭇생각, 뭇소리, 뭇시선(視線), 뭇입, 뭇짐승' 등으로 쓰인다. ¶ 헝겊 조각을 무어 방석을 만들다. 뭇 사건이 일어나다. 장작 세 뭇, 조기 한 뭇. ☞ 무리

뭇따래기 자주 나타나서 남을 괴롭히는 사람들. '뭇[衆(중; 무리)]+따르(다)[追從(추종)]+기(명사형 어미)'로 분석된다. 어원적 의미는 '여러 사람이 따라 붙음'이다. '뭇뜨래기'는 사투리다.

뭉치다 여럿이 합쳐지거나 어울려서 한 덩어리가 되다. 하나로 단결하다. 15세기 문헌 <구급간이방>의 표기는 '물뮈다'다. 어근 '물'은 집단 개념어로 '무리'의 축약형이다. '몰매(뭇매), 몽땅(<몰쇽), 뭉게구름' 등과 동근어다.(무리>물>뭉) '뭉치다'는 집단 원형(圓形) 개념어 '뭉'에 접사 '치'가 붙어 명사 '뭉치'가 된 다음, '-다'가 결합되어 동사로 전성된 말이다. '뭉치사태, 뭉칫돈(목돈); 뭉쳐나다(무더기로 더부룩하게 나다, 뭉텅이(←뭉치+덩이))'로 쓰인다. ¶ 온 국민이 한 마음으로 뭉치다. 원고 뭉치를 뒤적이다.

뭍 섬이 아닌 본토(本土). 땅. 중세어형도 오늘날과 같다. 집적(集積) 개념어 '몯다(<모으다)'에 어원을 둔 '무더기'의 어근이 '뭍'이다. '묻다[埋(매)]'는 명사 '묻/뭍[陸地(육지)]'에서 파생한 동사다. ¶ 멀리 뭍이 보인다.

미꾸라지 기름종갯과의 민물고기. 중세어 표기는 '믯그리, 믯구리, 미ᄭᅵ리'다. 미꾸라지는 '믯글+이/아지(작은 것)'로 분석된다. '믯그리>믯구리>밋그라지>미꾸라지'로 어형이 변화되었다. 미끌미끌, 미끈미끈과 같은 감촉을 뜻하는 '미끄럽다'의 중세어형은 '믯그럽다'다. 어근 '믯글'은 물(<미)에 뿌리를 둔 말이다. '미끄럼, 미끄러지다, 미꾸라지' 등은 미끄럽다에서 파생한 말이다. 미꾸라지의 어원적 의미는 '미끌미끌한 물고기'다.

미꾸라지를 끓여 만든 음식을 추어탕이라고 한다. [미꾸라지 한 마리가 온 웅덩이를 흐려 놓는다] 못된 사람 하나가 온 집안, 온 사회를 망친다는 말. [미꾸라짓국 먹고 용트림한다] 아무 재간도 없으면서 큰 인물인 체하는 사람을 말함. ☞ 매끄럽다

미끼 낚시 바늘에 꿰어 물리는 물고기의 밥. 낚싯밥. 미끼는 '먹히다, 떼이다'의 뜻을 나타내는 16세기 어형 '미ᄭᅵ다'의 어근이 명사로 전성된 말이다. 그 후 '미ᄭᅵ다'는 죽은말이 되어 오늘날 쓰이지 않는다.(밋ㄱ[飼(사)]+이+다→미ᄭᅵ다→미ᄭᅵ>미끼) 이와 같은 어간형 명사에 'ᄀᆞ믈다(>가물다)→ᄀᆞ믈(>가뭄)'이 있다. 미끼(낚싯밥)를 '미[水]+ᄢᅵ[時]+니[米; 쌀]'로 분석하면, 어원적 의미가 '물 속의 먹이'가 된다. '미끼'는 물고기를 낚을 때 쓰는 먹이의 뜻 외에 '남을 꾀어 들이는 물건이나 수단'의 뜻으로도 쓰인다. ◇ 미끼(를) 삼다 - 미끼로 이용하다. ¶ 금품을 미끼로 삼아 상대방을 어렵게 해서는 안 된다. ☞ 끼니, 물

미나리 미나릿과의 여러해살이풀. 독특한 향기가 있으며 잎과 줄기는 먹음. '미+나리'로 분석된다. '미-'는 '물[水]'의 고대음으로 '미역, 미-더덕'에 남아 있다. 미나리의 어원적 의미는 '물에서 자라는 나리'다. '돌-미나리'는 도랑에서 저절로 나는 미나리를 일컫는다. 접두사 '돌-'은 원뜻이 '도랑(<돌ㅎ[渠])'인데, 야생(野生)으로 바뀌었다. '미나리-강회(膾), 미나리-꽝' 등으로 쓰인다. ◇ 미나리 도리 듯하다 - 수확이 오붓함을 비유적으로 이르는 말.

미늘 낚시 끝의 안쪽에 미끼를 끼우는 작은 갈고리. 중세어형도 오늘날과 같다. 미늘(<미ᄂᆞᆯ[鉤距])은 물[水]의 고대음 [미]와 '늘(<ᄂᆞᆯ[刃])'의 합성어로서 어원적 의미는 '물속에서 쓰이는 날'이다. 며느리발톱(<며ᄂᆞᆯ톱)은 미늘의 변이음으로 길짐승이나 날짐승의 뒷발톱을 가리키는 말이다. ◇ 미늘(을) 달다 - 기와나 비늘 모양으로 위쪽의 아래 끝이 아래쪽의 위 끝을 덮어 누르게 달다. ¶ 갑옷미늘. ☞ 물, 바늘

미닫이 옆으로 밀어서 열고 닫는 문이나 창문. '밀(다)+닫(다)+-이'로 분석된다. 구개음화에 의하여 [미다지]로 발음한다. 어원적 의미는 '밀고 닫는 것'이다. '미들기(←밀-+들-+기; 들창/문)'는 위쪽에 경첩이나 쇠고리를 붙여 아래쪽을 밀어내어 여닫는 문이다.

미루나무 버드나뭇과의 낙엽 활엽 교목(喬木). 북미(北美)가 원산지다. 미국에서 들여온 나무라 하여 美柳(미류)라는 이름이 붙여졌다. 본래는 한자의 원음 [미류]로 표기하다가 현실음에 따라 '미루나무'라고 적는다. 일명 '포플러(poplar), 은백양'이라고도 한다. 목재는 젓가락, 성냥개비, 이쑤시개 등을 만드는 재료다. (美柳+나무→미류나무>미루나무) ☞ 나무

미루다 일을 나중으로 미루어 넘기다. 남에게 떠넘기다. 이미 알려진 사실로써 다른 것을 비추어 헤아리다. '밀(다)+우(사동접사)+다)'로 분석된다. 어원적 의미는 '밀게 하다'다. 동근어 '미루적미루적/미적미적'은 일을 자꾸 뒤로 하여 시간을 끄는 모양을 나타내는 부사다. ¶ 오늘 일을 내일로 미루지 마라. 자기 책임을 남에게 미루다. 미루어 짐작하다.

미리 어떤 일이 아직 생기기 전에. 앞서서. = 진작. 중세어형도 오늘날과 같다. 동사 밀다[推(퇴)]의 어근 '밀-'에 접사 '-이'가 결합된 파생부사다.(밀+이→미리) 어원적 의미는 '밀려서 사전(事前)에. 앞서'로 시간을 나타낸다. '밀-막다(미리 막다)'는 핑계를 대어 거절하다를 뜻하는 말이다. ¶ 미리 준비해 두어라.

미리내 밤하늘을 가로지른 띠 모양의 많은 별 무리. 은하 또는 은하수(銀河水). 미리내는 '미르+내[川(천)]'로 분석된다. <훈몽자회> 표기는 '미르[龍(용)]'다. '미리(<미르)'는 '용'을 의미하고, '내'는 개울 · 시내를 뜻한다.

우리말 '미르'는 길리야크어 milk(용), 범어 mir(호수), 만주어 muduri, 일본어 mituti와 대응된다. 전설적으로 '용'이 물에서 나오므로 물과 떨어질 수 없는 관계로 동원어다. 관용어 '용이 올라갔다'는 '논에 물이 하나도 없다'는 뜻이다. 이로 미루어 '미르~미리'의 원래 의미는 물[水](<미)로 추정된다. 미리내는 '용이 사는 시내'라는 뜻으로 은하를 강물에 비유하여 이르는 말이다.(미르+내→미리내) 상상의 동물인 '용'은 왕권(王權)이나 왕위(王位)를 나타내는 말로 권위를 상징한다.

미쁘다 믿음성이 있다. 미덥다. 믿음직하다. 18세기 초 문헌 <삼역총해>의 표기는 '밋브다'다. '믿(다)[信(신)]+-브다(형용사화접사)'로 분석된다. 어근 '믿(밋~

밑)'은 바탕과 근원을 뜻하는 형태소로 '밑[本·底·下]'과 동근어다. ¶ 갸륵하고 미쁘도다. 우리 젊은이여! 미더운 아들. ☞ 믿다

미수 설탕물이나 꿀물에 미숫가루를 탄 음료. <훈몽자회>에 '미시[초(麨)]'가 나온다. '미숫가루'에서 '미수(<미시)'는 몽골어 musi(炒麵)에서 온 말이다.(무시>미시>미수) '젖-미수'는 멥쌀가루를 발효하여 만든 미수를 이르는 말이다.

미역 갈조류 미역과의 한해살이 바닷말. 감곽(甘藿). 해채(海菜). 17세기 문헌 <역어유해> 표기는 '머욕'이다.(머욕/머육>메욱/메육>미역) 미역은 '미+여뀌(<역괴)'로 분석된다. '미'는 물을 뜻한다. 여뀌는 축축한 곳에 절로 나는 데 잎은 매운맛이 있어 조미료로 쓰인다. 미역의 어원적 의미는 '물에서 자라는 여뀌'다. ◇ 미역국을 먹다 - 직위에서 떨리어 나거나 시험에서 떨어지다를 속되게 이르는 말. ☞ 물

미역감다 냇물이나 강물에 몸을 담그고 씻거나 놀다. <준> 멱. 미역은 '목[頸(경)]'에서 온 말이다. '감다'는 '머리를 감다'와 같이 몸을 물에 담그고 씻다를 뜻하는 동사다. '미'를 '물[水(수)]'로 보기도 한다. ¶ 미역을 감다. 머리를 창포물에 감다. ☞ 목

미욱하다 하는 짓이나 됨됨이가 미련하고 어리석다. 사리에 밝지 못하다. <작> 매욱하다. 17세기 문헌 <어록> 표기는 '미옥다'다. 어간 '미욱'은 한자 '迷惑(미혹)'이 아니라 '미련(하다)'과 동근어다. '미욱스럽다, 미욱쟁이, 미욱지다(미욱한 데가 있다)' 등으로 쓰인다. ¶ 미욱한 것 같으면서도 그만한 감각은 있는 아이다. 미욱한 짓만 골라 한다.

미장이 건축 공사에서 바람벽이나 천장에 진흙 따위를 바르는 일을 업으로 하는 사람. 한자어 泥匠(니장)에서 '泥(진흙 니)'의 중국음은 [미]이고, '美(아름다울 미)'에 이끌려 '미장'이 되었다. 여기에 사람을 뜻하는 접사 '-이'가 결합한 말이다.(泥匠+이→니장이>미장이) '匠(장)+이→-장이'는 '수공업적인 기술로 물건을 만들거나 수리하는 사람'을 뜻하는 접미사다. '-장이'에서 'ㅣ'모음 역행동화가 일어난 '-쟁이'는 '그런 외모나 차림 또는 성질을 가진 사람'을 나타내어 '멋쟁이, 겁쟁이, 욕심쟁이, 무식쟁이' 등에 쓰인다. 미장이의 어원적 의미는 '진흙을 다루는 기술자'다.

미주알 똥구멍을 이루는 창자의 끝 부분. '밑(아래)+珠(주; 구슬)+알[卵(란)]'로 분석되며, 밑구멍(<밋구무)에 붙어 있는 창자의 끝으로 항문이나 여근(女根)을

비유한다. '밑'은 땅을 뜻하는 '뭍'과 동원어다. 이것저것 아주 사소한 일까지 속속들이 캐어물음을 뜻하는 '미주알-고주알(=암니옴니)'에서 '고주알'은 고환(睾丸; 불알)을 가리킨다. 결국 이 말은 남녀 관계를 시시콜콜 캐묻는데서 온 말이다. ☞ 밑천, 알

미처 아직 거기까지 가 닿거나 이르도록. 그 전에 미리. ≒ 아직. 채. '미치/및(다)+어'로 분석된다. (밋쳐>미처) [+부정어] '대미처(<ᄃᆡ밋쳐; 그 즉시로), 뒤미처(뒤를 이어), 못미처(가까운 이쪽에)' 등으로 쓰인다. ¶ 예전에는 미처 몰랐다. 바빠서 미처 준비를 못했다.

민들레 국화과에 속한 여러해살이풀. 어린잎은 먹고 뿌리는 약재로 씀. '앉은뱅이'라고도 한다. 17세기 문헌 <동의보감> 표기는 '므음드레'다. 그 후 문헌 <물보>에는 '무임ᄃᆞᆯ릐', <물명고>에는 '뮈움들에'가 나온다. '움직이다[動(동)], 흔들리다'를 뜻하는 중세어 ':뮈 · 다'의 명사형 '뮈윰/뮈움'에 진달래(<진ᄃᆞᆯ외)에서 'ᄃᆞᆯ외'가 합성된 것으로 보인다. 민들레의 어원적 의미는 '(열매에 흰털이 있어 씨를 멀리) 움직이는 진달래'라 하겠다.

믿다 꼭 그렇다고 여기다. 의지하여 든든히 여기다. 신을 받들고 따르다. 중세어형도 현대어와 일치한다. 동사 '믿다'와 형용사 '미덥다(←믿+업다), 미쁘다(<믿브다)'의 어근은 '믿'이다. '믿(밋~밑)'은 바탕과 근원을 뜻하는 형태소로 '밑[本 · 底 · 下]'과 동근어다.

본바탕을 뜻하는 '믿'이 합성된 중세어에 '믿곧[본고장], 믿글월[原文(원문)], 믿나라ㅎ[本國(본국)], 믿천[本錢(본전)], 믿얼굴[本質(본질)], 믿집[本家(본가)], 믿겨집[本妻(본처)]' 등이 있다. '믿다'의 어원적 의미는 '바탕이 굳다'다.(밑[本]+다→믿다[信]) [믿는 도끼에 발등 찍힌다] 믿고 있던 사람으로부터 배반을 당하여 해를 입는다는 말.

및 그 밖에 또. 그리고 또. 거기에 더하여. 또. 과/와. [+ 둘 이상의 단위를 같은 자격으로 이어줌] '미치다/및다[及(급; 이르다)]'의 어간이 접속 부사로 전성된 말이다. ¶ 원서 교부 및 접수. 문학에는 시 · 소설 및 희곡 등이 있다.

밑천 어떤 일을 하는 데 기초가 되는 돈이나 물건, 재주, 기술 등을 포함하는 재산. 본전(本錢). 16세기 초 문헌 <박통사언해초간> 표기는 '믿' 또는 '믿쳔'이다. 15세기에 나라의 돈을 '나랏쳔'이라고 하였다. 밑천은 바탕[下 · 本]을 뜻하는 '밑(밑줄, 밑창, 밑받침, 밑바닥)'에 돈을 의미하는 한자 錢(전)이 합성되면서

발음이 변한 말이다.(민+전→민쳔>밑천) 단일어로서의 ‘쳔’은 18세기 후반부터 ‘돈’에 서서히 밀려나기 시작하였다.

한편, 들인 밑천보다 얻는 것이 적어 손해를 보다를 의미하는 동사 ‘밑지다(<민디다)’는 ‘밑[本錢(본전)]+디다[落(락)]→밑지다’로 분석된다. ◇ 밑천이 드러나다 - 평소에 숨겨져 있던 제 바탕이나 성격이 표면에 나타나다. 밑져야 본전 - 손해 볼 것도 득볼 것도 없다. ¶ 시세 폭락으로 밑천을 까먹다. 밑지고 팔다.

ㅂ

-ㅂ(습)니다 용언의 어간에 붙어, 상대에게 현재 계속되는 동작이나 상태를 서술하는 합쇼체의 평서형 종결 어미. '-ㅂ(습)니다'는 동사 'ᄉᆞᆲ다[白(백; 말하다)]'에서 온 말이다.(ᄉᆞᆸ/ᄌᆞᆸ>습+니다) ¶ 지금 갑니다. 참 시원합니다. ☞ 사뢰다, -사옵-

바 관형사 뒤에 놓이어 '방법 또는 일'의 뜻으로 쓰는 말. 중세어형도 오늘날과 같다. '바'는 본래 장소(場所; 곳)를 뜻하는 말이다. 후대에 의미가 변하여 일반 사물을 나타내는 의존명사가 되었다. 우리말 '바'는 만주어 ba (place; 地方)와 대응되며, 이 말은 일본에 건너가 pa[場(장)]가 되었다. 건설 현장 식당을 뜻하는 일본어 '한바/함바[飯場(반장; 밥 먹는 곳)]'의 '바(곳)'는 같은 말이다. ¶ 뜻밖의 일이라 어찌할 바를 모르겠다.

바가지 통박을 두 쪽으로 쪼개어 물을 푸거나 물건을 담는 데 쓰는 그릇. 준말은 '박'이다. <삼국사기>에 '辰人謂瓠爲朴 以初大卵如瓠 故爲朴爲性'이 나온다. 중세어형도 '박'이다. 신라말도 朴(박)이라 하여 현대어와 일치한다. 바가지는 둥근 물체를 뜻하는 박[瓢(표)]에 작은 것을 의미하는 접미사 '-아지'가 붙은 파생어다.(박+아지→바가지)

'쪽박(<ᄧᅩᆨ박)'은 작은 바가지, '조롱박(<죠롱박)'은 작은 박을 가리킨다. '쪽~조롱[小]'이 결합된 낱말에 '쪽배, 쪽문, 쪽지게; 조랑말, 조롱복(福), 조롱벌; 조약돌' 등이 있다. '이남박'은 안쪽에 이[齒(치)] 같은 나선형 홈이 있는 바가지다. 표주박은 '瓢子(표자)+박'으로 이루어진 말이다.

잔소리 심한 아내가 남편에게 불평을 할 때 '바가지를 긁는다'라고 표현한다. 이는 옛날 전염병이 돌 때 그 귀신을 내쫓기 위한 수단으로 시끄럽게 바가지를 긁는 데서 유래한 말이다. 바가지는 주술(呪術)이나 금기(禁忌)의 대상이 되기도 하였다. 이밖에 비유적으로 쓰이는 예로 '바가지-쓰다/씌우다, 바가지-요금(料金), 바가지-차다, 고생-바가지, 주책-바가지'가 있다. ◇ 바가지를 씌우다 - 터무니없는 요금이나 값을 요구하다. ☞ 바퀴

바깥 밖인 곳. 밖. 한데. 17세기 문헌 <어록해>의 표기는 '밧겻ㅌ'이다. 바깥은 '밖'에 사람이나 물체의 옆 또는 그 언저리를 뜻하는 '곁[傍(방)]'이 붙은 후 모음조화가 일어난 말이다. '밖+겉[皮 · 表]'의 결합으로 외표(外表; 겉)에서 외지(外地; 밖)로 뜻이 바뀌었다.(밧+겉→밧같>바깥) '밧'은 중세어 '벋다(>뻗다)'의 어근과 동근어로 보인다. '밭-사돈'는 바깥사돈을 이르는 말이다. ¶ 바깥세상. 바깥에 나가 놀다 오너라. 예상 밖으로 일이 복잡해졌다. ☞ 안팎, 겨드랑이

바꾸다 어떤 물건을 주고 그 대신 다른 것으로 받다. 변경하다. 중세어형은 '밧고다'다. '바꾸다'는 '밖'과 동근어다. 밖은 안에 대립되는 개념이다. '벗다, 벗기다'의 어근 '벗-'도 '밖(<밗<밧ㄱ)'과 모음이 교체되어 의미가 분화된 형태소다.(밧ㄱ~벗-) '바꾸다'의 어원적 의미는 '안의 것을 밖으로 드러내어 서로 교환하다'다.(밧고다>밧ᄭᅩ다>바꾸다) 안에서 생산한 물건을 밖의 것과 교환하는 행위는 오래 전부터 내려온 인류의 지혜다. ¶ 달러로 원화를 바꾸다. 설계를 바꾸다. 얼음이 녹아 물로 바뀌었다. ☞ 안팎, 발가벗다

바늘 옷을 짓거나 꿰매는 데 쓰이는 가늘고 끝이 뾰족한 쇠. 봉침(縫針). 중세어형은 '바ᄂᆞᆯ'이다. <계림유사>의 針曰板捺[판날]은 오늘날과 발음이 일치한다. '바+ᄂᆞᆯ[刃(인)]→바늘'에서 '바'는 '뵈(>베[布])'의 변이음이며, 'ᄂᆞᆯ'은 칼날과 같이 날카로운 연장을 뜻한다. 결국 '바늘'은 베와 같은 천을 꿰맬 때 실을 꿰어 쓰는 도구를 가리킨다. 일본어 [hari, pari; 針(침)]는 우리말 '바리/발-'이 원형이다. 미늘[鉤距(구거; 갈고리)]과 비늘[鱗(린)]에서 '늘'은 바늘의 '늘(<ᄂᆞᆯ[刃(인)])'과 같은 말이다. 제주도 사투리 '바농[針(침)](←*반+옹)'에 비추어 '*반+ᄋᆞᆯ(접사)'로 분석하는 이도 있다.

[바늘 가는 데 실이 간다] 서로 밀접한 관계가 있는 것끼리는 떨어지지 아니하고 항상 따른다는 뜻. [바늘로 찔러도 피 한 방울 안 나다] 야무지게 보이는 사람 또는 냉혹한 구두쇠를 이르는 말.

바다 지구 위에 짠물이 괴어 하나로 이어진 크고 넓은 부분. <삼국사기>에 '海利縣 本高句麗 波利(*바ᄅᆞᆯ)縣'이 나온다. <용비어천가>에는 '바ᄅᆞᆯ', <월인석보>는 '바다ㅎ'로 적었다. <삼국사기>의 신라의 관직 이름 '波珍湌一云海干'에서 波珍[海]은 '*바ᄃᆞᆯ'을 나타낸 말이다.(*받+ᄋᆞᆯ→*바ᄃᆞᆯ>바ᄅᆞᆯ>바다)

'바다'의 어근 '받'은 평면(平面) · 넓음을 의미하는 벌[原(원)], 밭[平面]과 동원어며, 고대 퉁구스어 pata와 같다. 일본어 wata[海], wataru[渡]는 우리말

바다[pata]가 변한 것으로 보인다.(pat->wat-) 결국 '바다'는 평평하게 들판처럼 넓은 물을 가리킨다. 바다의 상징적 의미는 생성(生成)과 소멸(消滅)이다. [바다는 메워도 사람 욕심은 못 채운다] 사람의 욕심은 한이 없다는 뜻.

바닥 어떤 물체의 평평한 겉면으로 다소의 넓이를 가지는 부분. 밑(바닥). 밑면. 중세어는 '바닥~바당'이다. '바[所]>받/밭[田]'에 접사 '-악~-앙(작음)'이 결합된 말이다.(받+악→바닥) '바닥'은 오늘날 일부 명사 뒤에 붙어 밑창 · 거죽 · 면(面) 또는 일정한 지역을 나타낸다.

바닥은 '길-바닥, 논-바닥, 손-바닥(<손바당), 시장-바닥'으로 쓰인다. 파생동사 '바닥-나다/내다'는 돈이나 물건 따위를 '다 써 없어지게 하다. 모두 없애다'는 뜻이다. ◇ 바닥이 드러나다 - 겉으로 나타나지 않았던 본색이 드러나다. 바닥 첫째 - '꼴찌'를 놀림조로 이르는 말. 바닥을 치다 - 경기가 침체되어 가장 낮은 데까지 이르러서 나빠질 것이 없다. ¶ 이 땅은 바닥이 고르지 않다. ☞ 밭, 배

바둑 두 사람이 바둑판에 바둑돌을 번갈아 벌리어 가며 두는 오락. 집이 넓은 사람이 이긴다. 중세어 '바독'이 '바둑'으로 어형 변화하였다. '바둑(<바독)'은 바닥[面(면)]과 동근어인 '받~밭[田; 땅]'에 '독[石; 돌]'이 합성된 말이다. 바둑의 어원적 의미는 '바닥에 돌을 늘어놓는 것'이다.

바둑[碁(기)]의 역사는 삼국시대 이전으로 거슬러 올라간다. 농경사회에서 넓은 바닥, 곧 밭에 돌로 경계를 막아 땅을 차지한다는 뜻에서 유래하였을 가능성이 높다. 검은 점과 흰 점이 뒤섞여 얼룩얼룩한 무늬를 '바둑-무늬'라 하고, 흰털에 검은 털이 있는 개를 '바둑이'라고 한다. 이는 바둑돌의 색깔에서 생긴 말이다.

진태하는 바둑의 발상지는 한국이며, 중국 전한(前漢)의 양웅이 편찬한 <방언>이란 책에 바둑이 簙毒(박독)으로 적힌 것은 우리말 '박독'의 소리 표기라고 주장한다. ☞ 바닥, 돌

바라기 음식을 담는 조그마한 사기그릇. 크기는 보시기만 한데 입이 좀 더 벌어졌음. 바라기는 '벌다[開(개; 열다)]'와 동근어인 '바라다(<ᄇᆞ라다)'의 어간에 명사형어미 '-기'가 결합된 말이다. 어원적 의미는 '벌어진 것'이다.

바라다 어떤 것을 향하여 보다. 생각이나 바람대로 어떤 일이나 상태가 이루어지거나 그렇게 되었으면 하고 생각하다. 중세어형은 'ᄇᆞ라다'다. 어근 '블(ᄇᆞ라)'은

ㅂ

'바라-보다, 바라-지다'에서처럼 시선을 멀리 확장한다, 사이가 떠 넓게 열린다는 개념으로 '벌다[開 · 列]'와 동근어다. 결국 '바라다'는 열려진 먼 곳을 바라보며 무엇인가를 기대하는 마음을 나타내는 말이다.

'바람'은 명사고 '바람직하다(<ᄇᆞ람즉ᄒᆞ다; 可望)'는 바랄 만한 가치가 있다는 형용사다. '바람만바람만'은 바라보일 만한 정도로 뒤에 멀리 떨어져 따라가는 모양을 뜻하는 부사다. '하늘-바라기'는 빗물에 의하여서만 농사를 지을 수 있는 논을 이르는 말이다. '개밥-바라기'는 저녁때 서쪽 하늘에 보이는 금성(金星)이다. ¶ 우리는 앞만 바라보며 뛰었다. 도움을 바라다. 바람직한 사회. 곰녀는 산길을 따라 칠성이를 바람만바람만 뒤따라갔다.

바라밀다 불교에서 차안(此岸; 이 세상)에서 열반(涅槃)의 피안(彼岸; 깨달음의 세계)으로 간다는 뜻으로 '보살의 수행'을 이르는 말. <준>바라밀. 범어 paramita의 한문 번역어 波羅蜜多가 변한 말이다.

바라지[1] 햇빛이 들도록 바람벽 위쪽에 낸 자그마한 창. 들창. 바라지창. '바라(다)[望(망; 멀리 내다보다)]+지(접사)'로 분석된다. '바라지창(窓); 눈썹바라지, 쌍바라지(雙), 약계바라지(藥契; 약방의 들창)'로 쓰인다.

바라지[2] 온갖 일을 돌보아 주는 일. 입을 것이나 먹을 것 따위를 대어 주는 일. 치다꺼리. <농가월령가>에 '들 바라지 點心ᄒᆞ소'가 보인다. '바라지'는 원래 불교 용어다. 원뜻은 절에서 영혼을 위하여 시식(施食)할 때, 법사(法師) 옆에 앉아 경문(經文)을 받아 읽거나 시식을 거들어 주는 사람이다. 후대에 의미가 확대되어 '어려운 처지에 있거나 어린아이를 돌보는 일'을 뜻한다. '뒷바라지(뒤에서 보살피며 도와주는 일), 들바라지, 살림바라지, 삼바라지, 옥(獄)바라지, 해산(解産)바라지' 등으로 쓰인다. ¶ 아내는 병석에 누운 남편 바라지에 온 정성을 쏟았다.

바람 기압의 변화 또는 사람이나 기계가 일으키는 공기의 움직임. 흥분된 상태. 허풍(虛風). <계림유사>에 風曰孛纜(풍왈패람)이라 하였다. 그 당시 중국 한자음은 [puət-lam]이다. 중세어형 'ᄇᆞᄅᆞᆷ'은 오늘날 '바람'과 일치한다. 'ᄇᆞᄅᆞᆷ'은 '불다[吹(취)]'의 어근 '불-(<*블-)'에 명사화 접미사 '-암(ᄋᆞᆷ)'이 붙어 형성된 말이다. <삼국사기>에 廣風縣本于火縣에서 風을 火[블 *pljəm]이라 하였다.

소리를 의미하는 '불-'은 '부르다[歌(가) · 呼(호) · 號(호)]'와 동원어다. 이는 옛사람이 바람을 청각적으로 인식하였음을 보여 주는 예다. '불다'는 '나팔/

피리를 불다. 불을 불다'와 같이 '바람'을 일으키는 동사다. 우리말 '불다. 부르다'는 만주어 fulgiye[吹(취)]와 중세 몽골어 hulie<puliye-에 대응된다.

'바람-개비, 바람-구멍, 바람-기둥, 바람-꽃, 바람-둥이, 바람-막이, 바람받이, 바람-잡이, 바람-칼(새의 날개)' 등으로 쓰인다. [바람 부는 날 가루 팔러 간다] 알맞은 기회를 알지 못함을 이르는 말. ¶ 바람이 불다. 산모(産母)는 바람을 쐬면 안 된다. 바람 난 총각은 경계의 대상이다.

바람벽 집안의 방이나 간살의 둘레를 막은 부분. 흙 · 나무 · 돌 · 벽돌 따위를 쌓아서 둘러막은 방의 둘레. 바람벽은 일정한 공간을 막는 구조물이다. 중세어 'ᄇᆞᄅᆞᆷ벽'은 'ᄇᆞᄅᆞᆷ+壁(벽)'으로 분석된다. '벽'과 '바람벽'은 건축 용어로 함께 쓰인다. 'ᄇᆞᄅᆞᆷ'은 風(풍)과 壁(벽)의 뜻을 겸한 말이다. 동음 이의성을 피하기 위하여 둘레를 막는다는 뜻이 중복되어 '바람벽'이 되었다. '바람벽'이나 '담벼락'은 동일 의미끼리 결합된 합성어다.

'벽(壁)'은 바람을 물리치려고 흙을 발라 막은 담장을 뜻하는데, '장애물이나 어려운 경우'를 비유하기도 한다. [담벼락하고 말하는 셈이다] 미욱하고 고집스러워 도무지 알아듣지 못하는 사람과는 더불어 말해 봐야 소용없다는 말. ◇ 벽을 넘다 - 문제를 없애다. ¶ 바람벽을 치다.

바랑 중이 등에 지고 다니는 자루 모양의 큰 주머니. 걸랑. 한자 鉢囊(발낭) 또는 背囊(배낭; 등에 지는 주머니)이 발음이 변한 말이다.(배낭/발낭>바랑) ¶ 소년은 바랑을 진 상좌처럼 보따리 하나를 짊어지고 있었다.

바르다[1] 길이를 가진 물체가 일정한 방향으로 곧게 뻗은 상태에 있다. 말이나 행동 따위가 사회적인 규범에 맞는 상태에 있다. 중세어형은 '바ᄅᆞ다'다. '바르다[正 · 右]'는 만주어 barū(…을 향하여)와 몽골어 baran[正], barona[右側]과 대응하는 말이다. 오른손과 오른쪽을 '바른손, 바른쪽'이라고 한다. '옳다'와 '바르다'는 이음동의어고, 부사 '바로(<바ᄅᆞ)'는 기본 의미가 '直(직)'으로 '곧게. 올바르게. 정직하게. 곧장'이다. ¶ 물건을 바르게 놓다. 바른/ 옳은 말은 들어야 한다. 예절이 바른 사람.

바르다[2] 겉을 싸고 있는 것을 벗기거나 헤치거나 하여 속에 든 알맹이를 집어내다. 한데 어울려 있는 것 속에서 필요하거나 필요하지 않은 것만 골라내다. '바르다'의 어근 '바르-/발-'은 '벌다[開(개) · 列(열)]'의 어근이다. 동근어 '바르/버르-집다'는 '오므라진 것을 벌려 펴다. 들추어내다'를 뜻하는 말이다. ¶ 알밤을 바르다.

생선의 살을 바르다. 사소한 일을 바르집어 말하다. ☞ 벌이다

바리¹ 놋쇠로 만든 여자의 밥그릇. 바리는 '鉢(발)+이'로 분석된다. 범어는 pãtra [鉢多羅]다. '바리때'는 절에서 쓰는, 나무로 만든 중의 밥그릇을 뜻한다. 품질이 낮은 놋쇠로 만든 바리를 '퉁-바리, 주발(周鉢)'이라고 하고, 모래를 원료로 하여 만든 바리를 사발(沙鉢), 자그마한 바리는 '종[小(소; 작은)]-바리/종발'이라 이른다. '옴파리(<바리)'는 사기로 만든 오목한 바리를 말한다. '주발(<쥬발)'은 鍮鉢(유발; 놋그릇)이 변한 형태다.

'바리안-베'는 한 필을 접어서 바리때 안에 담을 수 있는 베라는 뜻으로 매우 곱게 짠 베를 뜻하는 말이다. ¶ 바릿밥 남 주시고 잡숫는 이 찬 것이며 <이병기(시조)>

바리² 소 · 말의 등이나 달구지에 잔뜩 실은 짐. 또는 그것을 세는 단위. 바리는 짐(하물)을 뜻하는 만주어 fali, fari에서 온 말이다. '바리나무, 바리바리(여러 바리); 장작바리, 짐바리' 등으로 쓰인다. ¶ 나무 한 바리. 바리바리 짐을 싸다.

바리데기 죽은 사람을 저승으로 인도하는 오구신으로서, 무당이 모시는 젊은 여신. 바리공주. 초인적 능력이나 자질을 통해서가 아니라 그녀 자신의 태생적인 한을 스스로 풀어내는 것을 통하여 소망을 얻음. 바리데기는 버리다(<ᄇᆞ리다)[棄(기)]의 어간 '버리-/바리-'와 '부엌데기, 새침데기, 소박데기'와 같이 명사 뒤에 붙어 그 사람을 낮추어 이르는 접미사 '-데기'가 결합한 말이다. 어원적 의미는 '버려진 아이'다.

바쁘다 해야 할 일이 많아서 쉴 겨를이 없다. ↔ 한가하다. 바쁘다는 동사 '빛다(바빠하다)'의 어근에 형용사화 접사 '-ᄇᆞ다'가 결합된 말이다.(빛다→밧+ᄇᆞ다/브다→바쁘다>바쁘다) 시간적으로 너무 여유가 없다를 뜻하는 '밭다'와 동근어다. ¶ 바쁜 나날을 보내다.

바사기 '사리에 어둡고 이해력이 부족한 사람'을 놀림으로 이르는 말. 팔삭둥이. '八朔(팔삭)+이(사람)'로 분석된다. 八朔(팔삭)은 임신한 지 열 달을 채우지 못하고 여덟 달만에 태어난 아이를 뜻하며 '바삭'으로 변한 말이다.(팔삭이>바사기)

바삭바삭 가랑잎을 밟거나 잘 마른 것이 서로 닿아서 나는 소리. 단단하고 부스러지기 쉬운 물건을 깨물 때 나는 소리. 'ᄇᆞᆺ(다)/바수(다)[碎(쇄)]+악(접사)'이 결합한 말이다. '바사삭, 바스라기, 바스락, 바슬바슬 · 파슬파슬, 보삭 · 뽀삭 · 포삭; 바서 · 부서지다, 바스 · 부스대다, 바스러 · 부스러지다드리다' 등은 동근어다.

¶ 바삭바삭 소리에 잠이 깨다.

바위 부피가 아주 큰 돌덩이. 암석(岩石). <삼국사기>에 '孔巖縣 本高句麗 濟次巴衣縣'가 나온다. 바퀴의 중세어형은 '바회'다. 원래 동음이의어였으나, 후대에 '바위'와 '바퀴'로 표기가 달라지면서 어사 분화를 일으켰다. 중세어 '바회'는 모음 사이에서 /ㅎ/이 탈락하여 '바위'가 되었다.(바회>바위)

바위의 사투리 '바구, 방우, 바우'에서 원형(圓形) 어근 '*박~방'이 추출된다. 고구려어 波衣(巴衣)는 현대어와 발음이 비슷하다. 우리말 바위는 만주어 wehe의 차용어인 길리야크어 pak과 대응한다. 너럭바위는 '너르/널-[廣(광)]+억(접사)+바위'로 분석된다. [바위를 차면 제 발만 아프다] 일시적 흥분으로 무모한 짓을 하면 저에게만 해롭다는 말. ☞ 바퀴

바자 대나무 · 갈대 · 수수깡 따위로 발처럼 엮은 것. 바자의 16세기 문헌 <훈몽자회>의 표기는 '바조'고, 18세기 <동문유해>에서는 '바즈(籬笆)'로 나온다.(바조>바즈>바자) 한자 笆子(파자; 가시가 있는 대로 결은 바자)에서 온 말이다. '바잣문(바자울타리에 댄 사립문), 바자울(바자로 만든 울타리); 굽바자, 싸리바자'로 쓰인다. ¶ 수숫대로 바자를 엮다.

바지 양쪽으로 다리가 들어갈 수 있도록 가랑이가 나누어져 있는 형태의 아랫도리. 하의(下衣)에는 '바지'와 '고의' 두 계통이 있다. '고의'는 <계림유사>의 袴曰珂背에서 '*ᄀᆞ빙>ᄀᆞᄫᅵ>ᄀᆞ외>고의'로 변천되었다. 여자의 속옷인 '고쟁이'는 '고의'와 동근어다. '바지'는 15세기에 '把持[바디]' 또는 'ᄀᆞ외'로 나타나며, '바지(<바디)'는 16세기 말기에 하의(下衣)로 고정되었다.

조선 시대 바지의 궁중 용어는 '봉디'다. 여름에 바지 대신 입는 홑옷인 '고의'가 고유어인데도 한자 袴衣(고의)로 쓰는 것은 어원을 잘못 인식한 때문이다. 바지는 삼국 시대부터 기본 의복으로 남녀 모두 입었다.(*kol->*kop->*kɐp->kɐβ->kɐo-i>koi) 그리고 말타기에 편리하도록 개발하여 입어왔던 옷이다. '바지춤(바지의 허리 부분을 접어 여민 사이), 바짓가랑이, 바짓단, 바짓부리' 등으로 쓰인다. 오늘날 주견이나 능력이 없는 사람을 놀리는 말로 '바지-저고리'라 한다. ◇ 바지저고리만 다닌다 - 사람이 아무 속이 없고 맺힌 데가 없이 행동한다는 뜻.

바지랑대 빨랫줄을 받치는 두 가닥이 난 장대. '받(다)+이랑(접사)+대'로 분석된다. 18세기 문헌 <재물보>에 '兀丫: 바지랑이'가 나온다. 바지랑대의 어원적

의미는 '받치는 막대기'다. ¶ 바지랑대에 잠자리가 앉아 있다.

-바치 일부 명사 뒤에 붙어, '그 물건을 만드는 일을 전문으로 하는 사람'을 뜻함. '-바치'는 고려말을 기록한 <계림유사>에 工匠曰把指[바지]로 나온다. <삼국사기>나 <삼국유사>에 나오는 '智, 知'도 동근어다. 15세기 문헌 <법화경언해>에 '匠은 바지라'가 나온다.(바지>바치/아치) '바치'는 오르크어 pakči, 나나니어, 만주어 paksi · faksi(교묘한. 숙련공), 중국어 博士와 대응된다. '갖바치, 성냥바치, 옥(玉)바치, 흥정바치' 따위로 쓰이며, '구실아치, 동냥아치, 반(飯)빗아치, 벼슬아치, 양아치'에서 접미사 '-아치(직업인)'도 같은 말이다. ☞ 치

바치다 웃어른에게 드리다. 자기의 정성이나 힘 · 목숨 등을 남을 위해서 아낌없이 다하다. 세금 따위를 내다. 중세어형은 '바티다[呈(정) · 獻(헌) · 貢(공)]'다. 이는 '받(다)+히+다'로 분석된다.(바티다>바치다) ¶ 부모님께 바치는 글월. 우리는 조국광복에 일생을 바치신 분들을 결코 잊어서는 안 된다. ☞ 받다

바퀴 돌게 하려고 둥근 테 모양으로 만든 물건. 빙 돌아서 제자리까지 돌아오는 한 번의 차례. 중세어형은 '바회'다. '바회'와 함께 동의어 '띠'가 쓰였다. 바퀴의 사투리 '박구, 바쿠, 박독'에서 추출되는 어근 '박'은 '박~바가지[瓢(표)]'와 동근어다. 바위와 바퀴는 중세어형이 '바회'로 '박'이 공통 어근이다. 원구형(圓球形) '박'은 둥근 형태를 의미하는 원형 개념어다. 만주어 fahun, 퉁구스어 haku에서 f, h는 우리말 [p]음과 대응하여 '바퀴'와 관계된다.(*박회~바회>박회>바쾨>바퀴)

순환(循環)하는 영원한 존재의 상징인 바퀴는 '박처럼 둥근 것'을 뜻하는 말이다. 도롱태(←돌다)는 바퀴나 굴렁쇠를 이르는 말이다. ¶ 길에 바퀴 자국이 나다. 운동장을 다섯 바퀴 돌았다.

바탕 타고난 성질이나 체질. 물체의 뼈대나 틀을 이루는 주요 부분. 무늬 · 그림 · 글씨 따위가 놓이는 물체의 바닥. 본바탕. 15세기에 '바탕'과 '마당'은 /ㅁ/과 /ㅂ/이 음운 교체되었어도 장(場)을 뜻하는 동의어로 쓰였다. 오늘날 의미가 분화되어 '마당'은 정원[場 · 庭]을 '바탕'은 근본(根本)을 뜻한다.(받/밭[田]+앙→바탕) '바탕'이 모음 교체된 중세어 '버텅(뜰, 섬돌)'은 사어(死語)가 되었다. 일이 크게 벌어진 판을 '한바탕(<ᄒᆞᆫ바탕)'이라 한다. ¶ 흰 바탕에 검은 줄무늬. 그는 본래 바탕이 착한 사람이다. ☞ 마당

바투 두 물체의 사이가 썩 가깝게. ≒ 가까이. 시간이나 길이가 아주 짧게. '밭(다)[1]

[至近(지근; 시간이나 공간이 아주 가깝다)'의 어간에 부사화접사 '-우'가 결합된 말이다.(밭+우→바투) '바투-보기[근시(近視)]; 발-바투; 다-밭다(길이가 몹시 짧다), 바특하다(사이가 가깝거나 짧다), 바짝[1](몹시 달라붙는 모양)'로 쓰인다. ¶ 좀 더 옆으로 바투 앉아라. 결혼 날짜를 바투 잡다. 목이 매우 밭다. 고삐를 바투 잡다. 시간이 너무 바특하다.

바특하다 음식의 국물이 흥건하지 않고 톡톡하다(묽지 아니하다). '밭(다)[2]+윽(접사)+하(다)+다'다. '밭다[燥(조; 마르다)]'는 액체가 바짝 졸아서 말라붙다는 말이다. 물기가 졸아들거나 아주 마르는 모양을 나타내는 '바짝[2][←밭(다)+작]'은 동근어다. ¶ 찌개를 바특하게 끓이다. 국물이 바특이 졸다. 빨래가 바짝 마르다.

박달나무 자작나뭇과의 낙엽 활엽 교목. 16세기 문헌 <신증유합>에 '박달 단(檀)'이 나온다. '박[頭(두; 머리)/ᄇᆞᆰ(다)[明(명)]+달(땅. 산)+나무'로 분석된다. 박달나무(<박달나모)는 나무의 질이 매우 단단하여 건축재와 가구재로 많이 쓰인다. [박달나무도 좀이 슨다] 박달나무로 만든 가구에도 좀이 슬 때가 있다는 뜻으로, 건강한 사람도 허약해지거나 앓을 때가 있음을 이르는 말. ☞ 배달

박수 사내 무당. 박수는 스승 · 지혜로운 사람[智者(지자)]을 뜻하는 몽골어 faksi, 만주어 baksi에서 온 말이다. 卜師(복사)에 어원을 두기도 한다. 전대의 표기는 '박ᄉᆞ, 박슈'다. 박수를 '선굿장이'라고 한다. <훈몽자회>의 '화랑이 격(覡)'으로 보아 박수의 16세기 초기의 호칭은 화랑(이)다. ¶ 박수가 살풀이한다.

박쌈 남의 집에 보내려고 음식을 담아 보자기에 쌈. 또는 그렇게 싼 함지박. '박(바가지)+싸(다<ᄡ다)+ㅁ'으로 분석된다. 어원적 의미는 '(음식을 담은) 바가지를 보자기로 싼 것'이다. 박쌈으로 도르는 일을 '박쌈-질'이라고 한다. ¶ 박쌈질은 이웃 간의 정의를 도탑게 하는 방법이다. ☞ 바가지

박쥐 박쥣과의 짐승. 중세어형은 'ᄇᆞᆰ쥐'다. 'ᄇᆞᆰ(다)[明(명)]+쥐'로 분석된다. 어원적 의미는 어둠 속에서도 눈이 '밝은 쥐'다. ◇ 박쥐 구실 - 제 이익을 노리어 유리한 편에만 붙좇는 짓을 이르는 말. ¶ 변명을 위하여 박쥐구실을 하는 꼴이 가증스럽다. ☞ 밝다/붉다, 두더지

박패듯 마구 패는 모양. '박(바가지)+패(다; 사정없이 마구 때리다)+듯(이)'으로 분석된다. 어원적 의미는 '박을 두드리는 것처럼'이다. 같은 구조로 된 '악-패듯'은 '사정없이 몹시 심하게'를 뜻하는 부사다. ☞ 바가지

반갑다 뜻밖에 좋은 일이 생기거나 친한 사람을 만나거나 좋은 소식을 들어 기쁘다. '반+갑다/ 반기+-압다'로 분석된다. 어근 '반-'은 밝다와 동원어로 '반들반들(<반ᄃᆞᆨ반ᄃᆞᆨ), 반기다, 반듯하다[正(정)]'와 동근어다. 반갑다의 어원적 의미는 '어두웠던 일이 밝게 되는 상태'다. ¶ 나는 손님이 매우 반갑다. 타향에서 고향 사람을 만나면 참 반갑다. ☞ 뻔하다

반나마 반이 조금 지나게. '半(반; 똑같이 나눈 것의 한 부분)+남(다)[餘(여)]+아'로 분석된다. ¶ 머리가 반나마 세다. 책을 반나마 읽었다. 안개가 반나마 걷혔다.

반드시 틀림없이. 분명하게. 꼭. = 기필코. 중세어형은 '반ᄃᆞ기'며, '반-ㄷ(덧붙는 조음)+ᄋᆞᆨ(접사)+이(부사화접사)'로 분석된다.(반ᄃᆞᆨ/반ᄃᆞᆺ+이→반ᄃᆞ기>반ᄃᆞ시>반드시) 어근 '반-'은 '받[바탕, 平]'을 뜻하는 말이다. 어원적 의미는 '평평하게'다. 동근어에 '반듯하다(<반ᄃᆞᆨᄒᆞ다)/번듯하다(<번득ᄒᆞ다)'가 있다. ¶ 약속은 반드시 지켜야 한다. ☞ 바탕

반딧불 밤에 개똥벌레[반디]의 꽁무니에서 반짝이는 불빛. 형광(螢光). 중세어형은 '반되블'이다. 반딧불은 '반디'와 '불'의 합성어다.(반되블>반듸블>반디불) 반디[螢(형)]는 '밝다'의 어근에서 분화된 '반~번-(반들/번들)'이 명사로 된 말이다. 반딧불의 어원적 의미는 '밤에 반짝반짝 빛을 내는 곤충의 불빛'이다. [반딧불로 별을 대적하랴] 되지 않을 일은 아무리 억척을 부려도 이루어지지 아니한다는 말. ☞ 밝다, 불

반물 검은빛을 띤 짙은 남빛(藍色). 감색(紺色). 18세기 문헌 <한청문감>에 '반믈드리다(染藍)'가 나온다. '반'은 꼴뚜기를 뜻하는 말이고, '물'은 '물감[染(염)]'이다. 반물의 어원적 의미는 '꼴뚜기가 뿜어낸 먹물'이다. '반물빛, 반물집(피륙이나 옷에 반물을 들여 주는 집), 반물저고리, 반물치마'로 쓰인다. 반물을 가리키는 '곤색'은 일본말이다. ¶ 반물을 들이다. ☞ 물감.

반빗아치 지난날, 반빗(반찬 만드는 일) 노릇을 하던 사람. '飯(반)+빗+아치'로 분석된다. '빗'은 사무 조직의 한 구분을 나타내던 말이다. '-아치/치'는 '벼슬-아치, 양-아치, 장사-치'처럼 일부 명사 뒤에 붙어 '그 일에 종사하는 사람. 비천한 사람'의 뜻을 더하는 접미사다. '빗'은 중세 몽골어 bičēči에서 유래한 말이다.

반색 매우 바라던 사물이나 기다리던 사람을 보고서 몹시 기뻐함. ↔ 외면(外面; 얼굴 마주하기를 꺼림). '반기다, 반갑다'의 어근 '반기-'와 '기색(氣色; 감정. 낌새)'이 합성된 말이다. 어원적 의미는 '반가워하는 기색'이다. ¶ 반색을 하며

반기다. ☞ 반갑다

반자 더그매(보꾹과 반자 사이의 공간)를 두고, 천장을 평평하게 만든 시설. 아래쪽 겉면이 천장을 이룸. 17세기 문헌 <역어유해> 표기는 '반ᄌᆞ'다. 이는 한자 '板子(판자; 널조각)'가 발음이 변한 말이다. '반자-받다(반자를 머리로 부딪다)'는 '몹시 노하여 펄펄 뛰다'를 뜻하는 동사다. · 보꾹 : 지붕 안쪽의 겉면(반자가 없는 가옥의 천장).

반죽 가루에 물을 섞어 이겨 개는 일. 또는 그 물건. 18세기 <역어유해보>에 '반쥭ᄒᆞ다(和麵)'가 나온다. 이는 '반'과 '죽(<쥭; 粥)'의 합성으로 보인다. '반'은 '반대기, 반짓다; 솜반, 핫반, 홑반' 등에서처럼 '얇게 펴서 만든 조각'을 이르는 말이다. 반죽의 어원적 의미는 '반을 짓기 위한 죽'이다. ◇ 반죽이 좋다 – 성미가 언죽번죽하여 노염이나 부끄러움을 타는 일이 없다. ¶ 반죽이 되다/무르다. 밀가루의 반죽이 눅다. ☞ 죽

반지랍다 기름기가 묻어서 윤이 나고 미끄럽다. 하는 짓이 얄미울 정도로 교활하다. '반질+-압다'로 분석된다. '반지레, 반지르르, 반지빠르다(말이나 하는 짓이 얄밉게 반드럽다), 반질거리다/대다, 반질반질/하다' 등으로 쓰인다. ☞ 번개

반짇고리 바늘 · 실 · 골무 따위의 바느질 도구를 담는 그릇. '바느질고리'의 준말. '반짇고리'는 '바늘/반+-질+ㅅ+골회[簞(단; 대광주리)]'로 분석된다. ☞ 바늘, -질

반하다 어느 이성(異性)이나 일에 홀린 듯이 마음이 끌리다. 어두운 가운데 흐릿하게 빛나다. '반하다'는 광채(光彩)를 뜻하는 중세어 '번ᄒᆞ다'와 동근어다. '번쩍번쩍(반짝반짝), 번개, 번하다(훤히 밝다), 번득이다'의 어근 '번'과 관계가 있다. 결국 '반하다'는 빛에 시선이 자기도 모르게 이끌린다는 뜻이다. ¶ 그녀의 미모에 홀딱 반하다. ☞ 번개, 뻔하다

받다 다른 사람이 주는 것을 가지다. '받다'는 '주다'와 함께 이루어지는 행위다. '받다'를 '맞다(<맛다)'와 같은 어근으로 볼 수 있다.(pat-~mat->mač-) 마당과 바탕, 망울과 방울에서 보듯이 자음교체에 의한 어휘분화 현상으로 '맏ᄌᆞᆸ-, 맛-, 맛ᄃᆞ-, 맛ᄶᆞ, 맡-[任 · 受 · 領]'이 '받ᄌᆞᆸ-, 맛-, 받-[受]'으로 어형이 바뀐 것이다. '받다'는 15세기에 受(수), 奉(봉), 獻(헌)으로 다의어였다.

'받들다[←받(다)+들(다)+다]'는 공경하여 높이 모시다. 소중히 여기며 따르다를 뜻하며, '받자[받짜]'는 남이 괴롭게 굴거나 당부하는 것을 잘 받아 주는 일을 이르는 말이다. ¶ 선물을 받다. 귀엽다고 받자를 해 주었더니 버릇이

없다.

발 동물의 다리 끝에 달려 땅을 디디게 된 부분. <계림유사>의 足曰撥(족왈발)은 중세어 '발'을 거쳐 현대어와 일치한다. 16세기에는 발과 다리가 의미상 혼란을 보였다. 점차 몸과 발 사이에 있는 부분을 '다리'라 하고, 다리 끝에 달린 부분은 '발'로 구별하게 되었다.

'발'은 퉁구스어 palgan, halgan, algan과 고대 일본어 fagi(정강이)와 비교될 가능성이 있다.(한국어 p-, 일본어 f->h-의 대응) 원시 알타이어 재구형은 *palkV이다. 명사 '발'은 어미 '-다'가 붙어 동사 '밟다'를 파생시켰다.(발/ᄇᆞᆯ+ㅂ+다→ᄇᆞᆲ다>밟다)

'발가락, 발걸음, 발굽, 발뒤축, 발등, 발밤발밤, 발싸개, 발싸심, 발치(누울 때 발이 가는 쪽); 맨발, 버선발, 손발' 등으로 쓰인다. 발은 자유로움, 자발적인 봉사, 지배, 비천함을 상징하는 말이다. [발 없는 말이 천리(千里) 간다] 비밀로 한 말도 잘 퍼지니 말을 삼가라는 뜻. ¶ 발로 밟다/ 차다.

-발 일부 명사 뒤에 붙어서 '죽죽 내뻗는 줄 · 기세 · 힘 · 효과 · 흔적'의 뜻을 더하는 말. '거름발, 끗발, 눈발, 말발, 빗발, 산발(여러 갈래로 뻗은 산의 줄기), 서릿발, 약발, 오줌발, 핏발, 화장발' 등으로 쓰이고 있다. '-발'은 발[足(족)] 곧 다리[脚(각)]에서 온 말이다.

발가벗다 알몸이 되게 모조리 벗다. 산에 나무가 없어 흙이 드러나 보이다. 18세기 <청구영언>에 'ᄇᆞᆰ가벗다'가 나온다. '밝다'와 '벗다'의 합성어다. '밝다(<ᄇᆞᆰ다)'와 '붉다(<븕다)'는 동근어로 불[火]과 관계가 있다. '벗다'는 '밖(<ᄇᆞᆺ[外 · 表])'에 뿌리를 둔 말로 '(몸에서) 떼어내다, 드러내다, 피하다(면하다)'를 뜻한다.

'발가숭이(←밝+아+숭이)'는 발가벗은 몸뚱이(알몸)를 의미한다. '-숭이/-둥이'는 사람을 나타내는 접미사다.(애송이, 검둥이, 바람둥이) '천둥-벌거숭이'는 철없이 두려운 줄 모르고 함부로 덤벙거리거나 날뛰는 사람을 이르는 말이다. [발가벗고 달밤에 체조하다] 체통 없는 짓을 하는 사람을 비웃는 말. ¶ 발가벗은 민둥산에 나무를 심자.

발구 산에서 마소에 메워 물건을 실어 나르는 큰 썰매. 바퀴가 없고 두 나무를 활처럼 만들어 댄 수레다. <북새기략>에 小車曰跋高[*발고]가 나온다. [*발고]는 만주어 fara의 차용어다.(발고>발구). '(짐)바리/발+具(구)'로 보는 이도 있다. '발구길, 발구꾼; 눈발구, 말발구, 쇠발구, 쪽발구(사람이 끄는 작은 발구)' 등으로 쓰인다. ¶ 소가 지쳤는지 발구도 제대로 끌지 못하고 헉헉거린다.

발록구니 하는 일 없이 놀면서 공연히 돌아다니는 사람. '발록+구니'로 분석된다. '발록(거리다)'은 탄력 있는 물체가 저절로 바라졌다 오므라졌다 하는 모양이나 하는 일 없이 공연히 놀고 돌아다님을 뜻하는 시늉말이다. '-구니/꾸니(←군/꾼+이)'는 어근에 붙어 '그 속성을 지닌 사람'을 뜻하는 접미사다. '졸망구니(졸망졸망한 조무래기), 치룽구니(어리석어서 쓸모가 없는 사람)' 등으로 쓰인다. 어원적 의미는 '들락날락하는 사람'이다.

발맘발맘 남의 뒤를 살피면서 한 발 한 발 뒤따르는 모양. ≒ 바람만바람만. 팔을 벌리어 한 발씩 또는 다리를 벌리어 한 걸음씩 재어 나가는 모양.[←밞(다)]+암] '밞다'는 '두 팔을 벌려 길이를 재다. 발로 한 걸음씩 걸어서 거리를 헤아리다. 차츰차츰 앞으로 나아가다'를 뜻하는 동사다. ¶ 아이의 뒤를 발맘발맘 따라나서다. 발맘발맘 현관까지 나서다.

발밤발밤 발길이 가는 대로 한 걸음 한 걸음 천천히 걷는 모양. '밟(다)[踏(답)]+암+밟(다)+암'으로 분석된다. ¶ 발밤발밤 나선 게 여기까지 왔네. 답답한 마음을 풀길이 없어 발밤발밤 정처 없이 걷다. ☞ 발

밝다 날이 새어 환해지다. ↔ 어둡다. <삼국유사>에 '赫居世王 盖鄕言也 或作弗矩內王 言光明理世也'라 하여 신라말 弗矩[*븕; 赫 · 光明]가 나온다. 불빛의 밝기[광도(光度)]를 나타내는 형용사 '븕다>밝다'는 '불[火]'에 어원을 둔 말이다. '밝다'는 퉁구스어 bagdä[白(백)]과 어형이 비교된다. ☞ 붉다

밟다 → **'발'** 참조

밤도와 밤을 새워서. 밤을 이용하여서. ≒ 밤새껏. '밤[夜(야)]+돕(다)[助(조)]+아'로 분석된다. 밤도와의 어원적 의미는 '어둠(밤)이 도와서'다. ¶ 밤도와 일을 하다. 밤도와 도망하다. 무슨 상의할 일이 있어서 밤도와 나오셨소?

밥 곡식을 익힌 음식. 끼니로 먹는 음식. 식사. 중세어형도 오늘날과 같다. <계림유사>에 飯曰朴擧[pak-kiə]라 하였다. 여기서 '擧(거)'를 '業(업)'의 오자(誤字)로 보면, 朴業(박업)으로 [pap, 밥]과 소리가 거의 같아진다. 우리말 '밥'은 만주어 puda(飯) pudai muke(米湯), 몽골어 pudaga(飯)와 대응하는 것으로 보인다. 밥의 일본어 '메시'는 제사 때 올리는 우리말 '메'와 같으며, 멥쌀을 일컫는 중국어 '미/메'와 연관이 있다.

언어 기원설이나 언어 습득 단계상 초기의 유아 언어 '맘마(먹는 것)'의 변이형인 '바브, 밥바, 빠빠'와 관련지어 생각할 수도 있다. 밥을 함경도 사투리로 '바부'라고 하는데, 이는 유아어 '바브'와 통한다. '멍청하고 어리석은 사람'을 일컫는 '바보'는 '밥'에 사람을 뜻하는 접사 '-보'가 결합되면서 /ㅂ/이 탈락된 어형이다. [밥 빌어다가 죽 쑤어 먹을 놈] 성질이 게으른데다가 소견마저 없는 사람을 욕으로 이르는 말.

밧줄 참바(삼의 껍질이나 칡 따위로 세 가닥을 지어 굵게 드린 줄)로 된 줄. '바(줄)+(ㅅ)+줄[線(선)]'로 분석된다. 밧줄은 같은 뜻끼리 합쳐진 겹말이다. '바'는 고려말을 적은 <계림유사>에 索[삭; 줄]曰 那又朴[노 또는 박/바]라 하였다.(박>밯>바) '노'는 실 · 삼 · 종이 같은 것으로 가늘게 비비거나 꼰 줄(노끈)이다. ¶ 밧줄로 꽁꽁 묶다. ☞ 줄다리기

방귀 뱃속에서 생겨 똥구멍으로 나오는 구린내가 나는 가스. 한자어 '放氣(방기)'가 발음이 변하여 고유어처럼 쓰이는 말이다. 16세기 초 <사성통해>에 '放屁 방긔ᄒᆞ다'가, <훈몽자회>에 '방귀 비(糩)', <청구영언>에는 '오좀 ᄉᆞ고 放氣 쒸니'가 나온다.(방긔>방귀)

'콧방귀'는 코로 '흥'하고 불어내는 소리고, '잦은-방귀(<ᄌᆞᆫ방긔)'는 잇달아 작게 뀌는 방귀다. ◇ 콧방귀를 뀌다 – 남의 말을 같잖게 여기어 들은 체 만 체하며 말대꾸를 아니하다. [방귀 뀐 놈이 성낸다] '제가 잘못하고서 도리어 성냄'을 이르는 말. ¶ 방귀 냄새. 방귀를 뀌다. 처음에는 콧방귀를 뀌더니 이젠 귀가 솔깃한가 보지?

방망이 나무 따위를 둥글고 길게 깎아 만들어, 무엇을 두드리는 데 쓰는 기구. 18세기 문헌 <염불보권문>에 '방마치'가 나온다. '봉(棒)+마치[鎚(추)]'로 분석되며, 이는 근대에 '방망이'가 되었다.(방마치/방망치→방망이) '방-망이(둥근 것)'의 어원적 의미는 '봉 망치'다. '다듬잇방망이, 도깨비방망이, 빨랫방망이, 엿죽방망이, 을러방망이(때릴 것처럼 겁을 주며 으르는 짓), 주릿방망이' 따위로 쓰인다. 방망이는 힘, 통솔력, 공권력을 상징한다. 동음이의어 '방망이'는 '참고 사항을 적은 책. 커닝 쪽지'를 뜻하는 말이다. ☞ 망치, 돌[1]

방아 곡물을 쓿어 겉껍질을 벗기거나 빻아서 가루를 내는 데에 쓰는 연장. 방아(<방하)는 '뱅뱅~빙빙'과 같이 둥근 물체라는 점에서 원형어근 '방'과 동원어다. 사투리에 '바아, 바에, 방에' 등이 있다. 위아래나 옆으로 왕복 운동을 가리키는

'방아'가 합성된 낱말에 '방아-두레박, 방아-쇠, 방아-깨비; 엉덩방아, 입방아(쓸데없이 입을 놀리는 일)'가 있다. '방앗간, 방앗공이, 방아삯, 방아채, 방아촉, 방아품, 방아확(돌절구 모양의 우묵하게 팬 곳); 디딜방아, 물레방아' 등으로 쓰인다.

발전적 측면에서 보면, '방아'는 아래 위짝을 역방향으로 돌려 으깨듯 부수는 맷돌과 공이로 내려쳐서 물질을 찧는 절구로 대별된다. '맷돌(<돌매<매)'은 우리나라에서 1~2세기 경에 사용되었을 것으로 짐작되며, <일본서기>에 610년 고구려 중 담징이 일본에 전하였다는 기록이 있다.

방아깨비 메뚜깃과의 곤충. '방아(<방하)'는 곡식을 찧거나 빻는 기구를 뜻하는 말이다. 19세기 문헌 <물명고>에 '방하아비'가 나온다. 이는 '방하+아비[夫(부)]'로 분석된다. 여기서 아비는 다 자란 곤충을 말한다. 방하아비는 '방아짜비'로 바뀌어 오늘날 방아깨비가 되었다.(방아짜비>방아까비>방아깨비) 방아깨비는 다리 끝을 잡아 쥐면 방아를 찧듯 몸을 끄덕거림을 반복함으로 그 어원적 의미는 '방아를 찧는 곤충'이다. ☞ 방아

방울 작고 동글게 맺힌 액체 덩어리. 얇은 쇠붙이를 속이 비도록 동그랗게 만들어 그 속에 단단한 물건을 넣어서 흔들면 소리가 나는 물건. 중세어형은 '바올'이다. 이는 '방+올(접사)'로 분석된다.(바올>방울) '방'은 둥근 물체를 의미하는 어근으로 '박, 방(아), 망(울), (알)맹이, 바위, 바퀴'와 동근어다. 방울의 합성어에 '물-방울, 빗-방울, 솔-방울; 방울-열매, 방울-잔'이 있다. ◇ 방울을 굴리는 듯 - 소리나 목소리가 또랑또랑하거나 아름다움을 비유적으로 이르는 말.

방짜 질 좋은 놋쇠를 녹여 거푸집에 부은 다음, 불에 달구어 가며 두드려서 만든 그릇. 품질이 좋은 놋그릇을 만든 방씨 성(姓)을 가진 사람이 실명(實名)으로 '方(방)' 자를 찍어 놓아 '방짜'라 한다. ¶ 방짜 유기(鍮器; 놋그릇).

밭 물을 넣지 않고 작물을 심어 가꾸는 땅. 중세어형도 오늘날과 같은 '밭(<받)'이다. 밭은 어원이 '바[所(소)]'다. 처소(處所)를 나타내는 의존명사 '바'는 만주어 ba(장소, 물건)와 친족어가 되는 듯하다.(바>받>밭) '밭'은 면적을 가진 평면(平面)을 의미하며 '벌리다[開(개)], 벌[野, 原], 바닥(←받+악)'과 동근어다. 고구려 말은 [波pa; 田(전; 밭)]다. 일본어에서 장소를 [pa], 밭은 [fata, hat]라 하는데, 이는 우리말 '바, 밭'과 같다. [밭을 사려면 변두리를 보라] 농토를 사려면 경계선을 반드시 알아야 한다는 말. ☞ 바, 바다

ㅂ

배[1] 가슴과 골반 사이 부분. 긴 물건 가운데의 볼록한 부분. 12세기 초 <계림유사>에 腹曰擺(복왈파)라 하였다. 중세어형은 'ᄇᆡ'다. 물고기의 배에 붙은 살과 옷소매 아래 부분을 '배래/배래기'라 한다. 이로 보아 중세국어 이전에 '*ᄇᆡᄅᆡ(ᄇᆞᄅᆞ기)' 형(形)이 있었을 듯하다. 배의 어원적 의미는 '바닥, 바탕'이다.

명사 'ᄇᆡ>배'는 동사 'ᄇᆡ다>배다[孕(잉)]'를 파생시켰다. '배-부르다'에서 '부르다'는 '볼록하다'는 뜻이고, 배가 불룩하게 나온 사람을 '배불뚝이(←배+불뚝+이)'라 한다. 우리말 '배'는 고대 일본어 para[腹部(복부)]와 친근성이 있다. [배부른 흥정] 성립되지 않아도 아쉬울 것이 없다는 말.

배[2] 물 위에 떠다니며 사람이나 짐 따위를 실어 나르게 만든 탈것. 선박(船舶)을 일컫는 '배(<ᄇᆡ[舟])'는 '배[腹(복)]'와 동음이의어다. '배'도 밑바닥이 볼록한 데서 붙여진 이름일 것이다. '배다리, 뱃멀미, 뱃사공; 조각배, 종이배, 통통배' 따위로 쓰인다. ◇ 배 지나간 자리 – 아무 흔적도 남지 않은 상태를 이르는 말. ¶ 노로 배를 힘껏 젓다.

배꼽 탯줄이 끊긴 자리. 배의 볼록하게 튀어나온 부분. 중세어형은 'ᄇᆡᆺ복[臍(제)]'이다. 'ᄇᆡᆺ복'은 배의 한가운데 탯줄이 떨어진 자리(장소)를 가리킨다. '복'은 복판과 같이 가운데[중(中)]를 뜻한다. 18세기에 이르러 음운이 도치되어 'ᄇᆡᆺ곱'이 되었다. '복'과 '곱'은 속이 움푹 들어간 의미를 나타내는 원형 어근(圓形語根)이다. 그리고 '-곱'은 '굽-[曲]'에 이끌려 '둥근 것, 구멍'의 뜻을 갖는 형태소다. '-복~-봉'은 '봉오리/봉우리'를 의미한다.(ᄇᆡᆺ복>ᄇᆡᆺ곱>배꼽) 어원적 의미는 'ᄇᆡ-구멍 또는 봉오리'다. 배꼽은 정기(精氣)의 근원이며 웃음, 시기(猜忌)를 비유하는 말이다. ◇ 배꼽을 빼다. - 아주 우습다. [배꼽에 어루쇠(거울)를 붙인 것 같다] 남의 마음속을 들여다보듯 정확히 안다.

배냇짓 갓난아기가 자면서 웃거나 눈·코·입 등을 쫑긋거리는 짓. '배+內(내)+ㅅ+짓'으로 분석된다. 어원적 의미는 배 안에 있을 때부터 하는 짓이다. '배내-똥, 배내-옷, 배냇-냄새, 배냇-니(젖니), 배냇-머리, 배냇-버릇, 배냇-병신, 배냇-저고리' 등으로 쓰인다. 또한 남의 가축을 길러서, 다 자라거나 새끼를 친 뒤에 주인과 나누어 가지는 일을 뜻하는 '배내(배냇닭, 배냇돼지, 배냇소)'도 같은 말이다. ☞ 배[1], 짓다

배달 아주 먼 옛날 우리나라를 이르던 말. '배달(<*ᄇᆞᆰᄃᆞᆯ)'은 '밝다(<ᄇᆞᆰ다[明·白])'와 '달(땅)'의 합성어다. 어원적 의미는 '밝은 땅'이다. 순수 고유어 '배달'을

한자 倍達로 적는 것은 잘못이다. '배달-겨레, 배달-나라, 배달-말' 등으로 쓰인다. 한편, 단군신화 속의 신단수(神檀樹)인 박달나무의 '박달'도 배달과 동근어다. ☞ 비탈

배동 곡식이 알을 배어 이삭이 패려고 대가 불룩해지는 현상. 동사 'ᄇᆡ다>배다[孕(잉)]'의 어근에 줄기를 뜻하는 '동'이 결합된 말이다. '동'은 '동이 서다(동이 꼿꼿하게 자라다), 부룻-동(상추의 줄기)' 등과 같이 무나 배추 · 상추에서 꽃이 피는 줄기를 뜻한다. '배동-바지(배동 무렵), 배동-서다'가 있다. ¶ 보리가 배동이 서다. ☞ 배[1]

배따라기 평안도 민요의 하나. 배를 타고 외국으로 떠나는 사신(使臣)의 출발 광경을 보며 배따라기 춤을 출 때 부르는 노래. 선유락(船遊樂). 박지원의 <막북행정록>에 나오는 排打羅其(배타라기)는 순 우리말 '배떠나기'를 한자로 소리를 적은 것이다.(ᄇᆡ+ᄠᅳ[漂 · 浮]+어+나[出]+기→배따라기) 곧 '배따라기'의 어원적 의미는 '배를 띄어 보내기'다. ¶ 소설 '배따라기'는 김동인의 작품이다.

배알 동물의 내장(內臟)인 '창자'를 뜻하는 말. <준>밸. '애, 속'이라고도 한다. 중세어형은 'ᄇᆡᄉᆞᆶ'이다. 이는 'ᄇᆡ+ᄉᆞᆶ[肉(육) · 肌(기)]'로 분석된다. 어원적 의미는 '배를 싸고 있는 살'로 오늘날 배의 가죽을 일컫는 '뱃살'이다.(ᄇᆡᄉᆞᆶ>ᄇᆡᄋᆞᆯ>ᄇᆡ알>배알/밸) ◇ 배알이 꼴리다/ 뒤틀리다 – 비위에 거슬려 아니꼽게 생각되다. ☞ 배[1]

배우다 남의 가르침을 받다. 경험 따위를 쌓아서 알게 되다. 중세어형은 'ᄇᆡ호다'다. 'ᄇᆡᄒᆞ다~ᄇᆡ호다[習(습; 익히다)]'와 동원어에 '불[火]'과 '밝다(<ᄇᆞᆰ다)'가 있다. 이들의 공통 어근은 'ᄇᆞᆰ-[明 · 開]'이다. 버릇[습관(習慣)]은 '배우다'에서 파생된 말이다. 배우다의 어원적 의미는 '사물의 이치를 밝혀서 알다'다. [배운 도둑질 같다] 버릇이 되어 어떠한 일을 자꾸 하게 된다는 말. ¶ 기술을 배우다. '뱀뱀이(←배움배움이)'는 예의범절이나 도덕에 대한 교양을 뜻하는 명사다. ☞ 버릇

배웅 떠나가는 손님을 잠시 따라 나가 작별하여 보냄. ↔ 마중. 배웅은 '바래(다)'와 접사 '웅'으로 분석된다. '바래다'의 중세어 ':발다'는 '따르다, 같이하다'의 뜻이고, '바라ᄃᆞ니다'는 '곁따라가다, 의지하여 가다'를 뜻한다. 오늘날 떠나가는 사람을 중도까지 배웅하여 주다의 뜻으로 '바래다주다'가 쓰인다. 배웅은 '곁따라서 잠시 함께 감'이다. 한자어 '배행(陪行)'이 '배웅'과 함께 쓰이고

ㅂ

있다. ¶ 손님을 문 밖까지 배웅하러 나가다.

배짱 어떻게 하겠다고 단단히 다져 먹은 속마음. 조금도 굽히지 않고 배를 내밀며 버티려는 성품이나 태도. '배[腹(복; 배, 창자, 마음)]+장[腸(장; 창자, 마음)]'으로 분석된다. '장'을 '어깃장, 알음장(눈치로 넌지시 알리는 짓), 으름장(언행으로 남을 위협하는 짓), 팔짱'과 같이 '행동이나 짓'을 뜻하는 말로 보기도 한다. 관용어에 '배짱을 내밀다. 배짱을 퉁기다. 배짱이 맞다'가 있다. ¶ 두둑한 배짱. ☞ 배[1]

배추 십자화과에 딸린 한두해살이 남새(채소). 한자어 白菜(백채)가 귀화한 말이다. 중국 현대어 발음은 [바이차이]다. 'ᄇᆡᆨ치>ᄇᆡᆨᄎᆞ>배초>배추'로 어형이 변화되었다. <훈몽자회>에 'ᄇᆡᆨ치 숑(菘)'을 '俗呼白菜(속호백채)'라고 설명하였다. 배추를 경기도 사투리로 '배채, 배차'라고 한다. 김치의 주재료인 배추는 오래 전부터 우리나라에서 재배되었으나 문헌에는 <향약구급방(1236)>에 처음 나온다. '배추김치, 배추꼬랑이, 배추벌레, 배추속대; 조선배추, 통배추' 등으로 쓰인다. [배추밭에 개똥처럼 내던지다] 마구 집어 내던져 버린다는 말.

ㅂ

배코 상투를 앉히려고 머리털을 깎아 낸 정수리 부분. 17세기 문헌 <역어유해> 표기는 'ᄇᆡᆨ회'다. 배코는 '정수리의 숨구멍이 있는 자리. 머리 꼭대기'를 뜻하는 한자어 百會(백회)에서 온 말이다.(百會→ᄇᆡᆨ회>*ᄇᆡᆨ쾨>백호/배코) 배코를 치는 칼을 '배코-칼'이라고 한다. ◇ 배코를 치다 – 상투밑의 머리털을 돌려 깎다. 면도하듯이 머리를 빡빡 깎다.

뱀 파충류 뱀목에 속하는 동물을 두루 이르는 말. 중세어형은 'ᄇᆞ얌/ᄇᆡ얌'이다. 뱀은 'ᄇᆡ[腹(복)]+암(접미사)'으로 분석된다. '배로 땅바닥을 기어 다니는 짐승'이란 뜻에서 '뱀(<ᄇᆡ얌)'이라 하였다.(ᄇᆞ얌>ᄇᆡ얌>배암>뱀)

적에게 잡히면 꼬리를 도막도막 끊고 도망가는 뱀을 '도마뱀(←도막+뱀)'이라 한다. '뱀'과 합성된 민물고기인 뱀장어(<ᄇᆡ얌댱어)는 '뱀+長魚(장어; 긴 물고기)'로 형태 분석되며 '뱀처럼 긴 물고기'란 뜻이다. ◇ 뱀 본 새 짖어 대듯 - 몹시 시끄럽게 떠드는 모양. [뱀장어 눈은 작아도 저 먹을 것은 다 본다] 먹을 것을 잘 찾아 먹는 사람을 이르는 말. ☞ 배[1]

버금 으뜸의 바로 아래. ↔ 으뜸. 중세어형은 '버굼'이다. 버금[副 · 次]은 버금가다의 15세기 어형 '벅다[次(차)]'의 어근에 명사화 접사 '-움'이 결합된 파생어다. '벅다'는 바르다[正(정)]가 아닌 그르다[不正] 곧 '副(부) · 次[다음]'를 뜻한다.

토이기어 iki(二)의 재구형 *peki가 우리말 pək-(벅-)과 대응하는 것으로 보인다. (벅+움→버굼>버금)

일을 치르는 데 밟아야 하는 차례와 방법을 '벅디검[節次(절차)]'이라고 하였는데, 지금은 쓰이지 않는 말이다. 중세어 '벅다'의 관형사형 '버근'은 '버근부인(둘째 부인), 버금아ᄃᆞᆯ(둘째아들)'에서와 같이 '둘째의'를 뜻하고, 부사 '버거'는 '다음으로'의 뜻으로 쓰였다. 오늘날 '버금-상, 버금-청, 버금-딸림화음' 등의 합성어가 있다. ◇ 버금가다 - 다음 가다. 순서로 보아 다음이 되다. ¶ 임금에 버금가는 자리. 그는 선거를 치렀다 하면 늘 버금이었다.

버꾸 자루가 달린 작은북. 버꾸의 원말은 '法鼓(법고)'다. 크기는 지름이 35cm가량인데, 둥근 나무 속을 파서 양면에 개가죽을 대고 만들었다. 합성어에 '버꾸놀음, 버꾸재비(농악에서 버꾸를 치는 사람), 버꾸춤; 돌림버꾸' 등으로 쓰인다.

버드나무 버들과의 낙엽 활엽 교목. 중세어형은 '버드나모'다. 버들[柳(류)]과 나모[木(목)]로 분석된다. '버들'은 꼬부렸던 것을 쭉 펴다를 뜻하는 동사 '뻗다(<벋다[伸 · 延]), 뻗치다; 펴다'의 어근에 관형사형어미 '-을'이 붙은 것이다. '벋-'은 몽골어 brugasu-n[柳]의 부르가, 만주어 불가(pulga)와 대응한다. '벋다[伸 · 延]'의 어근 '벋'은 '밖(<밝[外])'과 동근어로 보인다. '벋+을+나모→버들나모>버드나모>버드나무'로 어형이 변화하였다.

버드나무에는 '수양버들, 능수버들, 고리버들, 갯버들, 왕버들' 등 다양한 종류가 있다. '버들가지, 버들개지(강아지; 버드나무의 꽃), 버들고리, 버들잎, 버들피리(버드나무 껍질을 비틀어서 만든 피리)' 등으로 쓰인다. 버드나무는 줄기찬 생명력을 상징한다. ☞ 나무

버릇 여러 번 거듭하여 저절로 굳고 몸에 밴 행동이나 성질. 습관. 중세어형은 'ᄇᆞᆯ읏'이다. 습속(習俗) · 풍속(風俗)의 뜻을 가진 중세어 'ᄇᆞᆯ읏'은 'ᄇᆞᆯᄒᆞ-+ㅅ(명사화접사)'로 분석된다.(ᄇᆞᆯ읏>버릇) 버릇[癖(벽) · 習慣(습관)]은 옛말 'ᄇᆡᄒᆞ다~ᄇᆡ호다(>배우다)'의 어간과 동근어다. '배우다'는 익히다[習(습)]를 의미한다. 16세기 문헌 <신증유합>의 '버릇삼다'는 '익히다. 익숙하게 하다'를 뜻하던 말이다. '버릇'은 주로 잘못 익혀진 행동을 나타내는 말로 좋지 않은 습관을 가리킨다.

어른에 대한 예절을 차릴 줄 모를 때 '버릇없다'고 하고, 태어날 때부터 가진 버릇은 '배냇버릇'이라 한다. '버르장머리'는 '버릇'을 얕잡아 이르는 말이다.

'버릇되다, 버릇소리(습관음), 버릇하다; 난버릇, 든버릇, 손버릇, 술버릇, 입버릇, 지랄버릇' 등으로 쓰인다. [버릇 배우라니까 과붓집 문고리 빼어 들고 엿장수 부른다] 품행을 단정히 하라고 타이른 후, 오히려 더 못된 짓을 한다는 말. ◇ 버릇이 되다 - 나쁜 습관이 붙게 되다. 전례(前例)가 되다. ☞ 배우다

버릊다 파서 헤집어 놓다. 헤집어서 흩어지게 하다. '벌(다)[列(열)]+-읒(접사)+다'로 분석된다. '-읒'은 어기(語基)에 붙어 상징어를 전성시키는 접사다. '버릊(버르적)거리다/대다, 버릊버릊/버르적버르적, 버르집다(벌려서 펴다. 들추어내다)'으로 쓰인다. 버릊다의 어원적 의미는 '벌리어 놓다'다. ¶ 쓰레기통을 버릊다.

버마재비 사마귓과의 곤충. = 사마귀. 당랑(螳螂). 조선어사전(문세영)에 '범아자비'가 나온다. '범[호(虎)]+아자비(아저씨)'로 분석된다.(범아자비/아재비>버마재비). 버마재비의 어원적 의미는 '범 아저씨'로 건드리면 마치 범처럼 자세를 취하는 무서운 곤충이라는 데서 붙여진 이름이다. <월인천강지곡>에 버마재비를 뜻하는 낱말 '당ᄋᆡ아지'는 螳(당)과 '-아지(작은 것)'가 결합된 말이다. ☞ 범, 아저씨

버선 천으로 만들어 발에 꿰어 신는 물건. <계림유사>에는 襪曰背戌이라 하였다. 버선[襪(말)]의 <두시언해초간> 표기는 '보션'이다.(베[布(포)]+신[靴(화)]→보션>버션>버선) '버선등, 버선목, 버선본(本), 버선볼, 버선코; 겹버선, 솜버선' 등으로 쓰인다. 버선의 어원적 의미는 '베로 만든 신'이다.

버티다 물건을 쓰러지지 않도록 다른 물건으로 괴거나 가누다. 어려움을 참고 지내다(견디다). 맞서서 저항하다. 중세어형은 '바티다/ 바퇴오다'다. 이는 '받(다)[受(수)]+외(강세접사)+(오)+다'로 분석된다. 버티다[撑(탱)]의 어원적 의미는 '(밑에서) 떠받치다'다. '버티기, 버팀-대, 버팀-목(木); 내버티다, 맞버티다, 앙버티다' 등으로 쓰인다. ¶ 다리가 차량의 무게를 버티지 못하고 무너졌다. 온갖 어려움을 잘 버티어 왔다. 항복을 하지 않고 끝까지 버티다. ☞ 받다

번갈다 차례에 따라 갈마들다. 차례를 바꾸어 갈마드는 일이나 차례로 숙직 · 당직 등을 하는 일을 뜻하는 '番(번)'과 '갈다[替(체; 바꾸다)]'가 합성된 말이다. 앞선 표기는 '번ᄀᆞᆯ다'다. ¶ 번갈아 근무하다.

번개 대기 중의 전기가 방전될 때 번쩍하고 생기는 빛. 동작이 아주 빠르고 날랜 사람이나 사물을 비유한다. 중세어형은 '번게'다. 번개에서 '번-'은 '밝다'와 동원어다. '빛[光(광)]'과 동원어인 '번'은 '번쩍번쩍(반짝반짝), 번뜩번뜩,

반들반들, 반질반질; 번하다, 번드럽다, 번드레하다' 등과 같이 광채(光彩)를 나타내는 시각적인 말이다.(번[明 · 光]+-게→번게>번개) [번개가 잦으면 천둥을 한다] 자주 말이 나는 일은 마침내 그대로 되고야 만다는 뜻. ◇ 번갯불에 콩 볶아 먹겠다 - 행동이 매우 민첩하고 빠르다.

번데기 완전 탈바꿈을 하는 곤충에서, 애벌레로부터 성충이 되는 사이에 한동안 활동을 멈추고 있는 시기의 상태. 중세어형은 '본도기'다. <훈몽자회>에서 蛹(용)을 俗呼蚕(속호잠)이라고 설명하였다. '누에의 번데기'를 가리키는 말이다.

'본'은 어원이 불분명하나 '번'으로 어형이 변한 것으로 보아 '겉모습이 번지르르 하다'에서 부사 '번지르르'와 동원어일 가능성이 높다. 한편 껍질(허물)을 벗는 것과 연관시켜 '벗다'의 어근 '벗'의 변이음으로 볼 수도 있다. '본도기(<번데기)'에서 접사 '-도기'는 '구더기, 껍데기'와 같이 작은 것[小]을 뜻하는 '-어기'다.(본도기/본독이>본되기>본데기>번데기) 사투리에 '번데, 번더기'가 있다. 누에 번데기는 삶아서 식용으로 쓴다.

벌레 곤충을 통틀어 일컬음. 병을 일으키는 균(菌). 중세어형은 '벌에, 벌어지, 벌게'다. 벌레는 '벌게>벌에>벌레(버러지)'로 변화 과정을 거쳤다. 중세어형 '벌에'는 어근이 '벌-'이며, 'ᄇᆡ얌[蛇(사)]'과 동근어(同根語)로 보인다.

'ᄇᆡ얌>뱀'은 원래 특정 동물의 명칭이 아니라 땅을 배로 기어 다니는 충류(蟲類) 전체를 가리키는 보통명사 '버러지~벌레'와 같은 말이다. 벌레의 사투리에 '벌거지, 벌겅이, 벌기, 벌러지, 벌럭지' 등이 있다. [벌레 먹은 배춧잎 같다] 얼굴에 검버섯이 피고 기미가 퍼진 사람을 이르는 말. ¶ 벌레 먹은 과일이 맛있다. ☞ 배[1]

벌물 논이나 그릇에 물을 넣을 때 딴 데로 흘러나가는 물. 맛도 모르고 마구 들이켜는 물. '벌+물'로 분석된다. '벌'은 벌판(들)을 뜻하는 말인데, 일부 명사에 붙어 '일정한 테두리를 벗어난'의 뜻을 더하는 접사다. '벌모(모판 밖에 볍씨가 떨어져서 자라난 모), 벌불(심지 옆으로 퍼진 불), 벌윷(윷판을 나간 윷짝), 벌창(물이 넘쳐흐름), 벌타령(규율이 없고 난잡함)' 등으로 쓰인다. ¶ 술을 벌물 켜듯 마신다. 주인이 없다고 일을 벌타령으로 한다. ☞ 벌이다, 벌판

벌써 예상보다 빠르게 어느새. 이미 오래 전에. 중세어형은 'ᄇᆞᆯ셔'다. 'ᄇᆞᄅᆞ/ᄇᆞᆯ+셔(부사화 어미)'로 분석된다. 어근 'ᄇᆞᄅᆞ/ᄇᆞᆯ'은 'ᄇᆞᄅᆞ다(>빠르다[急 · 緊 · 速])'의 어근형 'ᄇᆞᆮ'과 동근어다. 'ᄇᆞᆯ리(>샐리>빨리), ᄇᆞᄅᆞ(急하게)'와 동근어다.(ᄇᆞᆯ셔/

블쎠>벌써) '-셔'는 용언 어간에 붙는 어미인데 '멀리(<머리셔)'에서와 같이 부사화접사의 기능도 갖는다. '벌써'의 어원적 의미는 '(시간상으로) 급히'다. 한편 '붉(다)[明(명)]+이시(다)[有(유)]+어'로 보는 이도 있다. ¶ 벌써 10년의 세월이 흘렀다. 나는 그 일을 벌써부터 알고 있었다. ☞ 부지런하다

벌이다 일을 계획하여 시작하거나 펼치어 놓다. 벌이다[設(설)]는 '벌(다)+이(사동접사)+다'로 분석된다. 평평하고 너른 들판을 뜻하는 '벌[平原(평원)]'은 백제어 夫里[*püri], 신라어 火/伐/弗[*pöl]로 소급되며 확장 개념어로 '벌다[開(개)·列(열)]와 벌이다'를 파생시킨 어근이다. '벌판; 갯벌'에서의 '벌'도 같은 말이다. 어원적 의미는 '넓게 늘어놓다'다. [벌여 놓은 굿판] 이미 시작한 일이라 중간에 그만둘 수 없는 처지를 이르는 말. ¶ 사업을 벌이다.

벌판 사방으로 펼쳐진 넓고 평평한 땅. '벌+판'으로 분석된다. <동국여지승람> '新羅地名 多稱火 火乃弗之轉 弗又伐之轉'으로 기록하였다. '벌'은 신라 땅 이름에 보이는 '伐(벌), 夫里(부리)'와 일치하는 말로 평원(平原), 촌락(村落)을 뜻한다. 만주어와 고대 일본어 fila[平]와 공통된 말이다. 땅 이름 '벌말[坪村(평촌)]'은 지형이 평평한 마을이란 뜻이다. '판'은 벌어진 자리[局(국)]를 의미한다. 벌판은 단음절어인 '벌'에 평면을 뜻하는 '판'을 더해 청각인상을 강하게 하기 위하여 '벌판'으로 합성된 것이다. ¶ 만주 벌판. 끝없는 벌판을 달리다.

범 고양잇과의 사나운 짐승. 호랑이. '범'은 울음소리에서 생겨 '펌>웜/범'으로 형성된 고유어다. <훈민정음언해>에 '범 爲虎'라 하여 오늘날과 같다. 호랑(虎狼)이는 범과 이리를 함께 이르던 말인데, 범을 뜻하는 말로 변하였다.(虎+狼+이→호랑이) '칡범'은 몸에 칡덩굴 같은 무늬가 있는 범을 말한다. [범에게 물려가도 정신만 차리면 산다] 아무리 위험한 경우에 처하더라도 정신만 차리면 그 위험한 고비를 모면할 수 있다.

벗다 → **'바꾸다, 발가벗다'** 참조

벗장이 익숙하지 못한 장인(匠人)이나 무엇을 배우다 그만둔 사람. '벗(어나다)+장이'로 분석된다. 어원적 의미는 '장인의 테두리 밖으로 벗어난 사람'이다. '목수(木手)벗장이, 미장이벗장이, 용접(鎔接)벗장이, 활량벗장이(활쏘기를 어설프게 익힌 사람)' 따위로 쓰인다. ¶ 그는 경력이 3년이나 되면서도 아직 미장이 벗장이다. ☞ 벗다, -쟁이

벙어리 말을 하지 못하는 사람. 중세어형은 '버워리'다. <능엄경언해>에는 '입버

우다(말을 못하다)'가 나온다. '말을 더듬다'의 뜻인 옛말 '버우다'의 어간 '버우-'에 그러한 사람을 뜻하는 접미사 '-어리'가 합성된 말이다. '버우+어리→버워리>벙어리[啞(아)]'로 어형이 변하였다. '버워리>벙어리'의 변화는 모음 충돌(hiatus)을 피하기 위해 [ŋ]음이 끼어들어 비롯된 것이다.

사투리 '버버리'는 '버우다'의 전차어(前次語) '버브다'에서 '버브어리>버붜리>버버리'의 변화 과정을 거친 것이다. 중세어 '버우다'는 <한청문감>에 나오는 만주어 '부부연(語不淸楚)'과 비교될 수도 있다. '벙추'는 벙어리의 사투리다. [벙어리 냉가슴 앓듯] 답답한 사정이 있어도 남에게 말하지 못하고 혼자만 속으로 애태운다는 말.

베 삼실이나 무명실 · 명주실 따위로 짠 피륙. '삼베'의 준말. 중세어형은 '뵈'다. 베(<뵈)는 한자 布(포)[부오/부]의 발음이 변한 말이다.(뵈>베) '베낳이(베를 짜는 일), 베옷, 베저고리, 베틀/노래; 바리안베(매우 곱게 짠 베), 삼베' 등으로 쓰인다. 베틀에는 서민들의 애환이 잘 얽혀 있다. ¶ 베를 짜다.

베개 누울 때에 머리를 괴는 물건. 중세어형은 '벼개'다. 베개는 동사 '벼다/볘다>베다[枕(침)]'의 어근에 도구(道具)를 나타내는 접사 '-개'가 결합된 파생어다. (벼개>베개) 동사 '벼다'는 짚이나 벼[稻(도)]를 베고 잠을 잔다는 의미에서 명사 '벼'에 접사 '-다'가 붙어 형성된 말이다.(벼+다→베다)

베개와 합성된 낱말에는 베개마구리, 베갯모, '베갯잇, 베갯속, 베갯머리, 베갯밑공사(公事)' 등이 있다. 팔을 베개 삼아 베는 것은 '팔베개'라 하며, '베갯밑공사'란 잠자리에서 아내가 남편에게 바라는 바를 속삭이며 청하는 일이다. ◇ 베개를 높이 베다 - 안심하다. 태평스럽게 지내다.

베끼다 글이나 그림 따위를 그대로 옮겨 적거나 그리다. '벗(다)+ㅣ+-기-+-다'로 분석된다. '벗다[脫(탈)]'의 피동/사동사 '벗기다(벗게 하다. 벗김을 당하여 벗어지다)'가 'ㅣ' 모음 역행동화로 '베끼다[寫(사)]'로 어형이 변한 말이다. ¶ 남이 한 숙제를 그대로 베끼다. ☞ 바꾸다

베짱이 여칫과의 곤충. '베짱베짱' 우는 곤충의 소리흉내말에 접미사 '-이'가 붙어 베짱이가 되었다. 중세어형은 '뵈짱이(←뵈+ᄧᅡ+-앙이)'다. '베짱(←베+짜(다)+ㅇ)'은 베틀로 베를 짜는 소리와 비슷한 데서 비롯된 말이다.

베테랑 어떤 방면의 기술이나 기능에 뛰어난 사람. 노련한 사람. 프랑스어 vétéran에서 온 말이다. ¶ 베테랑 형사.

베풀다 음식을 차려 여러 사람이 먹고 마시며 즐거운 시간을 보내게 하다. 다른 사람을 위하여 먹는 자리를 마련하다. 다른 사람이 고마워할 만한 어떤 일을 받게 하는 상태가 되다. 15세기 <법화경언해>와 <두시언해초간> 표기는 'ᄇᆡᄒᆞ다, 베프다'다. 명사 'ᄇᆡ'에 '-(ᄒᆞ)다'가 결합하여 동사 'ᄇᆡᄒᆞ다(←ᄇᆡ+ᄒᆞ다)'가 되었다. 현대어 '베풀다'는 '배(<ᄇᆡ[腹(복)])'의 변이음 '베'에 동사 '풀다(<플다[解]/프다[發])'가 결합된 합성어다.(ᄇᆡ+ᄒᆞ다/베프다>베플다>베풀다) 원뜻은 '음식을 차려(풀어) 어려운 사람의 배를 채우게 하다'다. 전의(轉意)되어 '일을 차리어 벌이다. 은혜 · 자선 따위를 받아 누리게 하다'로 쓰인다. ¶ 잔치를 베풀다. 의사가 무의촌에 들어가 인술(仁術)을 베풀다. ☞ 배

벼락 구름과 땅 위의 물건 사이에 방전하는 현상. 호된 꾸지람이나 갑작스럽게 이루어지는 일을 뜻하기도 한다. 벼락은 한자어 '벽력(霹靂)'이 변한 말이다.(벽력>벽녁>벼락) 이와 달리 '별(?)'에 접사 '-악'이 결합된 말로 볼 수도 있다. 벼락은 '갑자기'란 의미로 '벼락-감투, 벼락-공부, 벼락-김치, 벼락-부자, 벼락-이사, 벼락-질, 벼락-치기; 감벼락(뜻밖의 벼락), 날벼락, 불벼락' 등으로 쓰인다. ◇ 벼락이 내리다 - 몹시 무서운 꾸지람이나 큰 변을 당한다는 말.

벼랑 험하고 가파른 비탈. 또는 그러한 지형. 아래에서 위를 쳐다보았을 때에 일컫는 말. 15세기 문헌 <악학궤범(동동)> 표기는 '별ㅎ'이다. 벼랑은 밑에서 높이 올려다보는 별[星(성)]과 동근어로서 같은 소리를 피하기 위하여 한 음절이 늘어난 것으로 보인다.(별ㅎ+-앙→*별항>벼랑) '벼랑길, 벼랑부처, 벼랑턱; 강벼랑, 돌벼랑, 칼벼랑(깎아지른 듯이 험한 벼랑)' 등으로 쓰인다. 또한 '담-벼락'에서 벼락은 벼랑이 변한 말이다.

강가나 바닷가의 벼랑을 '벼루', 강가나 바닷가의 낭떠러지로 통하는 비탈길을 '벼룻길'이라고 한다. 이는 17세기 문헌 표기인 '벼로'가 변한 말이다.(벼로>벼루) ¶ 벼랑에 핀 꽃.

벼리 그물의 위쪽 코를 꿰어 잡아당기게 된 줄. 사물의 핵심. 일이나 글의 뼈대가 되는 줄거리. 중세어형도 '벼리'다. '벼리[紀(기) · 綱(강)]'는 줄[線(선)]과 길다의 뜻인 '발~바(햇발, 밧줄)'에서 분화된 말로 보인다.(*바리>벼리) 그물의 벼리를 이룬 줄을 뜻하는 '벼릿줄'은 줄의 뜻을 겹쳐 나타낸 합성어다. ¶ 헌법은 국가 생활의 벼리다.

벼리다 날[刃(인)]이나 끝이 무디어진 쇠붙이 연장을 불에 달궈 날카롭게 만들다.

'벼리다'는 명사 '벼리'에서 파생된 동사다. '벼리다'는 날이나 끝이 무딘 연장을 불에 달구고 두드려 쓸모 있고 강(綱)하게 재생시킨다는 뜻이다. 어떤 일을 하려고 단단히 마음을 먹는다를 뜻하는 '벼르다(<벼로다), 벼름벼름(벼르는 모양)'과 동원어다. [벼린 도끼가 이 빠진다] 공 들여 잘해 놓은 것이 오히려 탈난다는 말. [그물이 삼천 코라도 벼리가 으뜸] 아무리 여럿이 있다 하더라도 그것을 주장하는 것이 없으면 소용이 없다. ¶ 무딘 도끼날을 대장간에서 벼리다.

벼슬 지난날 관아에 나아가 공무를 맡아보던 자리. 관직(官職). 감투. '볏+을(접사)'로 분석된다. 중세어형도 '벼슬'이다. 벼슬의 어근 '볏'은 닭 · 꿩 등의 머리 위에 세로로 붙은 톱니 모양의 납작하고 붉은 살 조각 곧 계관(鷄冠)인 '볏(벼슬)', 쟁기의 보습 위에 비스듬히 댄 쇳조각인 '볏', 햇볕의 준말인 사투리 '볏(>볕)'과 동근어다. '-을'은 '수풀(←숲+을), 거풀(←겊+을), 구슬(←긋+을), 구들(←굳+을), 허물(<허믈←험+을)'에 보이는 파생 접사다.

'벼슬'은 머리 위에 빛(볕)나는 관(冠)을 쓰고 여러 사람의 우두머리를 뜻하는 말이다. '벼슬-아치'는 벼슬자리에 있는 사람 곧 관원(官員)을 일컫는다. '벼슬-덤'은 벼슬 덕분에 사사롭게 얻는 이득을 뜻한다. [벼슬은 높이고 뜻은 낮추어라] 지위가 높을수록 겸손하여야 된다는 말. ¶ 벼슬길에 오르다. 벼슬덤은 부정부패의 지름길이다.

벽창호 고집이 세며 완고하고 우둔하여 말이 도무지 통하지 아니하는 무뚝뚝한 사람. 융통성이 없는 사람. '벽창호'는 '벽에 창문 모양을 내고 벽을 쳐서 막은 부분'을 뜻하는 한자어 '벽창호(壁窓戶; 담벼락)'다. 한편, 평안북도 벽동(碧潼) · 창성(昌城)에서 나는 크고 억센 소를 뜻하며, '고집이 센 사람'을 비유하는 '벽창우(碧昌牛)'를 본딧말로 보기도 한다. ¶ 낸들 벽창호가 아닌 담에야 그만한 생각이 없겠나.

변두리 가장자리 또는 외진 곳. '변두리'는 한자어 邊(변)과 '돌다→두르다'에서 전성된 명사 '두리(둘레)'가 합성된 말이다.(邊+두르+이→변두리) 변두리의 유의어 '가장자리'는 'ᄀᆞᆺ[邊]'에 명사형 접사 '-앙'이 결합되어 'ᄀᆞᆺ+앙→ᄀᆞᅀᅡᆼ>ᄀᆞ장>가장'으로 어형이 변한 꼴에 '자리'가 붙은 합성어다. 변두리는 '가두리'와 어형 구조가 같다.

'변죽(←邊+죽)'은 그릇의 가장자리란 뜻이다. 그리고 '변죽을 울리다'는 곧바로 말을 하지 아니하고 빙 둘러서 말을 하여 짐작하게 한다는 관용어다. ¶

도시의 변두리에 살고 있다. 변죽만 울리다. ☞ 테두리, 전두리, 돌다

별 밤하늘에 점 모양으로 반짝이는 천체. 대중의 인기를 끄는 사람. <조선관역어>에 星 別二[별]이라 하여 현대어와 소리가 같았음을 알 수 있다. 알타이 조어(祖語)에서 '밝다, 붉다'를 뜻하는 'ᄇᆞᆰ(pɐlk)-'은 광체(光體)에 속하는 명사 '벋'에서 유래하였을 것으로 보인다. 따라서 어형은 'ᄇᆞᆰ->ᄇᆞᆯ>별' 또는 '벋>벌>별'의 과정을 거쳐 형성되었을 것이다.(원시알타이어 *piũl'V)

별의 사투리 '[빌; pi:l]'은 자신의 소원대로 되기를 바라며 기도하다의 뜻인 ':빌다'를 파생시켰다. 마음먹은 것을 이루려고 꾀하다는 뜻의 '벼르다'도 동근어다. 별[星(성)]을 함북 지방의 사투리로 [벼리]라고 한다. '별똥, 별빛, 별자리; 떠돌이별, 붙박이별, 잔별(작고 많은 별)' 등으로 쓰인다. ◇ 별 겯듯 하다 - 별이 총총 박이 듯 빽빽하다. ¶ 밤하늘에 별이 총총하다. 그는 영화계에서 떠오르는 별이다.

별안간 눈 깜짝할 사이란 뜻으로 한자말이다. 순수 고유어로는 '퍼뜩(경북 사투리), 난데없이'가 있다. '난데없이'는 갑자기 불쑥 나와 어디서 나왔는지 알 수 없다는 뜻이다. '별안간(←瞥眼間)'과 같이 한자어에서 온 말인데도 한자라는 의식 없이 고유어처럼 쓰이는 낱말에 '소위(所謂), 도대체(都大體), 심지어(甚至於), 언필칭(言必稱), 흐지부지[←諱之祕之(휘지비지)], 호락호락[←忽弱忽弱(홀약홀약)]' 등 상당수에 이른다. ¶ 별안간 일어난 일이라 영문을 모르겠다.

병아리 어린 닭을 병아리라고 한다. 중세어형은 '비육'이다. '비육'은 '비육비육(삐악삐악)'으로 울음소리를 나타내는 음성 상징어다. '비육'에 '-아리'가 결합되어 병아리가 되었다.(비육+알이→벽알이/병알의>병아리) 울음소리가 그대로 이름이 된 것에 '매미, 개구리, 기러기, 귀뚜라미, 쏘가리(<소가리;민물고기)' 등이 있다. '-아리'의 말밑인 '알/아리[卵(란)]'는 새끼를 뜻한다. 작은 물체나 속됨을 의미하는 '-아리'는 '항아리, 이파리(←잎+아리), 송아리(송이); 매가리('맥'의 속된 말), 몸뚱어리, 주둥아리, 턱주가리' 등에 쓰이는 접미사다.

어느 분야의 초보자를 '햇병아리'라고 한다. '서리-병아리'는 이른 가을에 깬 병아리로 '힘없고 추레한 것'을 이르는 말이다. ◇ 병아리 본 솔개 - 호시탐탐 엿보며 덮칠 기회를 노린다는 말.

볕뉘 잠깐 드는 볕. 또는 볕기(햇볕의 기운). 다른 사람으로부터 받는 보살핌이나 보호. '볕(햇볕; 陽)+뉘(누리; 세상)'으로 분석된다.(볏뉘>볕뉘) '볕(<볃)'은 빛과

동근어다. 볕은 '돋을볕(해돋이 무렵 처음으로 솟아오르는 햇볕), 땡볕, 봄볕, 불볕-더위, 햇볕' 등으로 쓰인다. ¶ 볕을 쐬다. 울창한 나무 숲 사이로 볕뉘가 비치다. 조상의 볕뉘. ☞ 빛, 누리

보깨다 먹은 음식이 잘 삭지 않아 뱃속이 답답하고 거북하게 느껴지다. 무슨 일이 뜻대로 되지 않아 마음이 자꾸 쓰이어 불편하다. '볶(다)+애(피동접사)+다'로 분석된다. 보깨다의 어원적 의미는 '볶이다'다. '들-볶이다'는 누구에게 재촉을 당하거나 성가심을 당하다를 뜻한다. ¶ 급히 먹었더니 속이 보깬다. 일이 보깨어 정신이 없다.

보늬 밤이나 도토리 따위의 속에 있는 얇은 껍질. 중세어형은 '보ᄆᆡ'다. <두시언해 중간> 표기 '보ᄂᆡ'다. 이는 한자 本衣(본의)에 이끌려 '보ᄆᆡ/보믜/보ᄂᆡ>본의>보늬'로 어형이 변한 말이다. 보늬의 어원적 의미는 '본래의 껍질'이다. 한편 쇠붙이의 겉에 생긴 산화물 곧 '녹(錄 · 赤鐵)'을 '보미(<보믜<보ᄆᆡ)라고 하는데, 이들은 동근어다. ¶ 보늬를 벗기다.

보득솔 작달막하고 가지가 많은 어린 소나무. '보득+솔[松(송)]'로 분석된다. '보득'은 '작다'를 뜻하는 말로 '보동되다(길이가 짧고 통통하다), 보드기(크게 자라지 못하고 마디가 많은 어린 나무)'의 공통 어근 '볻-'이다. ☞ 소나무

보라 빨강과 파랑을 섞은 중간색. 몽골어 poro(보라색)에서 온 말이다. '보라머리동이(연의 머리에 보랏빛의 종이를 붙여 만든 연), 보라매, 보랏빛, 보라색(色), 보라치마; 넘보라살(자외선), 연보라, 진보라(진한 보랏빛)'로 쓰인다.

보라매 그 해에 난 새끼를 길들여서 사냥에 쓰는 매[鷹(응)]. 보라는 중세 몽골어 poro, pora(병아리 · 매. 보라색)에서 온 말이다. '보라+매'는 몽골어 '보라'와 같은 뜻의 우리말 '매'가 겹친 형태다.

보람 한 일에 대하여 돌아오는 좋은 결과. 또는 그로 인한 정신적인 만족감. 약간 드러나 보이는 표적. 중세어형도 오늘날과 같다. '보람'은 어떤 존재를 눈으로 직접 확인하는 뜻의 동사 '보다[見(견)]'가 명사로 전성된 말이다.(보+ㄹ+암→보람) 원뜻은 눈에 보이게 표시(表示)하여 두는 '표지(標識) · 표적(標的)'이다. 후대에 의미가 확대되어 '표적, 증거, 부적'이 되었다. '보람두다/보람ᄒᆞ다'는 '표(表)해 두다. 표적을 삼다. 서명(書名)하다'를 뜻한다.

현대어에서는 추상화되어 마음속에 느껴지는 어떤 흡족한 상태 즉 '성과(成果), 효력, 좋은 결과'를 뜻한다. 형용사 '보람차다'는 '보람'에 '차다[滿(만)]'가

합성된 말이다. ◇ 보람이 없다 - 어떤 일을 한 데 대한 결과가 좋지 않거나 드러나지 아니하다. ¶ 늦게까지 일한 보람이 있다. 보람찬 하루.

보람줄 읽던 곳을 표시해 두기 위하여 책갈피(책장과 책장의 사이)에 장치해 둔 줄(끈). 가름끈. 갈피끈. 갈피표[서표(書標)]. '보(다)+ㄹ+암(접사)→보람'에 줄[繩(승)]이 합성된 말이다. ¶ 이 책에는 보람줄이 없어 보기가 여간 불편한 게 아니다.

보름(날) 음력 15일. 망일(望日). 중세어형은 '보롬'이다. 보름은 '불[火(화)]'에 어원을 둔 말이다. 'ᄇᆞᆰ다[明(명)]'의 명사형 'ᄇᆞᆰᄋᆞᆷ'에서 발달하였다. '보름'은 달이 밝음에 연유되어 'ᄇᆞᆰ+ᄋᆞᆷ→ᄇᆞᄅᆞᆷ(ᄇᆞᄅᆞᄋᆞᆷ[望])>보롬>보름'으로 어형 변화 과정을 거쳤다. 보름달[滿月(만월)]을 망월(望月)이라 하고, 망월이 뜬 날인 15일을 망일(望日)이라고 한다. 한편, 보름은 팽창(膨脹)·원형(圓形) 개념어 '볼록하다'와 관련지을 수 있다.(볼+옴→보롬>보름) ¶ 그가 떠난 지 벌써 보름이 지났다.

ㅂ

보리 불교 최고의 이상인 불타 정각(正覺; 올바른 깨달음)의 지혜. 정각의 지혜를 얻기 위하여 닦는 도. 범어 Bohdi를 한자음 菩提(보리)로 음을 빌린 말이다. '보리수/나무(菩提樹; 진리의 나무), 보리살타/보살'로 쓰인다. 볏과의 한해살이 풀인 '보리[麥(맥)]'와는 동음이의어 관계다.

보배 귀하고 값진 물건. 아주 귀중한 사람을 비유하기도 한다. 중세어형은 '보ᄇᆡ'다. 우리말 보배는 장신구로 사용한 아름답고 귀한 조개껍데기[貝殼(패각)]를 한자음 寶貝(보패)로 빌린 것이다. 만주어 boobai를 음사(音瀉)한 한자음 寶貝가 [보배]로 차용된 연대는 고대까지 거슬러 올라갈 가능성이 있다. 보배롭다(<보ᄇᆡᄅᆞ외다)는 '귀중(貴重)하다'는 뜻이다.(boobai>寶貝[보패]>보ᄇᆡ>보배) ¶ 청소년은 나라의 보배다.

보살 부처에 버금가는 성인.(←<범> Bodhisattva) '나이 많은 여신도(보살할미)'를 대접하여 이르는 말. '보살'은 쌀[米(미)]의 인도 차용어로 볼 때 서로 연관된 것으로 보인다. <계림유사>에 白米曰漢菩薩(백미왈한보살)이라 적어 'ᄒᆡᆫᄡᆞᆯ[hʌin-psʌr]'로 오늘날 '쌀'과 발음이 일치한데서 비롯된 것이 아닌가 한다. 또한 일본 고대어 菩薩(보살)이 쌀의 다른 이름이나 밥 짓는 여인이란 뜻으로 쓰였고, 우리나라에서도 절에서 일하는 보살을 떠올리면 그 관계가 입증된다고 하겠다. ¶ 관세음보살. 보살이 될 수 있으리라는 믿음을 가지고 수행을 했다.

☞ 쌀

보살피다 어리거나 생활이 어려운 사람을 돌보아 주다. 관심을 갖고 관리하다. 17, 18세기 문헌 표기는 '보숣피다/보술피다'다. '보다[見 · 看]'와 '살피다(<술피다)'가 합성된 말이다. ¶ 고아들을 보살피다. 국정을 보살피다. ☞ 살피다

보시 자비심으로 남에게 조건 없이 베풂. 신도들이 절에 올리는 돈이나 물품. 한자어 布施(포시)가 본딧말이다. '보싯-돈(보시로 받은 돈), 보시-쌀; 살-보시, 재(財)-보시' 등으로 쓰인다. ¶ 노숙자에게 식사를 보시하다. 부처님께 공양미 삼백 석을 보시했다.

보아지 작은 집에서 들보 구실을 하는 나무. 기둥머리에 끼워 보의 짜임새를 보강하는 짧은 나무. '보(들보)+-아지(작은 것)'로 분석된다. '보'는 '대들보, 마룻보, 지붕보, 홍예보'처럼 건물에서 칸과 칸 두 기둥을 건너지르는 나무를 뜻하는 말이다. 보아지의 어원적 의미는 '작은 보'다. ☞ -아지

보자기 물건을 싸서 들고 다닐 수 있도록 네모지게 만든 천. = 보(褓). 보자(褓子). 중세어형은 '보ㅎ'이다. '褓(보)+-子(ᄌᆞ)+기'로 분석된다. 명사 '보ㅎ'에 접미사 '子'가 결합하여 褓子(보자)로 쓰이다가 19세기 말부터 고유어의 명사형 어미 '-기'가 덧붙어 '보자기'가 되었다. 한자어 접미사 '-子'가 붙은 말에 '모자(帽子), 침자(針子; 바늘), 의자(椅子; 걸상)' 등이 있다. 경상 · 전라 · 충청 사투리는 '보재기, 보티이; 보래기, 포재기; 보자, 보제기'다.

'보ㅎ(褓)'는 '보쌈(←褓+쌈), 봇짐(←褓+ㅅ+짐), 보따리, 포대기(<보로기)' 등의 낱말을 파생시켰다. 보자기는 '싸다, 쓰다, 두르다, 덮다, 씌우다, 가리다' 등의 기능을 가진 말이다. ¶ 보자기로 물건을 싸다.

보조개 웃을 때에 볼 가운데가 오목하게 우물져 들어가는 자국으로 '볼우물. 볼샘'이라고도 한다. 16세기 문헌 <훈몽자회> 표기는 '보죠개. 보죠개우믈'이다. 이들은 각각 '볼+조개→보조개' 또는 '볼+움[穴(혈)]+물[水]→볼우물'로 분석된다. 팽창(膨脹) 개념어 볼(뺨의 가운데 부분)은 '볼기(짝), 부르다, 볼록하다' 등과 동근어로 /ㄹ/ 받침이 탈락되면서 조개와 합성되었다.

보조개는 16세기 초에는 구레나룻이 생기는 볼 전체인 뺨을 가리키는 말이었다. 그 후 18세기 중엽부터 '볼우물'만을 이르는 명사로 부분화되어 소인(笑印; 웃을 때 생기는 자리)을 뜻하게 되었다. ☞ 조개, 우물

보태다 모자라거나 이미 있던 것에 더하여 많아지게 하다. 중세어형은 '보타다'다.

'보태다'는 '보(補)하다'의 사동형으로 '*봏/보+ᄒᆞ+이(접사)+다'로 분석된다.(*봏ᄒᆞ다>보ᄐᆞ다/보타다>보틔다>보태다) 어원적 의미는 '더하다'다. '보(補)하다'는 영양분이 많은 음식이나 약을 먹여 몸의 건강을 돕는다는 뜻이며, 관직에 임명한다는 의미로도 쓰인다. ¶ 생활비를 보태다. 일손을 보태다. 몸을 보하는 약.

보푸라기 종이 · 피륙들의 거죽에서 보풀어 일어나는 잔털. <큰> 부푸러기. '보풀/부풀(다)+-어기'로 분석된다. '보풀'은 종이나 피륙 따위의 거죽에 일어나는 잔털을 뜻하고, 보푸라기는 보풀의 낱개를 이르는 말이다. 한편 '보무라지/보물'은 종이 · 헝겊 따위의 잔부스러기를 일컫는다. ¶ 옷에 보푸라기가 일어나다. 실보무라지(실의 부스러기). ☞ 부풀다.

본데 보아서 배운 범절이나 지식 또는 솜씨. '보(다)[見(견)]+ㄴ+ᄃᆡ(←ᄃᆞ+ㅣ)'로 분석된다. 어원적 의미는 '본 곳/것'이다. '본데-없다'는 형용사다. ¶ 본데가 있는 사람이다. 본데없이 자라서 예절을 모르다.

본디 어떤 사물의 처음. 또는 겉으로 드러난 모습과는 다른 사물의 근본. 처음부터. 15세기 문헌 <두시언해초간> 표기는 '본ᄃᆡ(로)[元(원)]'다. 이는 '本(본; 바탕)+ᄃᆡ(←ᄃᆞ+ᄋᆡ)'로 분석된다. ¶ 그는 본디 착한 사람이다. 나도 본디는 매우 건강한 체격이었지.

본때 본보기가 될 만한 일이나 물건. '보(다)[見(견)]+ㄴ+대(<ᄃᆡ←ᄃᆞ+ㅣ)'로 분석된다. 본때(<본대)의 어원적 의미는 '본 것'이다. '본-치'는 '표면으로 나타난 태도. 볼 만한 모양새'를 뜻하는 말이다. ◇ 본때가 있다 - 본보기로 삼을 만한 데가 있다. 멋이 있다. ◇ 본때를 보이다 – 엄하게 다스리다. ¶ 다시는 그런 일이 없도록 본때를 보여 주어야겠다.

볼 뺨의 가운데를 이루고 있는 살집. '볼'은 팽창 개념어 '볼록하다[凸(철)], 볼통하다, 부르다[飽(포)]'와 동근어다. '볼가심(입요기), 볼거리(유행성 이하선염), 볼따구니/볼때기, 볼멘소리, 보조개, 볼우물; 메줏볼, 밤볼(밤을 문 것처럼 살이 찐 볼), 아랫볼, 조개볼' 등으로 쓰인다. ¶ 볼을 붉히다. 볼이 통통하다. 볼에 바람을 넣어 부풀렸다가 입술로 숨을 내쉬었다.

볼기 궁둥이의 살이 두두룩한 부분. 볼기[臀(둔)]의 어근 '볼'은 팽창(膨脹) 개념어 '볼(뺨의 가운데 부분), 볼록하다'와 동근어다. 볼기짝은 볼기의 속된 말이다. '볼깃살, 볼기지느러미, 볼기짝; 물볼기, 자볼기(자막대로 때리는 볼기)' 등으로 쓰인다. ¶ 볼기를 때리다/ 맞다.

볼썽 남의 눈에 뜨이는 모양이나 태도. '보(다)[視(시)]+ㄹ+相(상)'으로 분석된다.(볼相→볼썽) '볼썽-사납다'는 체면이나 예모(禮貌)를 차리지 않아 보기에 언짢다를 뜻하는 말이다. '사납다(<사오납다)'는 성질이나 생김새가 험하고 악하다는 형용사다. '볼썽없다/없이; 남볼썽'으로 쓰인다. ¶ 볼썽사나운 일.

봄 일 년 네 계절의 첫째 철. 중세어형도 '봄'이다. 사물의 모양을 눈을 통하여 안다는 뜻의 동사 '보다[見(견)]'의 어근에 접사 '-(으)ㅁ'이 결합된 파생 명사로 보인다. '봄'의 어원적 의미는 삼라만상이 겨울잠에서 깨어나 새싹이 돋고 꽃이 핀 새 모습을 보는 계절이다. 한편, '불[火](<블/븕음)'과 '오다[來(래)]'가 복합 축약된 '봄'은 따뜻해지는 계절이라고 보는 견해도 있다. '봄'은 만주어 fon[時·季節], 몽골어 on, hon[年]과 대응한다. 봄철(<봄졀)은 봄의 계절이다. [봄 꿩이 제 바람에 놀란다] 자기가 한 일에 자기가 놀람을 이르는 말.

봇결 자작나무의 껍질. '봇(자작나무)+결'으로 분석된다. '결'은 '가래-결(가래나무의 껍질), 피-결(피나무의 껍질)'과 같이 껍질(가죽/거죽)을 뜻하는 말이다. '봇'은 지붕을 이거나 고기 잡는 그물에 달기도 한다. ¶ 지붕엔 봇을 이고 돌을 지질러 놓았다. ☞ 자작나무

봉우리 산의 가장 높이 솟은 부분. 본디말은 '산봉우리'. 봉우리는 돌출 개념어 '봉(봉긋)' 또는 한자어 峰(봉)과 '우리~오리'가 결합된 말이다. '우리'는 으뜸, 우두머리를 뜻하는 '수리'에서 /ㅅ/이 탈락된 꼴이다. 峰(봉)을 고구려말로 首泥[*šüni]라 하여 '우리'의 선행형이 '수리'임을 알 수 있다. 돌출 개념어 '수리(술)~소리(솔)'는 '꽃-술, 정-수리, 독-수리(<독쇼리), 수릿-날(단오), 소(솔)-나무'에 쓰였다. '봉우리'의 중세어에 '묏귿[山頂(산정)]'이 있으며, 어원적 의미는 '높은 곳(꼭대기)'이다. ¶ 한라산 봉우리에 오르다. ☞ 소나무

부개비-잡히다 하도 졸라서 하기 싫은 일을 마지못해 하게 되다. '부개'는 짚으로 만들어 물건을 담는 도구를 뜻하는 경상도 말이다. 어원적 의미는 '부개를 잡혀 꼼짝 못하다'다. ¶ 그는 미친 듯이 술에 취해 부개를 지고 거리에서 노래하고 춤을 추웠다. 아내에게 부개비잡혀 저자에 가야만 했다.

부끄럽다 스스러움을 느끼어 매우 수줍다. 중세어형은 '붓그럽다(←붓그리+업다)'다. 부끄럽다[羞·愧·恥]는 '븕(다)[赤(적)]+으(매개모음)+럽/업(형용사화 접사)+다'로 분석된다. 원순모음화와 경음화 현상이 일어나면서 '붓끄럽다>부끄럽다'로 된 말이다. 어원적 의미는 '(얼굴색이) 붉게 변하다'다. ¶ 나는 거짓말

을 한 내 자신이 부끄럽다. 부끄럼을 타다. 그는 부끄럼성이 많아 자주 얼굴을 붉힌다. ☞ 붉다

부넘기 솥을 건 아궁이에서 방고래로 불길이 넘어 들어가게 조금 높이 쌓은 곳. '부넹기'라고도 한다. '불+넘(다)+-기'로 분석된다.(불넘기>부넘기) 부넘기는 불길을 잘 넘어가게 하고 불을 내뱉지 않도록 하는 구실을 한다.

부닐다 가까이 따르며 붙임성 있게 굴다. 일을 도우며 고분고분하게 굴다. '붙(다)[從(종; 좇다)]+닐다[起(기; 가다)]'로 분석된다.(붙+닐다→부닐다) 부닐다의 어원적 의미는 '붙어 따라다니다'다. ¶ 며느리가 시어머니에게 부니는 모습이 보기 좋았다. 윗사람을 도와 부닐다.

부다듯하다 신열(身熱)이 나서 불이 달 듯 몸이 매우 덥다. '불+달(다; 뜨겁다)[熱(열)]+듯+하(다)+다'로 분석된다. ¶ 감기가 들어서 몸이 부다듯하고 여기저기 쑤신다. 온몸이 부다듯이 뜨겁다.

부대기 땅 없는 농민이 산속에 들어가 풀이나 나무를 불사르고 그 자리를 일구어 농사를 짓던 일. 화전(火田; 불로 일군 땅). '불+닿(다)+-이-+-기'로 분석된다.(불+대기→부대기) '부대기-농사, 부대-바꿈, 부대기-백성(화전민), 부대기-밭[火田(화전)]; 감자-부대(감자를 심어 가꾸는 부대밭)' 등으로 쓰이던 말이다. 부대기의 어원적 의미는 '불을 그어 대는 것'이다.

부대끼다 무엇에 시달려서 온갖 괴로움을 당하다. 괴롭게 지내다. 배가 쓰리거나 울렁울렁하다. <작> 보대끼다. '부딪다'와 '대끼다'가 결합된 말로 보인다. 대끼다는 '단련될 정도로 여러 가지 일에 몹시 시달리다'는 뜻으로 '닿다'와 동근어다. ¶ 빚 독촉에 부대끼다. 아이들에게 부대끼다. 속이 부대끼다. ☞ 닿다

부둥키다 두 팔로 힘써 안거나 두 손으로 꽉 붙잡다. '부둥키다'는 '붙다'와 '움키다'가 합성한 말로 '붙(다)+움+키+다'로 분석된다. '움키다(<움치다[縮(축)])'의 어근 '움-'은 줌(주먹)과 동근어로 어원적 의미는 '움켜 붙들어 안다'다. ¶ 배를 부둥키고 웃다. ☞ 오금

부뚜 곡식에 섞인 쭉정이나 티끌을 날리기 위하여 바람을 일으키는 데 쓰는 기구. 풍석(風席). 본딧말은 '붗돗'이다. '(바람을) 부치다'의 옛말 '붗다'의 어근에 돗자리를 뜻하는 '돗ㄱ[席(석)]'이 결합된 말이다.(붗돗>붓돗>부뚜) '부뚜-질/하다'로 쓰인다. 부뚜의 어원적 의미는 '부치는 돗자리'다. ☞ 부채

부라 대장간에서 풀무질할 때 불을 불라고 하는 소리. '불(다)[吹(취)]+라(명령형어미)'로 분석된다. '부라'의 어원적 의미는 '(불을) 불어라'다. '부라-질'은 젖먹이의 몸을 좌우로 흔드는 짓이고, '부라-부라'는 부라질을 시킬 때 쓰는 말이다.

부라퀴 야물고도 암팡스러운 사람. 자기에게 이로운 일이면 기를 쓰고 영악하게 덤비는 사람. 부라퀴는 '불-+악귀(惡鬼)'로 분석된다. '불-'은 '불망나니, 불벼락, 불소나기, 불호령'처럼 일부 명사 앞이나 몇몇 어간에 붙어 '몹시 심한(불같은 상태나 성질을 띤)'의 뜻을 더하는 말이다. ¶ 그 부라퀴는 아무도 엄두도 못내는 일을 혼자 힘으로 해냈다. 그는 돈이 되는 일에는 부라퀴가 된다.

부랴부랴 매우 급히 서두르는 모양. '부랴부랴'는 불이 났을 때, 주위의 여러 사람에게 이를 알리려고 당황해 하면서 외치는 소리 곧 '불이야 불이야'의 준말이다. 불이 났다고 소리치면서 급하게 행동하는 모습에서 나온 말로 의성어가 의태어로 변하였다.(블+이아→불이야/부랴) ¶ 급한 소식을 듣고 부랴부랴 달려가다. ☞ 불

부레 물고기의 배 속에 있는 공기 주머니. 15세기 문헌 <구급간이방> 표기도 같다. 부레[鰾(표)]는 '불(다)[吹(취)]+-에(명사형어미)'로 분석된다. 어원적 의미는 '(공기를) 불어넣은 것'이다. '부레-끓다(몹시 성이 나다), 부레-뜸, 부레-옥잠(玉簪), 부레-질/하다, 부레-풀(민어의 부레를 끓여 만든 풀); 구명(救命)-부레' 등으로 쓰인다.

부룩소 작은 수소. '불[陰囊(음낭; 불알)]+욱(접사)+소'로 분석된다. 부룩소의 어원적 의미는 '불알이 달린 소. 불룩한 소'다. '부룩-송아지'는 아직 길들지 않은 송아지를, '엇-부루기'는 아직 큰 소가 되지 못한 수송아지를 일컫는 말이다. ☞ 불알, 소[1]

부르다 배 속이 차서 가득하다. 불룩하게 부풀거나 내민 상태가 있다. 15세기 문헌 <월인석보>에 '빅 부르다'가 나온다. '붇(다)[增(증)]+(으)+다'로 분석된다. 어근 '붇-'은 팽창(膨脹) 개념어로 '부풀어 올라 부피가 커지다'를 뜻하는 말이다. ¶ 배가 몹시 부르다. 아이를 가져 배가 부르다. ☞ 부풀다

부르짖다 큰 소리로 외치거나 말하다. 어떤 의견이나 주장을 열렬히 말하다. '부르(다)[吹(취)]+지지(다)+다'로 분석된다. '불다'는 만주어 fulgiye[吹(취)]와 중세 몽골어 hulie<puliye-에 대응된다. '지지다[>짖다; 吠(폐)]'는 지저귀다와 동근어다. ¶ 만세를 부르짖다. 여권 신장을 부르짖다. 울며 부르짖다.(울부짖다/

우짖다) ☞ 바람

부르트다 살가죽이 들뜨고 속에 물이 괴다. 물것에 물려 살이 도톨도톨하게 부어오르다. 중세어형도 오늘날과 같다. '부르/붇(다)+트(다)[裂(열)·綻(탄)]'로 분석된다. 어원적 의미는 '부어서 터지다'다. ¶ 발바닥이 부르트다. 입술이 부르터서 약을 발랐다.

부름켜 식물의 줄기나 뿌리에서, 겉껍질과 목질부(木質部) 사이에 있는 얇고 무른 조직. 세포 분열로 굵어짐. 형성층(形成層). '붇(다)+(으)ㅁ+켜'로 분석된다. 팽창 개념어 '붇다'는 물에 젖어서 부피가 커지다를 뜻하는 동사다. 부름켜의 어원적 의미는 '불은 층(層)'이다.(불음+켜→부름켜) ☞ 켜

부리 새나 짐승의 주둥이. 병(甁)처럼 속이 빈 물건의 한 끝이 터진 부분. 비유적 의미는 물건의 뾰족한 부분이다. 중세어형은 ':부·리, 부·우·리'다.

'부리[嘴(취; 부리. 주둥이. 사물의 뾰족한 끝)'가 결합된 합성어에 '부리망(網); 돌부리(땅 위로 뾰족 내민 돌), 발부리, 병부리, 총부리, 멧부리, 바짓부리(바짓가랑이의 끝 부분), 소맷부리; 물부리, 빨부리' 등이 있다. '부리'는 근본에서 갈라져 나와 뻗어난 뾰족한 물체를 뜻하는 것으로 '뿌리'와 동근어다. 한 집안의 조상의 혼령이나 대대로 모시는 귀신을 무당이 일컫는 '부리'도 같은 말이다. ¶ 새들은 부리로 깃을 다듬는다. ☞ 뿌리

부리나케 몹시 서둘러서 아주 급하게. '불이 나게'가 발음이 변하여 '부리나케'로 굳어졌다. '불+이(주격조사)+나/낳(다)[出·生]+-게(부사화접사)'로 분석된다. '부리나케'는 불이 날 정도로 급하고 빠르게 몸을 움직이는 행동의 양태를 의미하는 부사다. ¶ 아침밥을 먹자마자 부리나케 출근하다.

부사리 대가리로 잘 떠받는 버릇이 있는 황소. '뿔[角(각)]+사리[曲(곡)]'로 분석된다. 어원적 의미는 '뿔이 구부러진 것'이다. ¶ 사나운 부사리를 힘들게 길들이다. 부사리에게 받히다. ☞ 뿔

부스러기 잘게 부스러진 물건. 고르다 남은 찌꺼기. 중세어형은 'ᄇᆞᄉᆞ라기'다. 부스러기는 분쇄 개념어 '부수다'의 중세 어형 'ᄇᆞᆺ다~ᄇᆞᅀᆞ다>ᄇᆞᄉᆞ다'의 어근 'ᄇᆞᆺ'에 관형사형 어미와 '작은 것'을 뜻하는 접사 '-아기'가 결합되어 형성된 말이다.(ᄇᆞᆺ+ᄋᆞᆯ+아기→ᄇᆞᄉᆞ라기>부스럭이>부스러기) 동근어 '바스락·버스럭·보스락·부스럭/거리다/대다'는 의성어다. ¶ 과자 부스러기. ☞ 싸라기

부스럼 피부에 나는 종기(腫氣)를 통틀어 이르는 말. 중세어형은 '브스름'이다. '븟+(으)+ㄹ+음'으로 분석된다. '븟다(>붓다)'는 돌출 개념어로 '돋아 오르다'는 뜻이다. 어근의 받침이 유성음 'ㅿ[z]'으로, 그리고 원순모음화로 '붓'이 '븘>붓'으로 어형 변화를 거쳤다.(븟+으름→브스름>브스럼>부스럼) 부스럼의 어원적 의미는 '돋아난 것'이다. [부스럼이 살 될까] 이미 다 글러 버린 것이 다시 좋아질 수 없음을 비유적으로 이르는 말. ¶ 온몸에 부스럼이 나다.

부싯돌 부시로 쳐서 불을 일으키는 데 사용하는 돌. 17세기 문헌 <역어유해>의 표기 '부쇳돌[火石(화석)]'은 '불+쇠[鐵(철)]+ㅅ+돌'로 분석된다. 19세기 말 이후에 '부쇠'에서 '쇠'가 어원 의식이 흐려지면서 '부시'로 변하였다.(불+쇠→부쇠>부싀>부시) '부시'는 불을 일으키게 하는 주머니칼 형상의 쇳조각으로 화도(火刀)라고도 한다. ☞ 불, 쇠, 돌

부엉이 올빼밋과의 새를 통틀어 이르는 말. 부엉이(<부훵이)는 '부엉(<부훵; 울음소리)+이'로 분석된다. '부엉이-살림'은 자기도 모르는 사이에 부쩍부쩍 느는 살림을 뜻하는 말이다. '부엉이-셈'은 제 먹이도 제대로 찾아 먹지 못한다 데서 '이해 관계가 어두운 셈'을, '멧부엉이'는 어리석고 메부수수하게 생긴 시골 사람을 뜻한다.

부엌 살림집에서 밥을 짓거나 음식을 만들게 되어 있는 곳. 중세어형은 '브섭'이다. '부엌(<브섭<*블섭[火側])'은 어원적 의미가 '불을 때는 곳'이다. 부엌에서 '부'는 불[火]이며, '-엌'은 장소를 나타내는 접미사로 '-억'이 강화작용에 의하여 변한 꼴이다. '억'은 중세어 '이어긔(여기), 그어긔(거기)'의 '어긔'와 동원어다. 중세어 '블'에서 /ㄹ/이 탈락하여 '브섭>브석>브업>부억>부엌(불+엌)' 또는 '브/블+ㅅ+억→브석>부석>부엌'으로 어형이 변천하였다.

장소(옆, 가장자리)를 나타내는 접미사 '섭(<섶)'은 '섭>업>억>엌'으로 변한 형태소다. 부엌의 사투리 '어방, 어비'의 어근 '업'에서 그 흔적을 볼 수 있다. 또한 '섭'은 '귀섭>구섭>구석'과 통하는 말이다.(귀섭지다>구석지다)

솥을 걸어 놓은 아궁이 위의 펀펀한 언저리를 가리키는 '부뚜막'(<븟두막)은 고구려 때도 사용된 주방 시설이다. [부엌에서 숟가락을 얻었다] 대단치 않은 일을 해놓고 마치 큰일이나 한 듯이 자랑함을 비유하는 말.

부접 남이 쉽게 따를 수 있는 성품이나 태도. 남에게 붙따라 의지함. '붙(다)+접(接; 서로 닿음)'으로 분석된다. 어원적 의미는 '붙어서 가까이함'이다. [부접(을)

못하다] 가까이 사귀거나 다가서지 못하다. ¶ 워낙 성미가 까다로워 아랫사람이 부접을 못한다네.

부지깽이 아궁이 따위에 불을 땔 때, 불을 헤치거나 끌어내거나 거두어 넣거나 하는 데 쓰는 가느다란 나무 막대기. 부지깽이는 '불+지르(다)/집(다)+-개+-앙이)'로 분석된다. 19세기 문헌 <물명고>에 '부지깨'가 보인다. '부지/부직'은 부엌의 사투리이기도 하다. 몸이 몹시 여윈 사람을 가느다란 부지깽이처럼 말랐다고 하여 '말라깽이'라고 한다. [부지깽이가 곤두선다] 어떤 일이 눈코 뜰 새 없이 몹시 바쁘다.

부지런하다 어떤 일을 꾸물거리거나 미루지 않고 꾸준히 열심히 하는 태도가 있다. ↔ 게으르다. 중세어형은 '브즈런ᄒᆞ다'다. '븥다~븓다>븓+ㄹ→*브즐-+ᄒᆞ+다'로 분석된다. 어근 '븥-'은 긴박(緊迫) · 급속(急速)을 뜻하는 형태소로 '바쁘다(<밧ᄇᆞ다), 벌써(<ᄇᆞᆯ셔)'와 동근어다. 사투리는 '바지런하다'다. 부지런하다의 어원적 의미는 '바쁘게 움직이다'다. ¶ 부지런하게 일하다. 손을 부지런히 놀리다. 부지런을 떨다.

부질간 놋그릇 따위를 만드는 공장에서 풀무질을 하는 곳. '불[火]+지르(다)+ㄹ+間(간)'으로 분석된다. 부질간의 어원적 의미는 '불을 지르는(일어나게 하는) 곳'이다. ☞ 불, 풀무

부질없다 대수롭지 아니하거나 쓸모없다. 공연하고 쓸데없다. 18세기 문헌 <어제소학언해> 표기는 '부졀없다'다. <삼국유사(예경제불가)>에서의 향찰 표기 夫作[*부질/부짓]은 常(상; 늘. 언제나)의 뜻으로 쓰인 말로 보인다. 어원적 의미는 '무상하다(無常; 덧없다)'와 통한다. ¶ 부질없는 일. 부질없이 걱정하지 마라.

부집 사정없이 말을 퍼부어 싸움. 화를 돋우어 말다툼을 함. '불[火(화)]+집(지피다)'로 분석된다. 부집의 어원적 의미는 '불을 지핌(불을 붙여 타게 함)'이다. ¶ 부집을 퍼부으며 싸우는 사람들.

부채 손으로 부쳐서 바람을 일으켜 더위 또는 열을 식히거나 불을 일으키는 데 쓰는 물건. 중세어형은 '부체, 부쳬'다. <계림유사>에 扇曰孛采[puət-tsǎi]라고 표기하고 있어 현대어의 어형과 별다른 차이가 없음을 알 수 있다. '붗'은 바람을 일으킨다는 뜻의 '불다[吹(취)]'와 동원어인 '붗다, 부치다, 부추기다(남을 도와서 추기다. 선동하다)'의 어근이다. 부채는 '붗(부치)+에(명사화접사)>부체/부채'로 분석된다. 만주어는 fuseku다.

부채는 오늘날 선풍기, 에어컨에 밀려 잘 사용되지 않는 생활 용품으로 전락하였다. [불 난 데 부채질하다] 성난 사람을 더욱 성나게 부추긴다는 말. ¶ 부채로 부치다. ☞ 불, 바람

부처 불타(佛陀)는 '깨닫다[覺(각)]'를 의미하는 범어 buddha(깨닫다. 깨어나다)의 한자음 표기로 진실하고 어진 사람이나 불상(佛像)을 가리킨다. 중세어형은 '부텨'다. 신라 시대의 향가에서 '佛體(불체)'로 기록되었다. 범어 [붓다]에서 온 '부텨'는 입천장소리되기(구개음화) 현상에 따라 오늘날 '부처'로 변한 것이다. '부처'는 불교의 교조인 석가모니만을 가리키다가 요즘은 쇠붙이, 돌, 나무 등으로 만든 불상을 이르는 말로 확대되어 쓰인다.(부텨>부쳐>부처)

'부처꽃, 부처손; 눈부처(눈동자에 비쳐 나타난 사람의 형상), 돌부처, 산부처, 외눈부처(매우 소중한 것)' 등으로 쓰인다. [부처님 가운데 토막 같다] 부처처럼 어질고 착한 사람이라는 뜻.

부침개 기름에 부쳐서 만드는 음식(빈대떡 · 저냐 · 전병 따위)을 통틀어 이르는 말. 지짐이. '부치(다)+개'로 분석된다. '부치다'는 번철 따위에 기름을 두르고 밀가루 반죽 따위를 지져 만들다를 뜻하는 동사다. 어원적 의미는 '부치는(←붙이는) 것'이다. 같은 뜻의 '지짐이(←지지[烹(팽) · 灼(작)]+ㅁ+이)'는 오래 전부터 쓰여 왔으며, '국물을 적게 붓고 짭짤하게 끓인 음식'의 뜻도 지니고 있는 말이다.

부터 차례의 시작이나 시간 또는 공간의 한계를 나타내는 보조사. ↔ 까지. 중세어형은 '브터'며, 동사와 부사로 쓰이었다. '브터(>부터)'는 '븥다[附 · 自]'의 어간에 연결 어미 '-어'가 결합되어 생성된 말이다. 18세기 이후 원순모음화가 일어나 '부터'가 되어 조사로 굳어졌다.(븥+어→브터>부터)

이와 같이 동사에서 조사로 전성된 낱말에 '좇다→조차, 맞다→마저' 등이 있다. '(달라)붙다'에서 온 조사 '부터[自 · 從 · 由]'의 의미는 '떨어져 나오는 것'이다. 이는 <훈몽자회>에 自(자)를 '스스로 ᄌᆞ 又從也(우종야)'라 한 것으로 보아 알 수 있다. ¶ 12시부터 오후 1시까지는 점심시간이다. 천 리 길도 한 걸음부터 시작이다.

부풀다 물체의 부피가 커지다. 살가죽이 붓거나 커지다. 종이나 피륙 따위의 거죽에 부푸러기가 일어나다.(<작>보풀다). 희망이나 기대에 마음이 벅차다. 실제보다 과장되다. 중세어형은 '부플다'다. 어근 '부풀(←붚+을)'은 팽창 개념

어로 '북(<붑[鼓]), 부르다[飽(포)], 불룩하다, 붇다(부피가 커지다. 수효가 많아지다), 붓다(살가죽이 부풀어 오르다), 부프다(무게는 가벼우나 부피는 크다; 부픈살, 부픈짐), 부픗부픗/하다'와 동근어다.

'부피(←부플-+의)'는 입체가 공간 속에서 차지하는 크기[체적(體積)]를 뜻하는 명사다. ¶ 빵이 제대로 부풀었다. 부푼 꿈. 가슴이 부풀다. 소문이란 시간이 지날수록 부풀게 마련이다.

북 나무나 쇠붙이 따위로 둥글게 통을 만들고 양쪽 마구리에 가죽을 팽팽하게 씌운 타악기. 중세어형은 '붑'이다. '북(<붑[鼓])'은 팽창(膨脹) 개념어 '부풀다, 불룩하다; 불다'와 동근어다. '붑>북'의 음운 변화는 '거붑>거북[龜(구)], 브섭>부억/부엌[竈(조)]'의 경우처럼 자음이 이화작용(異化作用)된 경우다.(ㅂ·ㅍ→ㄱ) 합성어에 '북메우다, 북소리, 북채, 북춤; 동네북, 뒷북치다, 작은북, 큰북' 등이 있다.

북소리는 신성한 진리, 우주의 리듬으로 각성(覺醒)을 나타낸다. 샤머니즘에서 영혼을 불러내는 주술적 힘을 상징한다. [북은 칠수록 소리가 난다] 때리거나 다투거나 하면 할수록 야단스럽게 되어 손해를 보는 경우를 이르는 말.

북돋우다 뿌리를 흙으로 덮어 주다. 심리적으로 격려하다. <준>북돋다. ↔ 개개다. <훈몽자회>에 '붓 도돌 빅(培)'가 나온다. '붓도도다(培本)'는 '붓+돋(다)+오(사동접사)+다'로 분석된다. '붓-'은 중세어에서 씨앗[種子(종자)]을 뜻하는 '붓ㄱ'이며, 남자의 생식기 '불(알)'이 그 원형(原形)이고, '돋'은 돌출 개념어 '돋다'의 어근이다. 어원적으로 '씨앗을 덮어 싹을 나오게 하다'를 뜻한다.

'북'은 나무나 풀의 뿌리를 싸고 있는 흙을 뜻하기도 한다. '북주다'는 흙으로 식물의 뿌리를 덮어주다를, '북-받자'는 곡식 따위를 그득하게 되어서 받는 일, '북-받치다(<븝바티다)'는 기분이 거세게 치밀어 오르다를 의미하는 말이다. ¶ 기운을/ 용기를 북돋우다. ☞ 손톱

불 열을 내며 붉게 타는 현상. 켜서 밝히는 빛. 신라 백제 땅 이름에 伐(벌), 夫里(부리)가 보이며, <계림유사>에는 火曰孛[pɨr=puət]이라 하였다. 중세어형은 '블'이다. 현대어 '불'은 고려어 '孛'와 함께 15세기 '블'과 별다른 차이가 없음을 알 수 있다. 불의 상징성은 밝음에 있다. '붉다, 븕다'는 '블→븕다, 얼→얽다, 믈→믉다' 등과 같이 명사에 파생접미사 /ㄱ/이 덧붙고 '-다'가 결합되어 용언으로 파생된 말이다. '붉'은 광명(光明)과 둥글다란 의미를 동시에 가지고

있으며, 태양을 뜻하는 말이다.

일본어 Fï[火]는 우리말 '블->불-'어근형에 접미사 '-이'를 첨가한 *puri>*puzi>*pui>Fï로 설명된다. 일본의 富士山 huji[후지]도 그 어원이 불이고 태양을 뜻한다. '불'은 퉁구스어 palgan과도 비교된다. 20세기 초 권테르트와 람스테트(1947)가 알타이 제어(諸語)와 인구어의 몇몇 어휘를 비교한 바 있다. 공교롭게도 우리말 불(pur)과 그리스어 pūr은 일치한다. 그러나 한국어와 인구어(印歐語)는 언어 계통상 연결이 불가능하다. '(바람이) 불다'는 '불'에서 파생한 말이다.

불은 복(福), 정화(淨化), 생명력을 상징한다. [불 난 집에 부채질 한다] 남의 잘못된 일을 더 잘못되게 충동질한다는 말. 성난 사람을 더욱 성나게 한다는 뜻. ¶ 가랑잎에 불이 붙다. 불을 밝히다. 불을 조심하다.

불가사리 전설에서, 쇠붙이를 먹고 악몽과 나쁜 기운을 쫓는다는 죽지 않는 상상의 짐승. 이악스럽고 억지가 세거나 막무가내인 사람을 비유적으로 이르는 말. 설철(齧鐵). <조선어사전(문세영)>에 불가살이(不可殺伊)로 나온다.(不可殺+이→불가사리) <송남잡지>에 '송도(松都) 말년에 어떤 것이 쇠를 다 먹어치워서 죽이려 했으나 죽일 수 없어서 불가살(不可殺)이라 이름을 붙였다'는 기록이 있다. 불가사리는 철기문화에 대한 부정과 사회질서의 재편이나 통치체제의 교체를 상징한다. 별 모양의 극피동물인 '불가사리'는 동음이의어다.

불림 죄인이 공범자를 일러바치는 짓. 남에게 알리는 짓. '불(다)+리+ㅁ'으로 분석된다. '불다'는 숨기었던 사실 따위를 모두 털어놓고 말하다를 뜻하는 동사다. '곧은-불림'은 지은 죄를 사실대로 말함을 의미한다. 동음이의어 '불림'은 쇠를 불에 달구어 불리는 일이다. ¶ 볼기를 몇 대 맞고 곧은불림[直招(직초)]을 하였다.

불목하니 절에서 밥 짓고 물 긷는 일을 맡아서 하는 사람. '불+목+하(다)[爲]+ㄴ+이(사람)'로 분석된다. '불목'은 방 아랫목의 불길이 많이 가서 더운 자리를 가리킨다. 불목하니의 어원적 의미는 '불 때는 일을 하는 사람'이다. ¶ 5년 동안 불목하니 생활을 했으니 얼마나 고생이 심했겠느냐.

불발기 세 쪽이나 네 쪽 장지의 한가운데를 교창(交窓)이나 완자창처럼 짜 넣고 창호지를 붙여 빛을 받아들이게 문을 바르는 방식. 불발기는 연창문(連窓門)을 이르는 순우리말로 방과 대청 사이에 분합(分閤)과 똑같은 쓰임으로 설치한 문이다. '불+밝(다)+기'로 분석된다.

불쏘시개 장작을 때거나 숯불을 피울 때, 불을 옮겨 붙이기 위하여 먼저 쓰는 잎나무나 관솔 따위의 잘 타는 물건. <준>쏘시개. 18세기 문헌 <한청문감>에 '블ᄡᆞ개(引火草)'가 나온다. '블+ᄡᆞ(다)[<혀다(引; 당기다)]+-개'로 분석된다. 어원적 의미는 '불을 당기는 것[점화(點火)]'이다. ¶ 불쏘시개에 불이 붙다. ☞ 불, 켜다

불알 동물의 수컷의 생식기관의 일부. 고환(睾丸). <준>불. 중세어형은 '불알ㅎ'이다. 남자의 생식기 '불[陰囊(음낭)]'은 씨앗을 뜻하는 <월인석보>의 '붑ㄱ'이다. 팽창개념어 '볼(뺨), 볼기'와 동근어다. '불'과 합성된 말에 '불-거웃(털), 불-까다(불치다=거세하다), 불-두덩(=불꺼름), 불-줄기, 불-치다(동물의 불알을 발라내다), 불친-소(=악대소)' 따위가 있다. '부-샅'은 생식기가 달려 있는 사타구니를 이르는 말이다.

'토산(←癀疝)불알(=짝불알)'은 병으로 말미암아 한쪽이 커진 불알을 이르는 말이다. ◇ 불치인 중놈 달아나듯 – 아픈 곳도 모르면서 쩔쩔매며 날뛰는 사람. ¶ 불알을 떼다. ☞ 북돋다, 알, 악대

불어리 바람에 불티가 날리는 것을 막기 위하여 화로에 들씌우는 것. 위에는 구멍이 뚫려 있음. '불+어리'로 분석된다. '어리'는 '우리/울(울타리)'와 동원어다. 촛불의 한 면을 가리도록 부채처럼 만들어 단 것을 '불후리'라고 한다. ☞ 어리

불콰하다 술기운을 띠거나 혈기가 좋아서 얼굴빛이 보기 좋게 불그레하다. '붉다[赤(적)]'와 '하다'가 결합된 말이다. ¶ 그 사람은 술 한 잔 마시지 않아도 불콰해지는 체질이다.

불티 타는 불에서 튀는 아주 작은 불똥. 불티는 '불+티'로 분석된다. 불꽃에서 무수히 많은 티(티끌)가 계속 튀어나오므로 '불티가 나다'는 물건이 금방 다 팔리거나 없어진다는 뜻으로 쓰인다. '티(<틔)'는 재, 흙 그 밖의 모든 물건의 아주 잔 부스러기나 조그만 흠집을 뜻한다. '손티'는 약간 곱게 얽은 얼굴의 마맛자국을 뜻하는 말이다. ¶ 불티가 날리다. 물건 값이 싸므로 불티나게 팔린다. 과식이 진티가 되어 한 달 동안이나 앓아누웠다. ☞ 불, 티끌

불현듯이 갑자기 어떤 생각이 걷잡을 수 없이 일어나는 모양. 불현듯이는 <석보상절>에 '燈(등)의 블 혀고'가 나온다. '불+혀+ㄴ+듯+이'로 분석된다. '혀다/ᅘᅧ다'는 '(불을) 켜다'의 중세 어형이다. '혀다'는 끌어당긴다[引(인)] 곧 부싯돌을

물체로 부비고 당겨 불을 일으킨다는 뜻이다. 어두운 곳에서 갑자기 불을 켜면 환해지듯이 어떤 생각이 느닷없이 일어나는 상태를 ‘불현듯이’라고 한다. ¶ 불현듯이 어린 시절 생각이 나다. ☞ 켜다

붉다 빛이 핏빛과 같다. 중세어형은 ‘븕다’다. 근대에 와서 원순모음화에 의하여 ‘붉다’로 되었다. 중세어 ‘ᄇᆞᆰ다[明(명)]’와 ‘븕다[赤(적)]’는 대체로 뜻을 분간해서 쓰였지만 ‘ᄇᆞᆰ다’를 ‘븕다’의 뜻으로 쓰인 예가 더러 있다. ‘붉다’는 불에 어원을 둔 말로 /ㄱ/이 첨가하여 활용어로 변하는데, 이는 알타이어와 공통되는 현상이다.

불빛의 밝기를 나타내는 형용사 ‘ᄇᆞᆰ다>밝다’계열의 어휘와 불빛의 색도(色度)를 나타내는 ‘븕다>붉다’ 계열의 어휘로 나뉘어 어감에 따라 다양한 어휘 분화를 이루었다. ‘울긋불긋’은 ‘붉다’의 어근이 반복되면서 어감을 달리한 부사다. 우리말 ‘붉다’는 만주어 fulgiyan과 대응된다. ¶ 고추가 붉다. 젊은이에게는 붉은 피가 뛴다. ☞ 불

붓 가는 대 끝에 다발로 한 짐승 털을 꽂고, 먹이나 그림물감을 찍어 글씨를 쓰거나 그림을 그리는 데 쓰는 물건. 중세어형은 ‘붇’이다. 서사(書寫) 도구로서의 붓[筆]은 먹[墨]과 함께 오래 전에 우리나라에 들어온 한자어다. 한자 筆(필)은 유입 당시 발음이 [piet/pi]이었고, 중세어는 ‘붇’이었다.(筆→붇>붓) 중세에 /ㄷ/ 말음(末音)이 후대에 /ㅅ/으로 바뀐 예는 ‘벋>벗, 뜯>뜻’ 등이 있다. ‘붓두껍, 붓방아; 몽당붓’ 등으로 쓰인다. ◇ 붓을 꺾다 - 문필 생활을 그만두다.

붙박이 한곳에 꽉 들어박혀 움직이지 아니하거나 움직일 수 없는 것. <역어유해>에 ‘븟바기 窓(硬窓)’이 나온다. ‘붙(다;<븥/븟다)+박(다)+이’로 분석된다. 어원적 의미는 ‘붙어 박힌 것’이다. ‘붙박다/붙박이다; 붙박이-별[恒星(항성)], 붙박이-장(欌), 붙박이-창(窓)’으로 쓰인다. ¶ 붙박이로 된 옷장. 그 가게에만 붙박이로 다닌다.

붙이 같은 겨레임. 그 물건에 딸린 같은 종류임을 나타내는 말. 중세어형은 ‘브티’다. 이는 ‘븥(다>붙다[附 · 接])+이’로 분석된다.(븥+이→브티>붙이) 어원적 의미는 ‘붙어 있는 것’이다. ‘겨레붙이, 피붙이; 금붙이, 쇠붙이, 은붙이’ 등으로 쓰인다. ¶ 붙이 마을에는 김 씨 붙이들이 모여 살고 있다.

비 대기 중의 수증기가 식어서 물방울이 되어 땅 위로 떨어지는 것. 고려말을 적은 <계림유사>의 雨曰霏微, 중세어형도 ‘ · 비’다. 뿌리다[散(산; 흩다)]의 중세

어 '빙다'의 어근이다. 비의 어원적 의미는 '뿌리는 것'이다. '비설거지, 빗소리, 비옷; 궂은비, 보슬비, 소낙비' 등으로 쓰인다. ◇ 비를 긋다 – 잠시 비를 피하여 그치기를 기다리다. ¶ 비 온 뒤에 땅이 굳어진다.

비계 높은 건물을 지을 때 디디고 서도록 긴 나무나 쇠파이프로 얽어서 널을 걸쳐 놓은 시설. 18세기 문헌 <한청문감>에 '부계[脚手(각수)]', <화성성역의궤>에는 浮械(부계)가 나온다.(부계>비계) 한자 '비계(飛階)'로 쓰는 것은 소리를 한자로 빌려 적은 것이다. '비계-공, 비계-기둥, 비계-목; 그네-비계' 등으로 쓰인다. 돼지기름을 뜻하는 '비계'는 동음이의어다.

비녀 쪽 찐 머리가 풀리지 않도록 꽂는 여자의 장신구. 잠(簪). <계림유사>에 篦曰頻希[pin-hjə]로 오늘날과 발음이 일치한다. 篦(비)는 참빗(<ᄎᆞᆷ빗)을 뜻한다. 중세어형은 '빈혀'다. '빗[梳(소)]+혀'로 분석된다. '빗'은 동사 '빗다~비스다(아름답게 하다. 꾸미다. 곱게 단장하다)'의 어근 명사다. '혀'는 'ᅘᅧ다[引(인; 당기다)]'의 어근으로 'ㅎ'이 탈락하였다.(빗+ᅘᅧ→*빈ᅘᅧ>빈혀>비녀)

비녀의 어원적 의미는 '(머리털을) 빗어 당기는 것'이다. 만주어 fina와 상응할 것도 같다. 비녀는 벼슬 또는 출세, 정절을 상징하고 모양이나 재질에 따라 신분을 나타내기도 하였다. '떨-잠(簪)'은 떨새를 붙인 장식품이다(떠는잠). ¶ 비녀를 꽂다/ 찌르다. ☞ 설빔

비누 때를 씻어 낼 때 쓰는 물건. 17세기 문헌 <박통사언해중간> 표기는 '비노'다. 기름기를 원료로 하여 만들었기 때문에 한자 '肥(비)+니(膩; 기름지다)'로 형성된 것이 아닌가 한다.(*비니>비노>비누) 중국은 석감(石鹼; 잿물), 일본은 [섹껭]이라고 하였다. 경상도 사투리 [사분]은 프랑스어 [사봉; savon←sabão(포르투갈)]이 일본을 거쳐서 들어온 말이다. 우리나라에서는 고급 세정제로 신라 때부터 한말까지 팥으로 만든 가루를 사용하였고, 재와 볏짚이나 쌀겨, 양잿물 등이 이용되기도 하였다. 18세기 초 유럽에서 완성된 유지 비누는 19세기에 처음으로 우리나라에 알려졌다.

비늘 어류 등의 몸 표면을 덮고 있는 작은 조각. 중세어형은 '비ᄂᆞᆯ, 비늘'이다. 소급형이 '*빗ᄂᆞᆯ'로 추정되는 비늘[鱗(린)]은 '빗'과 'ᄂᆞᆯ[刃(인)]'의 합성어로 보인다. '빗'은 '빗ㄱ다[横(횡); 비뚤다]'의 어근이라 하겠다. 비늘의 어원적 의미는 '비스듬하게 엇갈린 칼날같이 생긴 것'이다.

'비늘-구름, 비늘-긁기, 비늘-김치, 비늘-눈, 비늘-잎; 물-비늘' 등으로 쓰인다.

'물비늘'은 햇빛을 받아 수면이 반짝이며 잔잔하게 이는 물결을 뜻한다. 임금의 노여움을 '역린(逆鱗; 비늘을 거스름)'이라고 하는데, 이는 용의 턱 아래에 난 비늘을 건드리면 성을 내서 화를 미친다고 하는 전설에서 생긴 말이다. ¶ 굵은 나무의 두껍고 비늘같이 생긴 껍데기를 '보굿'이라고 한다. ☞ 바늘, 비탈, 미늘

비단 명주실로 광택이 나게 짠 피륙을 두루 이르는 말. 본래 '비단'은 곱게 물들인 명주를 한 필(疋)로 끊는다는 뜻의 '疋段(필단)'이었다. 피륙의 뜻을 분명히 드러내기 위하여 '실사 변[糸]'을 더한 글자로 바뀌어 오늘날 '비단(緋緞)'이라고 쓰기에 이르렀다. 황윤석의 <이수신편>에는 비단이 '匹段(필단)'에서 유래한 것으로 되어 있다.

중세어 '깁'은 한자어 '비단'으로 대체되었다. <계림유사>의 絹曰及[급]으로 보아 고려말과 현대어가 일치함을 알 수 있는 '깁'은 몽골어 kib(silk gauze)과 대응한다. '(옷을) 깁다[縫(봉)·補(보)]'는 명사 '깁[絹(견)]'이 동사로 파생한 것이다. [비단이 한 끼라] 호화롭게 살아가도 구차해지면 아무리 귀중한 것이라도 밥 한 끼와 바꿀 수도 있게 됨을 이르는 말. ¶ 마음이 비단결 같다.

비대발괄 딱한 사정을 하소연하며 간절히 청하여 빎. ≒ 간청(懇請). 하소연. '빌(다)+어+대(다)+발괄'로 분석된다. '발괄[訟(송)]'은 15세기 문헌 <내훈>에 나오는 말로, 관가에 억울한 사정을 말이나 글로 하소연하던 일을 뜻하는 말이다. 어원적 의미는 '빌어서 대는 발괄'이다. ¶ 못 보낸다는 것을 비대발괄하여 가까스로 허락을 받았다. 백성의 발괄에 귀를 기울이다. 신령에게 발괄하다. ☞ 빌다

비둘기 비둘기목의 텃새. <계림유사>에 鴿曰弼陀里(합왈필타리)로 기록하여 현대어와 발음이 유사하다. 중세어형은 '비두리'다. <시용향악보(유구곡)>의 '비두로기'는 '비+두록+이(접사)'로 분석된다. '비'는 한자어 非(아닐 비) 또는 飛(날 비), 빛[光(광)]으로 보이며, '두록'은 '닭(<ᄃᆞᆰ; 鷄)'의 옛말이다. '비둘기'의 어원적 의미는 '닭과 비슷하나 닭이 아닌 새. 날아다니는 닭. 빛이 나는 닭'이란 뜻이다. ¶ 비둘기는 평화를 상징하는 새다. ☞ 닭

비롯하다 어떤 일이 시작되다. 또는 어떤 일을 시작하다. 중세어형은 '비릇다'다. 비롯하다[始(시)]는 명사 '비롯(<비릇/비ᄅᆞᆺ)'이 파생된 말이다. '비롯'과 같은 뜻을 갖는 말에 '첫(처음), 꼭(꼭대기. 꼭두새벽)'이 있다. '비롯'의 어근은 '빌'이다. 토이기어의 'bir[一(일; 하나), 첫째]'과 우리말 고대 신라어 *bil[一]은 대응하는 것으로 보인다. 여기서 '빌'은 중세국어 '비릇-[始(시)]'에 화석화되어 있다다고

보는 설이 있다. 현대어 '비로소(<비르서; 처음으로)'는 '비롯'에서 파생된 부사다.(비릇/비롯+오→비르소/비로소) ¶ 그것은 어제 오늘에 비롯된 문제가 아니다.

비바리 바다에서 해산물을 채취하는 처녀. '계집애'의 제주도 사투리. <준>비발. 비바리는 '비+-바리'로 분석된다. '비'는 <계림유사>의 鰒曰必(복왈필)로 전복을 뜻하는 말이다. '-바리'는 '뒤틈-바리, 벗-바리(뒤를 보아주는 사람), 악-바리, 애-바리, 트레-바리' 등과 같이 어근 뒤에 붙어 '그 성질이 두드러지게 있는 사람'을 뜻하는 접사다. 비바리의 어원적 의미는 '전복을 따는 사람'이다. [비바리는 말똥만 보아도 웃는다] 시집 안 간 처녀는 우습지 아니한 일에도 곧잘 웃음을 이르는 말.

비슷하다 한쪽으로 조금 기울다. '빗+읏+ᄒᆞ(다)+다'로 분석된다. '빗[斜(사)·横(횡)]'은 '빗ㄱ다'의 어근이다. '비스듬하다(<비슥ᄒᆞ다)'도 동근어다. '비슷하다(<이슷ᄒᆞ다)'는 '닮다'의 뜻으로도 쓰인다. ¶ 형제처럼 얼굴이 비슷하다. 아이들은 키가 서로 비슷비슷했다. 비슷이 기울다. ☞ 비탈

비싸다 값이 높다. 호락호락하지 않다. 16세기 문헌 <박통사언해> 표기는 '빋ᄊᆞ다'다. 비싸다는 '빋(값)+ᄊᆞ다[高價(고가; 값나가다)]'의 합성어다. 중세어 'ᄊᆞ다'의 원뜻은 '값이 있다. 그 값어치에 응당하다. 가치가 있다'다. 이 말은 오늘날 '당연하다. 마땅하다'의 의미를 가진 '싸다(너 벌을 받아 싸다)'로 쓰이고 있다. 값이 저렴함을 뜻하는 '싸다'도 이에서 변한 말이다. '비싸다'는 물건을 사거나 파는 값이 보통 정도를 넘는 상태를 뜻한다.(빋+ᄊᆞ다→비싸다) 빚[負債(부채)]은 '빋[價(가)]'과 동근어다. [비싼 놈의 떡은 안 사 먹으면 그만이다] 제가 싫으면, 하지 않으면 그만이다. ◇ 비싸게 굴다 - 도도하게 굴거나 유세부리는 태도를 나타내다. ¶ 물건 값이 터무니없이 비싸다. 요즘은 인건비가 너무 비싸다.

비영비영하다 병으로 파리하여 몸을 가눌 만한 힘이 없다. 한자 病(병:)에서 온 말이다. '병병(하다)'가 긴소리이므로 '비영비영(하다)'으로 된 말이다. '병:원, 병:신'은 각각 [비응원], [비응신]으로 발음된다. ¶ 비영비영 살아도 오래 사는 게 복이다. 아들 녀석이 어려서는 비영비영하더니 이제는 제법 건강하다.

비오리 오릿과의 새. 17세기 문헌 <동의보감> 표기는 '비올히'다. 빛[光(광)]과 오리[鴨(압)]가 합성된 말이다.(빛/빗+올히→빗올히>비올히>비오리) 비오리의 어원적 의미는 '빛이 나는 오리'다.

비웃구이 비웃에 양념을 하여 구운 반찬. 함경도의 대표적인 음식이다. '비웃+굽

(다)[炙(자)]+이'로 분석된다. '비웃(<비운[鯖(청)])'은 과메기의 원료인 청어를 일컫는 말이다. 예전에 청어는 값이 싸고 맛이 있어 가난한 선비들이 잘 먹는 물고기라 하여 <명물기략>에 비유어(肥儒魚; 선비를 살지게 하는 고기)라고 기록되었다. 이는 고유어 '비웃'을 한자로 바꾼 민간어원이다. ¶ 비웃 두름 엮듯. ☞ 과메기

비접 앓는 사람이 자리를 옮겨서 병을 다스리는 일. 한자어 避接(피접)이 발음이 변한 말이다. 17세기 문헌 <동국신속삼강행실도>에 '아ᄋᆞᄃᆞᆯᄒᆞᆫ 다 비졉나고(諸弟皆避)'가 나온다.(피접→비졉>비접) ¶ 시골로 비접을 보내다. 비접을 나가다.

비좁다 자리가 매우 좁다. 작은말 '배좁다'는 '배(다)+좁(다)[狹(협)]+다'로 분석된다. 선행어 '배다'는 '간격이 서로 매우 가깝다'는 뜻이다. 비좁다의 어원적 의미는 '촘촘하고 좁다. 좁디좁다'다. 눈이나 이맛살 같은 것을 좁히거나 작아지게 만들다를 뜻하는 '조프리다'는 좁다와 동근어다. ¶ 비좁은 골목.

비지 두부를 만들 때 두유(豆乳)를 짜고 남은 찌꺼기. 16세기 문헌 <사성통해> 표기도 오늘날과 같다. '비지[渣(사; 찌끼)]'는 동사 '빚다'의 어근 '빚'에 접사 '-이'가 결합된 말로 보인다.(빚+이→비지) 이와 달리 한자 腐滓(부재; 두부의 찌꺼기)가 변한 말로 보기도 한다.

제주도 사투리는 '비제기(←비제+기)'다. 합성어 '비지-껍질(살가죽의 겉껍질), 비지-떡'에서 '비지'는 영양분이 없는 '껍질이나 찌꺼기'를 뜻한다. '비지-땀'은 일이 무척 힘겨워 마치 두부를 할 때 비지처럼 흘러나오는 땀이다. '묵-비지'는 묵을 쑬 적에 녹두를 갈아 거른 찌꺼기를 말한다. 두부(豆腐)는 우리 문헌에 처음으로 보이는 때가 고려 말이고 그 기원은 중국이다. [비지에 부른 배가 연약과(軟藥果)도 싫다 한다] 하찮은 음식일지라도 먹어서 배가 부르면 좋은 음식이라도 더 당기지 않는다.

비탈 산이나 언덕의 비스듬하게 기울어진 곳. 비탈은 '빗[斜(사)·橫(횡)]+달(땅)'의 합성어다. '빗-'은 동사 '빗ㄱ다'의 어근으로 '밖(<밝[外]), 벗다[脫(탈)]'와 공통의 의미를 지니는 동근 파생어다. 어근 '빗-'은 '빗금, 빗나가다, 빗대다, 빗디디다, 비끼다(<빗기다), 비뚤다, 비스듬히, 비슷하다(←빗+읏+ᄒᆞ+다)' 등과 같은 낱말에 붙어 '바로 곧지 아니하게. 가로 비스듬히'의 뜻을 나타낸다. '달'은 양달[陽地], 응달[陰地]에서와 같이 땅[地·處]을 뜻한다. <삼국사기>에 고구려 땅 이름으로 쓰인 '達(달)'은 '산 또는 높다'의 뜻이다. '達>다>ᄯᅡ>땅'과 같이

어형이 변천하였다.(빗ㄱ+달→비탈) '비탈'의 어원적 의미는 '비스듬한 땅'이다. ¶ 비탈진 산길을 단숨에 뛰어 오르다. ☞ 땅

비틀다 힘 있게 꼬면서 틀다. 일이 어그러지게 하다. <작> 배틀다. 18세기 문헌 <역어유해보>에 '실 븨다(撚線), 븨틀다'가 나온다. 이는 '븨다(꼬다←비비다)'와 '틀다[撚(념; 꼬다)]'가 합성된 말이다. ◇ 비비-꼬다 - 여러 번 비틀어서 꼬다. 반어를 써서 빈정거리다. ¶ 빨래를 비틀어 짜다. 살갗을 꼬집어 비틀다.

빈대떡 녹두를 갈아 나물이나 고기 같은 것을 섞어서 전병처럼 부쳐 만든 음식. 녹두전병. 빈대떡은 중국에서 들여온 것이다. 한자어 餠䭔의 발음 '빙쟈'가 변한 '빈대'와 고유어 '떡'의 합성어다. 민간어원설(民間語源說)은 옛날 어느 잘사는 이가 가난한 사람에게 나누어 준 떡, 곧 빈자(貧者) 또는 빈대(貧待)떡이라 하였다. 그러나 중국어의 餠병䭔 져에서 왔다고 보는 설이 가장 유력하다.(빙져>빙쟈>빈자>빈대) ¶ 빈대떡을 부쳐 먹다.

ㅂ

빌다 신 · 부처에게 소원이 이루어지도록 바라며 청하다. 잘못을 용서해 달라고 간곡히 청하다. 남의 물건을 거저 달라고 사정하다. '빌:다'는 별:[星(성)]이 동사로 파생한 말이다. 만주어 firu-<*piru-(빌다)와 대응한다.

'비나리(아첨을 하면서 남의 비위를 맞춤), 비대발괄, 비라리/청(남에게 무엇을 청하는 짓), 비럭질(빌어먹는 짓), 빌붙다(들러붙어서 알랑거리다), 빌어먹다; 개개빌다' 등으로 합성되어 쓰인다. [비는 데는 무쇠도 녹는다] 지극한 정성으로 잘못을 빌면 용서하지 않을 수 없다는 말. ¶ 부처님께 아들의 합격을 빌다. 용서를 빌다. 동냥을 빌다. 비나리를 치다. ☞ 별

빔[1] → **'설빔'** 참조

빔[2] 섬유나 실의 꼬임. '비비다(<비븨다; 두 물체를 맞대어 문지르다)'의 명사형이다. 어근 '비'는 '빗[橫(횡; 어긋남)]'과 동근어로 '빔-먹임, 빔-수(數; 1m 실의 꼬임수), 빔-실(몇 가닥의 실을 꼬아서 만든 실), 빔-지(紙; 종이를 비벼 꼬아서 만든 끈)'으로 쓰인다.

동음이의어 '빔/뵘'은 구멍이 헐거울 때 종이, 헝겊, 가죽 조각 따위를 감아서 끼우는 일을 뜻한다. '비빔'은 밥이나 국수 따위에 고기나 나물을 넣고 양념이나 고명을 섞어서 비빈 음식이다. ¶ 빔을 먹이다. 아이들이 눈을 비비며 일어난다. 빔지로 책을 묶다.

빕더서다 약속을 어기고 돌아서다. 비켜서다. '빗더서다/빗서다(비켜서다. 방향

을 좀 틀어서 서다)’와 같은 말이다. ‘빗(다)[橫(횡)]’과 ‘서(다)[立(입)]’의 합성어다. 빕더서다의 어원적 의미는 ‘빗대어(어기어) 서다. 어기대다’다. ‘어기대다’는 ‘순하게 좇지 아니하고 빗가다’다. 결국 ‘빗’과 ‘어기/엇’은 동원어 관계다. ¶ 옆으로 빕더서서 눈치만 보고 있다.

빗다 머리털을 가지런히 고르다. 중세어형도 오늘날과 같다. 빗다[梳(소) · 飾(식)](<비스다, 비오다)는 가지런하게 꾸민다(단장하다)의 뜻이다. 어근형태의 명사 ‘빗’은 머리털을 가지런히 고르는 데 쓰는 기구다.

‘비-다듬다’는 ‘빗다’와 ‘다듬다’가 합성된 말로 곱게 매만져 다듬다를 뜻는 말이다. 빗에서 잘게 갈라진 낱낱의 살을 ‘빗살’이라고 한다. ‘빗치개’는 빗살 틈에 낀 때를 빼거나 가르마를 타는 데 쓰는 도구다. ¶ 할머니는 참빗으로 머리를 곱게 빗으셨다. 머리를 비다듬다.

빗장 문을 잠글 때 쓰는 나무나 쇠막대. 문빗장[관건(關鍵)]의 준말. 17세기 문헌 <박통사언해중간> 표기는 ‘빗댱’이다. ‘빗[橫(횡)]+디+-앙(접사)’으로 분석된다. ‘빗-(비스듬하게 기울어진)’은 ‘빗기다. 빗나가다’의 어근이고, ‘디’는 ‘디ᄅᆞ다(>찌르다)’의 뜻이다. ‘빗+댱[杖(장)]’으로 분석하기도 한다.(빗댱>빗쟝>빗장) 빗장뼈[鎖骨(쇄골)]는 가슴의 앞 위에 있는 긴 뼈를 이르는 말이다. ☞ 비탈, 엇갈리다

빚 남에게 갚아야 할 돈. 갚아야 할 은혜 따위를 비유하여 이르는 말. 중세어형은 ‘빋’이다. ‘빋’은 원래 값[價(가)] 즉 ‘가치가 있다’는 뜻이었는데, 빚(<빋)[債(채)]의 의미로 변한 말이다.(빋+이→비지>빚)

‘빚-구럭(빚이 많아서 헤어나지 못하는 어려운 상태), 빚-꾸러기(<빗ᄭᅮ럭이), 빚-내다, 빚-더미, 빚-두루마기, 빚-물이(남의 빚을 대신 갚아줌), 빚-잔치, 빚-쟁이, 빚-지시(빚을 주고 쓰고 할 때에 중간에서 소개하는 일)’ 등으로 쓰인다. [빚 주고 뺨 맞기] 남에게 후한 일을 하고 도리어 욕을 본다는 말. ¶ 빚을 갚다. ☞ 비싸다

빛 사물을 비추어 밝게 보이게 하는 것. 빛깔. <삼국사기>의 기록 ‘火王郡 本比自火郡 一云比斯伐’로 보아 신라어는 ‘빛’을 ‘比自[*비지], 比斯[*빗]’이라 하였다. ‘빛’은 ‘ᄇᆞᆰ다[明(명)]’의 어근 ‘ᄇᆞᆰ’과 동근(同根)으로 어원이 같다. 중세어에서 ‘빛’은 光(광)과 경치[景色(경색)]의 뜻이다. 光(광)의 의미로는 ‘빛나다/내다, 빛바래다, 비취다’로 합성어형을 이루어 쓰이고 있다.

빛은 어둠을 물리치고 밝음을 가져오는 것으로 지혜, 생명, 진리를 상징한다. '별(<별)'도 빛과 동근어다. ◇ 빛을 보다 - 세상에 알려져 제 가치를 인정받다. [빛 좋은 개살구] 겉만 좋고 실속이 없음을 일컫는 말. ¶ 태양이 빛을 발하다. 고생 끝에 빛을 보다.

빛깔 빨강, 노랑, 파랑 따위의 빛이 드러내 보이는 성질. 빛깔은 '빛+갈'로 분석된다. '-갈'은 갈래와 가닥을 뜻하는 옛말 '가ᄅᆞ다[分]'의 어간이 줄어든 꼴이다. 오늘날 된소리 '-깔'로 변하였다. '빛'은 광(光)·색(色)에 두루 쓰이지만, '빛깔'은 색(色)에만 쓰이는 말이다. 그래서 '色=色갈=빛갈/빛깔'을 이루게 된다. 접미사 '-깔'이 붙는 말은 '색-깔, 태-깔(교만한 태도), 때-깔, 맛-깔' 등이 있다. '빛깔'의 어원적 의미는 '빛의 갈래'다. ¶ 옷 빛깔이 참 곱다.

빛나다 이 환하게 비치다. 윤이 나다. 영광스럽고 자랑스러우며 아주 훌륭하게 보이다. '빛+나다[出(출)]'로 분석된다. 중세어형 '빗나다'는 8종성 표기법에 따른 것이다. ¶ 빛나는 아침 해를 바라보다. 대리석 바닥이 번쩍번쩍 빛난다. 빛나는 전통문화. ☞ 빛

빠듯하다 꼭 맞아서 빈 틈이 없다. 어떠한 정도나 시간에 간신히 미치다. '바듯하다'보다 센말. 17세기 문헌 <화포식언해>의 표기는 'ᄇᆞ돗ᄒᆞ다'다. 바듯하다는 '시간적으로 여유가 없다. 길이가 매우 짧다. 숨결이 가쁘고 급하다'를 뜻하는 동사 '밭다(<ᄇᆞᆮ다)'와 동근어다.(밭+읏(접사)+하다→ᄇᆞ돗ᄒᆞ다>바듯/빠듯하다)

부사 '바듯이·빠듯이'의 옛말 'ᄇᆞᄅᆞ시'는 '바르시(바듯이. 겨우)'의 형태로 함남 사투리에 남아 있다. '굳이 우기거나 조르는 모양'을 뜻하는 '바득바득·빠득빠득'도 동근어다. ¶ 빠듯한 생활비. 예산이 빠듯하다.

빠르다 물체가 움직이는 속도가 보통 정도를 넘는 상태에 있다. 날쌔다. 신속하다. ↔ 느리다. 중세어형은 'ᄲᆞᄅᆞ다'다. '빠르다'는 제주도 사투리 '바듸다[近(근)]'에 근거한 재구형 '*ᄇᆞᆮ다(>ᄇᆞᆮ다[近·迫·短])'에서 비롯되었다.(ᄇᆞᆮ다>ᄇᆞᄅᆞ다>ᄲᆞᄅᆞ다>빠르다)

시간적으로 여유가 없다를 뜻하는 동사 '밭다(<ᄇᆞᆮ다)'는 부사 '바투(가까이), 바짝(몹시)'을 파생시킨 말이다. '밭은-기침, 밭은-오금'에서 '밭은'은 '빈도가 잦은'의 뜻이다. 중세어 'ᄇᆞᄅᆞ다'는 '긴박(緊迫)하다'에서 시간적으로 빠르다를 뜻하면서 'ᄲᆞᄅᆞ다'로 어형 변화를 겪었다. ¶ 행동이 빠르다. 밭은 일정 때문에 몹시 서두르다.

빠지다 깊은 속에 떨어지다. 묻히다. 어려운 처지에 놓이다. 떨어져 나가다. 아주 심하도록 그리 되다. 중세어형은 ‘ᄲᅡ디다[沒(몰)·拔(발)]’다. ‘ᄲᅡ(잠기다)+디(다)[落(락; 떨어지다)]+다’로 분석된다. 빠지다의 어원적 의미는 ‘잠기어 떨어지다’다. ‘빠져나가다/나오다, 빠짐없다/없이, 빠트리다/뜨리다’ 등으로 쓰인다. ¶ 물에 빠지다. 궁지에 빠지다. 이가 빠지다. 약아 빠진 사람.

빨갱이 공산주의자나 공산주의에 기울어진 사람을 낮게 이르는 말. ‘빨갛/발갛(다)+앙(접사)+이[사람]’로 분석된다. 빨강이(빨간 빛깔이나 물건)에서 ㅣ모음 역행동화가 일어났다.(빨강이→빨갱이) ‘빨갱이’는 조국광복과 건국 그리고 한국전쟁 무렵인 정국 혼란기에 사상이나 이념의 갈등과 극한대립의 사회 공포 분위기에서 좌익에 대한 부정적이고 배타적인 이미지로 등장한 말이다. 그런데 비판적이고 견해(見解)가 다른 상대편을 몰아세우려는 색깔 시비 용어로 쓰는 것은 바람직하지 못한 사용법이다. ¶ 진보 세력을 무조건 빨갱이로 낙인찍는 보수 집단의 여론몰이는 사회 분위기를 해칠뿐더러 나라 발전에 도움이 되지 않는다. ☞ 밝다, 붉다

빨다 섬유로 된 옷 따위를 물에 넣고 주물러서 때를 빼다.(=세탁하다) 무엇을 입속에 넣어 혓바닥으로 핥거나 녹이거나 먹거나 하다. 끝이 차차 가늘어져 뾰족하다. 중세어형은 ‘ᄲᆞᆯ다[洗(세)·吸(흡)]’다. 추출(抽出) 개념어 ‘빨다’는 때를 없앤다는 뜻으로 ‘빠지다, 빼다(<ᄲᅡ혀다), 빼어나다(<ᄲᅡ혀나다), 빼어물다, 뽑다, 떨다, 털다’와 동근(원)어다. 어원적 의미는 ‘뽑아내다’다. ¶ 옷을 빨다. 아기가 손가락을 빨다. 턱이 빤 얼굴.

빨래 빨기 위하여 벗어 놓은 옷이나 피륙 따위, 또는 때를 빼는 일. 세탁(洗濯). 17~18세기 <가례언해> 표기 ‘셰답’은 한자어인 듯하다. ‘서답, 셔답’이라는 사투리에 옛말 흔적이 아직도 남아 있다. ‘빨래(<ᄲᆞᆯᄂᆡ)’는 ‘빨다(<ᄲᆞᆯ다)’의 어근에 명사화 접사 ‘-애(<ᄋᆡ)’가 결합된 파생어다. ‘빨래’의 어원적 의미는 더러운 것을 물에 담가 비벼 주물러서 이물질을 ‘빼내는 것’이다.(ᄲᆞᆯ+애→*ᄲᆞᆯ래>ᄲᆞᆯᄂᆡ>빨래) ‘빨랫감, 빨랫돌, 빨래말미, 빨랫방망이, 빨랫줄, 빨래터’ 등으로 쓰인다. ¶ 하는 일이 너무 바빠 빨래를 밀리다.

빨치산 적의 배후에서 통신, 교통 시설을 파괴하거나 무기나 물자를 탈취하고 인명을 살상하는 비정규군. = 파르티잔. ≒ 유격대(遊擊隊). 게릴라. 빨치산은 당원, 도당을 의미하는 러시아어 [partizan]에서 온 말이다. 벽난로를 뜻하는

ㅂ

'페치카'도 러시아에서 들어온 말이다. ¶ 그 노인은 어려서 빨치산에 가담했던 적이 있다.

빵 곡식 가루를 반죽하여 발효시켜 굽거나 찐 음식. 빵은 포르투갈어 pão에서 온 말이다. '빵가루, 빵점(點), 빵집, 빵틀; 건빵, 찐빵, 호빵' 등으로 쓰인다. ¶ 빵을 굽다.

빼다 속에 들어 있는 것을 겉으로 나오게 하다. 어떤 수(數)에서 어떤 수를 덜어내다(↔더하다). 중세어형은 'ᄲᅢᅘᅧ다'다. 이는 'ᄲᆡ(다; 빠지다. 뽑히다)'와 'ᅘᅧ다[引(인; 당기다)]'가 합성된 말이다.(ᄲᅢᅘᅧ다>ᄲᅢ혀다>빼다) 추출 개념어 '빼다'는 '뽑다(<ᄲᅢᆸ다)'와 모음교체된 동근어다.

'빼내다, 빼놓다, 빼닮다(빼쏘다), 빼도리, 빼돌리다, 빼먹다, 빼물다, 빼앗다, 빼어나다(뛰어나다); 내빼다' 등으로 쓰인다. ◇ 빼도 박도 못하다 – 이러지도 저러지도 못하는 난처한 처지를 이르는 말. ¶ 주머니에서 손을 빼다. 못을 빼다(뽑다). 기운을 빼다. 운동으로 뱃살을 빼다.

빼앗다 남이 가진 물건을 억지로 제 것으로 만들다. <삼국유사(처용가)>에 '奪叱良乙何如爲理古(아ᅀᆞᆫ 엇디ᄒᆞ릿고)'가 나온다. 중세어형은 '앗다'인데 의미를 강조하기 위하여 후대에 '빼다[拔(발)]'의 어근 '빼(←ᄲᆡ+이)'가 덧붙어 빼앗다가 되었다. '앗-'은 '있다 · 존재하다'의 옛말 '이시다[有(유)]'의 어근 '이시~잇(*아시~앗)'과 동근어다. 제주도 사투리 '앗다'는 가지다[持(지)]를 뜻한다. 그러면 '있는 것'과 '앗는 것'은 서로 통하는 개념이다. '빼앗다'는 '빼어내 가지다'를 의미한다.

뺑소니 남에게 잡힐까 염려하여 몸을 빼쳐서 급히 몰래 달아나는 짓. 있어야 할 자리에서 몰래 빠져 나옴. '빼(다)+ㅇ+손이/소니'로 분석된다. '빼다'는 '빼치다; 내빼다, 치빼다' 곧 '달아나다'를 뜻하는 동사다. '-소니'는 '엄펑-소니(속임수)'처럼 '짓. 솜씨'를 뜻하는 말이다. 결국 뺑소니의 어원적 의미는 '빼는 짓'이다. ¶ 뺑소니를 치다. 뺑소니 운전자. 뺑소니차. ☞ 빼다

뻔하다 '번하다'의 센말. 어두운 가운데 조금 훤하다. (무슨 일의 결과가) 뚜렷하다. 중세어형은 '번ᄒᆞ다'다. '번하다(훤하다[밝다])'의 어근 '번-(번쩍번쩍)'은 빛과 동원어로 광채(光彩)를 뜻한다. 여기에 접사 '-하다'가 결합된 후, 된소리되기로 '뻔하다'로 되었다. 부사 '뻔히, 빤히; 훤히'는 속이 환하게 들여다보이는 것처럼 '뚜렷이'란 뜻이다.

잘못한 일이 있어도 부끄러운 줄 모르고 예사로운 태도를 '뻔뻔하다'라고 한다. 액체나 독기(毒氣)의 묻은 자리가 퍼지다를 뜻하는 '번지다'도 동근어로 보인다. ¶ 뻔한 일을 속이다. 뻔히 알면서 물어보다. ☞ 번개

뼈 등뼈동물의 살 속에서 몸을 버티고 보호하는 단단한 물질. 물건의 속에 들어서 단단히 굳어져 있는 부분 또는 중심(핵심). '뼈대'는 일정한 구조물의 골격(骨格) 또는 줏대를 가리킨다. 중세어형은 '뼈'다. '뼈'는 동사 '삐다'의 어근이다. '뼈'의 영호남 사투리에 '삐, 삐다구/뺵다귀'가 있다. '뼈다귀(뼈의 낱개), 뼈마디, 뼈아프다, 뼈저리다, 뼈지다(하는 말이 야무지고 강단이 있다); 광대뼈, 엉덩이뼈, 통뼈' 따위로 쓰인다. 광대뼈(<광디뼈)는 광대(뺨, 얼굴)에 뼈가 결합된 말이다. ◇ 뼈에 사무치다 - 원한 · 고통 따위가 뼛속까지 맺히도록 깊고 강렬하다. ¶ 그의 뼈는 고향에 묻혔다. 그는 뼈대 있는 집안 태생이다. 뼈대만 간추려 요약하다.

뽀뽀 '입맞춤'을 귀엽게 이르는 말. 뽀뽀는 '입을 맞추는 소리'다. '볼, 뺨'과 동근어로 보인다. ¶ 귀여운 아기의 볼에 살짝 뽀뽀를 하다.

뽐내다 의기가 양양하여 우쭐거리다. 18세기 문헌 <역어유해보>에 '폴 뽑내다(攘臂; 팔을 뽑다)'가 나온다. '뽑다[拔(발)]'와 '내다[出(출)]'로 분석된다. 팔을 소매로부터 뽑아내다로 '우쭐거리다. 자랑하다'를 뜻한다.

15세기 문헌 <월인석보>에 '봄놀다, 봄뇌다'가 나온다. '봄놀다[春遊(춘유)]>봄뇌다>뽐내다'의 변화 과정을 거친 것으로 보는 이도 있다. 중세어 '봄뇌다'는 시집살이에 갇혀 있던 부녀자가 화창한 봄날 마음껏 뛰놀면서 봄놀이를 즐긴다는 의미다. 어의(語義)가 전성되어 '기를 펴고 젠 체하다. 자랑스럽게 우쭐거리다'로 쓰인다. ¶ 힘이 세다고 뽐내다.

뽕빠지다 밑천을 온통 다 잃다. 소득은 없이 손실이나 소모되는 것이 많아 거덜나다. '봉+빠지다'로 분석된다. '봉/뽕'은 그릇 따위의 뚫어진 구멍이나 이의 썩은 부분에 박아서 메우는 조각을 뜻한다. '봉'은 '뽕-나다(비밀이 드러나다), 봉-박이(이에 봉을 박는 합금), 뽕-박다(때우다)' 등으로 쓰인다. ¶ 절구에 봉을 박다. 이에 봉을 해 넣었다. ☞ 빠지다

뾰두라지 뾰족하게 부어오른 작은 부스럼. = 뾰로지. 중세어형은 '보도롯'이다. 뾰두라지[腫氣(종기)]는 '뾰+둘/돋+-아지'로 분석된다. '뾰'는 '뾰죽하다'의 어근이고, '둘(돋)'은 돌출개념어다. '-아지'는 '작은 것'을 뜻하는 접미사다. 어원

적 의미는 ‘뾰족하게 돋은 것’이다. ¶ 살갗에 뾰두라지(뾰로지)가 났다.

뾰족하다 물건의 끝이 점차 가늘어져서 날카롭다. 15세기 문헌 <두시언해초간>에 ‘뫼히 ᄲᅩ롣ᄒᆞ도다(山尖)’가 나온다. 18세기 <한청문감>의 표기는 ‘ᄲᅩ죡ᄒᆞ다’다. ‘뾰’는 ‘ᄲᅩ롣ᄒᆞ다(뾰죽하다. 날카롭다)’의 어근이다. ¶ 뾰족한 구두.

뿌리 땅 속에 묻힌 식물의 밑동 부분. 사물이나 현상의 근본이 되는 것. 중세어형은 ‘불휘’다. ‘불휘’는 ‘ᄯᆞᆯ[女息(여식)], ᄲᅳᆯ>ᄲᅮᆯ>뿔[角(각)], 부리[喙 · 峰]’와 동원어다. ‘뿌리’는 가닥이 난 물건, 돋아난 것, 분파(分派)되어 나간 자를 뜻한다. 식물의 뿌리나 새의 주둥이(부리), 짐승의 뿔, 봉우리의 뜻인 ‘부리(산굼부리-제주 땅이름)’는 다 같은 의미다. 결국, 뿌리[根(근)]는 근본에서 갈라져 나와 끝이 뾰족하게 뻗어난 물체다.

현재 우리말 사투리 ‘뿌러기, 뿌레기, 뿌렁구, 뿌럭지, 뿔기’ 등이 공통적으로 접미사 ‘-기, -구’를 취하고 있어, 뿌리의 어근은 ‘뿔(<ᄲᅳᆯ)’임을 알 수 있다. 만주어 fulexe[根]와 동근어(同根語)로 보이는 중세어형 ‘불휘’는 된소리되기와 유추 현상이 일어나 ‘뿌리’가 되었다.(불휘>ᄲᅮᆯ휘>ᄲᅮ리>뿌리/부리) ◇ 뿌리를 뽑다 - 문제의 근본을 깨끗이 없애다. [뿌리 없는 나무에 잎이 필까] 원인 없이 결과가 있을 수 없다는 말. ¶ 식물이 땅에 뿌리를 내리다. 사건의 뿌리를 캐다.

뿌장귀 뿔처럼 길쭉하게 내민 가장귀. ‘뿔+가장귀(나뭇가지의 아귀)’로 1차 분석된다. 가장귀는 ‘가지[枝(지)]+아귀(가닥이 져서 갈라진 곳)’로 짜인 말이다. 뿌장귀의 어원적 의미는 ‘뿔처럼 갈라진 가지’다. ‘뿌다구니/뿌다귀’는 물건의 삐죽하게 내민 부분을 뜻하는 말이다. ¶ 뿌장귀를 베어 지겟작대기를 만들다. 나무 뿌다구니에 이마를 부딪히다. ☞ 아귀[1]

뿐 오직 그러함. 오직 그렇게 하거나 그러함. 서술격 조사 ‘이다’와 ‘어울려 다만 어떠하거나 어찌할 따름’을 뜻하는 말. [+한정]. <대명률직해>의 이두 표기는 ‘分, 叱分’이다. ‘叱’은 사이시옷(ㅅ)이다. 결국, ‘뿐’은 ‘(명사)+ㅅ+분(分)’의 짜임에서 ‘ᄲᅮᆫ’으로 된 말이다. 중세어형은 ‘:ᄲᅮᆫ’이다.(分→叱分/兺→ᄲᅮᆫ>뿐) ‘분(>뿐)’은 원래 명사인데 조사화하여 쓰이는 말이다. ¶ 둘뿐이다. 뿐만 아니라. 시간만 보냈다 뿐이지 한 일은 없다. 그저 보고플 뿐이다.

뿔 동물의 머리에 난 단단하고 뾰족한 것. 물건의 머리나 겉에 툭 튀어나온 부분. 모서리. <삼국사기>에 ‘舒發翰 · 舒弗邯 · 角干(ᄲᅮᆯ한)’이 나온다. 뿔은 몽골어로 eber인데 신라 시대에 伊罰, 伊伐, 于伐로 음사(音寫)하여 쓰다가 조선 초기에 'ᄲᅳᆯ[角(각)]'로 표기한 말이다.

'뿌리[根(근)]'와 성나다(몹시 화가 나다)의 속된 말 '뿔-나다'와도 동근어다. '뿔관자(貫子), 뿔잔(盞), 뿌장귀, 뿔테; 뿔뿔이(뿔이 난 모양대로. 제각기 따로따로)' 등으로 쓰인다. ¶ 뿔이 돋다. 뿔뿔이 흩어지다.

삐다[1] 비틀리거나 하여 뼈마디가 어긋나다. 18세기 문헌 <역어유해보>의 표기는 '븨다[捻挫(염좌; 비틀어 꺾이다)]'다. 어간 '삐-'는 뼈[骨(골)]와 동근어며, 뼈가 제자리에서 밖으로 튕겨 나간 것을 뜻한다. ¶ 발목을 삐어 걷기가 힘들다.

삐다[2] 괴었던 물이 잦아지거나 빠져서 줄다. 중세어형은 '씌다'다. 이는 '비다(<뷔다; 空)'에서 온 말로 보인다.(씌다>쁴다>삐다) '삐다'의 어원적 의미는 '(물이) 빠져나가 텅 비워지다'다. ¶ 마당에 괴었던 물이 삐다.

삐라 선전 · 광고를 위하여 사람들에게 돌리거나 눈에 잘 띄는 곳에 붙이거나 하는 종이. 전단(傳單). 영어 bill(계산서. 목록)이 일본식 발음을 거쳐 들어온 말이다. ¶ 삐라를 뿌리다.

ㅅ

ㅅ(시옷) 현대 한글 자모의 일곱째 글자. 잇소리[齒音] /ㅅ · ㅈ · ㅊ/의 기본이 되는 음운이다. 'ㅅ[s]'는 혀끝을 윗니 뒤쪽에 가까이 접근 시켜 내쉬는 숨이 그 사이를 비집고 나오면서 마찰하여 나는 소리로 이[齒(치)]의 생긴 모양을 본떠 만들었다. /ㅈ · ㅊ/은 /ㅅ/에 획을 더한 것이다. <훈몽자회>에서 'ㅅ 時衣(시옷)'이라 하였다. 가획(加劃)이 아닌 이체자(異體字) 'ㅿ (반치음)'은 소릿값이 [z]인데, 15세기 후반에서 16세기 전반기에 걸쳐 없어졌다.

사글세 남의 집이나 방을 빌려 쓰는 값으로 다달이 내는 세. 또는 집이나 방을 빌려주고 받는 세. '삭(다)+을(관형사형어미)+貰(세)'로 분석된다. 어근 '삭-'은 소멸(消滅)을 뜻한다.(사글세>삭월세>사글세) '사글'의 어원적 의미는 선금으로 낸 돈이 '삭아 드는(없어지는)'이다. '朔月貰(삭월세)'는 순수한 우리말을 한자로 음을 빌어 적은 것이다. ¶ 사글세를 못 낼 정도로 생활 형편이 어렵다. ☞ 사라지다

사금파리 사기그릇의 깨어진 작은 조각. '사기(<사긔)+금+-파리'로 분석된다. '-파리/아리'는 '이파리(←잎+아리), 노파리(←노ㅎ+아리; 노끈은 결은 미투리)'에서와 같이 '작은 것'을 이르는 접미사다. 어원적 의미는 '금이 간 사기그릇의 떨어진 조각'이다. ¶ 그녀는 사금파리를 밟아 발바닥에 상처를 입었다.

사나이 강하고 적극적인 기질을 가진 남자. <준> 사내. 중세어형은 'ᄡᆞᄒᆡ'다. 'ᄉᆞ~ᄉᆞᆫ[丁 · 雄]+아ᄒᆡ[兒 · 人]'로 분석되며 장정(壯丁)을 뜻한다. 'ᄉᆞᆫ'은 '씨[種(종)]+안다[抱(포)]' 곧 씨를 안은(가진) 남자를 의미하는 말로 보인다. 'ᄉᆞ나ᄒᆡ'의 상대어는 '간나ᄒᆡ[女]'다. 사나이는 'ᄉᆞᆫ+아ᄒᆡ→ᄡᆞᄒᆡ/ᄉᆞ나ᄒᆡ>ᄉᆞ나희>사나이/사내'로 변천 과정을 거쳤다. 중세어 '남진'은 한자어 男人[남ᅀᅵᆫ]에 이끌린 말이다. ¶ 사나이 대장부는 비겁한 짓을 하지 않는다.

사냥 총이나 그 밖의 도구로 산이나 들의 짐승을 잡는 일. 수렵(狩獵). '사냥'은

한자어 산행(山行)에서 온 말이다. 18세기 문헌 <한청문감>의 '산힝'이 어형 변화하여 순 우리말처럼 쓰이고 있다.(山行(산힝)>산잉>산양>사냥) '사냥개, 사냥꾼, 사냥총, 사냥터; 몰이사냥, 섶사냥, 틀사냥' 등으로 쓰인다. [사냥 가는데 총을 안 가지고 가는 것 같다] 무슨 일을 하러 가면서 거기에 가장 긴요한 물건을 빠뜨리고 간다는 뜻.

사다리 굵고 긴 장대 두 개를 벌려 그 사이에 일정한 간격의 가름대를 질러 높은 곳에 디디고 오를 수 있게 만든 기구(사닥다리). 경북·전남 사투리는 '세다리'다. 'ᄉᆞᆺ(사이)+ᄃᆞ리[橋(교)]→ᄉᆞᄃᆞ리>사다리'의 변화 과정을 거쳤다. 'ᄉᆞᆺ'은 'ᄉᆞ시>ᄉᆞᅀᅵ>ᄉᆞ이>사이~새'로 물체의 갈라진 틈, 한 물체에서 다른 물체까지의 공간을 뜻한다. 'ᄃᆞ리'는 'ᄃᆞᆮ다[走(주)]'의 어근 'ᄃᆞᆮ'이 명사화되어 15세기에 橋(교)·梯(제)·階(계)의 뜻으로 쓰이던 말이다.

18세기 문헌 <왜어유해>에 '사ᄃᆞ리'가 나온다. 사다리의 본디말 '사닥다리'는 'ᄉᆞᆺ'의 변이 형태 '삳'에 명사형성 접사 '-악'과 '다리'가 결합된 말이다. 사다리의 어원적 의미는 '사이사이를 디디며 다니는 도구'다. 네 변에서 한 쌍의 대변(對邊)이 평행인 사변형을 '사다리꼴'이라고 한다. ☞ 다리

사돈 자녀의 혼인으로 맺어진 두 집안의 어른끼리 또는 그 두 집안의 같은 항렬이 되는 친족끼리 쓰는 호칭어. <훈몽자회>의 표기도 현대어와 같으며 혼인(婚姻)을 뜻하던 말이다. 고구려 때에도 쓰인 것으로 보이는 '사돈'은 만주어 sadun(親家; 애인, 사랑스럽다)과 일치한다. 한자 査頓(사돈)은 소리를 빌려 쓴 것이다. 중국에서는 [친쟈]라고 한다. '사돈어른, 사돈집; 밭사돈(바깥사돈), 안사돈' 등으로 쓰인다. [사돈 남 나무란다] 제 잘못은 제쳐놓고 남의 잘못만 나무란다는 말.

사또 지난날 부하인 장졸(將卒)이 그들의 우두머리를 높이어 일컫던 말. 백성이 고을 원을 공대하여 일컫던 순수 고유어다. '使道(사도)'는 소리를 한자로 빌려 적은 것이다. 어사또('암행어사'의 준말)는 어사도(御史道)가 변한 말이다. [사또 떠난 뒤에 나팔 분다] 마땅히 하여야 할 일을 제때가 지난 뒤에야 함을 조롱하여 이르는 말.

사라지다 어떤 대상 자체가 사람의 감각이나 인식의 영역 밖으로 나가 없어지다. 중세어형은 'ᄉᆞᆯ하디다(←ᄉᆞᆯ다+디다)'다. 소멸(消滅)을 뜻하는 '사라지다'는 'ᄉᆞᆯ-'과 '디다[落(락)]'가 합성한 말이다. '쓰러지다, 쓸다(<ᄡᅳᆯ다)', 불에 태워 없애버린다는 동사 '사르다(소각하다), 삭다[消(소)], 썩다(<석다)[腐(부)]'와 동근어다.

¶ 배가 수평선 너머로 사라지다. 형장의 이슬로 사라지다. ☞ 쓰러지다

사람 만물의 영장인 인간. 인격체(人格體). 살다[生(생)]의 어근 '살-'에 명사화 접사 '-옴'이 붙어서 '살+옴→사롬>사람'으로 파생되었다. 어근 '살-'은 '시[←씨]+알[卵]→샬>살-'로 형성 변화된 형태소다. '시알'은 종(種)의 승계(承繼)를 뜻한다. '살다'는 生(생)·出(출)을 의미하는 '나다, 낟다(나타나다), 낳다'와 동근어로 보인다.(살-, 낟~날'-) 만주어 niyalma[人]의 어근 niy-~niyal-은 우리말 '날(nal-[生]), 사롬(어근 sal-)'과 대응한다. [사람은 키 큰 덕은 입어도 나무는 키 큰 덕을 못 입는다] 큰 나무 밑의 작은 나무는 자라지 못하나, 사람은 인재가 나면 주위 사람이 그 덕을 입는다는 말. ¶ 사람으로서 할 일이 있고 해서는 안 되는 일이 있다. 사람이면 사람이냐 사람이라야 사람이지.

사랑 아끼고 위하며 한없이 베푸는 일. 또는 그 마음. 생각하다[思(사)]의 뜻으로 쓰이던 'ᄉᆞ랑ᄒᆞ다'가 무엇이나 아끼고 귀중히 여기며 생각하다(사랑하다[愛·慕·寵])로 뜻이 바뀌었다. '사랑'은 '살[肌], 사람[人], 삶[生], 살-[生], 사르-[燒(소)]' 등과 같은 단어족에 뿌리를 둔 말이다.(ᄉᆞ르~살+앙→사랑)

'사랑하다'의 의미로 쓰인 중세어 'ᄃᆞᆺ다, ᄃᆞᆺ오다, 괴다'는 'ᄉᆞ랑ᄒᆞ다'에 밀려 죽은 말이 되었다. '괴다'는 물이 고이듯이 이성간(異性間)의 애정이 있다는 표현이다. 'ᄃᆞᆺ다'는 이성적(理性的)인 사랑으로 따뜻하다(<ᄃᆞᆺᄒᆞ다[溫(온)])는 뜻이다. 요즈음 사람 또는 모임의 이름에 'ᄃᆞᆺ다'의 명사형인 'ᄃᆞ솜'을 현대어 표기 '다솜'으로 되살려 쓰는 일이 있다. ¶ 어버이의 자식에 대한 사랑은 극진하다. ☞ 자랑

사로잡다 사람이 다른 사람이나 동물을 산 채로 손 안이나 자기 영역 안에 있는 상태가 되게 하다. 매료(魅了)하다. 중세어형은 '살아잡다>사ᄅᆞ잡다'다. '살[生]+ᄋᆞ/오(사동접사)+잡다'로 분석된다. 이와 같은 구조로 형성된 말에 '사ᄅᆞ묻다(산 채로 묻다)'가 있다. '사ᄅᆞ다(살리다, 살게 하다)'는 '살다'의 사동사다. 어간 '사ᄅᆞ-'는 '산 채로, 살리어'를 의미한다. '잡다'는 '손으로 움켜쥐다'의 뜻으로 결속(結束) 개념을 나타내는 '쥐다/줌, 집다'와 모음교체된 동근어다.

'사로잡다'의 어원적 의미는 '산 채로 잡는다(생포하다)'다. '사로-잠'은 염려가 되어 마음을 놓지 못하고 조바심하며 자는 잠을 일컫는다. ¶ 산토끼를 사로잡다. 음악이 청중을 사로잡다. 공포에 사로잡히다. ☞ 잡다

사뢰다 웃어른께 삼가 말씀을 드리다. 아뢰다. 'ᄉᆞᆲ다[白(백; 말하다)]'가 'ᄉᆞ로다

(아뢰다)'로 어형이 변하였다.(ᄉᆞ로다>사뢰다) 'ᄉᆞᆲ-'을 뜻하는 '白'은 향찰 표기며, 이두식(吏讀式) 표기도 白乎矣[ᄉᆞᆲ오ᄃᆡ]다. '상(上)-사리'는 편지에서 '사뢰어 올림'의 뜻으로 쓰이는 말이다. ¶ 할아버지께 집안 형편을 사뢰다. ☞ 아뢰다

사리 국수나 새끼(짚으로 꼰 줄) 따위를 사려서 감은 뭉치 또는 세는 단위. '사리'는 원곡(圓曲) · 굴절(屈折) 개념어 '사리다~서리다[曲(곡) · 旋(선)]'의 어간이 명사로 된 말이다.(말-[捲(권)]>돌-[廻]>살-[曲]) '사리다, 도사리다, 고사리(산나물), 사리(국수뭉치), 사래(밭이랑), 사립문, 사리사리~서리서리' 등은 동근어다.
'사리'는 터어키어 sar-(감는다), 몽골어 sarign(감은, 구부러진)과 비교된다.
◇ 몸을 사리다 - 몸조심하다. ¶ 국수 한 사리를 더 말아 먹다. 몸을 사리다.

-사리 몇몇 형용사 어근에 붙어 부사를 만드는 접미사. '살[←ᄉᆞ(의존명사)+ㄹ](ᄒᆞ다)+이(접사)'로 분석된다. '두렵사리('두렵게'의 옛말), 쉽사리(별 어려움이 없이 수월하게), 어렵사리'로 쓰인다. 몹시 미움을 받을 만한 데가 있다를 뜻하는 '밉살스럽다'에서 '-살-'도 같은 말이다. ¶ 일이 쉽사리 풀리다.

사립짝(문) 나뭇가지를 엮어 만든 사립짝을 달아서 만든 문. 17세기 문헌 <어록해>의 표기는 '사립짝'이다. '살/사리+입+짝[雙(쌍)]'으로 분석된다. '살[3]/사리'는 창문이나 수레 · 부채 따위의 뼈대가 되는 나무오리나 대오리를, '입/잎'은 '호구(戶口; 집의 입구)'를, 또는 '문호(門戶)'를 뜻하는 말이다. 사립문(門)을 '사립'이라고도 한다. 사립문의 어원적 의미는 '살로 엮은 문'이다. ☞ 살[3], 입, 조각

사마귀[1] 살갗에 낟알만 하게 도도록이 돋은 군살. 중세어형은 '사마괴'다. 사마귀는 '살[肌(기)]+마귀'로 분석된다.(사마괴>사마귀) '-마괴>-마귀'는 '열매[實(실)]'의 충청도 사투리 '열-마귀'에서 '-마귀'와 같이 '작은 덩어리, 원구형(圓球形)의 물체'를 뜻하는 접사다. ☞ 살[2]

사마귀[2] 사마귓과의 곤충. 당랑(螳螂). '버마재비'라고도 한다. 15세기에 '당ᄋᆡ아지', 18세기에는 '어영가시'라 하였다. 이 벌레가 손등에 오줌을 싸면 살갗에 사마귀[1]가 돋는다 하여 붙여진 이름이다. ☞ 버마재비

사막하다 아주 악하다. 몹시 가혹하여 용서함이 없다. <큰> 심악하다. 어근 '사막-'은 한자 '甚惡(심악; 매우 악함)'이 발음이 변한 말이다.(심악→사막) '사막스럽다'는 보기에 사막한 데가 있다를 뜻하는 형용사다. ¶ 그는 사막하여 아무도 그를 좋아하지 않는다. 매일 찾아가 빌었지만 그의 태도는 변함없이 사막했다.

사무치다 속까지 깊이 미치어 닿다. 사무치다(<ᄉᆞᄆᆞ치다)는 중세어형 'ᄉᆞᄆᆞᆾ다[通(통)·徹(철)]'에 접사 '-이-'가 결합하여 어형이 변한 말이다.(ᄉᆞᄆᆞᆾ+이+다→ᄉᆞᄆᆞ치다>사무치다) 사무치다의 어원적 의미는 '꿰뚫어보다'다. ¶ 가슴에 사무치는 애절한 사연. 감격에 사무친 사람들의 가슴은 사품치고 설레었다.

사뭇 사무칠 정도로 매우. 계속하여 줄곧. 아주 딴 판으로. 거리낌 없이 마구. 중세어형은 'ᄉᆞᄆᆞᆺ'이다. 'ᄉᆞᄆᆞᆾ다(通·透·徹; 막힘이 없이 트이다)'의 어간이 부사로 된 말이다.(ᄉᆞᄆᆞᆾ>ᄉᆞᄆᆞᆺ>사못>사뭇) 중세어 'ᄉᆞᄆᆞᆺ-보다, ᄉᆞᄆᆞᆺ-알다'는 '속의 것을 환히 꿰뚫어보다'이고, 'ᄉᆞ뭇-짓다'는 '푹 젖다'를, '사ᄆᆞᆺ-ᄒᆞ다'는 '속속들이 깊이 연구하다'를 뜻하는 말이다. ¶ 사뭇 감정이 북받치다. 사뭇 떠들어 대기만 한다. 듣기와는 사뭇 다르다. 선생님 앞에서 사뭇 술을 마시다.

사바 불교에서, 중생이 갖가지 고통을 참고 견뎌야 하는 괴로움이 많은 이 세상. 속세(俗世)를 뜻하는 범어 사바(sabhā)에서 온 말이다. 娑婆(사바)는 소리를 적은 한자다.

사바사바 어떤 목적을 위하여 뒷거래로 떳떳하지 못하게 은밀히 일을 꾸미는 짓. 짬짜미(남몰래 자기들끼리 하는 약속). 사뢰다(말하다)의 옛말 ᄉᆞᆲ다[白(백); 아뢰다)]에서 온 말이다.(ᄉᆞᆲ+아→*ᄉᆞᆯ바>사바) 속세를 뜻하는 범어 사바(娑婆←sabhā)에서 왔다는 설도 있다. 사바사바는 20세기 중엽 국어사전에 오른 낱말이다. ¶ 사바사바하여 일을 처리하다.

사발 사기로 만든 밥그릇이나 국그릇. <계림유사>에 碗曰巳顯[si-hian]이라 하였다. 이는 현대어 '사발'과 다소 발음상 차이가 있지만 '사긔(사기그릇)'와 동원어로 보인다. <조선관역어>에 碗 洒罷二(사바리)가 나온다. '사발'을 한자음 沙鉢(사발)로 빌려 적기도 한다. 중국에서는 스님이 쓰는 그릇을 衣鉢(의발)이라 하며, 사발이란 말은 없다. '사발'은 몽골어 saba[그릇]와 관계 있는 듯하다. 한편, 일본어 사하리(佐波里)는 경상도 사투리 '사바리, 사바루'에서 비롯되었다. 중의 공양 그릇 '바리때'는 범어 pātra[鉢多羅]의 음역(音譯)이고, 놋쇠로 만든 여자의 밥그릇 '바리'는 한자 鉢(발)에 접사 '-이'가 결합된 말이다.

'사발-농사(農事)'란 사발을 들고 다니면서 밥을 빌어먹는 일을 비유하여 이르는 말이다. '사발-통문(通文)'은 주동자가 누구인지 모르도록 발기인의 이름을 둥글게 빙 둘러 적은 알림글을 뜻한다. 실용적으로 쓰기 위하여 마구 만들었다는 '막-사발'도 있다. ¶ 밥을 사발에 수북이 담다. ☞ 바리[1]

ㅅ

사살 잔소리를 늘어놓는 말. 사살은 한자어 辭說(사설; 이야기)이 변한 말이다. 사살낱(잔소리)은 '사살+낱'으로 분석되며 '낱'은 셀 수 있는 물건의 하나하나를 뜻하는 '낱개, 낱낱이, 낱말, 낱알'에 쓰이는 말이다. 사살부리다는 '잔소리를 하다'를, '사살하다'는 '허물을 꾸짖다. 잘못한 것을 나무라다'를 뜻한다. ¶ 끊임없이 늘어놓는 사살.

사슬 고리를 여러 개 걸어 이은 줄. 중세어형은 '솨줄[鎖(쇄)]'이다. 16세기 문헌 <사성통해>에는 '사ᄉᆞᆯ'이 나온다. 사슬은 한자 '鎖[솨/쇄]'와 고유어 '줄[線(선)]'이 합성된 말이다.(솨줄>사줄/사ᄉᆞᆯ>사슬) 사슬은 '억압 · 구속이나 압제의 혹독함'을 비유한다. '사슬-가게(연쇄점), 사슬-고리, 사슬돈(잔돈), 사슬-바퀴, 사슬톱; 먹이사슬, 사람-사슬(인간띠), 쇠사슬' 등으로 쓰인다. ¶ 사슬에 묶이다.

사슴벌레 사슴벌렛과의 곤충. 수컷의 큰 턱은 집게 모양으로 갈라져 있고 암컷은 큰 턱이 짧다. 애벌레는 썩은 나무나 고목 속에서 산다. 사슴의 머리에 난 뿔처럼 생겼다고 하여 붙여진 이름이다. 턱이 집게 모양이어서 '집게벌레'라고도 하는데, 집게벌렛과의 집게벌레와 혼동해서는 안 된다. ☞ 집게벌레

-사옵- 자음으로 끝난 어간이나 시제의 '-았/었-, -겠-' 등에 붙어, '-으옵-'을 더 공손하게 나타내는 선어말 어미. <준> -삽-. 'ㄷ · ㅊ'으로 끝나면 '-자오/자옵/잡-'으로 쓰이는 공손의 뜻을 나타내는 선어말어미다. 이들의 중세어형 '-ᄉᆞᆸ/ᅀᆞᆸ/ᄌᆞᆸ-'은 'ᄉᆞᆲ다[白(백; 말하다)]'의 어간이다. ¶ 글을 읽사옵다가…. 듣자옵(잡)건대. ☞ 사뢰다

사위 딸의 남편. 힘이 장정인 남자를 뜻하였던 'ᄉᆞᆫ방'에서 'ᄉᆡ방'이 음운 변화를 일으킨 것으로 보인다.(ᄉᆡ방>샤옹>샤오>사위) '샤옹'은 본래 부(夫)의 뜻으로만 쓰이던 말인데 15, 16세기까지 보이다가 없어졌다. 이에 대신하여 나타난 '지아비'는 17세기부터 쓰이기 시작하여 지금에 이른다. 샤옹[夫(부)]과 샤회[壻(서)]는 고려 또는 조선 초에 함께 쓰다가 후에 분화되었다.

사위는 문헌에 '사회, 싸회'로 나오는데 'ᄡᆞ다'에 어원을 둔 말이다. 'ᄡᆞ다'는 '사위를 맞이한다'는 뜻으로 원래 '해당하다. 값이 있다'의 뜻에서 의미가 바뀐 동사다.(*ᄡᆞ회>싸회>사회>사휘>사위) 데릴-사위(<ᄃᆞ린사회)는 처가에서 데리고 사는 사위란 뜻이다. '가르친-사위'는 독창성이 없고 시키는 대로만 하는 어리석은 사람을 이르는 말이다. [사위도 반 자식이다] 사위도 자식 노릇을 한다는 말. ¶ 여보게, 사위, 우리 이야기 좀 하세.

사재기 값이 크게 오를 것을 내다보고 막 몰아 사들여 쟁이는 일. 필요 이상으로 몰아사서 쟁여둠. 곧 매점(買占)을 일컫는다. '사재기'의 어원적 의미는 '물건을 사서 쌓아 재다'다. 사다와 재다(쌓다)가 비통사적으로 합성한 후 명사형어미 '-기'가 결합하여 '사재기'가 되었다. 북한에서는 '사재기'를 '몰아사둠'이라고 한다. ¶ 소금 사재기. 사재기는 나라 경제를 혼란에 빠뜨리게 하는 짓이다.

사타구니 두 다리가 갈라지는 곳. 두 물건의 틈. '샅(삿ㅎ)'은 사타구니(←샅+아구니)의 준말. 'ᄉᆞᆺ(사이)'의 변이형태가 '샅'이다. 씨름할 때 허리에 두르는 띠를 '샅바'라고 한다. 빈틈없이 모조리의 뜻으로 '샅샅이'가 쓰인다. '샅'은 본래 물체와 물체 사이에 좁고 우묵하게 파인 곳을 가리킨다. 좁은 골짜기 사이 또는 골목길을 '고샅'이라 한다. 경기 북부 지역에서는 사타구니를 '샂/샅추리'라고 한다. ¶ 점잖은 사람이 사타구니에 손을 넣고 다니다니.

사탕 사탕수수나 사탕무를 원료로 하는 대표적인 감미료. 사당(砂糖)이 '사탕'으로 음운 변화가 일어난 말이다. '사탕-발림'은 달콤한 말로 비위를 맞추어 살살 달래는 일을 뜻한다. '눈깔-사탕(알사탕)'은 눈알처럼 동글동글하게 만든 사탕이다. ☞ 설탕

사태 소의 무릎 뒤쪽 오금에 붙은 고기. 기름기가 없어 담백하면서도 깊은 맛이 나며 육질이 질겨 곰거리로 쓴다. '샅(사타구니)+애'로 분석된다. '사태고기, 사태저냐, 사태회(膾); 앞사태, 뒷사태, 뭉치사태, 아롱사태(뭉치사태의 한가운데 붙은 아롱진 고깃덩이)'가 있다. ☞ 사타구니

사투리 한 나라의 말 또는 한 계통의 말이 그 쓰이는 지역이나 계층에 따라 소리 · 뜻 · 어법 등이 표준말과는 다른 말. 시골말. 방언(方言). 사투리는 '샅+우리'로 분석된다. '샅'은 사이의 옛말 'ᄉᆞᆺ>ᄉᆞᅀᅵ'의 변이형태며, '우리'는 '울(타리), 우리들'과 같은 말이다. '사투리'는 사이 곧 경계를 둘러싼 지역(골짜기)을 뜻한다. 시골의 특수한 말만을 지칭하는 언어학 용어로 쓰이는 '사투리'는 고유어다. ¶ 공용어로 표준말을 사용해야지 사투리를 써서는 안 된다.

삭다 오래 되어 썩은 것처럼 되다. 먹은 음식이 소화되다. 젓 · 김치 따위가 익어서 맛이 들다. 15세기 문헌 <구급간이방>에 '삭다', <사성통해>에는 '서김[酒酵(주효)]'이 나온다. 소멸(消滅)을 뜻하는 '삭다'는 '사라지다(없어지다), 사르다(태우다), 썩다(<석다)[腐(부)]'와 동근어다. 사동꼴은 '(밥을) 삭이다, (김치를) 삭히다'다. 오래 경작하여 땅이 메마른 밭을 '삭-전(田)'이라고 한다. '삭-신[←삭(다)+

身(신; 몸)'은 몸의 힘살과 뼈마디를 일컫는 말이다. ¶ 천이 삭다. 먹은 것이 잘 삭지 않는다. 몸살로 온 삭신이 저리고 쑤신다.

삭정이 살아 있는 나무에 붙은 채 말라 죽은 작은 가지. '삭(다)[消(소)]+-정이'로 분석된다. '삭다'는 어떤 물건이 오래 되거나 다른 물질의 작용으로 본바탕의 싱싱한 기운이 없어져 약해지다를 뜻하는 말이다. '-정이'는 '굽-정이, 늙-정이, 묵-정이(오래 묵은 물건), 썩-정이(썩은 물건), 쭉-정이' 등과 같이 '물건'을 뜻하는 접사다. ¶ 바람이 일면서 삭정이와 솔잎이 하나 둘 떨어진다. ☞ 삭다

삯 일을 해 주고 그 대가로 받는 돈이나 물건. 물건이나 시설을 빌려 쓰고 내는 돈. <훈몽자회>에 '삭바들 용(傭)'이, <박통사언해초간>에 '삯[脚錢]'이 나온다. 삯은 돈과 관계를 지어 '쇠[鐵(철)]'나 서로 주고받는 관계인 '삿ㄱ[間(간; 사이)]'으로 보인다. '삯꾼, 삯바느질, 삯팔이(품팔이); 기찻삯, 뱃삯, 짐삯, 찻삯, 품삯' 등으로 쓰인다. ¶ 배를 빌린 삯을 치르다.

살[1] 나이를 세는 단위. 중세어형은 '설'이다. 나이를 뜻하는 '살[年]'과 새해 초하루의 '설[元旦(원단)]'은 모음교체된 동근어(同根語)다. 중세어에서 '설'은 현대어 '살[歲(세)]'을 뜻한다. 새해의 첫날인 '설날'에서 '설'은 '설다[生 · 新]'의 어근으로 보인다.

<박통사언해>의 '솔(나이)'로 보아 '살'과 '설'은 17세기 중엽에 의미가 분화되었을 것으로 추정된다. 나이(연령)는 출생하여 설을 몇 번 지냈느냐에 따라 결정되기 때문에 동사 '나다[生 · 出], 낳다'와 관계 있는 말이다.(sal~səl[年 · 歲]) ¶ 한 살이라도 더 먹은 아이가 낫다. ☞ 나이

살[2] 몸의 뼈를 싸고 있는 부드러운 물질. <조선관역어(1469)>에는 肥 色尺大[솔찌다/*솔지다]라 하였다. 중세어형은 '솔ㅎ[肌(기) · 膚(부)]'이다. 창자를 고유어로 '밸, 배알, 애'라고 한다. '배알'은 중세어 '빅솔ㅎ'로 거슬러 올라간다.(빅[腹]+솔[肌 · 肉]→빅솔>빅올/빌>밸) '솔'의 선행형(先行形)은 '솔'이고 *sər-> zər-로 변화된 것이다. 여기서 '솔'은 동사 사리다[蟠曲(반곡)]에서 온 말로 '뼈를 감싸고 있는 것'이다.

우리말 '살'은 일본어 sisi[肉(육)], sasimi와 비교된다. 혈육 계통이 가까운 사람을 '살붙이'라고 한다. [살이 살을 먹고, 쇠가 쇠를 먹는다] 형제나 동포끼리 서로 해치려고 한다는 말. ¶ 자식을 잃었을 때 부모는 살을 저미는 아픔을 느낀다. ☞ 배

살³ 창문 · 연 · 얼레 · 부채 따위의 뼈대가 되는 나무오리나 대오리. 떡살로 찍은 무늬. 해 · 별 · 불 또는 흐르는 물 따위의 내리비치는 기운. 주름이나 구김으로 생기는 금. '화살'의 준말.

'살'은 '살대, 살여울(물살이 급하고 빠른 여울물), 살찌(화살이 날아가는 모양새); 문살, 바큇살, 부챗살, 어살(漁), 창살(窓); 떡살; 눈살, 이맛살, 주름살; 다듬잇살; 넘보라살(자외선), 넘빨강살(적외선), 물살, 햇살, 빛살; 화살' 등에 쓰인 형태소로 '길다. 막대'를 뜻하는 말이다.

살갑다 마음씨가 부드럽고 상냥하다. 닿는 느낌 같은 것이 가볍고 부드럽다. 물건 따위에 정이 들다. <큰> 슬겁다. '살[肉 · 肌]+-갑다(형용사화접사)'로 분석된다. 어원적 의미는 '살처럼 부드럽다'다. [살갑기는 평양 나막신] 신기에 편안한 평양 나막신처럼 붙임성이 있고 사근사근한 사람을 비유적으로 이르는 말. ¶ 나는 그에게 살가운 정을 느낀다.

살갗 살가죽의 겉면 곧 피부. 살갗은 '살'과 '갗[表(표) · 가죽]'의 합성어다. ¶ 살갗이 검게 그을리다. ☞ 살², 가죽

살림살이 한 집안을 이루어 살아가는 일. 살림에 쓰이는 세간. 17세기 문헌 <두시언해중간>의 표기는 '사롬사리'다. '살(다)[生]+옴(명사형어미)+살[生]+이'로 분석된다. '살림'은 살다의 사동형 '살리다'에서 파생된 명사다. '-살이'는 '살다'의 어간에 접미사 '-이'가 결합된 파생어다. '~하는 행위나 사람'을 의미하는 접사 '-살이'가 붙는 말에 '옥-살이, 머슴-살이, 귀양-살이, 처가-살이' 등이 있다. 어간 '살-'은 '시[種(종)]+알[卵(란)]→시알>샬>살'로 변한 꼴이며 '살림'은 살리기 위한 활동이란 뜻이다. ¶ 살림살이가 넉넉하다. ☞ 사람

살무사 살무삿과의 독이 있는 뱀. 쥐 · 개구리 따위를 잡아먹음. '殺母蛇(살모사)'가 발음이 변하여 '살무사'로 된 말이다. 살무사는 어미를 잡아먹는 뱀 또는 어미를 잡아먹으면서 태어나는 뱀이라는 뜻에서 붙여진 이름인데, 사실은 그렇지 않다.

살지다 몸에 살이 많다. 땅이 기름지다. <계림유사>에 '肥曰骨鹽眞, 瘦曰安里鹽骨眞'이라 하였다. 12세기에는 '肥(비)'를 '염글진'이라 하였는데, 오늘날 열매나 곡식 따위가 '여물다(<염글다)'와 일치한다. '살지다'의 중세어형은 '슬지다/슳지다, 지다'다. 주름살지다를 뜻하는 15세기 어형 '살찌다/살지다/살ㅎ지다'와 구별하여 쓰였다. '살(<살ㅎ)+지다[肥(비)]'로 분석된다.(슬지다>살지다) 살지

다의 어원적 의미는 '살에 기름이 끼다'다.

'대살-지다'는 몸이 대나무와 같이 홀쭉하게 강마른 상태를, '살팍-지다'는 힘살이 살지고 단단하다를, '이지다'는 물고기나 닭 · 돼지 따위가 살져서 기름지다를 의미하는 말이다. 형용사 '살지다'와 동근어인 '살찌다(<ᄉᆞᆯ씨다)'는 '몸에 살이 많아지다. 살이 오르다'를 뜻하는 동사다. [살찐 놈 따라 붓는다] 남의 행위를 억지로 흉내 내는 어리석음을 비유하는 말. ☞ 살²

살코기 뼈 · 비계 · 힘줄 따위가 섞이지 않은 살로만 된 고기. 정육(精肉). '살ㅎ'과 '고기'가 합성되면서 발음이 변한 말이다.(살ㅎ+고기→살코기) ☞ 살², 고기

살쾡이 고양잇과의 성질이 매우 사나운 산짐승. 들고양이(<묏괴). 16세기 문헌 <사성통해>의 표기는 'ᄉᆞᆰ[狸(리)]'이다. 살쾡이는 '삵'과 '고양이'의 합성어다. (ᄉᆞᆰ+(ㅎ)+괭이/고양이→삵괭이>살쾡이) 살쾡이는 그 뜻이 삵과 고양이를 아울러 이르는 말이 아니라 고양이보다 큰 '삵'만을 일컫는다. '살가지(←삵+아지)'는 전남 사투리다. ☞ 고양이

살품 옷과 가슴 사이에 생기는 빈틈. '살²+품(다)[懷(회)]'으로 분석된다. 내포(內包) 개념어 '품'은 '품-다[懷(회)], 품-속, 품-자리; 살-품'에서와 같이 '두 팔을 벌린 가슴의 안쪽'을 가리킨다. ¶ 어머니의 살품에 손을 넣고 젖을 빠는 아기. ☞ 살²

살피다 조심하여 자세히 보다. 어떤 현상을 관찰하거나 미루어 헤아리다. 중세어형은 'ᄉᆞᆯ피다'다. 두 땅이 맞닿은 경계선이나 물건과 물건 사이를 구별한 표를 나타내는 명사 '살피(ᄉᆞᆯ~ᄉᆞᆲ+피)'에 접사 '-다'가 결합하여 '살피다(<ᄉᆞᆯ피다)'가 되었다. 'ᄉᆞᆯ-'은 'ᄉᆞᆯ갑다(슬기롭다), ᄉᆞᆲᄉᆞᆲᄒᆞ다, ᄉᆞᆲᄉᆞᆯ비(밝게)'와 동근어다. '살피'는 '(책)갈피, (성냥)개비, (담배)개피'와 동원어로 분(分) · 선조(線條)의 의미를 지닌 말이다.

'살피꽃밭, 살피박다, 살피싸움(땅의 경계선을 놓고 싸우는 일), 살피짓다; 손살피(손가락과 손가락 사이)' 등으로 쓰인다. ¶ 눈치를 살피다. 국제 정세를 살피다. 수원시와 용인시의 살피가 되는 산등성이. ☞ 슬기롭다

삶다 물에 넣고 끓이다. 중세어형은 'ᄉᆞᆱ다'다. 삶다[烹(팽)]는 불에 태워 없애다를 뜻하는 동사 '사르다(<ᄉᆞᆯ다)'의 명사형 '삶(<ᄉᆞᆱ)'에 접사 '-다'가 결합되어 형성된 말이다. 결국 '삶다'는 불을 살라 물을 끓여 익힌다는 뜻이다. [삶은 호박에 침 박기] 삶아서 물렁물렁해진 호박에 침을 박는다는 뜻으로, 일이 아주 쉬움을

이르는 말. 어떤 자극을 주어도 아무런 반응이 없는 경우를 비유적으로 이르는 말. ¶ 고구마를 삶다.

삼 배 속의 아이를 싸고 있는 막과 태반(胎盤). '삼'은 삼다(생기다 · 만들다), 삶[生(생) · 産(산)] 또는 퉁구스어의 Saman[尊長者(존장자)]과 관계 있는 것으로 보인다. '샤만'은 만주어로 무당 · 영감(靈感)을 가진 흥분한 사람을 가리키며 아울러 '태아를 싼 막과 태반'으로서 '중요한 부분이나 핵심'의 뜻도 포함하고 있다. '삼바라지, 삼불[삼뿔](해산한 뒤에 태를 사르는 불), 삼줄(<숨쑬; 탯줄), 삼할미' 등으로 쓰인다. ◇ 삼을 가르다 – 해산한 뒤에 탯줄을 자르다. ☞ 태어나다

삼겹살 비계와 살이 세 겹으로 되어 있는 것처럼 보이는 돼지고기. 주로 갈비에 붙어 있음. '三(삼)+겹[重(중; 겹치다)]+살[肉(육; 고기)]'로 분석된다. 순 우리말인 '세:겹살'로 쓰는 것이 바람직하다. '다섯겹살(오겹살)'도 있다.

삼다 남을 자기와의 어떤 관계자가 되게 하다. 만들다. 삼이나 모시 따위의 섬유를 찢어 비비 꼬아서 잇다. 중세어형도 현대어와 같다. 명사 '삼[麻(마)]'이 '배-다, 품-다, 신-다' 등과 같이 동사로 파생되었다.(삼+다→삼:다) 어원적 의미는 '삼으로 만들다[紡(방)]'다. '생기다(<삼기다; 지어내다)'도 '삼다'와 동근어다. 18세기 문헌 <청구영언>의 '삼겨ᄂᆡ오다'는 '만들어내다'를 뜻하는 말이다. ¶ 사위로 삼다. 경쟁의 대상으로 삼다. 아들을 친구 삼아 이야기하다. 짚신을 삼다.

삼매 다른 생각을 하지 않고 한 가지에만 마음을 두는 것. 그 일에 열중하여 여념이 없음. 범어 samādhi[집중(集中)]에서 온 말로 한자로는 三昧(삼매)로 소리를 적었다. '삼매경, 삼매당(삼매도량), 삼매승; 독서삼매, 법화삼매, 한삼매(한 가지 일에 열중함)' 등으로 쓰인다.

삼발이 둥그런 쇠테에 발이 세 개 달린 받침대. 동그랑쇠. 삼각가(三脚架). 화로의 재 속에 박아 놓고 주전자 · 냄비 따위를 올려놓아 음식물을 끓이는 데 씀. '三(삼)+발[足(족)]+이'로 분석된다.

삼삼하다 → '싱겁다' 참조

삿갓 대오리나 갈대로 거칠게 엮어서 비나 볕을 피하기 위하여 쓰는 모자. '삿+갓[笠(립)]'으로 분석된다.(삳갇>삿갓) '삿(<삳/샅)'은 대나무 껍질이나 갈대를 이르는 말이다. 갈대로 결어 만든 자리를 '삿자리'라고 한다. 갓의 모양을 한

것도 가리켜 '삿갓-가마, 삿갓-구름, 삿갓-반자, 삿갓-집; 전등-갓, 등피-갓'이라고 한다. ☞ 고깔

삿대질 다투거나 대화할 때 상대편을 향해 팔을 뻗치거나 막대기 따위를 내지르는 짓. 팔짓을 상앗대질에 비유한 말이다. 삿대는 '상앗대'의 준말이다. 상앗대는 물가에서 배를 띄울 때나 물이 얕은 곳에서 배를 밀어 나갈 때 쓰는 장대다.(상아+ㅅ+대+-질→사앗대질/삿대질)

상사리 웃어른에게 올리는 편지의 첫머리나 끝에 쓰이어 '사뢰어 올림'의 뜻을 나타내는 말. 상사리는 '上(상)+사뢰(다)'로 분석된다. 이두식 표기는 '上白是'다. '사뢰다/아뢰다(<ᄉᆞᆲ다)[白(백)]'는 삼가 말씀을 드린다는 뜻이다. 여기서 '白(백)'은 '관리인-백, 주인-백(주인 아룀)'과 같이 '말씀드린다'는 뜻을 나타낸다. ☞ 손사래

상수리 상수리나무(참나뭇과의 낙엽 교목)의 열매. 한자 橡實(상실)에 접사 '이'가 결합된 말이다.(상실+이→상수리) '상수리-밥, 상수리-쌀'로 쓰인다. ☞ 도토리

상추 국화과의 한해살이 또는 두해살이풀. 15세기 문헌 <두시언해초간>에 '生菜(생채)'가 나온다.(싱치>상치>상추) 중국인이 고려의 상추가 질이 좋아 천금을 주어야만 씨앗을 얻을 수 있다고 해서 천금채(千金菜)라 하였다고 한다. 상추의 16세기 <훈몽자회> 표기는 '부루'다. '부룻동(상추의 줄기)'으로 쓰인다.

상투 지난날, 남자 어른의 머리털을 끌어올려 정수리 위에 틀어서 감아 맨 머리 모양. 상투는 황윤석의 <이수신편(18세기)>에 한자말 上頭(상두)에서 유래한 것으로 나온다. '감투'에 이끌려 '상투'로 변한 말이다. [상투가 국수 솟듯] 되지 못하게 어른 행세를 하며 남을 함부로 부리는 일을 이르는 말.

샅바 씨름할 때, 다리에 걸어서 손잡이로 쓰는 무명 끈. 샅바는 'ᄉᆞᆺ(사이)'의 변이형태 '샅'에 '바(줄, 끈)'가 결합된 합성어다. '샅'은 '두 물건의 틈'으로 '손-샅, 발-샅, 잇-샅' 등에 쓰인 형태소다. '바'는 '발[線(선; 길다)]'에서 /ㄹ/이 탈락한 꼴로 '밧-줄; 동-바, 참-바'를 합성시킨 말이다. '바'의 원형인 '발'은 '죽죽 내뻗치는 줄'을 뜻하며 '빗발, 눈발, 핏발, 햇발' 등으로 쓰인다. ☞ 사타구니

샅샅이 틈이 있는 곳마다 모두. 빈틈없이 철저하게. 속속들이. '샅(사이)'은 두 넓적다리 또는 두 물건의 틈으로 구석구석을 뜻한다. '고비샅샅(일이 되어 가는 과정이나 단계 사이사이에), 골골샅샅/이, 알알샅샅/이'로 쓰인다. ¶ 의혹을 샅샅

이 파헤치다. 샅샅이 뒤지다.

새[1] 날짐승을 통틀어 이르는 말. <계림유사>에 雀曰賽斯乃反[새, ᄉᆞ내]와 중세어형은 오늘날과 일치한다. 새는 '솔개, 수리'의 어근 '솔/술'과 동근어로 보인다. 수리는 '上(상), 高(고), 空(공)'을 뜻하는 말이다. 결국 '새'는 길짐승과 달리 공중을 높이 나는 날짐승이다.(술/솔, 수리, *삳/살이>*사이>새) 15세기에 날짐승은 '두 발 톤 것', 길짐승은 '네 발 톤 것'이라고도 하였다.

'새둥지, 새집, 새털; 떨새(장신구에 매단 나는 새 모양의 장식품), 물새, 철새, 텃새' 등으로 쓰인다. [새 까먹는 소리] 근거 없는 말. 헛소문. ☞ 소나무

새[2] 지금까지 있은 적이 없는. 새로운. 새[新(신)]는 '해(<ᄒᆡ[태양])'와 동근어다. 'ᄒᆡ>ᄉᆡ>새/해'로 어형과 의미가 변하면서 '새댁, 새날, 새내기, 새뜻하다(새롭고 산뜻하다), 새록새록(←새+로+ㄱ), 새벽(동틀 녘), 새사람, (날이) 새다; 햅쌀, 햇곡식' 등의 파생어를 만들었다. 'ᄒᆡ'가 '새'와 같이 /ㅎ/이 /ㅅ/으로 바뀐 예에 '힘[力(력)]>심, 혬[算(산)]>셈, 희다[白(백)]>세다(머리카락)/새다[黎明(여명; 날이 밝아오다)]' 등이 있다.

접두사 '새-(<ᄉᆡ)'는 '새-맑다(아주 맑다), 새-빨갛다, 새-파랗다, 샛-노랗다' 등에서 '빛깔이 매우 짙음'을 나타내는 동근어다. 중세어 '새'는 명사나 관형사로 쓰이다가 지금은 관형사로만 쓰인다. ¶ 새 집으로 이사를 가다. ☞ 새벽

새[3] 산과 들에서 자라는 띠나 억새(풀). 이엉. 기와. 15세기 문헌 <두시언해초간>에 'ᄒᆞᆫ 새 지비로소니(一草堂)'가 나온다. '샛검불, 새꽤기(짚 · 띠 따위의 껍질을 벗긴 가는 줄기); 곱새. 남새(나물), 너새(너와, 기와), 막새, 번새(거의 평면으로 된 지붕의 기와), 썩은새, 억새, 푸새(산과 들에 저절로 나서 자라는 풀을 통틀어 이르는 말)' 등으로 쓰인다. ☞ 푸새

새경 머슴이 주인에게 한 해 동안 일한 대가로 받는 돈이나 물건. 품삯. 새경은 한자 私耕(사경)이 발음이 변한 말이다.(사경>새경) '날새경(머슴살이를 마치고 받는 품삯), 들새경(미리 받는 새경)'으로 쓰인다. ¶ 새경으로 한 해에 쌀 열 가마니를 받았다.

새끼[1] 짐승의 어린 것. 물체의 작은 것. 중세어형은 '삿기'다. 'ᄉᆞᆺ(사이)'에 어원을 둔 말이다. 몸체에서 갈라져 나와 자라서 대(代)를 이어 나갈 개체를 이른다. 'ᄉᆞᆺ/삿+기→삿기>사끼>새끼'로 어형이 변화되었다. '새끼-손가락, 새끼-발가락'으로도 쓰이며, 반의어는 엄지(어미)다. '새끼'의 어원적 의미는 어미의 다리

사이에서 태어난 어린아이나 동물이다. [새끼 많이 둔 소가 길마 벗을 날이 없다] 자식을 많이 거느리는 부모가 다망(多忙)함을 일컫는 말. ☞ 싹

새끼² 짚으로 꼬아 만든 줄. 새끼의 중세어형은 '숯'으로 줄[索(삭)]을 뜻한다. 새끼는 다리 사이에 늘여가며 꼬는데서 사이[間(간)]와 동원어로 보인다.(숯+기→삿기>새끼) ◇ 새끼에 맨 돌 - 새끼가 움직이는 대로 돌도 따라 다닌다는 뜻으로, 서로 떨어질 수 없는 밀접한 관계를 비유적으로 이르는 말. ¶ 새끼를 꼬다. ☞ 샘물

새내기 신입생(新入生; 새로 입학한 학생)의 고유어. '새²+나(다)[出(출)]+-기'로 분석된다. 어원적 의미는 '새로 나온 것'이다. '신출(新出)내기'는 어떤 방면에 처음으로 나서서 아직 익숙하지 못한 사람을 뜻하는 말이다. ¶ 새내기 환영식.

새다¹ 날이 밝아 오다. 중세어형도 오늘날과 같다. '새[東·新·曙·白]+-다(어말어미)'로 분석된다. '새다'의 어원적 의미는 '새벽이 되다. 날이 하얗게 밝다'다. '새우다(<새이다)'는 사동사다. ¶ 날이 새면 떠나자. ☞ 새벽

새다² 틈이나 구멍으로 빠져나오거나 흘러나오다. 중세어형은 '싀다'다. '(물이) 새다(<싀다[漏(루)])'의 어근은 '사이(<ᄉᆞ이<ᄉᆞᅀᅵ[間])'가 줄어든 말이다. ¶ 천장에 물이 새다. ☞ 샘물

새롭다 새삼스럽다. 전에 없던 것이다. 항상 새 것의 상태로 있다. 절실하게 필요하다. 중세어형은 '·새룹·다'다. '새롭다'는 '새+-롭다(형용사화 접사)'로 분석된다. '-롭다'는 '성질이나 태도'의 의미 자질을 갖는 파생 접사다. '새롭다'의 어원적 의미는 '어두운 상태였다가 밝아진다'다. ¶ 추억이 새롭다. 단돈 백 원이 새롭다. ☞ 새², 희다

새물 생선이나 과실 따위가 제철에 새로 나온 것. 빨래하여 갓 입은 옷. '새[新(신)]+物(물)'로 분석된다. 새물의 어원적 의미는 '새로운 물건'이다. '새물 갈치/수박. 새물내(갓 빨아서 입은 옷에서 나는 냄새), 새물청어(青魚; 새로 나온 청어. 일에 경험이 없는 사람)'로 쓰인다.

새벽 날이 밝을 녘. 먼동이 트기 전. 15세기 문헌 <원각경언해>에 '새박'이, 16세기 <훈몽자회>에 '새배'가 나온다. '새벽'은 'ᄉᆡ[東(동)]+ᄇᆞᆰ[明(명)·開(개)]'으로 분석된다. 'ᄉᆡ'는 동쪽을 가리키며 '해(<ᄒᆡ[태양]), (날이) 새다(<:ᄉᆡ다[曙])'와 동근어다. 'ᄇᆞᆰ'은 불[火(화)]과 동원어로 'ᄇᆞᆰ다(>밝다)'의 어근이다. 'ᄉᆡ

ᄇᆞᆰ'은 한자어의 영향을 받아 'ᄇᆞᆰ'이 벽(闢)으로 바뀌면서 '새벽'으로 굳어졌다. (ᄉᆡ+ᄇᆞᆰ→ᄉᆡ+벽>새벽)

중세어 '새배'는 '새박+의(처소격 조사)'가 줄어진 어형이고, '새벽'은 18세기부터 쓰이기 시작하였다. '새벽'은 '동이 트다'는 공간 개념을 나타내다가 시간 개념으로 바뀌었다. 어원적 의미는 '동쪽에서 해가 밝아온다'다. 새벽의 상징적 의미는 창조, 광명, 깨달음, 희망, 신비다. [새벽 호랑이가 중이나 개를 헤아리지 않는다] 다급할 때는 무엇이든지 가리지 않는다는 말. ¶ 새벽에 일어나 산책을 하다. ☞ 희다

새삼 이미 알고 있는 일인데도 다시금 새롭게. 지난 일을 이제 와서 공연히 들추어내는 듯이. 중세어형은 '·새·삼'이다. 새삼은 명사(오늘날은 관형사) '새[新(신)]'에 삼다(<ᄉᆞᆷ다[爲(위; 되게 하다. 여기다)]의 어근이 결합된 말이다. (ᄉᆞᆷ다>삼다>삼다) '새삼-스럽게(<새삼ᄃᆞᄫᅵ), 새삼-스럽다'로 쓰인다. 새삼의 어원적 의미는 '새로 삼음'이다. ¶ 지난날이 새삼 그립다. 새삼스럽게 그 일을 문제 삼는 이유를 모르겠다. ☞ 새롭다

새수나다 갑자기 좋은 수가 생기다. 뜻밖에 재물이 생기다. '새[新(신)]+수(운수)+나다[出(출)]'로 분석된다. '새수-못하다'는 '손을 대지 못하다'를, '새수-빠지다'는 '행동이나 말이 이치에 맞지 않고 소갈머리가 없다'를 뜻하는 말이다.

새앙 생강과의 여러해살이풀. 차나 양념으로 쓰임. 중세어형은 'ᄉᆡᆼ앙'이다. 새앙은 한자어 생강(生薑)이 /ㅇ/ 아래에서 /ㄱ/이 탈락하면서 '새앙'으로 변한 말이다. (生薑→ᄉᆡᆼ강>ᄉᆡᆼ앙/ᄉᆡᆼ양>새앙)

새앙을 원료로 만든 음식에 '새앙술, 새앙엿, 새앙차(茶), 새앙편' 등이 있다. '새앙 모양처럼 작고 뭉툭함'을 비유하는 말에 '새앙각시/생각시(아기나인), 새앙머리/생머리, 새앙뿔, 생쥐, 새앙손이, 생쥐, 새앙토끼/생토끼' 등이 쓰인다.

새우 절지동물 중 다섯 쌍의 다리를 가진 갑각류를 통틀어 이르는 말. 중세어형은 '사ᄫᅵ'다. 새우는 몸통을 빙빙 둘러 감는다를 뜻하는 '사리다~서리다'의 어근 '삷'에 명사화 접사 '-이'가 붙은 파생어다.(ᄉᆞᆲ+이→사ᄫᅵ>새비>새요/새우) '사리다'는 '도-사리다, 사리(국수뭉치)'의 어형과 같다. 사투리 '새오, 새비, 새뱅이'는 사리다의 어근이 'ᄉᆞᆲ-'임을 보여 주는 흔적이다. 새우는 '사린 것'이란 뜻으로 모양을 형용하여 붙여진 이름이다. [새우로 잉어를 낚는다] 적은 밑천으로 큰 이득을 얻음을 말함. ☞ 사리

새치 젊은 사람의 검은 머리털에 섞여 난 흰 머리카락. 17세기 문헌 <역어유해>에 '샤티[雜頭髮(잡두발)]'가 나온다. '샤+-티'로 분석된다.(샤티>새치) '새'는 희다[白(백)]의 어두음이 구개음화하여 '(머리가) 세다(하얗다)'로 변한 말이다. 새치의 어원적 의미는 '흰 것'이다. ☞ 희다

색시 아직 시집을 가지 않은 여자. 처녀. 새댁. 색시는 '새[新(신)]+각시'로 분석되며 /ㄱ/이 탈락하면서 '새악시>색시'로 축약되었다. '각시'는 '갓~가시'가 변한 말로 어린 여자를 뜻한다. '새색시'는 갓 결혼한 젊은 여자(신부)를 가리키는 말이다. 새색시를 높여 '새댁(宅)'이라고 한다. [이웃집 색시 믿고 장가 못 간다] 남은 생각도 않는데 공연한 데 턱을 믿고 있다가 낭패를 본다는 말. ☞ 가시내, 새롭다

샌님 '생원님'의 준말. 행동이나 성격이 얌전하거나, 고루하고 융통성이 없는 사람을 얕잡아 이르는 말.(生員+님→ᄉᆡᆼ원님>샌님) 본디 생원(生員)은 조선 시대 소과(小科)에 급제한 사람을 일컫던 말이고, 생원님/샌님은 신분이 낮은 사람이 나이 많은 선비를 부르던 말이다. ¶ 저 애는 샌님 같다.

샘물 땅속 물이 땅 밖으로 솟아나오는 물. 중세어형은 'ᄉᆡᆷ믈'이다. 'ᄉᆡ다(>새다)'의 명사형 'ᄉᆡᆷ'과 '믈'로 분석된다.(ᄉᆡ+ㅁ+믈→ᄉᆡᆷ믈>샘물) 샘을 고구려어로 *ər[泉(천)]이라 하였다. 이는 신라어 nal-奈乙[蘿井]과 동일한 것으로 보인다. ər[얼]은 n-어두음이 탈락한 형태다. nal(날)은 '나다[出]'와 동근어로 出水(출수) 즉 泉(천)을 뜻한다.

'샘(<ᄉᆡᆷ)'에서 sɐi-(새)와 동원어인 nal-(날)은 *sɐr-(살)로 재구(再構)되며, 새다(<ᄉᆡ다[漏(루)])와 동근어다. 흘러나온다는 뜻의 'ᄉᆡᆷ, ᄉᆡ옴'은 'ᄉᆡ다'의 명사형이고, 어근은 '사이'의 옛말 'ᄉᆞᆺ>ᄉᆞᅀᅵ'다. 샘물은 돌 틈 사이에서 콸콸 '새어 나오는 물'을 뜻한다. 샘은 생명력(生命力)을 상징한다. ¶ 샘물 한 모금으로 목을 축이다. ☞ 물

샛바람 동쪽에서 불어오는 바람. 동풍(東風). 샛바람은 'ᄉᆡ[東(동)]+ㅅ(사잇소리)+ᄇᆞᄅᆞᆷ'으로 분석된다. 여기서 'ᄉᆡ'는 새벽의 '새-'와 같은 의미로 동쪽을 가리키는 토이기어 šark[東]와 대응된다.(*šark>sar>sai>sɛ) 15세기 문헌 <금강경삼가해>에 '塞ᄉᆡᆼᄂᆞᆫ 東녁 北녁 ᄀᆞᅀᅵ라'라 하였다. 결국 샛바람은 '동녘바람'을 이르는 말이다. 동남풍(東南風)을 '샛마', 북동풍(北東風)은 '높새'라고 한다. [샛바람에 게눈 감기듯] 몹시 졸린 모양을 이르는 말. ☞ 새벽, 바람

샛별 새벽에 동쪽 하늘에서 반짝이는 금성을 이르는 말. 계명성(啓明星). 신성(晨星). 효성(曉星). 중세어형은 '새별'이다. 샛별에서 '새(<ᄉᆡ)'는 샛바람에서와 같이 동쪽을 가리킨다. 새벽녘 동쪽에 보이는 '동쪽별'이 샛별이다. 이 별이 저녁 무렵 서쪽에서 보일 때는 '개밥바라기'라고 한다. 새로 발견되는 별(새별)과 혼동을 피하기 위하여 '샛별(←새+ㅅ+별)'이라고 표기한다. ¶ 샛별같이 빛나는 눈동자. ☞ 별

생기다 전에는 없던 것이 있게 되다. 사람에게 어떤 마음이 있는 상태가 되다. 일이 벌어지다. '생기다'는 '(짚신을) 삼다[作(작; 만들다. 짓다)]'의 사동형(使動形) '삼기다(태어나다. 만들어내다)'가 비음화(鼻音化)와 한자 生起(생기)에 이끌리면서 어형이 굳어진 말이다.(삼다>삼기다>상기다>ᄉᆡᆼ기다>생기다) ¶ 돈이 생기다. 중대한 일이 생기다. ☞ 삼다

생때같다 몸이 튼튼하여 통 병이 없다. '생(生)+대(대나무)+같(다)+-다'로 분석된다. <조선어사전(문세영)>에 '생대같다'가 나온다.(생대같다>생때같다) 어원적 의미는 '생기가 왕성한 대나무와 같다'다. ¶ 생때같은 자식을 잃다. 죽기는 왜 죽어, 생때같이 살아만 있단다.

생인손 손가락 끝에 종기가 나서 곪는 병. <준> 생손. '生(생)+앓(다)+ㄴ+손'으로 분석된다. 18세기 문헌 <역어유해보>에 'ᄉᆡᆼᄒᆞᆫ손[惡指(악지)]'이 나온다. '생안손'은 사투리다.(ᄉᆡᆼᄒᆞᆫ손>생안손/생인손) 어원적 의미는 '생으로 앓는 손'이다. 발가락 끝에 나는 종기는 '생인발'이라고 한다. ¶ 생인손을 앓다. ☞ 손

생재기 종이나 피륙 따위의 흠집이 없는 성한 곳. '生(생)+作(작)+이'로 분석된다. <대한매일신보(1909)>에 '생작이'가 나오고, <조선어사전(문세영)>의 올림말은 '생자기'다.(생자기>생재기) ◇ 생재기(가) 미다 – 생재기가 뚫어지거나 찢어져 구멍이 나다.

생쥐 쥣과의 젖먹이동물. 생쥐는 사투리인 새앙쥐의 준말로 '새앙+쥐[鼠(서)]'로 분석된다.(*ᄉᆡᆼ앙쥐>새앙쥐/생쥐) 새앙은 '작음'을 비유하는 말이다. 생쥐의 어원적 의미는 '새앙처럼 아주 작은 쥐'다. [생쥐 볼가심할 것도 없다] 아무 먹을 것도 없이 매우 가난하다. ☞ 새앙

생철 안팎에 주석을 입힌 얇은 철판. 아연판(亞鉛板). 통조림통이나 난로의 연통 등에 쓰이는 재료다. '생철'은 서양에서 들여온 쇠라는 뜻으로 '서양철(西洋鐵)'이 발음이 줄어든 말이다. 이와 같이 개화기 때 들어왔거나 '재래의 것이 아니고

외래의 것'을 뜻하는 서양의(western) 준말 '양(洋)-' 이 붙는 낱말에 '양궁, 양복, 양장, 양말, 양은, 양동이, 양재기(洋瓷器), 양철(洋鐵), 양배추, 양잿물, 양회' 등이 있다. '양-' 또는 '외(外-)'에 대립되는 의미로 '한(韓)-, 토종(土種)-'을 붙여 '한약, 한의사, 한화(韓貨); 토종꿀, 토종닭' 등으로 쓰인다.

서까래 지붕의 마룻대에서 도리 또는 보에 걸쳐서 지른 나무. 연목(椽木). 그 위에 산자를 얹고 진흙을 발라 이엉이나 기와를 인다. 어근 '서'의 중세어형은 '셔'다. 17세기 문헌 <박통사언해중간>에 '혀'가 나온다. 후대에 '셔(<혀)'와 '가래~갈래[派(파)]'가 결합하여 '셧가래(>서까래)'가 되었다. 가르다[分派]의 어근 '갈-'에 명사 파생 접사 '-애'가 결합된 어형이 '가래'다.(혓가래>혀ᄶᅡ래/셔ᄶᅡ래>서까래)

결국 서까래(椽)는 '지붕 위에 혓바닥처럼 늘어져 갈래갈래 갈라진 것'이란 뜻이다. 대들보는 '大(대)+들(다)+보(<봏)' 그리고 도리는 '돌+이'로 분석된다. ¶ 서까랫감으로 소나무를 베어 다듬다. 아버지는 우리 집안의 대들보이시다. ☞ 갈래

서껀 명사나 대명사 뒤에 두루 붙어 '여럿이 가운데 모두 섞이어 함께. 한데 어울려. -(이랑) 모두'의 뜻을 나타내는 보조사. '섞(다)[混(혼)]+어(어미)+ㄴ'으로 분석된다. '서껀'은 '다른데 섞여 들어가는'이란 뜻을 갖는 말이다. ¶ 배서껀 사과서껀 많이 먹었다. 동생서껀 왔다.

서낭 민간에서, 한 마을의 터를 지켜주는 서낭신이 붙어 있다는 나무. 한자어 '城隍(성황)'이 변한 말이다.(城隍→셩황>서낭) '서낭굿, 서낭단, 서낭당, 서낭상, 서낭신, 서낭제' 등으로 쓰인다. ¶ 서낭에 가서 빌다.

서랍 책상 · 장롱 · 경대 · 문갑 따위에 붙어, 앞으로 빼었다 끼었다 할 수 있게 만들어 여러 가지 물건을 담는 상자. 빼닫이. 18세기 문헌 <역어유해보>에 '셜합'이 나온다. 이는 한자어 舌盒(설합)이 발음이 변한 말이다. '어원적 의미는 '혓바닥처럼 빼었다 넣었다 하는 그릇'이다. ¶서랍을 열다/ 닫다.

서리 → '이슬' 참조

서방 남편 또는 사위(딸의 남편)를 그 성과 아울러 부르는 말. 중세어형은 '셔방'이다. 서방은 '싀[新(신)]'와 '-뱅이'로 분석된다. '-뱅이'는 '가난-뱅이, 게으름-뱅이'에서와 같이 사람을 가리키는 접미사다. 어원적 의미는 '(집안에 들어오는) 새 사람'이다.

한편 남자를 뜻하는 '손[丁 · 雄]'에 '방(房)'이 결합된 '식방', 글공부하는 방[書房(서방)] 또는 옛날 장가를 들면 신랑을 위한 신방이 서쪽에 있다고 하여 서방(西方), 서(婿)에 방(사람)으로 보는 설도 있다. '서방(<셔방)'은 장인이나 장모가 사위를 부를 때 김 서방이니 이 서방이니 하는 호칭어다. '깎은-서방님'은 '매끈하고 말쑥하게 차린 젊은이'를, '샛-서방'은 남편 몰래 관계를 맺고 있는 남자를 이르는 말이다.

서울 한 나라의 정부가 있는 곳. 우리나라 수도의 이름. 중세어형은 '셔블'이다. 고대 국어 斯羅(사라), 新羅(신라)와 동일어인 '서라벌'이 '徐羅伐(지금의 경주)>徐耶伐>徐伐/所夫理>셔블>셔울>서울'로 변천 과정을 거쳤다. 徐羅伐(서라벌; 金城)은 몽골어 sara[月], 드라비다어의 cervu(도시), 터어키어 sehir(도시)/serir(王座)/šerif(저명한 도시)와 비교 가능하다. '서울(<셔블)'에서 '서'는 '東 · 曙 · 新 · 金[쇠]' 또는 '솔(<수리; 으뜸, 꼭대기)'의 변이형태며, '울(<벌/부르)'은 벌판, 들판, 마을을 뜻하는 말이다.

서울은 원래 수도(首都)를 일컫는 보통명사였으나, 해방 직후부터 고유명사로서의 행정구역 이름으로 '서울'이 되었다. '서울-까투리'는 수줍어하는 기색이 없는 사람을, '서울-깍쟁이'는 시골 사람이 서울 사람의 까다롭고 인색한 모양을, '서울내기'는 서울에서 태어나 자란 사람을 비유하는 말이다. [서울 사람은 비만 오면 풍년이란다] 농사일에 대하여 전혀 모르는 사람을 비웃는 말. ¶ 서울은 우리나라의 수도(首都)다. ☞ 새벽, 소나무

서투르다 일에 익숙하지 못하다. 낯이 익지 않아서 어색하고 서먹하다. 중세어형은 '설우르다'다. '설-'은 살다[生(생)]와 음운이 교체된 '설다[未熟(미숙)]'의 어근으로 '익지 않은 상태'를 뜻한다. '설우르다'가 후대에 거센소리 /ㅌ/이 끼어들어 '서투르다'로 변천된 것은 일종의 강화(强化) 현상이다. '-우-'는 접사, '-르다'는 용언에 두루 보이는 어말어미다.(설+우+르다→설우르다>서투르다/서툴다)

부사 '서털구털(언행이 침착하거나 단정하지 못하여 어설프고 서투른 모양)'도 '서투르다'의 어근이다. [서투른 무당이 장구만 나무란다] 능력이 부족한 사람이 자신의 능력은 모르고 도구만 탓한다는 말. ¶ 일이 서투르다. 서털구털 지껄이다.

석쇠 고기나 생선 따위를 굽는 데 쓰는 기구. 적철(炙鐵). 적쇠. 17세기 문헌

<역어유해>에 '섯쇠'가 나온다. '섯(다)+쇠[鐵(철)]'로 분석된다. '섯'은 '섯돌다(섞어 돌다), 섯듣다(섞어서 떨어지다), 섯몯다(섞어 모이다)'와 같이 섞다(<섯ㄱ다[交 · 混])의 어근이다. 석쇠의 어원적 의미는 '철사를 엮은 것'이다. '석쇠구이, 석쇠무늬(격자 모양의 무늬)'로 쓰인다.

석자 철사를 그물처럼 엮어서 바가지 모양을 만들어 긴 손잡이를 단 조리 기구. 튀김 따위를 건져내는데 쓰임. 16세기 문헌 <훈몽자회> 표기는 '석쟈'고, <역어유해>에는 '섯쟈[漏杓(누표)]'로 나온다. '석(다)+-쟈(접미사; 子)'로 분석된다. 어근 '석'은 '섞다'을 가리키는 말이다. 석자의 어원적 의미는 '엮은 것'이다. ¶ 노랗게 익은 새우튀김을 석자로 건져내다.

선- 일부 명사나 동사 앞에 붙어 '충분하지 못하게. 덜된. 서툰'의 뜻을 더하는 말. '선-'은 설다[미숙(未熟)]의 어근 '설-'에서 /ㄹ/이 탈락하고 관형사형어미 '-ㄴ'이 결합된 꼴로 '서투르다. 불충분하다'는 뜻이다. 이형태에 '서-, 선-, 살-'이 있다. '설다'는 살다[生(생)]와 모음교체된 동근어다. '서투르다; 선부르다(솜씨가 설고 어설프다); 선머슴, 선멋, 선무당, 선소리, 선웃음, 선잠' 등으로 쓰인다. ☞ 설다

선반 벽에 매어서 물건을 얹어 두는 널빤지. 한자어 '懸盤(현반; 널빤지를 매닮)'이 발음이 변한 말이다.(현반>선반) '선반-턱'은 선반 가장자리에 따로 붙인 나무를 이른다. ¶ 부엌 선반. 선반 위의 꿀단지. 그릇 따위를 얹어 놓기 위하여 부엌 벽에 드린 선반을 '살강'이라고 한다.

선비 학식과 인품을 갖춘 사람에 대한 호칭. 자존심이 대쪽같이 강하면서 어질고 순한 사람. 중세어형은 '션빈'다. <계림유사>에 士日進[siən; 션]이라 하였는데 나중에 '빈'가 덧붙은 것으로 보인다.(션빈>션븨>선비) 선비[儒 · 士]는 先(선) · 仙(선) · 善(선)과 夫[비](居柒夫, 異斯夫에서 夫는 宗의 뜻)의 합성으로 보기도 한다.

한편 '선'을 몽골어 sait(어질다)의 변형인 sain과 연관되고, '빈'는 몽골어 및 만주어에서 '지식이 있는 사람'을 뜻하는 '박시'의 변형인 'ᄇᆞ이'에서 온 것이라는 풀이도 가능하다. 선비 정신은 우리 민족의 자존심을 지켜 온 전통 사상이다. [선비 논 데 용 나고, 학이 논 데 비늘이 쏟아진다] 훌륭한 사람의 행적이나 착한 행실은 반드시 좋은 영향을 끼친다는 것을 비유한 말.

선지 짐승을 잡아서 받은 피. '선지피'는 피[血(혈)]를 뜻하는 말끼리 겹친 것이다.

선지[鮮血(선혈)]에서 '선(鮮)'은 신선하고 깨끗하다는 뜻의 수식어다. '피'는 '지/디'와 이음동의어다.(선디>선지) 만주어 seŋgi[血]는 우리말 '선지'와 가까운 말이다. 몽골어 čisun[혈액]은 우리말 '지', 일본어 či와 일치한다. '선짓국'은 선지와 풋배추 데친 것 등을 뼈 곤 국물에 넣고 간을 하여 끓인 국이다. ☞ 피

섣달 음력으로 한 해의 마지막 달. 섣달은 '설[元旦·臘(납)]+ᄃᆞᆯ[月]'로 분석된다.(설+ㅅ+ᄃᆞᆯ→섨ᄃᆞᆯ>섯ᄃᆞᆯ>섣달) <이두편람>의 '夏正以正月 殷正以 十二月'과 같이 중국 은나라에서는 12월이 정월이었다는 기록으로 보아, 여기에서 섣달이 유래된 것으로 보인다. 어원적 의미는 '설이 들어 있는 달'이다.

설날의 하루 전날인 '까치설'은 '작은설'을 뜻하는 말이다. '까치'는 원래 '아츤(작은)'인데, 기쁜 소식을 전하는 새인 '까치'에 발음이 이끌려 변한 말이다. [섣달 그믐날 개밥 퍼 주듯] 시집을 못 가고 해를 넘기게 된 노처녀가 홧김에 개밥을 푹푹 퍼준다는 뜻으로, 무엇을 너무 많이 헤프게 퍼주는 경우를 비유적으로 이르는 말. ☞ 살[1], 달

설거지 음식을 먹고 난 뒤의 그릇 따위를 씻는 일. 여기 저기 널려 있는 물건 따위를 거두어 치우는 일. 수습(收拾)하는 것을 '걷다'라 하는데, 동의어 '설다[收拾(수습)]'에 결합하여 '설겆다(설거지하다)'라는 낱말을 파생시켰다. 후에 /ㄹ/ 아래에서 /ㄱ/이 탈락되면서 '설엊다, 서릇다/서릇다'로 변하여 지금은 '설거지하다'로 된 말이다. 이와 달리 '설'을 물[水]이라 하여 '걷다'와 합성어로 보기도 한다. 튀르크어의 어근 sul은 '물'을 뜻한다.(설+걷+이→설거지)

'비-설거지'는 비가 오려고 할 때 물건들을 비에 맞지 않게 거두거나 덮거나 하는 일을 뜻하는 말이다. ¶ 음식 솜씨는 상차림에 나타나지만 인간 됨됨이는 설거지에 나타나는 법이다. ☞ 이슬

설기 쌀가루를 고물 없이 시루에 찐 떡. 밤·대추 등 고명을 두어서 찌기도 한다. 한자어 雪餻(설고)에서 온 말이다. 17세기 문헌 <역어유해> 표기는 '셜교'다.(셜교>설기) 어원적 의미는 '눈처럼 흰 떡'이다. '설기떡; 꿀설기, 무설기, 백설기(白), 쑥설기, 콩설기' 등으로 쓰인다.

설다 밥이 채 알맞게 익지 아니하다. 열매가 덜 익다. 경험이 없어 서투르다. 서먹서먹하거나 어색하다. 중세어형도 오늘날과 같다. '설다'는 '살다'와 모음이 교체된 동근어다. 살아 있다는 것은 숨죽지 않은 선도(鮮度)있는 상태를 말한다. '설다~살다'는 생물이 죽은 상태와는 정반대의 의미로 生(생)·新(신)·鮮(

선) · 未熟(미숙)을 뜻한다. '설다'의 반의어 '익다'는 날것이 뜨거운 기운을 받아먹을 수 있게 된다는 의미다. ¶ 밥/ 잠이 설다. 낯설고 물 설고 산 설다.

설렁 처마 끝에 매달아 놓고 사람을 부를 때 흔들어 줄을 잡아당기면 소리를 내는 방울. 한자어 懸鈴(현령)이 '설렁'으로 발음이 변하여 굳어진 말이다.(현령>설령) 설렁의 어원적 의미는 '매달린 방울'이다. '설렁-줄'은 설렁을 울릴 때 당기는 줄이다. ¶ 팔순 노모는 일이 있을 때마다 설렁줄을 당겨 자식의 시중을 받았다.

설렁탕 소의 뼈나 머리, 내장 따위를 푹 삶은 국. 설렁탕은 선농단(先農壇) 또는 몽골어 [술루(수라)], 만주어 [sille]에 한자어 탕(湯)이 결합된 것으로 보는 설이 있고, 국물이 끓는 소리를 나타내는 말 '설설'과 관련된 것으로 보기도 한다.(셜넝탕>설렁탕)

설레기 가벼운 낚싯봉을 달거나 아예 달지 않고, 낚시를 물살에 떼밀리어 가게 하여 물고기를 낚는 방법. '설레(다)+-기'로 분석된다. 어근 '설레'는 '가만히 있지 않고 자꾸 움직이는 행동이나 현상'을 뜻한다.

'설레-발'은 몹시 서두르며 부산하게 구는 행동을 뜻하는 말이다. '뒤-설레'는 서두르며 마구 수선스럽게 구는 일이다. ¶ 강에서 설레기로 은어를 낚는다. 어린아이들 설레에 넋이 다 나갔다. 가슴이 설렌다. 설레발을 떨다.

설마 되묻는 말에 함께 쓰이어 '아무리 그러하기로'의 뜻을 나타내는 부사. 중세 어형은 '현마'다. '현+마'로 형태 분석된다.(현마>혈마>*셜마>설마) '현'은 '얼마만큼의 수'를 의미하는 '몇(<몃[幾(기)])'과 동의이음어로 쓰이다가 없어졌다. '마'는 정도(程度)나 양(量)의 뜻을 가진 명사로 지금의 비교부사격 조사 '만큼, 만치'의 옛말이다. '현마'와 '몃마'는 '얼마'의 뜻으로 같이 쓰이던 중세어이다. /ㅎ/이 /ㅅ/으로 음운교체된 설마(<현마)의 어원적 의미는 '얼마. 아무리'다. [설마가 사람 죽인다] '설마 그럴 리야 없겠지' 하는 믿음이나 방심의 결과 크게 낭패를 본다는 말.

설면하다 자주 못 만나 좀 설다. 사이가 정답지 않다. '설(다)+면(面; 낯. 얼굴)+하(다)+다'로 분석된다. 어원적 의미는 '낯이 설다'다. '설면설면'은 사이가 정답지 아니하고 서먹서먹하거나 어색한 모양을 이르는 말이다. ¶ 다른 사람들이 나를 설면하게 대하는 것이 분하였다. ☞ 설다

설빔 설을 맞이하여 몸을 단장하기 위한 새 옷 · 신 따위. 설[元旦(원단)]과 '빔'의

합성어다. '빔[1]'은 동사 '빗다~비ᄉᆞ다(아름답게 하다. 꾸미다. 곱게 단장하다)'의 명사파생형으로 '빗음>비ᅀᅳᆷ>빔'으로 어형이 변한 말이다. 어근 '빗'은 빛과 동근어로 보인다. '눈비음/눈빔(남의 눈에 들기 위하여 겉으로만 꾸미는 일), 단오빔, 명절빔, 생일빔, 옷빔, 입빔(입을 꾸미는 일), 추석빔' 등으로 쓰인다. ¶ 설날 아침 설빔차림으로 새해 인사를 다니다. ☞ 살[1]

설탕 흰 가루사탕. 사당(砂糖)이 '사탕'으로 음운 변화가 일어난 것과 같이 한자어 屑糖(설당), 雪糖(설당)의 발음이 거센소리로 변하여 '설탕'이 되었다.(설당>설탕) '설탕'은 눈[雪(설)]과 같이 희고 단맛이 나는 가루사탕이다. ¶ 설탕의 과다한 섭취는 각종 질병을 유발한다.

설피다 짜거나 엮은 것이 성기고 거칠다. <작> 살피다. 중세어형은 '설픠다/설피다)'다. '설(다)+-브다(접사)'로 분석된다. '설핏설핏 · 살핏살핏(여기저기 성기고 거친 모양), 설피창이(거칠고 성기게 짠 피륙), 설핏 · 살핏하다'로 쓰인다. ¶ 이 베는 너무 설피다. ☞ 어설프다

섬 사면이 물로 둘러싸인 작은 육지. 주위와 관계없는 좁은 땅을 비유하기도 함. 중세어형은 '셤'이다. '셤'은 단모음화되어 '섬'으로 되었다. '섬[島(도)]'은 '뭍~ᄯᅡㅎ'와 동원어로 보인다. 바다에서 육지를 '땅-덩이'로 인식하듯이 '섬'을 보고도 땅덩어리라고 하였을 것이다.

중세어 '셤[syəm]'은 고대 일본어 [sima]와 형태나 의미가 동일하다. 제주도의 옛 이름 '耽羅(탐라)'와 일본의 섬 이름 '對馬(대마)'는 오늘날 '섬(<셤)'의 고대음으로 보인다.(təmna/tamna>tiəma>syəm>səm) <일본서기>에 百濟人呼此嶋(sima) 日主嶋(nirimu sema)이라는 기록이 있다. 백제인이 그 섬을 主嶋 즉 nirimu sema로 불렀다는 것이다. nirimu의 nim은 '임금'을 뜻하는 말이며, sema는 우리말 '섬'이다.

성가시다 자꾸 들볶아 귀찮거나 괴롭다. 중세어형 '셩가ᄉᆡ다'는 '파리하다, 초췌하다'의 뜻으로 쓰였으며, '셩(性)+가ᄉᆡ다(변하다)'로 분석된다. 어원적 의미는 사람이나 사물의 '본바탕이 변하다'다. 오늘날 '귀찮거나 괴롭다'로 의미가 변하였다. ¶ 몸이 아프니까 만사가 귀찮고 성가시다.

성냥 나뭇개비 한 쪽 끝에 유황(硫黃)을 묻혀 그 끝을 그어대면 불꽃이 일어나 불이 옮겨 붙게 한 물건. 돌처럼 단단한 유황인 石硫黃(석류황)이 [셕뉴황]으로 발음되었다. 그 후 '셕류황>셕뉴황>성냥'으로 비음화(鼻音化)되어 오늘날 고유

어처럼 쓰이고 있다. 일부 지방에서는 성냥을 당성냥 또는 당황(唐黃)이라고도 한다. 요즘은 성냥 대신 가스라이터를 많이 사용하고 있다.

섶 누에가 올라가 고치를 짓도록 마련한 짚이나 잎나무. 15세기 문헌 <훈민정음 해례>에 '섭[薪(신)]'으로 나온다. '섶나무, 섶다리; 거섶, 길섶, 눈썹, 울섶(울타리 재료로 쓰는 나무), 풀섶' 등이 '숲'의 뜻을 지닌 말이다. [섶을 지고 불로 들어가려 한다] 화를 자청하는 어리석은 행동을 하려 함을 조롱하는 말. ☞ 수풀

세다¹ 수효를 헤아리다. '셈[算(산)]'은 중세어 '혜다(생각하다. 계산하다)'의 명사형 '혬'이 '형님(성님), 힘(심)'의 경우처럼 '셈'으로 발음이 변한 것이다.(혜다>세다) '셈-들다, 셈-평(이익을 따져 셈을 쳐 보는 생각); 달-셈(한 달을 단위로 하는 셈), 부엉이-셈, 엇-셈[相殺(상쇄)], 품-셈' 따위로 쓰인다. ¶ 돈을 세다. ☞ 헤아리다

세다² 머리털이 희어지다. 얼굴의 핏기가 없어지다. '희다[白(백)]'가 변한 말이다.(히->희~새-/세-; 희다>세다) '센둥이(털빛이 흰 개), 센머리, 센털'로 쓰인다. ¶ 머리가 세다. 얼굴은 세었어도 눈은 빛난다. ☞ 희다

세로 위에서 아래로 나가는 방향. 또는 그 길이(로). ↔ 가로. 중세어형은 ':셰[縱(종)]'다. 이는 '셔(다)[立]+이(접사)'로 짜인 말이다. '셰(다)+로(부사격조사)'로 분석된다. 세로의 어원적 의미는 '서 있는'이다. '세로-결, 세로-글씨, 세로-금, 세로-줄, 세로-지다; 가로세로' 등으로 쓰인다. ¶ 세로로 쓴 글씨. 나무를 세로로 켜다.

셋 둘에 하나를 더한 수. 삼(三). <계림유사>에 三曰酒斯乃切[sai], <조선관역어>에는 三 色二[səi]라 하여 [사이~사히~서이]는 사투리 '세, 서이, 스이' 등과 발음이 비슷하였음을 알 수 있다.(서>새>세>셋) '셋'은 <삼국사기>의 기록을 보면 三峴縣一云密波衣에서와 같이 密(밀)이라 하였다. 또한 悉(실/신; 三陟을 悉直), 推[밀]도 보인다.

일본어 [mi, mitu]는 우리말이 일본으로 건너간 것으로 보인다. 셈을 할 때 하나, 둘 다음에 가운데 손가락을 구부려 셋[三]을 센다고 하여 어원을 사이[間]의 옛말 'ᄉᆞᆺ(ᄉᆞᅀᅵ)'에서 나왔다고 보기도 한다. ¶ 한국인은 셋이라는 숫자를 좋아한다.

소¹ 소과(科)의 동물. 중세어형은 '쇼'다. <계림유사>에 牛曰燒[ʃiau]라 하여 고려

말은 중세어를 거쳐 현대어와 일치함을 알 수 있다. <삼국사기> '牛岑郡 一云牛嶺 一云首知衣'에서 소[牛(우)]를 [首(수)]라고 하였다. 오늘날의 [소]와 유사한 발음이다.(sijo>sjo>so)

'소'는 아라비아말 puker 몽골어 üker와 비교 가능하며, 퉁구스어 suon-kan(송아지를 낳는 때)과 대응한다. 일본어 usi[牛]는 si의 어두에 모음이 첨가된 어형으로 [si]가 우리말 '소'와 관계 있는 듯하다. 송아지(<쇠야지)는 '소의 새끼'다. [소 닭 보듯 닭 소 보듯] 전혀 상관이 없다는 듯이 관심을 보이지 않는 태도를 두고 하는 말. [소도 언덕이 있어야 비빈다] 의지할 데가 있어야 무슨 일을 할 수 있다는 말.

소² 송편 · 만두 따위를 만들 때, 익히기 전에 속에 넣는 여러 가지 재료. 통김치 · 오이소박이 속에 넣는 여러 가지 고명. 17세기 문헌 표기도 오늘날과 같다. '소'는 속[內(내) · 裏(리)]에서 /ㄱ/이 탈락한 말이다. '솟거리, 솟국; 김칫소, 밤소, 콩소, 팥소' 등으로 쓰인다.

소가지 '마음속[심성(心性)]'의 속된 말. 소갈딱지. 소갈머리. '속+-아지'로 분석된다. ◇ 소가지(를) 내다 - '성을 내다'를 속되게 이르는 말. ¶ 소가지가 못됐다. ☞ 속

소금 음식의 간을 하는 데 쓰이는 짠맛이 나는 결정체. <계림유사>에 鹽曰蘇甘(염왈소감)이라 하였다. 중세어형은 '소곰'이다. 짠맛이 속성인 소금은 '짜다(<ᄧᆞ다;鹹), 짭짤하다'와 동원어다. 몽골어 dabusu(소금)의 busu가 'ᄧᆞ'와 일치하는 것으로 보이며, '쓰다(<ᄡᅳ다[苦])'와 '짜다'가 미분화된 미각 상태에서 같은 의미로 쓰였을 것으로 추정된다.(pčɐ-~psɨ-) 몽골어 šortai(소태), šor. šorbi(짠), šorbok, šorbak(간, 소금기)과 우리말 '소태 같다(맛이 몹시 쓰다)'는 대응된다. '소태'는 소태나무의 준말이다. 약재로 쓰이는 나무의 껍질 맛이 매우 쓰다는 데서 붙여진 이름이다. 한편 간(짠맛의 정도), 간장의 [간]은 일본어 siho-karai(짜다)와 비교 가능하다.

소금의 상징적 의미는 생명, 영속, 혼, 지혜다. [소금 먹은 놈이 물켠다] 일에는 반드시 그렇게 된 까닭이 있다는 말. ¶ 배추를 소금으로 절이다. 앓고 난 뒤라 입맛이 소태 같다.

소나기 갑자기 세차게 쏟아지다가 그치는 비. 소나기처럼 마구 퍼붓는 일을 빗대어 이르는 말. 중세어형은 '쇠나기'다. '쇠(몹시. 심하게)+나(다)[出]+-기(명사형

어미)→쇠나기>소내기/소나기'로 분석되며 어형이 변하였다. 어원적 의미는 '몹시 내리는 것'이다. '쇠'의 어근 '소'는 옛말 '솓다[覆(복; 뒤집다)], 소다내다, 소다디다(>쏟아지다)'와 동근어다. 소낙비는 '소나기 비'가 줄어든 말이다. '소나기-밥, 소나기-술'은 밥이나 술을 보통 때는 조금 먹다가 갑자기 많이 먹는 것을 이르는 합성어다.

한편, 소나기를 '소[牛]+나기[賭(도)]'로 보는 것은 민간 어원설이다. ¶ 갑자기 천둥 번개가 치더니 소나기를 퍼부었다.

소나무 소나뭇과에 속하는 상록 침엽 교목. 중세어형은 '솔, 소낡ㄱ, 소나모'다. '솔'은 산의 꼭대기를 의미하는 '수리'가 변한 고유어로 '으뜸, 꼭대기, 우두머리'란 뜻이다. '수리'는 '정(頂)-수리, 수리, 독수리(<독쇼리)'와 동근어며, 중세어 '수늙[嶺 · 頂]'과 통하는 말이다. '소나무(←솔+나무)'의 어원적 의미는 '우뚝 솟아 높이 자라는 나무'다.

<삼국사기>에 나오는 松山縣 本高句麗 夫斯達縣은 솔[松(송)]을 夫斯[부시~붓]이라 하여 중세어와 큰 차이를 보인다. '봇'은 樺(화; 자작나무)를 뜻하는 중세어다. 소나무는 지조, 절개, 불사(不死)를 상징한다.

'솔가리, 솔가지, 솔따비, 솔바람, 솔방울, 솔보굿(소나무의 껍질), 솔숲, 솔잎, 솔포기; 잔솔' 등으로 쓰인다. [솔 심어 정자라] 앞날의 성공이 까마득함을 비유하여 이르는 말. ☞ 나무

소댕 솥뚜껑. 가운데가 볼록하게 솟고 복판에 손잡이가 붙어 있다. '솥/솓[鼎(정)]+-앙/앵(접사)'으로 분석된다. '솥'은 중세어형과 같다. '솥'은 쇠[鐵(철)]와 동원어다. '소댕-꼭지'는 소댕의 바깥쪽 한가운데 있는 손잡이를 말한다. 솥뚜껑을 사투리로 '소당뚜껑'이라고 한다. [자라 보고 놀란 가슴 소댕 보고 놀란다] 무엇에 놀라면, 그와 비슷한 것만 보아도 겁이 난다는 말. ¶ 낯이 소댕처럼 뜨겁다. ☞ 솥

소름 춥거나 무섭거나 징그러울 때에 피부에 좁쌀같이 돋아난 것. 중세어형은 '소홈'이다. '소(ㅎ)+-옴(접사)'으로 분석된다. 어근 '소(ㅎ)'는 돌출 개념어 '돋다'에서 발달한 '솟다[湧(용)]'의 어근이다. 어원적 의미는 '솟아 돋은 것'이다. (솓다~돗다→소홈>소오롬>소름) ¶ 오싹 소름이 끼치다.

소소리 허공에 높이 우뚝 솟는 모양. '솟(다)+오르(다)+이'로 분석된다. 소소리의 어원적 의미는 '솟아오름'이다. '소소리-높다'는 하늘로 솟은 모양이 우뚝하게

높다는 말이다. ¶ 소소리 뻗은 나무숲. 소소리 높은 산봉우리. 소소리 솟은 벼랑.

소수 몇 냥, 몇 말, 몇 달에 조금 넘음을 나타내는 말. '솟(다)[湧(용; 치솟다)]+우(접사)'로 분석된다. '소수나다/솟나다(농작물 소출이 늘다); 말-소수(한 말 남짓); 달-소수, 해-소수(한 해가 좀 지나는 동안)' 등으로 쓰인다. 소수의 어원적 의미는 '솟아 넘침'이다. ¶ 한 말 소수. 집을 짓는 기간이 여섯 달 소수 걸렸다. 그 밭에서는 해마다 참외가 소수난다.

소쿠리 얇고 가늘게 쪼갠 대나 싸리로 한쪽이 트이게 결어서 만든 그릇. 18세기 문헌 <물보>에 '속고리'가 나온다. 이는 '솔(다)[細(세)]+고리[栲(고; 고리버들)]'로 분석된다.(*솔고리>솟고리/속고리>소쿠리) 어원적 의미는 '작은 고리짝'이다. 대로 만든 소쿠리를 '대-소쿠리'라고 한다. ¶ 음식을 소쿠리에 담다.

속 일정하게 둘러싸인 것의 안. 13세기 문헌 <향약구급방> 黃芩 所邑朽根草에서 '所邑[솝]'이 나온다. 중세어형은 '솝/속'이다. '속'은 내포(內包) 개념어로 안[內], 속[裏(이)], 알맹이를 뜻한다. '솝'이 자음의 이화작용에 의하여 '속'이 되었다.(솝>속) 이와 같은 음운 변화가 일어난 예로 '거북(<거붑), 북(<붑[鼓])' 등이 있다.(ㅂ>ㄱ)

속[內 · 裏 · 心 · 精(알맹이)]은 '속이 비었다. 속이 상하다. 속이 좁다' 등으로 쓰이는, 겉[表(표)]과 반대되는 개념어 참[眞(진)]의 뜻이다. '속'은 '속다/속이다[欺(기)]'와 동근어다. [속 각각 말 각각] 하는 말과 생각이 다르다. ¶ 그 사람은 속이 좁아 탈이다.

속곳 단속곳(여자의 바지 모양의 속옷)과 속속곳을 통틀어 이르는 말. 단의(單衣). '속곳'은 '속+곳'으로 분석된다.(속+ㅅ+것→속껏>속것>속곳) 속곳은 팬티(panties)의 순우리말이다. ☞ 속, 것

속삭이다 나지막한 목소리로 정답게 이야기하다. '속삭이다'는 속[內(내) · 裏(리)]으로 정답게 소곤거리는 소리를 나타내는 의성어 '속삭속삭'의 '속삭'에 '-이다'가 결합되어 동사로 전성된 말이다. '속삭이다'와 유사한 말에 '속삭대다, 속삭거리다; 속살대다, 속살거리다' 등이 있다. ¶ 연인끼리 다정하게 속삭이다.

속이다 거짓을 참으로 곧이듣게 하다. 중세어형은 '소기다'다. 속이다는 명사 '속[內 · 裏]'에 '-다'가 붙어 동사로 전성된 다음에 접사 '-이-'가 결합된 사동사다. '속'과 합성된 낱말에 '속말, 속셈, 속속들이, 속치레' 등이 있다. '소가지(←속

+아지), 소갈머리, 소갈딱지'는 '마음속'을 속되게 이르는 말이다.(속+이+다→소기다>속이다) ¶ 거짓말은 남을 속일 뿐만 아니라 자신을 속이는 짓이다. ☞ 속

속절없다 아무리 하여도 단념할 수밖에는 별도리가 없다. 바랄 것이 없다. 중세어형은 '쇽졀없다'다. '쇽(>속[裏(리)]+졀[切(절; 끊다)]+없(다)+다'로 분석된다. 어원적 의미는 '속마음을 끊을 수밖에 없다'다. 부사 '속절없이'는 '헛되이. 아무런 생각 없이'를 뜻한다. ¶ 속절없는 일. 속절없이 마음만 썩이다. 속절없이 세월만 흐른다.

손 팔목에 달린 손가락과 손바닥이 있는 자리. <계림유사>에 手曰遜[son=suən]이라 하였다. 향가의 표기 문자인 향찰도 '執音手(잡온 손), 兩手(두블 손)'으로 적고 있어 신라말과 고려말이 중세어를 거쳐 오늘날까지 같은 소리임을 알 수 있다. '손'의 평북 사투리는 '잡개(물건을 잡는 것)'다.

'덩굴-손'은 다른 물건을 감아서 자기 몸체를 버티는 실같이 가느다란 식물의 줄기다. '손'은 돌출(突出) 개념어 '돋다'와 대응 관계에 있는 '솟다[湧(용)]'에 어원을 둔 말로 '돋아나 잡는 것'이란 뜻이다.(돗->솟->손) '솑벽티다(>손뼉치다)'는 '손+ㅅ+壁(벽)+티다[拍(박)]'로 분석된다. [손 안 대고 코 풀기] 일을 매우 쉽게 함을 뜻하는 말.

손가락 손끝에 달린 다섯 개의 짧은 가락. 중세어형은 '손까락/손가락'이다. '손가락'은 손[手(수)]과 '가락'의 합성어다. '가락'은 '가르다[分 · 岐]'의 어간 '가르-'에 접사 '-악'이 결합된 말로 '손의 갈래'를 뜻한다. 단위성 의존명사 '가락'은 엿이나 가래떡처럼 기름하게 도막을 낸 낱개를 이르는 말이다.(손+ㅅ+가락→손ㅅ락>손ᄀ락>손가락) 숟가락(←술[匙(시)]+가락)과 젓가락(←젓[箸(저)]+가락)도 같은 형태의 합성어다. ¶ 남에게 손가락질 받을 만한 일을 결코 해서는 안 된다.

손겪이 손님을 대접하는 일. '손[客(객) · 賓(빈)]+겪(다)+이'로 분석된다. '겪다(<겻ㄱ다)'는 '당하여 치르다. 경험하다. 사람을 사귀어 지내다'를 뜻하는 동사다. '겪이(<겻기)'는 음식을 차리어 남을 대접하는 일이다. '놉-겪이'는 품팔이 일꾼(놉)에게 음식을 주어 일을 치러내는 일을 뜻하는 말이다. ¶ 집알이 손겪기를 하고 나니 몸살 기운이 있다. 놉(삯꾼)을 얻어 벼베기를 하다.

손꼽다 손가락을 꼽아 수를 세다. 많은 사람 중에 두드러지게 뛰어나다. 18세기

문헌 <역어유해보> 표기는 '손곱다'다. '손'과 '곱다'가 합성된 말이다. 된소리되기 현상이 일어나 '손꼽다'가 되었다. '곱다[曲(곡)]'는 원형어(圓形語)로 '구부리다, 꼬부리다'와 동근어다. 손가락을 구부리면서 셈을 하는 것이 '손꼽다[屈指·數]'다. 한편, '손이 곱다(시리다)'는 표현은 '손가락이 얼어 마음대로 움직이지 않는다'는 뜻이다. ¶ 그녀는 약혼식 날짜를 손꼽아 기다린다.

손님 딴 데서 찾아온 사람으로 예(禮)로써 맞아야 할 대상인 '손'을 높여서 이르는 말. 15세기 문헌 <월인석보>에 '客은 손이라'가 나온다. '손+님'으로 분석된다. '손 없는 날을 택하여 이사를 간다'는 말처럼, 원래 '손'은 귀신(鬼神) 또는 역병(疫病)을 뜻하였다. '손님-마마'는 '천연두나 별성마마'를 달리 이르는 말이다. 그런데 '대접받아야 할 사람. 상품을 사러 오는 사람'으로 뜻바꿈을 하였다. '단골-손님, 뜨내기-손님, 밤-손님(도둑), 큰-손님' 등으로 쓰인다. ◇ 손을 겪다 – 손을 접대하는 일을 치르다. 손을 보다 – 찾아온 손을 맞아 접대하다. 손을 치르다 – 잔치 따위 큰일에 즈음하여 손님을 접대해 내다. ¶ 손님이 곧 왕이다.

손뼉 마주 쳐서 소리 낼 때의 '손바닥(<손ㅅ바당)'을 이르는 말. 중세어형은 '손ㅅ벽(壁·甓)'이다.(손벽>손뼉) ◇ 손뼉을 치다 – 기뻐하고 좋아하다. ¶ 손벽도 부딪쳐야 소리가 난다.

손사래 어떤 말이나 사실을 부인하거나 남에게 조용히 하라고 할 때 손을 펴서 휘젓는 일. <준>손살. 손사래(<손ᄾᆞ래)는 '손+ᄾᆞ로/ᄉᆞᆲ[白]+애(접사)'로 분석된다. 'ᄾᆞ로다'의 중세어형은 'ᄉᆞᆲ다'고, 뜻은 말하다[謂(위)]다. 신라 향가 <도천수관음가>의 '祈以支白屋尸置內乎多(빌어 사뢰올)'에서 '白'의 훈(訓)인 'ᄉᆞᆲ-'은 '아뢰다, 사뢰다, 여쭙다'의 뜻이다.(손ᄾᆞ래>손사래) 오늘날 '白(아뢸 백)'은 경고문 끝에 '주인 백(주인 아룀)'으로 쓰인다. 손사래의 어원적 의미는 '손으로 말함'으로 곧 몸짓 언어를 가리킨다. ◇ 손사래를 치다 - 거절이나 부인을 하며 손을 펴서 마구 휘젓다.

손샅 손가락 사이. '손+샅'으로 분석된다. '샅'은 'ᄉᆞᆺ[間(간; 사이)]'이 변한 말로 '샃ㅎ(사타구니)'과 같은 말이다. [손샅으로 밑 가리기] 가린다고는 하였으나 다 드러나 보인다(하나 마나 한 행동)는 뜻. ☞ 사타구니

손수 남의 힘을 빌리지 아니하고 직접 자기 손으로. 자력(自力)으로. 중세어형은 '손소'다. 손과 부사화 접미사 '오(<소)'가 결합되어 유성음화가 일어나 어형 변화를 거쳤다.(손소>손오>손수) '제 몸으로 직접, 친히'를 뜻하는 '몸소(<몸소)'

도 동일 구조로 된 말이다. ¶ 할아버지께서 가구를 손수 만드셨다. ☞ 손

손아귀 엄지손가락과 다른 네 손가락과의 사이. 어떤 세력이 미치는 범위. '손+아귀'로 분석된다. '아귀-세다'는 손으로 잡는 힘이 세다를 뜻하고 '아귀-힘'은 손아귀에 잡고 쥐는 힘을 말한다. ◇ 손아귀에 넣다 – 제 것으로 만들다. ¶ 손아귀에 들어가다. ☞ 아귀[1]

손찌검 손으로 남을 때리는 일. '손+찍(다)+엄(명사형어미)'으로 분석된다. '찍다'는 연장으로 내리치거나 찌르다를 뜻하는 동사다. 어원적 의미는 '손으로 찍음'이다. '눈찌검'은 '눈짓'을 이르는 말이다. ¶ 걸핏하면 손찌검이다.

손톱 손가락 끝을 덮은 뿔같이 단단한 부분. 중세어형은 '소ᇧ돕'이다. '손'과 '톱(<돕)'이 합성된 말이다. '톱'은 돌출 개념어 '돋다, 돕다'와 동원어다. 목공의 연장인 '톱'은 톱니를 가지고 있어, 그 모양과 쓰임이 사람이나 짐승의 수족(手足)과 같다. '손톱'과 '톱'은 절단(切斷)의 기능이 있다. 톱은 위글어 tubi(톱뿌리)와 만주어 tüpa, hitahun의 tahu가 일치하는 것으로 보인다.(소ᇧ돕>ᄉᆞᇧ돕>손ㅅ돕>ᄉᆞᇧ돕>손돕>손톱)

'손톱'의 어원적 의미는 '손에 돋아난 것'이다. [손톱 밑에 가시 드는 줄은 알아도 염통 밑에 쉬 스는 줄은 모른다] 눈앞에 보이는 적은 이익에는 영리한 듯하나 당장 보이지 않는 큰 손해는 깨닫지 못한다. ◇ 손톱도 안 들어간다 - 사람됨이 몹시 완고하거나 인색하다. ☞ 손, 톱

솔 먼지를 떨거나 물감 따위를 칠하거나 할 때에 쓰는 도구. 중세어형도 오늘날과 같다. <훈몽자회>에서는 '솨ᄌᆞ(刷子)'로 적었다. ':솔'은 차용어 '솨ᄌᆞ'와 함께 쓰이다가 지금까지 이어진 고유어이며, 솔잎(<솔닙)이나 소나무 뿌리의 생김새에 유추된 말이다. '솔비, 솔질/하다; 가마솔, 구둣솔, 몽당솔, 옷솔, 잇솔(칫솔), 철솔' 등으로 쓰인다. ¶ 들러붙은 잔털을 솔로 털다.

솔개 수릿과의 새. '솔개미'라고도 한다. '소리개'는 비표준말이다. 중세어형은 '쇠로기'다. 이는 '쇠로(수리)+기(새)'로 분석된다.(쇼로기/소로기>솔개) 솔개의 어원적 의미는 '수리 새'다. '솔개-그늘'은 '아주 조그마한 그늘'을 이르는 말이다. '비오-비오'는 솔개의 우는 소리다. ☞ 수리

솔기 옷 따위의 두 폭을 꿰맬 때 맞대고 꿰맨 줄. <준> 솔. 17세기 문헌 <가례언해> 표기는 '솕'이다. '솔(다)+ㄱ+이'로 분석된다. '솔다[細(세) · 窄(착)]'는 '가늘다. 좁다'를 뜻하는 말이다. '곧은솔기, 곱솔, 꺾음솔(홑솔), 등솔기, 옷솔기' 등으로

쓰인다. ☞ 오솔길

솜 목화에서 실을 뽑아낸 섬유질로 이불이나 옷에 두어 보온(保溫) 구실을 하는 재료. 중세어형은 '소옴'이다. '소옴(>솜[綿(면)])'은 주로 누에고치를 이르다가, 차츰 목화에서 나온 부드럽고 폭신한 털을 가리키게 되면서 '플소옴, 픗소옴'이라고 하였다. '솜'은 중세어 '솝[裏(이)]'과 동원어다. '속'과 '솜'은 '무엇의 안[內]'을 뜻한다. 자음의 이화작용에 의해 '솝>속'으로 되었고, 다시 '소옴~솜'으로 어형이 변하였다.(솝>속~소옴>솜)

'솜털, 솜이불, 솜사탕, 솜방망이' 등의 합성어를 이룬 솜은 부드러운 느낌을 나타내는 말이다. 솜을 뜻하는 접두사에 '핫-(옷 따위에 솜을 두었음. 배우자를 갖추었음)'이 있다. '핫것, 핫두루마기, 핫바지, 핫반, 핫옷(<핟옷), 핫이불(<핟니블), 핫처네, 핫퉁이; 핫아비(아내가 있는 남자), 핫어미' 등으로 쓰인다. [솜에 채어도 발가락이 깨진다] 궂은 일이 생기려 들면 공교롭기만 하다는 말. ¶ 솜 누비옷. 헌솜을 틀어 이불을 만들었다.

솜씨 손을 놀려서 무엇을 만드는 재주. 어떤 일을 해 놓은 결과. '손+쓰[用(용)]+이→손쓰>솜씨'로 어형 변화가 일어났다. /ㄴ/이 /ㅂ/에 동화되어 '손>솜'이 되었다. 이와 같은 음운변화가 일어난 말에 '흔쁴>함께'가 있다. '쁴>씨'는 '그 상태나 태도'를 나타내는 접미사로 '맵시, 날씨, 글씨, 말씨, 발씨, 마음씨' 등에 널리 쓰인다. '손'은 물건을 잡는 것이고, 중세어 '쓰다'는 사용하다의 고유어다. 솜씨의 어원적 의미는 '손의 쓰임. 손재주'다. ¶ 솜씨를 마음껏 발휘하다. 음식 솜씨가 좋다. ☞ 손

솟대 마을에 높이 세워 신앙의 대상으로 삼는 긴 장대. '솓/삳[鳥(조)]~솟[湧(용)]+대[竿(간)]'로 분석된다. <위지동이전>에 '立蘇塗 建大木 以懸鈴鼓 事鬼神'이란 기록이 있다. 삼한 시대 천신(天神)을 제사 지내던 성스러운 장소인 소도(蘇塗)에 세운 기둥 '솟을 나무[立木(입목)]'를 '솟대'라 한데서 기원하는 말이다. 어원적 의미는 '새가 솟아오른 장대'다.

솟대 위의 새 형상은 주로 오리나 기러기다. 오리는 물을, 기러기는 계절풍을 상징하는 새로 농경문화와 밀접한 관계가 있다. 또한 하늘과 땅, 신과 인간을 이어주는 의미를 지닌다. 무당의 모자에 꽂은 새의 깃도 이와 관련이 있다. 솟대는 우리나라뿐만 아니라 몽골, 시베리아, 만주에 이르는 넓은 지역에 분포한다. ☞ 소름

송골매 맷과(科) 맷속(屬)의 새를 통틀어 이르는 말. 송고리(송골매를 사냥꾼들이 이르는 말). '송골+매'로 분석된다. 송골(<숑골)은 몽골어 sonqor[鷹(응)]에서 온 말이다. 송골매는 매를 가리키는 몽골어와 고유어가 겹친 합성어다. '매-두피(←매+둪/덮다+이)'는 닭의 둥우리처럼 생겨 매를 산채로 잡는 기구를 이르는 말이다. ¶ 매가 병아리를 낚아채다. '작은 매'를 '초고리'라고 한다.

송곳 구멍을 뚫는데 쓰는 연장으로 끝이 뾰족하고 자루가 달린 물건. 중세어형은 '솔옷, 솔옺'이다. '솔'과 '곳/곶'이 합성된 말이다. '솔(다)[細]+ㄴ(관형사형어미)+곳/곶→솔옷/솔옺>송곳'으로 어형이 변하였다. '솔~송'은 '솔잎의 바늘같이 뾰족하고 가늘다'란 뜻이다. '곳[串]'은 /ㄹ/ 아래에서 /ㄱ/이 탈락하여 '옷'이 되었다가 다시 '곳'으로 변하였다.(솔옷>송곳) 형용사 '솔다'가 '(폭이) 좁다'라는 뜻인 것은 <용비어천가>에 나오는 손돌[窄梁]의 기록으로 알 수 있다. 지금도 '바지통이 솔다, 저고리 품이 솔다'처럼 공간적으로 넓이가 아닌 너비(폭)의 뜻으로 쓰인다. 오솔길에서 '-솔-'은 가늘고 좁다는 뜻이다.

'송곳'은 본래 가늘고 뾰족한 것을 두루 일컫다가 지금은 쇠붙이로 만든 뾰족한 손도구만을 일컫는다. 합성어에 '송곳-눈, 송곳-니; 타래-송곳' 등이 있다. '동곳'은 상투를 튼 뒤에 그것이 다시 풀어지지 아니하도록 꽂는 물건을 이른다. [송곳으로 매운 재 끌어내듯] 하는 짓이 미련하여 보기에 답답하다는 말. [송곳 박을 땅도 없다] 땅이 조금도 없다, 사람이 많아 설 자리가 없다.

송진 살아 있는 소나무에서 나오는 액. 중세어형은 '솔ㆆ진, 소진'이다. 송진은 '솔[松]+진[脂(지)·膏(고)·液(액)]'으로 분석된다. '솔'은 소나무다. 의태어 '진득진득'에 어원을 둔 것으로 보이는 '진'은 '찐득찐득하고 끈끈한 액'이다. '소진'은 '솔+진'에서 /ㄹ/소리가 탈락한 꼴이며 '송진'은 한자 松(송)의 영향으로 어형이 바뀐 것이다.(솔진>소진>송진) 솔잎과 송진은 의약품 및 화학제품의 원료로 쓰인다. ☞ 소나무

송치 소의 뱃속에 든 새끼. 송치(<숑티)는 '송(아지)+-치'로 분석된다. '-치'는 물건이나 사람 또는 물고기 이름에 붙는 말이다. ☞ 소[1], 치

송편 멥쌀가루를 끓는 물에 반죽하여 팥, 콩, 밤 따위로 소를 넣고, 반달이나 조개 모양과 같이 빚어서 솔잎을 깔고 찐 떡. 송병(松餠). '松(송; 소나무)+편(떡)'으로 분석된다. '편'은 떡을 점잖게 이르는 말이다. '편쑤기(떡국), 편틀(떡을 괴는 굽이 높은 나무그릇); 물편, 잣편, 절편, 증(蒸)편' 등으로 쓰인다. ¶ 추석에는

송편을 빚어 상에 올린다.

솥 쇠붙이나 오지 따위로 만들어, 밥을 짓거나 음식을 끓이는 데 쓰는 그릇. <계림유사>에는 '鬲日宰(窣)[sot]'으로 나온다. 중세어형도 '솥[鼎(정)]'이다. 서정범은 솥을 쇠[鐵(철)]에서 온 말로 보고 있다. [솥 속의 콩도 쪄야 익지] 힘들이지 않고서는 되는 일이 없다는 말. ¶ 솥에 쌀을 안치다. ☞ 쇠

쇠 광물에서 나는 쇠붙이. 12세기 초 문헌 <계림유사>에 鐵日歲[soi]라고 표기하였다. 현대어 '쇠'는 [소이]가 줄어든 꼴이다. 같은 책에 金日那論義(여기서 義는 歲의 잘못된 기록으로 보여짐), 銀日漢歲라고 적고 있다. 金(금)은 '누런 쇠', 그리고 銀(은)은 '흰 쇠'라 하여 색채어에 의해 구별하였다.

우리말 '쇠'는 만주어 sələ와 비교 가능하다. 중세어에서 鐵(철)과 金(금)을 모두 '쇠'라고 일컬었으나, 오늘날 쇠와 금은 뜻이 완전히 분화된 말이다. 쇠는 견고성으로 말미암아 위엄, 권위, 냉혹함을 상징한다. [쇠가 쇠를 먹고 살이 살을 먹는다] 친족이나 동류끼리 서로 다툼을 이르는 말.

쇠고랑 피의자나 피고인 또는 수형자의 손목에 채우는 형구인 수갑(手匣)의 속된 말. '쇠+고리(<골히)+-앙'으로 분석된다. ¶ 쇠고랑을 차다. ☞ 쇠, 고리

쇠다[1] 채소 따위가 너무 자라서 연하고 부드럽지 아니하고 억세고 굳다(늙어 굳어지다). 정도가 지나쳐서 더욱 나빠지다. <역어유해>에 'ᄂᆞ믈쇠다'가 나온다. 어근 '쇠'는 鐵(철)과 金(금)을 가리키는 말로 보인다. 어원적 의미는 '쇠처럼 단단하다'다. '쇠-기침'은 오래되어 쇤 기침을, '쇠-호두'는 껍질이 두꺼운 호두를, '지-쇠다'는 채소나 나물 따위가 철이 지나 너무 쇠다를 이르는 말이다. ¶ 상추가 푹 쇠었다. 감기가 쇠다.

쇠다[2] 명절이나 생일 따위를 맞이하여 지내다. 16세기 문헌 <신증유합>에 '쇠오다(遂)'가 나온다. 쇠오다는 '겪다. 지내다'를 뜻하는 말이다. 어근 '쇠'는 '닷새(<닷쇄; 다섯 날), 엿새(<엿쇄; 여섯 날)'에서의 '새[日(일; 날)]'다.(쇠오다>쇠다) ¶ 고향에서 설을 쇠다.

쇠똥구리 풍뎅잇과의 곤충. 껍데기가 단단한 벌레로서 쇠똥을 굴려 굴속으로 가져가 그 속에 알을 낳음. 말똥구리(<ᄆᆞᆯᄯᅩᆼ그우레)라고도 한다. '소+의(관형격조사)+똥+구르(다)+이'로 분석된다. 어원적 의미는 쇠똥을 굴리는 벌레다. ☞ 소[1]

쇠사슬 쇠고리를 여러 개 죽 이어서 만든 줄. <준>사슬. <두시언해중간본>에

'쇠사줄'이 나온다. '쇠사슬'은 '쇠+사(絲)+줄[線(선)]'로 분석된다.(*쇠솨줄>쇠사줄>쇠사슬) ¶ 쇠사슬에 묶이다. ☞ 쇠, 사슬

쇠지랑물 외양간 뒤쪽에 괸, 소의 오줌이 썩어서 검붉게 된 물. 거름으로 쓴다. '소+의+지랑+물'로 분석된다. '지랑/지렁(<지령)'은 '간장'의 사투리다. '지지랑물(지랑물)'은 비가 온 뒤 지붕이 썩은 초가집 처마에서 떨어지는 검붉은 물을 가리킨다.

쇤네 지난 날, 하인 등이 상전(上典)에 대하여 스스로 자기를 낮추어 이르던 말. '소인(小人)+-네'가 줄어서 된 말이다. '-네'는 '나그네, 우리네, 자네(←자기+네)'처럼 '사람'을 뜻하는 접미사다. ◇ 쇤네를 내붙이다 – 스스로 쇤네라고 부르며 비굴하게 아첨하는 말을 하다. ¶ 쇤네가 뭐 알겠습니까.

수 생물 가운데서 암컷으로 하여금 새끼를 배거나 열매를 맺도록 정자(精子)를 내는 성(性)의 것. ↔ 암. '수ㅎ'는 돌출(突出) 개념어로서 '수리(꼭대기)'와 통하며, 사나이의 'ᄉᆞ~ᄉᆞᆫ[丁·雄]'과 동원어로 보인다. '수탉, 수캐, 수평아리; 수키와' 등으로 쓰인다. 수컷(↔암컷)은 '수ㅎ+것'으로 분석된다. ¶ 암과 수의 구별.

수나이 피륙 두 필을 짤 감을 주어 한 필만 짜서 받고 한 필 감은 삯으로 주는 일. <준> 수내. '수(繡)+낳(다; 피륙을 짜다)+이'로 분석된다. 이와 관련된 '수냇소(←수나이+ㅅ+소)'는 송아지를 주고 그것을 기른 뒤에 송아지 값을 빼고 나누는 소를 이르는 말이다. ¶ 수나이를 해 옷감을 얻다.

수라 궁중어로 임금께 올리는 진지(밥). 어선(御膳). 15세기 문헌 <경국대전>에 '水剌本蒙古語 華言湯味也'가 나온다. 중세어형은 '水剌, 슈라, 슈랄'이다. '수라'는 중세 몽골어 šülen[술렌]을 빌린 말이다.(술렌→슈라>수라) [술렌]은 고기를 끓이고 밀가루를 넣어 만든 몽골의 음식이다. 결국 탕(湯)을 의미한다.

수렁 곤죽이 된 진흙이나 개흙이 많이 괸 곳. '헤어나기 힘든 처지'를 비유하여 이르는 말. 19세기 문헌 유희의 <물명고>에 '술항'이 나온다.(술항>수렁) 한자어 水濘(수녕; 진창)에서 온 말로 보인다. 수렁으로 된 논을 '수렁논, 수렁배미'라고 한다. ¶ 절망의 수렁에 빠지다.

수레 바퀴를 달아 굴러 가게 만든 물건. 중세어형은 '술위'다. '*숟~술/*술귀→술위>수뤼>수릐>수레'로 변천 과정을 거쳤다. 수레의 기원은 서기전 3000년경이며, 우리나라에서는 신라나 가야 시대부터 운반수단으로 이용하였다. '수레-바

퀴; 빈-수레, 손-수레(사람의 손으로 끌거나 미는 수레), 짐-수레' 등으로 쓰인다. 함경도 사투리는 '술기'다. ¶ 수레를 끌다.

수리 맷과 수리 속(屬)에 딸린 사나운 새를 두루 이르는 말. 수리[鷲(취)]는 '높은 곳. 꼭대기'를 뜻하며 '수리-부엉이; 독-수리, 무-수리, 참-수리' 등으로 쓰인다. 독수리(<독쇼리/독슈리)에서 '독'은 한자 禿(독; 털이 빠지다)으로 보인다. ☞ 소나무

수릿날 단오(端午; 음력 5월 5일)를 가리키는 순수 우리말. 고려가요 <동동>에 '수리'가 보이며, 중세어형도 오늘날과 같다. '수리+(ㅅ)+날[日(일)]'로 분석된다. '수리'는 '정수리, 으뜸, 꼭대기'를 뜻하는 말이다. 수릿날의 어원적 의미는 '태양이 정수리 바로 위에 있는 천중절(天中節)'이다.

수멍 논에 물을 대거나 빼기 위하여, 둑이나 방축 따위의 밑에 뚫어 놓은 물구멍. 도수거(導水渠). '숨(다)+-은+구멍' 또는 '水(수)+구멍'으로 분석된다. '수멍-대(물구멍을 내는 데 쓰는 대통), 수멍-물빼기; 자갈-수멍[물이 잘 빠지도록 조약돌을 바닥에 묻은 도랑. 맹구(盲溝)]' 등으로 쓰인다. ¶ 수멍으로 물을 빼다.

수세 남자가 여자에게 주던 이혼 증서. 한자 休書(휴서)가 본딧말이다.(휴서>수세) ◇ 수세를 베어 주다 - 아내와 갈라지다(이혼하다).

수수께끼 어떤 사물을 빗대어 말하여 알아맞히는 놀이. 어떤 사물의 속내가 미궁(迷宮)에 빠져 알 수 없음을 이르는 말. 미어(謎語). 17세기 문헌 <박통사언해중간>의 표기는 '슈지엣말'이다. 1920년대 '수수썩기, 수수격기, 수수꺽기, 수수걱기, 수수꺼끼'라고 하던 것이 1933년 이후 사전에 '수수께끼'로 자리를 잡았다. '슈지/수지'는 휴지(休紙)가 변한 어형으로 '쓸데없는 것'이나 '혼미하다'를 뜻한다. 후대의 표기 '수수'는 한자어 授受(주고받음)에 이끌린 것으로 보인다. '께끼'는 굴절(屈折) 개념어 '꺾다', '겻ㄱ다(겻고다/겻구다; 겨루다)'의 명사형으로 겨룸[경쟁(競爭)]의 뜻이다. 수수께끼는 '문답 형식으로 숨긴 의미를 찾아내기하는 놀이'다. ¶ 그 사건의 주인공은 수수께끼의 인물이다.

수월하다 힘이 안 들고 하기가 쉽다. '쉽(다)[易(이)]+얼(접사)+하(다)+다'로 분석된다. '수월내기(다루기 쉬운 사람), 수월수월/하다, 수월스럽다, 수월찮다'로 쓰인다. ¶ 수월한 문제. 기계로 일하기가 훨씬 수월하다. ☞ 쉽다

수육 삶아 익힌 쇠고기. 익은이. 수육은 한자 숙육(熟肉; 익힌 고기)이 /ㄱ/이

탈락하면서 발음이 변한 말이다.(숙육>수육) ¶ 수육은 술안주로 제격이다.

수작 술잔을 서로 주고받는다[수작(酬酌)]는 뜻에서, 말을 서로 주고받음 또는 주고받는 그 말. 남의 행동을 업신여겨 이르는 말. '개수작, 겉수작, 꿍꿍이수작(엉큼한 수작), 발림수작, 함훤(喊喧)수작, 흰수작(빈말)' 등으로 쓰인다. ¶ 수작을 걸다. 허튼 수작 부리지 마라.

수잠 깊이 들지 못하는 잠. 겉잠. 풋잠. ↔ 귀잠(깊이 든 잠). 16세기 문헌 <이륜행실도>에 '수흐즘/수후즘', 18세기 <청구영언>에 '수우즘'이 나온다. <조선어사전(문세영)>에 수우잠을 '근심[愁憂(수우)]의 잠'의 옛말이라고 풀이하였다. 이는 '수우(愁憂)+잠'으로 분석된다. '수:-잠'의 어원적 의미는 근심 · 걱정 때문에 깊이 들지 못한 잠이라고 할 수 있다.

이와 달리 '수흐즘'을 수풀/숲에서 잠깐 자는 잠, 또는 '쉽(다)[易(이)]+자(다)+ㅁ'의 짜임으로 보기도 하는데 타당성이 없어 보인다. ¶ 거리의 시끄러움과 짧은 악몽이 뒤엉킨 수잠을 잤다.

수저 숟가락과 젓가락. '숟가락'의 높임말. 중세어형은 '수져'다. '술[匙(시)]+져[筯(저; 젓가락)]'로 분석된다.(수져>수저) '수젓집, 수저질/하다, 수저통; 나무수저, 놋수저, 은수저'로 쓰인다. ¶ 은수저 한 벌을 생일 선물로 받았다. ☞ 숟가락

수제비 밀가루를 반죽하여 끓는 장국 따위에 조금씩 떼어 넣어 익힌 음식. 16세기 문헌 <사성통해>에 '슈져비'가 나온다. '슈(手; 손)+뎝(다)+이'로 분석된다.(슈+뎝+이→*슈뎌비>슈져비/슈졉이>수제비). 수제비의 어원적 의미는 '손으로 접은 것'이다. '수제비-태껸'은 어른에게 덤벼들어 버릇없이 하는 말다툼을 뜻하는 말이다. [수제비 잘하는 사람이 국수도 잘한다] 어떤 일에 능한 사람은 그와 비슷한 다른 일도 잘한다는 말.

수지니 사람의 손으로 길들인 매나 새매. ↔ 날지니. 산지니. '수진(手陳)+이'로 분석된다. 수지니의 어원적 의미는 '손에서 오래 길러진 매'다. 재지니(再)는 두 해 묵어서 세 살 된 매를 일컫는다.

수채 집안에서 버린 허드렛물이나 빗물이 흘러나가도록 만든 시설. 18세기 문헌 <한청문감>의 표기는 '슈치'다. '슈(水)+치(>채)'로 분석된다.(슈+치/채→수채) '채'는 껍질을 벗긴 싸리나 버드나무 따위의 가는 나무오리로 바구니 · 광주리를 결어 만드는 재료다. '채광주리, 채그릇, 채독, 채둥우리, 채반' 등으로 쓰인다.

수채의 어원적 의미는 물도랑에 쓰레기를 걸리게 하기 위하여 채를 그물처럼

쳐놓은 장치다. 이는 우리 조상들의 환경보호에 대한 지혜를 엿볼 수 있는 말이다. 수채가 결합된 말에는 '수챗구멍(<슈채구무), 수채통; 걸채, 곬수채(지붕면의 물을 받아 처마까지 흐르게 하는 수채), 뜰채' 등이 있다.

수태 '양적으로 굉장히. 아주 많이'의 평안도 사투리. '숱(머리털 따위의 부피나 분량)+애(접사)'로 분석된다. ¶ 수태 많다. ☞ 숱하다

수풀 나무가 무성하게 꽉 들어찬 곳. 풀 · 나무 · 덩굴이 한데 엉킨 곳. <준> 숲. 중세어형은 '수플'이다. '숲+을'로 분석된다. 이와 같이 접사 '-을'이 결합한 낱말에 '구들(←굳+을), 거플(←*겁+을), 구슬(←굽+을)' 등이 있다. '숲'은 집적(集積) 개념어 '수북하다~소복하다'와 동근어다. '숲'과 '섭(>섶[薪(신)])'은 음운 교체된 동원어다. 우리말 '숲~섶'은 일본어 siba[柴(시) · 林(림)], 투르크어 sipür-, 길리야크어 süpür-과 대응한다. <삼국사기>에서 땅이름 森(삼)을 所非[*소비/수비]로 표기한 것은 숲의 선행형 '숩'이다. <계림유사>에 草曰戌(초왈술)이라 하여 '숲'은 풀과 관계있는 것으로 보인다.

'숲가꾸기, 숲길, 숲나이, 숲덤불, 숲정이(마을 근처에 있는 숲); 대숲, 솔숲, 솔수펑이(솔숲이 있는 곳), 안개숲(안개가 자욱하게 낀 숲), 풀숲' 등으로 쓰인다. ¶ 수풀이 우거지다. 수풀을 헤치고 나아가다. ☞ 섶

숙덕숙덕 남이 알아듣지 못하게 자꾸 수군거리며 말하는 모양. <작>속닥속닥. '떠들어 대다'의 옛말 '숫다/수스다[喧(훤; 시끄럽다)]'에서 온 말이다. '숫(다)'의 어간에 'ㄷ'이 덧붙고 접사 '-억'이 결합되었다.(숫덕>숙덕) '숙덕거리다/대다, 숙덕공론(公論), 숙덕이다; 숙덜숙덜'로 쓰인다. '수-떨다(수다스럽게 떠들다), 수런수런(지껄이는 소리)'은 동원어다.

숙맥 콩과 보리. '菽麥不辨(숙맥불변)'의 준말. 콩인지 보리인지를 구별하지 못한다는 뜻으로 '사리분별을 못하는 어리석은 사람'을 비유하여 이르는 말. ¶ 그걸 모르다니 숙맥이로군. 그는 세상 물정을 모르는 숙맥이다.

순대 돼지의 창자 속에 쌀 · 두부 · 파 · 숙주나물 · 선지 따위를 이겨 넣고 삶아 익힌 음식. = 핏골집. 18세기 문헌 <한청문감>에 만주어 sunta[순타]가 나온다. 19세기 말 국어사전에는 '슌ᄃᆡ'가 보이다가 '순대'로 되었다.(슌ᄃᆡ>순대) '순댓국, 순대찜; 고기순대(소시지), 명태순대, 오징어순대' 등으로 쓰인다. 북한에서는 순대를 '살골집(<살골ㅅ집)'이라고 한다. '쌀-골집'은 돼지 창자에 여러 가지 돼지고기를 썰어 넣고 삶은 음식이다.

숟가락 밥이나 국 따위를 떠먹는 도구. <계림유사>에 '匙曰戌'이라 하였고, 중세어형도 '술'이다. 숟가락은 '술+가락'으로 분석된다. '술'은 밥을 떠먹는 도구 자체를 가리키는 말로 단음절어다. 후대에 '가락'이 결합하면서 /ㄹ/ 받침이 탈락하고 /ㄷ/이 붙으면서 '숟가락'으로 되었다. '술~숟[匙(시)]'은 쇠로 만들어진 솥과 동원어로 보인다. '술'은 수량을 나타내는 단위성 의존명사로 쓰여 한 숟가락의 적은 분량을 나타낸다. '가락'은 '가르다[分]'의 어근에 명사형성 접사 '-악'이 결합된 말이다. '가락'이 합성된 말에 '손-가락, 젓-가락, 엿-가락' 등이 있다. 젓가락은 '저(箸)+ㅅ+가락'으로 분석되며, 사투리는 '저분'이다.

숟가락을 가리키는 일본말 '사지'는 우리말 '사시 (숟가락)'다. 사시(沙匙)는 사기(沙器)로 만든 숟가락이다. 밥그릇과 함께 숟가락과 젓가락은 불교 전파에 따라 백제 때 일본에 건너간 물건이다. ¶ 한 술에 밥에 배부르랴.

술 알코올 성분이 있고 마시면 취하는 음료를 두루 이르는 말. <계림유사>에 酒曰酥孛[su-pur]로 적고 있어 중세어 '수을'과 발음이 일치한다. '*수블>수울>수을>술[酒(주)]'의 변화 과정을 거쳤다. '술'은 범어의 쌀로 빚은 sura[酒]에서 왔다는 설이 있다. '술-고래'는 고래가 물을 들이켜듯이 술을 많이 나시는 사람을 이르는 말이다.

한편 술의 일본어 [sake]는 '담가 놓은 음식물이 발효하여 맛이 들다'라는 우리말 동사 '삭다/삭히다'의 어근 '삭'과 동근어다. 이는 백제 사람이 누룩으로 술 담그는 방법을 알려주면서 건너간 우리말이다. [술 취한 놈 달걀 팔듯] 일하는 솜씨가 거칠고 어지러운 모양. ☞ 썩다, 삭다

술적심 국이나 찌개 등의 국물이 있는 음식. '술(숟가락)'과 '적심'으로 합성되어 밥을 먹을 때에 먼저 '숟가락을 적시다'는 뜻이다. '술'은 '숟가락'이고 '적심'은 젖다의 사동사 '적시다'의 명사형이다. 술적심은 식사를 할 때 숟가락으로 국물을 먼저 떠 넣어 입안을 적신 다음에 밥을 먹는 우리 겨레의 식문화 습관에서 생긴 말이다. ¶ 술적심도 없는 밥을 먹다. ☞ 숟가락, 젖

숨 사람이나 동물이 코나 입으로 공기를 들이마시고 내쉬는 일. 또는 그 기운. 채소 따위의 생생하고 빳빳한 기운. 중세어형도 오늘날과 같다. '숨'은 '쉬다[息(식)]'의 명사형이다.(쉬+ㅁ→숨) '숨가쁘다, 숨결, 숨겹다, 숨골, 숨기운/숨김, 숨기척, 숨소리, 숨죽이다, 숨탄것(짐승)' 등으로 쓰인다. ¶ 숨을 크게 쉬다. 배추를 숨만 죽여 겉절이를 하다.

숨바꼭질 술래가 숨은 사람을 찾아내는 아이들의 놀이. 무엇이 숨었다 나타났다 하는 것. 16세기 문헌 <박통사언해초간>에 보이는 '숨막질'은 18세기에 '숨박질'로 음운 변화하였다. 19세기에는 '숨박굼질'이 나타난다. 이는 '숨+막/박(다)+움+-질'로 분석된다. '숨-(←수/쉬(다)[息]+ㅁ)'은 '숨다[隱身(은신; 몸을 숨김)]'의 어근과 대응된다. '박'은 '속으로 들어가게 하다'의 뜻인 '박다/박히다'의 어근이다.

'숨+바꾸(다)+ㅁ+질'로 분석하고 '숨 쉬는 것을 바꾸는 일'로 '헤엄을 칠 때 물속으로 숨는 짓(자맥질)'으로 풀이하기도 한다. 숨바꼭질은 물속에서의 놀이가 육지로 옮겨지면서 오늘날의 의미로 변화한 것이다. 숨바꼭질은 지방에 따라 숨기내기, 숨기잡기, 숨바꾹질, 감출내기, 숨기장난, 술래[巡邏]잡기라고 한다.

숫기 활발하여 부끄러워하지 않는 기운. 용기(勇氣). '숫기'는 '수ㅎ[雄(웅)]+기(氣)'로 분석된다. 숫기의 어원적 의미는 '수컷다운 기운'이다. ◇ 숫기가 좋다 – 수줍어하거나 부끄러워하는 기색이 없이 활발하다. ¶ 그는 본디 숫기가 없는 사람이라 얼굴이 빨개졌다. ☞ 수

숫돌 칼이나 낫 따위를 갈아서 날을 세우는 데 쓰는 돌. 중세어형은 '뿟:돌ㅎ'이다. 숫돌은 동사 '뿣(다)[磨(마; 갈다. 문지르다. 스치다)]'에 돌이 결합된 말이다. 어원적 의미는 '갈거나 문지르는 돌'이다. ¶ 날이 무딘 칼을 숫돌에 갈다.

숫되다 순박하고 어수룩하다. 16세기 문헌 <신증유합>에 '숟도외다'가 나온다. '숟+ᄃᆞᄫᆡ다>ᄃᆞ외다'로 분석된다. '숫스럽다, 숫접다(순박하고 수줍어하는 티가 있다), 숫제(숫접게. 처음부터 차라리), 숫지다(순박하고 후하다), 숫하다(순박하고 어수룩하다)'에서 어근 '숫(<숟)'은 순박(淳朴; 온순하고 꾸밈이 없음)함을 이르는 말이다.

접두사 '숫-'은 '다른 것이 섞이거나 더럽혀지지 아니한 본디 그대로의. 처음'을 뜻하는 말로 '숫것, 숫국, 숫눈/길, 숫처녀, 숫총각, 숫보기(순진하고 어수룩한 사람), 숫음식(만든 채로 손대지 않은 음식), 숫티' 등으로 쓰인다. ¶ 숫된 시골 처녀. ☞ 되다[1]

숭늉 밥을 푸고 난 솥에 데운 물. 17세기 초 <동의보감>에 '숙ᄂᆡᆼ'이 나온다. 숭늉은 한자어 '熟冷'이 자음동화 현상이 일어나면서 순 우리말처럼 쓰이는 말이다.(숙ᄂᆡᆼ>숭ᄂᆡᆼ>숭늉) <계림유사>에는 熟水曰泥根沒[익은 물], 冷水曰時根沒[식은 물]이라 하였고, <임원경제지>에서 숭늉을 '숙수(熟水)'라고 하였다.

어원적 의미는 솥바닥의 누른 밥에다 물을 부어 끓여 식힌 물이다.

중국이나 일본에는 숭늉이 없다. 숭늉은 고려 때부터 가마솥을 거는 부뚜막 시설과 관련된 밥 짓는 방법이 특이한 데서 발달한 우리 고유의 음식문화다.

숱하다 썩 많다. 명사 '숱'에 '하다'가 합성된 말이다. '숱'은 머리털 따위의 부피나 분량을 뜻하며, <월인석보>의 '叢林은 모다 난 수히오'와 같이 '숲'과 동근어다. <삼국사기>에 '比豊縣本百濟雨述縣'이라 하였다. 백제어에 豊(풍)을 [述(술)]이라 하여 '양이 많음'을 나타내었다. 여기에 결합된 형용사 '하다[多(다)]'는 중세어형으로 '많다'를 의미한다. '숱하다'의 어원적 의미는 '숱(수효)이 많다'다. ¶ 머리숱이 많다. 그는 전쟁터에서 사람이 죽는 걸 숱하게 보았다. ☞ 한길

쉬다 피로를 풀려고 몸을 편하게 하다. 숨을 들이마셨다 내보냈다 하다. 쉬:다[휴식(休息)]는 '*수(다)+이+다'로 분석된다. '쉬엄쉬엄/하다, 쉬이(쉽게); 열중쉬어' 등으로 쓰인다. ¶ 푹 쉬고 나니 몸이 가뿐하다. 한숨을 쉬다. ☞ 쉽다

쉽다 어렵거나 힘들지 않다. ↔ 어렵다. 중세어형은 '숩다/쉽다'다. '쉽다'는 '수+이+ㅂ다'로 분석된다. '수'는 '쉬다, 숨다'의 어근으로 여기에 /ㅂ/이 덧붙어 '쉽다'로 되었다. '술술 풀리다. 슬슬 진행하다'에서 '술~슬'은 '쉽다'의 선행어근으로 보인다. 어원적 의미는 '거스르지 않고 순탄하다'다.

부사 ':쉽 · 사리(매우 쉽게. 순조롭게)'는 '쉽(다)+살(ᄒᆞ다)/-스럽+이'로 분석되는 데, 16세기 문헌 <번역소학언해>에 나오는 말이다. 여기서 '-살-(ᄉᆞ+ㄹ)'은 몇몇 형용사의 어간과 '-스럽다. 하다'에 붙어 '그런 성질이 더 있음. 매우'의 뜻을 더한다.(곱살스럽다/하다, 밉살스럽다, 우악살스럽다 등) '어렵사리(매우 어렵게)'도 같은 구조로 짜인 말이다. ¶ 일이 쉽사리 풀리다. 어렵사리 구한 물건.

스라소니 고양잇과에 속하는 살쾡이와 비슷한 짐승. 토표(土豹). 16세기 문헌 <훈몽자회>에 '시라손曰 土豹(토표)'가 나온다. 시라손은 여진어 šilasun에서 온 말이다.(시라손/이>스라소니) '약하고 어리석고 주견 없는 사람'을 얕잡아 이르는 뜻도 가지고 있다.

스란치마 단으로 돌려가며 금박으로 무늬를 놓아 장식한 치마. 입으면 발이 보이지 않는, 폭이 넓고 긴 치마다. '스란+치마(<쵸마)'로 분석된다. '스란[←膝欄(슬란)]'은 치맛단에 금박(金箔)을 박아 선을 두른 것이다. '무지기'는 스란치마에 받쳐 입는 속치마다.

-스럽(다) 일부 명사나 상태성 어근 뒤에 붙어 '그러한 성질이 있음. 격에 어울리지 않음'의 뜻을 더하고 형용사를 만드는 말.[+말하는 사람의 주관. +근접성] '-럽다(<ᄅᆞᆸ다)' 앞에 의존명사 'ᄉᆞ(것)'가 결합된 말로 '것 같다'를 뜻한다.(ᄉᆞ+ᄅᆞᆸ→ᄉᆞᄅᆞᆸ>스럽) '게걸스럽다, 까탈스럽다, 밉상스럽다, 사막스럽다, 우스꽝스럽다, 익살스럽다, 촌스럽다, 자랑스럽다' 등으로 쓰인다. '-스럽다'는 근대어에 나타나기 시작하여 현대어에 매우 생산적으로 쓰이는 접사다. ☞ 답다

스승 자기를 가르쳐 이끌어 주는 사람. 15세기 문헌 <두시언해초간>에서는 '스승'을 '[巫(무)]', <석보상절>에서는 '和尙(화상)', <능엄경언해>에서는 '사ᄅᆞᄆᆡ 模範'이라 하였다. 스승의 원뜻은 무당이다. 선생, 고덕한 승려 등 여러 가지 뜻으로 쓰이다가 지금은 선생, 사부(師傅)를 가리킨다.

스승은 <삼국사기>의 기록에서 무당을 뜻하는 次次雄(차차웅), 慈充(자충)에서 비롯된 말이다. 차차웅과 자충은 뒤의 시기에 왕과 같은 높은 사람을 일컬었다. 후대에 師僧(사승)이란 한자 어휘가 발음이 변하여 선생의 뜻을 나타내면서 순수 우리말처럼 굳어졌다.(次次雄, 慈充, 師僧→스승/스싱>스승) <소학언해>에 '스승어믜[女師(여사; 여스승)], <물명고>에 '스승가야미(왕개미)'가 보인다. ¶ 스승님의 은혜를 잊지 않는 것이 제자의 도리다.

스치다 서로 살짝 닿으면서 지나가다. 생각이 퍼뜩 떠올랐다가 이내 사라지다. 스치다는 중세어 '뽗다(갈다, 비비다, 문지르다)'가 '숯다'를 거쳐 변한 말이다. '숯-+이(접사)+다'로 분석된다. '스쳐보다, 스쳐지나다, 스치적, 스침견지낚시, 스침소리 등으로 쓰인다. 시치다(바느질을 할 때 여러 겹을 맞대어 듬성듬성 호다; 시침/질)'도 동근어다. ¶ 바람이 옷깃을 스치다. 문득 불길한 예감이 스치고 지나갔다. ☞ 씻다

슬기롭다 슬기가 있다. 중세어형은 'ᄉᆞᆯ갑다'다. 어근 'ᄉᆞᆯ(>슬기)'은 사리를 바르게 판별하고 일을 잘 처리해 나가는 능력이나 지혜를 뜻하는 명사다. 'ᄉᆞᆯ갑다[慧(혜)]'는 'ᄉᆞᆯ-~슬-' 어근형에 접사 '-갑-~-겁-'이 접미하여 형용사를 이룬 다음 '슬기(<슬긔←ᄉᆞᆰ+의)'로 명사화한 뒤에 다시 '-롭다'가 붙어 품사 전성이 되었다.(ᄉᆞᆯ+갑+다→ᄉᆞᆯ갑다>슬겁다>슬기롭다) 슬기롭다는 '지혜롭다. 분명하고 명석(明皙)하다'를 뜻하는 지적(知的) 개념어다. ¶ 슬기로운 생활. 슬기로운 민족만이 역사에 살아남는다.

승새 피륙의 올. 올과 올 사이. '升(승; 피륙의 날을 세는 단위)+새/사이[間(간)]'으

로 분석된다. '승(升)'은 줄[繩(승; 줄)]을 뜻하는 말이다. 승새의 어원적 의미는 '올(줄)의 사이'다. ¶ 승새가 곱다.

승창 접어서 들고 다닐 수 있게 등받이 없이 걸상처럼 만든 물건. 繩(승; 줄)로 엮어 만든 작은 의자로 繩床(승상)이 변한 말이다. ¶ 승창에 앉아 낚시를 하다. 승창을 딛고 말에 오르다.

시게 지난날 '시장에서 팔고 사는 곡식. 또는 그 값'을 이르던 말. 17세기 문헌 <노걸대언해>에 '시개'가 나온다. 시게는 '시가(時價)+에'로 분석된다. 어원적 의미는 '지금의 값'이다. '시겟금(시장에서 파는 곡식의 시세←시가엣+금), 시겟돈, 시겟장수, 시게전(廛)' 등이 있다.

시골 서울에서 떨어져 있는 곳. 중세어형은 '스ᄀᆞᄫᆞᆯ'이다. '스+ᄀᆞᄫᆞᆯ(고을)'로 1차 분석된다. 2차 분석은 '스+ᄀᆞᆸ[경계]+ᄋᆞᆯ(접미사)'이다. '시골(<스ᄀᆞᄫᆞᆯ)'은 '고을'에 사이[間(간)] 또는 동(東)·僻(벽; 후미지다)·遐(하; 멀다)를 뜻하는 '스(>시)'가 결합된 말이다.(스ᄀᆞᄫᆞᆯ>스ᄀᆞ올>스ᄀᆞᆯ/스굴>시골) 시골의 어원적 의미는 '후미진 곳'이다. ¶ 시골에서 올라온 친구. ☞ 고을

시궁 더러운 물이 잘 빠지지 않고 썩어서 질척질척한 도랑창. 16세기 문헌 <훈몽자회>에 '쉬궁[溝(구; 하수도)]'이, 그 후 문헌에 '싀공, 싀금'이 나온다. '쉬구/쉬궁'은 한자 水口(수구; 물이 흘러들어오거나 나가는 곳)가 발음이 변한 말이다. '시궁구멍, 시궁발치/시궁치(시궁이 있는 근처), 시궁쥐, 시궁창' 등으로 쓰인다. ¶ 시궁을 치고 소독하다.

시금치 명아줏과의 한해살이 또는 두해살이풀. 서부 아시아가 원산지인 채소의 한 가지. 16세기 문헌 <훈몽자회> 표기는 '시근ᄎᆡ'다. '赤根菜(적근채)'의 한자음 [치근ᄎᆡ]가 우리나라에 들어와 발음이 변하였다. 한자음 /ㅊ/이 /ㅅ/으로 바뀌고, 'ㄴ>ㅁ' 변화가 일어나 '치근ᄎᆡ>시근ᄎᆡ>시금치'로 되었다. 현대 중국어는 菠菜(파채)다. 시금치는 '뿌리가 담홍색(붉은빛)을 띤 채소'란 뜻이다. 사투리로 '시금체, 시금초'라 한다.

시끄럽다 듣기 싫도록 소리가 크거나 떠들썩하다. 남의 거듭하거나 치근거리는 말이 오히려 귀찮다. 말썽이나 가탈이 생겨 어지러운 상태가 되다. '시끌[<싯글/싯슬(다)]+-업다'로 분석된다. '시끌'은 '싯고다(떠들다), 싯구다(다투다. 떠들다)의 어근이다. '시끌-벅적하다'는 몹시 어수선하게 시끄럽고 벅적거리다를, '시끌시끌하다'는 매우 시끄럽다를 뜻하는 말이다. ¶ 밖이 시끄러워 잘 수가

없다. 일마다 시끄럽게 참견하다. 세상이 시끄럽다.

시내 골짜기나 평지에서 흐르는 자그마한 내. 중세어형도 오늘날과 같다. 실[谷(곡)]과 내[川(천)]의 합성어로 /ㄹ/이 탈락하여 시내가 되었다.(실+내/나리→시내) '실'은 골짜기의 옛말이다. '내(<나리)'는 하강(下降) 개념어다. '내'의 신라어는 '*나르, 나리(川理)<찬기파랑가>'로 추정된다. '실'의 한자 谷(곡)은 고훈(古訓)에 '실'이 있어 絲(사)의 훈(訓) '실'과 같이 쓰였다.

<삼국유사>에 사람 이름 得烏谷(득오곡)을 得烏失(득오실)로도 불러 谷(곡)과 失(실)이 통용하였음을 알 수 있다. 순수한 우리말 고을 이름인 밤실[栗谷], 돌실[石谷], 산의실[山儀谷] 등에 보이는 '실'에서 옛말의 흔적을 찾아볼 수 있다. '시내'의 어원적 의미는 '물이 흘러내리는 작은 골짜기'다. ¶ 소년은 고무신을 벗어들고 시냇물에서 고기를 잡았습니다.

시늉 어떤 모양이나 움직임을 흉내 내어 꾸미는 짓. 우리말 '시늉'은 한자어 '形容(형용)'의 중국 발음인 [시잉롱]에서 온 말이다. 현대 중국어도 形容[xíng róng]이다.(形容[시잉롱/씬융]>시늉) 한자어 '형용(形容)'은 '말이나 글, 몸짓 따위로 사물이나 사람의 모양을 나타냄'의 뜻으로 쓰인다. '죽는-시늉'은 대단찮은 고통으로 엄살을 피우거나 그러한 몸짓을 이르는 말이다. ¶ 화장하는 시늉. 시늉에 불과하다.

시답다, 시답잖다 → '실답다' 참조

시래기 새끼 따위로 엮어 말린 무청(무의 잎과 줄기). 18세기 문헌 <물보>의 표기는 '시락이'다. '실+-아기(접미사)'로 분석되며, 어근 '실'은 '시들다, 시르-죽다(맥이 쑥 풀리거나 풀이 죽다)'의 '실/시르-'와 '시름시름 앓다'에서 '시름'과 동근어다. '시래깃-국, 시래기-나물, 시래기-떡, 시래기-밥' 등으로 쓰인다. 시래기는 비타민, 칼슘, 미네랄, 식이섬유 등이 풍부한 먹거리 재료다.

시러베아들 실없는 사람을 낮잡아 이르는 말. '실(實)+없(다)+의+아들'로 분석된다.(시럽의아들→시러베아들). 어원적 의미는 '아무 실속이 없는 아들'로 '시러베-자식'과 같은 말이다. 실없는 말이나 행동을 낮잡아 '시러베-장단'이라고 한다. [시러베장단에 호박 국 끓여 먹는다] 실없는 사람들과 엉뚱한 일을 벌임을 비유적으로 이르는 말. ¶ 세상이 어수선하다 보니 별 시러베아들 놈들이 다 날뛴다. ☞ 실답다

시렁 물건을 얹어 두기 위하여 방 또는 광이나 마루의 벽에 건너질러 놓은 두

개의 시렁가래. 15세기 문헌 <두시언해초간>에는 '실에'라 하였고, 16세기 문헌 <소학언해>에는 '시렁'이 나온다. '실에'와 시렁은 '싣다[載(재)]'의 어근에 접사 '-에/-엉'이 결합된 파생명사다.(싣+엉→시렁) 어원적 의미는 '물건을 얹어놓는 것'이다. 부엌에서 설거지한 그릇을 놓아두는 곳은 '살강'이라 한다.

시루 떡이나 쌀 따위를 찌는 데 쓰는 둥근 질그릇. 중세어형은 '실'이고, 18세기 문헌 <동문유해>의 표기는 '시르'다. '싣다'에서 파생된 '시렁'과 동근어다.(싣+으→시르/실>시루) '시루떡, 시룻밑, 시룻번; 옹달시루/옹시루, 콩나물시루' 등으로 쓰인다. [시루에 물 붓기] 아무리 돈을 쓰고 공을 들여도 아무 소용이 없음을 이르는 말.

시먹 미술에서, 먹으로 가는 획을 그어서 무늬의 윤곽을 그리는 일. 또는 두 경계를 나타내는 줄. 한자어 세묵(細墨)이 우리말로 발음이 변한 꼴이다.(세묵>시먹) '시분(←細粉)'은 단청(丹靑)할 때, 물감을 칠한 뒤 무늬의 윤곽을 분으로 그리는 일이다. ☞ 먹

시새우다 서로 남보다 낫게 하려고 다투다. 자기보다 잘되거나 나은 사람을 공연히 미워하고 싫어하다. <준>시새다. '시+새우다(<싀새오다)'로 분석된다. '시'는 한자 '猜(시; 샘하다. 싫어하다)'다. 새우다(<새오다[嫉妬(질투)])는 '샘을 내다'를 뜻하는 동사다. 시-새우다는 밤을 '새우다'와 같은 소리를 피하기 위하여 같은 뜻을 겹쳐놓은 말로 보인다. 명사는 '시새움/시샘(시새우는 마음이나 짓'이다. ¶ 시새워 일했다. 친구의 성공을 시새우지 마라.

시앗 남편이 따로 마음을 주고 사는 여자. 첩(妾). 18세기 문헌 <청구영언>에 '싀앗'이 나온다. 시앗은 '싀[外 · 他]+갓[妻(처)]'의 합성어다. '싀+갓→싀앗>시앗'으로 어형이 변하였다. '싀'는 '싀아비, 싀어미'로 15세기 문헌에 보인다. '갓'은 '가시내'다. 장인(丈人), 장모(丈母)를 고유어로 '가싀아비, 가싀어미'라 하는데, 처부모의 경우만 '가싀(←갓+의)'가 결합된다.

'시앗'은 원래 바깥꽃, 남편의 꽃이란 뜻으로 첩을 일컫는 말이다. '시앗-싸움'은 들어온 시앗으로 인하여 벌어지는 싸움을 뜻한다. [시앗 싸움에는 돌부처도 돌아앉는다] 처같이 어진 부인도 시앗을 보면 마음이 변하여 시기하고 증오한다는 말. ☞ 가시내

시원하다 더울 때 신선한 바람을 쐬는 느낌처럼 서늘하다. 마음이 후련하고 가뿐하다. 국물 따위의 맛이 산뜻하다. 15세기 문헌 <내훈초간>에 '맛나 싀훤ᄒᆞ야'가

나온다. '싀훤+ᄒᆞ+다'로 분석된다. '싀훤[快(쾌)]'은 상쾌하고 기분이 좋음을 뜻하는 어근이다. '시원섭섭하다, 시원스럽다, 시원찮다, 시원히(<싀훤니)'로 쓰인다. ¶ 바람이 시원하다. 시원한 김칫국.

시위 활에 걸어서 켕기게 하는 줄을 뜻하는 '활시위'의 준말. '시울[絃(현; 활시위)]'은 중세어형인데 '실[絲(사)]+올'로 분석된다. 여기서 '올(끈)'은 '오라기(←올+아기)'의 어근으로 실을 세는 단위성 의존명사 '올'과 같은 말이다.(시울>시욹>시위) '시위동(활시위의 단단하고 팽팽한 정도), 시위장이; 쇠시위' 등으로 쓰인다. 동음이의어 '시위'는 비가 많이 와서 강물이 논밭이나 길로 넘쳐흐르는 일이나 그 물(물마. 큰물)을 일컫는다. ¶ 시위를 당기다.

시중 옆에서 보살피거나 여러 가지 심부름을 하는 일. ≒ 심부름. 수발. 바라지. <역어유해보>에 '시죵'이 나온다. '시중'은 한자어로서 '슈죵(隨從)>시죵(侍從)'으로 음운변화한 말이다. '시중꾼, 시중들다; 물시중, 술시중, 약시중' 등으로 쓰인다. ¶ 할머니 시중을 들다.

시집 남편의 집안. 여인이 혼연(婚緣)으로 맺어 새 어른을 섬기며 살게 되는 새로운 가문을 가리킨다. 17세기 문헌 <동국신속삼강행실도>에 '싀집'이 나온다. '시집'은 '싀[新·東]+집'으로 분석된다.(싀+집→싀집>시집) '시집'의 어원적 의미는 '새 집'이다. '시집'을 한자 '시가(媤家)'로 쓰기도 하는데 '媤'는 우리가 만든 한자다. 15세기에는 시아버지를 '싀아비', 시어머니를 '싀어미'라고 표기하였다. [시집도 가기 전에 기저귀 장만한다] 너무 준비가 빠르다, 미리 서두른다는 말.

시치미 매의 임자를 밝히기 위하여 주소를 적어 매의 꽁지의 털 속에다 매어 둔 네모꼴의 뿔. '싳[摩擦(마찰)·縫(봉)]+임(명사형어미)+이(접사)'로 분석된다.(슻/싳+임+이→스치미>시치미) 어원적 의미는 '(표시를 하기 위하여 무엇으로) 스치거나 꿰매어 놓은 것'인데, '알고도 모르는 체하는 말이나 행동'을 뜻하는 말로 바뀌었다. ◇ 시치미를 떼다 - 자기가 하고도 아니한 체하거나 알고 있으면서도 모르는 체하다. ☞ 스치다

시침질 바늘로 어려 겹을 맞대어 듬성듬성 호다. '슻/시침[摩擦·縫]+ㅁ+질(접사)'으로 분석된다.(스츰>시침) '시침-바느질'은 양복 따위를 지을 때, 먼저 몸에 잘 맞는가를 보기 위하여 대강 시침질하여 보는 바느질이다. 이를 일본 한자어로 '가봉(假縫)'이라고 한다. ¶ 홑이불을 시치다.

ㅅ

시태 소의 등 위에 실은 짐. 시렁은 '싣다[載(재)]'의 어근에 '짐을 싣다'는 뜻의 한자 駄(태)가 결합된 말이다. '시태-질'은 소의 등에 짐을 싣는 짓을 뜻한다. ¶ 시태질을 한 후 서둘러 길을 떠났다.

시틋하다 같은 일에 물려서 싫증이 나다(시뜻하다). 중세어형은 'ᄉᆡ틋ᄒᆞ다'다. 'ᄉᆡ(다)+-듯ᄒᆞ다(접사)'로 1차 분석된다. '시다(>ᄉᆡ다)[酸(산)]'의 피동형 '시어지다'의 중세어형 'ᄉᆡ여ᄒᆞ/ᄉᆡ혀ᄒᆞ(다)'가 '*ᄉᆡ혀ᄒᆞ-듯하다'로 된 다음 발음이 줄어든 것이다. 시틋하다의 어원적 의미는 '신맛이 나는 듯하여 싫어지다'다. 마음에 없는 일을 너무 오래하여 지긋지긋하고 진절머리 나다를 뜻하는 '신물이 나다'와 관계 있는 말이다. ¶ 계속되는 정치 싸움은 그저 시틋할 뿐이다. 이제 아기 보는 일이라면 신물이 난다.

신바람 신이 나서 우쭐우쭐하여지는 기운. ≒ 신명(흥겨운 신과 멋). '신+바람'으로 분석된다. '신'은 어떤 일에 흥미나 열성이 생겨 매우 좋아진 기분을 뜻하는 말이다. 신바람의 어원적 의미는 '바람이 들어 들뜬 상태'다. 성적인 면에서 '腎(신)' 또는 '신/신발'로 보기도 한다. ◇ 신이야 넋이야 - 하고 싶은 말을 거침없이 마구 털어 놓음을 비유적으로 이르는 말. ¶ 신바람이 나다. 농악대의 신바람에 휩쓸려 덩실덩실 춤을 추었다. 신명진 풍물놀이. ☞ 바람

실 솜, 삼, 고치, 털 따위를 가늘고 길게 뽑은 것으로 천을 짜거나 바느질을 하는데 쓰이는 것. <계림유사>에 絲曰絲[sʌ=si], 線曰實[실]이라 하였다. 한국어를 포함한 몽골어 sirkeg, 만주어 sirge, sirä도 중국어에서 빌렸을 가능성이 높다. 몽골어 -keg, 만주어 -ge, 한국어 '-개'는 접미사로 '실개'가 '실'의 원어(原語)임을 알 수 있다. 이들의 공통 어근은 sir-(실-)이다. 우리말 실[sir]은 몽골어, 만주어 sir과 일치한다. 양잠(養蠶)의 기원으로 보아 영어 silk도 중국어에서 차용하였을 것으로 추정된다.

'실'은 가늘고 길게 생긴 물건을 뜻하여 '실-톱, 실-개천, 실-버들, 실-고추, 실-뱀장어, 실터(집과 집 사이에 남은 좁고 긴 빈터)' 등으로 쓰인다. 가는 실의 올을 '실낱(날)'이라 하고, '실낱-같다'는 목숨이나 희망이 너무 가냘파 자칫하면 끊어질 것 같다는 뜻이다. '실-타래'는 실뭉치를 일컫는 말이다. [실 엉킨 것은 풀어도 노 엉킨 것은 못 푼다] 작은 일은 간단히 해결할 수 있어도 큰일은 좀처럼 해결하기 어렵다는 말. ¶ 실 꿴 바늘. 실로 옷감을 꿰매다.

실답다 진실하고 미덥다. 꾸밈이나 거짓이 없이 참되다. 15세기 문헌 <월인석보>

에 '實다뵈'가 나온다. '실답다'는 '實(실)+답다'로 분석된다. '시답다'는 '실답다'에서 /ㄹ/이 탈락된 형태로 '마음에 차다. 마음에 들다'를 뜻한다. 주로 부정어와 함께 '시답지 않다(시답잖다)'로 쓰인다. '시답잖다(←실/시+답+지+않다)'는 '진실하거나 미덥지 않다. 거짓이나 꾸밈이 있다'의 뜻이다. 중세어에 부사형 '실다뵈(←實+답+이)'가 쓰였다. ¶ 실답고 믿음직스러운 젊은이. 호의를 시답지 않게 여기다.

실랑이 이러니저러니, 옳으니 그르니 하며 남을 못살게 굴거나 괴롭히는 일. 지난날 과거 시험에 합격한 사람이 증서를 받을 때 하는 구령(口令)인 '신래(新來) 위'가 발음이 변하여 '실랑이'가 되었다. '신래'는 과거에 새로 급제한 사람이고, 실랑이는 급제한 선배들이 후배에게 짓궂게 장난을 친데서 유래한 말이다. ◇ 신래(를) 부리다 - 과거에 새로 급제한 사람을 선배들이 축하하는 뜻으로, 견디기 어려울 만큼 놀리다. ¶ 실랑이를 당하다/ 벌이다.

실마리 감았거나 헝클어진 실의 첫머리. 실마리는 실[絲(사)]과 머리[頭(두)]가 합성된 말이다. '실+머리→실머리>실마리'로 어형이 변하였다. '머리'와 '마리'는 맛[味(미)] : 멋(겉의 아름다움)과 같이 음상(音相)이 상관성적(相關性的)으로 대립된 관계다. 어원적 의미는 '실의 첫머리'다. '실마리'는 일이나 사건 또는 어떤 문제를 풀어 나갈 수 있는 '고리, 단서(端緖), 꼬투리(일이 일어난 근본)'라는 비유적 의미로도 쓰인다. ¶ 사건의 실마리가 풀리다. ☞ 실, 머리

ㅅ

실컷 마음에 하고 싶은 대로 한껏. 아주 심하게. 앞선 표기는 '슬컷. 슬ᄏ장'이다. 이는 '슳(다)[厭(염)]+것[物(물)]'으로 분석된다.(슬컷/슬커시>실컷) 실컷의 어원적 의미는 '싫은 것'인데, '싫증이 날 정도로(싫도록)'로 쓰인다. '실쭉하다, 실큼하다(싫은 생각이 좀 나 있다)'도 어근이 '싫-(다)'이다. ¶ 실컷 뛰어놀다. 실컷 마시다. 실컷 욕하다. ☞ 싫다

실터 집과 집 사이에 남은 좁고 긴 빈터. '실[絲(사)]+터]'로 분석된다. '실(가늘거나 좁은)'은 '실눈(가늘게 뜬 눈), 실톱, 실퇴(退; 좁고 길쭉한 툇마루), 실파(아주 가느다란 파)' 등으로 쓰인다. 실터의 어원적 의미는 '실처럼 가늘고 긴 터'다. ¶ 실터에 화초를 심었다. ☞ 실, 터

실하다 든든하고 튼튼하다. 재산이 넉넉하다. 18세기 초 문헌 <청어노걸대>에 '실ᄒᆞ다'가 나온다. 사람이나 물건 따위가 보기에 매우 실하다를 뜻하는 '실팍하다'는 '實(실)+팍(접사)+하다'로, 튼튼하고 실하다를 뜻하는 '튼실하다'는 '튼+

實+하다'로 분석된다. 어원적 의미는 '잘 여문 열매처럼 알차다'다. ¶ 그는 실팍한 몸집인데도 쌀 한 가마를 제대로 못 옮겼다. 튼실하게 자란 나무 ☞ 튼튼하다

싫다 마음에 들지 아니하다. ↔ 좋다. 중세어형은 '슳다'다. '슬+ᄒᆞ+다'로 분석되며 '슬프다, 싫다, 닳다, 쓸어내다'의 뜻으로 쓰이던 말인데, 지금은 '염(厭)'의 뜻으로만 쓰인다. '슬'은 불쾌 · 부정을 나타내는 말로 '사라지다'의 '슬(살)'과 동근어로 보인다.(슳다>싫다) 부사 '실컷'은 '슬컷(←슳+것)', '싫증'은 '싫+증(症)', '실큼하다(싫은 생각이 있다)'는 '싫+금(접사)+하+다'로 분석된다. [싫은 데 선떡] 원래 먹기 싫은 떡인데 더구나 설기까지 했다는 뜻으로, 몹시 마음에 내키지 않는 경우를 이르는 말. ¶ 싫은 사람. 놀고 싶을 때 실컷 놀아라. ☞ 사라지다, 쓰러지다

심다 초목의 뿌리나 씨앗 따위를 흙 속에 묻다. 어근 '심-'은 음폐(陰蔽) 개념어인 '숨다'의 어근 '숨'과 인삼(人蔘)의 중세어 '심'과 관련 있는 것으로 보인다. '심그다/심ㄱ다>시ᄆᆞ다/시므다>심다'로 /ㄱ/이 탈락하면서 어형이 변하였다. 심다의 사투리에 '심구다, 싱그다, 시무다, 숨구다, 숭구다' 등이 있다. [심은 낡이 꺾어졌다] 오래 공들여 한 일이 잘못되어 허사로 돌아간 경우를 비유적으로 이르는 말. ¶ 나무를 심다.

심마니 산삼(山蔘) 캐는 일을 업으로 하는 사람. 채삼꾼. 15세기 문헌 <구급간이방>의 '심[人蔘(인삼)]'에 '-마니(어떠어떠한 일을 하는 사람)'가 결합된 말이다. 고유어 '심'은 후대에 한자어 '蔘(삼)'에 밀려났음을 보이는 예다. 도둑이나 거지 집단에서 부림을 당하는 사람을 일컫는 '똘마니'와 같이 '-마니/만(이)'는 '수만이, 복만이, 강만이'처럼 사내 이름에 붙는 접미사로서 사람을 뜻한다. '심마니말, 심메(산에 산삼을 캐러 가는 일)/꾼, 심밭, 심봤다!' 등으로 쓰인다. ◇ 심메를 보다 - 산삼의 싹을 찾다.

심부름 남을 위해 일을 해 주거나 거들어 주는 일. 힘의 방언형 '심'에 부리다[使(사)]의 15세기 명사형 '브림'이 합성된 말이다. '힘(심)+브리+ㅁ(명사형어미)→심브림>심부름'으로 형성 변화하였다. 구개음화에 의해 '힘'이 '심'으로 바뀐 예는 '힘줄(심줄), 형님(성님), 흉년(숭년), 혓바닥(세바닥)' 등의 사투리에서 찾을 수 있다.

'힘'은 15세기에 力(력)과 筋(근)의 뜻으로 함께 쓰이다가 筋(근)의 의미는

분화되어 16세기에 '힘줄'로 대체 되었다. 사람에게 명령하여 무슨 일을 시키는 '부리다[使(사)]'는 중세 어형이 '브리다'로 '븓다~븥다[附(부)]'와 연결된다. 이는 물건을 상대편에게 붙여서 보내는 것과 관련이 있다. '부리는 사자(使者)'다. '부리다(<브리다)'는 '쓰다(<ᄡᅳ다[用])'와 같이 사람이나 짐승에 두루 쓰여 '하인을 부리다, 사람을 쓰다(고용하다), 말이나 소를 부리다'에서의 의미를 나타낸다. '잔-심부름'은 사소하고 작은 심부름이란 뜻이다. ¶ 심부름을 보내다. ☞ 심줄

심지 등잔 · 남포 · 초 따위에 실 · 헝겊을 꼬아서 불을 붙이게 된 물건. <준> 심. 16세기 초 문헌 <박통사언해초간>에 '심ᄉᆞ'가 나온다. 이는 한자어 '心兒'에서 온 말이다.(심ᄉᆞ>심ᄌᆞ>심지) 심지[炷(주)]는 '心+지'로 분석된다. '心(심)'은 중심(중심) · 가운데를 뜻하는 말로 '연필심, 새알심, 찹쌀심'을 뜻한다. 심지는 '심돋우개, 심지실; 불심지, 쌍심지, 화약심지' 등으로 쓰인다. ¶ 심지에 불을 붙이다. 심지(제비)를 뽑다.

십상[1] 꼭 알맞은 일이나 알맞은 것. 썩 잘 어울리게. '십상'은 한자 十成(십성; 황금의 일등품. 아주 좋은 것)이 음운변화한 말이다.(십성>십상) ¶ 이 돌은 주춧돌로 아주 십상이다. 십상 네 남편이다. 공부하기엔 십상인 방.

십상[2] 거의 대부분. 대체로. 십상팔구(十常八九)의 준말. ¶ 그런 망나니짓만 하다가는 망하기 십상이다.

싱겁다 짠맛이 정도에 이르지 못하고 얕다. 언행이 어울리지 않고 멋쩍다. 중세어형 '섬썹다. 슴겁다'가 'ㅁ'이 'ㄱ'에 조음위치 동화되고, 전설모음화하여 '싱겁다'로 되었다.(섬썹다/슴겁다>승겁다>싱겁다) 원래 어근 '슴-'은 '슴슴하다. 삼삼하다/심심하다(<ᄉᆞᆷᄉᆞᆷᄒᆞ다)' 등 음성상징적 표현으로 '담박(淡泊)함'을 나타내는 말이다. '(간이) 심심하다'는 어의가 확장하여 '무료하다. 생활이 무미건조하다'는 뜻으로 쓰인다. [싱겁기는 고드름장아찌라] 사람이 아주 멋없고 몹시 싱거움을 비유적으로 이르는 말. ¶ 반찬이 싱겁다. 그는 가끔씩 싱거운 말을 잘한다. 국이 심심하다. 할 일이 없어 심심하다.

싱싱하다 본디대로의 생기를 지니고 있다. 원기가 왕성하다. '싱싱하다'는 '생생하다'의 한자 어근 生生(생생)에 '-하다'가 결합하여 단모음화가 일어났다.(ᄉᆡᆼᄉᆡᆼ>생생>싱싱) '생생하다'는 눈앞에 보이듯이 명백하고 또렷하다는 뜻으로 '싱싱하다'와 구별하여 쓰인다. ¶ 싱싱한 생선을 '물이 좋다'라고 한다. 지난날의

기억이 생생하다.

싸구려 매우 값이 싸고 질이 낮은 물건. 원뜻은 장사하는 사람들이 물건을 팔 때에 자기 물건을 더 많이 팔려고 손님을 불러댈 때 '싸게 팝니다' 하는 소리다. 뜻이 바뀌어 값싸고 질 낮은 물건을 가리킨다. 물건 값이 일정한 기준보다 적다는 뜻인 '싸다'의 어간에 감탄형어미 '-구려'가 결합되어 '싸구려'가 되었다. '싸다'는 오늘날 '값이 눅다[安價(안가)]'의 뜻이나, 중세어에서는 'ᄡᆞ다(해당하다). ᄊᆞ다(값이 있다)'를 의미하였다. '싸구려-판, 싸구려 장수' 등이 있다.

싸라기 부스러진 쌀. 중세어형은 'ᄉᆞ라기, ᄡᆞ라기'다. 'ᄡᆞ라기'는 'ᄉᆞᆯ[鎖 · 消], ᄡᆞᆯ(>쌀)'과 작은 것을 뜻하는 '-아기(-악이; 작은 것)'가 결합한 말이다. 금 · 은이나 쌀 등의 부스러기(<부ᄉᆞ라기)를 'ᄉᆞ라기'라 하였다.(ᄡᆞᆯ+아기→ᄉᆞ라기>싸라기)

'싸라기눈/싸락눈(<ᄡᆞᆯ눈)'은 빗방울이 갑자기 찬바람을 만나 얼어서 떨어지는 싸라기와 같은 눈이다. '금싸라기'는 금(金)의 잔 부스러기 곧 '황금으로 된 싸라기'라는 뜻으로 매우 귀중한 물건을 가리킨다. [싸라기밥을 먹었나] 반토막으로 부스러진 쌀로 지은 밥을 먹었느냐는 뜻으로 상대방이 반말투로 나올 때 빈정대는 말.

ㅅ

싹 씨나 줄기에서 처음 나오는 어린잎과 줄기. 중세어형은 '삭, 삯'이다. 싹[芽(아)]은 중세어 '삿/ᄉᆞᆾ(사이)'에서 비롯된 것으로 보인다. 개체는 몸통의 사이에서 갈라져 나와 자라면 번식이 가능하고 그 씨앗들은 땅 위에서 종족을 이어나가게 된다. '삿(ㄱ)>삯>싻>싹'으로 어형이 변화되었다. '삿ㄱ+이(접미사)→삿기>새ᄭᅵ>새끼'의 형태로 동물의 싹을 '새끼'라 하고, 식물의 새로 난 잎이나 줄기는 '싹'이라 한다.

한편 싹과 관계 있는 말로 싹둑(연한 사물을 한 번에 도막내는 모양), 싹-쓸이(갓 나온 싹을 쓸어 없앤다. 몰상식하게 힘으로 모든 것을 해치우는 짓), 싹수가 없다(장래성이 없다), 싸가지(←싹+아지; 싹수) 등이 있다. 싹을 'ᄡᅵ[種(종)]+아기'로 보는 견해가 있는데 어형 변화로 보아 설득력이 없어 보인다. ◇ 싸가지가 없다. - 소갈머리가 없다. ☞ 새끼[1]

쌀 벼를 찧어 껍질을 벗긴 하얀 알맹이. 중세어형은 'ᄡᆞᆯ[米 · 穀粒]'이다. <계림유사>에 白米曰漢菩薩(백미왈한보살)이라 적어 'ᄒᆡᆫᄡᆞᆯ[hʌin-psʌr]'로 오늘날 '쌀'과 발음이 일치한다. 菩薩[posɐl]은 어근 pos-와 접미부 -ɐl로 분석된다. 'ᄡᆞᆯ(>쌀)'과 같이 어두 자음군 /ㅄ/으로 된 'ᄡᅵ(>씨[種])'도 동근어로 원형입자(圓形粒子)

나 구체(球體)를 의미한다. 쌀은 '씨[種]+알→ᄡᆞᆯ>살(경상 사투리)/쌀[米]'로 형성 변화되어 오늘에 이르렀다. 고대 인도어(범어)에서 米, 稻를 Syali, Shali라 하는데, 이는 드라비다어 sal과 함께 차용어로 보인다. 우리나라의 쌀 역사는 기원전 10세기며, 일본은 기원전 4세기임이 고고학계에서 이미 밝혀진 바 있다.

'쌀'의 명칭과 관련하여 <훈민정음해례>에 '우케 爲未舂稻'가 나온다. '우케'는 아직 찧지 않은 벼[稻(도)]를 가리키는 말이다. 현대어에서 잡곡과 대립어인 '입쌀(<니ᄡᆞᆯ)'은 벼를 '니'라고 한데서 그 흔적을 볼 수 있고, 사투리 '니밥(쌀밥)'에도 나타나는 형태소다. 벼를 가리키는 일본어 '니'와 '밥'의 일본어 '메시'는 우리말과 같다. [쌀에 뉘 섞이듯] 많은 가운데 아주 드물게 섞여 있어 찾아보기가 힘들다는 말.

쌈지 종이나 천 · 가죽 등으로 만든, 담배 · 부시 등을 담는 주머니. '싸(다)[包(포)]+ㅁ+紙(지; 종이)'로 분석된다. 어원적 의미는 '싸는 종이'다. [쌈짓돈이 주머닛돈(이라)] 굳이 네 것 내 것 가릴 것 없는 같은 것. 또는 공동의 것이라는 말.

쌍둥이 한 태(胎)에서 태어난 두 아이. 쌍생아(雙生兒). '雙(쌍)+-둥이'로 분석된다. 접미사 '-둥이'는 '童(동; 아이)+이'로 재분석되며 '귀염둥이, 막내둥이, 재간(才幹)둥이' 등으로 쓰인다.

쌔고쌔다 흔하디흔하다. 많고 많다. '쌓이고 쌓이다'의 준말이다. ¶ 역사 속에 천재는 쌔고쌨다.

써레 소나 말이 끌게 하여, 갈아 놓은 논의 바닥을 고르는 데 쓰는 농기구. 초파(耖耙). 16세기 문헌 <훈몽자회> 표기는 '서흐레'다. '서흘(다)+에'로 분석된다. '서흘다'는 오늘날 써레질을 하다는 동사 '써리다/썰다'의 옛말이다.(서흐레>써흐레>써레) '써레몽둥이, 써레질/하다, 써렛발; 곱써레, 물써레, 쇠써레' 등으로 쓰인다.

썩다 물질이 부패균의 작용으로 본래의 질보다 나쁘게 변하다. 중세어형은 '석다'다. 이는 '삭다[消(소) · 酵(효)]'와 모음교체된 말로 동원어다.(삭다~석다>썩다) '삭다'는 썩은 것처럼 되다, 발효하여 맛이 들다를 뜻한다. 어근 '삭-'은 백제에서 술 담그는 방법을 전하면서 건너간 일본어 [sake; 酒(주)]와 동근어 관계다. [썩어도 준치] 값어치가 있는 물건은 썩거나 헐어도 어느 정도 본디의 값어치를 지니고 있다. ¶ 고기가 썩다. 음식물이 썩지 않도록 냉장고에 넣어라.

썩정이 썩어 빠진 물건. 속이 썩은 나무. '썩(다)+-정이'로 분석된다. '-정이(<덩이

<명)'는 용언의 어간에 붙어 명사를 만드는 말이다. '곱정이, 늙정이, 딱정이('딱지'의 사투리), 묵정이(묵은 물건), 삭정이(살아 있는 나무에 붙은 말라 죽은 가지)' 등으로 쓰인다.

썰매 눈 위나 얼음판에서 사람 또는 짐을 싣고 끌고 다니는 도구. 겨울철에 아이들이 타고 노는 놀이 기구. 한자어인 雪馬(설마)가 발음이 변하여 <한청문감>의 '셜마'가 '썰매'로 굳어졌다.(雪馬→셜마>썰매) 썰매를 만주어로 tuci, 여진어는 turki라 한다. ¶ 지난겨울 우리 가족은 눈썰매장에 간 일이 있다.

썰물 바닷물이 주기적으로 난바다로 밀려 나가는 현상. 또는 그 바닷물. ↔ 밀물(←밀+ㄹ+물). 'ᅘᅧ(다)[引(인; 끌어당기다)]+ㄹ+믈'로 분석된다.(*ᅘᅧᆯ믈>혈믈>썰물) 중세어형 'ᅘᅧ다'는 분리(分離) 개념어 'ᄲᅢᅘᅧ다~ᄲᅢ혀다[拔; 빼다]'와 동근어로 '끌다. 당기다'의 뜻을 지닌 말이다. 'ᅘᅧ다'는 후기에 와서 '(불/ 물을) 켜다. 써다(경상도 사투리)'로 변하였다. 현대어 '써다'는 '조수(潮水)가 빠지다. 괸 물이 잦아져서 줄다'를 뜻하는 동사다. 썰물의 어원적 의미는 '달에서 끌어당기는 물'이다. ¶ 사람들이 썰물처럼 빠져나갔다. 물이 썬 뒤에야 게 구멍이 보인다. ☞ 켜다

쏜살같이 몹시 빠르게. '쏘(다)+ㄴ(관형사형어미)+살[矢]+같+이→쏜살같이'로 분석되며 부사로 어형이 고정되었다. '쏘다'의 중세어형은 '소다/쏘다/쏘다'이다. '소다'는 만주어 solbi-(화살 먹이다)와 비교된다. '살'은 '문-살, 창-살, 떡-살, 어(魚)-살'에서 '살'과 같이 긴 나무를 뜻하는 '화살'이다.

'같이'는 '같다'의 부사형이고, 같다는 '서로 다르지 않다, 한가지다'의 뜻으로 다르다와 반대되는 개념을 나타내는 말이다. '같다(<ᄀᆞᆮᄒᆞ다)'는 가르다[半(반)]에서 온 말로 쪼갠 것이 똑같아서 결국 하나[一]라는 의미다. 따라서 쏜살같이는 '쏜 화살같이 매우 빠르게'란 뜻이다. ¶ 구급차가 쏜살같이 지나가다. ☞ 같다

쐐기[1] 물건과 물건의 틈 사이에 박아 사개가 물러나지 못하도록 하거나 물건들의 사이를 벌리는 데 쓰이는 V형의 물건. 16세기 문헌 <사성통해>, <훈몽자회>에서는 문설주나 쐐기[楔(설)]를 '쇠야기'라 하고, 15세기 문헌 <법화경언해>에는 비녀장[轄(할; 바퀴의 굴대머리 구멍에 끼는 못)]을 '쇠야미'라고 하였다. 중세어형 '쇠야기, 쇠야미'의 어근은 쇠[鐵(철)]로 보인다. '쇠야기'는 '쇠+아기'로 분석되며, 쐐기의 어원적 의미는 '작은 쇳조각'이다.(쇠야기>ᄡᅬ야기>쏘아기>쐐기) ◇ 쐐기를 박다 - 뒤탈이 없도록 다짐을 해 두다. 일이나 상태가 바람직하지

않게 되는 것을 막다.

쐐기² 쐐기나방과의 곤충. 마디마디 가시가 있어 닿으면 아프고 부어오름. 16세기 문헌 <내훈>에 전갈[蠍(헐)]을 '쇠야기', <한청문감>에는 'ᄡᅬ악이[蜇(사)]'라고 하였다.(쇠야기>ᄡᅩ야기>ᄡᅬ악이/ᄡᅬ아기>쐐기) 쐐기는 '쏘다(<ᄡᅩ다<소다[螫(석; 벌레가 쏘다)]'를 어근으로 하는 말이다. ☞ 쏜살같이

쑥 엉거싯과의 여러해살이 풀. 중세어형은 'ᄡᅮᆨ'이다. 미각(味覺) 표현에서 불쾌(不快) 감각어 'ᄡᅳ다(>쓰다[苦])'와 동근어다. 우리말 '쑥'은 만주어 suku[蓬(봉)], suiha[艾(애)], 몽골어 suyiqa[艾]와 대응한다. 쑥의 본딧말인 '다북쑥(<다복ᄡᅮᆨ)'에서 '다복'은 원형(圓形) 어근으로 더부룩하다는 뜻의 '무더기'다. '쑥'은 단군 신화에 나오는 영험한 풀이며, 어린잎은 먹고 잎자루는 약으로 쓰인다. '쑥갓'은 '상추'처럼 날것으로 쌈을 싸먹는 채소다. ¶ 이른 봄에 먹는 쑥국은 입맛을 돋운다.

쓰다 맛이 소태와 같다. 마음이 언짢거나 괴롭다. 중세어형은 'ᄡᅳ다'다. '(맛이) 쓰다(<ᄡᅳ다)'와 '(맛이) 짜다(<ᄧᆞ다)'는 동원어다. 이들은 미분화된 미각(味覺) 상태를 표현하다가 후에 의미 분화된 것으로 보인다. 불쾌(不快) 감각어 '쓰다'는 '쓸개(<ᄡᅳᆯ게), 씀바귀(<씀바괴); 씁쓸하다[稍苦; 쓰디쓰다]'를, '짜다'는 '짭짤하다(稍鹹; 짜디짜다)'를 파생시킨 말이다. ¶ 음식 맛이 쓰다. 쓴 웃음/ 소리.

쓰다듬다 귀엽거나 탐스러워 손으로 가볍게 쓸어 어루만지다. 울거나 성이 난 아이를 살살 달래어 가라앉히다. 17세기 문헌 <내훈중간>에 'ᄡᅳ다ᄃᆞᆷ다'가 나온다. 이는 'ᄡᅳᆯ다(>쓸다)'와 '다ᄃᆞᆷ다(>다듬다[修(수)]'가 결합된 말이다. 쓰다듬다의 어원적 의미는 '쓸어 닦다'다. ¶ 아이의 머리를 쓰다듬다. 수염을 쓰다듬다. ☞ 가다듬다

쓰라리다 → '아프다' 참조 ¶ 속이 쓰라리고 아프다.

쓰러지다 서 있거나 쌓이어 있던 것이 한쪽으로 쏠리어 바닥에 누운 상태가 되다. 지쳐서 앓아눕다. 죽다. 망하다. 중세어형은 'ᄉᆞᆯᄒᆞ디다'이다. 'ᄉᆞᆯ'과 '디다'가 합성되었다. 'ᄉᆞᆯ'은 'ᄉᆞᆯ다(>사르다[燒(소)])'의 어근이며, '슬다(스러지다[消]), ᄡᅳᆯ다(>쓸다[掃(소)])'와 동근어다. 보조동사 '디다'는 현대어에서 보조적 연결어미와 어울려 '~(어)지다'로 피동을 나타낸다.(ᄉᆞᆯᄒᆞ디다>ᄉᆞᆯᄒᆞ지다>쓰러지다) ¶ 폭풍우로 나무가 쓰러지다. 뇌출혈로 쓰러지다. 회사가 부도가 나서 쓰러지다.

쓰레기 비로 쓸어 내는 먼지나 티끌 또는 그밖에 못쓰게 되어 버린 잡된 물건. '쁠(다)+어기(아기; 작은 것)'로 분석된다. '쁠다[拂·掃]'는 '슬다(<슬다[消]), 씻다(<싯다)'와 동원어다. 비로 쓰레기를 쓸어 깨끗이 하다, 형체가 없어져 버리거나 불필요한 것을 없애버림을 뜻한다. 현대어 '쓿다'는 '거친 쌀·조·수수 등을 찧어 깨끗하게 하다'의 뜻이다.(쁠다/쓰설다, 쓰얼다>쓸다) 쓰레기의 어원적 의미는 '쓸어버리는 것'이다.

'쓰레기꾼, 쓰레기차, 쓰레받기, 쓰레질/하다'로 쓰인다. 좋은 것을 고르고 난 뒤에 남은 허름한 물건을 뜻하는 '허섭-스레기'에서 '허섭'은 '허드레'의 어근 '허듭'이 어형 변화한 말이다. ¶ 쓰레기 분류 수거는 환경 보존의 지름길이다.

쓰잘머리 사람이나 사물의 쓸모 있는 면모나 유용한 구석. '쓰(다)[用(용)]+자(청유형어미)+(고)+하(다)+ㄹ+-머리'로 분석된다. [+부정어 '없다'] '-머리'는 '본래 가진 것이 밖으로 드러난 특성을 낮춤'을 표현하는 접미사다. '밉살머리스럽다, 버르장머리, 소갈머리, 씨알머리, 인정머리, 진절머리' 등으로 쓰인다. 쓰잘머리의 어원적 의미는 '쓰려고 할 만한 것'이다. '쓰잘것'은 쓸 만한 가치. 쓸모'를 뜻하는 말이다. ¶ 이 도끼는 날이 무뎌 장작을 패는 데 쓰잘머리가 없다. 쓰잘머리 없는 사람.

쓸개 간장(肝臟)에 딸린 주머니처럼 생긴 것. 담낭(膽囊). 중세어형은 '쁠게[膽(담)]'다. '쓰(다)[苦(고)]+ㄹ+-게/개'로 분석된다.(*쓰게/*쁠에/쁠게>쓸개>쓸개) 쓸개의 어원적 의미는 '쓴 것'이다. 쓸개의 사투리 ':열'은 '열즙(쓸개즙), 열없다(겁이 많고 담이 작다), 열없쟁이, 열주머니' 등으로 쓰인다. ◇ 쓸개가 빠지다 – 하는 짓이 줏대가 없음을 욕으로 이르는 말. ☞ 쓰다

씀씀이 살림이나 일에 쓰이는 비용. 돈이나 물건 혹은 마음 따위를 쓰는 형편. 또는 그런 정도나 수량. '쓰(다)[用(용)]+ㅁ+쓰+ㅁ+이'로 분석된다. 어원적 의미는 '쓰는 것'이다. ¶ 씀씀이가 크다. 씀씀이가 헤프다.

씨름 두 사람이 샅바나 띠를 넓적다리에 걸어 서로 잡고 재주를 부려 먼저 상대를 땅에 쓰러뜨리는 우리나라 고유의 민속 경기. 씨름은 중세어 '힐후다[詰難(힐난)]'가 명사화한 말로 '힐훔/힐홈'이 어형 교체된 말이다. 씨름의 어원에 대한 견해는 다양하다. '슬다/슬어디다[消], 쁠다/쓰러디다'의 어근이 명사화되었다는 설, 영남 지방의 사투리에 서로 버티고 힘을 겨룬다는 '씨루다(견주다. 싸우다)'가 명사화하여 '씨룸'이 되고 다시 '씨름'이 되었다고 한다.

한편으로 몽골어에 견주어 어원을 밝힌 견해도 있다. 몽골어 bühe, bariltoho(씨름)은 우리말 발[足(족)]과 뜻이 같고, 다리[脚(각)]의 뜻인 몽골어 silbi, sabár의 어근 sil(실)은 '씨름'의 어근 '실-'과 비교되므로 씨름을 다리의 경기로 보았다. '힐훔>실훔>씨름/씨룸/씰음>시름/씨름'으로 변천되었다. 일본어 sumo[스모]는 우리말 '시름'에서 /ㄹ/이 탈락한 말이다. 명사 '씨름'에서 동사 '씨름하다'가 전성되어 '고심하다. 끈기 있게 노력하다'의 뜻으로도 쓰인다.

씨름의 역사는 4세기 무렵의 유적인 고구려 씨름무덤[角抵塚(각저총)]에서 그 유래를 찾을 수 있다. [씨름은 잘 해도 등허리에 흙 떨어지는 날이 없다] 재간은 있으나 별수 없이 일만 하고 산다는 말.

씨받이 씨를 받는 일. 지난날 혼인 부부의 아내에게 이상이 있어 대를 잇지 못할 경우에 재물을 받고 그 남자의 아이를 대신 낳아 주던 여자. ↔ 씨내리. '씨(동식물의 種子 · 男子)+받(다)+이'로 형태 분석된다. 식물의 열매에서 씨를 채취하는 것과 아울러 씨를 받아 아이를 낳는 사람을 이른다. '씨'는 여근(女根)에서 성장하며, '씹'은 '삐[種(종)]+입[口(구)]'의 합성어로 종자의 입구를 뜻한다. '씨지다'는 대를 이을 씨가 하나도 없이 죄다 없어지다를 뜻하는 말이다. [씨도둑은 못한다] 아비와 자식은 얼굴이나 성질이 서로 비슷한 데가 많으므로 유전 법칙은 속일 수 없다는 말. 부전자전(父傳子傳). ¶ 씨받이를 들이다. ☞ 씨앗, 받다

씨식잖다 같잖고 되잖다. <준>씩잖다. '씩씩하지(엄하지) 아니하다'가 줄어든 말이다. ¶ 그게 무슨 씨식잖은 소리냐? ☞ 씩씩하다.

씨아 목화송이에서 그 씨를 빼내는 기구. 18세기 문헌 <여사서언해>에 '씨아시'가 나온다. 씨아는 '씨+앗(다)+이(명사화 접미사)'로 이루어졌다. 사투리인 '씨아시'는 옛말의 흔적이다. 동사 '앗다'는 후대에 음절이 덧붙어 '빼-앗다'가 되었다. '씨아'의 어원적 의미는 목화 열매에서 솜을 골라내기 위하여 '씨를 빼내는(빼앗아 내는) 도구'다.(삐+앗-+이→씨아시>씨아) ¶ 씨아로 씨를 빼고 활로 타서 가락을 지어 물레에 실을 뽑는다.

씨앗 곡식이나 채소의 씨. 종을 번식시키기 위한 역할을 하는 개체. 중세어형은 '삐'다. '씨(<삐)'는 '쌀(<뿔[米])'과 동원어로 원형 입자(圓形粒子)를 가리킨다. 현대어에서 '욉씨, 볍씨'의 어형으로 보아 어두 복자음 /ㅄ/은 15세기에 표기 형태 그대로 발음되었음을 알 수 있다.

'씨'는 만주어 fisihe, fuse-(번식하다)와 비교된다. 단음절어를 피해 접미사 '앗(<갓[物])/알/아시[初]'이 붙어 '씨앗(<씨갓)/씨알'이 되었다. 사투리에 '씨갇, 씨가시, 씨아시, 씨애기'가 있다. '씨앗'은 어원적 의미가 '씨의 낟알'이다. '씨앗'은 가능성, 잠재력, 사물의 핵심, 번식력을 상징한다. ¶ 씨앗을 뿌리다. 희망의 씨앗.

씩 주로 양수사 뒤에 붙어, 각각 같은 수효로 나누는 뜻을 나타내는 말. '강조'의 뜻을 갖기도 한다. 16세기 문헌 <박통사언해초간>에서 신소설 작품에 이르기까지 '식'으로 쓰였다. 한자를 가지고 우리말을 적은 이두식 표기는 '式(식)'이다. 20세기 초엽에 된소리현상이 일어나 '씩'으로 변하였다.(식>씩) ¶ 둘씩. 두 개씩. 몇 달씩 걸려 모은 돈. 비가 조금씩 내린다.

씩씩하다 소리가 꿋꿋하고 힘차다. 행동 등이 굳세고 위엄이 있다. 용감하다. 중세어형은 '싁싁ᄒᆞ다'다. '싁싁+ᄒᆞ+다'로 형태 분석된다. '싁싁'은 현대어 '식식(씩씩)'으로 숨을 매우 가쁘고 거칠게 쉬는 소리, 또는 그 모양이다. '싁싁ᄒᆞ다(>씩씩하다)'는 '엄숙하다, 장엄하다[嚴(엄)]'를 뜻하였는데, 지금은 '용감하다(勇敢)'는 뜻으로 바뀌어 쓰인다. 동근어 '씨억씨억하다'는 성질이 굳세고 시원시원하다를 뜻하는 형용사다.

씹다 입에 넣어 이로 깨물어서 잘게 만들다. 중세어형은 '십다'다. 씹다(<십다)는 '씹+다'로 분석된다. 어근 '씹-'은 주책없이 쓸데없는 말을 함부로 지껄이다를 의미하는 '시부렁/씨부렁거리다; 씨불거리다'와 동근어며, 입[口(구)]과 동원어로 보인다. '씹어 먹다, 씹어 삼키다; 곱씹다, 되씹다' 등으로 쓰인다. ¶ 고기를 씹다. ☞ 씨받이

씻다 묻은 때나 더러운 것을 물에 넣어 제거하여 깨끗하게 하다. <계림유사>에 凡洗濯皆曰時蛇[*시샤]라 하여 중세어 '슷다'와 일치함을 알 수 있다. 씻다(<싯다/슷다)의 중세어 어근 '슷'은 '스치/슻-다[摩擦 · 縫製], 슻[間]'과 칼을 가는 도구인 '숫돌(돌에 스쳐 갈다)'에서 '숫(<ᄡᅳᆺ)'과 동근어다. 경기도 사투리 '시치다/씨치다(*싳-)'는 옛말의 흔적이다. 결국 씻다의 원뜻은 '마른 수건으로 얼굴 · 물건 따위의 표면에 묻은 물기를 문질러 닦아 없애다'다. '스치다, 시치다'도 동근어다. 합성어에 '씻-가시다, 씻-부시다'가 있다.

ㅇ

ㅇ(이응) 현행 한글 자모의 여덟째 글자. 목소리[喉音(후음)] /ㅇ·ㆆ·ㅎ/에서 기본이 되는 음운이다. /ㅇ/은 훈민정음 창제 당시 종성(終聲)에서 소릿값이 없는 글자로 쓰이다가 16세기 후반 이후 'ㆁ [ŋ]'이 사용되지 않으면서 이를 대신하게 되었다. <훈몽자회>에 'ㅇ 伊(이)', 'ㆁ 異凝(이응)'이라 적혀 있지만 /ㅇ/이 /ㆁ/을 통합하게 되면서 'ㅇ'을 '이응'이라 하고 'ㆁ'을 '옛이응'이라 한다. /ㅇ/은 목구멍의 둥글게 생긴 모양을 본떠 만들었다. 15세기에 'ㅇ'을 입술소리 아래에 붙여 입술가벼운소리 /ㅱ·ㅸ·ㅹ·ㆄ/을 만들어 사용하였다.

ㅏ(아) 현행 한글 자모의 열다섯째 글자. /ㅏ/는 /ㅣ/와 /ㆍ/를 합쳐 만든 음운이다. 입안의 날숨[呼氣(호기)] 통로를 벌리고 혓바닥의 가운데 부분을 입천장 쪽으로 올리며 목청을 울리고 입술을 평평하게 해서 내는 [a]음의 표기다.

ㆍ(아래아)는 훈민정음 중성(中聲)의 첫째 글자. 우주 만물의 형성 과정에서 맨 처음으로 생긴 하늘[天(천)]의 둥근 모양을 본떠 만들었다. 혀를 옴츠려서 발음하며 소리는 깊다. /ㆍ/의 국제 음성 기호는 [ʌ]다. /ㆍ/의 발음이 17~18세기에 소멸되고 표기는 <한글맞춤법통일안(1933)> 제정 당시부터 안 쓰이게 되었다. 중세어의 단모음은 /ㆍ, ㅡ, ㅣ; ㅗ, ㅏ, ㅜ, ㅓ/ 7개다. 이 가운데 /ㆍ/는 /ㅡ, ㅣ/와 더불어 모음의 기본이 되는 글자다.

아가미 물에서 사는 동물의 숨쉬는 기관. '악[口(구; 입)]'과 '-아미'로 분석된다. 어근 '악'은 입의 낮춤말인 '아가리(←악+아리)'와 동근어다. '그런 형상이나 물건'을 뜻하는 접사 '-아미'가 결합된 말에 '귀뚜라미, 동그라미, 피라미, 올가미' 등이 있다.(악+아미→아감이>아가미) ☞ 악머구리

아가씨 처녀나 젊은 여자를 부르는 말. 또는 손아래 시누이를 가리킨다. 지난날 왕의 자녀나 왕손의 존칭어로 '애기'의 높임말 '아기시'가 쓰였다. 오늘날 '아기시>아기씨>아가씨'로 발음이 변하면서 처녀를 뜻하는 일반 명사가 되었다.

'아씨'는 조선 시대에 하인이 젊은 부인을 부르는 호칭어였으나, 원래는 여성

과 처(妻)를 뜻하는 말이다. 퉁구스, 만주어 asi와 일치하는 우리말 '아시'는 순결 또는 처녀, 처음을 뜻한다. '아시>아ᄉᆡ/아이>애'로 변하여 '애벌레, 아시빨래(애벌빨래), 아시갈이(애벌갈이), 애벌구이(초벌구이)' 등으로 쓰이고 있다.

아궁이 가마[窯(요)]나 방 같은 데에 불을 때기 위하여 만든 시설. '아궁이'의 어근 '악'은 입[口]의 낮춤말 '아가리(agari)'와 동근어며, 몽골어 aγ urqai(穴坑)와 일치한다. '악/아귀'는 입구(入口; 들머리)를 뜻한다. 우리말 '아가리'는 퉁구스어 ang-~amg- 어근형과 일본어 aku[開(개)]와 대응한다. 아궁이의 어원적 의미는 '불을 때는 입(구멍)'이다. 우리나라 온돌의 역사는 고구려 시대로 거슬러 올라가며 아궁이와 구들을 이용한 난방 문화는 유럽까지 전파되었다. ☞ 악머구리

아귀[1] 가닥이 져서 갈라진 곳. 씨앗이 싹이 터서 나오는 자리. 본래 '악/아귀'는 [입(口)]을 뜻하는 말이다. '아귀다툼(서로 악을 쓰며 입으로 헐뜯고 다투는 짓), 아귀세다(억세다), 아귀아귀 · 어귀어귀, 아귀차다(뜻이 굳고 하는 일이 야무지다), 아귀힘; 손아귀, 웃아귀(엄지손가락과 집게손가락의 뿌리가 서로 닿은 곳), 입아귀' 등으로 쓰인다.

일의 갈피를 잡아 마무르는 끝매듭을 뜻하는 '아퀴'는 동근어다. '아퀴-쟁이'는 '가장귀(나뭇가지의 아귀)가 긴 나뭇가지'를 일컫는다. ◇ 아귀가 맞다 - 앞뒤가 들어맞다. 아귀를 맞추다 - 표준으로 삼는 수효에 들어맞게 하다. ¶ 아귀가 지다. 두루마기 옆에 아귀를 트다. ☞ 악머구리, 입

아귀[2] 아귓과의 바닷물고기. 말밑은 아귀[1]과 같다. 아귀는 입이 큰 물고기라는 데서 붙여진 이름이다. '아귀-찜, 아귀-탕(湯)'으로 쓰인다.

아그배 장미과의 낙엽 활엽 교목인 아그배나무의 열매. 모양은 배와 같고 크기는 앵두만 하며 맛은 시고 떫음. '아기/악+의+배'로 분석된다. 아그배의 어원적 의미는 '아기처럼 작은 배'다.

아기 젖먹이 아이나 며느리를 일컫는 말. '아기'의 선행 어형은 '알지'로 어원은 알[卵(란)]이다. <삼국유사>에 閼智卽鄕言小兒之稱也라 하였다. '閼智(알지)'는 남녀 구별 없이 소아(小兒)를 일컫는 말로 알타이어에 공존하는 어사 'ač(i)'이다. '알지'는 '아기, -아지(짐승의 새끼), -아리(새의 새끼)'와 동원어다. 짐승의 새끼를 뜻하는 '-아지'는 하대(下待)나 비속한 말로도 쓰인다.(모가지, 손모가지)

'아가'는 <계림유사>에 父呼其子曰丫加(부호기자왈아가), <용비어천가>에는 '阿其(아기)'로 기록하였다. 이는 '아기'에 호격조사 '-아'가 결합한 말이다.

'아가'는 고려말과 현대어가 일치한다.(아기/악+아→아가) 오늘날 일반적으로 '아가'는 유아(幼兒), '아이'는 소아(小兒)로 구별한다. ☞ 알

아까 조금 전(에). 방금(조금 전이나 후). 18세기 초 문헌 <삼역총해>에 '앗가'가 나온다. 이는 '아시[初·小]+ㅅ+가[邊(변; 가장자리)]'로 분석된다.(앗가>아ᄭᅡ>아까) ¶ 아까는 내가 조금 경솔했다. 아까 만난 그 사람.

아깝다 자기가 갖고 있는 소중하고 값진 것을 잃거나 놓치어 섭섭하다. 중세어형은 '앗갑다'다. 동사 '앗다'의 어근 '앗/앗기-'에 형용사화 접사 '-압다'가 붙어 된소리되기 현상이 일어난 말이다.(앗/앗기+-갑다→앗갑다>아ᄭᅡᆸ다>아깝다) 어근 '앗-'은 '값어치가 있는 것을 빼앗다'는 뜻이다. 아깝다는 '아끼다, 아쉽다'와 함께 '앗다[取·奪]'와 동근어다. 이와 달리 중세어 '앚다[少(소)]'에 '-갑다'가 연결된 것으로 보기도 한다. ¶ 아직은 멀쩡한 물건인데 버리자니 아깝다. 벌써 헤어지게 되어 아쉽다.

아끼다 아깝게 여기다. 마음에 들어 알뜰하게 여기다. 중세어형은 '앗기다'다. '앗다[奪(탈; 빼앗다)]'의 어근에 접사 '-기-'가 결합되었다. 아끼다는 '귀중히(소중히) 여기다'의 뜻에서 18세기부터는 '애석하다(愛惜; 사랑하고 아깝게 여기다)'의 뜻이 더해진 말이다.(앗+기+다→앗기다>아ᄭᅵ다>아끼다) ¶ 용돈을 아끼다. 자연을 몹시 아끼다. ☞ 아깝다

아낙네 남의 부녀자를 통속적으로 이르는 말. '안[內]+악+네'로 분석된다. '아낙네'는 집안에서 살림하는 여자다. '안'은 내포(內包) 개념어이고, '-악'은 '좁은 장소'를 뜻하는 말로 '기스락(←기슭+악), 바닥(←밭+악)'에 쓰이는 명사형성 접사다. '-네'는 '우리네, 당신네, 길동이네' 등에서와 같이 명사에 결합하여 사람의 무리를 나타내는 복수 접미사다. 우리말 '-네'는 골디어, 올차어 nai(사람)와 일치한다.

원래 '아낙'은 부녀자가 거처하는 곳이나 전통적 한옥에서 안방과 거기에 딸린 뜰을 아울러 이르는 말이다. '아낙-군수(郡守)'는 늘 집안에만 틀어박혀 있는 남자를 조롱할 때 쓴다. 우리말 '아낙'은 퉁구스어 ana-ka[妻(처)]와 비교 가능하다. ¶ 시골 아낙네가 여름철 뙤약볕 아래에서 콩밭의 김을 매고 있다.

아내 시집가서 남자의 짝이 되는 사람을 일컫는 말. ↔ 남편. 고려말을 적은 <계림유사>(裩日安海珂背)에 安海[안해]가 나온다. 16세기 문헌에는 '안ᄒᆡ, 안해'다. '안ㅎ[內(내)]+ᄋᆡ(처소격조사)→안ᄒᆡ/안해>아내'로 이루어져 변천하였

다. 원뜻은 ‘집안에 있는 사람’인데, 처(妻)나 주부(主婦)를 가리키는 명사로 굳어졌다. 동사 ‘안다[抱(포)]’를 파생시킨 ‘안ㅎ’은 원형어(圓形語)에 속한다.

내포(內包) · 음폐(陰蔽) · 수장(收藏)의 개념을 나타내는 ‘안’의 대립어는 ‘밖’이다. 오늘날 ‘아내’를 안사람 또는 집사람, ‘남편’을 바깥양반이라 부르기도 한다. ‘아내’는 한자어 부인(婦人)에 대응하는 고유어다. [아내 나쁜 것은 백 년 원수, 된장 신 것은 일 년 원수] 아내를 잘못 맞이하면 평생을 그르치게 된다는 말. ☞ 가시내

아니꼽다 비위가 뒤집혀 구역질이 날 듯하다. 말이나 하는 짓이 마음에 거슬리고 밉살맞다. 16세기 초 문헌 <박통사언해중간> 표기는 ‘아닛곱다’다. ‘안ㅎ[內]+이+곱다[曲(곡)]’로 분석된다. ‘안’은 속[臟(장)], 마음을 나타내며, ‘곱다’는 굴곡(屈曲) 개념어이다. ‘아니꼽다’는 ‘속(마음)이 뒤틀린다’는 뜻에서 같잖은 짓이나 말 때문에 불쾌하다는 의미로 확장되었다.(아닛곱다>아니쏩다/아닉쏩다>아니꼽다) 조선시대 궁중(宮中)에서는 ‘안 되었다. 딱하다’는 의미로 쓰이던 말이다. ¶ 아니꼽더라도 꾹 참고 견디어야 한다.

아니다 사실 곧 ‘이다’를 부정하는 말. ‘안[內(내)]+이+다’로 분석된다. ‘아니하다’는 부사 ‘아니[否(부)]’와 동사 ‘하다[爲(위)]’가 결합한 어형으로 어원적 의미는 ‘겉이 아니고 속이다’다. ‘않다’는 ‘아니하다’의 준말이다. 우리말 ‘안/아니’은 공통알타이어 *anV(부정의 동사), 고대 일본어 -(a)n~na[裏 · 穴]와 대응한다. ‘아니야, 아니참, 아닌게-아니라, 아닌-밤중/에(뜻하지 아니한 때/에), 아닌-보살로(모르는 척하며 잠자코)’ 등으로 쓰이기도 한다. ¶ 이것도 아니고 저것도 아니다.

아둔하다 슬기롭지 못하여 하는 짓이 미련하다. 한자어 어둔(語鈍; 말이 둔함)에서 온 말이다. 둔하다(鈍)는 ‘어리석고 굼뜨다’를 뜻한다. ‘아둔-패기’는 아둔한 사람을 낮추어 이르는 말이다. ¶ 그는 아둔하여 번번이 일을 그르쳐 놓기만 한다. 그 아이는 좀 아둔한 데가 있어 자기 잇속을 차리지 못한다.

아득하다 가물가물하거나 들릴 듯 말 듯 할 정도로 끝없이 멀다. 까마득하게 오래다. 막연하다. 중세어형은 ‘아ᄃᆞㄱ다, 아ᄃᆞㄱᄒᆞ다’다. ‘아득하다[冥(명) · 暗(암)]’는 혼미(昏迷) 개념어 ‘어둡다(<어듭다)’에서 온 말이다. ‘까마아득하다’는 ‘검다’란 말이 결합되어 의미가 강조된 것이다.(어듭>어득/아득) ‘아득하다’의 어원적 의미는 ‘밝고 분명하지 못하고 희미하거나 어둡다’다. 까마득하게 멀다

를 뜻하는 '아스라하다(<아ᄉᆞ라ᄒᆞ다)'도 동근어다. ¶ 아득한 옛날. 앞길이 아득하다. 아스라한 수평선. ☞ 어둡다

아들 남자로 태어난 자식. <계림유사>에 男兒曰丫妲[a-tʌr], 亦曰 同婆記[*복/보기]라 하였다. 현대어 '아들'은 15세기의 '아ᄃᆞᆯ', 고려 시기의 [아달]과 발음이 일치한다. 남자 아이를 뜻하던 고려어 巴只[婆記; 보기(복)]는 신라어 福(복)을 계승한 것인데 죽은말이 되었다.

'아ᄃᆞᆯ'은 시작과 작음을 의미하는 '앋(앚, 엊, 앗, 아ᇫ, 어ᇫ, 앛)[始, 初, 小, 少, 幼, 次, 未及, 親]'에 접사 'ᄋᆞᆯ'이 결합된 말이다. 아들과 동근어에 '아이(앗+이→아ᅀᅵ>아이), 아우, 아예' 등이 있다. [아들 못난 건 제 집만 망하고, 딸 못난 건 양 사돈이 망한다] 여자가 못돼 먹으면 시댁은 물론 친정에도 화를 미친다는 말. ☞ 아우

아람 밤이나 상수리 따위가 저절로 충분히 익은 상태, 또는 그 열매. 구형(球形)을 의미하는 원형 어근 '알[卵(란)]'과 '밤[栗(율)]'이 합성되어 어형이 '아람'으로 굳어진 말이다.(알+밤→알밤>알왐>알암>아람) 아람의 어원적 의미는 '알과 같이 동그랗고 알찬 밤'이다. '알밤'은 익은 밤톨을 뜻하며, 주먹으로 머리를 가볍게 쥐어박는 짓을 의미하기도 한다. ¶ 아람이 벌어지다. ☞ 알

아람치 자기가 사사로이 차지하는 몫. 낭탁(囊橐; 자기의 차지로 만듦. 또는 그런 물건). '아람(<아ᄅᆞᆷ)+-치(물건)'로 분석된다. '아ᄅᆞᆷ'은 '私(사사로움. 자기. 개인의 소유)'를 뜻하는 말이다. 아람치의 어원적 의미는 '자기 것'이다. ¶ 검둥이는 이웃 동네에서 얻어 복영이의 아람치로 기른 강아지의 이름이다. ☞ 아름답다

아랑 술을 곤 뒤에 남은 찌끼. = 아래기. ≒ 술지게미. 아라비아어 Araq(소주)에 온 말이다. 아랑주(酒)는 찌꺼기로 곤 질이 낮고 독한 소주를, 아랑즈이는 '소주'를 심마니들이 이르는 말이다.

아랑곳없다 어떤 일에 관계하거나 간섭하거나 관심을 두지 아니하다. 17세기 <역어유해>에 '네 아롱곳가'가 나온다. 아랑곳없다는 '알(다)+앙/옹(접사)+곳[所 · 處]+없다'로 분석된다.(알앙곳없다>아랑곳없다) 어원적 의미는 '아는 바가 없다. 알 바 아니다'다. ¶ 남이 무어라 하든지, 아랑곳도 하지 않다. 여러 사람의 만류에도 아랑곳없이 제 고집대로 한다. ☞ 난데없이, 알다

아래 어떤 기준보다 낮거나 또는 머리와 반대편에 있는 부분. 다른 것보다 못한 쪽. ↔ 위. <삼국사기>에 阿尸良[아라] · 阿那伽倻[아래ㅅ가야], <삼국유사>에

阿羅[아라], <조선관역어>에 天下 哈嫩阿賴[아래]가 나온다. 중세어형도 '아·래'다. 아래[下(하)]는 '알+애(처소격조사)'로 분석된다. 어근 '알'은 튀르크어 al(밑, 아랫부분), 몽골어 aliusun(큰 나무 밑의 덤불), 만주어 aligan(하층)의 [ali]과 비교될 수 있다. ¶ 물은 아래로 흐르는 법이다.

아뢰다 윗사람 앞에서 풍악을 연주해 들려 드리다. 윗사람에게 말씀드려 알리다. 중세어형은 '알외다'다. '알(다)[知(지)]+외(←오+이; 이중사동접사)+다'로 분석된다.(알외다>아뢰다) '아룀, 아룀장(초청장)'으로 쓰인다. ¶ 풍악을 아뢰다. 할아버님께 소상히 알외다. 주인 아룀. ☞ 알다, 사뢰다

아르바이트 학생이나 직업인 등이 돈을 벌기 위해서 학업이나 본래의 직업 이외에 부업으로 하는 일. <준>알바. '일·노동·연구'를 뜻하는 독일어 Arbeit에서 온 말이다. ¶ 요즘에는 알바 자리 구하기도 힘들다.

아름답다 모양·색·소리 등이 눈과 귀에 즐거움과 만족을 줄 만하다. 마음에 들 만큼 훌륭하고 갸륵하다. 중세어형은 '아ᄅᆞᆷ답다'다. '아ᄅᆞᆷ[私·長]'에 형용사화 접사 '-답다(<다ᄫᅵ다)'가 결합되었다. '아름(<아ᄅᆞᆷ)'은 동사 '알다[長·知·善]'가 명사로 파생된 것으로 보인다. '-답다'는 체언에 붙어 '~과 같다(성질과 특성을 가지다). 비슷하다'의 뜻을 지닌 접미사로 '되다'와 동원어며, 'ᄃᆞᄫᅵ다>ᄃᆞᆸ다>답다'로 어형이 변화되었다.(알+ᄋᆞᆷ+다ᄫᅵ다→아ᄅᆞᆷᄃᆞ외다>아름답다)

결국 아름답다는 원래의 의미인 '사사롭다. 알 듯하다'에서 '美(미)'의 뜻으로 바뀐 말이다. 아름답다와 아리땁다(<아ᄅᆞᆺ답다)는 동원어 관계다. ¶ 아름다운 목소리. 경치가 아름답다.

아름드리 한 아름이 넘는 큰 나무나 물건. '안(다)+(으)ㅁ+들(다)[入]+이'로 분석된다. 18세기 문헌 <역어유해보>에 나오는 '아름'은 내포 개념어 '안다[抱(포)]'의 명사형으로 두 팔을 벌려 껴안은 둘레의 길이나 물건의 양이란 뜻이다.(안+옴/ᄋᆞᆷ→아놈/아ᄂᆞᆷ>아ᄅᆞᆷ>아름) 토이기어 al-(잡다)과 우리말 '아름'은 관계 있는 듯하다. '드리'는 '들다[擧(거)]'의 어간에 접사 '-이'가 붙은 파생어다. 아름드리의 어원적 의미는 '한 아름에 드는 것'이다. ¶ 아름드리 소나무가 빽빽하게 들어차 있다.

아리다 → **'아프다'** 참조

아리랑 우리나라의 대표적인 구전민요. 아리랑에 대하여 수많은 어원설이 있으나, '앓이다[病(병)]'의 어간에 접미사 '-앙'이 결합되면서 유음화된 말로 보인

다.(앓(다)+이+앙→*알히앙>아리랑) 결국 '아리랑 쓰리랑'은 우리 민족의 애환과 정서가 담긴 한(恨) 맺힌 노랫가락 '아리아리 쓰리쓰리 아라리요'로 '아리고 쓰리다'를 뜻하는 말이다.

아리랑은 한민족 정체성의 징표다. '아리랑타령; 강원도아리랑, 정선아리랑, 밀양아리랑, 진도아리랑' 등이 있다. 아리랑은 2012년 유네스코 인류무형문화유산으로 등재되었다. ☞ 아프다

아리송하다 이것인지 저것인지 또렷이 분간하기 어렵다. <준> 알쏭하다. <큰> 어리숭하다. 어근 '아리/알; 어리/얼'은 '여러 가지가 뒤섞인. 똑똑하지 못한'을 뜻하는 말로, '아롱아롱, 아른아른, 알록달록; 알쏭달쏭; 어리둥절하다'와 동근어다. ¶ 주변 풍경이 모두 비슷비슷해서 여러 번 다녀도 어느 길인지 늘 아리송하다. 알쏭달쏭한 이야기. ☞ 얼

아멘 기독교에서, 기도나 찬미가 끝났을 때 자기도 '진실로 그와 같이 기원한다. 이대로 이루어지이다'는 뜻으로 쓰는 말. 아멘은 히브리어 amen(참으로. 확실히)에서 온 말이다.

아물다 상처가 나아 살가죽이 맞붙다. 사건이 잘 마무리되다. '아물다'는 중세어형 '암ᄀᆞᆯ다[完 · 合]'에서 /ㄱ/이 탈락한 형태다. 원래 '어울다, 아우르다'와 동원어로 '벌어진 것이 합치다'는 뜻인데, '완전하다'의 의미로도 쓰이고 있다. 아물다[合(합)]는 '여물다(<염글다), 야무지다'와 동근어다.(암ᄀᆞᆯ다>아ᄆᆞᆯ다/아믈다>아물다) ¶ 이제는 상처가 다 아물었다. ☞ 아울러, 어울리다, 열매

아버지 자기를 낳은 어머니의 남편. <계림유사>에 '父曰子丫秘[a-pi]'라 하였다. 중세어형은 '아비~어비, 아바'다. 어근은 '압/업[父]'으로 몽골어 aba(父), 토이기어 abai(父 · 兄)와 대응된다. 이들 [아바/아배~아바이]는 우리말 사투리와 일치한다. '아비'는 '압/업+이>아비/어비'로 이루어진 어형이고, '아버지'는 '압~아바'에 사람을 뜻하는 접미사 '-지'로 분석된다.

지아비(<짓아비[夫; 샤옹])는 '집[家(가)]+아비'로 '집의 아버지[家長(가장)]' 곧 남편이다. '아범'은 '아비/압+-엄(어미)'으로 분석된다. [아버지 종도 내 종만 못하다] 남의 것이 자기에게는 소용이 없으니 보잘것없는 것이라도 제가 가지고 있는 것이 좋다는 말. ¶ 아버지는 우리 집의 가장이시다. 어머님 아비는 오늘도 일 때문에 못 올 것 같습니다.

아빠 20세기 후반에 들어와 어린아이들의 말로 쓰이기 시작한 '아빠'는 '아비'에

호격조사 '아'가 결합하여 '아비+아→압바>아빠'로 된 형태다.

아사달 단군조선 개국 때의 도읍. 평양 부근의 백악산, 또는 황해도의 구월산이라고 함. 아사달은 '아사+달'로 분석된다. 아사는 '아ᄉᆡ(←앗+이[始·初])'로 '처음·시작'을, '달'은 '땅이나 장소'를 뜻하는 말이다. <삼국유사>의 기록 檀君王儉立都阿斯達에서 阿斯達(아사달)은 '시작의 땅. 처음의 땅'이란 뜻이다. 우리말 '아시(<아ᄉᆡ)'는 일본어 [아사; 朝]에 영향을 미쳤다. ☞ 아예, 비탈

아사리판 몹시 난잡하고 무질서하게 엉망인 상태. 무법천지(無法天地). '앗(다)[奪(탈)+을(관형사형어미)+이(사람)+판'으로 분석된다. '판'은 일이 벌어진 자리나 장면을 뜻하는 말로 '판-소리, 판-치다; 씨름-판' 등으로 쓰이는 말이다. 아사리판의 어원적 의미는 '빼앗을 사람이 벌이는 자리'다. 한편 '스승이 될 만한 승려. 천태·진언·율종의 벼슬'을 뜻하는 '아사리(←한자음 阿闍利←ācārya<범>)'에서 왔다는 주장도 있다.

아삼륙 골패(노름 기구)의 쌍진아·쌍장삼·쌍준륙의 세 쌍을 뜻하는 한자 '二三六'에서 온 말이다. '서로 맞는 짝. 단짝'을 비유하여 쓰인다. ¶ 그와 나는 아삼륙이다.

아서 아랫사람에게 그렇게 하지 말라고 막는 말. '앗(다)[奪(탈; 빼앗다)]+어(어미)'로 분석된다. 이 말은 빼앗는다는 원래의 뜻과 멀어져 '하지 말라'는 뜻으로 변한 말이다. '앗개'는 하게 할 자리에 그리 말도록 타이를 때 쓰인다. ¶ 아서, 그러면 못써. 아서라, 그러다가 다칠라.

아수라장 싸움이나 그 밖의 다른 일로 큰 혼란에 빠진 곳. 또는 그런 상태. = 수라장. 난장판. '아수라+장(場; 마당)'으로 분석된다. '아수라'는 범어 asura를 한자음 阿修羅로 적은 것으로, 원래 싸움을 일삼는 귀신을 가리키는 말이다. 후에 불교에서 이를 받아들여 수호신으로 삼았다. 아수라장의 어원적 의미는 '싸움이 벌어지는 마당'이다. ¶ 기념식장에 불이 나자 장내는 순식간에 아수라장으로 변했다.

아쉽다 → '아깝다' 참조

아양 귀염을 받으려고 알랑거리는 말이나 짓. ≒ 애교(愛嬌). 아양은 한자어 額掩(액엄; 이마를 가림)이 '아얌'을 거쳐 변한 말이다.(額掩→아얌>아양). 아얌은 지난날 부녀자들이 겨울철 나들이할 때 추위를 막으려고 머리에 쓰던 쓰개다.

아양은 아얌을 흔들어 다른 사람의 시선을 사로잡은 데서 유래되었다. ¶ 아버지에게 갖은 아양을 떨고 있다. 아양을 떨다/ 부리다. 아양스럽다(애교가 있다).

아예 처음부터. 애초부터. 절대로. 결코. [+부정어]. '아예'는 '아ᇫ+이+에'로 분석된다. '아ᇫ'은 처음, 시초(始初)를 뜻한다. 여기에 접사 '-이'가 붙어 '아이(<아ᅀᅵ)'가 되었다. 명사 '아이'에 다시 조사 '에'가 결합되어 부사로 전성되었다.(아ᇫ+이+에→아이에>아예) 방금을 뜻하는 부사 '아까(<앗가)'의 어근도 '처음'을 뜻하는 말이다. ¶ 거기에 갈 생각은 아예 하지 마라. ☞ 아침

아우 같은 항렬의 남자끼리나 여자끼리의 사이에서 나이가 적은 사람. <계림유사>의 弟曰丫兒[aza]는 중세어 '아ᅀᆞ'와 일치한다. '아ᅀᆞ[弟(제)]'의 단독체는 '앗'이다. 곡용(曲用)할 때 /ᅀ/이 첨가된다. '앗/아ᇫ>아ᅀᆞ>아ᄋᆞ>아오>아우'의 변천 과정을 거쳤다. 중세어에서 '누이 동생'을 '아ᅀᆞ누의'라고 하였다. '아ᄎᆞᆫ(앚)'이 붙는 중세어에 '아ᄎᆞᆫᄯᆞᆯ[姪女], 아ᄎᆞᆫ아ᄃᆞᆯ[姪(질)], 아ᄎᆞᆫ설'이 있다. '아ᅀᆞ'는 길리야크어 ásx, 퉁구스어 ahuw-kán과 관계 있는 말이다.

형(兄)과 맞선말이 '아우'다. 한자어인 '동생(同生)'의 원뜻은, 한 부모에서 태어난 형제를 통칭하는 혈육(血肉)으로 아우라는 뜻은 없다. [형 보니 아우] 형을 보면 그 아우도 짐작할 수 있다는 말. ¶ 너는 형으로서 네 아우를 가르치고 보살펴야 한다. 동생을 보다. ☞ 아기

아우성 여럿이 함께 기세를 올려 외치거나 악을 쓰며 부르짖는 소리. 함성(喊聲). 18세기 초기 문헌 <삼역총해>에 '아오셩ᄒᆞ다(아우성치다)'가 나온다. 놀라거나 위급할 때 내는 소리인 '아우/ 아오'에 한자 聲(성; 소리)이 결합된 말이다. ¶ 자유를 외치는 민중의 아우성. 놀러 가자고 아우성치는 아이들. ☞ 악장치다

아욱 아욱과의 한해살이풀. 연한 줄기와 잎을 국거리로 쓰는 채소. 중세어형은 '아옥, 아혹'이다. <향약구급방>에 葵子 阿夫實(*아부ᄡᅵ)라 하였다. 함경 · 경상도 사투리로 '아북, 아복이'라고 한다. '아욱'은 만주어 abu-ha[아부하]와 대응되며, -ha는 우리말 접사 '-개'에 해당한다.(아부+개→아북>아옥/아욱) '아욱-장아찌'는 아욱으로 만든 싱거운 장아찌라는 뜻으로 '말이나 하는 짓이 싱거운 사람'을 조롱하는 말이다.

아울러 그와 함께. 그에 덧붙여. 둘 또는 여럿을 합하여. <삼국사기>의 比屋縣本阿火屋縣一云并屋에서 '并(병; 어울다)'을 阿火[아불]이라 하였다. 중세어형은 '아오로'다. '아오로'는 동사 '아올다[竝(병)]'의 어간에 부사화 접사 '오'가 결합

ㅇ

된 꼴이다. 후대에 '아울러'로 변하였다.(아올+오→아오로>아울러)

'아울러'는 함경도 사투리 '어블러 먹는다(함께/나누어 먹는다)'에서처럼 '함께'의 뜻과 분리(分離)의 뜻이 있다. 중세어 'ᄀᆞᆲ다(나란하다)'의 어두음 /ㄱ/가 탈락된 어형 '*어블다'와 '어울다'는 동근어다. '아올다[兼(겸)]'는 '어울다[合(합)]'와 모음이 교체되어 뜻이 분화되었다. 땅 이름인 '아우내, 아우라지'에서 '아우-'는 같은 말이다. ¶ 자연 보호와 아울러 산림녹화에도 힘쓰다. ☞ 어울리다

아이 어른이 되기 전의 나이가 어린 사람. 아들이나 딸. '아ᅀᅵ(←앗+이[始 · 初])'는 '-아지[闕知; 小兒], 아이, 아기'로 되면서 사람이나 짐승의 새끼(강아지, 망아지, 송아지)를 뜻한다. ¶ 아이도 사랑하는 데로 붙는다. ☞ 아기

아저씨 부모와 같은 항렬의 남자. 혈연관계가 없는 남자 어른을 정답게 부르는 말. <계림유사>에 伯叔亦皆曰丫査秘[a-ca-pi]가 보인다. 16세기 문헌 표기는 '아자비'다. '앚/앛[小]+압[父]+이(주격조사에서 명사화접사)'로 분석된다. '아ᄎᆞᆫ[小 · 次]+아비/아ᅀᆞ[弟]+아비'의 조어로 작은아바지[숙부(叔父)]가 되었다. 사투리 '아재'는 '아자비(←앛+아비)'의 준말이다. 19세기 말에 '아자씨'가 보인다. 높임을 나타내는 한자어 접미사 '-씨(氏)'가 덧붙어 '아저씨'로 정착되어 오늘날 표준어로 삼고 있다. 이와 달리 '앛+어씨(←엇+이)'라는 분석도 가능하다. 사투리에 '아재(←앛+애)'가 있다.

<광주판 천자문>에는 '아ᄎᆞᆯ미[微]', <석봉 천자문>에서는 '쟈글미[微]'라 하였다. '아ᄎᆞᆫ'은 작은 또는 다음 가는[次]이라는 뜻이다. 지난날, 섣달그믐을 '아ᄎᆞᆫ설'이라 하였고, 호칭 관계에서 나와 조카뻘 되는 사람을 '아ᄎᆞᆫ-아ᄃᆞᆯ[從子(종자)], 아ᄎᆞᆫ-ᄯᆞᆯ[姪女(질녀)]'이라고 하였다. [아저씨 아저씨하고 길짐만 지운다] 겉으로는 그 사람을 좋게 대접하는 체 하면서 뒤로는 이용함을 비유하는 말. 오늘날 '아저씨'는 남남끼리에서 남자 어른을 예사롭게 이르는 말로 쓰인다. ☞ 조카

아주머니 부모와 같은 항렬의 여자. 한 항렬에 있는 남자의 아내. 부모와 같은 또래의 여자를 정답게 이르는 말. <계림유사>에 '叔伯母皆曰丫子彌[a-cʌ-mi]'라 하였다. 중세어형은 '아ᄌᆞ미'다. '아ᄎᆞᆫ[次(차)]+어미/ 아ᅀᆞ[弟(제)]/앛[小]+어미'로 분석된다. '아ᅀᆞ미'는 어머니에 유추되어 '아주머니'가 되었다. '아줌마'는 낮춤말이다.

아내가 남편의 형을 이르거나 부르는 호칭어인 '아주버니[媤叔(시숙)]'는 '앛+

아비[父]→아자비'로 이루어졌다. '앚-'은 존속(尊屬)에 대해서 쓰인 형태소다. [아주머니 떡도 싸야 사 먹지] 아무리 친근하게 지내는 사이라도 이익이 있어야 관계하게 된다는 말. ☞ 아저씨

-아지 몇몇 명사나 용언의 어간에 붙어 '대상을 낮춤 또는 조그만 것. 짐승의 새끼'의 뜻을 더하는 말. '-아기/어기, -저지'는 이형태임. '강아지, 망아지, 송아지; 모가지; 바가지, 보아지, 지푸라기' 등으로 쓰인다. ☞ 아기

아지랑이 주로 맑고 따뜻한 봄날에 아물아물 피어오르는 대기의 움직임. 18세기 문헌 <동문유해>에 '아즈랑이'가 나온다. 정신의 모호성을 나타내는 '아즐ᄒᆞ다~어즐ᄒᆞ다(어지럽다)'의 어간 '아즐-'에 접사 '-앙이'가 결합된 파생어다. '아지랑이'는 퉁구스어 adal, adil과 비교된다. 아지랑이의 어원적 의미는 땅 위로 김이 '어지럽게 피어오르는 것'이다.(아즐+앙이→아즈랑이>아지랑이) ¶ 화창한 봄날 아지랑이가 피어오르다.

아침 날이 새고 얼마 안 된 때. 중세어형은 '아ᄎᆞᆷ'이다. <계림유사>에 旦曰阿慘(단왈아참)으로 적고 있어 고려말과 현대어가 일치함을 알 수 있다. 早(조)·幼(유)·初(초)·始(시)를 뜻하는 형태소 '앗/앚'에 접사 'ᄋᆞᆷ'이 결합되고 전설모음화가 일어나 '아ᄎᆞᆷ>아침'이 되었다. '앗/앚'이 '처음, 시작'의 뜻으로 결합된 낱말에 '아시논매기 또는 애벌논매기(첫 번째로 논에 김을 매는 것), 아시당초(애당초; 처음부터)' 등이 있다. 아침의 방언형 '아저게, 아적, 아직, 아척, 아칙'은 16세기부터 쓰이기 시작한 '아젹'과 일치한다. 때가 되지 못한 상태를 나타내는 부사 '아직'도 아침과 동근어다.

일본어 asa[朝(조)]는 우리말 '아시'를 가져다가 쓴 것이며, 飛鳥[아스카]는 이두식으로 읽으면 '날새(날이 새다)'가 된다. ¶ 아침 출근길은 차들로 너무 붐빈다. 아침을 먹었느냐?

아프다 맞거나 다쳐 또는 병으로 몸의 어느 부위가 통증이 있다. 마음에 고통이 있다. 중세어형은 '알ᄑᆞ다'다. '앓다'의 어근 '앓-'에 감정을 나타내는 형용사화 파생접사 '-ᄇᆞ다'가 결합되었다.(앓+-ᄇᆞ다→알ᄑᆞ다>아프다)

이와 같은 조어법으로 형성된 낱말에 '곯(다)+ᄇᆞ다→골ᄑᆞ다>고프다, 슳(다)+브다→슬프다' 등이 있다. 맛감각을 나타내는 형용사 '쓰다'와 통각(痛覺) 표현의 '쓰리다, 아리다(ᄡᅳᆯ알히다>쓸앓히다>쓰라리다)'가 모두 불쾌 감각어다. '아리다(<알히다)'는 앓다, 아프다와 동근어다. ¶ 허리가 아프다. 그 말을 들으니

내 마음이 아프다.

아홉 여덟에 하나를 더한 수. 구(九). <계림유사>에 九曰鴉好(구왈아호), <조선관역어>에는 九 阿戶(아호)라 하였다. 15세기를 거쳐 현대어에 이르는 어형 '아홉'과 발음이 일치한다. 토이기어로 九를 dokuz라고 하는데, 이는 <삼국사기>에 나오는 백제 땅이름 九阜縣本百濟堗坪縣의 堗[돌](*doku>dok>dor)과 대응하는 것으로 보인다.

악대 불을 깐 짐승. 16세기 문헌 <훈몽자회>에 '악대'가 나온다. 악대는 만주어, 몽골어 akta(犍(건; 거세한 소)에서 온 말이다. '악대돋(불깐 돼지), 악대말, 악대소(<악대/왁듸쇼), 악대양(불친 양); 왁댓값'으로 쓰인다. ◇ 악대 같다 – 미련하거나 기운이 세고 많이 먹는 사람.

악머구리 요란스럽게 잘 운다고 하여 '참개구리'를 달리 이르는 말. 18세기 문헌 <물보>에 '악머구리(맹꽁이)'가 나온다. 머구리는 개구리와 같은 말이고, 악마구리에서 '악~억'은 '입'의 낮춤말 '아가리'와 동근어다. 아가리[agari]는 튀르크어 agir, 몽골어 agur와 동원어로 오랜 기간 여러 단계의 변화 과정을 거쳐 abga>ab>ib[입]이 된 것으로 보인다. '악'은 입[口]을 뜻한다. 합성어에 '아가리(←악+아리), 아가미(←악+아미), 아궁이; 악-쓰다, 악-다물다' 등이 있다.

'머구리'의 어근 '먹'은 '먹다'와 동근어로 입과 관계 있는 말이다. 악머구리의 어원적 의미는 '입이 큰 개구리'다. 성미가 깔깔하고 고집이 세며 모진 사람을 일러 '악-바리'라 한다. '약빠리'는 약삭빠른 사람을 낮잡아 이르는 말이다. ◇ 악머구리 끓듯 - 여러 사람이 마구 시끄럽게 떠드는 모양을 비유적으로 이르는 말. ☞ 입

악장치다 악을 쓰며 싸우다. '악+-장+치(다)+다'로 분석된다. 어근 '악'은 있는 힘을 다하여 모질게 마구 쓰는 기운이다. '-장'은 '알음장(눈치로 넌지시 알려주는 짓), 어깃장, 으름장, 팔짱'에서처럼 '행동이나 짓'을 뜻하는 접사다. '치다'는 '소리를 크게 지르다'는 동사다. ¶ 악을 바락바락 쓰다. 옆집 젊은 부부가 악장치는 통에 잠을 잘 수가 없었다. ☞ 아우성

안간힘 불만 · 고통 · 울화 따위를 참으려고 하나 안에서 저절로 터져 나오는 간힘. '안[內(내)+간(肝?)+힘[力(력)]'으로 분석된다. '간힘'은 내 쉬는 숨을 억지로 참으면서 고통을 이겨내려고 애쓰는 힘을 뜻하는 말이다. ◇ 간힘을 주다 – 간힘을 아랫배에 내리밀다. ¶ 안간힘[-깐-]을 쓰다(불평 · 고통을 억지로 참다).

아무리 간힘을 써도 바위를 움직일 수 없다. ☞ 힘줄

안갚음 자식이 커서 부모를 봉양하는 일. 어버이의 은혜를 갚음. = 효도(孝道). '안'과 '갚음'의 합성어다. 안[內(내)·抱(포)]은 부모의 자식에 대한 마음 즉 봉양(奉養; 받들어 모심)을 뜻하며, 갚음은 '갚다[報(보)]'의 명사형으로 남에게 진 신세나 품게 된 원한 따위에 대하여 그에 상당하게 되돌려줌이다. 안갚음의 어원적 의미는 '마음을 되돌려 줌'이다. ¶ 부모가 뒷날에 자식으로부터 안갚음을 받다. 안갚음을 받는 것을 '안받음(뉘)'이라고 한다. ☞ 값어치

안개 아주 작은 물방울 때문에 공기가 연기처럼 부옇게 된 것. '안개가 낀 것 같은 상태'를 이르는 말. 중세어형도 오늘날과 같다. '안/아니[否定(부정)]+:개·(다)[晴(청)]'로 분석된다. 안:개[霧(무; 가볍고 잚)]의 어원적 의미는 '개지 않은 것'이다.

'안개구름(층구름), 안개꽃, 안개비, 안개정국(政局); 골안개, 물안개, 비안개, 새벽안개, 활승안개' 따위로 쓰인다. 안개는 '막연함. 혼미'을 상징한다. 바다 위에 낀 매우 짙은 안개를 '해미'라고 한다. ¶ 안개가 끼다/ 걷히다.

안녕(安寧) 아무런 탈이나 걱정 없이 편안함. 사회가 평화롭고 질서가 흐트러지지 않음. 안부를 묻거나 전할 때, 또는 평안하기를 빌 때에 쓰는 말이다. '안녕하십니까'는 고려 시대 최씨 무단정권 아래서 하룻밤 사이에 죽고 사는 일이 자주 일어나 밤새 목숨에 탈이 없었느냐, 곧 두려움이나 불안함이 없느냐를 물은 데서 유래된 말이다. 어원적 의미는 '걱정 없이 편안하느냐'다. '안녕/하세요'는 직역의 뜻이 전혀 없이 주고받는 평범한 인사말이다. ¶ 선생님, 안녕하세요. 안녕히 주무십시오.

안다 두 팔을 벌려 가슴 쪽으로 끌어당기거나 그렇게 하여 품 안에 있게 하다. 남의 일을 떠맡다. 내포 개념어 '안다[抱(포)]'는 명사 '안ㅎ[內(내)]'이 동사로 전성된 말이다. '안고지다, 안기다, 안돌이(↔지도리); 껴안다, 끌어안다, 떠안다, 부둥켜안다, 쓸어안다(마구 부둥켜안다), 얼싸안다' 등으로 쓰인다. ¶ 아기를 안다. 어부는 만선의 기쁨을 안고 항구로 돌아오다.

안다미 남이 져야 할 책임을 맡아 짐. 한자어 안담(按擔; 남의 책임을 맡음)에 접사 '-이'가 결합된 말이다. '안다미-씌우다'는 '책임이나 허물을 남에게 지우다'다. ¶ 안다미를 쓰다. 제 잘못을 누나에게 안다미씌우다.

안다미로 음식이나 물건을 담은 것이 그릇에 넘치도록 많게. 넘치게. 수북이.

'안[內(내)]+담(다)+이+로(부사화 접사)'로 분석된다. '꼬막'을 안이 꽉 찼다고 해서 '안다미-조개'라고 일컫는다. ¶ 밥을 안다미로 담다. 물건을 안다미로 가졌구나.

안달 조급하게 굴면서 속을 태우는 짓. '안ㅎ+달(다)'로 분석된다. 달다[熱(열)]는 '뜨거워지다. 몹시 조급해지다'를 뜻하는 말이다. '안달'의 어원적 의미는 '안(속/마음)이 뜨겁게 달아오름'이다. '안달-뱅이/안달이(걸핏하면 안달하는 사람), 안달-복달(안을 태우고 볶아치는 일)/하다, 안달-스레, 안달-하다'로 쓰인다. ¶ 안달이 나다. 동생은 빨리 놀이터에 가자고 안달복달이다. ☞ 안타깝다

안돌이 험한 벼랑길 따위에서 바위 같은 것을 안고 간신히 돌아가게 된 곳. ↔ 지돌이(지고 도는 곳). '안(다)[抱(포)]+돌(다)[回(회)]+이'로 분석된다. 어원적 의미는 '안고 도는 곳'이다. ¶ 안돌잇길을 지나 다시 산굽이 길로 나섰다.

안동답답이 안동하고 가는 일이 어려워서 답답함. 또는 그러한 사람이나 물건. '안동+답답+이'로 분석된다. '안동(안거나 동여맴) 또는 안동(眼同; 같이. 함께)'은 '사람을 따르게 하거나 물건을 지니고 가는 일'을 뜻한다. '按棟(안동; 기둥을 안음)/安東(안동에 사는 사람)'으로 적는 것은 민간어원설을 따른 잘못된 풀이다. '畓畓'도 순우리말을 한자로 소리를 적은 것이다. ¶ 비서를 안동하고 해외 출장을 떠나다. ☞ 답답하다

안받다 어미 까마귀가 새끼에게서 먹이를 받다. 부모가 뒷날에 자식에게서 안갚음을 받다. 안받다는 '안'과 '받다[受(수)]'의 합성어다. 안[內(내; 속. 마음)·抱(포)]은 '부모의 자식에 대한 마음'을 뜻한다. '안받음'은 '안갚음을 받는 일'이다. ☞ 안갚음

안성맞춤 요구하거나 생각한 대로 잘 만들어진 물건. 조건이나 상황이 어떤 경우에 계제에 잘 어울림. '안성맞춤'은 경기도 안성(安城)의 특산물인 유기(鍮器; 놋그릇)를 주문하여 만든 것처럼 잘 들어맞는다는 데서 비롯한 말이다. '安城+맞(다)+추(사동접사)+ㅁ(명사형 어미)'로 분석된다. ◇ 안성맞춤이다 - 무엇이 어떤 경우나 상황에 잘 어울린다. ¶ 혼자 살기에 안성맞춤인 집. ☞ 맞춤

안심 쇠갈비의 안쪽 채끝에 붙은, 연하고 부드러운 고기. 주로 전골감으로 쓰임. 안심살. '안[內(내)]+힘'으로 분석된다. 힘[筋(근)]은 구개음화되어 '심'이 되었다. '등심'은 소의 등뼈에서 발라낸 고기다. ☞ 힘줄

안쓰럽다 아랫사람이나 힘없는 사람에게 폐를 끼치어 퍽 미안하고 딱하다. 손아랫사람이나 힘없는 사람의 딱한 사정이 마음에 언짢고 가엾다. '안[內(내; 마음)]+쓰리(다)+-업다(접사)'로 분석된다. 어원적 의미는 '안이 쓰리는 것 같다'다. ¶ 소녀 가장의 사정이 몹시 안쓰럽다. 구걸하는 어린 소년의 모습이 안쓰럽다.

안절부절-못하다 마음이 몹시 초조하고 불안하여 어찌할 바를 모르다. '안졉(ᄒᆞ다)+부접+못+하다'로 분석된다. 안접(安接)은 '편안히 삶'이고, 부접(接)은 '의지하여 붙어 있음'을 뜻한다. 처음에는 부정어 없이 단독으로 쓰이다가 나중에 '못하다'가 결합되면서 발음의 편의상 /ㅂ/이 유음화[ㄹ]하여 '안절부절-못하다'로 어형이 변화된 것으로 보인다. 어원적 의미는 '편안하게 의지하여 살지 못하다'다. ¶ 합격자 발표를 기다리며 안절부절못하다. 내가 왜 이리 안절부절못하는고.

안쫑잡다 겉가량으로 헤아리다. 마음속에 두다. '안쫑'은 '안ㅎ[內(내; 속. 마음)]'과 '종잡다(←종작+잡다; 겉가량으로 헤아려 잡다. 대중 잡아 알다)'가 합성된 말이다.(안+종잡다→안쫑잡다) ¶ 안쫑잡아 쉰 개도 넘겠다. 그녀는 노랫소리만 들어도 아버지의 주량을 안쫑잡을 수 있었다. 늘 안쫑잡고 있던 일. 도무지 종잡을 수가 없다.

안차다 마음에 두려움이 없고 깜찍하다. '안(마음속)+차다[滿(만)]'로 분석된다. 어원적 의미는 '안이 꽉 차다'다. ◇ 안차고 다라지다 – 성질이 겁이 없고 깜찍하며 당돌하다. ¶ 안찬 소녀. 안차기로 유명한 사람.

안치다 찌거나 끓이거나 삶을 것을 솥이나 시루에 넣다. '앉(다)+히(사동접사)+다'로 분석된다. 안치다의 어원적 의미는 '앉게 하다'다. 동철이의어 '안:치다'는 '어려운 일이 앞에 닥치다'를 뜻하는 말이다. ¶ 솥에 쌀을 안치다.

안침 안쪽으로 쑥 들어간 곳. '안[內(내)]+치(다; 치우치다)+-ㅁ'으로 분석된다. '치-'는 치우치다(균형을 잃고 한쪽으로 쏠리다)의 어근이다. '안침-지다'는 안쪽으로 치우쳐 구석지고 으슥하다를, '안침-하다'는 안쪽으로 치우쳐 아늑하다를 뜻하는 동사다. ¶ 골짜기 안침 깎아지른 바위 절벽 위로 무성한 숲에 둘러싸여 한눈에도 색달라 보이는 건물이 자리 잡고 있었다. 저녁놀이 안침진 뒤울안까지 붉게 물들여 놓았다.

안타깝다 보기에 딱하여 애타고 갑갑하다. 중세어형은 '안닶기다'다. '안ㅎ[內(내)]'과 '답깝다[悶(민)]'의 합성어다. 오늘날 '안타깝다'로 어형이 변하였다.

‘안ㅎ’은 ‘마음속’을, ‘닶기다>답찌다’는 ‘고민하다, 들볶이다, 덥다’를 뜻한다.

‘안타깝다’의 어원적 의미는 ‘안[속]에서 열이 나 더워 답답하다’다. 일이 뜻대로 되지 않거나 마음에 시원치 않아 조바심이 날 정도로 애타고 갑갑하다는 뜻으로도 쓰인다. ‘닶기다’와 ‘답깝다’의 어근 ‘답-’은 ‘ᄃᆞᄉᆞ다[溫(온)], 덥다’의 어근 ‘ᄃᆞᆺ-~덥-’과 동근어 관계다. ¶ 어린것이 고생하는 걸 보니 정말 안타깝다. 빨리 데려다 주지 않는다고 안달을 하다. ☞ 아니꼽다

안틀다 일정한 수효나 값의 내에 들다. 수량이나 값 따위가 어떤 한도를 넘지 아니하다. ‘안ㅎ[內(내)]+들(다)[入(입)]+다’로 분석된다. 어원적 의미는 ‘안에 들다’다. ¶ 안튼 가격. 어머니는 가져가신 돈에 옷값이 안틀지 않아 빈손으로 돌아오셨다.

안팎 안과 밖. 남편과 아내. 시간이나 수량이 대강 그 정도임. 중세어형은 ‘안팟ㄱ’이다. 안팎은 ‘안ㅎ+밧ㄱ’으로 분석된다. ‘안ㅎ’은 내포(內包) 개념의 원형어(圓形語)고, 맞선말 ‘밧ㄱ’은 ‘밧고다(>바꾸다), 밧기다(>벗기다)’와 동근어다. ‘안ㅎ’은 동사 ‘안다[抱(포)]’를 파생시킨 명사다.(안ㅎ+밖→안팎) ‘안팎-살림, 안팎-식구, 안팎-일, 안팎-장사’ 등으로 쓰인다. ¶ 집 안팎을 청소하다. 그는 나라 안팎 사정에 밝은 사람이다. 안팎(부부)이 함께 오다. 두 시간 안팎.

앉다 궁둥이를 바닥에 붙이고 윗몸을 세우다. ↔ 서다. <계림유사>에 坐曰阿則家囉[*안ᄌᆞ거라], <조선관역어>에 坐阿格剌[*앛거라]가 나온다. 어근 ‘*아즈-/앛-’에 /ㄴ/이 덧붙어 ‘안즈-/앉-(다)’으로 된 말이다. ‘앉다’는 ‘낮다[低(저)]’와 자음교체된 동원어로 보인다. [앉아 주고 서서 받는다] 빌려 주기는 쉽지만 돌려받기는 어렵다는 말. ‘걸터앉는 물건’을 ‘앉을깨(←앉-+을+-개)’라 한다. ¶ 걸상에 앉다.

알 새, 물고기, 벌레 따위의 새끼가 될 것이 껍데기에 싸인 둥글거나 길둥근 물체. 작고 둥근 것을 세는 단위. 중세어형은 ‘알ㅎ’이다. 구형(球形)을 뜻하는 원형 어근 ‘알ㅎ~알’은 ‘아기, 아우, 아이’ 등과 같이 ‘앗(앗; 작은 것)’에 어원을 둔 말이다. 씨나 알곡을 의미하는 튀르크어 āl과 대응한다. 목숨의 후대(後代) 또는 후계자를 의미하는 ‘알’은 작고 동글한 것을 비롯하여 實(실), 核(핵), 粒(입), 種(종)의 뜻을 나타낸다. 동물의 생식기관인 ‘불알[睾丸(고환)]’도 ‘씨’를 뜻한다. ‘알’의 상징적 의미는 생명의 근원이나 재생, 부활이다.

알과 동근어인 ‘-아리’는 ‘똬리, 종아리, 항아리, 주둥아리’ 등과 같이 둥글게

생긴 물건에 붙는 접미사다. '껍질을 벗긴. 아주 작은. 진짜'를 의미하는 '알-'은 '알-몸, 알-밤, 알-섬; 알-개미, 알-항아리, 알-나리(어린 벼슬아치); 알-부자, 알-거지; 알차다' 등으로 쓰이는 접두사다. [알로 먹고 꿩으로 먹는다] 한꺼번에 두 가지 이익을 취한다는 말. ¶ 알을 낳다/ 품다.

알나리깔나리 아이들이 상대편을 놀릴 때 하는 말. 알나리는 '아이+나리'로 분석되며, 나이가 어리거나 키가 작은 사람이 벼슬한 경우를 뜻한다. 깔나리는 운율을 맞추기 위해 덧붙인 말이다. '얼레꼴레, 얼레리꼴레리'는 변형된 꼴이다. ¶ 알나리깔나리, 영수는 오줌싸개래요. ☞ 나리

알다 인식하거나 인정하다. 어떤 사물에 대한 지식을 가지다. 분별하다. 이해하다. <삼국유사(안민가)>에 향찰 표기 '民是 愛尸 知古如(민이 ᄃᆞᅀᆞᆯ [알고다])', (우적가)에 知遺(*알고)가 나온다. 중세어형도 오늘날과 같다. '알다[知(지)]'는 명사 알[卵 · 核 · 精]에 접사 '-다'가 붙어 형성되었다. 결국 안다는 것은 '사물의 핵심을 파악한다'는 뜻이다. 우리말 '알다'는 퉁구스어 alaw-w-(배우다), 만주어 'algi-(알려지다), ala-(알게 하다)'와 대응한다. [아는 놈 붙들어 매듯] 무엇을 허술하게 묶거나 단속할 때 이르는 말. ¶ 모르는 사실을 새롭게 알다. 아는 것이 힘이다.

알뜰하다 헤프게 쓰지 않고 살림을 규모 있게 하여 빈 구석이 없다. 아끼고 위하는 마음이 지극하다. '알+들(다)[入(입)]+하다'로 분석된다. '알뜰하다(<알쯜ᄒᆞ다)'의 어원적 의미는 '알이 들다(실속이 있다)'다. '알뜰히, 알뜰살뜰(알뜰하고 살뜰한 모양)'은 부사다. '알뜰-살뜰'에서 '살뜰'은 살갑다(마음씨가 부드럽고 다정스럽다)가 변한 말이다. ¶ 알뜰한 살림. 부모님은 자식을 알뜰하게 보살피신다. '인색하다'와 '알뜰하다'는 분명히 다르다. ☞ 알, 살갑다

알맞다 정도에 지나치거나 모자라거나 하지 않다. 적당하다. 17세기 문헌 표기도 오늘날과 같다. '알[卵(난)]+맞(다)+다'로 분석된다. 알맞다[的(적)]의 어원적 의미는 '알이 (구멍에) 딱 들어맞다'다. '알-맞추(<알마초; 알맞게)'는 부사다. ¶ 알맞은 가격. 제 능력에 알맞게 선택하다. 빈칸에 알맞은 말을 써 넣으시오.

알맹이 물건의 껍데기나 껍질을 벗기고 남은 속 부분. 사물의 핵심이 되는 중요한 부분. = 알속. '알+맹/망+이'로 분석된다. 어근 '알'은 둥근 물체를 가리키는 알이다. 그리고 일부 명사 앞에 붙어 '겉을 덮어 싸거나 가린 것이 없는. 알짜'를 의미하는 접사다. '-멩이/맹이'는 '돌멩이, (눈/꽃)망울'과 같이 원구형의 입자(粒

子) 곧 '작은 덩어리'를 뜻하는 말이다. ¶ 옥수수 알맹이가 여물지 않았다. 그 행사는 겉으로만 요란했지 알맹이는 별로 없었다. ☞ 알, 돌

알천 재물 가운데 가장 값나가는 물건. 식탁 위에 오른 음식 중에서 가장 맛있는 음식. '알[卵(란) · 核(핵)]+천[←錢(전; 돈)]'으로 분석된다. 어원적 의미는 '알짜 돈'이다. ¶ 알천은 모두 이 방 안에 있다.

암 새끼를 배거나 열매를 맺을 수 있는 동식물의 암컷. ↔ 수. 중세어형은 '암ㅎ'이다. 고려말을 적은 <계림유사>에도 雌曰暗[am(h)]이라 하였다. '암'은 어미와 동원어로 '큰. 제일가는'이란 뜻이다.

짐승의 어미를 '엄지'라 한다. 엄지소는 새끼를 낳을 수 있는 다 자란 암소다. '암ㅎ'은 뒤따르는 명사의 첫소리에 따라 거센소리되기 현상이 일어나 '암탉(←암ㅎ+ᄃᆞᆰ), 암캐(←암ㅎ+가히), 암컷(←암ㅎ+것), 암키와(←암ㅎ+기와), 암퇘지(←암ㅎ+돼지); 암구다(교미를 붙이다)' 등으로 쓰인다. '암'은 15세기에 '아내, 여자'를 뜻하기도 하였다. ☞ 어머니

암기 남을 미워하고 시기하는 암상스러운 마음. 시샘. '암기'는 '암ㅎ[雌(자)]+기(氣)'로 분석된다. '암기[암끼]'는 시새움/시샘 곧 시기심(猜忌心)을 뜻하는 말이다. ¶ 암기가 가득 찬 사람. ☞ 암 · 암상 : 남을 미워하고 샘을 잘 내는 잔망스러운 심술.

암죽 난알 가루나 밤 가루로 묽게 쑨 죽. '암'과 '죽(<쥭)'으로 분석된다. <계림유사>에는 '죽'을 粥曰謨做(죽왈모주)라 하였는데, 밑술[모주(母酒)]을 말한 것으로 보인다. 암죽의 '암'은 밤[栗(율)]이 '밤>밤>왐>암'으로 변화 과정을 거친 말이다.

처음에는 밤 가루에 물을 타서 쑨 것을 '암죽'이라 하였으나, 지금은 쌀 등 곡물의 난알이나 가루를 가지고 쑤는 것까지 두루 일컫는다. 산모가 젖이 부족하거나 여러 가지 사정으로 아기에게 젖을 먹일 형편이 되지 못할 때 주로 이유식인 암죽을 먹여 키운다. ¶ 저 아이는 어려서 어미젖 대신 암죽으로 키웠다.

-았/었- 양성 모음으로 끝난 용언의 어간에 붙어 과거 시제를, 일부 형용사에 붙어 시간적으로 완료된 결과가 계속되고 있음을 나타내는 선어말어미. 음성 모음 뒤에서는 '-었-'으로 쓰임. 중세어 표기는 '-앗/엇-'이다. 이는 연결어미 '-아/어-'에 '잇다[有; 있다]'의 어간이 결합한 꼴이다.(-아/어-+잇→-앗/엇->-았/었-) '먹었다, 보았다, 높았다; 하였다' 등으로 쓰인다.

앙 개 따위가 물려고 덤빌 때 내는 소리. 또는 그 모양. <큰> 엉. '앙-'은 동사 앞에 붙어 '다부지다. 다부진 표정'을 뜻하는 접두어다. '앙-기[-끼](앙갚음하려는 마음), 앙-다물다(입을 꽉 다물다), 앙-다붙다, 앙-바라지다, 앙-바틈하다(작달막하고 딱 바라져 있다), 앙-밭다(작고 단단하다), 앙-버티다, 앙-세다(보기보다 다부지다), 앙칼-지다(매우 모질고 날카롭다), 앙탈' 등으로 쓰인다. ¶ 개가 앙 덤비다. 앙바틈한 체격.

앙갚음 어떤 해를 입은 한을 풀기 위하여 상대편에게 그만한 해를 입힘. 또는 그런 행동. 보복(報復). 복수(復讐). '앙-갚음'에서 '앙'은 한자 '앙(怏; 원망할 앙)'으로 보인다. 앙갚음의 어원적 의미는 '앙심(怏心)으로 되돌려 줌'이다. ¶ 멸시와 모욕에 대한 앙갚음으로 혼을 내다.

앙금 액체의 바닥에 가라앉은, 가루 모양의 물질(침전물). 마음속에 남아 있는 개운치 아니한 감정을 비유하여 이르는 말. 19세기 문헌 <물명고>에 '藍澱 앙금'이 나온다. 앙금은 '엉기다[<엉긔다; 凝結(응결)]'의 명사형 '엉김'이 모음 교체된 말로 보인다. ¶ 흙탕물을 가만히 두면 앙금이 생긴다. 친구와 다투고 화해를 했는데도 앙금이 남아 있는 듯했다. ☞ 엉기다

앙탈 시키는 말을 듣지 아니하고 꾀를 부리거나 마땅히 할 것을 피하여 벗어나는 짓. 생떼를 쓰고 고집을 부리거나 불평을 늘어놓는 것. '앙(소리말)+탈(핑계나 트집. 결함이나 허물)'로 분석된다. '앙탈쟁이, 앙탈질/하다'로 쓰인다. ¶ 일하기 싫다고 앙탈을 부리다. 막무가내로 앙탈을 하다. ☞ 앙, 탈[2]

앞 얼굴·눈이 향하고 있는 쪽이나 곳. 차례에서 먼저 있는 편. 시간으로 지금보다 전. 중세어형은 '앒'이다. 앒[前(전)]이 모음과 입술소리 사이에서 /ㄹ/이 탈락하여 '앞'으로 된 것은 16세기 말기부터다.(*알>앏ㅎ>앒>앞) '앒'의 어근은 '알'이다. 시간을 나타내는 '알'은 '前에'의 뜻으로 15세기 문헌에 '아ᄅᆡ/아래'로 나온다. 지금도 경상도 지방에서 '어제'를 '아래'라고 한다.

공간 개념의 앞과 뒤는 남(南)과 북(北)에 전의되어 방위(方位) 개념을 나타낸다. 앞/아래의 맞선말은 '뒤'고, 아래의 맞선말은 '위(<우ㅎ)'다. 영웅, 전쟁에 있어서의 지휘자를 위그르어로 alp, 토이기어로는 alyp 또는 alp[앞]이라 한다. 전쟁의 지휘자는 언제나 선두에 서므로 우리말 '앞'과 서로 통할 것으로 보인다. ¶ 앞으로 가다. 남 참견 말고 네 앞이나 가려라.

-앟/엏- 일부 빛깔이나 모양을 나타내는 형용사에 붙어 '농도가 짙음. 그 정도가

더하거나 분명함. 매우'의 뜻을 더하는 말. 보조적 연결어미 '-아/어'에 '하다(<ᄒᆞ다)'가 결합된 말이다. '-얗/엏-'은 이형태다. '가맣다, 노랗다, 하얗다; 동그랗다, 서느렇다' 등으로 쓰인다.

애 창자를 일컫는 말. 중세어형은 'ᄇᆡᄉᆞᆯㅎ, 애'다. 'ᄇᆡ[腹(복)]+ᄉᆞᆯㅎ[肉(육)]'로 분석된다. 'ᄇᆡᄉᆞᆯㅎ>배알>밸'로 변천하였다. '밸'은 사람 창자의 속칭이나 물고기의 창자를 지칭한다. '애'는 배알의 '알'이 'ᄉᆞᆯ(>살)'로 소급된 꼴이다. 'ᄇᆡᄉᆞᆯㅎ'에서 'ᄉᆞᆶ'이 'sɐl->zɐl(h)->ai-~al(ᅀᆞᆯ>ᄉᆞᆯㅎ>애~알)'로 변화 과정을 거쳤다. 우리말 '-ᄉᆞᆯ'은 퉁구스어의 čal-어근형과 대응되고, 구형(球形)을 의미하는 '알ㅎ[卵(란)]'과 배알[腸(장)]에서의 '알'은 동근어다.

현대어에서 걱정에 싸인 마음속을 뜻하는 '애'는 '애-간장, 애-끊다(몹시 슬퍼서 창자가 끊어질 듯하다), 애-끓다(몹시 걱정이 되어 속이 끓는 듯하다), 애-달다, 애-먹다, 애-물(物)-단지, 애-쓰다, 애-성이(분하거나 성이 나서 몹시 애를 태우는 감정), 애-타다(<애와티다[慨(개)])' 등으로 쓰이고 있다. ¶ 자식으로서 어찌 부모를 애태울 수 있단 말인가. ☞ 살[2]

애꿎다 아무런 잘못도 없이 어떤 일을 당하여 억울하다. 그 일과는 상관이 없다. 액(厄; 모질고 사나운 운수)과 궂다[惡(악)]가 결합된 말이다.(ᄋᆡᆨ궂다>ᄋᆡᄶᅮᆽ다/애ᄶᅮᆽ다>애꿎다) '궂다'은 '언짢고 꺼림칙하다. 날씨가 좋지 못하다'를 뜻하는 말로 '궂기다, 궂긴일, 궂은고기, 궂은비, 궂은일' 등으로 쓰이는 형용사다. 애꿎다의 어원적 의미는 '운수가 나쁘다'다. ¶ 친구를 따라갔다가 애꿎은 변을 당했다. 화를 삭이느라고 애꿎은 담배만 피워 댄다.

애달다 마음이 쓰이어 속이 달아오르는 듯하게 되다. 중세어형은 '애ᄃᆞᆯ다'다. '애(창자; 걱정에 싸인 마음속)'와 '달다(<ᄃᆞᆯ다)'가 결합된 말이다. '달다'는 '속이 타거나 부끄럽거나 열이 나서 몸이 화끈해지다. 몹시 뜨거워지다'를 뜻하는 동사다. '달구다'는 타동사다. 애달다의 어원적 의미는 '창자가 화끈 달다'다. ◇ 달게 굴다 – 붙잡고 매달려서 조르다. 보채며 달라고 하다. ¶ 애달아 어쩔 줄을 몰라 하다. 쇠를 달구어 연장을 만들다. ☞ 애

애당초 당초(當初; 일이 생긴 처음. 애초)의 힘줌말. '애+當初(당초)'로 분석된다. '애'는 중세어 '아ᅀᅵ[初(초)]'가 변한 꼴이다.(아ᅀᅵ>아이>애) 같은 일을 여러 차례 거듭해야 할 때의 첫 번째 차례를 '애-벌(애벌갈이, 애벌구이, 애벌빨래)'이라고 한다. ¶ 이 계획은 애당초부터 잘못되었다. ☞ 아침, 아예

애먼 엉뚱하게 딴. 애매하게 딴. 애먼은 '애매하다(누명을 쓰거나 책망을 듣게 되어 억울하다)'의 준말 '앰하다'의 어근에 관형사형어미 '-ㄴ'이 붙은 말이다. 어원적 의미는 '애매한'이다. [애먼 두꺼비 돌에 치었다] 아무 까닭 없이 벌을 받게 되었거나, 남의 원망을 받게 되었음을 이르는 말. ¶ 애먼/애매한 사람을 붙잡고 하소연하다. 어쩌다가 애먼 죄를 뒤집어쓰게 되었다.

애면글면 몹시 힘에 겨운 일을 이루려고 갖은 애를 쓰는 모양. '애+(하)면+긏/글히+면(연결어미)'으로 분석된다. '애'는 '창자(근심)', '긏'은 '끊다', '글히다'는 '끓이다'을 뜻한다. 어원적 의미는 '애를 끊듯이/ 끓이듯이'다. 비유적인 의미로는 '근심 걱정에 싸인 초조한 마음 상태에' 처하다. ¶ 애면글면 살다. ☞ 애, 끈, 지껄이다

애물단지 몹시 애를 태우거나 성가시게 구는 물건 또는 사람. 어린 나이로 부모보다 먼저 죽은 자식. '애+物(물)+단지'로 분석된다. '애'는 '창자'를, '단지(<단디)'는 작은 항아리를 뜻한다. 애물단지는 '애물'을 낮잡아 이르는 말이며, 어원적 의미는 '애를 담은 단지'다. ☞ 애

애벌 → 첫 번째 차례. '애당초' 참조

애송이 애티가 있어 어려 보이는 사람 또는 생물. 애송이는 '애(아이, 어린)+송이'로 분석된다. 중세어에 보이는 '송이'는 '꽃송이, 밤송이, 잣송이'처럼 꽃이나 눈 · 열매 따위가 따로 된 한 덩이를 이르는 말이다. 송이를 '송(松; 소나무)+이(접사)' 곧 작은 소나무로 보기도 한다. 애송이의 어원적 의미는 '어린 송이/송아리'다. ¶ 학교를 갓 나온 애송이. 꽃 한 송이. 애송이들만 득실거리는 판을 '애송이판'이라고 한다.

애오라지 좀 부족하나마 겨우. 그런 대로 넉넉히. 오직. 다만. 에오라지(<애야ᄅᆞ시)는 '애(아ᅀᅵ; 처음)+오로지'로 분석된다. 어원적 의미는 '오로지 처음부터'다. ¶ 네 사정을 알아줄 사람은 애오라지 나뿐일 거다. 주머니엔 애오라지 동전 한 닢뿐이다. ☞ 아이, 오로지

애옥살이 가난에 쪼들리는 고생스러운 살림살이. '애+옥(다; 오그리다)+살(다)+다'로 분석된다. '애' 근심 · 걱정을 뜻한다. '애옥하다'는 살림이 몹시 구차하다를 뜻하는 형용사다. 애옥살이의 어원적 의미는 '애가 타도록 오그라드는 살림'이다. ¶ 애옥살이 시골 살림. 지난날에는 살림이 애옥하였으나 지금은 많이 나아진 편이다. ☞ 애, 오금

애절하다 견디기 어려울 만큼 애가 타는 마음이 있다. '애+절(切)+하다'로 분석된다. '애'는 걱정에 싸인 마음속을 뜻하는 말이다. 동음이의어 '애절(哀切)하다'는 '몹시 애처롭고 슬프다'를 의미한다. ¶ 애절하게 호소하다. 애절히 기다리다. ☞ 애

애처롭다 가엾고 불쌍하여 마음이 아프다. 현대어 애처롭다[悲憐(비련)]는 중세어형 '아쳐다/아쳘다[苦痛(고통) · 厭(염)]'의 어간에 형용사화접사 '-롭다'가 결합한 말이다.(아쳐/아쳘+롭다→아쳐롭다>애처롭다) '앓다, 아리다[疼痛(동통)], 아프다'와 동근어다. 고통이나 죄악을 뜻하는 몽골어 atsuk 만주어 aču와 대응한다. '아쳐다'는 원래 고통을 의미하였는데, 염오(厭惡; 싫어함)와 비련(悲憐; 슬프고 불쌍함)으로 바뀌었다. 유의어인 불쌍하다(<불샹ᄒᆞ다)는 <계축일기>에 나타난다. ¶ 애처롭게 울다.

애틋하다 애가 타는 듯하다. 은근히 정을 끄는 느낌이 있다. '애틋'은 '애+타(다)+듯(이)'로 분석된다. '듯(이)'는 용언의 어간에 붙어 '그 어간이 뜻하는 내용과 같게'의 뜻을 나타내는 말이다. 애틋하다의 어원적 의미는 '애가 타는 것 같다'다. ¶ 편지에는 애틋한 사연이 담겨 있다. ☞ 애

앳되다 젊은이로서 나이에 비해 애티가 있어 어려 보이다. '아이/애+ㅅ+되(다)+다'로 분석된다. 앳되다의 어원적 의미는 '아이가 되다'다. '애동대동하다'는 매우 앳되고 젊다는 말이다. ¶ 목소리가 앳되다. 그녀는 앳되어 보인다. 애동대동한 사나이. ☞ 아이, 되다[1]

앵미 쌀에 섞여 있는, 겉이 붉고 질이 떨어지는 쌀. 앵미는 한자어 '惡米(악미)'가 변한 말이다.(악미>앵미) 적미(赤米)라고도 한다. ¶ 앵미는 시장에서 제값을 받기가 어렵다.

앵벌이 불량배의 부림을 받는 어린이가 길거리에서 돈을 구걸하거나 도둑질 따위로 돈벌이하는 짓. 또는 그런 짓을 하는 사람. '앵+벌(다)+-이'로 분석된다. '앵'은 '앵이'의 준말로 '돈'을 속되게 이르는 말이다. '벌다'는 얻는다는 뜻이다. 결국 앵벌이는 돈벌이의 속된 표현이다. '벌이'는 '벌잇속, 벌이터; 뜬벌이, 맞벌이, 밥벌이, 앵벌이, 입벌이, 쥐벌이, 외화(外貨)벌이' 등으로 쓰인다.

야단법석 많은 사람이 모여들어 떠들썩하고 부산스럽게 굶. 무질서함. '야단'은 18세기 문헌 <한중록>에 나온다. 야단(惹端)은 '惹起鬧端(야기요단)'이, 법석(法席)은 불교 용어인 '法會席中(법회석중)'이 줄어서 된 말이다. 원래 대사(大師)의

설법을 듣는 엄숙한 자리인 법연(法筵)에 무슨 괴이한 일의 단서(端緖; 실마리)가 야기(惹起; 일어남)하여 매우 시끄러운 형국이 되었다는 의미로 '야단법석'이 쓰이게 되었다. ¶ 야단법석을 떨다.

야무지다 사람의 성질이나 행동, 생김새 따위가 빈틈이 없이 꽤 단단하고 굳세다. '야무지다'는 '야물다(←여물다)'의 어간에 접사 '-지다'가 결합된 어형이며, '씨가 단단하게 익다'를 뜻하는 '여물다(<염ᄀᆞᆯ다)와 모음교체된 동근어다.(야물[稔(염)]+지+다→야무지다) ¶ 고 녀석 참 야무지게 생겼군. ☞ 열매

약 어떤 식물이 성숙해서 지니게 되는 맵거나 쓰거나 한 자극성 성분. 비위에 거슬렸을 때 일어나는 언짢은 감정. 16세기 문헌 <번역소학>에 '·약·내 내지 아니ᄒᆞ며(不薰香)', 19세기 <물명고>에는 '香豉 약청국'이 나온다. '약[香(향)]'은 '양념, 약다, 약스럽다(성질이 야릇하고 못나다. 괴팍하다)'와 동근어다. ◇ 약을 올리다 - 비위가 상하여 언짢거나 은근히 화가 나게 하다. 약이 오르다 - 고추나 담배 따위가 잘 자라 자극적인 성분이 많아지다. 화가 나다. ¶ 풋고추가 이제는 약이 올라 몹시 맵다. ☞ 양념

약빠르다 꾀가 많고 눈치가 빠르다. = 약삭빠르다. 꾀바르다. '약(다; 꾀바른 데가 있다)+빠르(다)+다'로 분석된다. 명사 '약빠리(=약보)'는 약빠른 사람이고, '약빨리'는 약빠르게를 뜻하는 부사다. ¶ 약빠른 사람. 약빠르게 빠져나가다. ☞ 약, 빠르다

얄개 말씨나 하는 짓이 얄망궂고 되바라진 사람. = 야살쟁이. '얄+-개(접사)'로 분석된다. '얄[←얇(다)]'은 '얄궂다/얄망궂다(짓궂다), 얄나다(야살스럽게 신바람이 나다), 얄밉다(<얄뮙다), 얄바가지(얄망궂게 행동하는 짓)'의 어근으로 '야살스럽게 구는 짓'을 뜻하는 말이다.

얄팍하다 두께가 꽤 얇다. 됨됨이가 깊은 맛이 없고 해바라지다. 꾀나 속임수가 빤히 들여다보이다. '얄팍하다'는 '얇다'의 어근에 한자 薄(엷을 박)이 결합하여 의미가 중첩된 말이다.(얇+薄+ᄒᆞ+다→얄팍하다) ¶ 얄팍한 입술. 얄팍한 수작.

얌전하다 성품이나 태도가 침착하고 곱다. 물건의 모양이 좋고 쓸모가 있다. 일 솜씨가 맵시가 있다. <큰> 음전. 한자 廉瑱(염전) 또는 嚴全(엄전)이 변한 말이다. ¶ 그녀의 말하는 태도는 얌전하고 순박했다. 바느질 솜씨가 얌전하다.

얌체 얌치가 없는 사람. 한자어 염치(廉恥)의 작은말인 '얌치'가 '얌체'로 어형

변화하였다.(염치>얌치/얌체) 본래 '얌치/염치'는 마음이 깨끗하여 부끄러움을 아는 태도를 뜻한다. 그런데 '얌체'로 어형이 변하고 '없다'에 이끌리면서 '얌치를 아는 마음이 없는 사람'이란 부정적 의미로 바뀌었다. '얌통-머리'는 '얌치'의 속어다. ◇ 얌치(가) 없다 - 얌치를 아는 마음이 없다. ¶ 그 사람은 얌체다. 얌체같이 새치기하지 말고 줄을 서자.

양 소의 밥통을 고기로 이르는 말. 16세기 문헌 <훈몽자회>에 '양'이 나온다. '양'은 순수 고유어로 동물의 밥통[胃(위)]을 일컫는 말이다. 月羊(양) 자는 우리나라에서 만든 한자다. 원래 '밥통'을 이르는 '양'이 한자 量(량)에 이끌려 분량(分量) 또는 식량(食量)으로 인식되면서 '양껏 먹다. 양이 차다. 양이 작다. 양이 모자라다' 등으로 쓰이고 있다. ◇ 양을 보째 낳는 암소 - 사실과는 반대되는 희망적인 상태를 비유적으로 이르는 말. ¶ 소의 간과 양을 술안주로 먹다.

양념 음식의 맛을 돕기 위하여, 조금씩 넣는 기름, 마늘, 파, 깨소금 따위. 무엇이든지 재미를 더하게 하는 재료. 16세기 초기 문헌 표기는 '·약'이다. 같은 시기 <번역소학>에 '·약·내[熏香(훈향)]'가 나온다. 18세기 <물보>에 '약념[和(화)]'이 나온다. '약[香(향)]+념'으로 분석된다. '념'이 결합된 것은 '약(藥)'과 혼동을 피하기 위하여 덧붙은 것으로 보인다. '약념'이 20세기에 들어 '양념'으로 자음동화가 일어났다.(·약→약념>양념)

화가 나다를 뜻하는 말 '약 오르다'와 '약스럽다(괴팍하다)'에서 '약(맵거나 쓴 자극성 성분)'은 동근어다. 양념의 어원적 의미는 '기분 좋은 냄새(향기)'다. '양념-감, 양념-장(醬), 양념-절구, 양념하다' 등으로 쓰인다. ¶ 고기를 갖은 양념에 버무리다. 양념(재미를 돋우기 위해 덧붙이는 것)으로 부른 노래. ☞ 약

양달 볕이 잘 드는 곳. 양지(陽地). ↔ 응달. 양달은 '陽(양; 볕)+달(땅)'로 분석된다. '난달'은 길이 여러 갈래로 통한 곳이고, '산(山)달'은 산이 있는 곳을 이른다. ☞ 응달

양재기 금속의 안팎에 법랑(琺瑯; 유약)을 입힌 그릇. 알루미늄으로 된 식기. '洋(양)+자기(瓷器; 사기그릇)'로 분석된다.(양자기>양재기) 개화기 이후에 서양에서 바다를 건너온 물건에 붙는 접두사 '洋(양)-'은 일부 명사 앞이나 한자어 어근에 붙어 '외국, 서양식의, 서양에서 들어온'을 뜻을 나타내는 말이다. '양말(洋襪), 양복(洋服), 양은(洋銀), 양재기, 양주(洋酒), 양철(洋鐵), 양파, 양회(시멘트)' 등으로 쓰인다. 양재기의 어원적 의미는 서양에서 들어온 그릇이다.

양치질 이를 닦고 물로 입안을 가시는 일. 준말은 '양치'다. <계림유사>에 齒刷曰養支[양지]라 하였다. 15세기 문헌 <구급방언해>에 '양지ᄒᆞ다'가 나온다. '양지+질(접미사)'로 분석된다. '양지(楊枝)'는 버드나무 가지를 뜻하는 한자어다. 예전에는 버드나무 가지를 이용하여 이를 청소하였다. '이쑤시개(<니슈시개)'의 도구로 버드나무 가지가 쓰인 것이다. 그런데 어원 의식이 흐려지면서 이를 청소한다는 뜻으로 한자어 '養齒(양치)'에 이끌려 '양치질'이 된 말이다.(양지+질→양치질) 양지(楊枝)는 일본에 건너가 [요지]로 변하여 원래의 의미인 이쑤시개로 쓰인다.

얕보다 실제보다 얕잡아 보다. 업신여겨 깔보다. '얕(다)+보다'로 분석된다. '얕다(깊지 않다)'의 어근 '얕-'은 <계림유사>의 '低曰捺則(*ᄂᆞ즉)'을 거쳐 '낮다'의 어두음 n->y- 의 변화로 근세 이후에 형성된 말이다. '얕다'와 '열다(<녇다[淺])'는 모음교체형으로 동근어다. '낮다'에서 '얕다, 천하다' 곧 '低(저)→淺(천)→賤(천)'으로 의미가 바뀌어 '얕-보다(천시하다, 下待하다), 얕-잡다(낮추어 하찮게 대하다), 얕-추(얕게)' 등으로 쓰이고 있다. 얕보다의 어원적 의미는 '낮추어 보다'다. ¶ 상대방을 얕보고 덤벼서는 큰 코 다친다.

어귀 드나드는 목의 첫머리 곧 출입구, 관문(關門). 들머리. 어귀는 '악/아귀[입(口)]'의 모음 교체형이다.(아귀/어구>어귀) '어귓길; 강어귀, 개어귀, 굴어귀, 문어귀, 층어귀(층층대의 초입)' 등으로 쓰인다. '어구(於口)'의 변한 말로 보기도 한다. ¶ 마을 어귀에 큰 느티나무가 서 있다. ☞ 아귀, 악머구리

어금니 젖먹이동물의 아래윗니 중에서 구석 쪽에 있는 가운데가 확처럼 오목한 이. '엄/어금+니[齒(치)]'로 분석된다. 어근 '엄'은 '암ㅎ[雌(자)]'과 동근어로 '큰'을 뜻하는 말이다. 어금니의 어원적 의미는 '큰 이'다. '사자/사지(獅子)-어금니'는 힘든 일을 하는 데에 없어서는 안 될 사람이나 물건을 비유하는 말이다. ☞ 어머니, 엄청나다 · 확 : 절구의 아가리로부터 밑바닥까지 팬 곳.

어기다 규칙 · 시간 · 약속 따위를 지키지 아니하다. (길을) 어긋나게 지나치다. 중세어형은 '어긔다'다. '어기다'의 어근 '억-/어긔-'은 '엇~어긋'과 동근어로 '어기-대다, 어김-없다(어기는 일이 없이 틀림없다)'을 파생시킨 형태소다. 분리(分離) 개념어 '억/어긔'은 중세어 '버을다(사이가 틀어서 벌다), 버긔여디다(사이가 생기다), 버긔오다(어긋나게 하다)'의 어근 '벙~버긔-'에서 /ㅂ/이 탈락한 꼴이다. ¶ 규칙을 어기는 사람은 반드시 벌을 받는다. ☞ 엇갈리다

어깃장 짐짓 고분고분 따르지 않고 뻗대는 행동. '어기(다)+ㅅ+-장'으로 분석된다. '장[짱]'은 다른 말에 붙어 '행동 · 짓'을 뜻한다. '알음장(눈치로 알려주는 짓), 으름장(언행으로 남을 위협하는 짓)' 등으로 쓰인다. 어깃장의 어원적 의미는 '어기거나 어긋나는 짓'이다.

한편 '어깃장'은 문짝이 일그러지지 않도록 가로로 건너대는 나무오리를 일컫는 '띳장'의 뜻으로도 쓰인다. ◇ 어깃장을 놓다 – 짐짓 어기대는 행동을 하다. ☞ 어기다

어깨 팔이 몸에 붙은 관절의 윗부분. 맡은 바 책임이나 사명. 폭력을 쓰는 불량배를 이르는 속된 말. 중세어형은 '엇게'다. 어깨는 물건을 다른 물건 위에 얹어 놓는다는 뜻을 가진 동사 '얹다(<엱다)'의 어근에 명사 파생접미사 '-게'가 결합된 말이다.(엱-+-게→*엱게>엇게>어께/억게>어깨) '언개(←얹-+-개)'는 사투리로 남아 있다. 노동 생활에 비추어 운반 수단으로 어깨 위에 물건을 메고 다닌 데서 비롯되었을 것이다. 차츰 도구를 이용하게 되면서 등에 지고 다니는 '지게(←지(다)[負]+게), 지게-차'가 출현하게 되었다.

'어깨'는 신체 부위로 축소되었고, 추상 개념화되어 '책임감'의 뜻으로도 쓰인다. ◇ 어깨가 가벼워지다 - 무거운 짐이 덜리다. 책임에서 벗어나 마음이 홀가분하다. ◇ 어깨를 겨루다 - 대등한 위치에 서다. 비슷한 세력이나 힘을 가지다. ¶ 어깨가 쑤시다. 회사의 운명은 당신의 어깨에 달려 있다. ☞ 메다

어둑새벽 어둑어둑한 이른 새벽. 여명(黎明). '어둑'의 중세어형은 '어득'이다. 어둑새벽은 '어둑'과 '새벽'의 합성어다. '어둑'은 '어둡다'의 어간 '어둡-'이 이화(異化) 작용에 의해 /ㅂ/이 /ㄱ/으로 변한 꼴이다. '어둑하다, 어둑어둑하다, 어두컴컴하다; 까마득하다'는 '어둑'에서 파생한 형용사다. 어둑새벽은 '어슴새벽(어스레한 새벽)'이라고도 한다. ¶ 부지런한 농부는 어둑새벽에 일어나 논밭을 돌본다. ☞ 어둡다, 새벽

어둡다 빛이 없어 밝지 않다. (시력이나 청력이) 나쁘다. 사리에 밝지 못하다. ↔ 밝다. 중세어형은 '어듭다/어둡다'다. '얻+(우)+-ㅂ다'로 분석된다. 어근 '얻'은 '엇~엊~얼'과 함께 어둠을 뜻하는 혼미(昏迷) 개념의 형태소다. 파생어에 '어둑하다; 어스름, 어슴푸레하다; 어리다, 어리석다, 어리둥절하다, 어렴풋하다, 어른거리다; 아지랑이, 어지럽다' 등이 있다. 천문 현상을 나타내는 '어둡다'는 '감다~검다'와 관계 있는 말이다.(어듭다>어둡다/어둑하다) ¶ 밤눈이 어둡다.

세상 물정에 어둡다(몽매하다).

어디 → **'언제'** 참조

어레미 바닥의 구멍이 굵은 체. 17세기 문헌 <가례언해>에 '어러미'로 나온다. '얽(다)+에(명사화접사)+미(것)'로 분석된다. 어원적 의미는 '얽은 것'이다. '어레미-논'은 체처럼 물이 괴어 있지 못하고 바로 흘러내려가 버리는 비탈진 곳의 논을 가리킨다. ¶ 어레미보다 구멍이 좀 작고 체보다는 굵은 체를 '도드미'라고 한다.

어렝이 광산에서 쓰는 삼태기의 한 가지. '얽(다)+엥이(접사)'로 분석된다. 보통의 삼태기보다 작으며 통싸리로 만듦. · 삼태기 : 대나 짚으로 엮어 거름 · 흙 · 쓰레기 따위를 담아 나르는 그릇.

어렵다 어떤 일이나 문제를 정신적, 심리적인 노력을 적게 들여서는 이루어지지 않거나 해결되지 않는 성질을 가진 상태에 있다. 가난하다. 조심스럽고 거북하다. 중세어형과 현대어 표기가 같다. '어렵다'는 '쉽다'의 맞선말로 어떤 일에 대하여 난색(難色)을 표명하는 동근어 'ㅄ려ᇦ다[澁(삽)]'에서 어두자음 탈락형 '얼-'에 형용사화 접사 '-업-+(-다)'가 결합된 파생어다.

본래 '어렵다'는 거슬리고 껄끄럽고 난삽(難澁)하다는 뜻이다.(ㅄ렵다>어렵다) '어렵다'와 같은 뜻으로 <소학언해>에 '어렵살ᄒᆞ다'가 쓰였으며 '어렵사리(매우 어렵게)'는 파생부사다. ¶ 어려운 고비가 있을 때마다 삼촌은 나를 도왔다. 그는 시골에서 어렵게 지내고 있다.

어른 다 자라 혼인한 사람. 지위 · 나이 · 항렬 따위가 자기보다 높은 사람. 중세어형은 '얼운'이다. '어른'은 장가들다의 뜻을 가진 '얼다[婚(혼)], 어르다/얼우다[交合(교합)], 어위다[넓다; 大]'의 어근 '얼[核 · 精의 응결체, 大]'에 사람을 뜻하는 의존명사 '이'가 결합된 말이다.(얼우(ㄴ)+이→어루니>어룬>어른) '얼'은 탐라어 '乙那[ət/ər na]'에 소급되며, 몽골어 er~el[大 · 長子], erxun 그리고 일본어 otona[大人]와 대응한다.

어른[賢者(현자)]은 높임선어말어미 '-시-'가 결합된 '어르신(<얼우신/어루신)'과 함께 존경해야 할 사람이다. ¶ 어른의 말씨와 행동은 아이의 본보기가 되니 늘 조심해야 한다. 동네 어르신들을 모시고 잔치를 벌였다. ☞ 어울리다

어리 병아리 따위를 가두어 키우기 위하여 덮어 놓는, 싸리 같은 것으로 둥글게 엮어 만든 것. '얽(다)+이'로 분석된다. 어리의 어원적 의미는 '얽은 것'이다.

'어릿-간(間)'은 마소 따위를 들여 매어 놓기 위하여 사면을 둘러막은 곳이다. '울-어리'는 '둘러싼 어리'다.

어리광 귀여움을 받으려고 어린아이의 말씨나 태도를 보이며 버릇없이 구는 짓. ≒ 응석. '어리(다)+狂(광)'으로 분석된다. '어리다'는 '미치다[狂(사리분별을 못하다)]'를 뜻하는 중세어로서 <두시언해초간>에 '어러이(어리광스럽게), 어럽다(어리광스럽다; 어리광을 부리는 태도가 있다)'가 보인다. 결국 '어리-광'은 뜻이 같은 고유어와 한자가 겹친 말이다. '미치-광이(미친 사람)'도 같은 구조로 되었다. ¶ 요즘 어리광이 몹시 심하다. 어리광을 부리다.

어리눅다 잘났으면서도 짐짓 못난(못 생긴) 체하다. '어리다'와 '눅다'가 결합된 말이다. '어리다'는 '어리둥절하다, 어리벙벙하다'와 같이 사리분별을 못하다를 뜻한다. '눅다'는 '녹다[溶解(용해)]'와 모음교체형으로 '풀어지다. 누그러지다'를 뜻하는 말이다. ¶ 어리눅어 보이다. 그는 똑똑한 사람인데 예의상 어리눅은 듯이 행동하는 것뿐이오. 그녀의 어리눅은 태도가 더욱 예뻐 보인다.

어리다 나이가 적다. 생각이 모자라다. 경험이 적거나 수준이 낮다. '어리다[幼(유)]'의 어근 '얼~어리'는 '얼뜨기, 얼치기, 얼되다; 어리둥절하다, 어리마리, 어리보기, 어리비치다, 어리벙벙하다'의 '얼-'과 같은 말이다. '어린이(<어린아희)'는 '어리+ㄴ+이, *얼혼+이'로 분석된다. '어리다'의 어원적 의미는 '정신적 판단이 서투른 상태'다. ¶ 나이가 어리다.

어리석다 슬기롭지 못하고 둔하다. '어리다[어리석다]'는 본래 '주어진 상황에 잘 대처하지 못하다'를 뜻하다가, 차츰 나이가 어리다[幼(유)]의 뜻을 겸하게 되면서, 어말에 '-석-'을 덧붙여 '어리석다(<어리셕다[愚(우)])'로 형태가 변한 말이다. '어릿-광대(익살꾼); 어림-수, 어림-잡다' 등은 동근어다. ¶ 그의 행동은 어리석다. ☞ 얼

어림없다 너무 많거나 커서 대강의 짐작도 할 수 없다. 아무래도 당할 수 없다. 비교할 수도 없다. 혼미(昏迷) 개념어 '얼~어리'의 전성명사인 '어림'에 '없다'가 합성된 말이다. '어림'은 '대강 짐작으로 헤아림'을 뜻하는 말로 '어림셈, 어림수(數), 어림잡다, 어림재기, 어림쟁이, 어림짐작, 어림치다(어림잡다)' 등으로 쓰인다. 15세기 문헌 <목우자수심결>에 '어림없다'가 나온다. 어원적 의미는 '어리석음/ 어림이 없다'인데, '대강 짐작으로 헤아릴 수 없이 많다'는 뜻으로 바뀌었다. ¶ 어림없는 일을 하려 들다. ☞ 어리다

어릿광대 광대(얼럭광대)의 재주놀이가 시작되기 전에 먼저 나와 우스운 재담과 어리광을 하여서, 판을 어울리게 하는 사람. 익살을 떨며 남을 잘 웃기는 사람. '어리(다)[愚(우)]+ㅅ+광대'로 분석된다. 광대는 배우(俳優)를 뜻하는 말이다. 어릿광대의 어원적 의미는 '어리석은(어설픈) 광대'다. ☞ 어리다, 어리석다.

어마어마하다 매우 놀랍고 엄청나고 굉장하다. 대단하다. <준>어마하다. '어마'는 '엄+아(접사)'로 분석된다. 여기서 '엄/어미'는 '크다[大(대)]'를 뜻하는 말이다. ¶ 공장 규모가 어마어마하다. 어마어마하게 큰 집. ☞ 어머니, 엄청나다

어머니 자기를 낳은 여자. 무엇이 생겨난 근본. <계림유사>에 母曰丫秘[ə-mi]라 하였다. 중세어형은 '어미'다. 어근은 '암/엄[母]'으로 만주어 eme(母), 몽골어 eme(妻 · 女 · 婦人), 츄바슈어 ama(女 · 母), 고대 일본어 ömö(母), 드라비다어 amma와 일치한다. 일반 동물의 자성(雌性)을 뜻하는 '암컷, 암수'에서의 '암ㅎ'과 성숙한 것, 큰 것을 의미하는 '엄'은 음운 교체된 동근어다. '엄'이 신체 부위에서는 어금니(엄+니), 엄지손가락, 엄지발가락(<어이밠가락)과 같이 '엄/엄지'로 쓰인다.(엄+엇[親 · 母]+니→어머니) 사람을 뜻하는 [니]는 만주 퉁구스어에 공통적으로 보이며, 만주어 niyalma[人]에서 [ni-]는 우리말 '나, 너, 남, 놈, 년, 녀느' 등과 동일 어원이다.

'어미'는 '엇, 어시, 어ᅀᅵ, 어이'와 동근어며, <삼국유사(안민가)>에 '臣隱愛賜尸 母史也(臣은 ᄃᆞᅀᆞ샬 어ᅀᅵ여)'가 나온다. '엇[母 · 兩親]'은 <시용향악보>의 '思母曲 俗稱 엇노리'에 보인다. 모녀(母女)를 지난날 '어ᅀᅵᄯᆞᆯ(>어이딸)'이라고 하였다.

유아어 '엄마'는 '어미/엄'에 호격 조사 '아'가 결합된 형태고 '어멈'은 '엄+엄'으로 분석된다. 아이가 태어나 가장 먼저 부르는 말이 입술소리 중심의 '엄마, 맘마(먹거리)'다. 오끼나와[일본] 사투리 중 엄마를 '안마', 할머니를 '아빠', 할아버지를 '아부제'라 부르는데, 이는 우리말이 건너간 증거다. 지어미[婦(부)]는 '집+어미'로 '집의 어머니(부인)'다. [어머니 다음에 형수] 형수는 그 집안을 꾸려 나가는 데 어머니 다음의 위치를 차지한다는 말. [어이딸이 두부 앗듯] 뜻과 손발이 척척 맞아 일이 잘 되어 나감을 이르는 말. ¶ 필요는 발명의 어미니다. 여자는 약하나 어머니는 강하다.

어버이 아버지와 어머니를 아울러 이르는 말. 중세어형은 '어버ᅀᅵ'다. 어버이는 '어비[父]'와 '어ᅀᅵ[母]'의 합성어다. '어비/업+어ᅀᅵ→어버ᅀᅵ>어버이'로 어형이

변하였다. 어버이는 부모(父母)를 일컫는 고유어다. ¶ 어버이 살아 계실 때 자식 된 도리를 다해야 한다. 5월 8일은 어버이날이다.

어부바 어린아이의 말로, 업거나 업히는 일을 이르는 말. 어린아이에게 등에 업히라고 할 때 이르는 소리. <준> 부바. '업(다)[負(부)]+우/어+보(다)+아(어미)'로 분석된다. 어원적 의미는 '업어 봐'다. '업저지'는 어린아이를 업고 돌보는 사람을 이르는 말이다.

어서 늦추지 않고 빨리. 조금도 거리낌 없이. ≒ 얼른. 곧. 빨리. 중세어형은 '어셔'다. '*어스(다)+-어(어미)'로 분석된다.(*어스어>어셔>어서) '어스다'는 18세기 <해동가요>에 '어슨듯[얼른(<어른)]'의 어근이다. '어서'는 사태에 대한 희망이나 행동의 시작을 재촉하는 부사다. ¶ 어서 가 보자. 어서 오십시오.

어설프다 짜임새가 없고 허술하다. 야무지지 못하고 설다. '어/얼+설(다)+-브다(접사)'로 분석된다. '얼'은 '되다가 덜 된'을 뜻하는 말이고, 설다는 '서투르다. 익숙하지 못하다[미숙(未熟)]'를 뜻하는 말이다. ¶ 어설프게 뜬 그물. 일하는 게 어설프다. ☞ 얼, 서투르다

어스름 해가 지려고 하거나 갓 져서 어둑어둑한 때. 중세어형은 '어름'이다. 어스름은 '엇+을(관형사형어미)+(으)ㅁ'으로 분석된다. 어근 '엇'은 시야(視野)와 정신의 혼미함을 뜻하며, 어둡다의 '얻'과 동근어다. '어스름'이 결합된 낱말에 '어스름-달밤, 어스름-하늘, 어스름-하다; 어슴새벽, 어슴푸레하다' 등이 있다. (어스름~어슮>어슬음>어스름) ¶ 어스름 속에서는 사물을 정확하게 분간할 수가 없다. ☞ 어둡다

어쌔다 거들먹거리며 거만한 행동을 함부로 나타내는 버릇이 있다. 어쌔다는 '엇+서다(맞서다)'로 분석된다. '어쌔고비쌔다(요구나 권유를 이리저리 사양하다)'는 '엇서고빗서다'의 변형이다. '빗서다/빗더서다'는 바로 서지 아니하고 방향을 조금 틀어서 서다를 뜻하는 말이다. '엇'과 '빗'은 동원어다. ¶ 그렇게 어쌔다가는 큰 코 다친다. 어쌔고비쌔고 하기가 싫어서 잔이 앞으로 오는 대로 덥석덥석 받아마셨다.

어울리다 어우르게 되다. 두 가지 이상의 것이 서로 조화되어 자연스럽게 보이다. 중세어형은 '아올다~아울다/어울다'는 '가르다[分]'와 동원어인 'ᄀᆞᆲ다[竝(병)]'에 어원을 둔 말이다. 원래 분리(分離) 또는 병합(竝合)을 뜻한다. '어울리다'와 동근어에 '얼다[氷(빙)], 얼우다[交合(교합)], 아우르다, 아울러(함께)' 등이 있다.

<삼국사기>에 나오는 땅 이름 合浦縣本骨浦縣에서 合(합)을 骨(골; [*얼브/*어브])로 읽었음을 알 수 있다. 이와 관련하여 드라비다어 elubu(骨), ēyv-(合當하다), 아이누어 ēppu(結合)와 대응하는 것으로 보기도 한다. 그렇다면 함경도 사투리 '어불러[竝合, 함께]'와 비교되는 듯하다. ¶ 함께 어울려 다니다. 여러 가지 장점을 아울러 가지다.

어음 돈 지불을 약속하는 표쪽. 16세기 문헌 <신증유합>에 '어험[契(계)]'이 나온다. 어음은 '엏(다)[割(할)]+엄(접사)→어험>어음'으로 이루어진 고유어로서 '두 쪽으로 찢은 표'인데, 於音, 魚驗이라 씀은 한자 취음(取音)이다. 어음은 조선 초기부터 개성상인들 사이에서 발행되기 시작하여 점차 널리 사용되었다. '받을-어음'과 '지급-어음'이 있다.

엄지[엄:찌](紙)는 어음을 쓴 종이를 이르는 말이다. 엄-대답(對答)은 남이 써 놓은 어음을 보증하는 일을 뜻한다. 엄대[엄:때]는 외상으로 물건을 팔 때에 물건 값을 표시하는 길고 짧은 금을 새긴 막대기로 '어음/엄+대'로 분석된다. ¶ 어음을 발행하다. ☞ 언청이

어제 오늘보다 하루 먼저 날. 중세어형은 '어제, 어저긔, 어젓긔'다. <계림유사>에 昨日曰訖載(작일왈흘재)라 하였다. 訖(흘)이 於(어)의 잘못이 아닌가 한다. 어제는 '*어[旣(기; 이미)]+적[時]+의(처소격 조사)→어저긔>어제'로 변화한 것으로 보인다. '적[時(시)]'은 토이기어 čaq, 몽골어 čar와 대응되며 '적의>저긔>제'로도 쓰였고 'ᄣᅢ[時]'와 함께 15세기부터 나타나는 시간명사다. 따라서 '어제'의 어원적 의미는 '이미 지난 때'라 할 수 있다.

명일(明日) 또는 내일(來日)을 <계림유사>에 明日曰轄載(명일왈할재)이라 하였다. '그제, 어제'의 끝음절 '제'로 보아 고유어가 있었을 것으로 추정된다. 학자에 따라 '앞제, 올제, 후제(함경도 사투리로 다음[次]을 일컫는 말), 갈제'로 복원할 것을 주장하기도 한다. <송강가사>에 '님이 보신 후제야 노가디나 엇디리'가 보인다. 그러나 '내일'은 한자어가 아니라, 본래 '낫[進]+ᄋᆞᆯ[日]→*나ᄉᆞᆯ/ᄂᆞ실/ᄂᆡ실>내일'로 어형이 변화한 순수 고유어라는 추론이 가능하다. 15세기 중세어부터 한자 來日(내일)에 이끌려 'ᄂᆡ일'로 쓰이면서 고유어로서의 인식이 흐려진 것으로 보인다.

모레의 다음날인 '글피'는 '그[其]+ᄋᆞᆯ[日]→*글+알ᄑᆡ[前日(전일)]>글피'로 '그'를 덧붙여 '그글피'로 어형을 이루었다. 일칭(日稱) 명사를 '오늘'을 기준으

로 열거하면 '그끄제, 그제, 어제, 오늘, 내일, 모레, 글피, 그글피'다. ¶ 그의 실수는 어제 오늘이 아니다.

어중이떠중이 여러 방면에서 모여든 탐탁하지 못한 사람들을 통틀어 낮잡아 이르는 말. '어중(於中)+이+뜨[浮(부)]+어+중+이'로 분석된다. 어중이(어중되어 쓸모없는 사람)에서 '어중(於中)'은 가운데가 되는 정도라는 뜻이고, '이'는 사람을 가리킨다. '떠중이'는 정처 없이 떠돌아다니는 사람이다. 어원적 의미는 태도가 분명하지 않고 '어중간하며 방황하는 사람'이다. ¶ 어중이떠중이들이 다 모였다.

어지럽다 몸을 제대로 가눌 수 없을 만큼 정신이 아뜩아뜩하다. 질서 없이 뒤섞여 있어 어수선하다. 중세어형은 '어즈럽다[迷(미)]'다. 정신적 혼란 상태를 나타내는 말 '어즐(어질)'은 같은 뜻의 몽골어 어근 er~el-, 퉁구스어 adil과 비교된다. '-럽다'는 '성질이나 태도'를 의미하는 파생접사다.(어즐+럽+다→어즈럽다>어지럽다) '어질어질'은 현기(眩氣)가 나서 자꾸 어지러운 모양을 가리키는 부사다. '간지럽다, 시끄럽다'는 의태어나 의성어가 형용사로 전성된 것이다. ☞ 아지랑이

어질다 마음이 너그럽고 인정이 도탑다. 중세어형은 '·어딜·다'다. 이는 賢(현)·仁(인)·良(양)·善(선)의 훈독(訓讀)이지만, 크다[大]의 뜻으로도 쓰였다.(仁; 크다 인) 어근 '얻'은 '어른[長者大人(장자대인)]'의 어근인 '얼/어루'와 동근어로 보인다. 즉, 어질다(<어딜다)는 '마음이 크고 넓다'는 뜻이다. ¶ 그녀는 어딘지 위엄을 풍기면서도 조용하고 어질어 보였다.

어처구니 상상 밖으로 엄청나게 큰 사람이나 물건. 광산에서 큰 바윗돌을 가루로 내는 기계. '어처구니(=어이)'는 '없다'와 함께 쓰여 일이 뜻밖이거나 한심해서 기가 막힘을 이르는 말이다. 문세영의 <조선어 사전>에는 '어처군이(키가 매우 큰 사람의 별명), 어처군이없다(어이없다)'로 나온다.

금광에서 큰 광석을 연거푸 집어삼키면서 부스러뜨리는 것이 뜻밖의 일로 보여 '어이가 없다'고 하였다 한다. 이와 달리 어처구니를 '궁궐 지붕의 추녀마루 끝자락에 있는 여러 가지 짐승 모양의 조각물[雜像(잡상)]'로 보거나, 맷돌의 손잡이인 어처구니에서 온 말이라고 하는 설이 있다. '어처구니없다'의 경남·전남 사투리는 '얼척없다'다. ¶ 어처구니가 없어 입이 딱 벌어진다. 어처구니없이 당하다. 어이없는 일을 당하다.

억새 볏과의 여러해살이풀. 산이나 들에 절로 나며, 줄기와 잎은 지붕을 이는

데 쓰임. 17세기 <역어유해>에 나오는 '어웍새'는 '어웍+새(풀)'로 분석된다.(어웍새>어욱새/웍싀>억새) 어근 '새'는 '새꽤기(갈대 · 짚 따위의 껍질을 벗긴 줄기), 새밭, 새품(억새의 꽃); 남새(나물), 썩은새(썩은 이엉)'에서와 같이 '풀[草(초)]'을 뜻하는 말이다. '억새-반지기(억새가 많이 섞인 땔나무), 억새-풀; 물억새, 참억새'로 쓰인다. ¶ 눈앞에는 키를 덮는 억새가 마치 파도처럼 일렁이고 있었다. ☞ 새[3]

억세다 결심한 바를 이루려는 뜻이 굳고 세차다. 식물의 잎이나 줄기가 뻣뻣하고 질기다. <작> 악세다. '억세다'에서 '억'은 입[口; 입심]의 뜻이고, '세다'는 힘이 강함을 의미한다. <동문유해>에 '아귀 세다(口硬; 억세다)'가 보인다. 농경 사회에서 짐승의 주둥이에 굴레나 재갈을 물려 길을 들였다. 길들이는 과정에서 주둥이의 힘이 세어 마음대로 다루기 어려울 때 '억세다'라고 하였다. 차츰 의미가 확대되어 '굳고 세차다. 뻣뻣하다'로 쓰이고 있다. ¶ 기운이 억세다. 늦봄에 뜯은 산나물은 줄기가 억세다. ☞ 악머구리

억수 물을 퍼붓듯이 세차게 내리는 비. 호우(豪雨). 비가 너무 많이 내리면 홍수로 인해 여러 가지 해를 입음으로 '악수(惡水)'라 한데서 온 말이다.(惡水→억수) '억수-로(매우. 아주. 엄청), 억수-비, 억수-장마'로 쓰인다. 이와 같이 한자음이 변하고 의미도 원래의 한자와 관계가 멀어진 낱말에 '멍석(←網席), 면구(←面愧)' 등이 있다. ◇ 억수 같다 - 몹시 세차다. ¶ 아이들은 억수 같은 소나기를 맞으면서 바윗골로 뛰었다. 억수로 내린 장마. 억수로 사람이 많다.

억지 자기의 생각이나 행동을 무리하게 관철해 보려는 고집. <작>악지. '어거지'는 비표준말이다. 18세기 문헌 <역어유해보>에 '억지로 앗다(覇佔)'가 나온다. 어근 '억'은 '어기다(<어긔다)[違(위; 지키지 아니하다)]'의 어근으로 보인다.(어긔+어지→어거지/억지)

'억지-다짐, 억지-로, 억짓손(무리하게 해내는 솜씨. 억지로 하는 솜씨), 억지-스럽다, 억지웃음' 등으로 쓰인다. [억지가 사촌보다 낫다] 남의 도움을 바라기보다는 억지로라도 제힘으로 하는 것이 낫다. [억지 춘향(이)] 내키지 않는 일을 억지로 우겨서 하거나 하게 되는 일을 이르는 말. ¶ 억지를 부리다. 억지로 밥을 먹다.

억척 일을 해 나가는 태도가 끈질기고 억센 기질. 또는 그런 사람. 한자어 '齷齪(악착; 작은 일에도 끈기 있고 모짊)'이 모음교체된 큰 말이다. '억척-보두(성질이

끈질기고 단단한 사람), 억척-빼기, 억척-스럽다' 등으로 쓰인다. ¶ 억척을 떨다. 밤낮으로 억척스럽게 일하다. 일이 아무리 힘들고 어렵다고 그 억척보두가 그만 둘 성싶소?

언니 자매 사이에서 자기보다 먼저 태어난 여자형제를 이르는 말. 여자들 사이에서 자기보다 나이가 위인 사람을 높이는 말. 오빠의 아내를 이르는 말. '엇~앗[始・親]+니(사람)'로 분석된다.(어니/언이>언니) 형(兄)을 뜻하는 일본어 [ani], 드라비다어 anni와 같은 말이다. ☞ 어머니

언덕 땅이 조금 높고 비탈진 곳. 나지막한 산. 보살펴 주고 이끌어 줄 만한 의지의 대상. 중세어형은 '언ㅎ'이다. 언덕은 '언ㅎ+덕'으로 이루어진 합성어다. '언'은 흙을 쌓은 '둑[堰(언)]'이다. 팽창 개념어 '돋다'와 동근어인 '덕'은 정조 때 홍양호의 <북새기략>에 高阜曰德(고부왈덕)이라 하여 흙을 쌓은 땅을 말한다. '언덕'은 이음동의어가 중첩되어 한 단어를 이룬 말이다. 언덕의 어원적 의미는 '땅이 좀 높게 비탈진 곳'이다.(언ㅎ+덕→언턱>언덕) '언덕길, 언덕땅(구릉지), 언덕바지(언덕배기), 언덕지다; 높게더기(고원의 평평한 땅), 펀더기(널따란 들)' 등으로 쓰인다. [소도 언덕이 있어야 비빈다] 의지할 데가 있어야 무슨 일을 할 수 있다는 말.

언저리 둘레의 부근. ≒ 가. 주변(周邊). 신소설 작품에 '엔져리'가 보인다. 어근 '엔'은 '에(다; 둘러싸다)'의 관형사형이다. 언저리의 어원적 의미는 '둘러싼 자리'다. '눈언저리, 산언저리, 솥언저리(솥전의 윗부분), 입언저리, 코언저리' 등으로 쓰인다. ¶ 입술 언저리가 트다. 어깨의 언저리(어깨부들기). ☞ 엔담

언제 어느 때. 어떤 일과 관련된 때를 묻는 의문 대명사. 중세어형은 '언제, 어느제, 어느ᄢᅴ'다. '어느+적[時(시)]+의'로 분석된다. '어느/언'은 한정 의문사인데 중세어에서는 명사, 대명사, 부사로 두루 쓰였다. 의존 명사 '제'는 시간을 나타내는 명사 '적'과 처소 부사격조사 '의'가 줄어든 꼴로 'ᄢᅴ(←ᄢᅳ+의)>끼'와 같은 뜻을 나타낸다. 때를 나타내는 '적~작'은 한자 時(시)의 옛음 [*적]으로 토이기어 čaq, 몽골어 čaɣ과 대응한다.

언제는 '어느 때'를 뜻하며, 처소 대명사 어디[<어듸/어ᄃᆡ←어느+데(곳)]는 '어느 곳'을 가리키는 말이다. ¶ 언제 시간이 나느냐? 일을 언제부터 시작하는 것이 좋은가? 언제나[늘. 항상] 소문은 사실이었다. 어디를 가나 사람들이 친절하다. ☞ 끼니

언짢다 마음에 마뜩하지 않다. 심기가 좋지 않다. 보기에 싫다. '언짢다'는 '좋다. 선(善)하다'를 뜻하는 중세어 '읻다'에 '않다'가 합성된 말이다. '읻+디+않다→* 읻디않다>얻디않다/엇지않다>어찌않다'로 된 다음, /ㄴ/이 첨가되면서 '언찌않다>언짢다'로 변하였다. '언짢다'의 평안북도 사투리는 '엣디않다'다. 결국 '언짢다'는 좋지 않은 마음의 상태 곧 불쾌(不快)하다를 뜻한다. 동사는 '언짢아하다'다. ¶ 언짢은 표정은 상대방을 불쾌하게 만든다.

언청이 윗입술이 태어날 때부터 찢어진 사람. 어떤 물건의 한쪽이 째지거나 벌어진 것. 언청이는 '엏+-뎡이(접사)'로 분석된다. '엏'은 '베다(<버히다)'에서 어두음 /ㅂ/이 탈락한 '어히다[割(할)]'의 어근이다.(버히다>어히다>어이다>에다) '에다'는 '베어내다. 잘라내다'의 뜻이다. '-뎡이'는 '먹뎡이(귀머거리)'와 같이 '그런 사람'을 뜻하는 접사다.(엏+뎡이→어텽이>언청이>언청이) [언청이 퉁소 대듯] 이치에 닿지 않는 무슨 말이 함부로 나온다는 말. ¶ 살을 에는 듯한 바람이 불어오다.

언치 말이나 소의 등에 까는 헝겊. '얹(다)+이(명사화 접사)/치(물건)'로 분석된다. 어원적 의미는 '얹어놓은 것'이다. '겉-언치'는 길마 양쪽에 붙인 짚방석을, '살-언치'는 언치에 덧댄 작은 짚자리나 부대 조각을 이른다. ¶ 언치 놓아 말을 타다.

언턱 물건 위에 턱처럼 층이 진 곳. '언ㅎ+덕'으로 분석된다.(언ㅎ+덕→언턱) 언턱의 어원적 의미는 '언덕의 턱'이다. '언턱-거리/턱-거리'는 사단(事端; 일의 실마리)을 부릴 만한 거리나 남에게 찌그렁이를 부릴 만한 핑계를 뜻하는 말이다. ¶ 언턱을 잡다. ☞ 언덕, 턱

얼 명사에 붙어 '되다가 덜 된. 똑똑하지 못한. 조금. 약간'의 뜻을 나타내거나(얼간이, 얼갈이) 동사에 붙어 '여러 가지가 뒤섞여. 똑똑하지 못하게'의 뜻을 나타낸다.(얼뜨다, 얼버무리다, 얼비치다) '얼/어리'의 원뜻은 '어리둥절하다. 얼떨결. 얼떨떨하다. 어리벙벙하다. 혼미(昏迷)하다. 어리다. 어리석다[迷·癡·幼]'다. 현대어에서 '얼'을 넋[정신·魂(혼)]으로 쓰고 있으나, 조선 시대에는 '넋'의 뜻으로 쓰인 일이 없다.

'얼'은 고구려어 於乙[泉]과 동원어며 '근원, 샘[泉(천)], 중심'을 뜻한다. '얼'을 원형어근 '알[卵(란)]'과 모음교체형으로 보기도 한다. 오늘날 정신/ 넋이 나간 자를 '얼빠진 사람'이라고 한다. ¶ 우리 문화재는 조상의 얼이 담겨 있는 보물이다.

얼간이 됨됨이가 변변하지 못하고 모자라는 사람을 낮추보아 이르는 말. 얼간망둥이. '얼간'은 소금을 조금 뿌려서 약간 절이는 간을 뜻한다. '얼~어리[幼 · 愚]'는 '되다가 덜된. 똑똑하지 못한'의 의미로 '얼-되다, 얼-뜨다, 얼-버무리다, 얼-치기(이것도 저것도 아닌)' 등의 낱말을 파생시킨 형태소다. '간(<ᄀᆞᆫ)'은 간장, 간수와 같이 염분(鹽分) 곧 짠맛의 정도를 나타낸다.

'얼간이'는 제대로 절이지 못한 고기나 채소처럼 모자란 사람을 뜻하는 말이다. 이와 달리 '얼빠지다'와 관련지어 '얼(넋)이 나가 제 정신이 아닌 사람'이란 풀이도 가능하다. ¶ 음식은 간이 맞아야 제 맛이 난다. ☞ 얼

얼개 각 부분을 모아 짜 이룬 형태. 기계나 조직체 따위의 짜임새. 구조(構造). '얽(다)+개(접사)'가 결합된 말이다. '글-얼개, 흙-얼개' 등으로 쓰인다. '얼거리'는 일의 골자만을 추려 잡은 전체의 대강을 뜻하는 말이다. ¶ 모형 비행기의 얼개. 사업계획의 얼거리를 짜다.

얼굴 눈, 코, 입 같은 것이 있는 머리의 앞부분. 낯. 면목. 체면(體面). 중세어형도 현대어와 같다. '얼+골/굴[形 · 모양]'의 합성어다. 겉에 홈이 있는 모양 곧 사람의 감정을 나타내는 표정(表情)이 '얼굴'이다. 얼굴은 15세기에 사물의 모양이나 몸 전체를 가리켰으나, 점차 의미가 축소되어 18세기부터 '낯<ᄂᆞᆾ[顔面(안면)]'만을 뜻하게 되었다.

'얼굴/얼골'에서 '얼'은 동사를 형성하는 파생접미사 /ㄱ/을 덧붙여 물건의 겉면에 오목오목 흠이 있다는 뜻의 '얽다[縛(박)]'를 파생시킨 형태소다. 어간 '얽-'은 퉁구스어의 ęrkę(매다)와 비교된다. '얼→얽다'와 같은 조어법으로 된 예로 '불→붉다, 물→묽다' 등이 있다. '골(몰골, 입골)'은 볼품이 없는 얼굴 꼴이나 모양새를 뜻하는 말이다. 우리말 '얼굴'은 몽골어 nikor와 매우 가까운 것으로 보인다. [제 얼굴에 침 뱉기] 자기 스스로 자신의 체면을 손상하다. ¶ 나는 손으로 얼굴을 가렸다. 내 무슨 얼굴[체면]로 그를 다시 만나겠니? ☞ 꼴

얼기설기 가는 것이 이리저리 뒤섞이어 얽힌 모양. 엉성하고 조잡한 모양. '얽(다)[縛(박)]+이(접사)+섞+이'로 분석된다. '얽-'은 '올[絲(사; 실)]'과 동근어고, '섞(다)[混(혼)]'는 '혼합하다'다. '얼기'에 '섞+이'가 이끌려 '설기'가 된 것이다. 어원적 의미는 '얽히고 섞인 상태'다.

'얽히고설키다'는 얽히다의 반복형인 '얽히고얽히다'가 변한 말로 보인다. [얼기설기 수양딸 맏며느리 삼는다] 어물어물 하면서도 손쉽게 자기 이익을

채움을 비유적으로 이르는 말. ¶ 얼기설기 얽다. 그는 지붕을 짚으로 얼기설기 엮었다.

얼레 실 · 연줄 · 낚싯줄 따위를 감는 틀. 16세기 문헌 <사성통해>에 '收絲具今俗呼 籰(확; 얼레. 자새)子 어르'가 나온다. '어르/어릐+에(접사)'로 분석된다. 이는 '어르다/어릐다(한데 합치다. 엉기다)'의 어근이다. 어원적 의미는 '뭉치는 것'이다. '얼레살-풀다'는 연을 날릴 때 얼레를 돌리면서 실을 풀어내듯이 난봉이 나서 재물을 없애기 시작하다는 뜻이다. ¶ 얼레를 풀다.

얼레빗 빗살이 굵고 성긴 빗. ↔ 참빗. '얽(다)[縛(박)]+에(명사화접사)+빗'으로 분석된다. 어근 '얽-'은 纏(전), 維(유), 縻(미)의 뜻이다. <계림유사>에 梳曰苾音必[pis]이라 하여 고려말과 현대어가 일치함을 알 수 있다. 머리털을 빗는 데 쓰는 기구인 '빗'은 '(머리를) 빗다'를 파생시킨 명사다.(얽게빗>얼레빗) 동사 '빗다'는 머리털을 가지런히 하다, 꾸미다, 분장하다를 뜻하는 말로 명절이나 잔치 같은 때에 새 옷으로 차려 입는 일이나 옷을 나타내는 '빔'과 동근어다. ☞ 설빔

얼마 수량이나 분량, 빈도, 시간의 길이나 힘의 세기 또는 길이, 넓이, 부피, 무게의 크기를 묻는 데 쓰는 말. ≒ 몇. 중세어형은 '언마'다. 이는 '언/어느+마'로 분석된다. '마' '만큼/만치'와 같이 정도나 분량을 나타내는 말이다. '얼마간, 얼마나, 얼마든지, 얼마만큼/얼마큼, 얼마쯤' 등으로 쓰인다. ¶ 값이 얼마요?

얼빠지다 정신이 혼란하여지다. 완전히 갈피를 못 잡고 있다. 얼빠지다는 '얼'과 침몰(沈沒) 개념어 '빠지다'가 결합된 말이다. 현대어에서는 '얼'을 넋[魂 · 精神]의 뜻으로 쓰고 있는데, 이 때의 얼[魂(혼)]은 원형어근(圓形語根) '알ㅎ~알'의 모음교체형으로 보인다. 다부지지 못하고 어리석어 보이는 사람을 '얼뜨기, 얼치기'라 한다. 결국 얼빠지다는 '미혹(迷惑; 홀림. 헷갈림)에 잠기다'는 뜻이다. ¶ 얼빠진 짓 하지 마. ☞ 얼

얼싸안다 두 팔을 벌려 껴안다. '얼(어우르다[合(합)])+싸(다;[包(포)])+안(다;[抱(포)])'로 분석된다. 어원적 의미는 '(두 팔을) 어울려 싸서 안다'다. ¶ 우리는 서로 얼싸안고 감격의 눈물을 흘렸다. ☞ 안다, 어울리다

얼음 물이 얼어 굳어진 것. 중세어형은 '어름'이다. 근래에 형태소 표기 원칙에 따라 '얼음'으로 적는다. 물과 관계있는 고구려 말에 於乙[泉 · 井; əl]이 있다. '얼'은 '얼다, 얼음'을 파생시킨 형태소다. 얼다(사동형 '얼우다')는 어울다,

중세어 '얼의다(>얼리다)'와 동근어로 액체가 엉기어 맺힌다는 뜻이다.(얼+음→어름>얼음) '얼음'의 어원적 의미는 '어울려 엉겨 굳은 것'이다. 본바닥에 다른 것이 묻어 보기 싫은 무늬를 이룬 것을 이르는 '얼룩(←얼+욱)'도 동근 파생어다. ◇ 얼음에 박 밀듯이 - 거침없이 줄줄 내리 읽거나 외는 모양. ☞ 어울리다

얼토당토않다 전혀 합당하지 않다. 엉터리다. '얼토당토아니하다'의 준말. '옳[可(가)]+도(조사)+당(當)+하+도+아니+하+다'로 분석된다.(옳도당하도>얼토당토) 어원적 의미는 '옳지도 마땅하지도 않다'다. 곧 '가당(可當)하지 않다'다. ¶ 얼토당토않은 논리. ☞ 오른쪽

엄지가락 엄지손가락 또는 엄지발가락. <준>엄지. 엄지는 '엄[母(모)]+지(指)'로 분석된다. '엄'은 어머니를 가리키는 말로 '큰'을 뜻한다. 엄지가락은 손이나 발가락 중에서 가장 큰 가락이다. '엄지-총'은 짚신이나 미투리의 맨 앞에 양쪽으로 굵게 박은 신울을 말한다.

엄청나다 짐작이나 생각보다 정도가 아주 심하다. '엄+청+나다'로 분석된다. 어근 '엄'은 '암ㅎ[雌(자)]'과 모음교체된 어형으로 성숙한 것, 큰 것을 의미하며 '어머니'와 동근어다. '청'은 별 뜻 없이 쓰인 강조형 접사이고, '나다(생기다)'는 동사다. 어원적 의미는 '엄청 크다'다. 경상도 사투리에 '엄치'와 '엄첩다(대견하다. 대단하다)'가 보인다. '왕창(양이나 정도가 엄청나게 많거나 크게)'도 동근어다. ¶ 값이 엄청나게 뛰었다. 말이 엄청 많다. 음식을 왕창 먹었다. ☞ 어머니

업둥이 자기 집 문 앞에 버려져 있었거나 우연히 얻거나 하여 기르는 복덩어리 아이. '업+-둥이'로 분석된다. '업'은 민속에서 한 집안의 살림이나 복을 보살피고 지켜준다는 동물이나 사람을 이르는 말로 '업-거울, 업-귀신, 업-구렁이, 업-두꺼비, 업-족제비' 등으로 쓰인다. '-둥이(←童+이)'는 '귀염-둥이, 쌍-둥이, 흰-둥이' 등으로 쓰이는 접미사다. 업둥이의 어원적 의미는 '업과 같은 아이'다. ¶ 그 아이가 우리 집의 업둥이입니다.

업숭이 하는 짓이 변변찮은 사람을 조롱하여 이르는 말. '없(다)[無(무)]+-숭이'로 분석된다. '-숭이'는 '발가·벌거숭이, 애송이, 허릅숭이(일을 실답지 않게 하지 못하는 사람)'처럼 '사람'을 뜻하는 말이다. '업시름'은 업신여겨서 하는 구박이다.

업신여기다 젠체하며 남을 보잘것없게 여기다. 중세어형은 '업시너기다'다. <소학언해>에 '업슈이 너기다'가 나온다. '업시오다[凌(능; 깔보다)]'는 같은 말이

다. '없(다)+이+너기(여기)+다'로 분석된다. 어원적 의미는 '없이 여기다'다. 명사 '업신여김'의 준말은 '업심'이다. ¶ 키가 작다고 업신여기다. 업심을 받다.

엇갈리다 어긋나서 서로 만나지 못하다. '엇[橫 · 違]+가르/갈-[分]+이(사동접사)+다'로 분석된다. <삼국사기> '橫川縣 一云於斯買'에 '橫(횡)'을 '於斯[엇]'이라 하였다. <용비어천가>에 '엇-마기[橫防(횡방)]'가 나온다. '엇-'은 '벗~빗-'과 음운 교체된 동근어로 '밖'의 의미를 지닌 형태소다.(밝>벗-/빗->엇-) '엇'은 만주어의 어간 ešе-와 형태 · 의미상 대응한다.

접두사 '엇'은 일부 명사나 용언 앞에 붙어 '비뚜로. 잘못. 어긋나게'를 뜻한다. '엇-각(角), 엇-대다, 엇-나가다, 엇-물다, 엇-바꾸다, 엇-박자, 엇-서다, 엇-섞다, 엇셈; 어슷-비슷하다, 어슷-썰기' 등이 '엇-'에서 파생한 말이다. 동근어 '빗-'은 '빗-금, 빗-장, 비-탈, 빗-나가다' 등의 파생어를 형성하였다. '갈-'은 '가르다'의 어간이다. 결국 엇갈리다는 '어긋나게 갈리다'는 뜻이다. ¶ 주장이 엇갈리다. 서로 길이 엇갈려 만나지 못하였다.

엇셈 주고받을 것을 서로 에끼는 셈. '엇[橫 · 違]+세(다)[算(산)]+ㅁ'으로 분석된다. ¶ 갑과 을은 서로 엇셈을 하고 묵은셈을 깨끗이 닦았다. ☞ 엇갈리다, 헤아리다

· 에끼다 : 서로 주고받을 물건이나 돈을 비겨 없애다. 상쇄(相殺)하다.

엉겅퀴 국화과의 여러해살이풀. 줄기는 1m가량 되며 어린 순은 나물로 먹고, 뿌리는 한방에서 '대계(大薊)'라 하여 어혈(瘀血; 멍)을 푸는 약재로 씀. 16세기 문헌 <사성통해>와 <훈몽자회> 표기는 '항것괴/항것귀'다. '항것'은 '한[大(대; 큰)]+것[物(물)]+괴/귀(접사)'로 분석된다. 17세기 <역어유해>에는 '엉것귀'로 나온다.(*한것괴/귀>항것귀>엉것귀>엉겅퀴) 엉겅퀴의 어원적 의미는 '큰 것'이다. <동의보감>에는 '항가싀(<*한가싀; 큰 가시)'라 하였다. 16세기 <속삼강행실도>에서 주인(主人) · 상전(上典)을 뜻하는 '·항·것'도 같은 형태의 말이다.

엉기다 액체 모양이던 것이 굳어지다. 가는 물건이 한데 뒤얽히다. 중세어형은 '얼의다'다. <구급방언해>에 '얼의피(凝血)'가 나온다. 엉기다[<엉긔다; 凝結(응결)]는 '어울다[竝(병)], 얽다/얽히다, 얼다[<얼의다; 氷(빙)]'와 동원어 관계다. '엉키다'는 '엉클어지다'의 준말이다.

동근어 '엉겁'은 끈끈한 물건이 마구 달라붙은 상태를, '엉겁결에'는 뜻하지 아니한 사이에 갑자기를 뜻한다. ¶ 피가 엉기다. 손이 찰흙으로 엉겁이 되었다. 엉겁결에 뛰어내리다. ☞ 얼음

엉터리 터무니없는 말이나 짓. 또는 그런 말이나 행동을 하는 사람. 대강의 윤곽. '엉터리'는 본래 사물의 근거(根據)를 뜻하였으나 '없다'에 끌려 터무니없는 말이나 행동을 하는 사람을 가리킨다. '엉터리-없다'는 '터무니없다. 경우에 닿지 않다'는 뜻이다.

'엉터리'에서 '엉'은 '엉-성하다, 엉-뚱하다(<엉뚱ᄒᆞ다)'와 동근어로 '부정확함, 허풍, 분명치 않고 이치에도 맞지 않는 애매한 상태'를 의미한다. 우리말 엉터리는 만주어 ongtori(둔하다)와 비교 가능하다. '엉너리(남의 마음을 사려고 어벌쩡하게 서두르는 짓), 엉너릿손'도 동근어다. ¶ 그는 엉터리 주장을 끝내 거두어들이지 않았다. 그 일은 그럭저럭 엉터리가 잡혔다. 엉터리없는 수작. 엉너리를 치다.

에구머니 몹시 놀랐을 때 쓰이는 말. 에구머니는 감탄사 '어이구/에구'와 명사 '어머니'가 어울려 이루어진 말이다. '어이구 어머니'를 줄여 다급할 때 무의식적이고 본능적으로 나오는 소리가 '에구머니'다. ¶ 에구머니, 내 정신 좀 봐. ☞ 어머니

에누리 물건 값을 받을 값보다 더 많이 부르거나 물건 값을 깎는 일. 사실보다 보태거나 깎아서 들음 또는 말함. '에(다)+누리'로 분석된다. '에다(<어히다; 칼로 도려내다)'는 '베다(<버히다)'에서 어두음 /ㅂ/이 탈락한 꼴로 '깎다'의 뜻도 갖는 말이다.(버히다>어히다>어이다>에다) '누리'는 '놀(다)+이'로 분석할 수 있다. 따라서 에누리의 어원적 의미는 '값을 깎는 놀음'이라 하겠다. ¶ 에누리가 없는 가격. 물건 값을 에누리 하다. 살을 에는 듯한 추위. ☞ 언청이

에서 체언에 붙어 쓰이는 부사격 조사. '어떤 행위의 처소. 어떤 행동의 출발점'을 나타냄. 중세어형은 '에셔'다. '에(처격 조사)+이시(다)[有(유)]+어(어미)'로 분석된다. '셔(←이시+어)'는 출발점을 뜻하는 말이다. 어원적 의미는 '-에 있어서'다. '에서-부터, 에서-처럼, 에설랑/은'으로 쓰인다. ¶ 학교에서 집까지 걸었다.

에움길 곧바르지 않고 굽은 길. 빙 둘러 가는 길. ↔ 지름길. '에움(←에-+우+-ㅁ)'은 '둘레를 빙 둘러 싸다. 두르다'는 뜻으로 원곡(圓曲) 개념어 '에우다'의 명사형이다.(에우다<에오다/에우다<에ᄒᆞ다) '에워싸다, 에워가다; 에돌다(바로 가지 아니하고 멀리 돌다), 에두르다, 에둥실하다, 엔굽이치다(물이 휘돌아 흐르다)'가 모두 '에우다'에서 파생한 말이다. ¶ 에움길로 가지 말고 지름길을 찾아라. ☞ 길

엔담 가장자리를 빙 둘러쌓은 담. ':에 · (다; 둘러싸다)+ㄴ+담[牆(장)]'으로 분석된다. 어원적 의미는 '두른 담'이다. 15세기 문헌 <석보상절>에 '에 · ᄒᆞ다[圍(위; 두르다)]'가 나온다. '엔담-짜기'는 사방으로 빙 둘러싸서 짜는 일이다. ¶ 높은 엔담이 담쟁이덩굴로 덮여 있다.

여기 이야기하고 있는 이가 있는 바로 그 곳. <준> 예. 중세어형은 '이어긔'다. '이+억(장소)+의(조사)→이어긔>여긔>여기'로 형성 변화하였다. '이'는 고대부터 쓰인 3인칭 대명사로서 신라가요(향가)에 '此, 伊, 彼'로 표기되어 '사물, 장소'를 지시하였다. 어원적 의미는 '이 곳에'다. 거기(←그+어긔)와 저기(←뎌+어긔)도 어형이 같다. ¶ 여기에 나무를 심자. 여기에 대하여 네 의견을 말해라.

여남은 열이 좀 더 되는 수(의). 17세기 문헌 <두시언해중간>에 '여나ᄆᆞᆫ'으로 나온다. '열[十(십)]+남(다)[餘(여)]+ᄋᆞᆫ(관형사형어미)'로 분석된다. '예수남은'은 예순이 좀 더 되는 수를 이르는 말이다. ¶ 회원이 여남은밖에 모이지 않았다. 자리를 앞에서 여남은째 줄로 예약해라.

여닫이 열거나 닫는 일. 밀거나 당겨서 여닫는 문. '열(다)+닫(다)+이'로 분석된다. 구개음화에 의하여 [여다지]라 발음한다. 어원적 의미는 '열고 닫는 것'이다. '미닫이[미다지]'는 옆으로 밀어서 열고 닫는 문이나 창문을 말한다.

여덟 일곱보다 하나 많은 수. 팔(八). <계림유사>에 八日逸答['jə-tɨrp], <조선관역어>에는 八 耶得二[yə-tɐi(p)]이라고 적었다. 이는 사투리 '여덥, 여달, 야들, 야달'로 보아 발음이 현대어와 일치함을 알 수 있다.(여듧>여덟) 우리말 '여덟(<여듧)'은 일본어 ya, yatu[八]와 관련 있는 말이다. 한편 여덟[八]을 yël(10)에서 tul(2)이 ëp(s)[無]없는 것(10-2=8)이라고 풀이하는 이도 있다.

여드름 주로 사춘기에, 얼굴에 도톨도톨하게 나는 검붉고 작은 종기. 18세기 <한청문감>에 보이기 시작한 '여드름[熱疙疽(열흘저)]'은 '열(熱)+들(다)[入]+음(접사)'으로 분석된다. 어원적 의미는 '(몸에) 열이 들어 생긴 것'이다. ¶ 얼굴에는 여드름이 돋아났다.

여러 수효가 많은. 중세어형도 '여러. 여러ㅎ'다. '여러[諸(제)]'는 '열ㅎ[十(십)]'과 동근어다. '여러모로, 여러분, 여럿(많은 수), 여럿이' 등으로 쓰인다. ¶ 여러 가지 상품. ☞ 열

여름 일 년의 네 철 가운데 둘째 철. 중세어형은 '녀름/여름'이다. '열다[結實(결

실)]'의 소급형인 '*녈다'의 어간에 명사형 어미 '-(으)ㅁ'이 결합되어 '녀름'으로 되었다. 중세어 '녀름[夏(하)]'이 16세기에 와서 'ㄴ>ㅇ'의 음운 변화 현상이 일어나 '녀름>여름'으로 형태가 변화되자 '여름[實(실)]'은 오늘날과 같이 '열매'로 바뀌었다. 15세기에는 열매[實]를 '여름'이라 하고, 농사짓는 일을 '여름지ᅀᅵ'라고 하였다. 이로부터 농작물의 열매가 맺히도록 여름지이하는 철을 '여름(<녀름)'이라 한다. [여름 불도 쬐다 나면 섭섭하다] 쓸데없는 것이라도 없어지면 서운하다는 말.

여리꾼 가게 앞에 서서 손님을 끌어들이어 물건을 사게 하고 주인으로부터 얼마의 수수료를 받는 사람. 동사 '여립켜다'는 여리꾼이 손님을 끌어들이어 물건을 사게 하다의 뜻이다. '여리꾼'은 상가 앞에 늘어서 있다가 사람을 불러들인다 하여 한자 '列立(열립)'이 '여리'로 변한 어형이다. 여기에 어떤 일을 전문적 · 습관적으로 하는 사람의 뜻을 나타내는 접미사 '-꾼'이 결합되었다. '일꾼, 짐꾼, 농사꾼'에서 '-꾼'은 '-군'이 된소리로 된 말로 어원은 만주어, 몽골어 han(hun, kon, 漢; 왕, 지배자, 사람)과 관련된다.

한편, 점포를 갖지 못한 상인이 손님을 소개하여 이익을 덧붙여 먹는다는 뜻인 餘利(여리)로 보는 이도 있다. 동사 '여립-켜다[引(인; 당기다)]'는 '여리꾼이 손님을 끌어들이다'라는 뜻이다.

여리다 부드럽고 약하다. 마음이나 감정 따위가 모진 데가 없이 무르고 약하다. ↔ 세다. <작>야리다. '엷(다)+이+다'로 분석된다. '야드르르 · 이드르르, 야들야들 · 이들이들, 야리야리/하다, 여린내기(↔센내기), 여린말, 여린박(拍↔센박), 여린입천장, 여린줄기; 여낙낙하다(성품이 곱고 부드러우며 상냥하다)' 등으로 쓰인다. ¶ 피부가 여리다. 여린 새순. 마음이 여리다. ☞ 가녀리다

여미다 옷깃이나 이불깃 따위를 바로잡아 합쳐서 단정하게 하다. ≒ 합치다(合). 매무시하다. 중세어형은 '녀 · ᄆᆡ다'다. '녛(다)+ᄆᆡ(다; 묶다. 매다)+다'로 분석된다.(녀 · ᄆᆡ다>념으다>염의다>여미다) 중세어 '녛다(>넣다)'는 오늘날 사투리 '주머니에 녛다'처럼 남아 있는 어형이다. 여미다의 어원적 의미는 '넣어 매다'다. ◇ 옷깃을 여미다 – 경건한 마음으로 자세를 바로잡다. ¶ 옷깃을 세우다.

여보 '여기/이 보오'의 준말. 자기 아내나 남편을 부르는 말. '여기'의 중세어형은 '이어기'다. '이[此]+억[所]+의(-에)→이어긔>여긔>여기'로 어형이 변하였다. '여보'는 '이 곳에[此所에]'를 가리키는 대명사 '여기'에 '보다[見(견)]'가 합성 ·

축약하여 부름[呼(호)]의 의사를 전달하는 말이다. '여(기)+보(시+오)→여보/이 보오'로 분석된다.

부부간에 스스럼없이 부르는 호칭어인 '여보'는 '여봐라(여기 보아라), 여보게(여기 보게), 여보시오(여기 보시오), 여보세요'와 같은 구조로 형성되었다. 어떤 일이 자신의 말대로 되었음을 나타낼 때 쓰는 '거-보시오'는 '그것 보시오'의 준말이다.

여불없다 틀림없다. 의심할 여지가 없다. '위불위(爲不爲)-없다/위불없다'가 변한 말이다. ¶ 그의 외모는 여불없는 여우였다. 여불없이 가야 한다. 흘림 글씨가 위불위없는 그의 필적이다.

여섯 다섯보다 하나 많은 수. 육(六). <계림유사>에 六曰逸戌['jə-sɨs], <조선관역어>에는 六 耶沁[야슷]이라 하여 오늘날 '여섯'과 가까운 발음이다. 15세기 <월인석보> 표기 '여슷'은 '여ᄉᆞᆺ'으로 수관형사 '엿'으로도 쓰였다. <삼국사기>에 기록된 백제 땅 이름 喝島縣本百濟阿老縣今六昌縣에서 六昌을 喝島[alto]라고 한 것으로 보아 육(六)이 *alto였음을 알 수 있다. 이는 토이기어 altɯ와 일치하는 말로 보인다.

여우 갯과의 짐승. 매우 교활한 사람을 비유하여 이르는 말. 중세어형은 '여ᅀᆞ/엿ᅌ'다. 사투리 '여꾸, 여끼'로 보아 '*엿그'에서 /ㄱ/이 탈락된 것으로 추정된다. '엿보다(<엿오다>'의 어근 '엿/엿ᅌ'과 동근어다. 여우는 남모르게 가만히 보거나 살피다를 뜻하는 말 '엿보다'와 같은 행동 특성에서 붙여진 이름이다(*엿그→엿ᅌ+ᄋᆞ→여ᅀᆞ>여ᅌᆞ>여우). 비오는 날 잠깐 비치는 볕을 '여우-볕'이라 하고, 맑은 날에 잠깐 뿌리는 비를 '여우-비'라 한다. ☞ 엿보다

여위다 몸이 수척하여지고 얼굴이 파리하게 되다. = 마르다. 중세어형도 오늘날과 같다. <조선관역어>에 瘠 耶必大(야비다)라 하였다. '여위다(야위다)'는 사물이 두텁지 못한 것을 의미하는 '얇다'에 어원을 둔 말이다. 사투리에 '예비다~애비다~야비다~애비다(경상)'로 보아 '*냛다>얇다>야비다>야위다~여위다'의 발달 경로를 밟은 것으로 추정된다. '(마음이) 여리다(약하다)'도 동근어다. '여위다'의 어원적 의미는 살이 빠져 피골이 상접할 정도로 '얇은(마른) 상태'다. ¶ 며칠 앓고 나더니 얼굴이 몹시 여위었다.

여줄가리 주된 몸뚱이나 원줄기에 딸린 물건. 중요한 일에 곁달린 그리 대수롭지 않은 일. '엽+줄기+어리(접사)'로 분석된다. ☞ 엽, 줄거리

여쭈다/여쭙다 웃어른께 아뢰다(말씀을 올리다). 중세어형인 ':엳ᄌᆞᆸ·다'의 '엳[啓·奏]'은 '열다[開(개)]'와 동근어며, '-ᄌᆞᆸ-(>ᄌᆞ오)'는 객체존대 선어말어미다. 결국 여쭙다의 어원적 의미는 '(입을) 열어 말씀드리다'다. ¶ 부모님께 여쭈워 보고 결정하겠습니다. ☞ 열

여탐 무슨 일이 있을 때, 웃어른의 뜻을 살피기 위하여 미리 여쭘. 한자 豫探(예탐; 미리 찾아 알아냄)의 발음이 '여쭙다'에 유추되어 변한 말이다.(예탐→여탐) '여탐굿, 여탐꾼, 여탐하다'로 쓰인다. 집안에 경사가 있을 때 조상에게 먼저 아뢰는 굿을 '여탐-굿'이라고 한다. ¶ 부모님의 마음을 여탐하지 않고서는 실수를 범하기 십상이다.

여태 지금에 이르기까지. '여태까지'의 준말이다. ↔ 이미. '여태'는 명사 ':엳(이제. 지금)'과 'ᄒᆡ(>해[年])'가 결합되어 어형이 변하고, 시간적 의미도 축소된 말이다.(엳+ᄒᆡ→엳ᄐᆡ/엿ᄐᆡ>여태) '엳'은 대명사 여기(<이어기, 여긔)와 동원어다. 유사어에 '입때(←이[此]+ᄣᅢ[時])'가 있다. 한편, 바로 이때를 뜻하는 '이제'는 '이[此]+적/저기[時]+의'로 분석된다. ¶ 여태 그 일을 끝내지 못하다니.

연거푸 잇따라 여러 번 되풀이하여. '連(연)+겊+우'로 분석된다. '겊'은 'ᄀᆞᆲ다/ᄀᆞᆲᄒᆞ다[竝·重疊]'의 어근과 동근어며, '우'는 부사화 접사다.(ᄀᆞᆲ>겁~겊+우→거푸) 부사 '거푸(잇달아 거듭)'에 잇다[連(연)]의 뜻을 더해 '연거푸'가 되었다. 어원적 의미는 '이어 겹쳐'다. ¶ 술을 연거푸 석 잔을 마시다. ☞ 갈피, 거품

열 아홉에 하나를 더한 수. 십(十). <계림유사>에 十曰噎, <조선관역어>에는 十 耶二라 하여 중세어형 '·열ㅎ'과 가까운 소리다. <삼국사기>에 기록된 땅 이름 표기에서 十(십)을 德(덕)이라 하였다. 이는 고대 일본어 töwö와 매우 유사하다. 10을 토이기어로 on[온]이라 하는데 우리말 10의 열 곱인 백(百)과 대응되며 '셜흔(30), 마ᄉᆞᆫ(40), 쉰, 여슌, 닐흔, 여든, 아ᄒᆞᆫ'의 끝음절인 'ᄋᆞᆫ/은'과 일치한다.

한편 열[jər]을 셈할 때 '손가락을 모두 펼쳐 열다'는 데서 '열다'의 어근과 동근어로 보는 견해가 있다. 만주어의 žuan(10)이 žuan-(열다)에서 온 것과 같은 풀이다. 곧 '열[十]'의 원뜻은 '펼친 손'이다. 열가량으로부터 열 좀 더 되는 수를 나타내는 '여남은(<여라ᄆᆞᆫ)'은 '열'에 '남다'의 관형사형이 결합된 말이다. [열 길 물 속은 알아도 한 길 사람 속은 모른다] 물의 깊이는 잴 수 있으나 사람의 마음은 헤아리기 어렵다는 말.

열- 몇몇 명사나 접사 앞에 붙어 '어린. 작은'의 뜻을 더하는 말. 접두사 '열-'은 부드럽고 약하다는 형용사 '여리다(약하다)'의 어근이다. 접두사 '열-'이 결합된 말에 '열-무, 열-바가지/열박(쪽박), 열-소리(멋모르는 어린 소리), 열-쭝이(겨우 날기 시작한 어린 새), 열-피리(피라미 새끼)' 등이 있다.

열매 정받이한 씨방이 커서 되는 것. '열다[結實(결실)]'와 '맺다(<ᄆᆡᆽ다)'의 어근에 명사화 접사 '-이'가 결합되었거나 '열다'와 '맺다'가 이중으로 명사화한 말이다. 어원적 의미는 꽃이 열어(피어) 맺힌 것이다.(열+ᄆᆡᆽ+이 또는 엶/여름+애→열ᄆᆡ>열매) 곡식이 익어 단단하다를 뜻하는 '여물다/영글다(<염글다[實])'와 '야무지다'도 열다[開(개)]와 동근어다. ◇ 열매를 맺다 - 노력한 일의 성과가 나타나다. [열매 될 꽃은 첫 삼월부터 안다] 잘될 일은 처음 그 기미부터 좋음을 이르는 말. ☞ 여름

열무 주로 잎과 줄기를 먹기 위해 기르는, 뿌리가 작은 무. '열+무'로 분석된다.(열무우>열무) '열'은 여리다[弱(약)]의 어근이다. 여리다는 '엷다/얇다'와 동근어다. 열무의 어원적 의미는 어리고 약한 무다. '열무-김치'는 열무로 담근 김치다.

열반 불도(佛道)를 완전하게 이루어 모든 번뇌를 해탈한 최고의 경지. 입적(入寂; 중이 죽음). 범어 Nivāna를 한자 涅槃으로 차용한 말이다. '열반당, 열반경, 열반문, 열반상, 열반회' 등으로 쓰인다. ¶ 열반의 경지에 이르다. 열반에 들다. 법정 스님의 열반을 추도하다.

열없다 좀 겸연쩍고 부끄럽다. 담이 작고 겁이 많다. '열+없(다)+-다'로 분석되며, '열'은 '열-무, 열-쭝이(겨우 날기 시작한 어린 새)'에서와 같이 '(나이가) 어리다 · 어리석다'를 뜻하는 말로 '얼'과 동근어다. '열없-쟁이'는 열없는 사람을 낮잡아 이르는 말이다. [열없는 색시 달밤에 삿갓 쓴다] 정신이 흐려져 망령된 짓을 하는 경우를 비유적으로 이르는 말. ¶ 막내는 열없어서 밤에는 바깥출입을 못한다. ☞ 얼빠지다

염병할 몹시 못마땅할 때 욕으로 하는 말. '염병(染病; 장티푸스)하다'의 어간에 관형사형어미 '-ㄹ'이 붙어 관형어로 활용된 말이다. '염병할'의 어원적 의미는 '전염병에 걸려 앓을'이다. ¶ 염병할 놈. 염병할, 웬 날씨가 이리도 더워.

염소 소과의 동물. 염소의 16세기 <사성통해> 표기는 '염. 염쇼'다. <계림유사>에 羊曰羊(양), <조선관역어>에는 羊曰揜(엄)이라 하였다. 원래 '염'이 중세어까지 산양(山羊)을 뜻하였으나, 지금은 산양과 비슷한 가축을 일컫는다. 염소는 '염

ㅇ

[山羊]+소[牛]'의 합성어다. '염'은 튀르크-몽골어의 원형 *yamaγ a(n)로 재구(再構)된 형태에서 *yam>*yem>yəm으로 모음 변화가 일어났다. '염소'는 소처럼 집에서 기르는 반추동물이다.(염/염+쇼→염소) [염소 설사하는 것 봤나] 있을 수 없는 일을 말할 때 이르는 말. '얌생이'는 경상도 사투리고, '맴생이'는 전남 사투리다. ☞ 소

염알이 남의 사정이나 비밀 따위를 몰래 조사하여 알아냄. '염탐(廉探; 몰래 조사함)+알(다)[知(지)]+이'로 분석된다. '염알이-꾼, 염알이-질/하다, 염알이-하다'로 쓰인다. 어원적 의미는 '몰래 알아냄'이다. ☞ 알다

염장지르다 어떤 사람이 다른 사람의 가만히 있는 곳을 들쑤시어 괴롭고 힘들게 하다. '염(鹽;소금)+장(醬;간장)+지르다'로 분석된다. '지르다'는 '집어넣다'를 뜻하는 동사다. 염장지르다의 어원적 의미는 '(음식에) 짠맛을 내다. 소금을 뿌리다'다. 고등어에 소금을 뿌려 간을 맞추는 일을 '간지르다'라고 한다. '염장지르다'는 1990년대부터 쓰이기 시작한 말이다.

염접 종이 · 피륙 · 떡 · 저냐 따위의 가장자리를 자르거나 접어서 가지런하게 함. 옷깃 따위를 바로잡아 단정하게 하다를 뜻하는 '여미다'와 '접다(겹치게 하다)'가 합성된 말이다. 어원적 의미는 '여미고 접는 것'이다. ¶ 제사상에 올릴 떡을 정성스럽게 염접하다. ☞ 여미다

엿보다 남이 모르게 가만히 보거나 살피다. 알맞은 때를 기다리다. '엿보다[窺(규)]'의 중세어형은 '엿다, 엿오다, 엿보다, 여서보다'다. '엿'은 '옅다(<엿다[淺(천; 얕다)]에서 온 말이다. '녁[方向(방향)], 녑[橫 · 脇]'과 동원어로 정면이 아니라 '옆으로'란 뜻이다. 현대어에서 '엿-'은 '몰래. 가만히'의 의미를 더하는 접두사다.(엿-들여다보다, 엿-듣다, 엿-살피다) ¶ 문틈으로 엿보는 행위는 삼가라. 기회를 엿보다.

영감 영:감(令監)은 조선 시대에 종2품과 정3품의 벼슬을 이르던 말인데, 일반화되어 존칭 또는 나이 든 남편이나 늙은 남자를 부를 때 쓴다. ↔ 마누라. '영감-마님, 영감-쟁이, 영감-태기/탱이(좀늙은이); 좁쌀-영감(좀스럽고 잔말이 많은 늙은이)' 따위로 쓰인다. [영감의 상투] '보잘것없는 물건'을 비유하여 이르는 말. ¶ 여보, 영감 이게 무슨 일이오.

영검 사람의 기원에 대한 신불(神佛)의 반응이 영묘함. 또는 기원에 대해서 나타나는 효험. 한자 靈驗(영험)의 발음이 변한 말이다. ¶ 영검이 있다. 그 무당은

영검이 대단하다고 소문이 났다.

영계 병아리보다 조금 큰 닭. 약병아리(藥). 한자어 연계(軟鷄)에서 온 말이다. 영계의 어원적 의미는 '고기의 질이 연한 닭'이다. '영계-구이, 영계-백숙(白熟), 영계-찜'으로 쓰인다.

옆 양쪽 곁. 중세어형은 '녁~녑'이다. '녁'은 방위(方位)라는 뜻 외에 시간(때) 개념의 '무렵' 또는 곁[側(측)]을 의미하는 말이다. 속[裏(이)]과 북[鼓(고)]의 중세어형이 각각 '솝, 붑'이었듯이 /ㄱ/과 /ㅂ/이 넘나들어 '녁~녑>녚>옆'이 되었다.

합성어인 '옆구리(<녑구레/녑구리)'는 몸의 양쪽 갈빗대가 있는 부분이고, '허구리'는 허리 양 쪽의 갈비 아랫부분을, '잔구리'는 허리의 잘록하게 들어간 부분을 뜻하는 말이다. '뱃구레[腹腔(복강)]'는 사람이나 짐승의 배의 통이다. [옆 찔러 절 받기] 상대방은 할 생각도 없는데 자기 스스로가 요구하거나 알려줌으로써 대접을 받는다는 말. ☞ 저녁

예쁘다 아름답고 귀엽다. '예쁘다'는 '읻-+-브다(형용사화 접사)'로 분석된다. '읻'은 중세어 '읻다[善·姸·良]'의 어근이다. '*읻브다'는 '어엿브다[憐(연); 불쌍하다]'에 이끌려 형태·의미상 '예쁘다'로 되었다. 중세어 '어엿브다'는 <한중록(18세기)>에서 '가엽다'라는 뜻은 퇴색되고 '귀엽다. 사랑스럽다'의 의미로 쓰이기 시작하였다. 경기도 사투리 [이뿌다]는 옛말의 흔적이다. '예쁘다[美(미)]'의 어원적 의미는 '착하다. 좋다'다.

옛날 옛 시대. 지나간 날. 중세어형은 '녯날'이다. 옛날은 '녜(<녀<니)+ㅅ(사잇소리)+날[日]'로 분석된다. '녯날>옛날'로 두음법칙에 의하여 어형이 변하였다. '녜'는 선행형이 '녀(다)-[行(행)]'로 '다니다. 지나가다'를 의미하는 형태소다. 동사 '녀다'는 18세기까지 쓰이다가 19세기부터 보이지 않는다. 옛날의 어원적 의미는 '지나간 날'이다. '예'가 붙은 낱말에 '옛것, 옛글, 옛일, 옛사람, 예스럽다, 옛이야기, 옛일, 옛적, 옛집' 등이 있다. ¶ 옛날 옛적에 있었던 이야기를 너에게 들려주마.

옜다 해라할 사람에게 무엇을 주려고 부르는 말. '여기'와 '있다[有(유)]'가 결합한 말이다. '옜네(여기 있네), 옜소(여기 있소), 옜습니다(여기 있습니다)'로 쓰인다. '예제없이'는 여기나 저기나 구별이 없이'다. ¶ 옜다, 이거 네가 가져라. ☞ 여기

오가리 박 · 호박 · 무 따위의 살을 가늘고 길게 오려 말린 것. 식물의 잎이 마르거나 병이 들어 오글쪼글하게 된 것. <준> 오갈. '옥다[縮(축; 오그라들다. 줄어들다)]'의 어근에 작은 것을 뜻하는 접미사 '-아리'가 결합한 말이다. 오가리의 어원적 의미는 '오그라진 것'이다. '오가리-솥'은 위가 안쪽으로 옥은 옹솥을 말한다. ◇ 오가리가 들다 – 식물의 잎 따위가 병들고 말라서 오글쪼글하게 되다. ¶ 호박오가리. 무 오가리. 오가리가 들었다.

오금 무릎의 구부러지는 쪽의 관절 부분. <훈몽자회>에 '오곰'으로 나온다. 현대어 '오금'은 '옥+(으)ㅁ'으로 분석된다. 동사 '옥다, 오그리다'의 어근에 명사화 접사가 결합되어 '오목하게 들어가 있는 곳'을 뜻한다.(옥+옴→오곰>오금) '옥~욱'은 원형(圓形) 어근이며 중허(中虛) 개념어로 '우금(시냇물이 가파르고 좁은 골짜기); 옥갈다(칼날을 빗문질러 갈다), 옥니(입안으로 향한 이.↔벋니), 옥새, 옥생각(그릇된 생각), 옥셈(손해가 되게 하는 셈), 옥장사' 등을 파생시켰다. '오금'을 사투리로 '오금쟁이'라고 한다. ◇ 오금이 쑤시다 - 무엇을 하고 싶어 하여 가만히 있지 못하다. [오금아 날 살려라] 급히 도망칠 때에 힘을 다하여 빨리 뛰어감을 이르는 말. ¶ 오래 앉았더니 오금이 저리다. ☞ 우기다

오그랑하다 안쪽으로 조금 오그라져 있다. '옥다[縮(축; 줄다)]+으랑(접사)+하(다)+다'로 분석된다. '오그랑-망태, 오그랑-이, 오그랑-장사/옥-장사(밑지는 장사), 오그랑-쪽박' 등으로 쓰인다. ☞ 우기다

오늘(날) 시간적으로 지금 지나가고 있는 이 날. 금일(今日). 중세어형은 '오ᄂᆞᆯ'이다. 고려말을 적은 <계림유사>의 今[오ᄂᆞᆯ]日曰烏捺[o-nʌr], 來[오다]曰烏囉[o-ra]는 현대어와 일치한다. '오늘'은 '오다[來(래)]'의 어간에 관형사형 어미가 결합된 꼴 '온'과 'ᄂᆞᆯ/ᄋᆞᆯ[日]'이 합성된 말이다. '날(<ᄂᆞᆯ)'은 태양 · 해[日]의 의미였다가 '해가 떠서 질 때까지의 하루'라는 뜻으로 쓰이고 있다. '오(다)[來]+ㄴ+ᄋᆞᆯ→오ᄂᆞᆯ>오늘'로 어형 변화 과정을 거쳐 오늘에 이르렀다. '오늘'의 어원적 의미는 '이미 다가와 버린 날'이다. ¶ 오늘 할 일을 내일로 미루지 말라. ☞ 날씨

오늬 화살의 머리를 시위에 끼도록 에어낸 부분. 몽골어 hono/onu에서 온 말이다. (오뇌>오ᄂᆡ>오늬) 오늬-도피(桃皮)는 화살의 오늬를 싼 복숭아나무 껍질을 일컫는다.

오도카니 맥없이 멀거니 서 있거나 앉아 있는 모양. = 오도마니/우두머니. <큰>

우두커니. ‘오독/ 오똑(도드라진 모양)+하(다)+-니’로 분석된다. ‘-니’는 ‘기다라니, 깊다라니, 떡하니, 멀거니, 파르라니, 횡하니’처럼 용언의 어간에 붙어 부사를 만드는 접사다. ¶ 방안에 혼자 오도카니 앉아 있다. 우체통만 우두머니 서 있다.

오뚝이 아무렇게나 굴려도 오뚝오뚝 일어나게 만든 장난감. 부도옹(不倒翁). ‘오뚝+이’(<오또기)로 분석된다. ‘오똑(←옫+옥)’의 어근 ‘옫’은 ‘곧[直]’에서 /ㄱ/이 탈락한 꼴이다. ‘오똑 · 우뚝’은 여럿 가운데서 조금 높이 도드라진 모양을 뜻하는 말이다. 어원적 의미는 ‘오뚝한 것’이다. ¶ 오뚝한 코. 실망하지 말고 오뚝이처럼 다시 일어나 새로 시작해 봐.

오라 도둑이나 죄인을 묶을 때에 쓰는 붉고 굵은 줄. = 색등거리. 오랏줄. 홍사(紅絲). ‘옭(다)[縛(박)]+아(어미)’로 분석된다. 결합 과정에서 /ㄱ/이 탈락하여 ‘오라(<*올아)’가 되었다. ‘오랏줄(←오라+ㅅ+줄)’은 동의어가 합성된 꼴이다.

미워하는 대상이나 못마땅한 일에 대하여 비난하거나 불평할 때 욕으로 하는 ‘오라-질’은 동사 ‘오라지다(오라를 묶다)’의 관형형이 굳어진 감탄사다. [오라는 네가 지고 도적질은 내가 한다] 좋은 결과는 자기에게 돌리고 나쁜 결과는 남에게 돌리겠다는 말. ¶ 이놈, 꼼짝 말고 오라를 받아라. 오라질/우라질, 되는 일이 하나도 없네. ☞ 올가미

오라기 실, 헝겊, 종이, 새끼 따위의 길고 가느다란 조각. 또는 그것을 세는 단위. ‘올(실이나 줄의 가닥)+-아기’로 분석된다. ‘-아기’의 원뜻은 어린아이인데 ‘작다’로 쓰인 접사다. 오라기의 어원적 의미는 ‘작은 올’이다. ‘오락지’는 강원, 경기, 경북의 사투리다. ‘노오라기/노오리’는 노끈의 작은 도박을, ‘대오리’는 가늘게 쪼갠 댓개비를 뜻하는 말이다. ¶ 실 한 오라기.

오라비 준직계(準直系)의 같은 항렬의 남성. 연상의 혈연을 여성이 호칭하는 말. 중세어형도 ‘오라비’다. 오라비(오라버니)는 ‘올+압[父]+이→오라비’로 분석된다. ‘올-[早熟 · 未熟]’은 ‘올벼, 올콩, 올밤’ 등의 어휘에 쓰인 접두사이고 ‘이르다[早(조)], 연소(年少)하다’의 뜻으로 몽골어 ori(젊다. 소년. 젊은 남자)와 상응하는 말이다. 오라비의 어원적 의미는 ‘아버지가 될 사람’이다.

‘오라비’는 남자의 여자 형제인 ‘누위~누의(>누이)’와 함께 오래 전부터 쓰였다. 오빠는 ‘올+압+아(호격 조사)→옵아>옵바>오빠’로 형성된 호칭어다. 손아래 오빠를 ‘오랍동생’이라 하고, 오빠(오라버지)와 누이를 ‘오랍누이(오누이/오

뉘)'라 부른다. 외삼촌을 17세기 <노걸대언해>에 '어먹오라비(어머니의 오라비)'라고 하였다.

오랑캐 야만스런 종족인 '침략자'를 업신여겨 이르던 말. 15세기 문헌 <용비어천가>에 '兀良哈 오랑캐, 兀狄哈 우디거 及 女眞諸種 爲野人'가 나온다. 오랑캐는 원래 고려 말, 조선 초 두만강가 중국 동북 지방에 살던 여진족(女眞族; 우디허[野·林]족)을 가리키는 이름이다. '되/다대(胡滿洲-刀伊女眞)'도 '되놈'으로 야만인을 뜻한다. 그러나 16세기부터 우리 민족을 괴롭힌 야만족을 두루 '오랑캐'라 불렀다. 특히, 양이(洋夷; 서양 오랑캐)는 조선 후기 이후 개화기 무렵 서양인을 일컬었던 말이다. '胡(호)-, 洋(양)-'은 '호박; 양복'처럼 오랑캐 나라(외국)에서 들여온 물건에 붙는 접두어다.

오랑캐는 한반도 북방 유목 민족의 몽골어식 명칭인 Uriyangxai에서 유래하는데, 호랑이가 내는 소리 '오르'라는 말과 '외치다. 고함을 지르다'는 의미의 '카이참비'가 합쳐진 '오륵캐'에서 '오랑캐'로 변하였다. 어원적 의미는 '호랑이가 으르렁 외치다'다.

중국에서는 우리나라를 '동이(東夷)'라 하였다. 후한 때 허신이 편찬한 <설문해자>에 東夷(동이)를 從大從弓東方之人也(활을 잘 다루는 동방의 민족)라고 풀이하고 있다.

오려논 올벼를 심은 논. '오려'는 '올벼'의 옛말로 '올[早(조; 이르다)]+벼[稻(도)]'로 분석된다. /ㄹ/ 다음에 /ㅂ/이 탈락된 말이다. 오려의 어원적 의미는 '이른 벼'다.(올벼→올여>오려) [오려논에 물 터 놓기] 심술이 몹시 사나운 말.

오로지 오직 한 곬으로. ≒오직. 단지. 애오라지. 중세어형은 '오로'다. 후대 표기는 '오로시, 오로디, 오로지'다. '오로'는 '올+오(부사화 접사)+이(접사)'로 분석된다.(올+오→오로+이>오로시/오로지) '올'은 '온전하다'를 뜻하는 중세어 '올다/오ᄋᆞᆯ다[全·專]'의 어근이다. '오로지'의 어원적 의미는 '全一히(완전하게, 온전히)'다. 지금은 '오직 한 쪽 길로'란 뜻으로 쓰인다. '오로지하다'는 '제 마음대로 하다. 외곬으로 하다'를 뜻하는 동사다. ¶ 오로지 학업에만 열중하다. 권력을 오로지하다. 국악만을 오로지하다.

오롯하다 남고 처짐이 없이 온전하다. 18세기 <여사서언해>에 '오롯ᄒᆞ다'가 나온다. '오로/올+ㅅ(명사화접사)+하다'으로 분석된다. '오로/올'은 중세어 '올다/오ᄋᆞᆯ다(온전하다)'의 어근이다. 부사 '오롯이'는 '고요하고 쓸쓸하게. 호젓하게'를

뜻한다. ¶ 오롯한 살림살이. ☞ 오로지

오르다 낮은 데서 높은 데로, 아래에서 위로 움직이어 가다. 중세어형은 '오ᄅᆞ다/올다[登(등)]'다. 어근 '올/오ᄅᆞ'는 제주도 사투리 '오롬/오름' 곧 산(山)을 뜻하는 말이다. <삼국유가(혜성가)>에 岳音[*오롬/오ᄅᆞᆷ]과 <탐라지>의 以岳爲兀音이 나온다. '오르내리다, 오르막/길, 오름세(勢); 달아오르다, 떠오르다, 뛰어오르다, 솟아오르다' 등으로 쓰인다. ¶ 산에 오르다. 나무에 오르다.

오른쪽 북쪽을 향했을 때의 동쪽과 같은 뜻. 바른쪽이라고도 한다. 중세어형은 '올ᄒᆞᆫ 녁'이다. '오른'은 옳다의 관형사형으로 '옳+ᄋᆞᆫ→올ᄒᆞᆫ>오른[右(우)]'으로 어형이 변하였다. 비슷한 말은 '바른[正(정)]'이다. '쪽'을 뜻하는 '녁'은 방향을 가리킨다. 오른쪽의 맞선말 왼쪽은 '어기다, 우기다[拒逆(거역)]'와 동근어인 '외다(그르다; 非)]'의 관형사형 왼[左(좌)]에 방향을 뜻하는 '쪽'이 결합된 말이다. 오른쪽은 정의, 명예, 양(陽), 남성을 상징한다. ☞ 어기다, 올바르다, 조각

오막살이 작고 낮은 반지하식 움집. 가난한 오두막집 살림살이. '옴/움[窨(교)]+악(접사)+살+이'로 분석된다. '옴'은 '움[穴(혈)]'의 모음교체형이다. '오두막집'은 오뚝 솟게 지어 막(幕)으로 덮어 가려 사람이 겨우 거처할 정도로 아주 작고 초라한 집을 가리킨다. ☞ 우묵하다, 살림살이

오사리 음력 오월 사리 때 잡것이 많이 섞여서 잡힌 새우나 해산물. 이른 철의 사리에 잡힌 해산물. '오(五)/ 올[早(조)]+사리'로 분석된다. '사리'는 음력 매달 보름날과 그믐날에 조수가 가장 높이 들어오는 때를 뜻하는 말이다. 오사리의 어원적 의미는 '오월 또는 이른 사리'다. '오사리-잡놈(지저분하고 쓰잘머리 없는 불량배), 오사리-젓(오사리로 담근 새우젓)'으로 쓰인다.

오솔길 폭이 좁은 호젓한 길. '외/오+솔(다)+길'로 분석된다. '외[孤 · 獨 · 單]'는 '외다[非(비; 그르다)]'와 동근어로 '고독. 홀로. 하나'를 뜻하는 말이다. '솔다[細(세)]'는 '(폭이) 좁다'를 뜻한다. <용비어천가>에 나오는 땅 이름 손돌[窄梁(착량; 좁은 도랑이나 개천)]의 기록으로 알 수 있다.

지금도 '바지통이 솔다. 저고리 품이 솔다'처럼 공간적으로 좁은 너비(폭)를 의미한다. '솔-'은 '솔-골짝(작은 골짜기), 솔-길, 솔-소반(작은 소반)' 등으로 쓰인다. 형용사 '오솔하다'는 '사방이 괴괴하여 무서우리만큼 호젓하다'를 일컫는 말이다. ☞ 송곳, 외롭다

오지그릇 질흙으로 빚어서 볕에 말리거나 낮은 온도로 구운 다음 잿물을 입혀

다시 구운 그릇. 겉면이 거칠고 검붉음. <준> 오지. '烏(오; 까마귀)+질[泥(니)]+그릇'으로 분석된다. 어원적 의미는 '까마귀처럼 검붉은 빛깔을 띠는 질그릇'이다. '오지-동이, 오지-벽돌, 오지-항아리, 오짓물' 등으로 쓰인다. ☞ 질

오지랖 웃옷이나 윗도리에 입는 겉옷의 앞자락. '오질+앞[前(전)]'으로 분석된다. <조선어사전(문세영)>에서 '오질'을 '깃[襟(금; 옷깃)] 또는 수질(首絰; 상복을 입을 때 머리에 두르는 둥근 테)'이라 풀이하였다. 오지랖의 어원적 의미는 '옷의 앞자락 깃'이다. ◇ 오지랖이 넓다 – 주제넘어서 아무 일에나 참견하다. 염치없이 행동하다. ¶ 서희는 오지랖을 걷고 아이에게 젖을 물린다.

오징어 오징엇과의 연체동물. 16세기 문헌 <사성통해>에 '오증어'가 나온다. 오징어는 한자 烏賊魚(오적어), 오즉어(烏鰂魚)가 발음이 변한 말이다. 어원적 의미는 '적(敵)을 만나면 먹물[烏(오; 검다)]을 뿜고 달아나는 물고기'다. '오징어-무침, 오징어-젓, 오징어-포(脯; 말린 오징어)' 등으로 쓰이고 있다.

옥수수 볏과의 한해살이풀. 또는 그 열매. = 강냉이. 한자어 玉蜀黍(옥촉서)에서 온 말이다. '蜀黍(촉서)'의 근고 중국음은 [슈슈]다. '옥수수'는 수수[高粱(고량)]보다 옥구슬처럼 굵은 열매가 달리는 식물이다.(옥[玉]+슈슈→옥슈슈>옥수수) 옥수수를 달리 일컫는 '강냉이'는 중국의 양자강 남쪽에서 왔다고 하여 붙여진 말이다.(江南+이→강남이>강냉이) ¶ 옥수수를 쪄 먹다.

옥신각신 사람들이 서로 옳으니 그르니 하며 자꾸 다툼. 또는 그런 모양. <조선어사전(문세영)>에서 '올신갈신(왕래가 잦은 모양. 서로 시비를 다투는 모양)'과 같은 말로 처리하였다. 옥신각신은 '오(다)+ㄹ+신+가(다)+ㄹ+신'으로 분석된다.(올신갈신→옥신각신) '신'은 '신-나다, 신-바람'처럼 어떤 일에 열성과 재미가 생겨 퍽 좋아진 기분을 뜻하는 말이다. 옥신각신의 어원적 의미는 '신이 오고감'이다. ¶ 그들은 모이기만 하면 옥신각신한다. 옥신각신 다투다.

온 오늘날 관형사로 '모든. 전부의. 온전한'의 뜻으로 쓰이는 말. 원래는 10의 열 곱절 숫자를 나타내는 '百[ᄇᆡᆨ]'의 뜻이었다. <계림유사>의 百日醞[on]은 중세어를 거쳐 현대어와 일치하며, 토이기어 on[十]과 대응한다. 온조왕(溫祚王)이 세운 나라 이름 백제(百濟)에서 '溫[on]'과 '백(百)'은 표기가 다르지만 서로 관계 있는 말로 보인다.

우리말 어휘 체계로 볼 때, '온'과 'ᄇᆡᆨ(百)'은 동의(同義) 또는 유의(類義) 관계로 공존하다가 계수(計數)에서 한자 세력에 밀려 '모든. 수적(數的)으로

전부의' 뜻으로 전성되었음을 알 수 있다. 그러나 15세기에 간혹 '백(百)'의 뜻으로 쓰인 예를 볼 수 있다. '온[全]'은 '온-갖, 온-새미로(통으로), 온-통, 온-종일' 등으로 명사에 결합하여 합성어군을 형성하고, 관형사로는 '온 누리, 온 방안'과 같이 쓰인다. ¶ 사건이 온 세상을 떠들썩하게 하다.

온갖 모든 종류의. 여러 가지의. 중세어형은 '온갓/온가지'다. '온갖'은 '온[百(백)]'과 '갓[物 · 條]'으로 이루어진 합성어다. 본래 숫자를 나타내던 '온'이 관형사 '모든'으로 전성되었고, 물건을 뜻하는 '갓'은 '갖'으로 형태가 변하였다. 온갖 종류를 뜻하는 '여러 가지'에서 '가지(←갖+이)'도 '갓'으로부터 나온 것이다. '온갖'의 어원적 의미는 '백 가지(종류)'인데, '모든. 여러 가지'의 뜻을 나타내는 말로 바뀌었다. ¶ 온갖 노력을 다하여 좋은 성과를 얻었다. ☞ 온, 것

온돌 고래를 켜고 구들장을 덮고 흙을 발라 바닥을 만들어 불을 때어 덥게 하는 장치. = 방구들. '溫(온)/온(온통. 전부)+돌[石(석)]'로 분석된다. 온돌에서 돌을 '突/堗'로 적는 것은 우리가 만든 한자로 취음을 한 것이다. 온돌의 어원적 의미는 '따스한 돌이나 온통 돌'이다. 구들을 이용한 온돌(방구들)은 우리나라 고유의 난방법으로 조상의 지혜의 소산이다. 7세기 초 고구려 때부터 캉[炕(항) · 坑(갱)], 장갱(長坑)에서 유래된, 온돌 문화는 중국 대륙을 거쳐 유럽으로 전파되었다. ¶ 한겨울 추위에는 시골집 온돌방이 생각난다. ☞ 돌[1], 구들

온전하다 본디 그대로 고스란하다. '온전하다'를 뜻하던 중세 고유어 '올다, 오ᄋᆞᆯ다'는 없어지고, 18세기 초 문헌 <한청문감>에 '온젼ᄒᆞ다'가 나온다. '온+全(전)+ᄒᆞ(다)+다'로 분석된다. 우리말에 한자가 고유어와 동의중복(同義重複)의 형식으로 어울리어 형성된 낱말이 상당수에 이른다. '굳건하다(←굳+建), 익숙하다(<닉숙다←익+熟), 얄팍하다(←얇+薄), 묵중하다(←묵+重)' 등이 있다. ¶ 온전한 물건이 하나도 없다. ☞ 온

올가미 새끼나 노끈 · 철사 따위로 고를 맺어 짐승을 잡는 장치. 16세기 문헌 <몽산화상법어약록언해>에 '올긔'로 나온다. 끈을 잡아매어 홀친다는 동사 '옭다[縛(박)], 옭아잡다'의 어근 '옭-'에 명사형성 접사 '-의'가 결합하여 '올긔'가 되었다. 올가미는 '옭(다)+ᄋᆡ/암(명사형어미)→올ᄀᆡ/올감+이→올가미, 또는 옭+아미→올가미'로 이루어져 어형이 변하였다. '옹노'는 사투리다.

오늘날 '올가미'는 남이 걸려들게 꾸민 꾀를 나타내는 뜻으로도 쓰인다. 올가미를 제주도에서는 '코거리'라고 한다. [개장수도 올가미가 있어야 한다] 무슨

일이나 거기에 필요한 준비와 기구가 있어야 한다는 말. ¶ 올가미를 씌우다.

올곡하다 실이나 줄 따위가 너무 꼬여서 비비 틀려 있다. '올+곡(曲)+하(다)+다'로 분석된다. 어원적 의미는 '올(실이나 줄의 가닥)이 꼬여 있다'다. ¶ 올곡한 전화선.

올무 새나 짐승을 잡는 데 쓰는 올가미. '옭(다)+모(접사)'로 분석된다.(올모>올무) ¶ 산에 올무를 놓는 행위는 불법이다. ☞ 올가미

올바르다 곧고 바르다. 옳고 바르다. '올바르다(올곧다)'는 '올이 팽팽하고 바르다' 곧 실이나 줄의 가닥을 뜻하는 '올[絲條(사조)]'이 바른(곧은) 것에 빗대어 정직한 마음가짐이나 몸가짐으로 살아가는 사람의 성품을 나타내는 말이다. 이와 달리 '옳고 바르다'로 보는 견해와 '올'을 直(직)도 正(정)도 아닌 '완전하다[全(전)]'로 보아 '올바르다'는 '완전하고 바르다'라는 뜻으로 풀이하기도 한다. 올바르다의 어원적 의미는 '곧고 바르다'다. ¶ 올바른 몸가짐. ☞ 곧다, 바르다

올빼미 올빼밋과의 새. 부엉이와 비슷하나 머리털 뿔이 없다. 낮에는 숲에서 숨어 자고, 밤에 나와서 활동한다. 16세기 문헌 <번역소학>, <훈몽자회> 표기는 '옫바미[梟(효)]'다. '옫+밤[夜(야)]+이'로 분석된다.(옫바미>옷밤이/옷바미>올바미>올빠미>올빼미) '옫'은 '오도새(=올바미)'다. 올빼미는 밤에 활동한다고 해서 붙여진 이름이다.(옫바미>오빠미>올빼미) 어원적 의미는 '밤에 우는 새'다.

올케 오빠나 남동생의 아내를 누이가 일컫는 말. '올케'는 '오라비(올)+겨집'의 준말로 아버지의 대(代)를 이어 가통(家統)을 이어받을 사람을 내조(內助)하는 사람이다. '오라비/오라버니'는 오빠고, '겨집'은 여자에서 아내로 뜻이 바뀐 말이다. '올케'의 어원적 의미는 '오빠의 계집(아내)'이다. 북한에서는 '오레미(←오라비 어미)'라고 한다. ¶ 시누이와 올케 사이가 좋을수록 집안이 편안하다. ☞ 오빠

올해 이해. 관형사로는 '올(올해의)'로 쓰인다. 중세어형은 'ᄋᆞᆯㅎ[今年(금년)]'이다. 올해는 'ᄋᆞᆯㅎ+ᄋᆡ(처소격조사)'로 분석된다.(올ᄒᆡ>올해) 올해의 어원적 의미는 '금년에'다. '올봄, 올여름, 올가을, 올겨울'로 쓰인다. ¶ 올 농사도 풍년이다. 올해 안으로 장가를 가야 한다.

옭다 친친 감아서 잡아매다. 올가미를 씌우다. ↔ 풀다. '옭다'는 실을 뜻하는 명사 '올/오리[條(조)]'에 /ㄱ/이 덧붙어서 동사로 파생된 말이다. '옭-매다, 옭-매듭, 옭아매다, 옭아지다, 옭히다' 등으로 쓰인다.

옳다 사리에 맞고 바르다. 틀리지 않다. ↔ 그르다. 옳다는 ‘올[右(우)]+ᄒᆞ다[爲(위)]’로 분석된다. ‘외다[左(좌)], 그르다[非(비)]’는 ‘옳다(<올ᄒᆞ다)’의 맞선말이다. 오늘날 오른손을 ‘바른손’이라 한다. 결국 어원적 의미는 ‘바르다[是 · 直 · 正]’다. ¶ 네 말이 옳다. 옳고 그름을 판단하다. ☞ 오른쪽, 올바르다

옴 옴벌레의 기생으로 생기는 전염성 피부병의 한 가지. 개선(疥癬). 중세어형도 ‘:옴’이다. 파생동사 ‘:옴다’는 ‘:옮다[移(이)]’, ‘움직이다’와 동근어 관계다. ‘옴’의 어원적 의미는 ‘옮기는 것’이다. ‘옴-딱지, 옴-배롱, 옴-벌레, 옴-쟁이, 옴-종(腫)’ 등으로 쓰인다. ‘오톨도톨한’으로 유추된 뜻으로는 ‘옴-개구리, 옴-두꺼비, 옴-쌀(인절미에 덜 뭉개진 채 섞여 있는 밥알)’가 있다. ¶ 온몸에 옴이 올라 매우 가렵다.

옴나위 꼼짝할 여유. 꼼짝할 만큼의 적은 여유밖에 없어 간신히 움직임. ‘옴+나위’로 분석된다. ‘옴’은 ‘움직이다, 오므리다, 움츠리다로 ‘곰작/굼적’의 어근 ‘곰/굼-’과 음운 교체형으로 동근어다. ‘나위’는 ‘틈. 여지(餘地). 필요성’을 뜻하는 말이다. ‘-할 나위도 없다’는 ‘-할 필요가 없다’는 뜻이다. ¶ 마을 회관에 사람이 너무 들어앉아서 옴나위가 없다. 대합실 안은 피서인파로 옴나위없이 붐볐다. 어른을 공경해야 함은 말할 나위도 없다. ☞ 나위, 굼벵이

옴니암니 아주 자질구레한 일. = 미주알고주알. ‘옴/엄+니[齒(치)]+암+니’로 분석된다. ‘옴니(<엄니; 어금니)’는 어금니이고, 앞니는 ‘앞에 난 이’로 자음동화에 의해 ‘암니’가 되었다. 결국 ‘옴니암니[←어금니 앞니]’는 다 같은 일인데 어금니 앞니 따진다는 뜻이다. ¶ 옴니암니까지 따져보니 비발(비용)이 엄청나다. 옴니암니 따지는 것은 딱 질색이다. ☞ 어머니, 앞

옴포동이-같다 어린아이가 살이 올라 보드랍고 포동포동하다. 옷을 두툼하게 입은 맵시가 통통하다. ‘옴/오목+포동(통통하게 살이 올라 있는 모양)+이(사람)’로 분석된다.

옷 몸을 싸서 가리기 위하여 피륙 따위로 만들어 입는 물건. 17세기 문헌 표기는 ‘옫, 옫ㅅ’인데 그 이전 15세기 문헌 <석보상절>에 나오는 ‘옷’은 현대어와 일치한다. <양서(신라조)>에 저고리를 ‘尉解[우ㅎ>옷]’라 하여 이미 신라 때 쓰인 말임을 알 수 있다. 경기 북쪽 사투리에서 ‘우티, 우틔, 오티, 오틔’라고 한다. ‘옷’은 본래 저고리를 의미하다가 16세기 말엽에 치마의 뜻으로도 쓰인 말이다. ‘우티’는 몸 위에 걸쳐 덮어쓰는 것으로 ‘우ㅎ[上]’에 명사화 접사 ‘-이’가

결합된 형태다. 오늘날 의미가 확대되어 입는 것 모두를 가리켜 ‘옷’이라고 한다.

‘옷’은 만주어 əthukhu[衣(의)]의 어근 ət-과 대응되고, 일본어 osuFi는 우리말 ‘옷’에 영향을 받은 것으로 보인다. ‘진솔-옷’은 한 번도 빨지 않은 새 옷을 이르는 말이다. [옷은 새 옷이 좋고 사람은 옛 사람이 좋다] 물건은 새 것이 좋지만 사람의 경우는 오래 사귀어 정이 든 사람이 좋다는 말.

옷깃차례 어떠한 일을 차례차례 해 나갈 때 시작한 사람부터 오른쪽으로 돌아가는 차례. 곧 시계 바늘 돌아가는 차례다. ‘옷+깃(<깆)+차례’로 분석된다. 옷깃[衣襟(의금)]은 저고리나 두루마기의 앞으로 여미게 된 부분이다. 단추나 고름이 달린 옷깃을 여밀 때, 오른 자락 위에 왼 자락을 덮으므로 걸리지 않는 쪽이 옷깃차례다. ¶ 옷깃차례로 한 분씩 돌아가면서 자기소개를 부탁합니다. ☞ 옷, 깃, 차례

옹달샘 작고 오목한 샘. ‘옹달-+샘[泉(천)]’으로 분석된다. ‘옹달/옹-’은 일부 명사에 붙어 ‘작고 오목한’을 나타내는 접사다. ‘옹-동이, 옹-방구리, 옹-배기; 옹달-솥, 옹달-시루, 옹달-우물’ 등으로 쓰인다. ¶ 깊은 산 속 옹달샘. ☞ 우묵하다, 샘물

옹두리 나무의 가지가 떨어진 자리 같은 데에 결이 맺혀 혹처럼 불퉁해진 것. 목류(木瘤; 옹두리/옹이). ‘옹(옹이)+두르/둘(다)[周(주; 둘레)]+이(접사)’로 분석된다. 어원적 의미는 ‘옹이가 둘린 것’이다. 옹두라지(<옹도라지; ←옹+도르/돌+-아지)는 ‘자그마한 옹두리’를, 옹두리-뼈는 ‘짐승의 정강이에 불통하게 나온 뼈’를 뜻하는 말이다. ‘주암-옹두리’는 주먹처럼 생긴 소의 옹두리뼈를 일컫는다.

왁댓값 자기 아내를 딴 남자에게 빼앗기고 받는 돈. ‘악대+(ㅅ)+값’으로 분석된다.(악대+값→왁댓값) ‘악대’는 불을 깐 짐승을 뜻하는 말인데, 여기서는 무능력한 남자를 비유하는 뜻으로 쓰였다. ☞ 악대

왈가닥 ‘덜렁거리며 수선스럽게 구는 여자’를 속되게 이르는 말. ≒ 말괄량이. ‘왈가닥’은 여러 개의 크고 단단한 물건이 서로 부딪쳐 나는 소리다. 왈가닥은 ‘왈짜, 왈패’와 같은 말이며, ‘왈왈하다(성질이 괄괄하거나 매우 급하다)’와 동근어다. ‘왈가닥/왈각거리다/대다, 왈가닥왈가닥/왈각왈각’으로 쓰인다. ¶ 성미가 왈왈하다고 하지만 누구에게나 거칠게 대하지는 않는다.

외곬 한 곳으로만 트인 길. 단 한 가지 방법이나 일. ‘외+골/곬’으로 분석된다. ‘외-’는 ‘외골수(骨髓), 외고집(固執), 외길, 외동딸, 외아들’에서와 같이 ‘홀로.

오직 하나만임. 한쪽에 치우침'을 뜻하는 접두사다. '곬'은 '방향이나 길. 물고기들이 몰려다니는 일정한 길'을 뜻한다. ¶ 외곬으로 파고들다. 조기의 곬. ☞ 골짜기

외대다 사실과 반대로 일러주다. '외+대다'로 1차 분석된다. '외'는 왼쪽[左(좌)]을 의미하는 말로 '그르다, 잘못되다, 꼬이다' 등의 부정적인 면을 나타낸다. '대다(<닿이다[觸(촉; 서로 맞닿게 하다)])'는 '알려 주거나 털어놓다'는 뜻이다. 어원적 의미는 '그릇되게 알려주다'다. 동근어 '외-틀다'는 한쪽으로 또는 왼쪽으로 틀다를 뜻한다. ¶ 나무꾼은 사냥꾼에게 사슴이 도망간 쪽을 외대었다. ☞ 왼쪽

외따로 오직 홀로. 혼자 따로. 중세어형은 '외ᄠᆞ로'다. '외[孤(외)]+ᄠᆞᄅᆞ(다; 異)+오(부사화 접사)'로 분석된다. 어원적 의미는 '홀로 다르게(떨어지게)'다. 동사 '외딸다(홀로 떨어지다)'의 관형사형 '외딴'은 '외딴곳, 외딴길, 외딴섬, 외딴집'으로 쓰인다. ¶ 외따로 있는 초가집. ☞ 다르다

외롭다 의지할 곳이 없이 막막하다. 매우 쓸쓸하고 고독하다. 중세어는 '외ᄅᆞᆸ다/외ᄅᆞᄫᅵ다, 외롭다'다. '외+-ᄅᆞᆸ다(형용사화 접사)'로 분석된다. '외[孤·獨·單]'는 '외다[非]'와 동근어로 왼쪽 곧 '바르지 않고 그릇된 방향'을 가리키는 말이다. <용비어천가>에 고도(孤島)를 '외셤'이라 기록하였다. '외'는 '고독, 홀로, 하나'의 뜻이다.

'외곬, 외길, 외골목, 외골수(-骨髓), 외기러기, 외동딸, 외톨이, 외따로, 외딴[외딴곳, 외딴길, 외딴집], 외지다(외따로 떨어져서 으슥하고 후미지다)' 등에서 '외-'는 '짝 없이 오직 하나만'을 나타내는 접두사다. 따라서 '외롭다'의 어원적 의미는 '홀로 있어 고독하다'. ¶ 외로운 처지. 김 노인은 늘그막에 자식도 없이 외로이 살고 있다.

외상 값은 나중에 치르기로 하고 물건을 사고파는 일. 17세기 문헌 <역어유해>에 '외자(빚. 외상)'가 나온다 '외자'가 이두식 外上[외자]로 표기되다가 한자어 '외상'으로 굳어졌다. 上(상)은 '들어온 돈이나 물건'을 뜻한다. '외자'는 지난날 관아에서 환곡(還穀)이나 조세(租稅)를 받아들이던 일을 뜻하는 '받자(<밧자[外上])'에서 비롯된 말이다.(외자>외상) 외상의 어원적 의미는 '(들어와야 할 돈이나 물건이) 들어오지 않은 것'이다.

'외상값, 외상관례(冠禮), 외상말코지(돈을 먼저 치르지 않으면 선뜻 해 주지

않는 일), 외상술, 외상없다(조금도 어김이 없다)' 등으로 쓰인다. [외상이면 소도 잡아먹는다] 뒷일은 생각지 않고 당장 좋은 일이면 무턱대고 하고 본다는 말. ¶ 외상 사절. 외상을 긋다.

외치다 큰소리를 질러서 알리다. 사회나 상대편에게 의견이나 요구 등을 강력히 주장하다. 중세어는 '워기다', 16세기 문헌 <선가구감언해>에는 '웨다'가 나온다. '외치다[叫(규; 부르짖다)]'의 어근 '외'는 소리말 '워/웨'이고, '-치-'는 강세를 뜻하는 접사다.(워/웨+치+다→외치다) '왜자기다(왁자지껄하게 떠들다), 왜자하다(소문이 퍼져서 떠들썩하다), 왜장치다(큰소리로 떠들다)'도 동근어다. ¶ 큰소리로 '도둑이야!'하고 외치다. 자연보호의 절실함을 외치다.

외톨이 기댈 데 없고 매인 데도 없는 홀몸. 외돌토리/외톨. 외톨박이. '외[孤·獨·單]+톨+이'로 분석된다. '톨'은 밤·도토리 같은 것의 열매를 세는 단위고, '외톨'은 밤송이나 마늘통 따위에서 한 개만 들어 있는 알이다. ¶ 외톨이 신세가 되다. 오갈 데 없는 외돌토리. ☞ 외롭다

왼쪽 북쪽을 향했을 때 서쪽과 같은 방향. 중세어형은 '왼녁'이다. '외(다)+ㄴ(관형사형어미)+녁(>녘)'으로 이루어졌다. '외-'는 중세어 '외다[그르다, 非]'의 어근이다. <능엄경언해>에 나오는 구절 '올ᄒᆞ니 외니 이시면(有是非)'을 보면 '외다'가 '옳다'의 상대 개념으로 쓰였음을 알 수 있다. '옳은'은 오른쪽을 '왼'은 왼쪽을 가리킨다. '외'의 본래 의미는 '잘못되다. 옳지 않고 그릇되다'며, '왼일[非行(비행)], 외오(그릇. 왼쪽으로)'와 동근어다. '왼쪽'은 오른쪽이 바른 방향일 때 '그릇된 방향'을 뜻한다. 상징적 의미는 어둠, 내향적이며 시간적으로는 과거를 나타낸다. ¶ 왼쪽으로 돌지 말고 오른쪽으로 돌아라. ☞ 오른쪽

요 사람이 눕거나 앉을 때 바닥에 까는 깔개. 한자 褥(욕)에서 끝 음운이 떨어져 나간 말이다. 중세어형은 '욕ㅎ'이다. '욧거죽(욧잇), 요때기, 요포대기; 담요, 보료, 침대요, 털요' 등으로 쓰인다. '보:료'는 솜이나 혹은 짐승의 털로 속을 넣고 헝겊으로 싸서 만든 요를 뜻하는 말이다. ¶ 요를 깔다/ 덮다.

요가 인도에 기원을 둔 심신 단련법의 한 가지. 자세와 호흡을 가다듬어 정신을 통일·순화시키고, 초자연적인 힘을 얻으려는 수행법. 범어 yoga(통일)에서 온 말이다.

요즈음 요전부터 이제까지의 동안(요사이). <준>요즘. 중세어형은 '요조ᅀᆞᆷ'이다. '요[此(차; 지시대명사)]+조ᅀᆞᆷ(>즈음)'으로 분석된다. 'ᄌᆞᅀᆞᆷ(>즈음)'은 '사이[間

(간)]'를 뜻한다.(요조숨/요조솜>*요즈슴/요조옴>요즈음) 현대어 '지음치다(<즈음츠다)'는 '사이에 두다'를 뜻하는 말이다. '즈음하다'는 어떤 때를 당하거나 맞다를 뜻하는 동사다. ¶ 요즈음의 젊은이들. 요즘 장사가 안 된다. 비상시국에 즈음하여.

용두질 제 생식기를 손으로 주물러 쾌감을 느끼게 하는 짓. '용두+질'로 분석된다. 수음(手淫). 용두(龍頭)는 용의 머리처럼 생긴 남자의 성기를 이르는 말이다.

용솟음 물 따위가 세차게 솟아오르거나 끓어오름. 또는 그 기세. '湧(용; 샘솟다)+솟(다)+음'으로 분석된다. '솟다(아래에서 위로 오르다)'는 '돋다'와 동원어다. '용솟음'은 같은 의미의 한자어와 고유어가 겹쳐 뜻을 강조한 말이다. ¶ 피의 용솟음. 용솟아 오르는 젊음의 힘. 지하수가 용솟음쳐 오르다. 기쁨이 용솟음치다. ☞ 소름

용수 술이나 장 따위를 거르는데 쓰는 기구. 싸리나 대오리로 둥글고 깊게 통처럼 만듦. 16세기 문헌 <훈몽자회>에 '롱ᄉᆞ 篘(추)'가 나온다. '롱ᄉᆞ'는 한자 籠(롱; 대그릇)과 篩(사; 체)가 합친 말이다. 18세기 <동문유해> 표기는 '농소'다.(롱ᄉᆞ>농소>용수) '용수-뒤'는 밑술(찌끼술)을 뜻한다. '용수/갓'은 죄수의 얼굴을 못 보게 머리에 씌우던 기구를 일컫는다. ¶ 술을 뜨려고 용수를 지르다.

ㅇ

용오름 육지나 바다에서 일어나는 맹렬한 바람의 소용돌이. 토네이도(tornado). 육상(陸上)에서는 지상물을 파괴하기도 한다. '龍(용)+오르(다)+ㅁ'으로 분석된다. 어원적 의미는 '용이 하늘로 오르는 것(회전하면서 이루는 거대한 물기둥)'이다.

용트림 거드름을 부리느라고 일부러 하는 트림. '용+트림'으로 분석된다. '용'은 '용-쓰다(기운을 내다)'에서와 같이 '기운(氣運)'을 뜻한다. '트림'은 음식이 잘 소화되지 않고 괴어서 생긴 기체가 입으로 복받쳐 오르는 일 또는 그 기체를 이르는 말이다. '게-트림'은 거드름을 피우며 하는 트림이다. ¶ 꼴같잖게 용트림만 해 댄다. 비짓국 먹고 용트림한다. ☞ 트림

용틀임 용(龍)의 모양을 틀어 새긴 장식. 교룡(交龍). '이리저리 비틀거나 꼬면서 움직임. 기세 따위가 왕성하게 벋쳐오름'을 비유하여 이르는 말이다. '용(龍)+틀(다)+이+ㅁ'로 분석된다. ¶ 용틀임이 웅장하게 새겨져 있는 정자 기둥.

용하다 재주가 남달리 뛰어나다. 기특하고 장하다. '용:+ᄒᆞ다'로 분석된다. 준말은 '용:타'이고, '용:케(용하게)'는 부사다. 어근 '용'은 동사 '용-쓰다'와 같이

한꺼번에 모아서 내는 힘을 뜻하는 말이다. <동문유해>에 '용내다(奮勇)'가 나온다. 어원적 의미는 '힘을 쓰다'인데, 후대에 '영(靈)하다(<령ᄒᆞ다), 영검(←靈驗)하다'에 유추되어 병을 잘 고치거나 점을 잘 치는 뜻도 지니게 되었다. '용타용타(勇·靈+하다)'는 두 다리를 모아 쥐고 걷기 전 다리의 힘을 기르게 하는 유아에게 시키는 운동이다.

어근 '용:'이 긴소리임에 비추어 '용(龍)+하다'로 보는 것은 잘못된 어원설이다. ¶ 용한 무당/ 용한 솜씨. 침술이 용하다. 지금까지 용하게 참고 살았다.

우거지 푸성귀에서 뜯어낸 떡잎이나 겉대. 김장이나 젓갈 따위의 위쪽에 덮는 품질이 낮은 것. 우거지는 '우[上]+걷(다)[收(수)]+이'로 분석된다.(우걷이>우거지) 어원적 의미는 '위에 있는 것을 걷어 낸 것'이다. <농가월령가>에 '콩길음 우거지로 農糧이나 여투리라'가 나온다. '걷다'는 수렴(收斂)의 원형(圓形) 개념어다.

푸성귀를 다듬을 때 골라낸 우거지는 볕에 말려 우거짓국이나 나물로 무쳐 먹는다. 배추의 우거지로 담근 김치를 '우거지-김치'라 하고, 잔뜩 찌푸린 얼굴 모양을 우거지를 닮았다고 하여 '우거지-상(相)'이라 한다. '시래기'는 무청을 말린 것으로 '우거지'와 구별된다. ¶ 우거지로 된장국을 구수하게 끓이다.

ㅇ

우격다짐 억지로 우겨서 남을 굴복시킴. 또는 그런 행위. '우격'은 '욱(다)[凹(요)]+이(접사)+어(연결어미)+ㄱ(강세)'으로 분석되며 '억지로 무리하게 우김'을 뜻한다. 여기에 '다짐(<다딤)'이 합성하여 '우격-다짐'이 되었다. '다딤[劾(핵; 캐묻다)]'은 예전에 관청에서 받던 진술서, 고문(拷問), 강제 자백(强制自白)을 이르는 말로 단단하게 하다는 뜻인 '다지다'의 명사형이다.(우격다딤>우격다짐) 우격다짐의 어원적 의미는 '강제로 말하게 함'이다. 한편 '우김-질'은 우기는 짓을 일컫는다. '입-다짐'은 말로써 확실하게 다짐하는 것이다. ¶ 그는 걸핏하면 우격다짐을 벌이는 사람이다. 무슨 일이든 우격으로 해서는 안 된다. ☞ 우기다, 다짐

우금 시냇물이 급히 흐르는 가파르고 좁은 산골짜기. '욱(다)+음'으로 분석된다. '욱다'은 '안으로 구부러져 있다'는 뜻이다. 어원적 의미는 '안으로 굽은 곳'이다. ¶ 우금은 순식간에 물이 불어 장마철에는 매우 위험한 곳이다.

우기다 제 주장을 고집하다. '우기다'의 어근 '욱-[凹(요)]'은 곧은 것을 안으로 우그려 놓은 상태의 중허(中虛) 개념어다. 전의(轉義)되어 상대방의 의기를

꺾어 강제로 위협한다는 뜻이다. '움~욱~옥-'은 원형 어근이다.(욱다>욱이다>우기다) <소학언해>에 '모ᄃᆞᆫ 父兄이 우긴대(强之)'가 나온다. 동근 파생어에 '옥니, 오그랑/우그렁, 오금, 우금(좁은 산골짜기), 욱다(안으로 우그러지다), 우격으로(억지로), 우겨넣다(억지로 밀어 넣다), 우겨대다(자꾸 우기다), 우격-다짐, 우걱-뿔(안으로 굽은 소의 뿔)' 등이 있다. ¶ 자기 말이 옳다고 끝까지 우기다. ☞ 우묵하다

우두머리 단체나 조직의 장 또는 수령. 으뜸. 물건의 꼭대기. 15세기 문헌 <법화경언해>에 보이는 '웃머리[上首(상수)]'는 '우두머리'의 선행형이다. '우두'의 어근 '욷'은 '우ㅎ[上]'와 동근어다. 만주어 uču(상단, 꼭대기), užui(첫째)와도 일치한다. '우두'는 한자어 '爲頭(위두)'에 이끌려 머리를 나타낸다. 여기에 또 '머리'가 합성하여 '우두머리'가 되었다. 이는 강조형 조어법으로 '驛前(역전) 앞, 妻家(처가)집, ᄇᆞᄅᆞᆷ壁(벽)'과 같은 유형이다. 우두머리는 '우뚝(유난히 높이 두드러진 모양), 우두커니(←우뚝하거니), 우등불(화톳불), 우듬지'와 동근어다. ¶ 반대파의 우두머리는 누구인가? ☞ 으뜸, 머리

우듬지 나무의 꼭대기 줄기. '욷/우두[上(상; 위)]+-(으)ㅁ+枝(지; 가지)'로 분석된다.(우둠지>우듬지). 우듬지의 어원적 의미는 '위에 있는 가지'다. 동근어 '우죽/우지개'는 '나무나 대나무의 우두머리 가지'를 뜻한다. '우죽-불'은 '나무 · 대의 우듬지를 땐 불'이다. ¶ 미루나무 우듬지의 까치집. 우죽을 치다.

우레[1] 구름과 구름 사이나 구름과 땅 위의 물체 사이에 방전이 일어나 하늘이 흔들리듯 우렁차게 울리는 소리. 천둥[←天動]. '우레'는 '울다[鳴(명) · 響(향)]'에 명사파생 접사 '-게'가 결합되어 '울(다)+-게→울에>우레'로 변한 고유어다. 비표준어인 '우뢰'는 한자어식 표기 雨雷(우뢰)에 이끌린 것이다.

'우렛소리'는 천둥소리다. '소리가 매우 크다. 힘차고 씩씩하다'는 말 '우렁차다'도 동원어다. '번개'는 빛과 관련된 시각적인 말이고 '우레'는 청각과 관련된다. ¶ 갑자기 우레와 같은 박수 소리가 터지다.

우레[2] 꿩 사냥을 할 때 불어서 소리를 내는 물건. 살구 씨나 복숭아씨에 구멍을 뚫어 만드는데, 그 소리가 마치 장끼가 까투리를 꾀는 수리와 같음. 낱말의 짜임은 '우레[1]'과 같다. ¶ 우레를 켜다.

우리 자기 또는 자기의 동아리(무리)를 스스로 일컫는 인칭 대명사. <준> 울. '우리/울'은 안[內], 담[垣 · 墻], 울[籬(리)]과 마찬가지로 내향적(內向的) 내포적

(內包的) 의미를 갖고 있다. 1인칭 복수 대명사 '우리'와 '울(울타리)'은 동원어다. '울'은 풀이나 나무 등을 엮어서 바깥과 경계를 한 안쪽을 가리킨다. 추상화하여 울타리 안에 있는 자신을 포함한 여러 사람의 뜻으로 전의(轉義)되었다.(울[籬]>우리[我等])

<삼국유사(보현십원가)> '吾里心音水淸等(우리 ᄆᆞᅀᆞᆷ믈 ᄆᆞᆯ가ᄃᆞᆫ)'의 향찰 표기 '吾里'는 중세어형을 거쳐 오늘날 '우리'와 일치한다. 일본어 wa[我, 吾], ware, udi, 몽골어 uru-q(親戚)는 우리말 '우리'와 대응한다. 짐승의 집을 가리키는 '우리'와 동음이의어다. ¶ 우리는 한 겨레 한 핏줄이다. 우리 민족은 '우리'라는 공동의식을 길러왔다. 우리에 갇혀 있던 곰이 뒷산에서 어슬렁거리다.

우묵하다 가운데가 조금 둥글게 깊숙하다. 중세어형은 '우목ᄒᆞ다~우묵다'다. '우묵하다'의 어근은 가운데가 우묵한 공허(空虛) · 내포(內包) 개념어 '움[穴(혈)]'으로 만주어 ama[穴]와 대응하는 말이다.

'움'은 '구멍'의 중세어형 '구무~구ᇚ[穴(혈)]'에서 /ㄱ/가 탈락된 꼴이다. '우물, 우멍거지(포경), 우멍하다, 움펑눈(쑥 들어간 눈), 움막(幕), 움집(굴을 파고 지은 집), 움파, 움파다/패다, 움파리(땅이 우묵하게 들어가서 물이 괸 곳), 움푹 · 옴폭; 오목렌즈, 옹달샘(작고 오목한 샘), 웅덩이' 등의 단어를 파생시킨 말이다. ¶ 우묵하게 구덩이를 파고 나무를 심었다.

우물 물을 얻으려고 땅을 파서 물을 괴게 한 곳. 중세어형은 '우믈'이다. <계림유사>에 井曰烏沒(정왈오몰)이라 하여 고려말과 현대어가 일치함을 알 수 있다. 우물은 '움ㅎ'과 '물'로 분석된다. 곧 움푹 파인 '움에서 나오는 물'이라는 뜻이다.(움ㅎ+믈→우믈>우물)

'움ㅎ'은 내포(內包) 개념어로 평면에서 움푹 파인 자리나 흙무더기를 파낸 '굴'을 의미한다. 아득한 옛날 인간의 거처로서의 '움'은 음운 교체되어 '굼(굼기, 궁기), 움('굼'의 ㄱ의 탈락형), 굴(窟)'과 동원어다. 한 마을에서 공동으로 사용하는 우물을 '두레우물(<드레우믈)'이라고 한다. [우물 안 개구리] 견문이 좁아서 세상 형편을 모르는 사람을 비유하여 이르는 말. ☞ 우묵하다, 물

우세 남에게 비웃음을 당함. 또는 그 비웃음. '웃(다)+에(접사)'로 분석된다. '우셋거리, 우세스럽다, 우세질(비웃음을 받는 일), 우세하다; 남우세스럽다'로 쓰인다. '우스꽝스럽다(<우습강스럽다)'는 '하는 모양이 가소롭다. 됨됨이가 우습게 생기다'를 뜻하는 말이다. ☞ 남우세스럽다

우수리 물건 값을 제하고 거슬러 받는 잔돈. 거스름돈. 일정한 수효를 다 채우고 남은 수. 단수(端數). <준> 우수. '우[上(상; 위)]+수(數)+리(접사)'로 분석된다. 어원적 의미는 '위의 수'다. ¶ 물건을 사고 우수를 하나 더 받았다. 우수리는 받지 않을 테니 물건이나 좋은 것으로 주세요. 우수리가 많이 남았다.

울대 새의 발성 기관. 명관(鳴管). '울(다)+대'로 분석된다. '울대-뼈[結喉(결후), 喉骨(후골)]'는 성년 남자의 턱 아래, 목 중간쯤에 후두(喉頭)의 연골(軟骨)이 조금 튀어나온 부분을 이르는 말이다.

울력 여러 사람이 힘을 합하여 하는 일. 협동. '울력(←울+력[力])'은 고유어와 한자가 합성된 말이다. '울'은 '울타리, 우리'와 동원어다. 울력에 동원되어 나온 사람을 '울력-꾼'이라 하고, 여러 사람이 기세를 올려 일을 하는 것을 '울력-다짐'이라 한다. '울력-성다(成黨; 도당을 이룸)'은 떼를 지어서 으르고 협박하는 일을 뜻한다. [울력걸음에 봉충다리] 울력에 끌리어 평소에 못하던 사람도 할 수 있게 됨을 이르는 말. ¶ 울력꾼들이 모여 그 많은 일을 순식간에 마치다. 울력다짐으로 일을 마치다. ☞ 우리

울부짖다 울며 부르짖다. 우짖다. '울(다)[泣(읍)]+불(다)[吹(취)]+짖(다)[吠(폐; 짖다)]+다'로 분석된다. ¶ 유가족들의 울부짖는 소리.

울타리 담 대신에 풀이나 나무 등을 얽어서 집 따위를 둘러막거나 바깥과 경계를 가르는 물건. 중세어형은 '울ㅎ'이다. '울ㅎ[籬(리)]+다리/도리(둘레)'로 분석된다. '울(울타리)'은 인칭 대명사 '우리'와 짐승을 가두어 두는 곳을 이르는 '우리'와 동원어다.

'울녘(둘러싸인 언저리), 울담, 울대(울타리의 기둥), 울띠, 울바자, 울섶, 울어리(둘러싼 어리), 울짱[목책(木柵)]; 생울타리' 등으로 쓰인다. '울타리-조직(組織)'은 식물의 잎의 겉쪽 표피 바로 밑에 있는 조직을 이르는 말이다. [울타리 밖을 모른다] 세상 물정을 전혀 모른다는 뜻. ☞ 우리

움딸 시집간 딸이 죽은 뒤에 그 사위가 다시 장가든 여재[後室(후실)]. '움[苗(묘)]+딸'로 분석된다. '움'은 베어낸 나무의 뿌리에서 나온 어린 싹을 뜻한다. '암[雌(자)], 엄[母 · 牙]'과 모음교체형으로 동원어다. '움-누이'는 죽은 누이 뒤로 매부에게 시집 온 여자를 이르는 말이다. 가을에 베어낸 그루에서 다시 움이 나 자란 벼를 '움벼', 초목의 베어 낸 자리에서 다시 돋아 나온 것을 '움-돋이'라고 한다. 동사 '움-트다'는 '초목의 움이 돋기 시작하다. 사물의 처음이 일기 시작하

다'다. ¶ 움딸이 기특하게 자주 들러 안부를 전하니 얼마나 고마운 일인가. ☞ 암, 딸

움직이다 → '**굼벵이**' 참조

움키다 손가락을 욱이어 물건을 놓치지 않도록 힘 있게 쥐다. = 앙구다. 중세어형은 '우희다[掬(국); 움켜쥐다]'다. 그 선행형은 '*욱희다'로 보인다. 후대에 받침 'ㅁ'이 덧붙어 원형어근 '움(움크리다, 움츠리다/움치다)'으로 바뀌면서 거센소리로 되었다.(*욱희다/우희다>우키다>움키다) 중세어의 명사형은 '우훔'이고, '움큼(한 줌; 옛말은 '져붐')'은 현대어형이다. '움켜-잡다, 움켜-쥐다'는 합성어다. 어원적 의미는 '(손으로) 거머잡다'다. ¶ 남의 물건을 빼앗듯 움키고 내놓지 않는다. 아이가 사탕을 한 움큼 집었다. 한 움큼의 흙.

웁쌀 잡곡으로 밥을 지을 때 위에 조금 얹혀 안치는 쌀. '우ㅎ[上(상)]+'ᄡᆞᆯ(>쌀)'로 분석된다.(우ㅎ+ᄡᆞᆯ→웁쌀). 어원적 의미는 '위의 쌀'이다. ¶ 웁쌀을 얹다. ☞ 쌀

웃기 과실 · 포 · 떡 따위를 괸 위에 볼품으로 얹는 꾸미개. '우[上(상)]+ㅅ+기[것 · 物]'로 분석된다. 웃기의 어원적 의미는 '위에 있는 것'이다. '웃기-떡'은 합이나 접시에 떡을 담고 모양을 내기 위해 그 위에 얹는 물을 들여 만든 떡을 이르는 말이다. ¶ 웃기를 얹은 단자(團餈/子; 경단).

웅덩이 늪보다는 작게 움푹 패어 물이 들어 괸 곳. <작>옹당이. 중세어는 '웅덩/웅덩이'다. '움/웅+동이'로 분석된다. '움/웅'은 가운데가 우묵한 공허(空虛) · 내포(內包) 개념어 '움[穴(혈)]'이고, '동이'는 '덩이/덩어리'와 같은 말로 둥글다(<둠그다)[圓(원)]의 어근이다. 웅덩이의 어원적 의미는 '우묵한 곳'이다.

'웅'은 '웅그리다(몸을 움츠리다), 웅숭그리다(춥거나 두렵거나 하여 궁상맞게 몸을 웅그리다), 웅숭깊다(도량이 넓고 크다. 되바라지지 않고 깊숙하다), 웅신하다(웅숭깊게 덥다)'와 동근어다. ¶ 웅덩이에 흙탕물이 가득 고여 있다. 그 사람은 자잘한 정은 없지만 웅숭깊은 맛이 있다. ☞ 우묵하다, 덩이

워낙(에) 두드러지게 아주. 본디부터 원래. 근본적으로 아주. '原 · 元(원; 본디. 처음)+악(접사)'으로 분석된다. ¶ 워낙 급하다. 내 목소리는 워낙 크다. 워낙 몸이 튼튼하다.

원숭이 원숭이과과 동물을 통틀어 이르는 말. '猿猩(원성/원싱)+이'로 분석된다.(원승이>원숭이) 원숭이의 중세어는 '납'이고, 18세기에 '진나비'가 보인다. [원숭이

도 나무에서 떨어진다] 아무리 재주가 뛰어나도 때로는 실수할 수 있다는 말.

유리 규사·탄산석회 등의 원료를 녹인 상태에서 냉각하여 얻은 투명하며 단단하고 잘 깨지는 물질. 초자(硝子). 파리(玻璃)라고도 한다. 범어 veluriya를 한자음 琉璃(유리)로 적었다. 유리의 역사는 지금으로부터 약 5,000년 정도가 된다. 중국을 통해 우리나라에 들어왔다.

신라시대의 고분에서 유리 제품이 나온다. 유리 공예품은 고대에 보석과 같은 귀중품의 하나였다. 중국은 玻瓈(파려)라는 말을 서역(西域)에서 들여왔고, 우리는 그것을 음차(音借)하여 보리(玻璃)와 '유리'를 같은 말로 쓰고 있다. 고구려 제2대 유리왕(琉璃王)의 이름과 무관하지 않은 말이다.

육개장 쇠고기를 삶아서 알맞게 뜯어 넣고 갖은 양념을 하여 얼큰하게 끓인 국. '肉(육)+개+醬(장)'으로 분석된다. 개장국(개장)은 개고기를 고아 끓인 국이다. 결국 육개장은 쇠고기를 넣어 개장국처럼 끓인 국을 일컫는 말이다.

육시랄 육시를 할 만하다는 뜻으로, 상대를 저주하여 욕으로 하는 말. 육시랄(←戮屍+를+하+-ㄹ)은 '육시를 할'의 준말이다. 육시(戮屍)는 이미 죽은 사람의 시체에 목을 베는 옛날의 형벌 방법이다. ¶ 에잇, 육시랄. 육시랄 놈 같으니라고.

육자배기 남도 지방에서 널리 불리는 곡조가 활발한 잡가의 하나. '육자(六字)+박자(拍子)+이'로 분석된다.(육자박이>육자배기) 여섯 박자를 단위로 하는 판소리의 진양조 장단에서 비롯하여 붙여진 이름이다.

윷진아비 내기나 경쟁에서 자꾸 지면서도 수그러지지 않고 다시 하자고 달려드는 사람을 비유적으로 이르는 말. '윷+지(다)[敗(패)]+ㄴ+아비[父(부)]'로 분석된다. 어원적 의미는 '윷놀이에서 진 사람'이다.

ㅡ(으) 현행 한글 자모의 스물셋째 글자. [으]로 읽으며 국제음성기호는 [ɨ]다. <훈민정음언해>에 'ㅡ는 卽즉字쭝 가온딧소리 ᄀᆞᄐᆞ니라'로 설명하였다. /ㅡ/는 우주 만물 형성과정에서 두 번째로 생긴 평평한 땅의 모습을 본떠 만든 글자다. 혀를 조금 옴츠려 발음하고 소리는 깊지도 얕지도 않다. 'ㆍ(아래아)'와 어울려 /ㅗ·ㅛ·ㅜ·ㅠ/를 만들었다.

으깨다 덩이진 물건 따위를 눌러 부스러뜨리다. 뭉개다(문질러 으깨거나 짓이기다). '으르다'와 '깨다'가 합성된 말이다. '으르다'는 물에 불린 곡식 따위를 방망이 같은 것으로 으깨다를 뜻하는 동사다. 동음이의어 '으르다(말이나 행동으로써 위협하다)'와 혼동을 피하기 위하여 합성된 것으로 보인다. ¶ 찐 감자를 으깨다.

으뜸 사물의 중요한 정도로 본 첫째나 우두머리. 기본(基本). 중세어형은 '웃듬, 으ᄯᅳᆷ[元(원)]'이다. 어근 '웃~읃'은 '우ㅎ[上(상)]'의 뜻을 가진 말로 우두머리의 '우두(욷)'와 동근어다. '웃~읃+음(접사)→웃듬>으ᄯᅳᆷ>으뜸'으로 어형이 변화되었다. '으뜸'과 합성된 낱말에 '으뜸-꼴, 으뜸-상, 으뜸-음, 으뜸-가다, 으뜸-답다' 등이 있다. ¶ 경치로야 금강산이 으뜸이다. 효행은 인륜의 으뜸이다. ☞ 우두머리

으름장 말이나 행동으로 남을 위협하는 짓. '으르-(다; 놀라게 하다. 위협하다)+ㅁ+-장'으로 분석된다. '으르다'는 '모진 짐승이 성내어 한 번 내는 소리. 사람이 서로 으르렁거리는 모양'을 뜻하는 '으르렁'과 같은 말이라 하겠다. '-장'은 '알음장(눈치로 넌지시 알려 주는 짓), 어깃장(짐짓 어기대는 행동), 배짱, 팔짱, 헛장(풍을 치며 떠벌리는 큰소리)'에서와 같이 '짓(행동)'을 뜻하는 접사다. ¶ 으름장을 놓다.

으슥하다 무서운 느낌이 들만큼 구석지고 조용하다. 몹시 고요하다. 으슥하다는 '그윽하다'의 중세어형 '그슥ᄒᆞ다[幽(유; 깊다. 아득하다)]'에서 /ㄱ/이 떨어져나간 말이다. ¶ 으슥한 골목. ☞ 그윽하다

을씨년스럽다 보기에 쓸쓸하다. 살림이 매우 군색하다. 1905년의 간지(干支)인 을사년(乙巳年)에서 파생된 형용사다.(을사년+스럽다→을씨년스럽다) <신소설(빈상설)>에 '져의 집은 을사년시러워 꿈에도 가기 실코'가 나온다. 불평등하게 맺어진 '을사늑약'으로 외교권을 빼앗긴 구한말 우리나라의 침통하고 쓸쓸한 정치 · 사회적 분위기에서 유래한 말이다. ¶ 날씨가 을씨년스럽다. 을씨년스러운 살림살이.

읊다 억양을 넣어 시조를 읽거나 외다. 시를 짓다. '(시를) 읊다[吟(음)]'는 15세기 어형 '입/잎[口 · 門]'에서 파생된 동사다.(*입ᄒᆞ다/잎다>읖다>읊다) 읊조리다(<입주리다/읇쥬어리다)는 '뜻을 음미하면서 낮은 소리로 읊다'는 말이다. ☞ 입

-음(ㅁ) 'ㄹ' 이외의 자음으로 끝난 용언의 어근에 붙어, 그 말을 명사로 만들어 어떤 사실을 지칭하는 뜻을 나타내는 접사. '음(ㅁ)'은 삼다(<ᄉᆞᆷ다[爲(위; 되게 하다. 여기다)]의 어근이 변한 말이다. 'ᄉᆞᆷ(다)>ᅀᆞᆷ>ᄋᆞᆷ>-암/엄; -옴/움; -음/ㅁ'의 변화 과정을 거쳤다. '걸음, 믿음, 웃음, 죽음; 삶, 앎' 등으로 쓰인다.

응달 햇볕이 들이 않아 그늘진 곳. 음지(陰地). ↔ 양달. '음(陰; 그늘)+달(땅 · 곳)'로 분석된다.(음달>응달) '달'은 山(산) · 高處(고처; 높은 곳)를 뜻하는 말이다. 이는 고구려 땅 이름에 쓰인 '達(달;*tal-[高])'에서 찾을 수 있다. 지형이 분지로 형성된 대구(大邱)의 옛 이름 大丘縣 本達句火縣[달구벌]에서 '達'은 <삼국사기>의 兎山縣 本高句麗息達에 보이는 말이다. [응달에도 햇빛 드는 날이 있다] 역경에 처해 있는 사람에게도 길운(吉運)이 오는 때가 있다는 말. ☞ 다락, 비탈

의붓아들 개가해 온 아내나 첩이 데리고 온 아들. '의(義)+부(父)+ㅅ+아들'로 분석된다. 의(義; 참 것이 아닌 것)는 '남과 맺은 혈연과 같은 관계'를, 부(父)는 아버지를 뜻한다. 의부(義父)는 '개가한 어머니의 남편. 의로 맺은 아버지'를 가리킨다. '의붓딸, 의붓아버지/아비, 의붓어머니/어미, 의붓자식'으로 쓰인다. ¶ 형제의 의를 저버리다.

ㅣ(이) 현행 한글 자모의 스물넷째 글자. '이'라고 읽으며 [i]음을 표기하는데 쓰인다. 입안 통로를 열고, 혓바닥의 앞부분을 높이고 입술을 평평하게 벌린 상태에서 목청을 울리어 소리를 낸다. <훈민정음언해>에 'ㅣ는 侵침ㅂ字ᄍᆞᆼ 가온딧소리 ᄀᆞᄐᆞ니라'라고 설명하였다. /ㅣ/는 우주 만물 형성과정에서 하늘[天(·)], 땅[地(ㅡ)]에 이어 세 번째로 생긴 사람[人(ㅣ)]이 서 있는 모양을 본떴으며, /·/와 어울려 /ㅏ · ㅑ · ㅓ · ㅕ/를 만들었다.

이 자음으로 끝난 체언에 붙어 그 말을 주어가 되게 하는 주격 조사. 15세기에는 '이, ㅣ, φ '가 함께 쓰였다. 조사 '이'는 <삼국유사(안민가)>에 '民是 愛尸 知古如(民이 ᄃᆞᄉᆞᆯ 알고다)'로 '是, 伊'로 나타난다. 사람을 뜻하는 의존명사 '이', 사람 이름 뒤의 접사 '-이', 인칭 대명사 '이'는 동근어로 보인다. 현대어에서 '이'와 함께 모음 다음에 쓰이는 주격 조사 '가'는 16세기부터 문헌에 처음으로 나타나기 시작하였다.

이깔나무 솔과의 낙엽 침엽교목. 늦가을에 잎이 지는 소나무로 곧게 자라 전봇대로 많이 쓰이던 나무로 원산지는 우리나라다. 적목(赤木). '잎+갈(다; 새것으로 바꾸다)+나무'로 분석된다. 이를 소리 나는 대로 적으면 이깔나무다. 어원적 의미는 '잎을 가는(지는) 나무'다. ☞ 잎, 나무

이끌다 앞에서 잡고 끌다. 따라오도록 인도하다. 중세어형은 '잇그다'다. 이끌다는 '잇다'와 '끌다'로 분석된다. '잇-(<닛-)'은 '잇닿다, 잇대다, 잇따르다(이어서

따라오다)' 등의 파생어를 형성시킨 형태소다. 15세기에 '긋다[引(인)], ᄭᅳᅀᅳ다'와 'ᅘᅧ다(>혀다>켜다)'가 공존하였다. '긋다'는 '(수레를) 끌다'에 쓰였고, '혀다'는 '(줄을) 당기다'에 쓰인 말이다. '이끌다'는 전의되어 '인도(引導)하다'를 의미한다.(닛+긋+다→이ᄭᅳᆯ다>이끌다) '이끌다'의 어원적 의미는 '이어서 당기다'다. ¶ 탈선하는 아이들을 어른들이 잘 타이르고 이끌어야 한다.

이끗 이익을 얻는 실마리. '利(이; 이익)+끗'으로 분석된다. '끗(<긋/긎[끝])'은 화투 · 투전 따위의 놀음에서 셈의 단위로 매겨진 수를 뜻하는 말이다. ¶ 이끗에 밝다. 장사야 다 이끗을 보고 하는 일이 아닌가.

이남박 쌀 따위의 곡물을 씻거나 일 때에 쓰는 함지박. 안쪽에 여러 줄의 골이 나 있음. '이[齒(치)]+나(다)[出(출)]+ㄴ+박'으로 분석된다.(*이난박>이남박) 어원적 의미는 '이가 난 바가지'다. ☞ 바가지

이듬해 돌아올 다음 해. 익년(翌年). 중세어형은 '이듬ᄒᆡ'다. 이듬해는 '읻+음+ᄒᆡ[年]'로 분석된다. '읻/이듬'은 명사 앞에 붙어 '다음[翌 · 次 · 二]'을 나타내는 말이다. 두 해 또는 이 개년(二個年)을 '이태(<읻ᄒᆡ)'라고 한다. 논이나 밭을 두 번째 갈거나 매는 일을 '이듬(매기)'이라 한다. ¶ 영숙이는 이듬해 대학에 입학할 예정이다. ☞ 여태, 해

이따금 조금씩 있다가. 가끔. 때때로. 중세어형은 '잇다감'이다. '잇다(>있다'와 'ᄢᅳᆷ(>금[時(시)])'이 합성된 말이다.(잇다감>이따금) '시간적으로 조금 뒤에'를 뜻하는 '이따가(<잇다가)'와 동근어다. '이따금'의 어원적 의미는 '시간이 좀 있게. 간헐적(間歇的)으로'다. ¶ 이따금 비가 내리다. 이따가 오너라.

이랑 갈아 놓은 논밭의 한 두둑과 한 고랑을 아울러 이르는 말. 또는 그것을 세는 단위. = 사래. 중세어형은 '이럼(←일-+-엄)'이다. 16세기에 명사화접사가 바뀌면서 '이랑(←일-+-엉/앙)'으로 변화되었다. '일'은 일구다[耕(경; 논밭을 갈다)의 어근으로 일다[<닐다(起)]와 동근어다. '이랑재배(栽培), 이랑지다; 물이랑, 밭이랑, 흙이랑(물가에 생긴 흙의 주름)' 등으로 쓰인다. ¶ 밭을 파고 이랑을 짓다.

이룩하다 사람의 노력으로 어떤 큰 현상이나 사업을 이루다. 나라 · 도읍 · 집 따위를 새로 세우다. '이루(다)+ㄱ(접사)+하다'로 분석된다. 이루다(<일다. 일우다[成])는 어떤 상태나 결과가 되게 하다를 뜻하는 동사다. ¶ 밝고 명랑한 사회를 이룩하다.

이른바 흔히 말하는 바. 소위(所謂). '이르(다)[謂(위; 말하다)]+ㄴ+바(의존명사)'로 분석된다.(니르/니ᄅᆞ다>이르다) 이를테면(←이르-+ㄹ+터+이+면)은 '가령 말하자면'의 뜻으로 쓰이는 접속 부사다. ¶ 이른바 학자라는 사람이 책을 멀리하다니. 이를테면 너와 내가 형제인 것처럼 그들도 한핏줄이다. ☞ 바

이름 서로 다른 것과 구별하기 위해 사물이나 현상에 붙여서 부르는 일컬음. 명성. 평판. 중세어형은 '일훔'이다. '일ᄏᆞᆮ다'의 어근 '잃-'과 명사 파생접사 '-옴/-움'으로 분석된다.(잃+움→일훔>이름) '이름'을 '이르다(말하다)'의 명사형으로 보는 견해도 있으나, 어형 변화로 보아 설득력이 약하다. [이름이 좋아 불로초라] 이름만 좋았지 실속은 없다는 말. ¶ 이름도 성도 모르다. 경치가 좋기로 이름이 높다. ☞ 일컫다

이마 사람의 얼굴에서 눈썹 위로부터 머리털이 난 부분까지의 사이. 중세어형은 '니마ㅎ'이다. '니(다)+마ㅎ'로 분석된다. '니'는 '(머리에) 이다'의 앞선 표기인 '니다'의 어근이다. '마ㅎ'도 '마파람'에서와 같이 앞[前(전)]을 뜻한다.(니+마ㅎ→니마ㅎ>이마)

물건을 머리에 일 때, 똬리를 얹는 정수리의 앞쪽이 '이마'다. 속된말 '이마팍(←니마ㅎ+박)'은 어원적 의미가 '앞이마'다. 여기서 '박'은 '바가지, 뚜껑'과 같은 모양을 이른다. '이맛돌, 이마받이, 이맛살, 이맛전' 등으로 쓰인다. [이마를 뚫어도 진물이 안 나온다] 사람이 몹시 인색하거나 모진 경우를 이르는 말. ◇ 이마에 내 천(川) 자를 쓰다 - 마음에 언짢아 얼굴을 잔뜩 찌푸리다. ☞ 마파람

이물 배의 앞머리. ↔ 고물. 17세기 문헌 <역어유해> 표기는 '니믈'이다. 옛말 '곰ᄇᆡ림ᄇᆡ(>곰비임비)'는 '앞뒤 계속하여'를 뜻하는 말이다. 여기서 '림'은 앞[前(전)]이다.(림/님+을→니믈>이물) ☞ 곰비임비

이미 다 끝나거나 지난 일을 말할 때 '벌써'의 뜻으로 쓰는 부사. 중세어형은 '이믜, 이믜셔'며, '님[前(전; 앞)]+의셔(조사)'로 분석된다.(님+의/의셔→*니믜>이믜>이미) '이미'의 어원적 의미는 '앞에서'다. [이미 씌워놓은 망건이라] 남이 한 대로만 내버려 두고 변경하지 않으려 함을 이르는 말. ¶ 이미 때가 늦었다. 이미 엎질러진 물. ☞ 이마

이바지 도움이 되게 함. 국가나 사회에 공헌함. 중세어형은 '이바디'다. 이바지는 '음식을 대접하다. 봉양하다. 공궤(供饋)하다'의 중세어 '이받·다'의 어근 '이받

(다)[戴獻(대헌)]'에 명사화 접사 '-이'가 결합되어 구개음화된 말이다.(이받+이→이바디>이바지) 여기서 어근 '이'는 쌀[米(미)]을 뜻하며 '받다'와 결합하여 '밥을 받음'의 어원적 의미를 갖는다.

국가나 사회에 '공헌(貢獻)하다'의 추상적 의미를 띤 '이바지-하다'는 잔치 · 연회(宴會)를 뜻하는 '이바디'에서 파생되었다. 오늘날 '이바지 떡, 이바지 음식; 이바지 상(잔칫상)'에서 '이바지(<이바돔)'는 '대접할 음식'을 가리킨다. ¶ 산업 발전에 이바지한 공이 크다. ☞ 쌀, 받다

이밥 입쌀로 지은 밥. 쌀밥. 흰밥. '니[稻(도)]+밥'으로 분석된다. 이밥의 낟알을 '이알'이라고 한다. [이밥이면 다 젯밥인가] 같은 물건이라도 경우에 따라 각각 다르게 쓰이며 또 효과도 다름을 각각 이르는 말. [이알이 곤두서다] 가난하던 사람이 조금 잘 살게 되었다고 거만하게 행동함을 비꼬아 이르는 말. ☞ 이삭, 밥

이불 사람이 잠잘 때 덮는 침구의 하나. 중세어형은 '니블'이다. <계림유사>에 被曰泥不(피왈니불), <조선관역어>에서는 被 你卜二[니블]이라 하였다. 오래전부터 어형에 큰 변화가 없이 쓰이는 말이다. '이불[衾(금)]'은 '(지붕을) 이다. (머리에 물건을) 이다'의 옛말 '니다[蓋 · 戴]'와 동근어로 보이는 '닙다(>입다)[被 · 服]'의 어근에 접사 '-을'이 결합된 명사다.(닙+을→니블>이불) '-을'은 '수풀(←숲+을), 구들(←굳+을)'과 같이 단음절어가 2음절어로 늘어날 때 붙는 접사다. '이불깃, 이부자리; 솜이불, 핫이불, 홑이불' 등으로 쓰인다. [이불 속에서 활개 친다] 남이 보지 아니하는 곳에서만 호기를 부리고 큰소리친다. ☞ 이불을 깔다/개다.

이삭 벼나 보리 따위의 꽃이나 열매가 꽃대 둘레에 많이 달려 있는 부분. 농사지은 것을 거둔 뒤에 논밭에 흘리어 처진 지스러기. 중세어형도 오늘날과 같다. '이삭'은 '니[稻(도)]+삭[苗 · 穗]'으로 분석이 가능하다. '니'는 '니ᄡᆞᆯ(>입쌀)'과 같은 말이다. '닐다(일어나다)'의 어근 '니'는 속성으로 보아 '서다[立(립)]'의 뜻을 지닌다. '삭'은 <훈몽자회>에서 穗(수)를 禾已成秀者(화이성수자)라고 풀이하여 '벼가 익은 것' 곧 '곡식(벼알)'을 뜻한다.(니+삭→*니삭>이삭) 같은 책에서 苗(묘)를 穀草初生(곡초초생)으로 '이삭'이라 하였다.

'이삭-줍기'는 추수한 뒤에 남은 이삭을 줍는 일이다. 토이기어로 '이삭[穗(수)]'을 bašaq이라고 한다. baš는 머리이고, -aq(악)은 작은 것을 가리킨다. 따라서 '이삭'은 '식물의 꼭대기에 달린 열매'를 가리킨다. [이삭 밥에도 가난이

든다] 양식이 없어서 벼이삭, 수수이삭을 베어다 먹을 때부터 이미 또 오는 해에도 가난하게 살 징조가 보인다는 뜻. ◇ 이삭(이) 패다 - 이삭이 돋아 나오다. ☞ 쌀

이슬 공기 중의 수증기가 기온이 내려가거나 찬 물체에 부딪힐 때 엉기어 생긴 물방울. '덧없는 생명'을 비유함. '서리'는 맑고 바람 없는 밤에 기온이 어는점 이하로 내려갈 때 공기 중의 수증기가 땅 위나 물체에 엉겨 붙은 눈가루 모양의 결정체다. <계림유사>에 霜露皆日率(상로개왈솔)의 기록으로 보아 고려 시대에는 서리와 이슬을 구별 없이 말한 것으로 보인다. 조선 시대에 들어와 어의가 분화되어 서리와 이슬이 되었다. 이들의 공통 어근을 '설~슬'로 설정하면, 霜(상)은 '설/슬+이→서리'로, 露(로)는 '이+슬→이슬'로 변천하였음을 알 수 있다. '설/슬'은 물을 뜻하는 말이다.

'물'을 뜻하는 튀르크어의 어근 sul은 그릇을 씻는 뜻의 우리말 '설거지'에서 '설'과 같다. '이슬'은 퉁구스어 isan과 대응되며, 서리는 몽골어 xiaruu[霜]와 비교된다. '된서리'의 상대어인 '무서리(<므서리)'에서 접두어 '무-(묽은, 약한)'는 물이 /ㄹ/ 탈락한 꼴이다. ◇ 이슬로 사라지다 - 이슬처럼 허무하게 사라지다. 형장이나 싸움터에서 목숨을 잃다.

ㅇ

이승 이 세상. 살아 있는 동안. ↔ 저승. 16세기 초 문헌 <박통사언해초간>에 '이싱'이 나온다. 한자어 此生(차생)에서 '此(차)'가 고유어의 훈(訓) '이'로 대체되면서 '이+生→이싱>이승'이 되었다. 우리말 대명사 '이'와 '뎌'가 한자 '生(생)'과 결합하여 '이싱(>이승), 뎌싱(>저승)'으로 어형이 변화 고정되었다. '生(생)'이 우리 음(音) [승]으로 변한 것은 衆生(중생)이 '짐승'으로, 初生(초생)달이 '초승달'로 바뀐 것과 같다. ◇ 이승을 떠나다 - '죽다'를 완곡하게 이르는 말. [개똥밭에 굴러도 이승이 더 좋다] 형편이 어렵더라도 목숨 붙어사는 것이 더욱 좋다는 말.

이야기 어떤 사물이나 현상에 관하여 일정한 줄거리를 잡아 하는 말이나 글. <훈몽자회>에 '입아괴[吻(문; 입술)]'가 나온다. '입[口]/니[齒(치)]+아괴/아구(갈라진 곳)'로 분석된다. 원뜻은 '입의 양쪽 귀퉁이'다. 이야기는 '입아구'를 놀려야 된다는 데 기원을 둔 말이다. '이야기'를 경상도 지방에서는 '이바구, 이바우, 이박, 이배기'라고 한다. 일본어에 말하다를 [iwagu]라고 하는데, 이는 우리말 '이바구'를 그대로 따간 것이다. 일본어 [h] 음은 p>b>h의 단계를 거쳤으

므로 우리의 [ㅂ] 음이 일본어 h의 고대형임을 보아서도 알 수 있다.

'입+아귀'에서 '아귀'는 입 또는 물건의 가닥이 져서 갈라진 곳이다. 결국 이야기는 '입'을 뜻하는 말끼리 중복된 형태를 말한다. ¶ 모닥불을 피워 놓고 밤새 이야기를 나누다. ☞ 입

이야말로 자음으로 끝난 체언에 붙어 '그것이야 참말로(당연함)'의 뜻으로, 강조하여 확인하는 뜻을 나타내는 보조사. 모음 뒤에서는 '이'가 생략됨. '이(서술격조사)+야(강세조사; <ᅀᅡ)+말[言(언)]+로(접사)'로 분석된다. ¶ 노력이야말로 성공의 비결이다. 너야말로 힘이 장사로구나.

이엄이엄 끊이지 않고 자꾸 이어가는 모양. 어떤 일이 꼬리를 물고 일어나는 모양. 중세어형은 '니ᅀᅥᆷ'이다. '닛(다)+엄(부사화접사; 동작의 동시적 진행)'으로 분석된다. '닛다[連(연)]'는 현대어 '잇다'의 옛말이다.(니ᅀᅥᆷ니ᅀᅥᆷ>이엄니ᅀᅥᆷ) ¶ 안개가 이엄이엄 피어오르다. 강물이 이엄이엄 흐르다.

이엉 짚이나 새(풀) 따위로 엮어 초가집의 지붕이나 담을 이는 덮게. '이엉'은 동사 '닛다/니다(>이다)'의 어근 '닛-'에 접사 '-엉'이 결합되어 변천된 말이다. (닛+엉→*니ᅀᅥᆼ>니영>이엉) 오늘날 '지붕을 이다'에서 동사 '이다[蓋(개)]'는 앞 시대의 표기가 '녜다'고, '머리에 물건을 이다'에서 '이다[戴(대)]'는 중세어와 현대어의 표기가 같다. 이엉의 어원적 의미는 '이는 것'이다.

이엉을 엮어서 말아 놓은 단을 '마름'이라고 한다. 마름은 '말다'에서 파생된 말이다. 초가(草家)의 이엉을 15세기 초기에 'ᄂᆞᆯ애'라고 하였다. 지붕을 덮는 이엉과 모양이나 기능이 비슷한 점에서 날짐승의 'ᄂᆞᆯ애(>날개)'라 한 것으로 보인다. ¶ 이엉을 엮다. 초가지붕의 이엉을 걷어내고 기와를 이었다.

이에짬 물건과 물건을 맞붙여 이은 짬. '잇(다)[連(연)]+에+짬'으로 분석된다. '짬'은 물건끼리 맞붙은 틈(사이)을 뜻하는 말이다. 이에짬의 어원적 의미는 '이은 틈'이다. ¶ 비집고 들어갈 짬이 없다. ☞ 짬

이웃 가까이 있어 경계가 서로 맞닿아 있음. <삼국사기>에 隣[이웃]을 '伊伐支(이벌지)', <조선관역어>에는 '以本(이본)'이라 하였다. 중세어형은 '이ᅀᅮᆺ'이다. '이웃'은 '*이ᄫᅳᄌ'으로 거슬러 올라간다. 소급형의 어근 '*입'은 중세어의 '입[門戶], 입[口]'과 동근어인 듯하다.(*이ᄫᅳᄌ>이ᅀᅮᆺ/이븟>이웃)

경상도 사투리에 [이붓, 이부제]가 있어 옛말의 흔적을 찾을 수 있다. '이웃'은 바로 문(門) 옆에 있는 것과 같이 아주 가까운 곳을 가리키는 말로 보인다.

ㅇ

'삼(三; 여러)이웃'은 이쪽저쪽의 가까운 이웃을 일컫는다. [이웃사촌] 정분이 두터운 이웃을 이르는 말. ¶ 이웃끼리 잘 지내다. 먼 나라 이웃 나라. 삼이웃이 모여 의논하다.

이윽고 한참 만에. 얼마 있다가. 중세어형 '이슥ᄒᆞ다'의 어근에 접사 '-고'가 결합된 말이다. 어근 '잇'은 '있다', '윽~옥'은 시간(때)을 뜻하는 형태소다.(이슥고>이ᄋᆞㄱ고>이윽고) '이슥하다(<이슥ᄒᆞ다)'는 (밤이) 꽤 깊다를, '이윽하다'는 꽤 오래 되다를 뜻하는 동근어다. ¶ 동녘 하늘이 뿌옇게 되더니 이윽고 해가 뜨기 시작했다. ☞ 이따금

이제 말하고 있는 바로 이때. 지금. '이[此(차)]+적[時(시)]+의(조사)'로 분석된다. '이제껏, 이제나-그제나, 이제야' 등으로 쓰인다. 이제의 어원적 의미는 '가까운 때에'다. ¶ 더위가 이제부터 시작이다. 이제 날이 새려나 보다.

이틀 두 날. 2일을 '이틀(<읻흘←읻+ᄋᆞᆯ[日])'이라고 한다. '읻'은 '다음'을 뜻한다. 이듬해(<이듬ᄒᆡ)는 '바로 그 다음의 해'를, 이태(<읻ᄒᆡ)는 '두 해'를 이르는 말이다. '이틀거리, 이튿날; 초이틀' 등으로 쓰인다. 'ᄋᆞᆯ'은 '사흘, 나흘(←나+ᄋᆞᆯ), 열흘' 등으로 쓰인다. ¶ 어떤 일이 있은 다음의 날을 이튿날이라고 한다. ☞ 이듬해, 하루

익숙하다 손에 익어서 매우 능란하다. 자주 보거나 들어서 눈에 환하다. 중세어형은 '닉숙다'다. '열매나 씨가 여물다. 여러 번 겪거나 치러서 익숙하다'의 '닉다(>익다)'와 동의어인 한자 熟(숙)이 결합되어 의미가 중복된 말이다.(닉+熟+다→닉숙다/닉숙ᄒᆞ다>익숙하다) '숙'을 드리우다[垂(수)]로 보는 이도 있다. 글을 배워 알게 되다를 뜻하는 익히다(<닉이다[習])는 '익다'의 사동형이다. 우리말 어근 '닉-[熟(숙)·慣(관)]'은 '늙다, 늦다'와 동근어로 보인다. '익히, 익숙하게'는 부사다. ¶ 눈을 감고도 찾아갈 정도로 익숙한 길이다. 그의 소문은 익히 들어 알고 있다. ☞ 늙다

인두겁 사람의 탈이나 겉모양. '人(인; 사람)'과 '두겁'의 합성어다. '두겁'은 가늘고 긴 물건의 끝에 씌우는 물건으로, '둪(다)[<덮다(覆(복)]'의 어근이 명사화한 말이다. 어원적 의미는 '사람의 탈을 씀'이다. ◇ 인두겁을 쓰다 - 하는 짓이나 바탕이 사람답지 못한 사람을 욕으로 이르는 말. ¶ 병든 노모를 내다 버리다니 인두겁을 쓰고 어찌 그럴 수 있느냐? ☞ 두겁

일곱 여섯보다 하나 많은 수. 칠(七). <계림유사>에 표기된 七日一急[nir-kup]은

중세어형 '닐굽'을 거쳐 오늘날 일곱과 가까운 발음이다. <삼국사기> '七重縣一云難隱別'의 땅 이름에 七(칠)을 難隱[ᄂᆞᆫᄂᆞᆫ]이라고 표기한 고구려말은 만주어나 퉁구스어 nadan과 고대 일본어 nana(7)와 일치한다. 토이기어 yedi[七]는 우리말 '여덟'의 중세어형 '여듧[八]'과 대비되며 *yedi를 신라시대에 七이라고 한 것 같다.(八居里縣一云仁里別號七谷<동국여지승람>) 15세기 <용비어천가> 표기 '닐굽'은 16세기에 이르러 '닐곱'으로 변하였다. 16세기부터 'ㄴ>ㅇ'의 변화로 '일곱'이라고 하였다.(닐굽>닐곱>일곱)

일깨우다 일러 주거나 가르쳐서 깨닫게 하다. 18세기 문헌 <동문유해>에 '일ᄭᆡ오다'가 나온다. '일/이르(다)[謂(위)]+깨(다)[醒(성)]+오(사동접사)+다'로 분석된다. 깨다(<ᄭᆡ다)'는 '까다(<ᄣᆡ다[剝(박)])'의 어간에 접사 '-이'를 결합하여 '깨다(←ᄣᆡ+이+다[破(파)])'로 된 말이다. 일깨우다의 어원적 의미는 '말하여 깨치게 하다'다. ¶ 청소년들에게 애국심을 일깨우다. ☞ 깨닫다

일부러 마음먹고 일삼아서. 알면서도 굳이. = 고의로. 꾸며서 거짓으로. 중세어형은 '부러'다. 후대에 '일(활동. 작업)'이 덧붙어 '일부러'가 된 말로 '일+부르(다)+어'로 분석된다. '부 · 러(실없는 거짓으로)'는 말이나 행동으로 남을 오라고 하다를 뜻하는 동사 '부르다[呼(호)]'의 어간에 접사 '-어'가 결합된 말이다. '일부러'의 어원적 의미는 '일을 불러일으켜'다. ¶ 일부러 만나자고 한다. 일부러 모른 척 한다. 부러 유쾌한 표정을 짓다.

일으키다 일어나게 하다. 생겨나게 하다. 일을 벌이다. 중세어형는 '니르ᅘᅧ다/니르혀다, 니르받다/니르왇다'다. '닐(다)[起(기)]+으(매개모음)+ᅘᅧ(다)[引(인)]+다'로 분석된다.(니르혀다>니르켜다>일으키다) 일으키다의 어원적 의미는 '일어나게 끌어당기다'다. ¶ 앉아 있는 사람을 일으키다. 전기를 일으키다.

일찍(이) 일정한 시간보다 이르게. 이전에. 중세어형은 'ᅌᅵᆯᄌᆞᆨ, 일즉'이다. '이르다[早(조)]'의 어근 '일'과 시간을 나타내는 'ᄌᆞᆨ(즉)'의 결합으로 이루어졌다. '일+ᄌᆞᆨ→일즉/일즙>일직>일찍(이)'로 형태가 변하였다. '일'은 몽골어 er-te[早], 츄바스어 ir[早 · 朝]과 대응한다. 어근 '일[早]'이 그대로 부사가 되었다. '일+ᄌᆞᆨ'의 합성어 형태는 시간상으로 앞선 때를 뜻한다. 'ᄌᆞᆨ(>즉)'은 '때'를 가리킨다. '일찍이'는 '일찍'에 부사화 접사 '-이'가 결합되어 또다시 부사가 된 말이다.

'이르다(<이ᄅᆞ다)'에서 '일'은 '올벼, 올되다, 올밤, 올콩' 등의 어휘에서 보이는 '올[早 · 年少]'과 의미가 일치하며, 음운이 교체된 '일-~올-'은 동근어다.

[일찍 일어나는 새가 먹이를 찾는다] 부지런해야 산다는 말.

일컫다 무엇이라고 일러 부르다. 이름 지어 부르다. 우러러 칭찬하거나 기리어 말하다. 중세어형은 '일ᄏᆞᆮ다[稱(칭)]'다. 이는 '잃[名]+ᄀᆞᆮ/ᄀᆞᆯ(다)[曰 · 稱]+다'로 분석된다. 중세어 '일ᄏᆞᆮ다'는 사물을 지칭하는 뜻을 그대로 유지한 채 '일컫다'로 어형이 변하였다. ¶ 그를 일컬어 천재라고 한다. 사자를 백수의 왕이라고 일컫는다.

읽다 다소 길게 적힌 문자 매체를 눈으로 보아 가면서 그 뜻을 알게 되다. 중세어형은 '닑다'다. '읽다'는 '이르다(<닐다~니르다~니ᄅᆞ다[謂(위)]), 일컫다(<일ᄏᆞᆮ다[稱(칭)])'와 동근어다. 어근 '닐-'이 구개음화하여 '읽다'가 되었다.(니르다>이르다>닐다/닑다>읽다) 함경북도 사투리는 [닑다]다. 읽는 것은 말하는 것과 정보 전달 면에서 동일한 행위로 동원어라 할 수 있다. ¶ 소설책을 밤새 읽었다.

임금 군주 국가의 원수(元首). 왕(王). 중세어형은 '님금'이다. 신라말로 임금을 '尼斯今(니사금), 尼叱今(닛금), 麻立干(마립간), 居世干(거세간), 次次雄(차차웅)'이라 하였다. '니사, 닛'은 '닛다[>잇다; 繼(계)]'의 어근 또는 주(主; nirimu>nim)를 뜻하는 '님'이다. '님금'에서 '금~간(통치자)'은 '단군왕검'에서 '검(<곰)'과 같이 신(神) 곧 통치자를 뜻하며, 알타이어 kam[巫(무)], 몽골어 xan(왕), 한자 군(君)과 일치한다.(니사/닛+금→님금/님군>임금) 임금의 어원적 의미는 '신(神)의 자리를 대대로 잇는 사람'이다.

입 입술에서 목구멍에 이르는 부분. 음식을 받아들이며 소리를 내는 기관. 남의 말이나 소문. <계림유사>의 口曰邑(구왈읍)은 중세어를 거쳐 현대어와 발음이 같다. <삼국사기>에 강화(江華)의 옛 이름을 穴口라 기록하고 [甲比古次]로 읽어 口(구)의 발음이 [고자/고지]였음을 알 수 있다. [고자]와 제주 사투리 '굴레(입)는 일본어 [kuti;口]와 일치한다. 우리말 사투리 및 속된 말 '아가리'는 몽골어 agur와 대응하는 말이다. '입'을 몽골어 ama(<amga<aŋga<aga<agar), abga>ab>ib[입]과 동근어로 보기도 한다. 입[口]은 kut~kul(구덩이, 굴[穴])과 같은 어근형으로 원형어(圓形語)다. 고대 일본어 ip-(말하다), iFe(家), iFu(云)와 대응한다.

'입'이 육체의 안과 밖의 통로이기 때문에 중세어 '입/잎[門戶]'과 동일한 기능임을 알 수 있다. 동사 '읊다'도 동근어다. 한편, '아귀'는 대가리가 넓적하고 입이 큰 바닷물고기로 입 모양에서 유래된 이름이다. '아귀탕'의 재료로 쓰인다. 음식을 욕심껏 입안에 넣고 마구 씹어 먹는 모양을 '아귀아귀'라 하고, 서로 헐뜯고 기를 쓰며 사납게 다투는 일은 '아귀-다툼'이라 한다. ◇ 입이 짧다 - 음식을 적게 먹거나 가려 먹다. ¶ 입이 아파서 말을 할 수가 없다. 남의 입에 오르내리다. ☞ 악머구리

입가심 입안을 개운하게 함. = 입씻이. 입가심은 '입'에 '가시다'의 명사형인 '가심'이 합성된 말이다. '가심'은 '변하다, 고치다'를 뜻하는 중세어형 '가ᄉᆡ다/가싀다'가 '신선해지다. 나쁜 것이 없어지다'로 의미가 변한 것이다. '볼-가심, 집-가심'도 같은 짜임으로 이루어진 말이다. ¶ 입가심으로 물을 마시다. 입안을 가시다. 그릇을 가시다.

입겿 한문의 글 뜻을 분명히 하거나 읽기 쉽게 하기 위하여 한문 구절에 끼워 넣는 우리말 토인 구결(口訣←口授傳訣)의 고유어. 어조사(語助辭). '입+겿/겾/겻'으로 분석된다. '입'은 입[口(구)] 또는 읊(다)[吟(음)]를 뜻한다. '겿'은 사물의 중요한 성질에 곁따르는 것 또는 '겿'이 '말, 말씀'에 붙어 쓰이던 일이 있어 '어조(語調)'의 뜻으로 보기도 한다. 결국 입겿의 어원적 의미는 '읽어나가는 결. 말의 결(말결)'이다.

입다 옷을 몸에 꿰거나 두르다. ↔ 벗다. 손해를 받거나 누명 따위를 뒤집어쓰다. 은혜나 도움 따위를 받다. 어떤 일을 치르거나 당하다. 중세어형은 '닙 · 다'다. (닙다>입다) 어근 '닙'은 잎(<닙[葉(엽)])으로 '띠-다, 배-다, 신-다, 품-다'처럼 명사가 동사로 된 말이다. 입다[着衣(착의)]의 어원적 의미는 원시 상태에서 나뭇잎[옷]으로 몸을 가리는 행위다. '입성'은 '옷'의 속된 말이다. ¶ 옷을 입다. 피해를 입다. 은혜를 입다. 부상을 입다.

입덧 임신 초기에 구역질이 나고 몸이 약해지는 증세. '입+덧'으로 분석된다. 더하다[加 · 重]와 동근어인 '덧'은 '빌미나 탈. 병(病)'을 뜻하는 말로 '덧거칠다(일이 순조롭지 못하고 가탈이 많다), 덧나다/내다, 덧들이다; 목덧, 발덧, 뱃덧' 등으로 쓰인다. ◇ 입덧이 나다 - 입덧의 증세가 나타나다. ¶ 입덧이 생기다. 농담 한 마디가 덧이 되어 싸움이 벌어졌다.

입때 여태까지. 입때의 근대국어 '입ᄢᅢ'는 '이(此)+ᄢᅢ[時(시)]'로 분석된다. 지시 대명사 '이'에 'ᄢᅢ'의 어두복자음 중 /ㅂ/이 내려붙어 '입'이 되었다.(입ᄣᅢ/입ᄢᅢ>입때) 이와 같은 짜임으로 된 접때(←저+ᄢᅢ)는 지난 지 며칠 되지 않은 때를 막연하게 이르는 말이다. ¶ 입때 안 왔어. 접때는 어디 갔었니?

입발림 달콤한 말로 비위를 맞추어 살살 달래는 일. 또는 그런 말이나 짓. '입-발림'

은 '사탕발림'이란 뜻으로 '입'에 '바르다/발리다[塗(도; 칠하다)]'의 명사형 '발림'이 합성된 말이다.

'입바른 (소리)'은 '입바르다(바른 말을 하는데 거침이 없다)'의 관형사형으로서 입발림과 다른 말이다. ¶ 뭔가 바라는 것이 있는지 입발림 소리를 한다. 입발림 소리 좀 그만 하시오. 그 사람은 언제 어느 때나 입바른 소리를 한다.

입술 입의 아래위에 도도록이 붙은 얇고 부드러운 살. 중세어형은 '입시울'이다. '입[口]+시울[弦(현)]'로 분석된다. 입시울은 '입시우리, 입시올, 입슈울, 입슈월, 입시욹'을 거쳐 '입술[口脣(구순)]'이 되었다. 입술에서 '술'은 눈의 가장자리(테두리)에 속눈썹이 난 곳인 '눈시울', 활시위에서의 '시울/시욹(←실[絲]+올)'과 동근어다. 입시울[口弦(구현), 脣]은 '입술'로 형태의 변화를 입은 뒤에 언중(言衆)이 구육(口肉)[입살, 脣(순)]으로 인식한 말이다. 경북 사투리 '입수불, 입수부리'와 전라도 사투리 '입소리'는 중세어형과 비슷하다. ◇ 입술에 침이나 바르지 - 거짓말을 공공연하게 하다. ☞ 눈시울

입씨름 어떤 일을 이루려고 말로 애를 쓰는 힘. 말다툼(말씨름). 중세어형은 '입힐훔'이다. 입씨름(<입힐훔)은 '입[口]+힐후(다)+ㅁ(접사)'으로 분석된다. <법화경언해>에 나오는 '힐후다[難(난)]'는 '힐난(詰難)하다. 캐고 따져서 비난하다'를 뜻하는 동사다. '힐훔'이 '실훔>씨름'으로 어형이 변화된 것은 '힘>심, 혀>셔, 희다>세다'와 같이 'ㅎ->ㅅ-'으로 바뀐 현상이다. '입씨름'의 어원적 의미는 '상대방을 힐난하며 따지는 행위'다. ¶ 여러 차례의 입씨름 끝에 모든 일이 원만히 해결되다. ☞ 입, 씨름

입씻김 자기에게 불리한 말을 못하도록 슬며시 금품을 줌. '입씻이'라고도 한다. '입+씻(다)+기+ㅁ'으로 분석된다. ¶ 나는 아우에게 입씻김으로 돈을 주었다.

잇몸 이의 뿌리를 싸고 있는 살. 잇몸은 15세기 문헌에 '닛믜욤, 닛믜윰'이라 표기하였는데, 동음생략으로 '닛므윰(>닛무음>닛몸)'이 되었다. '므윰'은 '(이가) 묻힌 곳'이란 뜻으로 '무덤'과 관계가 있는 것으로 보인다. '잇몸'은 이[齒(치)]가 '이틀'에 붙은 것이므로 몸[體(체)]에 이끌려 '이의 몸'으로 언중(言衆)에 의해 인식된 말이다. ☞ 몸

잇바디 이가 죽 박힌 줄의 생김새. 치열(齒列). 전대의 표기는 '닛바대'다. '니[齒(치)]+ㅅ+바대[筬(성)]'로 분석된다. '바디(<바대/바듸)'는 베틀이나 자리틀에 딸린 기구로, 빗처럼 날이 고르며 씨를 치는 구실을 한다.

ㅇ

잇빛 붉은빛의 물감. '잇+빛'으로 분석된다. '잇'의 중세어형은 '니ᅀᅵ'로 잇꽃(<니ᅀᅵᆺ곶[紅藍花])의 꽃부리에서 채취한 붉은빛의 물감을 뜻한다. '이팥'은 붉은색을 띤 팥이다. 꼭두서닛빛은 꼭두서니 뿌리에서 뽑아낸 짙은 빨강 물감을 일컫는 말이다. ☞ 빛

잎 식물의 영양기관의 하나. 잎사귀. 이파리. 중세어형은 '닢'이다. '닢(>잎)'은 '납작하다(<납쟉ᄒᆞ다)'의 어근 '납-(얇고 평평함)~넙-[廣(광)]'과 의미 · 형태상 동원어로 보인다. 원시 알타이어 재구형은 *liapV[葉(엽)]이다. '잎사귀, 잎새, 이파리; 꽃잎, 나뭇잎, 풀잎' 등으로 쓰인다. 나무나 풀의 살아 있는 넓적한 낱 잎을 '이파리(←잎+아리)'라고 한다. ¶ 잎새에 이는 바람에도 나는 괴로워했다. <윤동주(서시)>

ㅈ

자 길이를 재는 데 쓰이는 기구. 단위성 의존명사로 한 자는 약 30.3cm임. <계림유사>에 尺曰作(척왈작), <훈민정음해례>에는 '자 爲尺'이라 하였다. 중세어형 '자ㅎ'은 한자어 '尺[tś'iäk/chï]'의 차용이고, 고대일본어 saka(尺)의 'sa'는 재차용이다. '자'의 종류에는 '곱자, 대자, 삼각자, 줄자, T자' 등이 있다. '(길이를) 재다'는 명사 '자ㅎ'에서 파생된 동사다. [자에도 모자랄 적이 있고 치에도 넉넉할 적이 있다] 경우에 따라, 많아도 모자랄 수 있고 적어도 남을 수가 있다는 말. ¶ 열 자 세 치.

자갈 자잘한 돌멩이. = 잔돌. 백제어 珍惡은 중세어 'ᄌᆡ벽[礫]'을 거쳐 오늘날 '자갈'이 된 말이다. 자갈은 '작(다)[小]+알[卵(란)]'로 분석된다(작알>자갈). '자갈'은 알타이어계(系) *tïlarun[石]을 중국어의 고대음 žịäk으로 다시 받아 '작'에 '알'이 결합된 어형이다. 자갈[礫(력)]의 어원적 의미는 '작은 알'이다. '자갈길, 자갈밭, 자갈수멍(물이 잘 빠지도록 바닥에 조약돌을 채워 묻은 도랑); 바닷자갈, 밤자갈, 잔자갈' 등으로 쓰인다. ☞ 조약돌

자개 금조개 껍데기를 얇게 썰어 낸 장식 재료로서의 조각. 16세기 문헌 <사성통해>의 표기는 '쟈ᄀᆡ'다. 자개는 '쟉/작(다)[小]+ᄋᆡ/애(접사)'로 분석된다.(쟈개/쟈ᄀᆡ>자ᄀᆡ>자개) 어원적 의미는 '작은 조각'이다. '자개그릇, 자개농(籠), 자갯돌(←작+애+돌), 자개상(床), 자개장(欌), 자개함(函)' 등으로 쓰인다. ¶ 자개가 박힌 옷장.

자국 일정한 물체에 다른 물건이 닿거나 지나간 자리(흔적). 자취. 부스럼이나 상처가 아문 자리. 일의 근원이 발달된 곳. 붙박이로 있어야 할 자리. 자국은 알맹이를 뜻하는 중세어 'ᄌᆞᅀᆞ[核(핵)]'가 변한 말이다.(ᄌᆞᅀᆞ>ᄌᆞᄋᆞ/ᄌᆞ+-옥/욱(접사)>자욱/자곡/자국) '자국걸음, 자국눈, 자국물; 발자국, 손자국'으로 쓰인다. 짐승의 발자국은 '자귀'라고 한다. ¶ 수레가 지나간 자국. 여드름 자국. 자귀를

짒다.(짐승의 발자국을 따라 찾아가다)

자꾸 잇달아서 여러 번. 끊이지 않고 잇달아서. ≒ 빈번히. 늘. ‘잦(다)[<ᄌᆞᆽ다; 빈(頻)]+고’로 분석된다.(ᄌᆞᆽ+고/오→자꾸) 어원적 의미는 ‘잦게’다. ‘다-자꾸’는 ‘덮어놓고 마구. 무턱대고 자꾸’를 뜻하는 말이다. ¶ 자꾸 찾아와서 괴롭힌다. 왜 자꾸 우느냐? 자꾸자꾸 눈이 옵니다. 다자꾸 조르다.

자네 ‘하게’라고 할 자리에 상대를 직접 부르는 2인칭 재귀 대명사. 중세어형 ‘자내’는 ‘스스로[自(자)], 몸소(부사)’ 또는 ‘자기(<ᄌᆞ갸; 대명사), 자기의(관형사)’로 쓰였던 말이다. 그러다가 17세기부터 ‘자내’가 ‘너’의 높임말로 쓰이기 시작하였다. ‘자네(<자내/자ᄂᆡ/ᄌᆞᄂᆡ)’는 이인칭 대명사 ‘너’보다 훨씬 후대에 이루어진 인칭 대명사다. ‘자네’의 어원적 의미는 재귀적인 뜻인 ‘자기-네’다. 대우법에서 등급상 ‘자네’는 ‘당신, 그대’보다는 낮고, ‘너’보다는 높은 위치에 놓인다. ¶ 이 일은 자네가 맡아야겠네. 자네나 나나 피장파장일세. ☞ 너

자두 장미과의 낙엽 활엽 관목인 자두나무의 열매. 한자어 紫桃(자도)가 발음이 변한 말이다.(자도>자두) ‘오얏’은 자두의 옛말이다. 열매는 7월경에 누른빛이나 자줏빛으로 익는다.

자라다 → **‘모자라다’** 참조

자락 옷 · 피륙 따위의 아래로 드리운 넓은 조각. 17세기 문헌 <역어유해>에 ‘쟈락’이 나온다. ‘쟈르+악’으로 분석된다. ‘쟈르-’는 ‘짧다’의 옛말 ‘쟈르다’의 어간이고, ‘-악’은 접미파생어다. ‘쟈르다’는 가르다[分]에 어원을 둔 말로 ‘가르다>댜르다>자르다>짧다’로 어형이 변화되었다.(쟈르+악→쟈락>자락)

‘자락’이 합성된 말에는 ‘산(山)자락, 앞자락, 옷자락(<오쟈락), 치맛자락’ 등이 있다. 옷의 앞쪽 자락을 ‘앞자락’이라 하고, ‘웃옷이나 윗도리에 입는 겉옷의 앞자락’은 ‘오지랖’이라 한다. 자드락(나지막한 산기슭의 비탈진 땅)도 동근어다. ¶ 꼭꼭 숨어라 옷자락이 보인다. 양지바른 자드락에 밭을 일구다.

자랑 자기 자신 또는 자기와 관계 있는 사람이나 물건, 일 따위가 썩 훌륭하거나 남에게 칭찬을 받을 만한 것임을 드러내어 말함. 또는 그렇게 말할 수 있는 거리. 중세어형은 ‘쟈랑’이다. ‘쟈랑’은 ‘쟈르~쟐/자르~잘[能(능)]+-앙’으로 분석된다.(쟈랑>자랑) ‘-앙/엉’은 ‘노랑, 파랑, 사랑, 구부렁, 아랑곳없다’ 등에 쓰인 명사화접사다. 어원적 의미는 ‘잘하는 것’이다. <능엄경언해>에 ‘잘카냥ᄒᆞ다(자랑하다. 잘난 체하다)’가 나온다. ‘자랑거리, 자랑삼다, 자랑스럽다’로 쓰인다.

¶ 솜씨 자랑. 친구들에게 아버지를 자랑한다. ☞ 잘못하다

자루[1] 여러 가지 물건을 담을 수 있게 헝겊 따위로 만든, 크고 길쭉한 주머니. 또는 그 분량을 세는 단위. 중세어형은 '잘[囊(낭; 주머니)]'이다. '잘'은 '잘-두루마기; 개-잘량'에서와 같이 짐승의 가죽[皮革(피혁)]을 뜻하는 말이다.(*잘ᄀ/잘+ᄋᆡ→자ᄅᆞ>자루) 자루의 어원적 의미는 '가죽으로 만든 것'이다. 쌍으로 된 물고기의 알주머니를 뜻하는 '자래'도 동근어다. ¶ 쌀을 자루에 담다. 대구의 자래는 크다.

자루[2] 연장의 손잡이. 칼이나 연필 등 기름하게 생긴 물건의 낱개를 세는 단위. 중세어형은 'ᄌᆞᄅᆞ/ᄌᆞᆯ'이다. '자루(<ᄌᆞᄅᆞ[柄(병; 손잡이)])'는 '자르다(<ᄌᆞᄅᆞ다[切(절)])'의 어간이 명사로 된 것으로 보인다. '자루걸레, 자루바가지(<ᄌᆞᄅᆞ박); 낫자루, 도끼자루, 망치자루, 호밋자루' 등으로 쓰인다. '자루'의 어원적 의미는 '(긴 막대를) 자른 것'이다. ¶ 자루가 부러졌다. 자루가 달린 바가지. 연필 한 자루. 권총 두 자루. ☞ 자르다

자르다 물체를 날카로운 도구로 베어 도막을 내다. 유의어는 '가르다. 끊다'다. 중세어형은 'ᄌᆞᄅᆞ다'다. '자르다'는 짧다와 동원어고, 분리 개념어 '가르다'에서 온 말이다. '가르다[分(분)]>댜르다[短(단)]>쟈르다>자르다[切(절)]>짧다'로 어형 변화 과정을 거쳤다. '크기가 작거나, 굵기가 가늘다'를 뜻하는 '잘다(<ᄌᆞᆯ다[細小(세소)])'와 동근어다. ¶ 목수가 톱으로 나무를 자르다. ☞ 젊다

자리 사람이나 물체가 차지하는 일정한 넓이를 가진 공간(터). 자국. 직위나 지위. <삼국유사(처용가)>의 향찰 표기 '入良沙 寢矣見昆(드러사 자ᄅᆡ 보곤)'가 나온다. 자리는 동사 '(잠을) 자다'의 어근에 접사가 결합되어 명사로 된 말이다. (자-+ㄹ+이) 어근 '자'는 '땅(<다/ᄯᅡ)'에서 온 말이다.(자리<*ᄃᆞ리) 15세기 문헌 <내훈>에 돗자리를 '잘돗'이라 하였다. 원래 뜻은 '잠자는 장소(잘데, 잠자리)'였다가 좌석(座席)의 뜻으로 바뀌었다. '자리'가 합성된 낱말에 '돗자리, 보금자리, 이부자리, 일자리; 자릿값, 자리다툼, 자리매김, 자리바꿈, 자릿세(貰), 자릿수(數), 자리하다' 등이 있다. '돗자리'는 왕골이나 골풀의 줄기를 잘게 쪼개서 친 자리를 뜻한다. '보금자리(새 둥우리)'는 내포(內包) 개념어 '보금'에 '자리'가 결합한 것이다.

한편, 곤충 이름 '잠자리(<ᄌᆞᆫ자리)'는 '물체에 앉아 잠자는 상태와 같이 가만히 머물러 있다'에서 붙여진 이름이다. '잠자리[잠짜리]'는 잠을 자는 곳, 즉 침소(寢

所)다. ◇ 자리를 잡다 - 일자리나 의지할 곳을 얻어 머무르게 되다. ◇ 보금자리 치다 - 보금자리에 포근하게 들어앉다. ¶ 누울 자리를 보고 발을 뻗어라. 얼굴에 긁힌 자리가 있다. 자리다툼(좋은 지위나 자리를 차지하려고 다투는 일)을 하다.

자리끼 밤에 자다가 마시기 위하여 잠자리의 머리맡에 준비하여 두는 물. '자(다)[寢(침)]+ㄹ+이(物; 의존명사)+끼(물)'로 분석된다. '끼'는 액체나 가루 따위를 다른 것 위에 흩어지게 내던지듯 뿌리다를 뜻하는 동사 '끼-얹다'와 '끼-뜨리다'의 '끼'와 같은 말이다. 자리끼의 어원적 의미는 '잠자는 자리의 물'이다. 밤을 지낸 자리끼를 '밤잔-물'이라고 한다. ¶ 할아버지 방에는 늘 자리끼가 놓여 있었다. ☞ 자리

자린고비 다라울 정도로 인색한 사람. '절다(소금기나 기름이 배다)'의 관형사형 '자린'에 '고비(考妣)'가 결합된 말로 보인다. '자린(←자리+ㄴ)'은 소금에 '절인'의 기본형 '절다/절이다'와 모음교체된 '줄다[縮(축)]'와 동근어다. 몹시 인색한 사람을 뜻하는 '충주 결은 고비'에서 '결은'은 으뜸꼴이 '겯다'로 기름기가 흐뭇이 묻어 배다를 의미한다. '고비(考妣)'는 돌아가신 부모님의 신주(神主)인 지방(紙榜)을 가리킨다. 어원적 의미는 '기름에 결은(전) 지방'이다.(저린/전+고비→자린고비)

'자린고비'란 옛날 어느 구두쇠 양반이 부모 제사 때 쓴 지방 종이를 아까워 태우지 않고 접어두었다가 오랫동안 사용하여 죽은 아비 考(고), 죽은 어미 妣(비) 자가 손때에 절었다는 설화에서 나온 말이다. 구두쇠를 풍자했지만 근검 절약의 모범을 보여주는 교훈적인 이야기다. ¶ 우리는 경제적 위기를 '자린고비' 정신으로 극복해야 한다. 장판지를 콩기름에 겯다.

자물쇠 여닫는 물건을 잠글 수 있게 쇠붙이로 만든 물건. 중세어형은 'ᄌᆞᄆᆞᇙ쇠, ᄌᆞᄆᆞᆯ쇠'다. 자물쇠는 '잠그다(<ᄌᆞᄆᆞ다; 열 수 없게 하다)'의 어간에 관형사형어미 '-ㄹ'이 결합하여 '쇠'와 합성된 말이다. 'ᄌᆞᄆᆞ다'는 'ᄌᆞᆷ그다>잠그다'로 /ㅁ/ 아래에서 /ㄱ/이 덧붙어 어형 변화를 일으켰다. 'ᄌᆞᆷ다, ᄌᆞᆷㄱ다, ᄌᆞᄆᆞ다'는 침잠(沈潛; 가라앉음)과 쇄(鎖)의 의미를 지닌 말로 폐장(閉藏) 개념어 '감추다(kVm-)'에서 발달한 것으로 보인다. 열쇠(<엸쇠)는 열다[開(개)]와 쇠[鐵(철)]가 합성된 말이다. ☞ 감추다, 쇠

자반 물고기를 소금에 절인 반찬감. 좀 짭짤하게 졸이거나 무친 반찬. 한자를 빌려 '佐飯(좌반)'으로 적기도 한다. '자반-고등어'는 소금에 절인 고등어다.

‘뱃자반’은 생선을 잡은 곳에서 바로 소금에 절여 만든 자반이다. ‘콩-자반은 콩을 간장에 졸인 반찬이다. 자반-뒤지기(씨름 재주의 한 가지), 자반-뒤집기(몸이 아파서 엎치락뒤치락 하는 짓)/하다’가 있다. ◇ 말고기 자반 - 술에 취하여 얼굴이 불그레한 사람을 조롱하여 이르는 말.

자밤 양념이나 나물을 손가락 끝으로 집을 만한 정도의 분량. ‘잡(다)+암(접사)’로 분석된다. 자밤의 어원적 의미는 ‘잡은 것’이다. ¶ 나물 한 자밤. 나물을 그릇마다 자밤자밤 집어 놓다. ☞ 잡다

자분참 지체 없이 곧. ‘잡(다)[執(집)]+-은(관형사형어미)+참’으로 분석된다. ‘참(站)’은 ‘일을 하다가 쉬는 짬. 시간이 지나는 동안’을, ‘한참’은 시간이 상당히 지나는 동안을 뜻하는 말이다. ‘자분참’의 어원적 의미는 ‘잡은 동안에. 잡은 김에’다. ¶ 사람이 내리자 자분참 떠나는 차.

자분치 귀 앞에 난 잔 머리카락. ‘잡(다)+-은(관형사형어미)+치(물건. 것)’으로 분석된다. ‘자분치’의 어원적 의미는 ‘잡은 것’이다.

자비 가마 따위의 탈것을 두루 이르는 말. ‘잡(다)+-이(명사화접사)’로 분석된다. 어원적 의미는 ‘(탈것에 올라 손으로) 잡는 것’이다. ‘자빗간(間)’은 자비를 넣어 보관하는 곳(곳집)이다.

자빡 결정적인 거절. 일축(一蹴; 단번에 거절하여 물리침). 자빠지다(뒤로 기울다)의 어간에 접사 ‘-악’이 결합된 말이다.(잪/자빠+악→자빡) 합성어에 ‘자빡계(契; 돈을 타는 동시에 탈퇴하는 계), 자빡대다(거절하다), 자빡맞다, 자빡뿔(뒤로 잦혀지고 뒤틀린 쇠뿔)’이 있다.

자새 실 · 새끼 · 바 따위를 감거나 꼬는 데 쓰는 작은 얼레. ‘잣다’의 어근에 접사 ‘-애’가 결합된 말이다.(잣+애→자새) 동사 ‘잣다(<ᄌᆞᆺ다)[紡(방)]’는 물레를 돌려 실을 뽑아낸다는 뜻이다. ‘자새질/하다, 자새풀무(자새처럼 돌려서 바람을 나게 하는 풀무); 옥자새(끝이 안쪽으로 꼬부라진 자새’로 쓰인다. 동근어 ‘장애[장앳간, 장앳줄, 장애틀]’는 광산에서 갱구(坑口)의 물을 잇달아 퍼 올리는 기구를 뜻하는 말이다. ¶ 낚싯줄을 자새로 감아올리다.

자아내다 물레 따위로 실을 뽑아내다. 기계로 물 따위를 흘러나오게 하다. 느낌이나 사물을 끄집어서 일으켜 내다. ‘잣(다)[<ᄌᆞᆺ다; 紡(방)]+아(어미)+나(다)[出(출)]+이(접사)+다’로 분석된다. 자아내다(<ᄌᆞ아내다)의 어원적 의미는 ‘뽑아서

나오게 하다’다. ¶ 명주실을 자아내다. 양수기로 물을 자아내다. 눈물을 자아내는 이야기. ☞ 자새

자작나무 자작나뭇과의 낙엽 활엽 교목. = 봇나무[樺木(화목)]. 백화(白樺). 나무 껍질은 희며 얇게 벗겨진다. 앞선 표기는 ‘ᄌᆞ작나모, 자쟈남게’다. 자작나무를 불에 태우면 ‘자작자작’ 소리를 내며 탄다는 데서 붙여진 이름이다.

자작자작 액체가 점점 잦아들어 적은 모양. <큰>지적지적. ‘잦(다)[<ᄌᆞᆽ다; 涸(학; 물이 마르다)]+악’으로 분석된다. ‘잦히다’는 밥이 끓은 뒤에 불을 약하게 하여 물이 잦게 하다. ¶ 냄비의 찌개가 자작자작 졸아들다. 상처는 아물지 않고 고름이 지적지적 흘렀다. 밥을 곱잦히다. ☞ 잣감

자장면/짜장면 고기와 채소를 넣어 볶은 중국 된장에 비빈 국수. 중국어 ‘炸醬麵[작장미엔]’이 발음이 변하여 ‘자장면’이 되었다. ‘炸’은 ‘볶다, 튀기다’고, ‘醬(장)’은 된장, ‘麵(면)’은 국수다.(작장미엔→자장미엔→자장면/짜장면) 간자장면에서 ‘간’은 한자 ‘乾(건; 마르다)’이다. ¶ 자장면 곱빼기.

자장-자장 아기를 재우며 조용히 노래처럼 부르는 소리. ‘자(다)+-자(청유형어미)+응(대답을 하거나 다짐을 둘 때 하는 소리)’로 분석된다.(자자+응→자장) ‘자장’은 아기에게 자라고 달래는 뜻을 나타내는 소리다. ¶ 자장자장 잘도 잔다. 자장가를 부르다. ☞ 잠

자주[1] 짙은 남색에 붉은빛을 띤 빛. 한자로 紫朱라고 쓴다. 자주는 중국어 紫的(자적)에서 온 말로 중세어형은 ‘ᄌᆞ디’다.(ᄌᆞ디>ᄌᆞ지>자주) ‘자주-감자, 자줏빛, 자주색(色)’으로 쓰인다.

자주[2] 동안이 짧게 여러 번. 잦게. 중세어형은 ‘ᄌᆞ조’다. 형용사 잦다(<ᄌᆞᆽ다)[頻(빈)]의 어근 ‘ᄌᆞᆽ-’에 부사화 접사 ‘-오/우’가 결합된 파생부사다.(ᄌᆞ조>자조>자주) 잇달아 여러 번을 뜻하는 ‘자꾸’는 ‘ᄌᆞᆽ(다)+고/오’로 분석되는 부사다. ¶ 몸은 못 가지만 전화는 자주 한다.

자지 남자의 생식기. 남근(男根). 자지(=좆)는 ‘눈자위[眼精(안정)], 노른자위’에서 ‘자위’의 옛말 ‘ᄌᆞᅀᆞ[核(핵; 알맹이)]’의 어근 ‘ᄌᆞᇫ’에 명사형성 접미사 ‘-이’가 결합된 어형이다. ‘잠지’는 어린아이의 자지를 귀엽게 이르는 말이다. ‘어지-자지(=남녀추니)’에서 ‘어지’는 ‘보지’에서 ‘ㅂ’이 탈락한 꼴이다. ☞ 눈자위, 종요롭다

자치동갑 나이가 한 살 차이인 동배(同輩; 나이가 비슷한 사이의 사람). = 어깨동갑(키가 비슷하여 어깨를 나란히 할 수 있는 사이). '동갑(同甲; 같은 나이)'의 합성어에 '동갑내기, 동갑숲; 띠동갑, 한동갑; 해동갑' 등이 있다. '자치동갑'은 '자칫하면(하마터면) 동갑(同甲; 같은 나이)이 될 뻔했다'는 데서 온 말이다. ¶ 내 동무는 올해 쉰둘이요 나는 쉰세 살로 자치동갑이다. ☞ 해동갑

자투리 자풀이로 팔다 남거나 쓰고 남은 피륙의 조각. 17세기 문헌 <역어유해>의 표기는 '자토리'다. 자투리는 '자ㅎ[尺]+도리'로 분석된다. '-도리/-두리'는 핵심을 두른 '부분(部分)'을 뜻하는 접사다. 결국 '자투리'는 자로 마름질하여 잘라낸 옷감의 조각(부분)이다. 자투리에 유추된 말에는 '나투리('나머지'의 전라도 사투리), 마투리(섬을 되고 남은 곡식), 행투리(行; 좋지 못한 버릇이나 행동)'가 있다.

구획 정리나 도로 확장 따위에 이용하고 남은 좁은 땅을 '자투리-땅'이라고 한다. 나지막한 산기슭의 비탈진 땅은 '자드락'이다.(자드락-길, 자드락-밭) <월인석보>의 '자맛짜'와 <두시언해중간본>에 '자맜홁[寸土]'은 '자의 길이만큼 좁은 땅'을 일컫는 말이다. '자맛'은 '자만한. 조그만'의 뜻이다. 18세기 문헌 <고금석림>에는 '자두리쩍[尺餠(척병)]'이 나온다. ¶ 자투리 무명으로 방석을 만들어 요긴하게 쓰다. ☞ 자

작다 물건의 길이 · 넓이 · 부피 · 높이 따위의 크기가 보통 정도에 이르지 못한 상태에 있다. ↔ 크다. 15세기 문헌 <관음경언해>, <두시언해초간>에 '쟉다, 젹다' 이외에 '혹다'가 나온다. '혹다'는 <계림유사>에 小日胡根(소왈호근)과 일치한다. '작다(<쟉다)'는 '짧다(<댜ᄅᆞ다), 젊다(<졂다), 잘다(<ᄌᆞᆯ다)'와 동원어로 가르다[分]에서 파생한 말이다.(가ᄅᆞ다→댜ᄅᆞ다/뎌르다→쟉다/젹다>작다/적다) [작은 고추가 더 맵다] 작은 사람이 오히려 큰 사람보다 더 단단하고 오달지다는 말. ☞ 젊다

작벼리 물가의 모래와 돌들이 섞여 있는 곳. '작별+이'로 분석된다. <훈몽자회>에 '쟉벼리 적(磧)'이 나온다. 한자 磧(적)은 서덜(강가나 냇가의 돌이 많은 곳)을 뜻한다. '작별(<쟉벼리)'은 조약돌의 옛말이다. ¶ 갯가의 작벼리가 해일에 결딴났다. 서덜을 지나자 모래톱이 나타났다. ☞ 조약돌

작살 작대기 끝에 뾰족한 쇠를 두세 개 박아, 물고기 따위를 찔러 잡는 데 쓰는 연장. 18세기 문헌 <한청문감>에 '고기 지르는 쟉살(魚叉)'이 나온다. '작+살(바

늘처럼 뾰족한 것)'로 분석된다.(쟉살>작살) '작'은 기름한 나무인 작대기나 화살(긴-작, 짧은-작, 평-작)을 뜻하는 말이다. '살'은 '어살이나 화살'의 준말이다. 작살[魚杈(어차)]의 어원적 의미는 '긴 나무에 박은 살'이다.

'작살-나다'는 '박살나다. 아주 결딴나다', '작살-내다'는 '작살나게 하다'를 뜻하는 말이다. '고래-작살'은 던지거나 대포로 쏘아 고래를 잡는 작살이다. 한편 '작사리/작살'은 한끝을 엇결어서 동여맨 작대기로 무엇을 받치거나 걸때에 쓴다. 북한에서는 작살을 '뭇대'라고 한다. ¶ 밤에 강이나 내에 불을 비추어 물 속에 있는 고기를 작살로 잡는 일을 '토림'이라고 한다. ☞ 살[3]

잔나비 원숭이를 이르는 말. 중세어형은 '납'다. 17세기 문헌 <박통사언해중간>에 'ᄌᆞᆫ납이'로 나온다. 'ᄌᆞᆫ+납[猿(원)]+이(접사)'로 1차 분석된다. 'ᄌᆞᆫ'은 'ᄌᆞᆽ다(>잦다)'의 어근에 접사 '이'와 관형사형어미 '-ㄴ'이 결합된 형태다.(납→ᄌᆞᆫ납이>ᄌᆞᆫ나비>잔나비) 어원적 의미는 '(동작이) 잰(빠른) 원숭이'다. 'ᄌᆞᆫ-'이 결합된 낱말에 'ᄌᆞᆫᄆᆞᆯ, ᄌᆞᆫ쇼, ᄌᆞᆫᄇᆡ(빠른 배)' 등이 있으며, 현대어에 '잰-걸음, 잰-손, 잰-소리; 재-빠르다, 잽싸게'가 있다. [잔나비 잔치다] 남을 흉내를 내어 한 일이 제 격에 맞지 아니한 경우를 비유적으로 이르는 말.

잔디 산과 들에 나는 볏과의 풀. 뿌리줄기는 옆으로 뻗고 각 마디에서 수염뿌리가 내려 땅을 튼튼히 얽는 작은 풀. 17세기 문헌 <동언고략>에 '잔ᄃᆡ, 잔쐬'가 나온다. 잔디는 '잘(다)+ㄴ+뒤/쒸/쀠/뙤[草·茅]'로 분석된다. '잔'은 '잘다'의 어근에 관형사형어미 '-ㄴ'이 결합하면서 /ㄹ/ 탈락한 꼴이다. <훈민정음해례>에 '뒤 爲茅'가 보인. '뒤'는 풀을 뜻하는 말로, 오늘날 단독으로 쓰일 때는 '떼, 띠, 뗏장'이라고 한다.(잔듸>잔디)

'잔디-풀'은 '잔디'를 '풀'로 강조한 말이다. '잔디밭; 금(金)잔디, 꽃잔디, 인조(人造)잔디' 등으로 쓰인다. 잔디의 어원적 의미는 '작은 풀'이다. [잔디밭에서 바늘 찾기] 찾아내기 어려움, 헛수고의 뜻을 비유한 말. ☞ 잘다

잔입 아침에 일어나서 아직 아무것도 먹지 아니한 입. 마른입. 공복(空腹). '자(다)[眠(면)]+ㄴ+입[口(구)]'으로 분석된다. 잔입의 어원적 의미는 '자고 일어난 입'이다. ¶ 한동안 잔입으로 출근하더니 몸이 많이 축났구나. ☞ 잠, 입

잔잔하다 바람이나 물결 따위가 가라앉아 조용하다. 큰 변화가 없이 안정되다. 소리가 나지막하다. 병이 더하지 아니하고 그만하다. '잔잔하다'는 '자다[眠(면)]'와 동근어로 보인다. '잔멀기(잔잔하게 일어나는 물결), 잔바람, 잔웃음,

잔자누룩하다, 잔조롬하다(하는 짓이 가늘고 잔잔하다), 잔즛이(조용히. 지그시)' 등으로 쓰인다. ¶ 바다가 잔잔하다. 잔잔한 말소리. 잔조롬한 글씨. 잔멸기가 일다. ☞ 잠

잔챙이 여럿 가운데에서 품이 낮고 보잘것없는 것. ↔ 머드러기. '잘(다)+ㄴ+챙이'로 분석된다. '챙이'는 올챙이(<올창이)에서 유추된 접사다. ¶ 낚시에 잔챙이만 걸린다. 쓸 만한 것은 다 팔고 잔챙이만 남았다. 머드러기만 골라 샀다. ☞ 잘다

잗다랗다 볼 만한 가치가 없을 정도로 하찮다. 매우 잘다. <준> 잗닿다. '잘(다)+-다랗-+다'로 분석된다. 어근 '잘-'은 'ㄹ'이 'ㄷ'으로 변하여 '잗-(←잘; 잘게)'이 되어, '잗-갈다(잘고 곱게 갈다), 잗-널다(음식물을 이로 깨물어 잘게 만들다), 잗-다듬다(잘고 곱게 다듬다), 잗-달다(잘고 다랍다), 잗-젊다(나이에 비하여 젊다), 잗-주름, 잗-타다(잘게 부서/드리다)'를 파생시킨 접두사다. '-다랗-'은 양(量)을 문제 삼는 공간형용사 뒤에 붙어 '그 특성이 매우 심함'을 더하는 접미사다.(가느다랗다, 높다랗다, 커다랗다 등) ¶ 잗다란 소나무. 사람이 너무 잗다랗다. ☞ 잘다

잘다 크기가 작다. 가늘다. 성질이 좀스럽다. 잘다(<ᄌᆞᆯ다)는 '뎌르다[短(단)]>저르다>자르다[切(절)]>잘다[小]'로 변천된 말이다. 접두사 '잔-[細小(세소; 자잘함 · 가늚 · 하찮음)]'은 '잘(다)+ㄴ(관형사형어미)'으로 분석되며 '잔가지, 잔금, 잔돈, 잔뼈, 잔꾀, 잔뿌리, 잔소리, 잔손질, 잔심부름, 잔주접, 잔줄, 잔챙이, 잔털' 등으로 널리 쓰인다. '자디잘다'는 '아주 가늘고 작다. 성질이 아주 좀스럽다'를 뜻한다.

이형태 '잗-'은 잘다의 어간 '잘-'이 다른 낱말과 합성될 때 '이튿날(←이틀+날), 섣달(←설+달), 푿소(←풀+소)'처럼 /ㄷ/으로 바뀐 꼴이다. '잗갈다/갈리다, 잗널다(음식물을 이로 깨물어 잘게 만들다), 잗다듬다, 잗다랗다/잗닿다, 잗달다(잘고 다랍다), 잗젊다, 잗주름' 등이 있다. ¶ 씨알이 잘다. ☞ 자르다

잘못하다 제대로 하지 못하다. 중세어형은 '잘몯ᄒᆞ다'다. '잘+몯[不]+ᄒᆞ다[爲]'로 분석된다. 부사 '잘'은 '좋다'의 중세어 '둏다'와 동근어다. 부사형 '됴히'가 이미 구개음화 되면서 어형이 변한 말이다. 부정 부사 '몯(>못[不能])'은 '말다[勿(물)]'와 동원어로 보인다. '잘못하다'의 어원적 의미는 '잘 하지 못하다'이다. ¶ 잘못했으면 뉘우칠 줄도 알아야 한다.

잠 눈을 감고 의식 없이 몸과 마음의 활동을 쉬는 상태로 되는 일. 중세어형은 'ᄌᆞᆷ'이다. 동사 '자다'의 고려말은 <계림유사>에 寢曰作之(침왈작지)라고 하였다. 잠은 '자다'에서 파생된 명사다. 터어키말 ja-t-(침대에 눕다. 잠자다)과 대응한다. 일본어 neru는 우리말 '눕다'와 관계 있는 것으로 보인다.

'잠'은 아무 말 없이 가만히 있는 침잠(沈潛) 상태의 표현어 '잠기다, 잠잠하다; 잔잔하다'와 동근어다. '잠자다(<ᄌᆞᆷ자다)'는 '잠을 자다'가 한 단어로 합성된 것이다. '자다/졸리다'의 경상 · 함경도 사투리는 [자블다/자브럽다]고, 경기도 사투리 [졸렵다]는 '졸다'의 형용사다. 웅크리고 자는 잠을 '새우잠(<ᄉᆡ오ᄌᆞᆷ)이라 한다. [잠을 자야 꿈을 꾸지] 어떤 결과를 얻으려면 먼저 순서를 밟아 그에 필요한 조건을 갖추어 놓아야 한다는 말.

잠깐 얼마 되지 않는 매우 짧은 동안(에). 조금. 중세어형은 '잢간'이며, 훈민정음 창제 전에 발간된 이두식 표기 문헌 <양잠경험촬요>(1415)에 暫間이 보이는 것으로 보아, '잠깐(<잢간)'은 순수 고유어임이 확인된다.(잠+ㅅ+간→잢간>잠ᄭᅡᆫ>잠깐) 그리고 '잢간'은 曾(증), 粗(조), 暫(잠)의 뜻으로 쓰인 말이지 '暫時間'의 준말이 아니다. '잠'은 '작음, 조금, 좀'의 뜻이다. 중국어에 暫時[잔시]는 있어도 '暫間'이란 말은 없다. ¶ 잠깐의 여유. 잠깐 기다리다.

잠꼬대 잠을 자면서 무의식중에 하는 헛소리. 18세기 문헌 <동문유해>, <역어유해보>의 표기는 'ᄌᆞᆷ고대/ᄌᆞᆷᄭᅩ대[夢話(몽화)]'다. '잠+고대'로 분석된다. '고대'의 어근은 '곧'으로 '빈말, 중얼거림'을 나타낸다. '고래고래 소리를 지른다. 코를 골다'에서 '고래/골'은 '말, 소리'를 뜻한다. 어근 '골'은 '곧[口(구; 입)]'으로 소급된다.

북한에서는 큰 소리로 시끄럽게 떠들다를 뜻하는 동사 '고다. 고아대다'가 쓰인다. 일본어 koe[聲(성)]는 kore(고래)에서 r음 탈락으로 이루어진 단어이다. ¶ 무슨 잠꼬대 같은 소리냐.

잠자코 아무 말 없이 가만히. 중세어형 'ᄌᆞᆷᄌᆞᆷᄒᆞ다(>잠잠하다)[默(묵)]'의 어간에 연결어미 '고'가 결합되면서 축약된 부사다.(ᄌᆞᆷᄌᆞᆷᄒᆞ+고→ᄌᆞᆷᄌᆞᆷ코/ᄌᆞᆷᄌᆞᆨ코>잠자코) <월인석보>에 '괴외ᄌᆞᆷᄌᆞᆷᄒᆞ다(고요하고 잠잠하다)'가 나온다. [잠자코 있는 것이 무식을 면한다] 모르면 가만히 있는 것이 상책이라는 말. ¶ 입을 다물고 잠자코 앉아 있다.

잡다 손으로 움켜쥐고 놓지 아니하다. 마음으로 헤아리어 어림하다. 신라 향가인

<헌화가>에 執音乎手[잡은 손]이 나온다. 중세어 '자븐 일[世間事(세상사), 자븐 것(잡은 것; 연장, 쟁기, 그릇)'이나 현대어 '잡아끌다, 잡아당기다; 걷잡다, 붙잡다, 사로잡다, 싸잡다' 등은 '잡다'의 합성어다. '잡다'는 '쥐다. 줍다. 집다'와 동근어로 만주어 ʒafa-; ʒifu, 몽골어 zapa-(잡다, 쥐다)와 대응한다.

'잡이'는 '(무엇을 할 만한) 인간. 대상. 감'을 뜻하는 의존명사다. '-잡이'는 '(그것을) 다루는 사람이나 잘 쓰는 사람 또는 잡는 일'을 뜻하는 접미사다.(북잡이, 장구잡이; 왼손잡이, 외손잡이; 고기잡이) '잡-도리'는 잘못되지 않도록 엄하게 다루는 일을, '잡은것'은 광물을 캐내는 데 쓰는 연장을, '잡을손'은 일을 다잡아 하는 솜씨를 뜻하는 말이다. ¶ 연필/ 정권/ 도둑을 잡다.

잡동사니 별 소용이 없는 것들로 마구 뒤섞인 온갖 물건. 잡동사니는 조선 정조 때의 실학자 안정복의 수필집 <잡동산이>에서 나온 말이다. 우리나라에서 만든 한자 雜同散異(잡동산이)가 '잡동사니'로 발음이 변하면서 한자 의식이 흐려져 고유어처럼 쓰인다. ¶ 창고에는 온갖 잡동사니로 꽉 차 있다.

잡살뱅이 여러 가지 자질구레한 것들이 뒤섞인 허름한 물건(것). '雜(잡; 섞이다)+살+-뱅이'로 분석된다. '-뱅이'는 일부 명사 뒤에 붙어 '그것의 특성을 지속적이고 습관적으로 지닌 사람. 또는 물건을 비하함'의 뜻을 더하는 접미사다. '가난-뱅이, 거렁-뱅이, 주정-뱅이' 등으로 쓰인다.

잡수다 '먹다'의 높임말. = 자시다. '잡수다'의 높임말은 '잡수시다/잡숫다'다. 중세어형은 ':좌시·다'다. <내훈>에는 ':좌·ᄒᆞ·다'가 나온다. 그 뒤에 '잡습다/잡ᄉᆞ시다'로 쓰였다. 이는 '잡(다)+-습-(객체존대선어말어미)+-다'로 분석된다. 어원적 의미는 '(수저를) 잡으시다'다. ¶ 진지를 잡수다.

장구 오동나무로 만든 통의 양 옆에 가죽을 댄 타악기의 하나. '장구 모양'을 뜻함. 한자어 杖鼓·長鼓(장고)의 발음이 변한 말이다.(댱고>쟝고>장구) '장구-머리, 장구-채, 장구-춤, 장구-통; 날-장구(부질없이 공연히 치는 장구), 말-장구(남이 하는 장단에 동조하거나 부추기는 말), 맞-장구(남의 말에 덩달아 호응하거나 동의하는 일), 물-장구, 발-장구' 등으로 쓰인다. ¶ 장구를 치다.

장끼 꿩의 수컷. ↔ 까투리. '장+기(닭)'로 분석된다. '장'은 '수컷'을 이르는 말로 '장꿩, 장닭(수탉), 장병아리('수평아리'의 사투리), 장털(수탉의 꼬리털)'로 쓰인다. '장꿩'은 장끼의 강원·전북 사투리다. ¶ '장끼전'은 고대소설의 제목이고, '장끼타령'은 판소리다. ☞ 꿩, 까투리, 닭

장난 아이들의 여러 가지 놀음놀이. 실없이 하는 일. 짓궂게 놀리는 짓. 한자어 '作亂(작란; 어지러운 짓)'에서 온 말이다.(작란>장난) '장난감, 장난기, 장난꾸러기, 장난삼다, 장난치다' 등으로 쓰인다. ¶ 어린 것이 장난이 심하다. 장난으로 시작한 것이 싸움이 되다. 소녀는 사내 녀석들의 짓궂은 장난에 울음을 터뜨렸다.

장돌뱅이 이 시장 저 시장을 돌아다니면서 물건을 파는 장수. = 장돌림. '場(장)+돌(다)+-뱅이'로 분석된다. '-뱅이'는 '가난뱅이, 게으름뱅이, 비렁뱅이, 앉은뱅이, 주정뱅이'처럼 일부 명사 뒤에 붙어 '그것의 특성을 지속적이고 습관적으로 지닌 사람'을 뜻하는 말이다.

장딴지 종아리 뒤쪽의 살이 물고기의 배처럼 불룩한 부분. 19세기 말에 편찬한 <한불자전>에 '장단지'가 나온다. '장+단지(→장딴지)'로 분석된다. '장'은 '종아리'가 변한 말이다. 단지(<단디[罐(관)])는 목이 짧고 배가 부른 자그마한 항아리를 뜻한다. 장딴지의 어원적 의미는 '불룩한 종아리'다.

장마 여러 날 동안 계속해서 내리는 비. 장마는 '長(장)+마ㅎ[霖雨(임우)]'로 분석된다. '마ㅎ'은 물[水]의 고대음이다. <삼국사기>의 땅 이름 표기를 보면 買[mai]로 읽혔음을 알 수 있다. <훈몽자회>에서 장마를 '오란비'라고 하였다. 이는 '오랫동안 내리는 비'란 뜻으로 순수 고유어다.(댱맣/댱마>쟝마>장마) 장마는 '장맛비(<댱마비), 장마철, 장마통; 건들장마, 늦장마/늦마(늦물), 마른장마, 억수장마' 등으로 쓰인다. '물마'는 비가 와서 미처 빠지지 못하고, 땅 위에 넘치는 물을 뜻한다.

의미 관계로 볼 때 '마ㅎ'의 변이음이 '비[雨(우)]'일 것으로 추정된다.(마/미>비) 비는 <계림유사>에 雨曰霏微(우왈비미)라 하여 중세어를 거쳐 오늘날과 발음이 일치한다. 15세기 문헌 <용비어천가>에 나오는 '한비[大雨(대우)]'는 '큰비, 장마'를 일컫는 말이다. ☞ 물

장승 통나무나 돌에 사람의 얼굴을 조각하고 거리를 표시하여 마을 어귀 또는 길가에 세운 말뚝. 이정표(里程標), 경계표(境界標)나 마을의 지킴이 구실을 한다. ≒ 벅수(남부 지방에서 일컫는 돌장승). <훈몽자회>에 보이는 '댱승'은 堠(후; 봉화대. 이정표)를 새긴 것으로 어원적 의미는 '긴 것'이다. '長栍(장생) · 장승(장丞)은 한자 취음이다.(댱승[長(장)-]>쟝승>장승) 장승은 신라 경덕왕 18년(759)에 이미 왕명으로 세워졌다는 기록(전남 장흥군의 보림사 보조선사 영탑비명; 長生標柱)이 있다. ¶ 장승처럼 서 있는 사람.

ㅈ

장아찌 무나 오이 · 마늘 따위를 썰어 말려서 간장에 절이고 양념을 하여 묵혀 두고 먹는 반찬. 16세기 초 문헌 <박통사언해초간> 표기는 ‘쟝앳디히’다. 장아찌는 ‘장(醬)+애(처소격조사)+ㅅ+디히, 쟝과[醬瓜]>쟝와+디히’로 분석된다.(쟝앳디히>쟝앗디이>쟝앗지이>쟝앗지>장아찌) 어원적 의미는 ‘장에 담근 김치/오이’다. ☞ 김치

잦감 밀물이 다 빠져나가 바닷물이 잦아진 때. ‘잦(다)+감’으로 분석된다. 잦다[涸(학; 물이 마르다)]는 액체 따위가 차차 졸아들어 없어지다는 뜻의 동사다. 잦다(<ᄌᆞᆽ다)는 ‘잦아들다, 잦아지다, 잦히다(밥이 끓은 뒤에 밥알을 퍼지게 하다)’로 쓰인다. ‘감’은 썰물 때 해수면이 가장 낮아진 때의 물을 뜻한다. ¶ 잦감이 되자 조개를 캐러 갯벌로 나갔다. 밥을 잦히다.

재¹ 불에 타고 남은 가루 모양의 물질. 중세어형은 ‘ᄌᆡ’다. 나무가 불에 타다 사위면 재가 된다. 재[灰(회)]는 ‘사위다(<ᄉᆞ희다), 사그러지다, 삭다[消(소)]’와 동근어인 ‘ᄌᆞᆽ다(마르다)~ᄌᆞ자지다(잦아지다)’의 어근 ‘ᄌᆞᆽ’이 변한 말이다.(*ᄌᆞᆽ+이→*ᄌᆞ지>ᄌᆡ>재) 우리말 ‘재’는 터어키어 ča-, 위글어 čadar와 대응하는 것으로 보인다. 합성어에 ‘잿더미(폐허), 재떨이, 잿물(재에 물을 부어 밭아서 우려낸 물), 잿빛(회색); 묵재(불기가 없는 식은 재), 연탄재, 화산재’ 등이 있다. ‘재-두루미, 재-토끼’는 파생어다. [다 된 밥에 재 뿌리다] 어떤 일이 완성될 무렵에 훼방을 놓다. ¶ 아궁이의 재를 끌어내다.

ㅈ

재² 길이 나 있는 높은 산의 고개. 영(嶺). 높은 산의 마루를 이룬 곳. ‘재’는 성(城)의 고대어 ‘잣’에 접사 ‘이’가 결합된 말이다.(잣/자+이→재) 삼국 시대 땅 이름 표기 知衣, 知, 只, 支, 己를 보아도 알 수 있다. <삼국사기>에 백제 땅 이름 성(城; 잣)을 子兮(ᄌᆞᄒᆡ>재)로 기록하였다. 중세어 ‘잣’은 일본어 sasi, sasi-ki[城]과 비교된다.

조령(鳥嶺)을 고유어로 ‘새재’라고 하며, ‘질마재는 ’길마처럼 생긴 재를 이르는 말이다. 재는 ‘동구-재, 싸리-재’와 같이 주로 땅 이름에 쓰인다. ‘재-넘이’는 산에서 내리 부는 바람을, ‘재-빼기’는 고개의 맨 꼭대기를 뜻한다. [재는 넘을수록 험하고(높고) 내는 건널수록 깊다] 어떤 일이 갈수록 더 어려워짐을 비유하여 이르는 말. ¶ 가파른 재를 겨우 넘어 읍내에 다다랐다. 재빼기를 넘어가다. ☞ 고개

재다¹ 도량형기나 계측기 또는 연장을 사용하여 길이 · 크기 · 무게 · 정도 따위를

수치로 헤아려 보다. 일의 앞뒤를 헤아리다. 중세어형은 '자히다'다. '자ㅎ+이(접사)+다'로 분석된다.(자히다>재다) '자'는 한자어 尺(척<쳑/쳐)의 발음이 변한 말이다. ¶ 자로 길이를 재다. ☞ 자

재다² 여러 개를 차곡차곡 포개어 쌓아 두다. 음식에 양념 맛이 배어들도록 한동안 담가두다. 끼우거나 다져 넣다. '쟁이다'의 준말. 재다[積載(적재; 쌓다)]는 '자(다)[寢(침)]+이(사동접사)+다'로 분석된다. 재다의 어원적 의미는 '자게 하다'다. ¶ 연탄을 광에 재다. 깻잎을 양념장에 재다. 총알을 재다.

재미 아기자기하게 즐거운 맛이나 기분. 좋은 성과나 보람. 한자어 滋味(자미; 영양분이 많고 맛이 있는 음식)에서 온 말이다.(자미>재미) '재미나다, 재미스럽다, 재미없다/있다, 재미적다'로 쓰인다. ¶ 재미를 보다. 재미를 붙이다.

재주 무엇을 잘하는 소질과 타고난 슬기. 교묘한 솜씨나 기술. 한자어 才操/調(재조)에서 온 말이다.(ᄌᆡ조>재주) '재주-껏, 재주-꾼, 재주-넘다(몸을 거꾸로 하여 넘다); 손재주(<손ᄌᆡ조)' 등으로 쓰인다. [재주는 곰이 넘고 돈은 되놈(주인)이 받는다] 정작 수고한 사람은 대가를 못 받고, 엉뚱한 사람이 가로챈다는 뜻. ¶ 악기 다루는 재주가 있다. 줄타기 재주. 재주를 부리다.

재채기 코 안의 점막 신경이 갑자기 자극을 받아 간질간질하다가 입으로 숨을 터뜨려 내뿜으면서 큰 소리를 내는 일. 또는 그러한 현상. 중세어형은 'ᄌᆞ칙욤'이다. 'ᄌᆞᆽ(다)[頻(빈; 빈번하다. 급박하다)+(ᄋᆞ)ㅣ(접사)+옴(명사형어미)'로 분석된다. <조선어사전(문세영)>의 올림말은 '자채기'다. 이것은 'ᄌᆞ칙욤'이 어미 '-기'로 바뀌면서 변화한 꼴이다.(ᄌᆞ칙욤>ᄌᆞ칙/ᄌᆞ최옴→자채기>재채기) ¶ 연거푸 재채기가 나오다.

재떨이 담뱃재를 떨어 놓는 그릇. '재+떨(다)+이'로 분석된다. '떨다'는 붙은 것을 떨어지게 하다를 뜻하는 동사로, 분리 개념어 '덜다[減(감)·除去(제거; 덜어 없앰)'와 동근어다. ☞ 재¹

쟁기 날을 물려 논밭을 갈게 한 농기구. 중세어형은 '잠개'다. 농기구 외에 병기(兵器)를 뜻하기도 하였다. 옛날에는 농기구를 무기로도 사용하였기 때문이다. '잠개'는 어근 '*잠ㄱ' 또는 침잠 '개념어 '잠기다[沈(침)]'의 어간에 도구를 나타내는 접미사 '-개'가 결합된 파생어다.(잠개>잠기>장기>쟁기) '쟁기'의 어원적 의미는 '땅속에 잠기는 것'이다.

연장, 쟁기, 그릇을 뜻하는 중세어 '자ᄇᆞᆫ것(←잡+ᄋᆞᆫ+것)'은 '잡은 것, 즉 손에

잡고 사용하는 도구'를 뜻한다. 쟁기의 함경 · 평안도 사투리 '자분거'는 중세어의 흔적이다. 요즘 논밭을 갈 때, 소가 끄는 쟁기보다 경운기나 트랙터가 주로 사용된다. ¶ 논에 쟁기질을 하다.

-쟁이 사람의 성질, 독특한 습관 · 행동 · 모양 등을 나타내는 말에 붙어 '그것이 나타내는 속성을 많이 지닌 사람'의 뜻을 더하는 말이다. '匠(장)+이'로 분석된다. '고집쟁이, 멋쟁이, 욕심쟁이, 지랄쟁이, 허풍쟁이' 등으로 쓰인다. 옛날에는 '-바치(장인)'라고 하였다.

동근어 '-장이'는 일부 명사 뒤에 붙어 '수공업적인 기술로써 물건을 만들거나 고치거나 하는 일을 직업으로 가진 기술자'의 뜻을 더하는 말이다. '구두장이, 돌장이, 미장이, 벗장이(익숙하지 못한 장인)' 등이 있다.

쟁이다 여러 개를 차곡차곡 포개어 쌓아 두다. '쟁이다'의 준말 '재다'는 '자(다)[寢(자)]+이(접사)+다'로 분석된다. '쟁이다'는 '재다[積載(적재)]'에 /ㅇ/이 덧붙은 말이다. 어원적 의미는 '자게 하다(재우다)'인데 뜻이 바뀌어 '쌓아 두다'가 되었다. '드러-장이다(많은 물건이 한 군데에 차곡차곡 쌓이다), 처-쟁이다(잔뜩 눌러서 마구 쌓다)'로 쓰인다. ¶ 땔나무를 차곡차곡 쟁이다. 쌀가마니를 창고에 쟁이다. ☞ 재다[2]

저고리 윗도리에 입는 한복의 겉옷. 양복저고리의 준말. 저고리는 고구려 고분 벽화에 그려진 것으로 보아 오래 전부터 입어온 우리옷의 기본형이다. 17세기 문헌 표기는 '져구리다'다.(져구리/져고리>저고리) <양서(신라조)>에 저고리를 '尉解[*우ㅎ>옷]'라 하였다. '저고리'라는 말은 세종 2년 원경왕후 遷奠儀(천전의)에 '紅緞子 赤古里'가 나온다. 이는 몽골어 čəgədəkči(웃옷)와 대응된다. '저고릿감, 저고리섶; 깃저고리, 동구래저고리, 색동저고리, 핫저고리' 등으로 쓰인다. ☞ 옷

저냐 쇠고기나 생선 따위를 얇게 저미거나 다져서 밀가루를 묻히고 달걀 푼 것을 입혀 기름에 지진 음식. 전(煎). 저냐는 한자어 煎油魚(전유어; 생선을 기름에 지짐)가 '전요ㅏ>저냐'로 발음이 변한 말이다. '생선저냐, 버섯저냐, 파저냐' 등으로 쓰인다. ¶ 저냐를 부치다.

저녁 해가 질 무렵부터 밤이 오기까지의 사이. '해저녁'의 준말. <계림유사>에 暮日占捺[cjə-mɨr]이라 하였다. 저녁에서 '저'는 '저물다(<져믈다[暮(모)])'의 어간이 줄어든 형태소로 '(해가) 진다'는 뜻의 '져[落(락)]'와 동근어다. '녁'은

기원적으로 공간 개념인 방위(方位)를 가리켰으나, 현대어에서는 '무렵(시간 개념)'을 의미한다. 저녁은 '해+저[落]+녘[무렵]'이 '해+저물-+녘'과 뒤섞이면서 이루어진 말이다. 어원적 의미는 '해질녘'이다.

저녁에 해당하는 중세어는 '나조ㅎ[夕(석)]'인데, 18세기 이후 '저녁'으로 바뀌었다. 북부 사투리에 날이 진 녘을 '나죄'라고 하여 그 자취가 보인다. '저녁놀, 저녁때, 저녁거리' 등이 있다. ¶ 저녁 무렵에야 겨우 일을 마쳤다. ☞ 낮

저승 죽은 뒤에 오는 세상. ↔ 이승. 17세기 문헌 <가례언해>에 '뎌ᄉᆡᆼ'이 나온다. 저승은 한자어 '彼生(피생)'의 彼(피)가 우리말 훈(訓) '뎌'로 바뀌면서 '뎌+生→뎌ᄉᆡᆼ>저승'의 변화 과정을 거친 말이다. [저승길이 대문 밖이라] 죽는 일이 먼 듯하면서도 실상은 가깝다는 말.

저울 물체의 무게를 다는 데 쓰는 기구 · 기계 장치를 통틀어 이르는 말. 중세어형도 '저울'이다. 12세기 초 문헌인 <계림유사>에 秤曰雌孛[cə-pur]이라 하였다. '저울'은 생김새나 구조상 동사 '접다[<졉다(折疊)]'에서 파생한 말로 보인다.(*져ᄇᆞᆯ/뎌ᄇᆞᆯ>져올>저울) '저울눈, 저울추(錘); 대저울, 앉은뱅이저울, 용수철(龍鬚鐵)저울' 등으로 쓰인다.

저울의 역사는 돌로 만든 저울추, 끈이 달린 천칭(天秤)의 유물로 보아 선사시대부터 사용된 것으로 추정할 수 있다. 저울의 상징적 의미는 법(法)과 정의, 공평무사(公平無私)다. ◇ 저울질을 하다 - 이해득실(利害得失)을 따지다. ¶ 저울로 무게를 달다. ☞ 접다

저자 장이나 시장에서 물건을 파는 가게. 저자[市(시)]는 '시장(市場)'의 순 우리말이다. 중세어형은 '져자/져저'다. 서정범은 <한국문화상징사전>에서 어근 '졎'을 '덛/닫[場(장; 곳, 땅)]'으로 보고 있다. '저잣거리'는 가게가 죽 늘어서 있는 거리를 뜻한다. ◇ 저자(를) 보다 - 저자에서 물건을 사거나 팔거나 하다.

저절로 다른 힘을 빌리지 아니하고 제 스스로. 또는 인공의 힘을 더하지 아니하고 자연적으로. '저+저+로(부사화접미사)'로 분석된다. 저절로[自(자; 스스로)]는 '절로'에 '저'가 중복된 표현이다.(저+로→절로/저저로>저절로) '저'는 일인칭 대명사인 '나'의 낮춤말로 조사 '가'가 결합되면 '제'로 바뀐다. 저절로는 15세기에는 '스스로, 자신, 자기'의 뜻으로 쓰였다. '저'의 복수형은 '저희'다. ¶ 웃음이 저절로 나오다.

적 → '언제' 참조

적시다 물이나 액체에 젖게 하다. '젖(다)+이(사동접사)+다'로 분석된다.(저지다>적시다). 중세어형도 오늘날과 같다. 재목을 물에 띄워 내리는 일을 '적심[←적시(다)+ㅁ]'이라고 한다. ¶ 수건을 물에 적시다. 개울을 건너다가 바짓가랑이를 적셨다. 떼를 적심하다. 책의 한 구절이 진하게 가슴을 적신다. ☞ 젖

적이 꽤. 어지간히. 몹시. 뜻밖에. 약간. 다소. 얼마간 조금. '적(다)[小(소)+이'로 분석된다. '적이나(다소라도), 적이나하면(웬만하면. 형편이 다소나마 나아지면)'으로 쓰인다. ¶ 적이 마음이 놓인다. 나는 그 소식을 듣고 적이 놀랐다. 찬구가 나를 못 본 체하여 적이 섭섭하다.

적잖다 적다고 할 수 없게 많다. '적지 아니하다[←적(다)+지+아니/안+하(다)+다]'가 줄어서 된 말이다. ¶ 사고가 나서 다친 사람이 적잖다고 한다. 그 소식에 적잖이 놀랐다.

전두리 둥근 그릇의 아가리에 둘려 있는 전의 둘레. 둥근 뚜껑 둘레의 가장자리 부분. '전:(가장자리)+두르/두리(다)[圍(위)"로 분석된다. '전'은 '전대야, 전박, 전함지; 가맛전(가마솥의 전), 귓전, 뒷전, 뱃전, 솥전, 안전(그릇의 아가리나 전의 안쪽), 이맛전(이마의 넓은 부분)' 등으로 쓰인다. '두리'는 '변(邊)두리(어떠한 지역의 가장자리를 이루는 곳), 테두리'를 형성한 말이다. ☞ 테두리

절¹ 중이 불상이나 사리탑을 모셔 놓고 불도를 닦는 집. 절은 신앙의 대상인 탑과 부처님의 형상을 모신 불전을 갖춘 도량(道場)이다. <훈민정음해례>에 '뎔 爲佛寺'가 나온다. [뎔]은 한자 '刹(찰)[<범어> Ksetra, 多羅]'의 발음이다. (뎔>절) <범어> dera(사찰)에서 온 말로 보기도 한다. 寺(사; 절)의 일본어는 [데라]다. [절에 가서 젓국 달라 한다] 엉뚱한 짓을 한다는 말.

절² 남에게 몸을 낮춰 공경하는 마음을 나타냄. 또는 그 뜻을 나타내는 예(禮). '절[拜(배)]'은 한자 '折(절<절; 꺾다)' 또는 절¹[寺(사)·刹(찰)]에서 온 말로 보인다. '절'은 <월인석보>의 '저숩다(>저웁다; 절하옵다)'와도 같은 말이다. '절값; 고패절(고개를 숙이고 하는 절), 맞절, 큰절, 평절' 등으로 쓰인다. ¶ 공손히 절을 올리다.

절다 한쪽 다리가 짧거나 아파서 기우뚱거리며 걷다. 다리를 옮기어 놓는 것이 불균형하게 걷다. 17세기 문헌 <마경초집언해>에 '저촉이다/저추기다(절룩거리다)'가 나온다. '절-[跛(파)]'은 '절룩거리다/대다, 절름거리다/대다, 저축거리다/대다, 저춤거리다/대다; 절름발이, 전다리(저는 다리), 절음(마소의 다리 저는

병)' 등을 파생시킨 어근이다. ¶ 다리를 절다.

젊다 나이가 적고 혈기가 한창 왕성하다. ↔ 늙다. 중세어형은 '졈다'다. '젊다'는 짧다[短(단)]의 중세어형 '뎌르다~뎔다'에서 비롯된 말이다. '뎌ᄅᆞ(르)다'의 명사형 '뎖(←뎌르+옴)'에서 구개음화와 단모음화가 일어나면서 '뎜다/졈다>젊다'로 어형 변화 과정을 거쳤다. 본래 나이가 '어리다'의 뜻이었던 '젊다'는 현대어에서 '청년기'의 뜻으로 쓰인다. '젊은 피'는 젊은 사람을 이르는 말이다. ¶ 그 사람은 나이보다 젊어 보인다.

젊은이 나이가 젊은 사람. 중세어형은 '져므니'다. 젊은이는 '젊(다)+은(관형사형 어미)+이(사람)'로 분석된다. 젊다[少]는 '뎌르다~뎔다[短]'에서 온 말이다. 젊다의 어원은 *kol-(分)에서 파생된 말로 '가르다(<ᄀᆞᄅᆞ다[分])'에서 첫소리가 구개음화하여 'ᄌᆞᄅᆞ다[切]>쟈르다>짧다[短]'가 되었다. 우리말 '젊은이'는 몽골어 ǯerme-gi(젊은-이)와 상응하는 것으로 보인다.

젊은이는 나이가 적은 사람을 가리키며, 늙은이는 'ᄂᆞᆰ다(낡다)~늙다'에서 파생된 말이다. [젊은이 망령은 홍두깨로 고치고 늙은이 망령은 곰국으로 고친다] 젊은이의 잘못은 매로 고치고 늙은이는 노쇠한 까닭에 곰국으로 보신하여 고친다는 말.

점심 낮에 끼니로 먹는 음식. 16세기 초 문헌 <여씨향약언해>에 '뎜심'이 나온다. 점심(點心)은 원래 불교 용어로 공복(空腹)에 점을 찍듯이 조금 먹던 간식을 가리키던 말인데, 낮에 먹는 끼니나 때를 뜻하는 말로 되었다. 예전에는 아침, 저녁 두 끼를 먹다가 간식인 점심이 정식(定食)으로 되면서 하루 세 끼를 먹게 된 것이다. '뎜심'은 후대에 구개음화와 단모음화에 의해 '점심'으로 어형이 변하였다. 18세기 문헌 <동문유해>에 '낫참(낮에 먹는 간식)'이 나온다. ◇ 점심 싸 들고 나서다 - 도와주려고 정성과 열의를 다하다. ¶ 점심을 친구와 함께 먹다.

점잖다 '젊지 아니하다'가 줄어든 말로 언행이 거칠지 않고 묵중한 태도 곧 품격이 속되지 않고 고상하다는 뜻이다. '젊다'는 '뎌르다(>져ᄅᆞ다[短(단; 짧다)])'와 동근어로 '나이가 어리다'를 의미하는 형용사다. '점잖다'에서 '점-'은 '져르+ㅁ→졈~젊>점-'으로 어근과 어간 연장 접미사 '-ㅁ'이 첨가된 어형이다.(젊+지+아니+하다→점쟎다>점잖다)

원래 '점잖다'의 말뜻은 '젊은이답지 않게 늙은이처럼 행동하다'이던 것이

'차분한 태도'를 이르는 말로 의미가 굳어졌다. [점잖은 개 부뚜막에 먼저 오른다] 겉으로는 점잖은 체하면서 엉뚱한 짓을 한다는 말. ¶ 어린애가 점잖게 앉아 있다.

접다 천이나 종이 또는 철판과 같이 넓이를 가진 물건을 꺾어서 겹치게 하다. 만들다. ↔ 펴다. 17세기 문헌 <벽온신방>의 표기는 '뎝다'다. '뎝다(>접다)'는 중복(重複) 개념어 '덮다'와 동근어다. '접다'는 '뎝->졉->접-'으로 음운 변화 과정을 거쳐 '덮다'에서 '차곡차곡 접다'란 뜻을 나타내는 말로 쓰이고 있다. ¶ 종이로 비행기를 접다. 날개를 접다. 우산을 접다. 목표를 이루고자 꿈을 접어야(미루어야) 했다. ☞ 덮개, 둘

접때 지난 지 며칠 되지 않은 그때. 지난 때. 저적에. '뎌(>저)+ᄣᅢ[時(시; 때)'로 분석된다.(*뎝쌔>접때) 접때의 어원적 의미는 '저[彼(피)] 때'다. ¶ 접때는 어디 갔었니?

접시 반찬이나 과일 등을 담는 얇고 납작한 그릇. 중세어형은 '뎝시'다. <계림유사>에 楪曰楪至[tiap-tsi]라 하여 현대어와 일치한다. 우리말 '접시'는 몽골어 tebši 토이기어에 täβ si, tepsi와 대응되는 말이다. '뎝시'는 구개음화와 단모음화 현상에 의하여 '접시'로 어형이 변하였다.

접시보다 전이 넓고 높은 정도가 커짐에 따라 '접시-대접-사발-공기'로 구별한다. '접시-꽃'은 아욱과에 속하는 여러해살이 화초로 꽃 모양이 접시같이 생긴 데서 붙여진 꽃말이다. [접시 밥도 담을 탓이다] 무슨 일이든 성의에 따라 달라진다는 말.

정나미 아끼고 사랑하는 사람이나 사물에 정이 붙어 그것과 떨어질 수 없는 마음. [+부정적] '情(정; 느끼어 일어나는 마음의 작용)+남(다)[餘(여)]+이'로 분석된다. 어원적 의미는 '남은 정'이다. ¶ 정나미가 떨어지다(정나미가 아주 없어져서 다시 대하고 싶지 아니하게 되다).

정말 들은 바나 말한 바에 어긋나지 않게 바로 그대로. 거짓이 없이 말 그대로. = 참말. [+사태에 대한 확실한 믿음]. '正(정; 바르다)+말[言(언)]'로 분석된다. ¶ 너를 보니 정말 반갑다. 키가 정말 크다.

정수리 머리 위의 숫구멍이 있는 자리. = 꼭대기. '頂(정; 이마)+수리'로 분석된다. '수리'는 꼭대기, 으뜸을 뜻하는 말이다. 정수리의 평안북도 사투리 '정바기(<뎡바기)'는 중세어의 흔적인데 '뎡[頂(정)]+박(바가지)+이로 분석된다. <월인석

보>에 '뎡바기'가 나온다. [정수리에 부은 물이 발뒤꿈치까지 흐른다] 윗사람이 한 일은 무슨 일이나 아랫사람에게 영향을 준다는 말. ¶ 정수리 한가운데 가르마를 타다. ☞ 소나무

젖 젖먹이동물의 암컷에서 새끼의 먹이로 분비되는 흰 액체. 유방(乳房). 중세어 형은 '졎'이다. '젖'은 '목젖(<목졎)'과 같이 볼록하게 나온 신체 부위를 가리킨다. 가슴을 의미하는 만주어 čeǯen, 몽골어 čegeǯi 등과 비교될 수 있다. 신체의 명칭 외에 젖[乳(유)] 또는 물[水(수)]을 뜻하면서 어말어미 '-다'가 붙어 동사 '젖다'를 파생시켰다. '젖다'는 튀르크어 čiči(유방), 몽골어 cejeǯi(유방), čerčeihö(젖다), čigik(濕氣), čigaraǯu(젖어서, 좀 땀을 내어서), 일본어 chichi와 대응된다. 만주어 šeb-(šebtehebi; 濕透하다)과 옛말 '접사리[비옷]'의 접[čəp-; 濕]은 동근어다.

'젖다'와 함께 습기(濕氣)를 표현하는 낱말에 '적시다, 축축하다, 축이다, 추지다, 눅눅하다'가 있다. 젖꼭지가 말 여물통처럼 우묵하게 들어간 데서 연유된 구융젖은 '구유[槽(조)]+웅(접사)+젖'으로 분석된다. '젖싸개(가슴띠)'는 브래지어를 뜻하는 고유어다. [울지 않는 애 젖 주랴] 보채고 조르고 해야 얻기가 쉬움을 이르는 말. ¶ 젖 먹던 힘까지 발휘하다.

젖무덤 성숙한 여자의 젖꽃판 언저리로 살이 불룩하게 두드러진 부분. '젖+묻(다)+엄'으로 분석된다. ☞ 젖, 무덤

제기 장난감의 한 가지. 엽전이나 그와 비슷한 것을 종이나 헝겊으로 싸서 만듦. 땅에 떨어뜨리지 않고 발로 많이 차는 쪽이 이긴다. 18세기 문헌 표기는 '져기[毽(건)]'다. <물보>에 '져기ᄎᆞ기(>제기차기)'가 보인다. 제기(<져기)는 '발을 높이 들다'를 뜻하는 동사 '져기다'의 어간이 그대로 명사로 된 말이다.

'두발제기, 맨제기, 외발제기, 종로제기' 등으로 쓰인다. '종로(鐘路)-제기(두 사람이 서로 받아 차는 제기)'는 지난날 종로 상인들이 추위를 덜려고 가게 앞에서 하던 놀이다. ◇ 동네 제기 – 여기저기에서 푸대접을 받는 사람을 이르는 말. ¶ 제기를 차다.

제물로(에) 그 자체가 스스로. 저절로. 저 혼자 스스로의 바람에. '저[自]+ㅣ(조사)+물[水]+로(접사)'로 분석된다. '제물(<제믈[맹물])'은 '저(자기)의 물'이 줄어서 된 말이다. 어원적 의미는 '자연히 흐르는 물처럼'이다. 이와 유사한 어형에 '제풀로(에), 제멋에, 제물에(<제므레)' 등이 있다. ¶ 제물로 화가 풀어지다.

제물에 흥분해서 화를 내고는 나가 버렸다. ☞ 저절로

제비[1] 제빗과의 철새. 중세어형은 '져비'다. 우리말 제비는 만주어 cibin[치빈]과 대응한다. '져비'는 제비의 울음소리 '졉-졉-'에 접사 '-이'가 붙어 이루어진 말로 '졉졉하고 우는 새'란 뜻이다. 제비의 일본어 tsuba-me[쓰바메]에서 [쓰바]는 우리말 제비, 그리고 [메]는 '매'에서 비롯된 말이다.

'제비꽃'은 제비꽃과의 다년생 야생 화초로 봄철에 자줏빛의 꽃이 피는데 꽃 모양이 제비 생김새와 닮아 붙여진 꽃말이다. 뒤통수나 앞이마에 뾰족이 내민 머리털을 '제비-초리(<졉의초리; 寸子毛)'라 하고, 소의 안심에 붙어 제비꼬리처럼 생긴 고기는 '제비-추리'라고 한다. [제비는 작아도 강남을 간다] 몸집은 작아도 제 할 일은 다 한다는 말.

제비[2] 여럿 가운데 어느 하나를 골라잡게 하여 적힌 기호에 따라 승부나 차례 등을 결정하는 방법 곧 추첨(抽籤). '제비[추첨]'의 17세기 <역어유해>의 표기는 '져비'다. 동사 (종이를) '졉다(>접다[疊(첩)])'에서 파생한 말이다.(졉+의→져븨>져비>제비) ◇ 제비 뽑다 - 제비를 골라잡아 승부나 차례를 정하다.

젠체하다 제가 제일인 체하다. 잘난 체하다. '저+이(서술격조사)+ㄴ+체+하(다)+다'로 분석된다. '저'는 '나'의 낮춤말이고, '체'는 어미 '-ㄴ' 뒤에 쓰이어 '그럴듯하게 꾸미는 거짓 태도'를 이르는 의존명사다. ¶ 꼴사납게 아무 때나 젠체하다. 돈 좀 있다고 너무 젠체하지 마라.

젬병 '형편없는 것'을 속되게 이르는 말. 고유어 부꾸미를 이르는 한자어 煎餠(전병)의 발음이 변하여 젬병이 되었다. 부꾸미는 찹쌀가루 · 밀가루 · 수수 가루 등을 반죽하여 번철에 지진 떡이다. 여기에서 젬병은 부꾸미(전병)를 잘못 부치어 모양이 형편없게 된 것으로 비유하여 쓰이는 말이다. ¶ 재주가 젬병이다.

조각 어떤 물체에서 떨어져 나온 작은 부분. '조각'은 사물을 가르는 분리(分離) 개념어 '뜿다~뻐다[裂(열)], 뽀긔다(쪼개다)~빠개다[切斷(절단)]'에서 파생한 말이다. 현대어 '쪽[片(편)]~짝[匹 · 雙](<짝)'은 음운이 교체된 동원어다. '쪽(쪽)'이 방향이나 조각을 뜻하고, 조각은 '쪽+악(접미사)→쪼각>조각'으로 분석된다.

중세어 '빠개'는 동사 '뽀긔다/빠개다(>쪼개다)'의 어근이 그대로 명사가 된 말이다. 사투리에 '짜가리, 쪼가리(←쪽+아리)'가 있다. '조각-나다, 조각-달, 조각-배, 조각-보(褓), 조각-조각; 산산(散散)-조각, 통-조각(하나로 이루어진 조각)’ 등으로 쓰인다. ¶ 유리창이 깨져 산산 조각이 나다.

조개 두족류(頭足類)를 제외한 연체동물을 두루 일컫는 말. 몸은 두 쪽의 단단한 조가비로 싸이었음. 중세어형은 ‘죠개/조개’다. 조개는 ‘죡+애(접사)→죠개>조개’로 분석되며 단모음화가 일어난 말이다. ‘죡’은 작다[小]의 옛말 ‘쟉다~젹다~죡다’와 ‘쪼개다’의 어근이다. 중세어형 ‘죡다’는 서술어로 쓰이기보다 ‘죠고마(조그마치), 죠고만/죠고맛(조그마한)’ 등의 단어 형성에만 쓰였다.

조개의 어원적 의미는 ‘두 쪽으로 쪼개지는 작은 것’이다. 조개는 음(陰)의 여성원리로서 생명 탄생, 풍요, 재생, 행운을 상징한다. 조개의 껍데기를 뜻하는 ‘조가비’는 ‘조개’에 한자 皮(피)가 결합되면서 소리가 변한 말이다.(조개+피→조가비) 금조개 껍데기를 얇게 썰어 낸 조각을 뜻하는 ‘자개(쟈개[貝(패; 자개상, 자개장롱, 자개함)]’도 동원어로 보인다. ¶ 조개로 국을 끓이다. ☞ 작다, 자개

조금 적은 정도나 분량. 짧은 동안. 중도나 분량이 적게. 시간적으로 짧게. <준>좀. 중세어 ‘죠곰’은 ‘죡(다)+-옴(명사형 어미)’로 분석되며, ‘죡’은 ‘작다/적다’의 옛말 ‘죡다’의 어근이다.(죠곰/젹곰>죠금>조금) ‘조그마하다, 조그만큼, 조그맣다, 조금씩’ 등으로 쓰인다. ¶ 조금 모자라다. 이게 좀 낫다.

조끼 저고리나 적삼 · 와이셔츠 위에 덧입는, 소매가 없고 주머니가 달린 옷. 동의(胴衣). 영어 jacket이 일본어 발음 [자께또]를 거쳐 우리나라에 들어온 말이다. ‘조끼-적삼’은 모양이 조끼와 비슷하나 소매가 달린 등거리를 일컫는다.

조리차 알뜰하게 아껴 쓰는 일. = 절약(節約). ‘조리(다)[縮(축; 줄이다)]+차’로 분석된다. ‘차’는 ‘놀음차(해웃값), 신발차(심부름 값)’와 같이 ‘값’을 뜻하는 말이다. 어원적 의미는 ‘값을 줄임’이다. ‘조리복소니’는 본디 큰 물건이 차차 졸아들어 보잘것없이 됨을 이르는 동근어다. ¶ 우리 가족은 조리차를 해서 겨우 집을 장만했다. 살림을 조리차하다.

조막 주먹보다 작은 물건의 덩이를 형용하는 말. ‘쥐다, 주무르다’에서 파생된 ‘주먹(←줌+억)~조막(←좀+악)’은 같은 어원으로 주먹 안에 넣을 수 있는 작은 것을 의미한다. ‘좀’은 ‘작다’에서 파생한 ‘조금(<죠곰)’의 준말인데, 퉁구스어 čumin과 상응하는 형태소다. ¶ 조막만한 크기.

조막손 손가락이 없거나 오그라져 펴지 못하게 된 손. ‘좀+-악(접사)+손’으로 분석된다. ‘좀’은 ‘조금’의 준말이며 ‘죡다(<작다[小])’의 명사형이다. 조막손의 어원적 의미는 ‘작은 손’이다. 조막손이는 조막손을 가진 사람을 뜻하는 말이다.

[조막손이 달걀 도둑질한다] 자기의 능력 이상의 일을 하려고 할 때 이르는 말. ☞ 손, 좀스럽다

조무래기 자질구레한 물건. 어린아이를 이르는 말. 조무래기는 동사 '주무르다[握(악; 쥐다)]'가 어감의 분화에 따라 '조무르다'로 된 형태의 어간 '조무르-'에 작은 것을 뜻하는 '-아기'가 결합된 말이다.(조무르/조물-+아기→조무래기) 조무래기의 어원적 의미는 '주먹 안에 넣을 수 있는 작은 것'이다. ¶ 공원 놀이터에는 조무래기들로 꽉 차 있다.

조바심 원래의 뜻은 '조의 이삭에서 좁쌀을 떨어내는 일'이다. '바심'은 분쇄(粉碎) 개념어 'ᄇᆞᆺ다~ᄇᆞᅀᆞ다>ᄇᆞᄉᆞ다>바수다'로 변화된 동사 어근 'ᄇᆞᆺ(바수-)'의 명사형이다. 조바심이란 작은 좁쌀알을 빼내는 일이라 조심조심해서 조 이삭을 떨어내야 하기 때문에 마당질[打作(타작; 바심)] 중에서도 가장 까다롭고 신경이 쓰이는 작업이다.

'풋바심(←풀+바심)'은 채 익기 전의 벼나 보리를 지레 베어 떨거나 훑는 일을 뜻한다. 오늘날 '조바심'은 의미가 추상화되어 마음을 조마조마하게 졸인다는 뜻으로 쓰인다. ¶ 조바심이 나서 견딜 수가 없다.

조선 한반도와 만주 지역에서 이른 시기에 형성된 국가 이름. 1392년 이성계가 세운 나라 이름. 고조선은 기원전 8세기 이전에 존재한 나라다. 고조선(古朝鮮)이 최초로 등장한 역사적 자료는 선진(先秦) 문헌인 <관자> 권23이다.

조선(朝鮮)을 '아침의 땅'이라는 의미로 '아사달(<아ᄉᆞᄃᆞᆯ)'을 한자 [阿斯達(아사달)]로 번역하였다는 설이 있고, 조선의 朝는 'ᄇᆞᆰ[白 · 明]', 鮮은 'ᄉᆡ[新]'로 소리를 빌어 조선의 고유어는 'ᄉᆡᄇᆞᆰ[曙(서)]'으로 풀이하는 이도 있다. 홍만종은 <순오지>에 조선을 湯谷(탕곡)에 가까워서 朝(조), 해가 돋으면 먼저 밝는다 하여 鮮(선)이라 기록하였다. 고대 '조선'의 명칭은 처음에는 땅 이름이었다가 종족 이름[조선족]이나 나라 이름으로 변한 것이다.

고조선의 중심지는 <관자>, <산해경>, <전국책>, <위략> 같은 중국의 고대 기록과 고고학, 역사학적으로 보아 넓고 평평한 땅[平壤] 곧 요하 유역 또는 요동 지역으로 보는 것이 타당하다. <산해경>에 朝鮮在列陽 東海北山南이라고 기록되어 있다. 우리 역사는 단군조선(서기전 2333년 건국)-고조선-부여-고구려-발해[남북국시대]로 연결된다. 그리고 조선 왕조에서는 국가의 명칭을 '조선'이라고 정하여 고조선 계승 의식을 명확하게 하였다. 여하튼 고조선(古朝鮮)은

우리 역사상 최초의 나라다. ☞ 단군, 평양

조약돌 작고 동글동글한 돌. 조약돌은 조약[작은]과 돌의 합성어로 '작은 돌'이란 뜻이다. 자다란 돌멩이를 '자갈[礫](←작+알[卵(난)])'이라 한다. '조약'은 '작~잘~좀'과 동근어로 '작다[小]'를 뜻한다. 조약돌을 중세어에서 '혀근돌(작은 돌)'이라고 하였다. <삼국유사(찬기파랑가)> 逸烏川理叱磧惡希(일로 나리ㅅᄌᆡ벽히)와 15세기 문헌 <능엄경언해>에 'ᄌᆡ벽[礫]'이 16세기 <훈몽자회>에 '쟉벼리 적(磧)'이 보인다.(ᄌᆡ벽>ᄌᆞ역>자약>조약+돌) ¶ 개울가에서 조약돌을 주우며 놀다.

조용하다 아무 소리도 나지 않고 잠잠하다. '조용'은 한자어 從容(종용)에서 온 말이다. '둉용'으로 표기되다가 구개음화와 단모음화, 동음생략에 의하여 '죵용>죠용>조용'으로 어형이 변하였다. 그리고 어미 '-하다'와 결합하여 형용사 '조용하다'로 파생된 말이다. 현대 중국어에서는 조용(從容)을 '安靜'이라고 한다. ¶ 조용한 아침의 나라.

조차 '도, 따라서'의 뜻으로 위의 말을 강조할 때 체언 밑에 쓰는 보조사. '조차'는 동사 '좇다[隨(수)]'의 어근에 부사화 접사가 결합된 조사다.(좇+어→조쳐/조차) <삼국유사(찬기파랑가)> 白雲音 逐于 浮去隱安支下(ᄒᆡᆫ구룸 조초 ᄠᅥ가ᄂᆞᆫ 안디하)가 나온다. 중세어 부사 '조초'는 '따라가다'는 뜻이고, 조사로는 '~대로'를 의미한다. 현대어에서 '까지, 조차, 마저, 도'는 어떤 행동이나 상태가 기대하거나 예상한 범위를 넘어 이들 조사 앞에 오는 대상에 미치게 된다는 점에서 공통성을 갖는다. ¶ 점심도 굶었는데 저녁조차 굶게 되었다.

조촐하다 아담하고 깨끗하다. 수수하고 단출하다. 행실 · 행동이 깔끔하고 얌전하다. 17세기 문헌 <두창경험방>의 표기는 '조촐/죠촐ᄒᆞ다'다. 조촐하다는 중세어인 '·좋·다/조ᄒᆞ다, 조히ᄒᆞ다[潔(결; 깨끗하다)]에서 온 말이다. ¶ 조촐한 음식. 조촐한 모임을 갖다. 물이 맑고 좋다(깨끗하다).

조카 형제자매의 아들[姪(질; 조카)]. 17세기 문헌 <경민편언해>에 '족하'가 나온다. 한자 足下(족하)나 族下(족하)가 발음에 따라 이어적기를 하면서 '조카'로 되었다.(족하>조카) 원래 '족하(足下)'는 아랫사람, 같은 연배(年輩)에 대한 존칭으로 쓰이다가 친족의 호칭으로 바뀌었다. 족하(族下)도 친족 중의 아랫사람이란 뜻이다.

'조카'와 합성된 호칭어에 '조카-딸[姪女(질녀)], 조카-며느리[姪婦(질부)], 조카-사위[姪壻(질서)], 조카-자식'이 있으며 '조카-뻘'은 조카가 되는 항렬(行列)을 이르는 말이다. 중세어에서 순수 고유어인 '아ᄎᆞᆫ아ᄃᆞᆯ(남자 조카), 아ᄎᆞᆫᄯᆞᆯ(조카딸)'이 한자어 족하(族下)에 밀려나 죽은 말이 되었다.

족두리 여자가 예복을 갖출 때 머리에 쓰는 관. '족/쪽+두리(다)[圓(원)·圍(위)]'로 분석된다. '족/쪽'은 시집간 여자가 뒤통수에 땋아 틀어 올려서 비녀를 꽂는 머리털을 뜻한다. 쪽은 '쪽댕기, 쪽지다'로 쓰인다. 족두리는 '족두리잠(簪; 비녀), 족두리하님; 꾸민족두리, 어염족두리(어여머리를 할 때 쓰는 족두리), 화관족두리' 등으로 쓰이는 말이다. ¶ 족두리를 쓰다. 쪽진 머리.

족집게 주로 잔털이나 가시 따위를 뽑는 데 쓰는 쇠로 만든 자그마한 집게. 중세어형은 'ᄌᆞᆨ집개, ᄌᆞᆨ졉개'다. 'ᄌᆞᆨ[小]+집[執]+개/게'로 분석된다. 'ᄌᆞᆨ'은 '작다'의 옛말 'ᄌᆞᆨ다[小]'의 어근이다. '집다'는 결속(結束) 개념을 나타내는 '줌(주먹), 잡다'와 모음교체된 낱말이다. '-개/-게'는 도구(道具)를 나타내는 명사파생접미사다. '족집게'의 어원적 의미는 '작은 것을 집어내는 것'이다.

'집게'가 결합된 낱말에 '집게-뼘, 집게-발, 집게-벌레, 집게-손가락' 등이 있다. 점을 쳐서 남의 지낸 일을 족집게로 꼭꼭 집어내듯 잘 알아맞히는 장님을 '족집게-장님'이라고 부른다. ◇ 족집게 같다 - 일의 속내나 비밀을 귀신같이 잘 알아맞히다. ☞ 잡다, 조개

족치다 혼쭐이 나게 사정없이 치거나 두들겨 패다. 견딜 수 없을 정도로 몹시 족대기다. 하는 일이나 신세 따위를 망치다. 족치다(<ᄌᆞᆨ치다)는 '足(족; 발)+치다(때리다)'로 분석된다. 예전에 혼례식이 끝나면 신랑을 거꾸로 매달아 발바닥을 때리던 풍습에서 유래된 말이다. 어원적 의미는 '발(다리)을 치다'다. ¶ 몽둥이로 사정없이 족치다. 신세를 족치다.

졸다 잠을 자지는 않으나 자꾸 잠드는 상태로 들어가다. 중세어형은 'ᄌᆞ올다'다. '*ᄌᆞᄇᆞᆯ다>*ᄌᆞᄫᆞᆯ다>ᄌᆞ올다>졸다'의 어형 변화를 거쳤다. '졸다'는 '조리다>주리다(줄이다[縮(축)])'와 동근어다. 'ᄌᆞ올다'의 명사형은 'ᄌᆞ오롬(>졸음)'이다. '졸리다'는 졸음이 자꾸 퍼부어 온다는 뜻을 나타낸다. 경상도 사투리에 '자브럽다, 자블다'가 있다. '졸다'의 어원적 의미는 '눈주름이 생기면서 잠드는 상태가 되다'다. [조는 집에 자는 며느리 온다] 게으른 집에는 게으른 사람만 온다는 말. ☞ 주름

졸때기 보잘것없이 규모가 작은 일. 지위가 변변치 못한 사람. '卒(졸)+-때기(접

사)'로 분석된다. '졸때기-장사'는 규모가 작은 장사를 이른다. '卒(졸)'은 장기에서 '兵(병)·卒(졸)'자로 나타낸 장기짝이다. '졸(卒)-개'는 남에게 딸리어 잔심부름이나 하는 사람을 얕잡아 이르는 말이다. '-때기'는 신체 부위를 나타내는 명사 뒤에 붙어 '귀때기, 배때기, 볼때기'와 같이 그 명사를 속되게 이르는 뜻을 나타내는 접사다.

좀 '좀[蠱(고)]'은 '좀-벌레, 무-좀'에 쓰여 '작은 벌레'를 가리킨다. '좀이 쑤시다'는 '무엇이 하고 싶어 안절부절못하다. 가만히 참고 기다리지 못하다'를 일컫는 관용어다. '좀-약, 좀-먹다'로 쓰인다. '좀-먹다'는 '좀이 슬다. 어떤 사물에 겉으로 크게 드러나지 않게 조금씩 해를 입히다'를 뜻하는 동사다. ¶ 옷에 좀이 슬어 입을 수가 없다.

좀스럽다 도량이 좁고 성질이 잘다. 사물의 규모가 보잘것없이 작다. '좀+-스럽다(형용사화 접사)'로 분석된다. '좀'은 '조금(<죠곰)'의 준말이다. 일부 명사 앞에 붙어 '좀스러움'을 뜻하는 접두사 '좀'이 결합된 파생어에 '좀-것, 좀-꾀, 좀-녕, 좀-노릇, 좀-놈, 좀-짓, 좀-도둑, 좀-생이, 좀-처럼, 좀-팽이; 좀상좀상하다' 등이 있다. 작은 것을 뜻하는 이형태 '종/조랑'은 '조랑말; 종가래, 종구라기(조그마한 바가지), 종다래끼, 종댕기' 등으로 쓰인다. ☞ 작다, 조금

종 마늘·파 따위의 꽃줄기 끝에 달리는 망울. 16세기 문헌 <훈몽자회>에 '조ᅀᅵ'가 나온다. 어근은 '조ᅀᆞ/ᄌᆞᅀᆞ'로 '核(핵; 알맹이)·要(요)'를 뜻한다. '종대(종이 나오는 줄기); 마늘종, 팟종'으로 쓰인다. ¶ 종이 나오다. ☞ 눈자위

종달새 종다릿과에 속하는 새. 운작(雲雀). 참새보다 조금 크고 등은 연한 갈색 바탕에 짙은 갈색 무늬가 있고 배는 황갈색이며 머리에 댕기 깃이 있다. 전대의 표기는 '죵다리/죵달이, 노고지리'다. 17세기 <노걸대언해> 표기 '죵다리'는 '죵+다리(새)'로 분석된다. '죵'은 '작다, 적다'의 '쟉-, 젹- 쟉-[小]'과 동근어다. 종달새의 어원적 의미는 '작은 새'다. '노고지리'에서 '*지리(<디리<딜)'는 '닭'의 고어형으로 보인다. '노고'는 놋쇠나 구리로 만든 작은 솥인 '노구-솥'과 같은 말로 '노란 색깔'을 뜻한다. ☞ 닭, 비둘기

종아리 무릎과 발목 사이의 뒤쪽. 하퇴(下腿). 옛말은 '허튀'다. 종아리는 '종+아리(<죵아리)'로 분석된다. '종'은 '작다[小]'의 옛말 어근 '쟉-~쟉-'이 '죵(>종)'으로 변한 것이다. '종'을 발뒤꿈치를 뜻하는 한자 '踵(종)'으로 보는 이도 있다. '아리'는 '다리[足(족)]'를 의미한다. 18세기 문헌 <동문유해>에 삼발이[三脚(삼

각; 鍋撑子)]를 '아리쇠'라고 하였다. '아리'는 몽골어 alaxa-(걷다), 일본어 asi(다리)와 대응한다. 결국 종아리는 '작고 동글게 생긴 다리'란 뜻이다.

종아리와 같이 작고 동글동글한 것을 의미하는 낱말에 '종발, 종지(작은 그릇)' 등이 있다. 신체 부위에서 몸 가운데를 '허리'라고 하는 것처럼, 중세어 '허튀'는 다리 또는 다리의 가운데인 종아리를 가리키던 말이다. ¶ 잘못하면 회초리로 종아리를 맞는다.

종요롭다 없어서는 안 될 만큼 요긴하다. 중세어형은 '조ᄾᆞ룹다/조ᄾᆞᄅᆞᄫᆡ다'다. '조ᄾᆞ'에 형용사화접사 '-룹다'가 결합된 말이다. 종요롭다[要(요)]의 어근 '조ᄾᆞ[核(핵)·要(요)=ᄌᆞᄾᆞ]'는 '눈ᄌᆞᄾᆞ[眼精(안정; 눈자위)]'에서와 같이 알맹이를 뜻한다.(조ᄾᆞᄅᆞᄫᆡ다>조ᄾᆞᄅᆞ외다/조ᄋᆞᄅᆞ외다>조오로외다/조요ᄅᆞ외다>종요롭다) ¶ 이번 기술 제휴는 우리 회사를 키우는데 종요로운 일이다. ☞ 눈자위

종지 간장이나 고추장 따위를 담아 상에 놓는 종발보다 작은 그릇. 한자어 鐘子(종자)에서 온 말이다.(죵ᄌᆞ>종지) 한자어 접미사 '-子'는 '針子(침자), 卓子(탁자)' 등과 같이 작은 물건을 가리킨다. '종짓굽, 종짓불, 종지뼈, 종지윷; 기름종지, 찻종지' 등으로 쓰인다. ¶ 밥상 위에는 꽁보리밥과 간장 종지만 달랑 놓여 있었다.

좨기 나물을 데치거나 가루를 반죽하여 조그마하고 둥글넓적하게 만든 조각. '죄다/쥐다[握(악)]+-기(명사화접사)'로 분석된다. 어원적 의미는 '(손에) 쥔 것'이다. ¶ 나물 한 좨기를 금방 무쳐 밥상을 차렸다. ☞ 주먹

좽이 물고기를 잡는 원뿔 모양의 그물. 투망(投網). <물보>에 '조앙이'가 나온다. '조이/죄(다)+-앙/엉(접사)+-이'로 분석된다.(조앙이>좽이) 어원적 의미는 '조이는 것'이다. '좽이-질'은 투망을 던져 물고기를 잡는 짓이다. '죄이다/죄다'는 축소 개념어인 '줄다'와 동원어다.

나무오리를 물려 죌 수 있게 된 연장을 뜻하는 '죔쇠'도 조이는 쇠다. 동근어 '죔틀'은 무엇을 사이에 끼워 넣고 죄는 틀을 통틀어 이르는 말이다.

죄다 남김없이 모조리 다. ≒ 몽땅. 모두. 전부. '좋(다)[潔(결; 깨끗하다)]+이(부사화접사)+다(모두)'로 분석된다.(좋이/죄+다→죄다) 어원적 의미는 '깨끗이 다. 남김없이'다. ¶ 죄다 일러바치다. 죄다 먹어 버리다. 죄다 자백하다.

주감이 해금(奚琴; '깡깡이'라 불리는 민속 악기)의 줄 끝을 감아 매는 부분. '줄[線(선)]+감(다)+이'로 분석된다. 어원적 의미는 '줄을 감은 것'이다.

주걱 나무나 놋쇠 등으로 부삽처럼 만든 부엌살림 도구. '밥주걱'의 준말. <훈민정음해례>에 '죽爲飯臿(밥을 뜨는 가래/삽)'이 나온다. 줍다(<줏다)의 어근 '줏-~줍-'이 자음의 이화(異化) 작용에 의해 '죽~죽'이 되었다. 후대에 접미사 '-에/-억'이 덧붙어 '쥬게/쥬걱>주걱'으로 변화 과정을 거쳤다. 주개(<쥬게)는 경상도 사투리이다. 동사 '줍다'는 '쥐다. 잡다. 집다'와 동근어다.

밥주걱은 솥에 있는 '밥을 집어 들어 푸는 것'이란 뜻이다. 길고 끝이 밖으로 굽어서 주걱처럼 생긴 턱을 '주걱-턱'이라 한다. '주걱-뼈, 주걱-상(相); 구둣-주걱'으로도 쓰인다.

주근깨 얼굴의 군데군데에 무리 지어 생기는 잘고 검은 점. '죽(다)[死(사)]+은+깨[荏(임)]'로 분석된다. 어원적 의미는 '깨알처럼 생긴 점'이다. ¶ 얼굴에 주근깨투성이다. ☞ 죽다

주낙 낚싯줄에 여러 개의 낚싯바늘을 달아 물 속에 넣어 두고 물살에 감았다 풀었다 하여 물고기를 잡는 기구. 주낙은 '줄'과 '낚시(<낛)'로 분석된다. 낚시는 동사 '낡다~낛다[釣(조)]'의 어근 '낛-'에 주격조사 '-이'가 결합되어 '낛+이→낙시(낚시)'로 굳어진 명사다.(줄+낛→주낙) '주낙배; 땅주낙, 뜬주낙, 선주낙'으로 쓰인다. '자낙'은 자새(얼레)에 감은 낚싯줄을 감았다 풀었다 하면서 하는 낚시를 뜻하는 말이다.

주눅 기가 죽어 움츠러드는 일. 부끄러움을 아는 것(염치). '주:눅'은 줄:다(본디보다 작아지거나 적어지다)와 눅다(무르거나 부드러워지다)가 합성된 말이다.(줄+눅→주눅) 어원적 의미는 '작고 부드러워짐'이다. '주눅-좋다'는 '주눅이 들지 않고 얼렁뚱땅 넘기다. 낯가죽이 두껍다'를 뜻한다. ◇ 주눅(이) 들다(잡히다) - 부끄러워 기를 펴지 못하고 움츠러들다. 무서워서 의기가 줄어들다. ¶ 주눅이 든 아이는 기를 살려주어야 한다.

주룩주룩 → '죽죽' 참조 ¶ 비가 주룩주룩 장대같이 쏟아지다.

주름 살갗이 쇠하여 생긴 잔줄. 옷의 폭 따위를 접어서 잡은 금. 주름(<주롬/조롬)은 '졸다~조리다/주리히다[縮(축)]'의 명사형으로 표면이 구겨져서 꼬부라진 뜻을 지닌 말로 '구긔다(>구기다)'와 같이 원형 어근에 속한다. 중세어 '살찌다/살지다~살ㅎ지다(주름지다; 사라지다[消(소)])'에서 어근 '살'은 단독으로 주름살을 의미한다.

'살'은 '햇살, 빛살, 물살(물줄기), 이맛살'에 쓰여 줄[線(선)] 또는 '길다'의

뜻을 가진 '발(빗발, 햇발)'과 음운 교체형으로 보인다. '주름살'은 생물의 기운이 쇠하여서 시들어 가거나 오그라들어 구겨진 것을 뜻하는 말이다. 현대어에 '주름-막(=주름몍; 노나 새끼로 엮어 아가리를 주름잡은 망태), 주름-치마, 주름-상자(사진기의 어둠상자), 주름-위, 주름-잡다(주름이 지게 하다); 잔주름(눈가에 잘게 잡힌 주름), 잔주름(옷 따위에 잡는 잔다란 주름)' 등으로 쓰인다. ¶ 얼굴에 주름살이 잡히다.

주리 죄인을 심문할 때 두 다리를 한데 묶고 그 사이에 두 개의 막대기를 끼워 비틀던 형벌. 주리[挾棍(협곤; 몽둥이를 끼움)]를 한자 周牢(주뢰)로 소리를 빌려 적은 것이다.(쥬뢰/쥬릐>주리) '주릿대, 주릿방망이'로 쓰인다. ◇ 주리를 틀다 – 주리로 벌을 주다. 주리 참듯 – 모진 고통을 억지로 참음.

주머니 자질구레한 물건이나 돈 따위를 넣고 아가리를 졸라매어 허리에 차거나 들고 다니는 물건. 호주머니는 조끼, 저고리, 적삼 따위에 헝겊 조각을 덧꿰매어 만든 것이다. 중세어형도 '주머니'다. <석보상절>에 나오는 'ᄂᆞᄆᆾ'은 그 근원이 'ᄀᆞᆷ초다>감추다'며, 주머니 계(系)와 갈라졌다고 본다.(*kVm->*tVm->čVm-주머니~줌-치/nVm-ᄂᆞᄆᆾ) 퉁구스어에 물집, 공기주머니의 뜻을 나타내는 čumknkte가 있고, <계축일기>에 나오는 '줌치', '주머니'와 음상(音相)과 의미가 비슷한 단어로 만주어 jumanggi(작은 주머니)가 있다. 결국 주머니는 '쥐다'의 명사형에 접사가 결합한 말이다.(쥐-+ㅁ+-어니→주머니)

옷에 단 주머니를 '호-주머니'라 하는데 '호(胡)'는 중국에서 들여온 것이란 뜻을 나타내는 접두사로 '호떡, 호빵, 호콩, 호말, 호밀' 등이 있다. '개화-주머니'는 개화기 때 현대식 양복에 단 주머니란 뜻에서 붙여진 이름이다. [주머닛돈이 쌈짓돈] 그 돈이 그 돈, 결국 마찬가지라는 말. [주머니 들어간 곳에 송곳이라] 선하고 악한 일은 숨겨지지 않고 자연히 드러난다는 말. ¶ 요즘 주머니 사정이 여의치 않다.

주먹 다섯 손가락을 모두 오므려 쥔 손. 중세어형은 '주머귀, 주머괴'다. 손으로 물건을 쥐는 동작을 '쥐다, 집다, 잡다, 가지다'라고 한다. '쥐다(←주+이+다)'의 명사형은 '줌~주먹'이다.(쥐(다)+-억→주먹) '줌+어괴/어귀(접미사)→주머괴/주머귀>주먹'으로 형성 변화되었다. 쥐다[握(악)]는 '주다[授(수)]'와 동근어로 보인다.

우리말 '줌, 주무르다, 주물럭거리다'는 토이기어의 동사 어간 jumur-와 대응한다. '줌'은 주먹으로 한 번 쥘 만한 분량을 뜻하며, 수관형사 아래에 연결하여 '한 줌, 두 줌'과 같이 단위성 의존명사로 쓰인다. 손가락을 오므렸다 폈다하는 동작어 '죔죔(죄암죄암)/잼잼'도 '줌'과 동근어다. '주먹구구/식(九九/式), 주먹다짐, 주먹도끼, 주먹밥, 주먹질, 주먹코' 등으로 쓰인다. ¶ 주먹을 꼭 쥐다. 맨주먹으로 시작한 사업이지만 머리와 신용으로 떼돈을 벌었다. ☞ 잡다

주무르다 손으로 자꾸 쥐었다 놓았다 하며 만지다. 제 마음대로 다루거나 놀리다. '쥐(다)[握(악)·拳(권)]+므르다[軟·爛]'로 분석된다. 중세어형은 '쥐믈으다'다. 18세기 문헌 <한중록>에는 '쥐물느다'가 나온다. 주무르다의 어원적 의미는 '쥐어서 무르게 하다'다. '주물럭-거리다/대다'의 어근 '주물/주무르-'도 동근어다. ¶ 어깨를 주무르다. 아랫사람을 손안에 넣고 맘껏 주무르다. ☞ 주먹, 무르다

주무시다 '자다[眠(면)]'의 높임말. 주무시다(<즘으시다)의 어근 '줌-'은 '잠'과 동근어다. '줌(<즘)+(으)+시+다'로 분석된다. 중세어형은 '자시다'인데, 18세기부터 '주무시다'로 바뀌어 쓰인다. ¶ 할아버지께서 곤히 주무신다. ☞ 잠

주변 일을 주선하거나 변통함. 또는 그런 재주. ≒ 두름손. 솜씨. 수완(手腕). 중세어형은 '쥬변'으로 자유(自由) 또는 자의(自意)를 뜻한다. 한자어 주변(周邊; 주위의 가장자리)과 변통(變通; 두름성)이 합쳐진 말이다.(쥬변>주변) 어원적 의미는 '자기 스스로의 생각이나 의견'이다. '주변머리('주변'의 속된 말), 주변성(性; 돌림성, 두름성); 말주변' 등으로 쓰인다. ¶ 주변이 좋아 사업을 잘 꾸려 나간다.

주섬주섬 흐트러진 물건을 하나씩 주워 거두는 모양. '줍다[拾(습)]'의 옛말 '줏다'의 어간에 부사성접사 '-엄'이 결합되어 이루어진 부사다.(줏+-엄→주섬) 이와 같은 구조로 된 말에 '띄엄띄엄, 쉬엄쉬엄, 이엄이엄(이어가는 모양)' 등이 있다. ¶ 옷가지를 주섬주섬 챙기다.

주전부리 군음식을 때없이 자꾸 먹는 짓. 군것질. <작> 조잔부리. '주전/조잔+부리(새의 주둥이)'로 분석된다. '주전'은 쪼다[啄(탁; 찍어먹다)]의 중세어형 '좃다, 조으다'가 변형된 말이다. 주전부리의 어원적 의미는 '부리로 모이를 찍어먹음'이다. ¶ 주전부리를 많이 해 밥맛이 없다. ☞ 부리

주책 일정하게 자리 잡힌 생각. 일정한 줏대가 없이 되는 대로 하는 짓. 한자어 主着(주착)이 발음이 변한 말이다. '주책망나니, 주책머리, 주책바가지, 주책없다/없이'로 쓰인다. ¶ 주책을 부리다.

주춧돌 기둥 밑에 괴는 돌. 모퉁잇돌. '柱礎(주초; 기초가 되는 기둥)+ㅅ+돌[石(석)]'로 분석된다.(쥬쥬돌>주춧돌) '주추-먹(주추에 그린 먹줄); 나무/목(木)-주추, 돌-주추'로 쓰인다. 주춧돌은 우리 전통 가옥 구조의 핵심이다. ¶ 주춧돌을 놓다. ☞ 돌[1]

죽 곡식을 물에 흠씬 끓이어 묽게 만든 음식. 또는 짐승의 먹이. 죽 상태로 된 것. [+쑤다]. 15세기 문헌 <구급간이방>에 '쥭므레(粥飮)'가 나온다.(쥭>죽) 한자 '粥[쥭]'이 중국 고대음인 것을 헤아리면 '죽'의 차용 시기는 상당히 오랜 것으로 추정된다.

'죽사발, 죽젓개/질, 죽통; 강냉이죽, 쇠죽, 시래기죽, 아욱죽, 전복죽, 콩죽, 팥죽, 흰죽' 등으로 쓰인다. 24절기의 하나인 동지(冬至)에 팥죽을 끓여 먹는 풍습은 집안의 모든 잡귀를 물리친다는 우리의 전래 풍습이다. ¶ 죽을 쑤다. 죽도 밥도 아니다.

죽다 생명이 없어지거나 끊어지다. 성질이나 기운이 꺾이다. 불이 꺼지다. ↔ 살다. 죽고 살고 하는 것을 '죽사리'라 한다. 죽다[死(사)·殺(살)]는 번성하였다가 하락·붕괴의 의미를 갖는 말로 '숙다[低(저)], 시들다, 삭다[朽(후)], 슬다[消(소)]; 궂다[凶(흉)], 궂기다[死(사)]'와 관계가 있다. '궂다'의 어근이 음운도치하여 '죽다'가 된 것으로 보인다.(죽<궂)

'죽살이'는 죽음과 삶을, '죽살이-치다'는 어떤 일에 죽을힘을 다해 애쓰다를 뜻하는 합성어다. ◇ 죽었다 깨어도 - 아무리 애를 써도 도저히. [죽은 정승이 산 개만 못하다] 죽으면 부귀영화가 소용없다는 말. ¶ 시름시름 앓던 강아지가 죽었다.

죽데기 통나무의 겉에서 잘라 낸 널쪽. 주로 땔감으로 쓴다. '죽+-더기/대기(물건)'으로 분석된다. '죽'은 각재(角材)의 모서리에 남아 있는 껍질 부분을 이르는 말로, '거죽[表·皮]'과 동근어다. '-더기'는 '북데기, 판대기/판때기('널빤지'의 사투리), 피데기('반쯤 말린 오징어'의 동해안 지역말)'에서와 같이 물건을 뜻하는 접사다. 죽데기[-떼-]의 어원적 의미는 '거죽의 것'이다. '죽더께'는 사투리다. ¶ 죽데기는 땔감 또는 울타리의 재료로 쓰인다.

죽죽 줄이나 선을 곧게 내리긋는 모양. 곧게 펴거나 벌리는 모양. 18세기 <한청문감>에 '줅줅[直(직)]'이 나온다. '눈물을 줄줄 흘리다. 비가 주룩주룩 내리다'에서 부사 '줄줄~주룩주룩[←줄+욱]/죽죽'은 줄[끈, 선(線)]과 동근어다. ¶ 밑줄을 죽죽 긋다. 글을 죽죽 읽어 내려가다.

죽치다 활동하지 않고 한곳에 오랫동안 붙박이다. '죽(죽지)+치다'로 분석된다. 어근 '죽'은 날갯죽지(새의 날개가 몸에 붙은 부분)나 어깻죽지(팔과 어깨가 이어진 관절 부분)를 뜻하는 말이다. '죽치다'의 어원적 의미는 '날짐승이 날개를 접고 앉아 있다'다. ¶ 하는 일이 없이 매일 집에서만 죽치고 있다. 죽치고 앉아 있다.

줄거리 잎이 다 떨어진 가지. 사물의 대충 골자. 줄[繩·線·列·行·脈·草]과 '-거리'의 합성어다. 줄기는 줄거리에서 '-거리'가 '-기'로 축약된 형태다. '줄거리'의 원뜻은 식물의 줄기 부분이고, '-거리/-가리'는 '가지[2][枝(지)]'와 동근어로 '가르다'에서 온 말이다. '길게 뻗어 나간 선(線)'을 의미하는 '줄기'가 합성된 낱말에 '산-줄기, 빗-줄기, 물-줄기, 등-줄기' 등이 있다.

줄기에서 파생된 '줄기차다'는 줄기가 뻗어 나가듯이 억세게 나가서 조금도 쉬지 않는다는 뜻이다. ¶ 줄기가 연한 식물. 이 작품의 줄거리는 우리 민족이 나아갈 방향을 제시한 것이다.

줄다리기 여럿이 편을 갈라 굵은 밧줄을 자기편 쪽으로 마주 잡아당겨 승부를 가리는 전통 민속놀이. '줄'과 'ᄃᆞ릐다(引; 끌어당기다)'의 명사형 'ᄃᆞ릐기'가 합성된 말이다.(줄+ᄃᆞ릐+기→줄ᄃᆞ릐기>줄다리기) '줄'은 선조적(線條的) 의미를 가진 '가르다[分]' 계(系)의 동사 'ᄃᆞ릐다>다릐다'의 어근 '달-'이 음운 변화를 일으킨 어형이다.(갈->달->줄) 달-~다릐-'는 일본어 turu, tura(列·蔓; 덩굴)와 대응한다. 'ᄃᆞ릐다'는 '다리다, 당기다(<ᄃᆞᆼ기다)'와 같은 뜻으로 쓰인다.

줄잡아 대강 짐작으로 헤아려.[+수량을 나타내는 말] '줄이(다)[縮(축)]+어(연결어미)+잡(다)[執(집)]+아'로 분석된다. 어원적 의미는 '줄이어 잡아'다. ¶ 줄잡아 5만 명은 족히 된다.

줄행랑 대문 좌우에 죽 벌여 있는 행랑. 장랑(長廊; 긴 복도). 도망(逃亡; 피하여 달아남)의 속된 말. '줄[列(열)]+행랑(行廊)'으로 분석된다. ¶ 줄행랑을 놓다. 줄행랑을 치다(미리 낌새를 알아차리고 도망을 간다).

줏대 사물의 가장 중요한 부분. 자기의 처지나 생각을 꿋꿋이 지키고 내세우는 기질이나 기풍. '主(주)+ㅅ+대'로 분석된다. '주(主)'는 중심을 뜻하고, '대'는 대나무로 '깃-대, 장-대, 막-대'처럼 긴 것을 의미한다. 줏대의 어원적 의미는 '중심이 되는 막대'다. 뜻이 확장되어 대쪽같은 기질을 이른다. '줏대-잡이'는

‘중심이 되는 사람’을 이르는 말이다. ◇ 줏대가 없다 - 뚜렷한 주관이 없는 사람을 이르는 말. ¶ 줏대가 약하다. 줏대가 세다. ☞ 대

중 절에서 살면서 불법을 닦고 실천하며 포교에 힘쓰는 사람. 중세어형은 ‘즁’이다. 불교에 귀의하여 수업(修業)하는 사람을 범어(梵語)로 Sangha라 한다. 이를 중국에서 소리 나는 대로 적은 말이 ‘僧伽(승가)’이고 우리나라에 들어와서는 ‘중[僧]’으로 귀화하여 쓰이고 있다. ‘중’의 높임말 스님은 ‘僧(승)/師(사)+님’이 변한 말이다. ‘중+속환(俗還)+이’는 중이었다가 다시 속인이 된 사람을 뜻한다. [중이 제 머리를 못 깎는다] 아무리 긴한 일이라도 남의 손을 빌려야만 이룰 수 있다는 말. ¶ 머리를 깎고 중이 되다.

중뿔나게 아무 관계가 없는 사람이 당치않게. 주제넘게. ‘중(中)+뿔[角(각)]+나(다)[出]+게(부사화접사)’로 분석된다. ‘뿔(<쁠)’은 짐승의 머리에 뾰족하게 난 것으로 ‘뿌리, 부리(새의 주둥이)’와 동원어다. ‘중뿔나다’의 어원적 의미는 ‘갑자기 불쑥 중간에서 뿔이 튀어 나온다’란 뜻이고, 추상적 의미는 ‘가당치 않다’다. ¶ 남의 집안일에 중뿔나게 감 놓아라 배 놓아라 간섭하지 말아라. ☞ 뿌리

쥐대기 전문가가 아니어서 솜씨가 서툰 장인(匠人). ‘쥐(다)[握(악)]+대기’로 1차 분석된다. ‘대기’는 ‘닿다(사이에 빈틈이 없게 붙다)’의 사동형인 대다(<닿이다)’의 어근에 명사형어미 ‘-기’가 결합된 어형이다. 쥐대기의 어원적 의미는 ‘주물러 대기만 하는 사람’이다. ☞ 주먹, 닿다

쥐뿔 하찮고 보잘것없음. ‘쥐[鼠(서)+ㅅ+불(불알)’로 분석된다. 어원적 의미는 ‘쥐의 불알’이다. ◇ 쥐뿔도 모른다 – 아무것도 모른다. 쥐뿔도 없다 – 가진 것이라고는 아무것도 없다.

즈음하다 어떤 때를 당하거나 맞다. 주로 때를 나타내는 말 뒤에 ‘즈음한’, ‘즈음하여’의 꼴로 쓰임. 중세어형은 ‘즈슴ᄒᆞ다’다. ‘즈슴(>즈음)’은 사이[間(간)] · 때[時(시)]를 뜻하는 말이다. ‘즈음’은 일이 어찌 될 어름이나 그러한 무렵을 뜻하는 의존명사다. ¶ 비상시국에 즈음하여. 떠날 즈음에 그런 일이 생길 줄 누가 알았나. ☞ 요즈음.

지게 짐을 얹어 사람이 등에 지는 기구. 중압(重壓) 개념어 지다[負(부)]의 어근에 ‘-게(기구접미사)’가 결합된 말이다. 어근 ‘지-’는 ‘지지르다[壓(압)], 지지누르다~짓누르다’와 동근어다. ‘지다’는 ‘(책임을) 떠맡다. (빚을) 지다’는 동사다.

대마도에서는 우리말 그대로 [지케]라고 한다. 오늘날 물건을 들어 나르는 기계를 '지게-차'라고 부른다. '바-지게(←받치(다)+지게"는 발채를 얹은 지게를 말한다. [지게를 지고 제사를 지내도 제 멋이다] 무슨 일을 하든지 남이 상관할 바 아니라는 말. ¶ 짐을 지게로 져 나르다.

지게미 술을 거르고 난 찌끼. 술지게미. 중세어형은 '쥐여미[糟(조; 거르지 아니한 술. 지게미)]'다. <두시언해초간>에 '쥐여미를 빠 汁과 즈싀와를 눈호도소니'가 나온다. 쥐여미는 '쥐다'와 물[汁(즙)]을 뜻하는 '미'로 보인다. '즈싀/즛(찌꺼기 <즛씌)'와 섞이면서 '쥐여미'가 '지거미'를 거쳐 '지게미'로 변한 것이다. 어원적 의미는 '쥐어서 짜낸 즙'인데, 찌꺼기(<지거미)의 뜻으로 어의가 바뀐 말이라 하겠다. ☞ 주먹, 찌꺼기

지겹다 진저리가 날 정도로 지루하고 싫다. ↔ 즐겁다. 17세기 문헌 표기는 '지긔다'다. (지긔+업다→지겹다) '지겹다'는 '지루하다(←지리하다)'에서 온 말이다. <조선어사전(문세영)>에 지겹다를 지리하다의 사투리라고 하였다. '지긋지긋하다(진저리가 나도록 싫고 괴롭다)'와 동근어다. ¶ 이젠 그 소리만 들어도 지겹다. 지겹게도 내리는 비. 학교 공부가 지겹다니 큰일 날 소리다. ☞ 지루하다

-지기[1] 몇몇 명사 뒤에 붙어 '그것을 지키는 사람'의 뜻을 더하는 말. '直(직)+이'로 분석된다. 直(직)은 '곧다. 바르다'로 숙직(宿直; 지킴)을 뜻한다. 어원적 의미는 '지키는 사람(지킴이)'이다. '가지기(정식 혼인을 하지 아니하고 다른 남자와 사는 과부나 이혼한 여자), 나루터지기, 묘지기, 산지기, 등대지기, 문지기, 창고지기, 카페지기' 등으로 쓰인다.

-지기[2] 되·말·섬 따위에 붙어 '그러한 양의 곡식을 심을 수 있는 논의 넓이' 또는 몇몇 명사 뒤에 붙어 '논'의 뜻을 더하는 말. '짓다[作(작)]+-기'로 분석된다. '되지기, 마지기, 섬지기, 천둥지기(천수답), 홉지기'로 쓰인다.

지껄이다 떠들썩하게 자꾸 말하다. 15세기 문헌 <능엄경언해>에 '짓괴다'가 나온다. 16세기 문헌 <박통사언해초간>의 표기는 '짓글히다[閧(홍)]'다. '짓글히다(>지껄이다)'는 짖다[吠(폐)]와 '글히다(>끓이다)'가 합성된 말이다. '지껄이다'의 어원적 의미는 '끓는 물소리처럼 시끌벅적하게 떠들어대다'다. ¶ 저마다 의견을 한 마디씩 지껄이다.

지느러미 물고기 따위가 몸의 균형을 유지하고 헤엄을 치는 데에 쓰는 기관. 등과 배·가슴·꼬리 등에 붙어 있다. '지늘(<지늘)+어미(←음+이)'로 분석된

다. '지놀-'은 '지나다[過(과)]'의 의미고 '디놀다~디늘다[임(臨)하다]'와 동근어로 보인다. 의태어 '*지놀'을 재구(再構)할 수 있으며, 어근 '*진'을 '깃[羽(우)]'과 연관 지을 수도 있다. '-어미'는 '동그라미, 귀뚜라미'와 같이 의성어 · 의태어에 붙어 '그런 형상이나 물건'을 나타내는 명사 형성접미사다. 한편, '鰭(기)+늘[張]+어미'로 분석하기도 한다. <역어유해보>에서는 지느러미를 '진에'라고도 하였다. 지느러미는 납작한 막(膜)으로 '물을 헤치고 움직일 때 흔드는 것'이란 뜻이다.

지단 달걀의 흰자위와 노른자위를 따로 풀어서 번철에 얇게 부쳐 만든 반대기. 알반대기. 한자어 계단(鷄蛋; 달걀)에서 온 말이다. 채를 썰어 고명으로 쓰는데, 이를 '지단채(菜); 알지단'이라고 한다. · 반대기 : 가루를 물에 반죽하여 넓적하게 만든 것. 솜을 얇고 넓게 펴놓은 것.

지도리 돌쩌귀나 문장부 따위를 통틀어 이르는 말. 중세어형은 '지두리'다. '지(다)[負(부)]+두르다/돌(다)[回(회)]+이'로 분석된다.(지두리>지도리) 지도리[樞(추)]의 어원적 의미는 '지고 도는 것'이다. '지도릿대, 지도리편(여닫이 창문에 돌쩌귀나 경첩 따위를 단 쪽); 문지도리(門)' 등으로 쓰인다.

지돌이 험한 산길에서, 바위 따위에 등을 대고 가까스로 돌아가게 된 곳. '지(다)[負(부)]+두르다/돌(다)[回(회)]+이'로 분석되며 '지도리'와 동근어다. 반대말 '안돌이'는 험한 벼랑길에서 바위 같은 것을 안고 겨우 돌아가게 된 곳을 뜻한다.

지라 등뼈동물의 밥통 아래에 있는 내장기관. 비장(脾臟). 림프구를 만들고 혈액을 저장하며, 오래된 적혈구를 파괴하는 구실을 한다. <사성통해>에 '말하一名 혀다기, 혀다기 비(脾)'가 나온다. <자류주석>에 '길허'가 보인다. 소의 혓바닥처럼 생긴데서 붙여진 이름이다. '길(다)[長(장)]+혀[舌(설)]'로 분석된다.(길허/길혀>질혀>지라) 결국 지라의 어원적 의미는 '긴 혀'다.

지렁이 빈모류(貧毛類)의 환형동물. 한자 地龍(지룡)에 접사 '-이'가 결합된 말이다.(地龍+이→디룡이>지렁이) 지렁이는 '땅에 기어 다니는 용같이 생긴 벌레'다. [지렁이도 밟으면 꿈틀한다] 아무리 약하고 보잘것없는 사람도 지나치게 업신여기면 반항한다는 말.

지레1 무거운 물건을 움직이는 데에 쓰는 막대기. 어떤 목적을 실현할 수 있도록 하는 수단이나 힘을 비유적으로 이르는 말. '지ᄅᆞ/지르(다)+에'로 분석된다. '지ᄅᆞ다'는 찌르다[刺(자)]의 앞선 표기고 '-에'는 명사화 접사다. 지레/지렛대의

어원적 의미는 '찌르는 막대'다. ¶ 바위를 지렛대로 옮기다. 사회 발전의 지렛대 역할을 하다. ☞ 막대

지레[2] 무슨 일이 채 되기 전이나 어떤 기회 · 때가 이르기 전에 미리. '지르/즈르(다)[先 · 徑]+어(어미)+이(부사화접사)'로 분석된다. '지레-김치, 지레-뜸, 지레-짐작' 등으로 쓰인다. ◇ 지레 채다 – 지레짐작으로 알아채다. ¶ 지레 겁을 먹고 도망치다. 지레 놀라다. ☞ 지름길

지루하다 같은 상태가 너무 오래 계속되어 넌더리가 나고 따분하다. 16세기 초 문헌 <번역소학> 표기는 '지리ᄒᆞ다'다. 한자어 '지리(支離)'가 '지루'로 발음이 변하여 고유어처럼 쓰인다.(지리ᄒᆞ다>지루하다) ¶ 지리한 장마가 며칠째 계속되다.

지름길 가깝게 질러서 가는 길. 거리가 가까운 길. 빨리 하는 방법. 첩경(捷徑). ↔ 두름길(에움길). 중세어형은 '즈릆길, 즈럼낄'이다. '즈르다[徑(경)]'의 명사형 '즈름'에 길[路(로)]이 합성되어 전설모음화가 일어나 '지름길'이 되었다. '즈르다>지르다'는 단축(短縮) 개념어 '즐어디다(지레 죽다), 주리히다/줄이다'와 동근어다. '지름'은 원이나 구(球)의 중심을 지나서 그 둘레 위의 두 점을 직선으로 이은 선분을 가리킨다. ¶ 지름길로 가야 빠르다. 발전의 지름길. ☞ 길

지리다 똥이나 오줌을 참지 못하여 조금 싸다. 오줌 냄새와 같다. 또는 그런 맛이 있다. '지리다'는 지치다(<즈츼다[泄瀉(설사)])의 원뜻인 '설사똥'과 관련하여 고약한 냄새를 이르는 말로 보인다. '지린-내'는 오줌 냄새와 같은 냄새를 뜻한다. ¶ 오줌을 지리다. 지린 냄새. 무 맛이 왜 이리 지리냐. ☞ 지치다.

지붕 비 · 이슬 · 햇빛 등을 막기 위하여 집의 맨 꼭대기 부분에 씌우는 덮개. 지붕은 '집+우ㅎ[上]'로 분석된다. <물보>에 '집웅ᄆᆞ르'가 나온다. 근세에 '우ㅎ'가 한정적 접사 '-웅'으로 굳어졌다. '우ㅎ>웅'의 변화처럼 ㅎ종성 체언이 /ㅇ/으로 바뀐 예에 '땅(<ᄯᅡᇰ<ᄯᅡㅎ)'이 있다.(집+우ㅎ→집+웅→집웅>지붕) 지붕의 어원적 의미는 '집 위의 덮개'다. '기둥(←긷+웅)'이나 입천장을 뜻하는 '이붕(←입+웅)'도 같은 구조로 된 말이다. [지붕의 호박도 못 따면서 하늘의 천도(天挑)를 따겠단다] 쉬운 일도 못하는 주제에 당치 않은 어려운 일을 하려 한다는 말. ¶ 기와로 지붕을 이다. ☞ 집

지새다 달빛이 사라지면서 밤이 새다. 고난이나 어려움이 사라지고 광명이 비껴 들어옴을 비유하여 이르는 말이다. '지(다)[落(락; 떨어지다)]+새(다)[1]+다'로 분석된다.(*디새다>지새다) 지새다의 어원적 의미는 '달이 지고 날이 새다'다.

'지새는-달, 지새우다'로 쓰인다. '지새우다'은 '밤을 고스란히 새우다'다. ¶ 달빛이 나뭇잎 사이로 지새고 날이 밝아 왔다. 며칠 밤을 지새우며 연구를 하다. ☞ 새다[1]

지아비 아내 있는 남자를 예스럽게 이르는 말. 웃어른 앞에서 '자기 남편'을 낮추어 일컫는 말. 16세기 문헌 표기는 '집아비'다. 지아비[夫(부)]는 '집+ㅅ(사잇소리)+아비(남자)'로 분석된다. 본래는 '집의 아비'란 뜻이다. '집'과 '아비/어미'의 합성 과정에서 '집'의 받침 /ㅂ/이 탈락되어 '집+ㅅ+아비→짓아비>지아비'로 음운변화가 일어났다. '지아비'는 17세기부터 쓰이기 시작한 호칭어다. 지어미[婦(부)]는 '집의 어미'를 뜻한다. [지어미 손 큰 것] 아무데도 소용이 없고 도리어 해로운 것을 이르는 말.

지저귀 남의 일을 방해함. 또는 그런 것. 못되게 구는 짓(짓거리). '짓(다)[作(작)]+어귀'로 분석된다. '-어귀'는 '작은 것'을 뜻하는 접사다.(짓+어귀→지저귀) ¶ 그는 지저귀가 나쁘다.

지저귀다 새 따위가 자꾸 우짖다. 조리 없는 말로 자꾸 지껄이다. 지저귀다는 중세어형 '짓괴다[喧(훤)]'가 어형 변화된 말이다. 어근은 '짖(다)[吠(폐)·鳴(명)]'이다.(짓궤다>지져괴다/지져귀다>지저귀다) '지저지저/재자재자'는 끊임없이 지저귀는 소리다. ¶ 참새가 지저귀다.

지치다 힘든 일을 하거나 어떤 일에 시달려서 기운이 빠지다. <구급방언해(1466)>의 '즈츼다[泄瀉(설사)]'는 마소 따위가 기운이 빠져 묽은 똥을 싸다(설사하다)를 의미한다.(즈츼다>지치다) 설사를 하면 힘이 빠지게 되므로 16세기 무렵에 '지치다(피곤하다)'로 전의(轉義)되었다. '지친것'은 '선생 지친것, 기생 지친것'과 같이 '그 일을 오래 하다가 물러난 사람'을 낮잡아 이르는 말이다. ¶ 일하느라 너무 지쳐서 입맛이 없다.

지키다 물건 따위를 잃지 않도록 살피다. 법이나 약속 따위를 어기지 않고 그대로 하다. 생각을 굽히지 아니하다. 중세어형은 '딕ᄒᆞ다, 딕희다'다. 어근 '딕'은 '直(직)'이다. 한자 '直'은 발음이 몽골어 čiktei, čihe(直)와 일치한다. '딕희다(딕ᄒᆞ이다)>딕킈다>직히다>지키다'로 변천하였다.

한자어 '당직(當直), 당지기(←堂+直+이)'는 숙직이나 일직 근무를 하면서 잠을 자지 않고 어떤 일을 맡아서 지킨다는 뜻이다. '문-지기, 산-지기, 카페-지기'도 동근어다. '지키다'의 어원적 의미는 '꼿꼿하다. 굽지 않다'다. [열 사람이

도둑 하나를 못 당한다] 아무리 힘써 감시해도 남몰래 벌어지는 일은 막아내기 어렵다는 말. ¶ 나라를 지키다. 우리가 노력하는 모습을 지켜봐 주세요.

지팡이 걸음을 도우려고 짚는 막대기. 15세기 문헌에 지팡이를 '막다히~막대'라 하였다. '막대'는 서술어 '짚다'와 어울려 '땅을 짚는 작대기'로 쓰이다가 후대에 '지팡이(←짚+앙+이)'란 낱말이 만들어져 '막대'와 구별된다. '짚다(<딮다)'는 '잡다'와 모음 교체된 동근어다. '개화장(開花杖)'은 구한말 개화기의 지팡이를 이르던 말이다. 지팡이는 권위, 위엄, 마력, 안내, 순례를 상징한다. ¶ 지팡이를 짚고 가다. ☞ 잡다

지푸라기 짚의 오라기나 부스러기. 초개(草芥). '짚+풀+-아기[小]'로 분석된다. '짚(<딥[藁(고)]'은 벼 · 밀 · 보리 따위의 이삭을 타작하여 떨어낸 줄기로 풀[草(초)]과 같은 의미로 쓰였다. 마른 풀이나 낙엽 · 지푸라기 따위를 '검불(<검줄[草])'이라고 하는데, '불'은 '풀'의 변이음이다. 검불의 부스러기는 '검부러기(←검불+어기[小])'다. '지푸라기'의 어원적 의미는 '마르고 자다란 풀'이다. ¶ 물에 빠지면 지푸라기라도 잡는다.

진달래 철쭉과의 낙엽 활엽 관목. = 두견화(杜鵑花). 중세어형은 '진ᄃᆞᆯ외/진ᄃᆞᆯ위'다. '眞+ᄃᆞᆯ외(들꽃)'로 분석된다. <향약채취월령(1431)>에 羊躑躅 鄕名 盡月背(진ᄃᆞᆯᄇᆡ)라 하였고, 고려가요 <악학궤범(동동)>에 'ᄃᆞᆯ욋곶'이 나온다.(*진ᄃᆞᆯ배>진ᄃᆞᆯ위/진ᄃᆞᆯ외>진달래) 진달래꽃은 식품과 약재로 이용되기 때문에 참꽃이라 하고, 먹지 못하는 철쭉은 개꽃이라고 한다.

진득하다 눅진하고 차지다. 몸가짐이 의젓하고 참을성이 있다. '질(다)+ㄴ+듯/득+하(다)+다'로 분석된다. 진득하다(<진득ᄒᆞ다)의 어원적 의미는 '진 듯하다'다. '진드근하다, 진득거리다/대다, 진득진득/하다; 지직하다(좀 진 듯하다)'로 쓰인다. ¶ 진득한 반죽. 하루 종일 진득하게 앉아 있다. ☞ 질다

진저리 오줌을 누고 난 뒤나 찬 것이 갑자기 살갗에 닿을 때 자기도 모르게 몸이 떨리는 짓. 몹시 귀찮거나 지긋지긋하여 으스스 몸을 떠는 짓. 17세기 <역어유해>의 표기는 '즌저리'인데, 전설모음화에 의하여 '진저리'가 되었다. '즌저리'는 '*즌절/즈즐(의태어)+이' 또는 '즌[泥(니)]+저리(자리)'로 분석이 가능하다. 전자는 '진절-머리'와 관계를 지을 수 있고, 후자는 '물기가 많아 자리가 질퍽하다'를 의미하는 동사 '즐다(>질다)'의 어간에 관형사형어미 '-ㄴ'이 결합된 것으로 보인다.

'진저리-치다'는 동사다. '진자리'는 아이를 갓 낳은 그 자리나 아이들이 오줌이나 똥을 싸서 축축하게 된 자리를 뜻한다. 땅이 질어서 곤죽같이 된 곳을 이르는 '진창'은 '질(다)+ㄴ+장(場)'으로, 진펄(<즌펄리)은 '질(다)+ㄴ+벌[野(야)]'로 분석되는 말이다. ¶ 너무나 끔찍스러워 진저리치다. ☞ 질다, 자리

진티 어떤 일의 실마리가 된 원인. 일이 잘못될 빌미. ≒ 화근(禍根). '진+티'로 분석된다. '진(津)'은 풀이나 나무의 껍질 따위에서 분비되는 끈끈한 물질이다. ¶ 과식이 진티가 되어 한 달 동안이나 앓아누웠다. 날고기를 먹은 것이 진티가 되었다. 소나무의 진. 진이 빠지다. ☞ 티[2]

질 질그릇을 만드는 원료인 흙. 질흙. 흙을 뜻하는 '질(<딜)'은 몽골어 ǯil-(道)과 대응한다. 길을 의미하는 고대 일본어 '지(ぢ)'는 우리말 '질'에서 /ㄹ/ 탈락된 것이다. 흙으로 빚어 구워 만들어 지붕에 이는 '기와'의 중세어형은 '디새'다. '디새'의 어근은 '딧'이고 조어형(造語形)은 '딛'이다. '딛'은 질그릇(<딜그릇)의 조어 '딛'과 같은 어사(語辭)로서 흙을 뜻한다.(길~딛) '진흙(<딜홁), 질그릇(<딜그릇), 질가마(<딜가마), 질나발, 질동이(<딜동희), 질방구리' 등에 쓰이는 '질(<딜)'은 흙과 같은 말이다. ☞ 길

-질 일부 명사 뒤에 붙어 '그 도구를 가지고 하는 일. 되풀이되는 동작이나 행위. 일정한 직업이나 노릇. 옳지 않은 어떤 짓'을 뜻을 더하는 말. '-질'은 '짓(다)[作(작)]'에서 나온 말이다.(즛/짓>길) '가늠질, 군것질, 낚시질, 낫질, 삽질, 톱질; 곁눈질, 손가락질; 바느질, 선생질, 앞잡이질; 강도질, 도둑질, 서방질' 등으로 쓰인다. ☞ 짓다

질경이 질경잇과의 여러해살이 풀. <향약구급방>에 '車前子 俗云吉刑菜實', <동의보감>에 '車前子 길경이씨 一名뵈짱이'가 나온다. 질경이는 '길경이(吉刑)'와 '뵈짱이(布伊作只)' 계통이 있는데 19세기 이후 '길경이'만이 남게 되었다. '길경이, 길장구/길짱구, 빼부장' 등의 사투리가 있다. '길[道]+경(?)+-이'는 구개음화가 일어나 '질경이'가 되었다. 어원적 의미는 '길바닥에서 자라는 것'으로 보인다.

사투리 '빼부장, 베뿌쟁이'의 앞선 표기 '뵈짱이(布伊作只)'는 '뵈ᄧᅡ+기'로 분석된다. 질긴 섬유질의 줄기를 의식한 데서 베[布(포)]를 짜다[織(직)]의 합성어로 볼 수 있다. 질경이의 어린잎은 데쳐서 나물로 무쳐 먹고, 씨는 이뇨제(利尿劑) 등의 약재로 쓰인다.

질다 물기가 많다.(↔되다). 땅이 질퍽질퍽하다. '질다'는 질그릇을 만드는 원료인

흙(질흙)을 뜻하는 '질'에 '-다'가 붙어 형용사가 된 말이다. 접두어 '진-'은 '진눈깨비, 진밥, 진신(↔마른신), 진안주(按酒), 진일(↔마른일), 진저리, 진창, 진펄(진창으로 된 넓은 들), 진풀(홑옷을 빨아서 마르기 전에 먹이는 풀)' 등으로 쓰인다. ¶ 밥이 질다. 땅이 질어서 발이 푹푹 빠진다. ☞ 질

짐승 날짐승과 길짐승을 두루 이르는 말. 잔인하거나 야만적인 사람의 비유. 중세어형은 '즁ᄉᆡᆼ'이다. 원래 사람을 포함한 모든 살아 있는 것들을 뜻하는 '衆生(중생)'이 발음이 변하여 '짐승'으로 되었다. 그 후 뜻이 바뀌어 사람을 뺀 나머지 금수(禽獸)를 두루 이르는 의미로 쓰인다.(衆生→즁ᄉᆡᆼ>즘ᄉᆡᆼ>즘승>짐승) 평안도 사투리는 고어형인 '즘성'이다.

오늘날 '중생(衆生)'은 불교에서 구제의 대상이 되는 사람을 지칭하고, '짐승'은 동물을 의미하는 말로 구별된다. '날짐승, 들짐승, 물짐승, 산짐승' 등으로 쓰인다. ¶ 천륜을 저버리는 자는 짐승만도 못한 인간이다.

집 사람이 살기 위하여 지은 건물. 가족이 생활하는 터전. 중세어형은 '짓, 집, 찝'으로 여러 형태가 보인다. 집[家(가)]은 풀과 나무 또는 깃(<깇[羽(우)]), 짚(<딥[藁(고)]) 등으로 굴 같은 장소에 보금자리를 만들어 생활하던 곳이다. 집의 어원적 의미는 '지은 것'이다. '짓다[作(작)]'의 어근 '짓'과 뿌리를 같이하며, '깃/짓[羽]'과 동근어다.(깃[巢(소)]>짓>집)

문화 단계로 보아 집보다 먼저 생긴 말이 울[籬(리)], 움, 우리(가축의 집)이었을 것이다. '집'은 점차 의미가 확대되어 칼집[匣(갑)] 또는 우리[吾等(오등)]를 둘러싸고 있는 온 세상 곧 우주(宇宙)를 뜻한다. '집-들이/알이'는 새 집으로 이사를 한 뒤 벌이는 잔치다. [집에서 새는 바가지 들에 가도 샌다] 천성이 나쁜 사람은 어디를 가나 그 성품을 고치기 어렵다는 말. ☞ 깃들이다.

집게 물건을 집는 데 쓰는, 끝이 두 가닥으로 갈라진 도구. 중세어형도 오늘날과 같다. '집(다)+-게(접사)'로 분석된다. '집다'는 '잡다'와 모음교체된 말이며, '쥐다[幄(악)'과도 동근어 관계다. 어원적 의미는 '집는 것'이다. '집게-덫(집게틀; 찰코), 집게-발(톱), 집게-손, 집게-손가락; 부-집게, 빨래-집게, 연탄(煉炭)-집게, 족-집게' 등으로 쓰인다. ¶ 집게로 물건을 집다. 서류 집게. ☞ 잡다, 주먹

집게벌레 집게벌렛과의 곤충을 통틀어 이르는 말. 구수(蠷螋). 몸은 대체로 길고 편평하며 배 끝에 집게 모양의 기관을 가졌음. '집(다)[執(집)]+게+벌레'로 분석된다. 집게벌레(<집게벌에)의 어원적 의미는 집게발이 달린 벌레다. '집게-발'은

게나 가재 따위의 끝이 집게처럼 생긴 큰 발을 뜻한다. ☞ 집게, 벌레

짓다 사람이 이미 주어진 재료를 가지고 일을 하여 어떤 물건이 세상에 있는 상태가 되게 하다. 만들다. ↔ 부수다. 얼굴이나 몸에 어떤 표정이나 태도가 나타난 상태가 되다. 중세어형도 오늘날과 같다. '짓다'는 용모(容貌)를 의미하는 명사 'ᄌᆞᆺ(>짓)'에, 어미 '-ᄒᆞ다'가 결합되어 행동(行動)을 나타내는 말로 파생된 동사다.(ᄌᆞᆺ+ᄒᆞ다→ᄌᆞᆺᄒᆞ다>짓다) '짓(<ᄌᆞᆺ)'은 '흔히 버릇처럼 하는 어떤 동작이나 행동'을 뜻한다. '눈-짓, 손-짓, 몸-짓'과 같이 일부 명사 뒤에 붙어 '그러한 동작을 함'을 나타낸다. ¶ 밥/ 집/ 옷/ 한숨/ 미소(을)를 짓다. ☞ 집

징검다리 얕은 개울이나 물이 괸 곳을 신발을 적시지 않고 건널 수 있게 걸음 폭 정도로 사이를 띄워 돌덩이나 뗏장으로 놓은 다리. '징검돌'이라고도 한다. 17세기 <역어유해>의 표기는 '딩검ᄃᆞ리(跳過橋)'이다. '징검'은 '징그다(<*딩그다)'의 어간에 접사 '-엄'이 붙어 형성된 말이다. '징그다'는 천을 대고 듬성듬성 꿰매는 행위를 나타내는 동사다. '징검징검'은 드문드문 징거매는 모양이나 발을 멀찍멀찍 떼어 놓으며 걷는 모양을 뜻하는 부사다.(*딩그/징그+엄+ᄃᆞ리→딩검ᄃᆞ리>징검ᄃᆞᆯ이>징검다리) '징검다리'의 어원적 의미는 '디디고 다닐 것을 듬성듬성하게 놓은 다리'다. ¶ 성큼성큼 징검다리를 건너다. 치맛단을 징그다.

짜깁기 모직물의 찢어진 데를, 그와 같은 감의 올로 본디대로 짜서 표나지 않게 기움. 씨와 날을 얽어 피륙 따위를 만들다를 뜻하는 '짜다(<ᄶᆞ다<ᄧᆞ다[織(직)])'와 해진 곳에 천 조각을 대고 꿰매다를 뜻하는 '깁다[縫(봉) · 補(보)]'가 합성되면서 명사로 전성된 말이다.(짜-+깁-+-기→짜깁기) ¶ 구멍이 난 바지에 짜깁기를 하다. 짜깁기한 논문은 학문을 모독하는 범죄 행위다. ☞ 깁다

짜다 → **'소금, 쓰다'** 참조

짜증 마음에 맞지 않아 역정을 내는 짓. 또는 그러한 성미. <큰> 찌증. 짜증은 '짜다(마음에 달갑지 아니하다)'의 어근에 한자 '症(증; 병 증세)'이 결합된 말이다. '싫증[←싫(다)+증(症)]'과 같은 짜임이다. ¶ 짜증을 부리다. 계속되는 장마에 짜증이 난다.

짝 둘이 서로 어울려 한 벌이나 한 쌍을 이루는 것. 또는 그 중의 하나. '짝'은 'ᄧᅳᆽ다~ᄧᅵ다[裂(열)], ᄧᅩ긔다(쪼개다)~빠개다[切斷(절단)]'에서 파생한 말이다. 현대어 '쪽[片(편)]~짝[匹 · 雙](<ᄧᅡᆨ)'은 음운이 교체된 동원어다. '짝꿍(짝을 이루는 친구나 동료), 짝문(門), 짝사랑, 짝수(數), 짝신, 짝진각(角; 대응각), 짝짓기

(쌍붙이기), 짝짝이(짝이 다른 것끼리 이루어진 한 벌), 짝하다. 짝힘; 단짝(매우 친하여 함께 어울리는 사이)' 등으로 쓰인다. ¶ 제 짝이 아니다. ☞ 조각

짧다 한 끝에서 다른 끝까지의 사이가 가깝다. 길지 않다. ↔ 길다. 중세어형은 '뎌르다'다. '짧다(<ᄃᆢᄅᆞ다~뎌르다/뎔다)'는 가르다[分] 계의 '자르다[切·斷]'와 동원어다. 짤라뱅이(←짧-+라+뱅이)는 짤막하게 된 물건이다. '짜름하다'는 약간 짧은 듯하다를 뜻하는 말이다. ¶ 짧은 끈. 인생은 짧고 예술은 길다.

짬 두 물체가 서로 맞붙은 틈. 어떤 일의 겨를. 17세기 문헌 <첩해신어>에 'ᄶᆞᆷ(사이. 사정)'이 나온다. '짬'은 '사이나 때'를 뜻하는 '즈음(<즈ᅀᅳᆷ)'이 '쯤/짬(<ᄶᅳᆷ/ᄶᆞᆷ)'으로 변화한 말이다. '짬짬이'는 '짬이 날 때마다. 틈틈이'를 뜻하는 부사다. '짬나다, 짬새(짬이 나 있는 사이); 구름짬, 돌짬(돌틈)' 따위로 쓰인다. ¶ 매우 바빠서 도저히 짬을 낼 수가 없다. ☞ 즈음하다, -쯤

짬짜미 남몰래 자기들끼리만 짜고 하는 약속. 밀약(密約). '짬'과 '짜(다)+ㅁ+이'로 분석된다. '짜다'는 '만들다. 조립하다. 사람들을 모아 조직하다'를 뜻하는 말이다. 어원적 의미는 '서로 조직함'이다. ¶ 편을 짜다. 여당 의원들이 짬짜미하는 바람에 의안이 날치기 통과되었다.

짱구 이마나 뒤통수가 남달리 툭 튀어나온 머리통 또는 그런 머리통을 가진 사람. 장구머리. 국악(國樂)의 타악기의 한 가지인 장구(←杖鼓, 長鼓)와 모양이 비슷한 데서 온 말이다.(장구>짱구) ¶ 짱구 머리는 영리하게 보인다.

-째 날수와 관련 있는 일부 명사 뒤에 붙어 '계속된 그동안', 일부 명사 뒤에 붙어 '그대로. 전부'의 뜻을 나타냄. 일부 관형사나 수사 뒤에 붙어 '차례. 등급. 그 수효만큼'의 뜻을 나타냄. 중세어형은 '-자히/잣, -차이/찻'다. '자·히'는 동사 '자·히다(>재다[尺(척)])'의 어간으로 보인다. '보름째, 나흘째; 통째, 병째, 그릇째, 송두리째; 첫째, 둘째' 등으로 쓰인다.

째마리 여러 사람 가운데서 가장 처진 사람. 골라내거나 쓰고 남은 가장 못된 찌꺼기. 16세기 문헌 <신증유합>에 '말자(말째, 맨끝)'가 나온다. 째마리는 '말째'의 음절이 도치된 것이며, '째+말(末; 끝)+이'로 분석된다. 어원적 의미는 '끝 차례'다. ¶ 째마리만 모인 쓰레기통이 아닌가? ☞ -째

쪼개다 하나로 된 물건을 둘 이상으로 나누다. 조각이 나서 부수거나 가르다. 'ᄧᅩᄀᆡ다(쪼개다)~빠개다[切斷(절단)]'가 앞선 표기다. '쪽[片(편)]+의(접사)+다'

로 분석된다. 쪼가리(←족+아리)는 헝겊 등의 작은 조각을 뜻하는 말이다. ¶ 도끼로 장작을 쪼개다. ☞ 조각

쪽지 작은 종잇조각. 작은 종잇조각에 적은 편지나 메모. '족[片(편; 조각)]+紙(지; 종이)'로 분석된다. 쪽지의 어원적 의미는 '작은 종잇조각'이다. '찌지[←찟(다)+紙]'는 무엇을 표하거나 적어서 붙이는 작은 종이쪽을 이르는 말이다. ¶ 쪽지를 주고받다.

쭉정이 껍질만 있고 알맹이가 들지 않은, 곡식이나 과일의 열매. 쓸모없는 사람이나 실속이 없는 것. 18세기 문헌 <동문유해>에 '쭉정이(粃子)'가 나온다. '죽[거죽; 表 · 皮]+-정이(물건)'로 분석된다. '-정이'는 '굽-정이, 늙-정이, 묵-정이(오래묵은 물건), 삭-정이, 썩-정이(썩은 물건)' 등과 같이 '물건'을 뜻하는 접사다. '쭉정-밤'은 알맹이가 없이 쭉정이로 된 밤을 이르는 말이다. ¶ 올 벼농사는 망쳐서 쭉정이가 반이다. 보리 쭉정이.

-쯤 일부 명사나 대명사 뒤에 붙어 '그리 확실하지 않은 어떤 정도. 장소의 부근'이나 '얕잡음'의 뜻을 더하는 말. 중세어형은 'ᄌᆞ슴[間(간; 사이)]'이다.(ᄌᆞ슴/즘>쯤>쯤) '내일쯤, 얼마쯤, 어디쯤, 한번쯤' 등으로 쓰인다. ¶ 그쯤 해 두자. 그 사람쯤은 문제없다. ☞ 즈음하다

찌 '똥'을 이르는 어린아이의 말. '찌'는 찌꺼기(<즛/즛의)의 어근이다. '등찌(등불이 타서 앉은 재), 매찌(매의 똥), 물찌(물찌똥), 별찌(별똥별), 불찌(불티나 불똥), 쇠찌(소의 똥), 홍찌(洪; 핏똥)' 등으로 쓰인다. ¶ 아이는 차 안에서 찌가 마렵다고 보챘다. ☞ 찌꺼기

찌개 생선, 고기, 채소를 양념한 뒤 바특하게 끓인 음식. 찌개는 중세어 '디히(>지)'에 접사 '-개'가 붙어 파생한 말이다. '디히+개→*지이개>지개>찌개'로 변화 과정을 거쳤다. 후대에 '찌다(<ᄣᅵ다[蒸(증)])'의 영향을 받은 것으로 보인다.

'디히'는 소금에 절인 오이를 가리키는 명사다. '디히'의 변화형 '지'는 '단무지, 오이지, 짠지' 등에 쓰인다. 평북 지방에서는 소금기 있는 채소 · 고기의 반찬 종류를 '찌개'라고 한다. '찌개'에는 '김치-찌개, 된장-찌개, 부대(部隊)-찌개(미군부대에서 나온 고기로 끓이던 찌개), 생선-찌개' 등으로 재료에 따라 그 종류가 다양하다. '지짐이'는 국물이 국보다 적고 찌개보다 많은 음식으로 함경남도 사투리에 '찌지개'가 쓰이고 있다. ☞ 김치

찌꺼기 물기가 다 빠진 뒤에 바닥에 처져 남은 물건. 쓸 만하거나 값어치가

있는 것을 골라낸 나머지. <준> 찌끼. 15세기 문헌 <법화경언해> 표기는 '즛/즛싀', <구급방언해>는 '즈싀'다. 즛[滓(재)]은 '찌끼. 앙금. 더러운 것'을 뜻한다. 찌꺼기는 '즛싀(>찌끼)+-어기[小]'로 분석된다. '고로(高爐)찌끼, 밥찌꺼기/밥찌끼, 술찌끼, 턱찌끼(먹고 남은 음식), 토찌끼(간장 속에 가라앉은 된장 찌끼)' 등으로 쓰인다. '지지'는 젖먹이에게 '더럽다'고 일러주는 말이다. ¶ 먹다 남은 찌꺼기. ☞ 지게미, 귀지

찔레꽃 장미과의 낙엽 관목인 찔레나무의 꽃. 찔레의 16세기 <훈몽자회>의 표기는 '딜위'다. 한글 이전의 표기는 '珍衣' 정도로 볼 수 있다. 딜위는 'ᄧᅵᄅᆞ(다)+위'로 분석된다. 'ᄧᅵᄅᆞ다'가 된소리가 되면서 '찌르다'로 변한 말에 명사화접사 '-에'가 결합되면서 '찔레'가 되었다.(딜위>질늬>찔레) 찔레의 어원적 의미는 '가시에 찔리는 것'이다. ¶ 찔레꽃이 피면 모내기를 하는 철이다.

ㅊ

차곡차곡 물건을 가지런히 겹쳐 쌓거나 포개는 모양. 중세어형은 'ᄌᆞᆨ곡ᄌᆞᆨ곡'이다. 잠을 '자다[寢(침)]'와 동근어인 동사 '재다(쟁이다)'의 어근에 연결어미 '-고'의 강세형 '-곡'이 결합한 의태어다. 청각 인상을 강조하기 위하여 'ㅈ'이 거센소리[ㅊ]로 변하면서 '차곡차곡(<ᄌᆞᆨ곡ᄌᆞᆨ곡<자곡자곡)'이 된 것은 강화작용에 의한 것이다. '차곡차곡'은 '차근차근하다, 찬찬하다(<ᄎᆞᆫᄎᆞᆫᄒᆞ다)'와 동근어다. ¶ 돈을 차곡차곡 모으다. 부엌에는 장작을 가득 재어 놓았다. ☞ 재다[2]

차라리 여러 가지 사실을 들어 말할 때, '앞에서 말한 사실보다 뒤에서 말한 사실이 더 낳음'을 뜻하는 말. 중세어형은 'ᄎᆞᆯ/ᄎᆞᆯ하리/ᄎᆞᆯ히'다. 어근 'ᄎᆞᆯ'은 'ᄎᆞᆯㅎ[根源(근원)]'과 같은 말이다. [+선택. 양보] ¶ 차를 타고 가느니 차라리 걷는 것이 빠르겠다. 그렇게 살 바에는 차라리 죽겠다.

차려 몸과 정신을 바로 차리어 움직이지 말라는 구령. '차리(다; 정신을 가다듬다)+어(어미)'으로 분석된다. ¶ 일동 차렷. 차려 선생님께 경례. ☞ 차리다

차례 둘 이상의 것을 일정하게 하나씩 벌여 나가는 순서나 그 순서에서 차지하는 위치. 16세기 <소학언해> 표기는 'ᄎᆞ례'다. '차례'는 한자어 '次第(차제)'가 'ᄎᆞ뎨>ᄎᆞ례>차례'로 변하여 순우리말처럼 쓰이는 말이다. 취음자(取音字)하여 '次例(차례)'로 적는 것은 올바른 표기가 아니다. [냉수도 차례가 있다] 위아래 질서를 강조하는 말. ¶ 차례를 기다리다.

차리다 기운이나 정신을 가다듬어 되찾다. 장만하여 갖추다. 중세어형은 'ᄎᆞᆯ히다, ᄎᆞ리다'다. 어근 'ᄎᆞ-'는 'ᄎᆞ다(>차다)'의 어근으로 '가득하다[滿(만)]'는 뜻이다. '참다[忍], 참[眞], 찰(떡), 차란차란 · 찰찰/철철(물 따위가 조금 넘치는 모양), 채우다(<ᄎᆡ오다)'는 동근어다. 차리다의 어원적 의미는 '가득하게 하다'다. 뜻이 넓혀져 '가다듬다. 준비하다'가 되었다. 명사 '차림'은 '차림-새, 차림-옷, 차림-표(表; 메뉴)'로 쓰인다. '차려-입다'는 격식에 맞게 갖추어 입다를 뜻하는 동사다.

¶ 기운을 차리다. 음식을 차리다. 한복을 곱게 차려입다.

차마 가엾고 애틋하고 안타까워 감히 어찌. 아무리 해도 도저히. 중세어형은 'ᄎᆞ마'다. '차마'는 '참다[忍(인)]'에서 파생한 전성부사다.(ᄎᆞᆷ+아→ᄎᆞ마[忍(인)]>차마[何(하)]) '참다(<ᄎᆞᆷ다)'는 은폐(隱蔽) 개념을 나타내는 '감추다(<ᄀᆞᆷ초다)'의 어근 '감(ᄀᆞᆷ)-'과 어두음이 교체된 동원어다. 그리고 '숨다. 잠기다'와도 동원 관계다. '차마'는 부정 표현과 결부되어 심리적으로 '가엽고 애틋하여 참을 수밖에 없다'는 뜻이다. [+부정어. 설의문] ¶ 눈 뜨고는 차마 볼 수 없는 광경이다. 두고 온 고향인데 차마 꿈엔들 잊힐 리야.

차지 소유하거나 점유함. 또는 그 사물이나 공간. '차지'는 지난날 왕족이나 높은 벼슬아치의 집일을 맡아보던 사람을 이르는 이두문자 '차지(次知)'에서 온 말이다. '-次(차)'는 일부 명사 뒤에 붙어 '감(재료). 돈'을 뜻하는 말로 '놀음차, 방문차, 병풍차, 신발차, 요기차, 의차(衣次; 옷감), 치마차(치맛감)' 등으로 쓰인다. 합성어에 '차지하다; 도차지, 독차지/하다, 통차지/하다'가 있다. ¶ 그 나머지는 내 차지다. 여학생이 반 이상을 차지하다. 수석을 차지하다. ☞ 가말다, 감

찰나 어떤 사물 현상이 이루어지는 바로 그때. 순간. 매우 짧은 동안. ↔ 겁(劫). '찰나'는 범어 ksana가 한자음 刹那(찰나)를 거친 말이다. '찰나주의'는 현재의 순간적인 쾌락만 좇아 살고자 하는 사고방식이다. ¶ 그녀가 물속으로 뛰어들려던 찰나에 그가 나타나 말렸다. 찰나적으로 스치는 생각. 미래에의 원대한 꿈이 없이 찰나주의에 빠진 삶은 허무로 가득할 뿐이다.

참 사실이나 이치에 조금도 어긋남이 없는 것. ↔ 거짓. 참(<ᄎᆞᆷ[眞(진)])은 '알차다'의 뜻인 '차다(<ᄎᆞ다[滿(만)])'가 명사로 전성된 말이다. '참(<ᄎᆞᆷ)'은 맞다[正·中]의 어근 '맞(mač-; 正)'의 음운도치형 'ᄎᆞᆷ(mač->mačh->čhɐm)'에서 온 말로 '품질이 썩 좋은'이라는 뜻을 나타내는 접두어다. 몽골어 čohom[正]과 대응한다. '참-답다, 참-되다, 참-따랗다' 따위로 쓰인다.

'참'이 결합된 말에 '참깨, 참값, 참기름, 참나물' 등이 있다. 접두사 '참-'은 '들깨, 들장미; 돌배, 돌미나리'에서 '들-/돌-(야생, 품질이 낮은)'과 대립되는 형태소다. '참'이 명사로 쓰일 때는 '어떤 말이나 글이 가진 사실과 부합되는 성질'을 뜻한다. ¶ 참과 거짓. 이 명제는 참이다. ☞ 차리다

참외 박과의 한해살이 덩굴풀의 열매. 참[眞(진)] 또는 참[甛(첨; 달다)]과 오이[瓜(과)]가 결합된 합성어다. 16세기 <사성통해>에 'ᄎᆞᄆᆡ'가 나온다. '외'는 오이의

준말이다. '참오이'가 줄어 '참외'가 되었다. 어원적 의미는 '단 오이'다. 참외의 종류에는 '감참외, 개구리참외, 개똥참외, 골참외, 먹참외, 청참외' 등이 있다. [참외를 버리고 호박을 먹는다] 좋은 것을 버리고 나쁜 것을 선택한다는 말.

참척하다 한 가지 일에만 정신을 골똘하게 쏟아 다른 생각이 없다. 어근 '참척-'은 한자어 '潛着(잠착)'이 발음이 변한 말이다. ¶ 놀기에 참척하다. 그림 그리기에 참척하다.

채끝 소의 볼기 쪽의 등심살. 등심과 이어진 부위로 안심을 에워싸고 있다. 연하고 기름이 알맞데 섞여 있다. '채(채찍)[鞭(편)]+끝'으로 분석된다. 소를 부릴 때 늘 채찍을 맞는 부위라 '채-받이(←채+받(다)+이)'라고도 한다. '발-채'는 소의 배에 붙어 있는 기름을 뜻하는 말이다. ¶ 채끝은 주로 스테이크나 로스구이로 쓴다.

채비 갖추어 차림. 또는 그 일. = 준비(準備). 한자어 차비(差備)가 발음이 변한 말이다.(차비>채비) '채비하다; 겨울채비, 길채비(여행이나 먼 길을 떠날 준비)' 등으로 쓰인다. ¶ 길 떠날 채비를 하다.

채신 남 앞에서의 몸가짐이나 행동. 한자어 처신(處身)이 발음이 변한 말이다.(처신>채신) '채신머리/없다, 채신사납다, 채신없다/없이'로 부정어와 함께 쓰인다. ¶ 채신이 말이 아니군.

채찍 마소를 모는 데 쓰는 물건. 짧은 막대 끝에 노끈이나 가죽 오리를 닮. <준> 채. 15세기 문헌 <훈민정음해례>에 '채 爲鞭'이 나온다. '채'는 치다[<티다(打)]의 어간에 명사화 접사 '-애'가 결합한 것으로 생각된다.(*티애>채>채쭉/채찍) '-찍'은 단음절을 피하기 위한 접사로 보인다. 채찍질은 편달(鞭撻; 몹시 재촉하거나 격려하는 일)을 뜻한다.

'채'는 가느다란 막대기로 '채-광주리, 채-그릇, 채-그물, 채-반(盤); 도리깨-채, 북-채, 잠자리-채, 장구-채, 파리-채, 총-채(말총 따위로 만든 먼지떨이)' 등으로 쓰이는 말이다. ¶ 채로 종아리를 치다.

책씻이 글방에서 학생이 책 한 권을 다 읽거나 베끼는 일이 끝났을 때에 선생과 동료에게 한턱을 내는 일. = 책거리. 책례(冊禮). '책(冊)+씻(다)[洗(세)]+이'로 분석된다. ¶ 천자문을 다 떼었다고 책씻이를 하던 일이 어렴풋이나마 지금도 기억된다. ☞ 씻다

ㅊ

챙기다 제가 가진 물건을 찾아 살피거나 건사하다. 소용될 물건을 찾아 한데 모으다. 음식물을 갖추어 차리다. <조선어사전(문세영)>에 '챙기다'를 '찾다(<ᄎᆞᆽ다[尋(심)]'의 사투리라고 하였는 바 이들은 동근어 관계다. ¶ 건강을 챙기다. 낚시 도구를 챙기다. 반찬을 챙겨 차려 주다.

처- 일부 동사 앞에 붙어 '마구. 많이. 천격스럽게'의 뜻을 더하는 말. 강세의 기능을 가짐. '치(다)[擊(격)]+어(보조적 연결어미)'로 분석된다. '처넣다, 처때다, 처마시다, 처먹다, 처박다, 처싣다, 처쟁이다, 처지르다' 등으로 쓰인다.

처네 어린아이를 업을 때 두르는 포대기. 치마 모양으로 깃과 끈이 달렸음. 덧덮는 얇은 이불. 지난날, 시골 여자가 나들이할 때 장옷처럼 머리에 쓰던 물건(머리처네). 옷이나 이불 따위의 감이 되는 피륙을 뜻하는 '천'에 단음절을 피하기 위하여 접사 '에'가 덧붙은 말이다.(천+에→처네) ¶ 처네를 덮다. 처네로 아이를 업다. 머리처네(쓰개)를 쓰다.

처녑 소나 양 따위 반추동물의 제3위(胃). = 백엽(百葉). 잎 모양의 얇은 조각이 백 갈래 천 갈래로 겹겹이 되어 있어 '千葉(천엽)'이라고 하였다.(쳔엽>쳐녑>처녑) 처녑은 회나 볶아 술안주로 한다. 짜임새가 알뜰하고 쓸모 있게 된 집을 '처녑-집'이라고 한다. ◇ 처녑 속 같다 - 갈래가 많고 매우 복잡하다. [처녑에 똥 쌓였다] 해야 할 일이 쌓이고 쌓였음을 비유적으로 이르는 말.

처럼 '~과 같이, ~모양으로'를 뜻하는 비교격 조사. 16세기 <소학언해>의 표기는 '톄로'다. '톄'는 한자 '體(체; 몸)'인데 어원 의식이 흐려지면서 조사가 되었다. '톄(體)'의 조격형(造格形) '톄로'가 '톄로>텨로>쳐로'를 거쳐 현대어의 '처럼/체'로 되었다. '쳐로'가 조사 '-처럼'으로 문헌에 나타난 시기는 근대 이후다. 현대어에서 의존명사 '채(로)'는 '이미 있는 상태 그대로'의 뜻을 나타내는 말로 '처럼'과 동원어다. ¶ 아이처럼 좋아하다. 그는 좀체 남의 말을 듣지 않는다. 산 채로 잡다.

처음 차례나 시간적으로 맨 앞. 중세어형은 '처섬'이다. 이두식 표기는 '初奄(초엄)'이다. 처음은 '첫[初 · 始]+엄(파생접사)→처섬>처음'으로 형성 변천되었다. '첫'은 가르다[分]에서 나온 'ᄀᆞᆽ다(끊다)'의 어근 'ᄀᆞᆺ[端 · 邊]'과 대응된다. '갓-스물' 곧 '스무 살이 된 첫 번째 해'에서의 '갓-'과 같은 의미를 지닌 말이 '첫'이다.

관형사 '첫'은 명사 또는 부사적 용법으로 쓰이는 '처음(<처섬)'을 파생시켰다.

'시작. 신선함'을 뜻하는 '첫'은 '첫걸음, 첫눈, 첫돌, 첫머리, 첫밗(일이나 행동의 맨 처음 국면), 첫아들, 첫인상, 첫출발' 등 많은 어휘를 낳은 관형사다. [처음이 나쁘면 끝도 나쁘다] 무슨 일이든지 처음부터 좋아야 한다는 말.

척지다 서로 원한을 품게 되다. '隻(척)+(을)+지다'로 분석된다. 한자 '隻'은 원래 '한 쪽, 외짝'을 의미한다. 조선 시대에 소송(訴訟)이 벌어질 때 원고를 상대로 하는 피고를 '척'이라고 하였다. '-지다'는 '지다[負(부)], 짓다'의 뜻이다. 이와 비슷한 말에 '척-짓다(척질 일을 만들다)'가 있다. ¶ 그와 나 사이에 무슨 척질 일이라도 있겠소? 남과 척지을 일은 하지 마시오.

천 천(千)의 15세기 순수한 우리말은 '즈믄'이다. '즈믄'은 온(百), 뫼(山), ᄀᆞ롬(江)과 같이 애석하게도 한자 세력에 밀려 죽은말이 되었다. 강 이름인 두만강(豆滿江)에서 '豆滿'은 여진어의 萬(만)을 의미하는 말이다. <용비어천가> 4장 주(註)에는 豆滿(두만)을 설명하여 *女眞俗語謂萬爲豆萬 以衆水至此合流 故名之也*라고 기록하고 있다. 여진어와 만주어로 萬(만)을 tumen 토이기어는 tuman이라 하는데, 이는 우리 옛말 千(천)을 의미하는 '즈믄'과 대응된다. 일본어에서는 '즈믄'의 '믄'을 빼어버리고 10을 [즈~쥬]라 하는데 우리말과 비교 가능하다.

천더기 업신여겨 푸대접을 받는 사람. '賤(천; 값이 싸다. 신분이 낮다)+더기[←덕/宅(댁)+이]'로 분석된다. '천덕-꾸러기, 천덕-스럽다' 등으로 쓰인다. '천하다'는 '신분이 매우 낮다. 고상하지 않고 상스럽다'를 뜻하는 말이다. ¶ 천덕스럽기 짝이 없다.

천둥 벼락이나 번개가 칠 때에 하늘이 요란하게 울리는 일. 또는 그때 일어나는 소리. 우레. 천둥은 한자 天動(천동)이 변한 말이다. '천둥소리, 천둥지기(천수답); 마른천둥' 등으로 쓰인다. '천둥-벌거숭이'는 '철없이 함부로 덤벙거리는 사람'을 낮추어 이르는 말. [천둥에 개 뛰어들 듯] '놀라서 어찌할 바를 모름'을 이르는 말.

철 한 해를 네 시기로 나눈 중의 한 시기. '철'은 시절(時節), 계절(季節)을 나타내는 節[tsiet]이 [졀>쳘>철]로 변화된 음이다. 봄철, 여름철, 가을철, 겨울철에서와 같이 때[時(시)]를 의미하며, 사리를 분별할 줄 아는 힘을 뜻하기도 한다. '철따라, 철바람, 철새(↔텃새); 김장철, 꽃철, 봄철(<봄졀), 휴가철' 등으로 쓰인다.

'철-겹다'는 제철에 뒤져 맞지 아니하다를, '철-만나다'는 제철에 들어서서 한창때를 이르다를 뜻한다. [철 그른 동남풍] '얼토당토않은 흰소리를 함'을 이르는 말. ¶ 모내기철에는 고양이 손도 빌린다(일손이 부족하다). 철 지난 옷. 철겹게 오는 비.

철릭 무관(武官)이 입던 공복(公服)의 하나. 깃이 곧으며 허리에 주름이 잡히고, 넓은 소매가 달렸음. 몽골어 terlig에서 온 말이다.(털릭>철릭)

철부지 철이 없는 사람. 철딱서니(철따구니. 철딱지). '철'은 원래는 시절(時節), 계절을 나타내는 말이다. '부지(不知)'와 합성되면서 '철[知覺(지각; 알아서 깨닫는 힘)]을 알지 못하다'로 되었다. '철부지'는 원래 농경 사회에서 '철' 즉 계절의 변화를 모르고 농사를 그르치는 어리석은 사람을 일컫던 말이다. '철'을 '철(哲; 지혜)'로 보는 이도 있다.

'철-들다(철나다)'는 아이가 자라면서 사리를 가릴 줄 아는 힘이 생기다를 뜻한다. '철-없다'는 사리를 분별할 만한 지각이 없다는 뜻이다. ¶ 철들 나이. 아무 것도 모르는 철부지다. ☞ 철

청승맞다 지나치게 애틋하다. '청상(靑孀; 젊은 과부)'의 변이형인 '청승'에 '맞다[合致(합치)]'가 결합된 말이다. '-맞다'는 사람의 성격을 나타내는 일부 명사 또는 어근 뒤에 붙어 '그것을 지니고 있음'의 뜻을 다하는 준접미사다. 젊은 과부의 궁상스럽고 처량한 속성에서 연유한 복합어로 '청승-살, 청승-꾸러기; 청승-궂다, 청승-스럽다'가 있다. ¶ 청승맞게 울고 있다.

청올치 칡덩굴의 속껍질. 칡의 속껍질로 꼰 노. '靑(청; 푸르다)+올(끈)+-치'로 분석된다. 청올치(<청올치)의 어원적 의미는 '푸른 색깔의 끈'이다. ¶ 청올치로 미투리(삼이나 노 따위로 짚신처럼 삼은 신)를 삼다.

체 가루를 곱게 치거나 액체를 거르는 데 쓰는 기구. 얇은 나무로 쳇바퀴를 만들고 쳇불을 매었음. 16세기 <분문온역해방> 표기도 오늘날과 같다. '체'는 동사 '츠다>치다[篩(사)]'의 어간에 명사화 접사 '-에'가 결합된 말이다. '츠다[擣·舞]'는 좌우로 움직인다는 뜻으로 체로 가루를 치다, 몸을 흔들어 춤을 추다에서 '치다. 추다'의 중세어형이다.(치+에→체) ◇ 체머리를 흔들다 - 병적으로 머리가 저절로 흔들리다. 어떤 일에 머리가 흔들리도록 싫증이 나다. ¶ 체로 가루를 치다.

초 불을 밝히는 데 쓰는 물건. 한자어 燭(촉; 촛불)에서 끝 음운 /ㄱ/이 탈락한 말이다. 중세어형은 '쵸'다.(쵹>쵸>초) '촛대(<ᄎᆞᆺᄃᆡ), 촛불(<ᄎᆞᆺ블); 녹초, 양초, 육초(쇠기름을 녹여 굳혀서 만든 초)' 등으로 쓰인다. 촛불은 경건함, 엄숙함,

희생을 상징한다.

초주검 두들겨 맞거나 피곤하여 거의 죽게 된 상태. '(녹)초+죽(다)+-엄'으로 분석된다. '주검[屍(시)]'은 '죽은 몸뚱이. 송장'이다. 녹초(맥이 풀어져 힘을 못 쓰는 상태)는 '녹(다)+초[燭(촉)]'로 구성된 말이다. 초주검의 어원적 의미는 '녹초 상태의 죽음'이다. 60년대 이후에 '초'를 한자 '初(초; 처음)'로 적은 사전이 있다. ¶ 초주검을 면하다. 초주검이 되도록 매를 맞다. ☞ 녹초, 죽다

총각 아직 상투를 틀지 않고 머리털을 땋아 늘인 사내아이라는 뜻으로 '결혼하지 않은 성년 남자'를 이르는 말. ↔ 처녀(處女). 한자 總角(총각)에서 總(총)은 '묶다'를, 角(각)은 '두발(頭髮)'로 총각의 어원적 의미는 '머리를 땋아 묶는 일'이다. '노총각, 더벅머리총각, 떠꺼머리총각, 숫총각' 또는 총각의 머리 모양처럼 생겼다고 하여 '총각김치, 총각무, 총각미역' 등으로 쓰인다.

추녀 기와집에서 처마 네 귀의 기둥 위에 끝이 위로 들린 큰 서까래. 또는 그 부분의 처마. 18세기 문헌 <역어유해보>에 '츈혀[翹椽)', <물보>에 '춘혀(斜楝)'이 나온다. 翹椽(교연)에서 翹(교)는 '꼬리, 날개. 들리다[擧(거)]'를 뜻하고, 椽(연)은 '서까래'다. '츈+혀(서까래)'로 분석된다.(츄/추-+ㄴ+혀→춘혀>추녀) '츈/춘'은 동사 '추다(들어 올리다)'의 관형사형이다. '혀'는 서까래(<혓가래)에서 '서'와 같은 말이다. 추녀의 어원적 의미는 '들린 서까래'다. ¶ 추녀의 부드러운 곡선은 한국 건축의 멋이다. ☞ 서까래

추렴 모임이나 놀이 등의 비용으로 여러 사람이 금품을 얼마씩 나누어 냄. 지금까지 일반적으로 '출렴(出斂)'이 /ㄹ/의 동음생략에 의해 '추렴'으로 변한 말로 설명하고 있다. 그런데 17세기 문헌 <박통사언해중간>의 '츄렴ᄒᆞ고(抽分了)'를 근거로 '추스르다(<추스다; 추다/추어 모으다)'의 명사형으로 볼 수도 있다. 추렴은 본디 '거두어들이다'의 뜻이었으나, 여러 사람이 돈을 내거나 그 돈으로 무엇을 먹는 일을 가리킨다.

'추렴-새'는 '추렴하는 일 또는 그 돈이나 물건'을 뜻하고, 여러 사람이 추렴하여 음식을 함께 나누어 먹는 일은 '도리기'라고 한다. '말-추렴'은 남들이 말하는데 한몫 끼어들어 몇 마디 말을 거드는 일이다. ¶ 비용을 추렴하다. 술추렴/술 도리기.

추임새 판소리에서, 창(唱)의 사이사이에 고수(鼓手)나 관객이 흥을 돋우기 위하여 넣는 소리. '좋지. 얼씨구. 으이. 흥' 따위. '추(다)+이+ㅁ+새(됨됨이 · 모양)'로

ㅊ

분석된다. '추다'는 '들어 올리다'를 뜻하는 말로 '추기다(선동하다), 추서다(쇠약해진 몸이 회복되다), 추스르다, 추키다, 춤추다; 들추다, 부추기다' 등으로 쓰인다.

치 '-치'는 물고기 이름이나 사람 · 사물 또는 물건의 몫이나 질, 사람을 낮잡아 이르는 말. 옛날 왕명이나 관직명(金閼智, 世理智王, 炤知王; 莫離支)에 붙는 높임말이었는데 후대에 낮춤말로 쓰인다. '이치, 그치, 시골치, 장사치; 갈치, 멸치; 그믐치, 날림치, 버림치(못 쓰게 되어 버려둔 물건), 보름치, 중간치; 갖바치, 성냥바치' 등이 있다. '-치'는 선행형 '-티'가 구개음화한 것이다. 토이기어, 몽골어, 만주어, 일본어에 공통으로 보이는 '-či'는 물건이나 인칭을 나타내는 접사다. ¶ 젊은 치. 생선이 어제 치보다 못하다.

치다꺼리 일을 치러내는 일. 남을 도와서 거드는 일. ≒ 뒷바라지. '치(다)+닦(다)+거리(<*츠닥거리)'로 분석된다. '치'는 '치다(<츠다[除])', '닦-'은 '닦다(<닥다)'의 어근이다. 국의 건더기를 이르던 명사 '거리'는 '국-거리, 볼-거리, 일-거리'와 같이 '재료(材料) · 감'을 뜻하는 준접미사로 쓰인다. 어원적 의미는 '닦고 치우는 일'이다. '치다꺼리하다; 뒤치다꺼리, 입치다꺼리' 등으로 쓰인다. ¶ 아이들 치다꺼리를 하다. 잔치 치다꺼리/ 자식 치다꺼리.

치레 잘 손질하여 모양을 내는 일(꾸밈. 치장). 실속보다도 더 낫게 꾸며 보임. 일부 명사의 앞이나 뒤에 붙어 '치르거나 겪어냄. 겉으로 꾸미어 드러냄'의 뜻을 더하는 말. '칠(ᄒᆞ다)[裝(장; 꾸미다)]+에'로 분석된다. 어근 '칠'은 '큰일이나 중요한 일을 겪어 내거나 끝내다'를 뜻하는 동사 '치르다'와 동근어다. '치렛가락, 치렛감; 겉치레, 말치레, 면치레, 몸치레, 병치레, 속치레, 손님치레, 입치레, 체면치레' 등으로 쓰인다. ¶ 치레에 공을 들이다. 치레로 하는 인사.

칠뜨기 칠삭둥이(七朔童이)의 속된 말. 밴 지 일곱 달 만에 태어난 아이. '칠(七)+뜨기'로 분석된다. 어미 뱃속에서 일곱 달 만에 얻은 아이란 뜻이다. 제 달수를 채우지 못하고 나온 아이처럼 다소 모자라는 사람을 속되게 이르는 말이다. 안정감이 없고 들뜬 상태를 뜻하는 '-뜨기(←ᄠᅳ다[浮(부)], 得)'는 '얼뜨기, 촌뜨기, 시골뜨기, 서울뜨기, 사팔뜨기'에서와 같이 사람을 조롱하는 말에 쓰이는 접미사다. '-뜨기'와 동원어인 '뜨내기'는 거처할 곳이 일정하지 못하여 떠돌아다니는 사람을 뜻한다.

칠칠하다 나무나 풀 따위가 잘 자라서 길차다. 하는 일이 거침새 없이 민첩하다.

주접이 들지 않고 깨끗하다. 칠칠하다의 어근 '칠'은 중세어 '·칠ᄒᆞ·다[裝(장; 꾸미다)]'의 어근이다. '칠칠맞다'는 '못하다, 않다'와 함께 쓰여, '칠칠하다'를 속되게 이르는 말이다. '칠칠찮다'는 '주접이 들다. 야무지지 못하다'를 뜻한다. ¶ 칠칠하게 자란 배추. 일을 칠칠하게 잘 한다. 솜씨가 칠칠하다. 칠칠한 노인. 애가 칠칠맞지 못하다

칠하다 칠감이나 물감 따위를 겉에 발라 빛깔이나 광택을 내다. 15세기 문헌 <두시언해초간>에 '블근 칠ᄒᆞᆫ 邸에 눈 올저글 期約ᄒᆞᄂᆞ니'가 나온다. 어근 '칠(·칠ᄒᆞ·다)'은 순수 고유어로 '칠칠하다'의 어근이다. '옻(나무)'을 뜻하는 한자 漆(칠; 옻. 검다)과 소리와 뜻이 같다. 결국 '칠'은 '옻'이나 '漆'과 다른 말이다. '칠붓, 칠일, 칠장이, 칠판; 똥칠, 먹칠, 색칠(色), 옻칠(옻을 칠함), 풀칠, 흙칠' 등으로 쓰인다.

한편, 칠물(漆物; 옻칠을 한 기물)'인 '칠박(옻칠을 한 바가지), 칠선(漆扇), 칠조각(漆彫刻), 칠함(漆函)' 등은 옻칠과 관련된 말이지 '칠하다(<·칠ᄒᆞ·다)'와는 다른 말이다. ¶ 페인트로 벽을 칠하다. 온몸에 비누를 칠하다.

칡 콩과의 낙엽 목본 식물. 중세어형은 '츩'이다. 칡뿌리를 <향약구급방>에서 '叱乙根[즐불휘]'로 차자 표기(借字表記)하였다. '즐'은 줄[線(선)]이다. '칡'은 덩굴성 식물이다. 옛날 베[布]와 같이 칡덩굴 껍질을 삼 껍질처럼 벗긴 섬유로 지은 옷을 '츩옷(>칡옷)'이라 하였다. '츩'은 전설모음화가 일어나 '칡'이 되었다.(*즐>츩>칡)

칡뿌리[葛根(갈근)]는 전분이 많이 들어있어 흉년에는 구황식품으로 이용되었다. '칡-범, 칡-소'는 온몸에 칡덩굴 같은 무늬가 있는 범 또는 황소를 이르는 말이며, '칡'은 의태부사 '친친, 칭칭 (감다)'과 동근어다.

ㅊ

ㅋ

카키색 누른빛에 짙은 갈색이 섞인 빛깔. 위장용으로 군복에 많이 쓰는 색이다. 인도어 khaki(진흙)는 페르시아어 카크(흙먼지)에서 온 말이다. '카키(진흙)+色(색)'으로 분석된다. ¶ 요즈음 젊은이들 사이에 카키색 옷이 유행이다.

칼 물건을 베거나 썰거나 깎는 데 쓰는 날[刃]이 있는 도구. <계림유사>에 刀子曰割(도자왈*갈)이라 하였다. 중세어형은 '갈ㅎ'이다. '갈ㅎ[刀(도)]'은 동사 '가르다(갈다)[分]'의 뜻을 지닌 말이다. 칼을 의미하는 몽골어 ildon, irdaieh는 본래 '가르다'는 뜻이고, giri-는 '가지런히 자르다'다. 무엇을 자르는데 쓰기 위해 돌을 갈아 뾰족하고 길게 만든 것이 '돌칼'이다. 중세어 '갈ㅎ'은 오늘날 거센소리 현상에 의해 '칼'로 변하였다. 갈다[磨(마)]와 갈치[刀魚]는 '칼(<갈ㅎ)'에서 파생된 말이다.

우리말 '갈ᄂᆞᆯㅎ>칼날'과 일본어 kata-a[刀]에서 kata[片]는 반(半)을 뜻하는 몽골어 qatas와 대응하고, 어근 qal- 자체가 '가르다[切 · 刀]'의 의미이기 때문에 kata-na는 '칼날'의 뜻과 일치한다. 현대 일본어 [kari]는 우리말과 동원어 관계다. 칼은 무기의 하나로 전투를 상징하며 판별의 기능을 지니고 있다. [칼로 물 베기] 불화(不和)하였다가도 다시 곧잘 화합함을 이르는 말. ¶ 칼을 숫돌에 갈다.

커녕 체언이나 용언의 '-기 명사형' 뒤에 붙어 '그것은 고사하고 도리어'의 뜻을 나타내는 보조사. 15세기 문헌 <월인석보>에 'ᄂᆞᆫ커니와'가 나온다. <송강가사> 표기는 'ᄏᆞ니와'다. '커녕은 '커니와(<ᄏᆞ니와←ᄒᆞ거니와)'가 줄어든 것이다. 현대국어에서 '-거니와'는 '이다' 또는 용언의 어간에 붙는 연결어미다. ¶ 밥커녕 죽도 못 먹겠다. 우승은커녕/커니와 3위 입상도 어렵겠다. 날씨가 춥거니와 바람까지 세차다. 나는 그러하거니와 너는 왜 그러냐.

케케묵다 매우 오래 되어서 낡다. '켜켜이 묵다'가 줄어서 된 말이다. '포개어 놓은 물건의 하나하나의 층(層)'을 이르는 '켜'가 '켜켜이>켸켸/케케'로 발음이 변하면서 '묵다[故(고)]'와 합성되었다. '케케묵다'의 원뜻은 먼지가 '켜켜이(겹으로) 쌓여 아주 오래 되었다'다. 추상화되어 '낡았다'의 의미로 쓰인다. ¶ 케케묵은 기계/ 생각. 켜켜이 팥고물을 두어 시루에 떡을 안치다. ☞ 켜

켕기다 팽팽하게 잡아당기다. 자기가 저지른 일에 대하여 슬그머니 겁이 나거나 거리끼는 것이 있다. 18세기 문헌 <한청문감> 표기는 '케오다'다. 이는 '켜다(끌어당기다)의 어근에 접사 '-기-'가 결합된 말이다. ¶ 줄이 팽팽하게 켕기다. 우선 둘러대기는 했어도 속으로는 사뭇 켕긴다. ☞ 켜다

켜 포개어 놓은 물건의 하나하나의 층(層). '켜'는 중복 개념어 '겹[重(중)]'이 어형 변화한 말이다.(갋>겹>켜) 곡식을 찧어 벗겨 낸 껍질인 '겨[糠(강)]'와 동근어다. '켜떡, 켜켜이, 켯속); 겉켜, 땅켜[地層(지층)], 떨켜(식물의 특수한 세포층), 보굿켜(나무의 겉껍질 안쪽의 껍질), 부름켜(형성층), 콩켜팥켜' 등으로 쓰인다. ¶ 창고에는 옷감들이 여러 켜로 쌓여 있다. ☞ 덧셈

켜다 사람이 어떤 물체에 작은 물체의 한쪽 끝이나 일부를 가져다 대고 끌거나 부딪게 하거나 마찰시켜 불을 일으키는 상태가 되다. 중세어형은 'ᅘᅧ다~혀다[引 · 點火]'다. 'ᅘᅧ다'는 분리(分離) 개념어 'ᄲᅢᅘᅧ다~ᄲᅢ혀다[拔; 빼다]'와 동근어로 '끌다, 당기다'의 뜻을 지닌 말이다. 후대에 와서 '켜다, 써다(경상 사투리)'로 변하였다. 오늘날 '켜다'는 '불을 켜다. 톱으로 나무를 켜다. 물을 켜다. 고치를 켜다. 현악기를 켜다. 스위치를 켜다(틀다)' 들로 다양하게 쓰이고 있다. '켜다'의 기본 의미는 '끌어당기는 행위'다.

켤레 신 · 버선(양말) 따위의 두 짝을 한 벌로 세는 단위. 켤레는 '가르다[分]'에서 파생한 '겨레[族(족)]'가 어형 변화한 말이다. 관형사 한[一], 두[二]와 '겨레'가 합성하면서 수사 'ᄒᆞ나ㅎ(하나), 둘ㅎ(둘)'에서 /ㅎ/의 개입으로 /ㄱ/ 음과 어울려 거센소리가 되어 '켤레[雙(쌍)]'로 굳어졌다.(하나ㅎ/한+겨레→한켤레) 이와 같은 구조로 된 어형에 '두 칸[二間](←둘ㅎ+간), 암탉(←암ㅎ+닭)' 등이 있다. '켜레, 켜리'는 켤레의 사투리다. ¶ 고무신 세 켤레와 버선 두 켤레를 사다. ☞ 겨레

켯속 일의 갈피. 일이 되어 가는 속사정. '켜+ㅅ+속[內(내)]'로 분석된다. '켜'는 '포개어 놓은 물건의 하나하나의 층'을 이르는 말이다. 켯속의 어원적 의미는 '물건을 포개놓은 층층의 갈피'다. ¶ 어찌 된 켯속인지 통 알 수가 없다. ☞ 켜, 속

ㅋ

코 호흡기로 통하는 숨통이 몸 밖으로 열려 있는 부분. 고무신이나 버선 등의 앞쪽 끝에 오똑하게 내민 부분. 중세어형은 '고ㅎ'이다. 코[鼻(비)]는 어원이 '곧다[直(직)], 곶다[揷(삽)]'에서 온 것으로 보인다. 해안선에서 바다 쪽으로 쑥 나온 땅에 대한 이름을 가리키는 '고시>곶[串]'은 '코'와 동근어다.

'코'는 신체 부위 외에 '신-코(>신고ㅎ), 버선-코'와 같이 뾰족하게 나온 부분을 가리킨다. '콧대가 세다, 콧대가 높다'로 쓰이는 관용어는 '그 사람의 성품이 도도함'을 뜻한다. '코를 골다(<고코을다)'에서 '골다'도 '코'에 '-다'가 결합된 동사다.(고다>골다) [내 코가 석 자다] 남을 돌볼 겨를이 없이 내 일이 바쁘다는 말. ¶ 코를 골다/ 풀다.

코끼리 코끼릿과의 코가 긴 동물. 중세어형은 '고키리'다. '고ㅎ[鼻]+길(다)+이'로 분석된다. 코끼리에서 '끼리'는 '길다'의 어근에 명사화 접사 '-이'가 결합되어 발음이 변한 꼴이다. <조선어사전(1920)>에 '코ㅅ기리'로 나온다. <삼국사기>에 땅 이름 永同郡本吉同郡(영동군본길동군)이라 하여 吉(kir)을 永으로 대응시켰다. 우리말 '길다'는 길리야크어 kyl(-d)[長]과 일치한다. 결국 코끼리는 그 생김새를 본떠 코가 긴 동물이라고 한데서 붙여진 이름이다. 힘, 충성, 인내, 지혜를 의미하는 코끼리는 부처의 성수(聖獸)로 정결, 자비를 상징한다. ◇ 코끼리 비스켓 - 양(위)에 차지 않을 적은 분량의 먹을 것. ☞ 길

코뚜레 소의 코를 꿰뚫어 끼는 고리 모양의 나무. 18세기 어형은 '코ㅅ도릭[비구(鼻鉤)]'다. 코뚜레는 코에 '돌다[廻(회)]'의 사동형 '도ᄅ다(>돌리다)'의 어근에 명사 파생접사 '-이'가 결합하여 '콧도릭>코뚜레'가 된 말이다. 한편 '뚜레'는 동사 '뚫다(<듧다)'의 어근에 명사를 만드는 파생접사 '-에'가 붙어 이루어진 낱말로 보기도 한다. 소는 힘이 하도 세어 사람이 마음대로 다루기 힘들기 때문에 코를 뚫어 코뚜레를 끼우고 고삐와 연결시켜 부린다.

ㅋ

코리아(Korea) 서양에서 우리나라를 일컫는 이름. [←高麗(고려)]. 고려(高麗; 수리고우리-큰 고을)는 왕건이 한반도를 다시 통일하여 세운 왕조다(918~1392). 프랑스어 Corée(꼬레), 독일말로 Korea(코레아)라 한다. 원래 고려의 영문 표기는 koryo이고 중국음은 [까우리/거우리]다.

13세기 중엽 프랑스인 G. 뤼브뤼키의 동방여행기에 처음으로 Caule(까울레)로 알려졌고, 이탈리아 사람 마르코 폴로의 <동방견문록>에 고려의 중국식 발음인 Cauly(까울리)로 서양에 전해졌다. 영어 문헌에 Corean이 처음 나타난

것은 17세기 초다. 고려는 고구려의 약칭이고, 고구려의 어원은 돌로 성을 쌓은 '구루(溝婁)'에서 온 말이다. 로마자 표기 [코리아]는 Corea가 16세기부터 표기되다가 19세기 말부터 Korea로 널리 쓰이고 있다. ☞ 고구려

코주부 '코가 큰 사람'을 농조로 이르는 말. 코보. 비사증(鼻齄症; 콧병)으로 말미암아 붉은 점이 생기고 부어오른 코를 이르는 '주부코'가 음절이 도치된 말이다.(주부코→코주부) 16세기 문헌 <훈몽자회>에 '쥬복고'가 나온다. '쥬복(여드름)+고ㅎ[鼻(비)]'로 분석된다(쥬복고>쥬복코>주부코→코주부). 코주부는 20세기 중후반에 사전에 등재되었다.

콩 콩과에 딸린 한해살이풀의 열매. 중세어도 '콩'이다. 콩은 원형 어근(圓形語根)으로 '공[球(구)]'과 동근어다. 12세기 초 문헌 <계림유사>에 豆曰太(두왈태)로 기록하고 있다. 15세기의 <금양잡록>에 '블콩(>불콩)'을 火太(화태)라고 표기하였다. 검정콩을 '흑태(黑太)'라고도 한다. <조선관역어>에 콩을 '孔(공)'이라 적어 오늘날 콩과 발음이 일치하였음을 알 수 있다. 콩의 어원적 의미는 '둥근 것'이다. '콩가루, 콩깍지, 콩나물, 콩물, 콩밭, 콩팥' 등으로 쓰인다. 강낭콩은 중국 강남(江南)에서 왔다하여 붙여진 이름이고, 땅콩(<짱콩)은 땅속에서 열매가 달리는 콩이다.

콩의 원산지인 만주 일대는 옛 고구려 땅이다. 우리나라에서 전파시킨 일본의 콩 재배역사는 약 2,000년이나 된다. 메주의 원료인 콩은 두부, 비지, 된장, 간장 등으로 가공하여 먹으며, 콩기름은 각종 공업원료로 쓰인다. [콩 심은 데 콩 나고 팥 심은 데 팥 난다] 원인에 따라서 결과가 생긴다는 말.

콩케팥케 사물이 뒤섞여 뒤죽박죽이 된 상태. ≒ 엉망. 뒤범벅. '케'는 '켜'가 변한 말로 층(層)을 뜻한다. 콩케팥케는 콩켜와 팥켜가 뒤섞여 있다는 데서 비롯된 말이다. ☞ 콩, 케케묵다

콩팥 동물의 오줌 배설 작용을 맡은 기관. 신장(腎臟). 강낭콩 모양을 하고 팥처럼 검붉은데, 몸 안의 불필요한 물질을 오줌으로 내보내는 구실을 한다. 15세기 문헌 <구급간이방> 표기는 '콩퐃/콩퐃'이다. '콩퐃>콩팟>콩팥'으로 어형이 변하였다. ☞ 콩

크낙새 딱따구릿과의 새. = 골락새. 우리나라 특산종으로 천연기념물 197호로 지정된 새다. 울음소리가 '골락골락/클락클락'하여 붙여진 이름이다.(골락/클락-새) '크(다)+ㄴ+악[口(구)]+새'의 구조로 보는 설도 있다.

키[1] 사람이나 동물의 선 몸의 높이. 신장(身長). 물건이나 식물의 높이. 중세어형은 '킈'다. '키'는 형용사 '크다[大 · 多]'의 어간에 명사화 접사 '의'가 결합된 파생명사다.(크+의→킈>키) 이와 같은 방식으로 파생된 낱말에 '높+ᄋᆡ→노ᄑᆡ>높이, 넙(>넓)+의→너븨>넓이' 등이 있다. 중세어에 '크다[大]'와 '하다[多]'가 함께 쓰였으며 이들은 동원어다. 고대 국어에서 '큰(크+ㄴ)'을 '干(간), 韓(한), 鞬(건)'으로 표기하여 군왕(君王) · 국가를 뜻하였다. '한(하+ㄴ)/황/흔'은 '크다, 많다'의 뜻으로 수많은 파생어를 형성시킨 형태소다.(한길, 할머니; 황소; 흔하다) ¶ 키가 크다. ☞ 한길, 흔하다

키[2] 곡식 따위를 까부르는 기구. 중세어 표기도 같다. '키'는 한자 箕(기)가 변한 말이다. '키-내림, 키조개, 키질/하다, 키춤' 등으로 쓰인다. ¶ 곡식을 키로 까불다.

키우다 사람이나 동물을 자라게 하다. 키우다는 '크(다)+이+우(사동접사)+다'로 분석된다.(키우다<킈우다[育]) '키우다'의 어원적 의미는 '크게 하다'다. 소, 양, 말, 누에를 '치다[飼育(사육)]'는 '크이다>키우다>치다'로 어형이 변한 것이다. ¶ 가축을 키우다/ 치다. 재산을 키우다.

ㅌ

타래 실이나 끈 따위를 사려 놓은 뭉치. 또는 그 뭉치를 세는 말. '타래타래'는 노끈이나 실 따위가 여러 타래로 둥글게 뱅뱅 틀어진 모양을 뜻하는 의태어로 큰말은 '트레트레'다. 타래는 틀다(무엇을 방향이 꼬이게 돌리다)의 어근에 접사 '-애'가 결합된 말이다.(틀-+-에/애→트레/타래) '트레'는 '트레머리, 트레바리, 트레방석'으로, '타래'는 '실타래; 타래송곳(용수철 모양으로 생긴 송곳), 타래쇠, 타래실, 타래엿' 따위로 쓰인다. ¶ 타래타래 사려 놓은 털실.

타이르다 윗사람이 아랫사람의 잘못이나 그 요구의 부당함을 알도록 사리를 밝혀 말해주다. 잘 하도록 가르치다. ≒ 달래다. 설득하다. 구슬리다. ↔ 꾸짖다. 나무라다. 타이르다는 '탓(하다)'과 '이르다[謂(위; 말하다)]'가 비통사적으로 합성된 말이다. 타이르다의 어원적 의미는 '탓하여 말하다'다. ¶ 잘 달래고 타일러서 오해를 풀고 화해하여라. ☞ 탓

타짜꾼 노름판에서 속임수를 잘 부리는 사람. <준>타짜. '타자(打者; 치는 사람)+꾼(<군)'으로 분석된다.(타자군/타짯군>타짜꾼) 노름을 잘하는 사람의 뜻으로 쓰인다. '-짜(사람)'는 '강짜, 몽짜, 은근짜' 등으로 쓰인다.

탈[1] 종이나 나무 · 흙 따위로, 사람이나 동물의 얼굴 모양을 만든 물건. 가면(假面). '탈[가면]'과 '틀[얼개; 機]'은 모음교체된 동원어다. 본래 의미는 '모형. 본. 틀. 거푸집'이다. 우리말 '탈'은 만주어 durun(型, 鑄型), 몽골어 tala(面), 일본어 tura(面)와 대응한다. 합성어에 '탈-놀이, 탈-춤, 탈-놀음, 탈-바꿈, 탈-바가지' 등이 있다. 결국 탈(가면)은 얼굴을 덮어 가리는 껍질 곧 틀이란 뜻이다. '탈'은 원시시대 주술(呪術)을 행할 필요에서 요구되었고, 신을 상징하는 물건이다. 종류는 크게 신앙 가면과 예능 가면으로 나눈다. ◇ 탈을 쓰다 - 거짓에 찬 행동을 하다. ¶ 귀신의 탈.

탈[2] 뜻밖에 일어난 궂은 일. 몸에 생긴 병. 핑계나 트집. 결함이나 허물. '배-탈,

뒤-탈, 탈-나다' 등으로 쓰인다. 우리나라에서 만든 한자 '頉(탈; 탈나다)'은 유고(有故; 탈이나 사고가 있음)를 의미한다. ◇ 탈이 나다 - 일이 잘못 되어 가다. ¶ 아무런 탈 없이 일을 마치다. 몸에 탈이 나다. 탈을 잡고 나서다. ☞ 탓하다

탑 부처의 유골이나 유품 등을 안치하고 공양하기 위하여 절에 세운 축조물. 탑파의 준말. 塔婆(탑파)는 인도어 stūpa를 한자로 음차(音借) 표기한 것이다. 스리랑카에서는 탑을 dagaba, 미얀마에서는 pagoda라 한다. 요즘 고층 건물처럼 높이 올린 것을 탑이라고 하는데 정확하게 말하면 타워(tower)이지 스투파는 아니다.

동양의 탑은 제천(祭天) 사상과 연관되며, 공덕(功德)을 상징한다. 서양의 탑은 상승 의지, 경계(警戒)의 상징으로 사다리[梯(제)]와 동일한 상징성을 갖는다. 인도나 중국은 전탑(塼塔; 벽돌로 만든 탑), 일본은 목탑(木塔), 우리나라는 '돌탑'이 많다. [공든 탑이 무너지랴] 공을 들여 이루어 놓은 일은 쉽게 깨뜨려지지 않으며 그 결과가 헛되지 아니함을 이르는 말. ¶ 탑을 쌓다. 공든 탑이 무너지랴.

탑새기주다 남의 일을 방해하여 망치다. '탑새기/탑세기'는 '쓰레기. 솜먼지'의 사투리인데, '일을 방해하여 망쳐 놓는 요인'으로 쓰이는 말이다. 탑새기주다의 어원적 의미는 '쓰레기를 주다'다. ¶ 나를 안 끼워주면 탑새기줄 테다. 무슨 감정이 있다고 탑새기주고 그러니? 탑새기를 맞다(자기 일을 망치다).

탓 잘못된 것을 원망하거나, 핑계나 구실로 삼음. 일이 그릇된 원인. 잘못된 까닭. 중세어형도 오늘날과 같다. '탓[由(유)]'은 '탈[緣由, 病·事故], 탈나다와 틀리다(어긋나거나 맞지 않다)'의 어근 '틀'과 음운 교체형으로 동근어다.(닷/탓~탈~틀-) 몽골어 tasiyaraho, tašalaho(잘못하다), 만주어 tašarambi(그릇하다), tašan(거짓)는 우리말 '탓(tas-)'과 대응하는 말이다. [잘 되면 제 탓, 못 되면 조상 탓] 무엇이든 잘 되면 제 공으로 돌리고, 잘못되면 남의 탓으로 돌리는 세태를 이르는 말. ¶ 모두가 내 탓이다. 누구를 탓하랴.

태어나다 사람이나 동물이 어미의 태(胎)로부터 형태를 갖추어 세상에 나오다. 출생하다. 준말은 '태나다'다. 중세어형은 '타낳다'다. 탯줄은 '삼-줄'이라고도 한다. 태(胎)는 '시초·초기'의 뜻이며 신성함도 내포하는 말이다. '탯줄'은 태아와 태반(胎盤)을 이어 영양을 공급하는 '생명의 줄'이다.(타[賦·受·乘]+

ㅣ+어+나다[出]/낳다[産]) '태어나다'의 어원적 의미는 '모태(母胎)에서 운명을 타고 나오다'다. [탯줄 잡듯 한다] 무엇을 잔뜩 붙잡아 의지하려 한다. ¶ 사람이 태어나서 자란 곳을 고향이라 한다. ☞ 사람, 삶, 낳다

태질 세차게 메어치거나 내던지는 짓. 개상에다 곡식단을 메어쳐 곡식알을 떠는 일. '태질-치다'는 세게 메어치거나 내던지다를 뜻한다. <박통사어간초간>에 '태 티기 하며(打擡)'가 나온다. 한자 擡(대)는 '들어 올리다. 두 사람이 메다'를 뜻한다. 태질의 어원적 의미는 '들어 올리어 메어치는 짓'이다. ¶ 가방을 길바닥에 태질치다.

터 건축물을 세우거나 공사 같은 것을 할 때 쓰이는 땅. 빈 땅(공터). 일의 토대. 중세어형은 '터ㅎ'이다. '터'는 'ᄯᅡ[地]'와 같이 신라 · 고구려어 達이 변한 말이다. 達(달)은 지금도 양달(陽達), 응달[陰達], 그늘[陰地(음지)], 비탈[斜地(사지)]에서 보듯이 땅[地]을 나타낸다. 'ᄯᅡ(>땅)'와 '터[垈]'는 동원어다. '터'는 '곳(장소)'이나 '자리'의 뜻을 나타내어 '텃밭, 텃새(머물새), 텃세, 터앝(텃밭), 터전(근거지), 터주(主); 놀이터, 샘터, 성터, 쉼터, 실터, 싸움터, 일터, 장터, 절터' 등으로 쓰인다.

한편, 용언의 관형사형 뒤에 쓰여 어떤 상황이 이미 벌어지거나 주어진 상태에 있음을 뜻하는 의존 명사 '터'도 집이나 건물을 짓기 위해서는 먼저 '터(자리, 곳)'가 있어야 한다는 데서 일맥상통하는 말이다. [터를 닦아야 집을 짓지] 기초를 닦고 나야 그 위에 일을 벌일 수 있다는 말. ◇ 터가 세다 - 그 터에서 재변(災變)이 일어나는 경향이 있다. ¶ 집 지을 터가 없다. 막 밖으로 나가려고 하는 터에 손님이 오다. 내가 갈 터이니 그리 알라. ☞ 땅

터무니없다 허황되어 도무지 믿을 근거가 없다. 터무니없다는 '터[基 · 垈]+문(紋; 무늬)+없다'로 분석된다. '터ㅎ'는 땅을 의미하는 'ᄃᆞ/ᄃᆡ[所]'로 소급된다. 터무니는 '건축물을 세운 터(자리)를 잡은 자취 또는 정당한 근거(根據)나 이유'를 뜻한다. 여기에 '없다'가 합성되어 '이치나 조리에 맞지 않다'는 의미를 지닌 형용사로 전성되었다. ¶ 터무니없는 거짓말 ☞ 터, 무늬, 그지없다

터울 한 어머니가 낳은 형제간의 나이 차. '터ㅎ[基]+울[우리/울타리]'로 분석된다. 터울은 어원적 의미가 '한 터에서의 울타리'로 경계나 간격(차이)을 이른다. 나무의 자란 햇수를 이르는 '나이테'에서 '테'도 '터, 터울'과 동근어다. ¶ 동생하고 세 살 터울이 지다. ☞ 터, 우리

터지다 어떤 물체의 표면에 틈이 생겨 벌어진 상태가 되다. 싸움이나 사건 같은 것이 갑자기 벌어지다. 중세어형은 '뻐디다'다. '터지다'는 분리(分離) 개념어 '트다(<뜨다;裂 · 破)'의 어근 '트'에 보조적 연결어미 '-어'와 보조 동사 '지다'가 어울려 피동사로 된 말이다. 이 낱말은 벌어지다, 갈라지다, 드러나다, 쏟아져 나오다, 매를 맞다 등의 여러 가지 의미로 쓰인다.(뜨+어+지다→뻐디다>터지다) 원래 '터지다'는 '매를 맞거나 하여 살이 터진 상태'를 뜻한다. [터진 꽈리 보듯 한다] 사물을 중요시하지 아니함을 이르는 말. ¶ 입술/ 울음/ 전쟁/ 폭탄이 터지다.

턱 사람이나 동물의 입의 위아래에 있어서 발성이나 씹는 일을 하는 기관. 중세어형은 '톡'이다. 제주도 사투리 [톡]은 중세어형과 같다. 평평한 곳에서 조금 두드러진 자리를 이르는 '턱'은 '덕/더기(언덕)'가 변한 말이다. '턱거리, 턱밑, 턱받이, 턱뼈, 턱수염, 턱짓; 마루턱, 안전턱(도로면의 봉긋한 부분), 언턱(물건 위에 턱처럼 층이 진 곳), 언턱거리(말썽을 만들 거리), 그루터기(나무나 풀을 베고 남은 밑동); 턱없다, 턱잎, 턱지다' 등은 합성어다. 턱[頤(이)]의 어원적 의미는 '두드러진 것'이다. ☞ 언덕

턱찌끼 먹다 남은 음식. '턱+찌끼'로 분석된다. '턱'은 좋은 일이 있을 때 남에게 베푸는 음식 대접을 뜻하는 말이다. '찌끼'의 어근은 '즛[滓(재; 찌기)]'이다. ¶ 턱찌끼 밥상을 받아든 거지는 눈 깜박할 사이에 다 먹어 치웠다. 승진 턱을 톡톡히 내다. 턱찌끼를 ☞ 언턱, 찌꺼기

털다 치거나 흔들어 붙은 물건이 떨어지게 하다. '덜다[減(감)]'가 격음화로 털다가 되었다. ¶ 먼지를 털다. 전 재산을 털어 장학재단을 세우다. ☞ 덜다

테두리 물건의 테를 두른 언저리. 가두리. 어떤 한계나 범위. 중세어형은 '테[圍(위)]'다. 테두리는 '테+두르(다)+이'로 분석된다. '테(←터+의)'는 그릇 따위의 몸을 단단히 둘러매는 줄이란 뜻으로 '(나무의) 나이테, 터[基(기)]'와 동근어다. '두리'는 원형어(圓形語) '두르다'의 어간에 명사화 접사 '-이'가 결합된 말이다. 테두리의 어원적 의미는 '터의 둘레'다.

'돌(다)[廻]+옹(접사)+테'로 분석되는 '도롱테'는 '바퀴. 굴렁쇠. 나무로 만든 간단한 수레'를 뜻하는 말이다. '테-밀이'는 문살 모서리에 테를 만드는 일이고, '테-받다'는 '그 모양을 이루다'는 뜻이다. ¶ 철사로 옹기의 테를 두르다. 법의 테두리 안에서 활동하다. ☞ 터, 돌다

ㅌ

텡쇠 겉으로는 튼튼해 보이나 실상은 허약한 사람을 낮잡아 이르는 말. '텅/통+의+-쇠'로 분석된다. '텅'은 명사 '통(筒)'이 변하여 '속이 비어 아무것도 없는 모양'을 뜻하는 부사다. '-쇠'는 일부 명사 뒤에 붙어 '특징적인 성질이나 습성을 가진 사람'을 홀하게 이르는 접미사(구두-쇠, 돌-쇠, 덜렁-쇠)로 쇠붙이처럼 굳세고 단단함에 연유한 말이다. 어원적 의미는 '속이 텅 비어 실속이 없는 사람'이다. ¶ 허우대를 보아서 건강한 사람처럼 보였는데 중병에 걸린 것을 보니까 텡쇠였나 보군.

토끼 토낏과의 동물로 귀가 크고 뒷다리가 발달하였으며 꼬리는 짧음. 중세어형은 '톳기'다. 토끼는 어근 '톳'에 접사 '-이'가 붙어 형성되었다.(툿/톳+(ㄱ)+이→톳씨/토씨>토끼) 한자 兎(토)와 뜻과 소리가 같으며, 퉁구스어 tukaki와 비교된다. 몽골어는 [tulai]다. <삼국사기>에 '兎山郡本高句麗烏斯含達縣'라 하여 고구려 땅 이름 兎山을 烏斯含達이라 하였다. 토끼의 고구려말 烏斯含(오사함)은 길리야크어 osk, 일본어 usagi(兎)와 일치한다. 속어(俗語) '토끼다'는 토끼같이 빨리 도망가다에서 생긴 말이다. [토끼 두 마리를 잡으려다 하나도 못 잡는다] 욕심을 부리면 여러 가지 일 가운데 하나도 성취하지 어렵다는 말.

토렴 건진 국수나 식은 밥 따위에 뜨거운 국물을 여러 차례 부었다 따랐다 하여 그것을 데우는 일. 토렴의 본딧말은 한자 '退染(퇴염)'이다.(퇴염>토렴) ¶ 날씨가 추워 뜨거운 국물에 국수를 토렴하여 주다.

토록 시간을 뜻하는 명사나 대명사 '이, 그, 저'에 붙어, 어느 정도나 얼마의 수량에 미침의 뜻을 나타내는 부사격 조사. 상대방에게 어떤 일을 그렇게 하도록 함을 나타냄. 중세어형은 'ᄃᆞ록/도록'이다. '하(다)+도록(연결어미)'으로 분석된다. '그/ 이/ 저토록, 마르고닳토록, 영원토록, 종일토록, 평생토록' 등으로 쓰인다.

토시 지난날 팔뚝에 끼워 추위를 막던 물건. 옷소매가 해지거나 더러워지지 않도록 소매 위에 덧끼는 물건. 한자어 套袖(투수; 소매 덮개)에서 온 말이다.(토슈>토시) '토시살(소의 지라와 이자머리에 붙은 살); 덧토시(토시 위에 겹쳐서 끼는 토시), 등토시, 말굽토시, 일토시, 잘토시(가죽으로 만든 토시), 털토시' 등으로 쓰인다. ¶ 토시를 끼다.

ㅌ

톱 연장의 하나. 나무나 쇠붙이 같은 것을 자르거나 켜는 데 쓰는 도구. 중세어형도 오늘날과 같다. '톱'은 돌출 개념어 '돗다~돋다'의 어근 '돗'에 '짓+ㅂ→집[家]'처럼 명사화 접사 /ㅂ/이 결합된 말이다.(돗+ㅂ→돕>톱) 톱과 동근어로 보이는

'손톱, 발톱, 모래톱'에서의 '톱'은 뾰족하게 돋아나 날카롭게 만든 날[刃]을 뜻한다. 톱밥 또는 실밥에서 '밥'은 '쓰레기, 부스러기'를 뜻하는 말로 몽골어 bagasun[오물]의 어근 ba-(<*bapa-)와 대응한다. ¶ 톱으로 나무를 자르다.

통틀어 있는 대로 모두 합하여. '통+틀(다)+어(접사)'로 분석된다. '통'은 한자어 桶(통), 筒(통)이 아니라 고유어다. 원형 어근으로 '술통, 밥통, 알통' 등과 같이 둥글다는 뜻이다. 어떤 일에 한 속이 되어 있는 묶음 또는 그 단위를 한 동이, 두 동이로 나타내는 '동이~동'이 '통'의 선행형이다.

통은 '통-가죽, 통-구이, 통-나무, 통-돌다, 통-마늘, 통-배추, 통-뼈, 통-으로, 통-째로; 온-통'과 같이 '덩어리. 그대로. 전부'를 뜻한다. '틀다[捻(염)]'는 물건의 양끝을 반대쪽으로 돌린다는 의미고, '비틀다, 뒤틀다'의 뜻은 '꼬아서 틀다'다. 사실이나 계산 · 이치가 맞지 않다는 뜻의 '틀리다'도 '틀다'와 동근어다. '통틀어'는 '통틀다'에서 파생한 말로 '어떤 것을 한 끈에 있는 대로 모두 묶어'라는 뜻이다. ¶ 통틀어 싼값으로 넘기다.

퇴짜 지난날, 상납(上納; 세금)하는 포목의 품질이 낮아 '退(퇴; 물리다)'라는 도장을 찍어 도로 물리치던 일. 바라는 수준에 이르지 못하여 물리치는 일. 또는 그 물품.(退字→퇴짜) '퇴짜놓다(거절하다), 퇴짜맞다(거절당하다)'로 쓰인다.

투구 옛날 군인이 전쟁할 때 갑옷과 함께 갖추어 머리에 쓰던, 쇠로 만든 모자. 중세어형도 오늘날과 같다. 투구는 한자어 頭盔(두괴/두회)[toukui]에서 온 말이다. <아언각비(1819)>에 중국음으로 [뚜귀]라 하였다. '투구꽃(바곳), 투구풍뎅이(장수풍뎅이)'로 쓰인다. ¶ 투구를 벗다.

투레질 젖먹이가 두 입술을 떨며 '투루루' 소리를 내는 짓. 사투리는 '투르레기-질'이다. '투루루+에(접사)+-질'로 분석된다. '투레질-하다; 코투레/하다'로 쓰인다. ¶ 어린아이는 투레질 몇 번 하더니 어느새 잠이 들었다.

퉁 품질이 낮은 놋쇠. '퉁'은 銅(동; 구리)의 중국 고대 한자음이다. 15세기 문헌 <석보상절>에 '퉁부플 티면 十二億 사ᄅᆞ미 몯고'가 나온다. 그 후 <훈몽자회>에서는 [동]으로 읽혔다.(퉁>동) '퉁노구(<퉁노고), 퉁때(엽전에 묻은 때), 퉁바리, 퉁방울/눈, 퉁부처, 퉁사발, 퉁쇠, 퉁주발' 등은 옛 발음 [퉁]이 오늘에까지 이어져 내려온 말이다.

튀기 종(種)이 다른 두 동물 사이에서 난 새끼. 수나귀와 암소 사이에서 난 동물. 혈종이 다른 종족 간에 태어난 아이. = 혼혈아. '튀기'의 18세기 <물보>의 표기는 '특이, 듹이'다. '특+이'로 분석된다. '특'은 잡종(雜種)을 뜻하는 단일어인데, 접사 '-이'가 붙어 '특이'가 되었다. 얼마 전까지만 해도 이어적기한 '트기'를 표준어로 삼다가 발음의 편의상 '튀기'로 바뀌었다.(특이>트기>튀기) ¶ 그는 백인 아버지와 흑인 어머니 사이에서 태어난 튀기다.

트레바리 이유 없이 남의 말에 반대하기를 좋아하는 성격. 또는 그런 성격을 가진 사람. '틀(다)[回·捻]+-에+-바리(사람)'으로 분석된다. '트레'는 '트레머리, 트레반지, 트레방석'으로 쓰이는 말이다. '-바리'는 '감바리, 군바리, 꽤바리, 발바리, 애바리' 등으로 쓰이는 접사다. ¶ 조직에서 트레바리는 여러 사람을 피곤하게 할 뿐 전혀 도움이 되지 않는다. ☞ 타래

트림 음식이 잘 소화되지 않고 괴어서 생긴 기체가 입으로 복받쳐 오르는 일. 또는 그 기체. 16세기 문헌 <훈몽자회>에 '트림 애(噫)'가 나온다. '틀(다)+이+ㅁ'으로 분석된다. '트림하다; 게트림(거드름을 피우며 하는 트림), 무트림, 용트림'으로 쓰인다. ¶ 트림이 나다. 그 사람은 뒤늦게 이빨을 쑤시면서 게트림을 하고 나왔다. ☞ 틀

트릿하다 먹은 음식이 잘 삭지 않아서 가슴이 거북하다. 맺고 끊는 데가 없이 희미하다. 트릿하다(<트렷ᄒᆞ다)는 '틀(다)[轉(전)]+잇+하(다)+다'로 분석된다. ¶ 속이 트릿하다. 하는 짓이 트릿한 사람.

트집 마땅히 붙어서 한 덩이가 되어야 할 물건이나 일의 벌어진 틈. 원래의 뜻이 확대되어 '공연히 남의 조그만 흠집을 들추어 불평을 하거나 괴롭게 굶'을 나타낸다. '틈[隙(극)]'과 '집[家]'이 합성된 말이다.(틈+집→틈집>트집) '집'은 '그것의 흔적'이라는 의미로 '고름-집, 물-집, 흠-집'처럼 쓰인다.

'트집-나다'는 '트집이 생기다'를, '트집-잡다'는 '상대의 흠집을 꼬집어 공연히 귀찮게 굴다'를 뜻하는 동사다. '생-트집'은 아무 까닭 없이 공연히 부리는 트집을 말한다. ¶ 트집 잡기를 좋아하는 사람을 '트집쟁이'라고 한다.

튼실하다 튼튼하고 실하다. '튼튼(하다)+實(실)'로 분석된다. 어원적 의미는 '튼튼하고 실하다'다. ¶ 몸집이 튼실하고 믿음직스럽다. ☞ 튼튼하다

튼튼하다 생김새나 됨됨이가 굳고 실하다. 몸이 건강하다. <작>탄탄하다. 18세기 말 <한중록>에 보이는, 튼튼하다는 단단하다(<ᄃᆞᆫᄃᆞᆫᄒᆞ다)가 거센소리되기와 모음교체로 형성된 것이다. 든든하다(굳다. 실속이 있다)도 동근어다. 'ᄃᆞᆫᄃᆞᆫ(>튼튼)'의 조어형은 '다[地(지; 땅)]'이며, '굳은 땅'을 가리키는 말로 추정된다.

¶ 책상이/ 몸이 튼튼하다. 국가 재정이 튼튼하다. ☞ 단단하다, 땅

틀 물건을 만드는 데 쓰는 골이나 판이 되는 것. 간단한 기계 · 기구를 이르는 말. = 얼개 · 규범(規範). 중세어형도 오늘날과 같다. '틀[機(기)]'은 근세어 '틀다, 븨틀다(>비틀다)'를 파생시킨 명사다. 동사 '틀다'는 물건의 양쪽을 잡아 서로 반대쪽으로 돌린다는 뜻으로 '(솜을) 타다'와 동근어로 보인다.

솜을 트는 기계를 '솜-틀'이라 하고, 베를 짜는 기계를 '베-틀'이라 한다. '수-틀'은 수(繡)를 놓을 때 바탕을 팽팽하게 하기 위해 끼는 얼개다. 이밖에 '틀거지(위엄이 있는 태도), 틀국수, 틀누비, 틀니, 틀지다(틀거지가 있다), 틀톱; 나틀(베실을 뽑아 날아 내는 기구), 빵틀, 사진틀, 재봉틀' 등이 있다. '틀'은 점차 추상 개념화하여 사물의 본보기를 의미하기도 한다. '틀'의 어원적 의미는 '손으로 트는 기구'이다. ¶ 틀(기구)에 넣다. 틀(격식)에 맞추다.

틈 벌어서 사이가 난 자리(틈바구니, 틈서리). 겨를. 16세기 <박통사언해초간>의 표기도 오늘날과 같다. '틈'은 시간적으로나 공간적으로 '사이[間(간)]'를 나타낸다. 분리(分離) 개념어 '트다(<뜨다)'의 어간에 명사화 접사 '-(으)ㅁ'이 붙어 '틈-나다/내다, 틈-바구니, 틈-새, 틈-타다, 트집(←틈+집), 틈틈이(구멍마다. 짬짬이)' 등의 합성어를 이루었다.

15세기 문헌 <훈민정음해례>의 표기 '쁨[隙(극)]'과 '삠(낌새)'은 모음교체형으로 '틈'과 동원어다. '틈'과 같이 쓰이는 말에 '짬(간격. 시간)'이 있다. ¶ 문틈으로 바람이 들어오다. 요즘 하도 바빠서 좀처럼 틈이 나지 않는다. ☞ 끼니

티¹ → **'티끌'** 참조

티² 어떠한 태도나 기색(氣色). 버릇. 한자 態(태; 모양)에서 온 말이다.(태>티) '티다르다(눈에 띠게 다르다), 티-하다(어떤 색채나 버릇을 드러내다); 고생(苦生)-티, 나이티, 노(老)-티, 막내-티, 시골-티, 어른-티, 진티(일이 잘못된 빌미), 처녀(處女)-티, 행-티(심술을 부리는 버릇)' 등으로 쓰인다. ¶ 부자라고 티를 내다. 궁한 티가 나다. 당황한 티가 역력하다.

티끌 티와 먼지같이 매우 작고 가벼운 물질. 아주 작고 무가치한 것에 대한 비유. 중세어형은 '드틀, 듣글'이다. '드틀'은 '듣+을(명사형성 접미사)'로 분석된다. 어형 구조는 '숲+을→수플, 굽+을→구슬'과 같다. /ㄷ/ 밑에 /ㄱ/을 덧붙여 '듣글'이 되었다. 어근 '듣~듣'은 중세어 '듣다[落 · 散]'와 동근어로 떨어진다는

의미를 지닌 형태소다.(듣글>틔ㅅ글>티끌) 단독형 '티¹(<틔)'는 잔 부스러기나 찌꺼기 또는 조그마한 흠집을 뜻한다.

중세어 '드틀'은 먼지의 뜻을 포함한 것이었으나, 지금은 어떤 물체의 일부로 그 물체의 성질을 찾아보기 어려울 정도로 크기가 작은 상태의 조각을 가리킨다. 비슷한말 '먼지'는 공기 중에 떠다니다가 바닥에 내려앉는 아주 작고 가벼운 물질이다. 티끌의 어원적 의미는 '떨어진 것'이다. 티끌의 상징적 의미는 속세, 속됨, 미미함, 번뇌다. [티끌 모아 태산] 조금씩 모은 것이 나중에 큰 덩어리가 된다는 말. ¶ 그렇게 할 생각은 티끌만큼도 없다.

티눈 손이나 발가락 사이에 병적으로 생기는 굳은살. 17세기 문헌 <역어유해>에 '틔눈[鷄眼(계안; 닭의 눈)]'이 나온다. '티[塵(진; 티끌)]+눈[眼(안)]'으로 분석된다.(틔눈>티눈) 티눈의 어원적 의미는 '닭의 눈알처럼 생긴 티'다. ¶ 손바닥에 티눈이 박이다. 옥에도 티가 있다.

ㅍ

파래 파랫과의 바닷말. 영양가가 높아 국 · 튀각 따위를 만들어 먹음. '파랗다(←푸르다←풀[草(초)]'의 어근에 명사형어미 '-ᄋᆡ'가 결합된 말이다.(파라/팔+ᄋᆡ→파ᄅᆡ>파래) ☞ 푸르다

판설다 전체의 사정에 익숙하지 못하고 서투르다. ↔ 판수익다. '판+설(다)[未熟(미숙)]+다'로 분석된다. '판'은 局(국) · 枰(평) · 盤(반)의 뜻으로 일이 벌어진 자리나 장면을 뜻하는 말이다. 어원적 의미는 '판이 낯설다'다. ¶ 처음 해 보는 일이라서 그런지 아무래도 판설다. ☞ 설다

판소리 창극조로 부르는 민속 예술의 한 갈래. 조선 시대 영조 이후 서민들이 창극(唱劇)에 붙여 부르던 노래로 남도를 중심으로 발달하였다. '판+소리'로 분석된다. '판'은 일이 벌어진 자리나 장면 또는 악조(樂調)를 나타낸다. '판-치다, 판판-하다; 씨름-판, 놀이-판, 바둑-판'의 '판'과 같은 말이다. '소리'는 악조에 맞게 고른 소리 곧 노래[樂]를 이른다.

판소리의 구성 요소는 소리[唱(창)], 아니리(사설), 발림/너름새(몸짓), 추임새다. 무악(巫樂)에 기원을 둔 판소리는 17세기 후반인 숙종 때 발생한 것으로 알려져 있다. 우리의 전통 예술인 판소리는 2003년 11월 세계무형문화유산 걸작으로 유네스코에 등재되었다.

팔 사람의 몸에서 어깨로부터 손목에 이르는 부분. 또는 어깨에서 손끝에 이르는 부분. ↔ 다리. 중세어형은 'ᄇᆞᆯㅎ'이다. 'ᄇᆞᆯㅎ'은 발[足(족)]과 음이 비슷하였는데, 후대에 /·/가 없어지고 'ㅎ'종성에 영향을 받아 'ㅂ>ㅍ'으로 바뀌면서 '팔'이 되었다.(ᄇᆞᆯㅎ>ᄑᆞᆯ>팔) 몸체의 윗부분에 있는 팔과 아랫부분의 발은 기능면에서 동근어로 보인다.

팔꿈치에서 손목에 이르는 부분만을 가리키는 '팔뚝(,ᄑᆞᆯㅅ독<ᄇᆞᆯ독[腕(완)])'은 '굴뚝, 말뚝'과 같이 장형체(長形體)를 뜻하는 '뚝'이 결합된 것이다. 두 팔을 펴서 벌린 길이의 단위성 의존명사 '발[丈(장)]'은 중세어 'ᄇᆞᆯㅎ'의 유형(遺

形)이다. ◇ 팔을 걷고 나서다 - 어떤 일에 적극적으로 나서다. [팔이 들이굽지 내굽나] 무슨 일이나 자기에게 이익이 되도록 처리하는 것이 인지상정이라는 말. ¶ 아기가 할머니의 팔을 베고 낮잠을 자고 있다.

팔꿈치 팔의 위아래 관절이 이어진 곳의 바깥쪽. 팔꿈치의 16세기 표기는 'ᄑᆞᆯ구브렁, ᄑᆞᆯ구븨'다. 18세기의 <증수무언록언해>에 'ᄑᆞᆯ굼티/ ᄑᆞᆯ굽치'가 나온다. 팔꿈치는 '팔'에 굴곡 개념어 '굽다[曲(곡)]'에서 파생된 명사 '구븨'가 결합된 말이다.(구브리+엉, 굽+의→구븨>굽이) '팔굽, 팔꿉'은 함북 사투리로 옛말의 어형을 유지하고 있다. '-꿈'은 '굽-'의 변이형이고 '-치'는 '발치(<발ᄎᆞ), 발뒤꿈치, 명치(가슴뼈 아래 우묵한 곳), 속엣치, 중간치, 이틀치'와 같이 지정된 여럿 중의 하나 또는 일부를 가리키는 형태소다.

팔매 돌 따위 작고 단단한 물건을 손에 쥐고 힘껏 던지는 일. 18세기 문헌 <한청문감> 표기는 'ᄑᆞᆯᄆᆡ'다. 이는 'ᄑᆞᆯ+ᄆᆡ(다; 結)'로 분석된다. 어원적 의미는 팔에 매인 것이다. '팔매질/하다, 팔매치기; 돌팔매, 물팔매, 줄팔매' 등으로 쓰인다. ¶ 팔매를 치다. ☞ 팔

팔자 사람의 한 평생의 운수. 사주팔자(四柱八字)에서 유래한 말로, 태어난 연월일시(年月日時)를 간지(干支)로 나타낸 여덟 글자를 팔자(八字)라 한다. 17세기 문헌 <역어유어>에 '팔ᄌᆞ'가 나온다. '팔자땜, 팔자소관(所關), 팔자타령'으로 쓰인다. ◇ 팔자가 늘어지다 - 근심이나 걱정 따위가 없고 사는 것이 편안하다. [팔자는 독에 들어가서도 못 피한다] - 운명은 아무리 피하려고 하여도 피할 수 없다는 말. ¶ 팔자가 좋다/ 기구하다.

패암 곡식의 이삭이 패어 나옴. 또는 그 이삭. '패(다)+암(명사형어미)'으로 분석된다. '패다(<ᄑᆡ다[發穗(발수) · 出穗(출수)])'는 곡식의 이삭이 생겨 나오다를 뜻하는 동사로 '피다[發(발)]'와 동근어다. ¶ 벼의 패암이 잘되다. 보리의 패암이 고르다.

팽개치다 집어 던지다. 본말은 '팡개치다'다. 명사 '팡개'에 강세(强勢)의 뜻이 있는 용언을 만드는 '-치다'가 결합된 동사다. 네 갈래로 짜개진 대나무의 한끝으로 흙덩이나 돌덩이를 찍어서 던져 들판의 새를 쫓던 농기구를 '팡개'라고 한다. '팡-개'는 팔[臂(비)]을 이용하여 던지기 때문에 '팔매(돌 따위를 힘껏 던지는 일)'와 관련된다. '-치다(<티다[打(타)])'는 '겹치다, 도망치다, 밀치다, 외치다, 뿌리치다'를 파생시켰다. ¶ 이 문제를 그대로 팽개쳐 두어서는 안 된다.

팽이 둥글고 짧은 나무를 잘라 한 끝을 뾰족하게 깎아 채로 치어 팽팽 돌리는 어린아이들의 장난감. 원형 개념의 의성어 '팽팽'에 접사 '-이'가 결합된 말이다. 어원적 의미는 '팽그르르 도는 것'이다. '팽이싸움, 팽잇줄, 팽이채, 팽이치기' 등으로 쓰인다. 함경북도 사투리는 뱅뱅 돈다고 하여 '뱅애'라고 한다. 부사 '팽그르르 · 핑그르르, 팽글팽글 · 핑글핑글'도 동근어다. ¶ 팽이채로 팽이를 치다. ☞ 달팽이

팽팽하다 잔뜩 켕기어 퉁기는 힘이 있다.(↔느슨하다) 양쪽의 힘이 서로 비슷비슷하다. 성질이 너그럽지 못하고 까다롭다. 16세기 문헌 <사성통해>의 표기는 '핑핑ᄒᆞ다'다. 의성어 '핑핑'에 'ᄒᆞ다[爲(위)]'가 결합되어 형용사로 전성되었다.(핑핑ᄒᆞ다>팽팽하다) 팽팽하다는 줄의 양쪽 끝을 잡아당겨 퉁기면 '팽팽'하면서 나는 소리에서 온 말이다.

'줄-팽팽이'는 늘거나 줄지 않고 늘 켕겨 있는 상태를 뜻한다. '팽패롭다(성격이 까다롭고 괴상하다), 팽패리(팽패로운 사람), 팽하다(과부족이 없이 꼭 알맞다)'도 동근어다. ¶ 빨랫줄을 팽팽하게 달아매다. 실력이 팽팽해서 금방 승부가 나지 않는다. 팽팽한 성미. 손님 수에 팽하게 음식을 마련하다.

이와 다른 한자어 '팽팽(膨膨)하다'는 주름살 하나 없이 팽팽한 얼굴이라는 표현에서 보듯이 '한껏 부풀어 땡땡하다'를 뜻하는 말이다.

퍼지다 널리 미치다. 많이 생겨나서 번성하다. 중세어형은 '퍼디다'다. 퍼지다는 '펴(다)[伸(신)]+어+디(다)[落(락)]+다'다.(펴디다>펴지다>퍼지다) 동근어 '펴지다'는 '펴게 되다. 순조롭지 못한 일이 나아지다'를 뜻하는 말이다. '펼치다'는 '넓게 펴다'를 뜻한다. '펴락쥐락'은 '남을 마음대로 부리는 시늉말이다. ¶ 소문이 삽시간에 퍼졌다. 가지가 퍼지다.

펀더기 펀펀하게 널따란 들. 광야(曠野). '펀+덕+이'로 분석된다. '펀'은 '펀펀 · 판판하다(물건의 겉면이 고르고 너르다)'의 어근이다. '덕'은 '고원의 평평한 땅'이다. ¶ 이곳 산안에는 덕이 많다. ☞ 언덕

편찮다 '편(便)하지 아니하다'의 준말로 불편하다. 병을 앓고 있다. '便(편)ᄒᆞ다'와 '아니하다'의 합성어다. 이와 같이 본용언과 보조용언의 결합으로 이루어져 축약된 낱말은 괜찮다(관계하지 아니하다), 적잖다(적지 아니하다), 젊잖다(젊지 아니하다) 등이 있다. ¶ 편찮으신 몸을 이끌고 오늘도 일터로 나가신다.

평미리치다 고르게 하다. 평등하게 하다. '평미리-'는 곡식을 말이나 되로 될

때, 그 위를 밀어서 고르게 하는 원기둥 모양의 나무 방망이인 '평미레(←平+밀(다)+에)'가 변한 말이다. ¶ 모든 일은 평미리쳐야(공평하게 처리해야) 억울한 사람이 생기지 않는다.

평양 고조선의 중심지로 단군의 조선족이 역사상 최초에 자리 잡은 넓고 평평한 땅[平壤]의 이름. 곧 요하 유역 또는 요동 지역을 가리킨다. 평양(平壤)은 도읍을 뜻하는 고대의 보통명사로 순 우리말인 '벌나/부루나/부리나'를 이두식 한자로 맞옮긴 것이다. '벌∽부루/부리[平]+나[땅; 壤]'으로 분석된다. '벌, 부르/부리'는 평원(平原) 곧 넓은 벌판이다. <삼국사기>의 땅 이름을 보면 '壤(양)'을 '內(내), 奴(노)'라 하여 [나]가 땅을 뜻하는 말임을 알 수 있다. 평양의 어원적 의미는 '너른 땅(벌판)'이다.

고조선은 도읍을 '아사달'이라 불렀고, 건국할 때의 평양은 지금의 요령성 심양 근처로 추정된다. <삼국유사(단군고기)> '以唐高卽位五十年庚寅 都平壤城始稱朝鮮 又移都於白岳山阿斯達'이 보인다. 국력에 따라 백악산 아사달(현재 중국 하북성 부근), 장당경(요령성 부근)에서 다시 처음의 아사달(평양)로 천도하였다. 지금의 평양 땅은 후기 고조선의 중심지였다. 313년 미천왕은 한 군현을 내쫓아 평양을 고구려에 영속시켰고, 장수왕 때 도읍을 평양으로 옮겼다. 조선 태조는 평양에 있는 기자묘(箕子墓)에서 단군(檀君)을 함께 제사 지내도록 하였다. ☞ 벌판, 서울, 조선

포개다 여러 겹으로 덮다. 놓인 위에다 겹치어 놓다. 'ᄑᆞ[疊(첩)]+오(부사화 접사)'에 같은 뜻의 '가혀다(>개다[捲(권; 접다)])'가 합성된 말이다. 어근 'ᄑᆞ'는 중첩(重疊) 개념어로 '겹치어 싸다'를 의미한다.(ᄑᆞ+오+가혀다→포개다)

'포-배기다(자꾸 되풀이하다), 포-집다(거듭 집다. 그릇을 포개어 놓다)'와 같이 '포-'는 몇몇 동사 앞에 붙어 '거듭'을 뜻한다. 또한 '날-포, 달-포, 해-포'에서처럼 '어림잡아 얼마 동안'의 뜻을 나타낸다. ¶ 그릇을 포개어 놓다. 이불을 개다(접다).

포대기 어린아이를 덮거나 업는 데 쓰는 작은 이불. 강보(襁褓). '褓(보)+닿(다)+이(사동접사)+-기'로 분석된다. 포대기(<보로기)의 어원적 의미는 '보를 대는 것'이다. '누비-포대기, 요-포대기'로 쓰인다. <악학궤범(1493)>의 '裳俗稱 보로'에서 치마[裳(상)]을 뜻하는 말 '보로'는 포대기와 동근어다. ¶ 아기를 포대기로 싸서 안다.

푸념 마음속에 품은 불평을 길게 늘어놓음. 또는 그런 말. '푸념'은 '풀(다)[解(해)]+념(念; 생각)'에서 /ㄹ/이 탈락한 어형이다. 원래는 굿을 할 때 무당이 신의 뜻을 받아 옮기어 정성을 들이는 사람에게 꾸지람을 늘어놓는 것을 일컫던 말이다. 푸념과 유사한 의미를 지닌 말에 '푸너리(넋을 풀다)'가 있다. '푸너리-장단'은 각 굿거리의 첫머리에 쓰이는 무악(巫樂) 장단의 하나다. ¶ 푸념을 늘어놓다. 자신의 불우한 처지를 푸념하다.

푸닥거리 무당이 간단하게 음식을 차려 놓고 잡귀를 풀어먹이는 굿. 18세기 <청구영언>에 '푸닥거리'가 나온다. '푸닥거리'는 '풀+닦+거리'로 분석된다. 분리(分離) 개념의 '가르다' 계(系) 파생어 '풀다[解 · 放 · 說]'와 '닦다(<닥ㄱ다[修(수)])' 그리고 '감, 재료 · 행위'를 의미하는 '거리'가 합성되어 '풀어 버리지 않으면 안 될 어떤 죄과(罪科)를 푸는 일'을 뜻한다. '거리'는 '일거리, 골칫거리' 등에 쓰여 일의 소재를 나타낸다. 푸닥거리는 무당이 가슴속에 맺힌 한을 풀어주는 의식이다.

푸대접 아무렇게나 하는 대접. 냉대(冷待). '풀[草(초)]'과 '대접(待接)'의 합성어다. 고기반찬으로 후하게 대접하는 것에 반대되는 푸성귀(풀) 위주로 대접하는 것을 '푸대접(<푸ᄃᆡ졉)'이라 한다. '푸서리(잡풀이 무성한 거친 땅), 푸성귀(나물), 풋내기'에서 접두어 '푸'는 풀[草]에서 /ㄹ/이 탈락한 꼴이다. 결국 '푸대접'은 남새 위주의 음식으로 대수롭지 않게 대접한다는 뜻이다. ¶ 타향 사람이라고 푸대접해서는 결코 안 된다.

푸르다 하늘빛, 초록빛과 같은 빛. 중세어형은 '프르다'다. <삼국사기>에 '綠驍縣本高句麗伏力川縣'이 보인다. '프르-'는 고구려말에 '伏力[綠(록)]'이라 기록되어 현대어와 발음이 유사함을 알 수 있다. '푸르다'는 '플[草(초)]'과 동근어로 근세에 와서 원순모음화한 말이다.(플+으+다→프르다>푸르다)

푸른빛을 碧(벽), 綠(록), 청(靑)으로 나타내며 풀빛 형용을 '푸릇푸릇'이라 한다. 중세어에서 '프르다[靑]'와 'ᄑᆞᄅᆞ다[碧]'를 대체적으로 구별해서 썼으나 푸름의 정도나 종류를 나타낼 뿐 본래는 동근어다. '푸릇푸릇하다'에서 '푸릇'은 '비리다→비릿하다, 누르다→누릇누릇하다'와 같이 푸르다의 어간 '푸르-'에 접미사 'ㅅ'이 결합된 어형이다. ¶ 푸른 하늘 푸른 산.

푸만하다 배가 불러 조금 거북스러운 느낌이 있다. 한자어 '포만(飽滿; 넘치도록 가득함)'이 변한 말이다. ¶ 물을 많이 마셨더니 속이 푸만하다. 푸만한 배를

ㅍ

주체를 못하는 듯이 깔고 엎드려 씨근씨근하였다.

푸새 산과 들에 저절로 나서 자라는 풀을 통틀어 이르는 말. '풀+새[草(초; 풀)]'로 분석된다.(플+새→프새>푸새) 푸새는 풀[草(초)]을 뜻하는 말끼리 겹쳐진 것이다. '푸새김치, 푸새다듬(김매기), 푸새밭(풀밭, 채소밭)'으로 쓰인다. 동음이의어 '푸새'는 세탁이 끝난 옷에 풀[糊(호)]을 먹이는 것을 뜻하는 말이다. ¶ 비록 푸새엣 것인들 그 뉘 땅에 났느냐.

푸서리 잡풀이 무성한 거친 땅. 중세어형은 '프ᅀᅥ리'다. '플+서리'로 분석된다. '플(>풀[草])'은 '꼴(풀)'의 형태로 보아 '곶(>꽃[花])'과 동원어일 가능성이 있다.(곧>골>꼴/풀) 어린 것과 새 것을 뜻하는 퉁구스어 hul(훌)에서 왔다는 설도 있다.(훌->프르>플>풀) '서리'는 사이[間(간)]의 옛 표기 'ᄉᆞᆺ>ᄉᆞᅀᅵ'가 변천한 꼴이다. '푸서리'의 본래 의미는 '풀의 사이'였는데, '잡초가 우거진 황야(荒野)'의 뜻으로 바뀌었다.(플+서리→프ᅀᅥ리>프어리/푸서리) ¶ 좀 높은 데 있는 푸서리를 '버덩'이라고 한다.

푸성귀 사람이 가꾸어 기르거나 저절로 난 온갖 나무들을 통틀어 일컫는 말. 중세어형은 '프ᅀᅥᆼ귀'다. '플+-엉귀'로 분석된다. 접미사 '-엉귀(-어귀)'는 '잎-사귀'의 접사와 같이 '작은 것'을 뜻한다. 사투리에 '푸시기, 푸성개, 푸성거리' 등이 있다.(플+엉귀→프ᅀᅥᆼ귀>프엉귀/푸성귀)

이보다 후대의 '푸ᄉᆡ'는 '풀+ᄉᆡ→푸ᄉᆡ>푸새'로 어형이 변하였다. 15세기 문헌 <두시언해초간>에 'ᄒᆞᆫ 새지비로소니(一草堂)'가 나온다. '새(<ᄉᆡ)'는 '새밭(억새가 우거진 곳); 억새, 곱새(용마름)'처럼 풀[草(초)]을 뜻한다. 요컨대 '푸성귀'는 물론 먹을 수 있는 풀이나 연한 나뭇잎을 두루 일컫는 말이다. [푸성귀는 떡잎부터 알고 사람은 어렸을 때부터 안다] 장래 희망이 있는 자는 어렸을 적부터 알아본다는 말. ¶ 푸성귀를 다듬다. 밥상에는 온통 푸성귀 반찬뿐이다.

푸주 소나 돼지 따위 짐승을 잡아서 그 고기를 파는 가게. 고깃간. 푸주는 원래 음식을 만드는 부엌을 뜻하는 한자 庖廚(포듀>포쥬/푸쥬>포주/푸주) 또는 鋪子(푸ᄌᆞ; 가게/廛)가 '푸주'로 발음이 바뀌면서 '고깃간'으로 뜻이 변한 말이다. ◇ 푸주에 들어가는 소 걸음 – 벌벌 떨며 무서워하는 모양을 형용하는 말.

푸지위 지난날 명령했던 일을 뒤에 취소하고 중지시키던 일. '풀(다)[解(해)]+知委(지위; 글이나 말로 명령을 내려서 알림)'으로 분석된다. 푸지위의 어원적 의미는 '명령한 것을 풀음'이다. ◇ 지위(를) 주다 – 명령을 내려 그대로 따라 하게 하다.

푼돈 많지 않은 몇 푼의 돈. = 돈전 · 푼전(分錢). ↔ 모갯돈 · 떼돈. '푼돈'은 '푼[分]+돈'으로 분석된다. '푼'은 옛날 엽전의 가장 작은 단위다. 부사 '푼푼-이'는 '한 푼씩 한 푼씩'을, '푼-어치'는 '푼돈으로 계산할 만한 물건'을 이르는 말이다. ¶ 돈푼깨나 있는 모양이다.(낭비하는 사람을 조롱할 때)

풀무 숯불 따위에 바람을 불어 넣는 대장간 도구. = 풍구. 중세어형은 '불무'다. '불다[吹(취)]'에서 파생한 말이다. '불(다)+음→부름>붊>불무/풀무'로 어형 변화를 이루어 쓰이다가 거센소리되기 현상[강화]에 의하여 '풀무'가 되었다. 경남 사투리 '불미'는 '붊[冶(야)]'의 주격형(붊+ㅣ)이 단독형으로 굳어진 것이다. 15세기의 원형(原形) '붊'은 곡용(曲用)할 때 /ㄱ/이 삽입되어 '붊기, 붊글'과 같이 어형이 바뀐다. 풀무의 어원적 의미는 '바람을 불어 일으키는 것'이다.

풀보기 혼인한 며칠 뒤에 새색시가 간단한 예장(禮裝)으로 시부모를 뵙는 예식 또는 그 일. '풀(다)[解(해)]+보(다)[見(견)]+-기'로 분석된다. 어원적 의미는 혼례복을 벗고 가벼운 옷차림으로 어른을 뵙는 일이다.

품셈 어떤 물체를 인력이나 기계로 만드는 데 드는, 단위당 노력과 능률 및 재료를 수량이나 값으로 계산하는 일. '품+세(다)+ㅁ'으로 분석된다. 어원적 의미는 '품을 헤아림'이다. '품셈-표(表)'는 품셈의 기준을 만들어 놓은 표를 이르는 말이다. ¶ 품셈을 하다. ☞ 품앗이, 세다[1]

품앗이 힘드는 일을 서로 거들어 품을 지고 갚고 하는 일. 품앗이는 '품앗다(←품+앗다)'란 동사에서 전성된 명사다. 원래 내포(內包)개념어 '품'은 '품-다[懷(회)], 품-속, 품-자리; 살-품'에서와 같이 '두 팔을 벌린 가슴의 안쪽'을 가리킨다. 전의되어 사람이 어떤 일을 하기 위하여 힘을 들이거나 몸을 움직이는 노동력 · 수고[勞苦(노고)]의 뜻으로 쓰인다.

합성어에 '품-갚음, 품-삯, 품-셈, 품-팔이; 다리-품(길을 걷는 수고), 발-품(걸어 다니는 수고)' 등이 있다. '앗다[奪 · 持]'는 후대에 '쌔다[拔(발)]'와 합성되어 '빼앗다'로 의미가 강조된 말이다. '품앗이'의 어원적 의미는 '남의 품을 빼앗는 일'이다. 의미가 확대되어 '농촌의 협업 공동체'를 뜻한다. ¶ 품앗이로 이웃집의 모내기를 하다.

풋내 새로 나온 푸성귀 · 풋나물 따위에서 나는 풀냄새. 익숙하지 못하거나 어린 모양을 비유한다. 18세기 <역어유해보>의 표기도 '풋내'다. 풋내는 '풀+ㅅ+내

ㅍ

(냄새)'로 이루어졌다. '풋'은 풀[草(초)]과 같은 '성질이 많은 곧 채 익지 않거나 여물지 않은 상태'를 뜻하는 접두사다. 그 뜻이 추상화되어 '풋-낯(겨우 아는 사이), 풋-사랑, 풋-바둑, 풋-솜씨, 풋-인사, 풋잠'에서는 '어떤 분야에 익숙하지 않은. 겨우'를 나타낸다. ¶ 향긋한 풋내. 아직 풋내 나는 애송이. 풋내 나는 소리 그만 두어라. ☞ 냄새

풋내기 경험이 없어서 일에 서투른 사람을 얕잡아 이르는 말. 햇병아리. 풋내기는 '풀+ㅅ+나[出]/내[臭]+기→풋나기/풋내기'로 '이제 갓 돋은 풀 곧 새싹'을 의미하는데, 비유하여 '경험이 없고 젊은 사람'을 나타낸다. 미숙(未熟)한 상태를 뜻하는 '픗->풋-'은 '플>풀[草]'에서 /ㄹ/이 떨어져나가고, 체언과 결합할 때 사이시옷이 붙은 접두사다. 파생어에 '풋고추, 풋과일, 풋나물' 등이 있다. '-내기(나[出]+기)'는 접사로 굳어져 '새-내기, 뜨-내기, 신출-내기, 보통-내기, 푼-내기(푼돈내기)'에 쓰인다. ¶ 풋내기 실력을 발휘하다.

풋풋하다 풋내와 같이 싱그럽다. 생기가 있다. 어근 '풋'은 풀[草(초)]이다. 풋풋하다의 어원적 의미는 '싱싱한 풀처럼 향기롭다'다. ¶ 풋풋한 국화 향기. 풋풋한 사랑. 풋풋한 정을 나누다.

풍뎅이 풍뎅잇과의 곤충. 몸의 길이는 2cm 정도며 둥글넓적하다. 18세기 문헌 <동문유해>에 '풍덩이(蜣蜋; 쇠똥구리)'가 나온다. '풍+덩이(덩어리; 몸체)'로 분석된다.(풍덩이>풍뎅이) '풍'은 '날아갈 때 내는 소리 또는 핑그르르 도는 모양'으로 보인다.

피 동물체의 몸 안을 돌며 영양물과 산소를 공급하는 구실을 하는 붉은빛의 액체. 선지(피). 중세어형도 같다. '선지피'는 피[血(혈)]를 뜻하는 말끼리 중복된 것이다. '선(鮮)'은 신선하고 깨끗하다는 뜻의 수식어이고, '피'와 '지'는 이음동의어다. 만주어 seŋgi[血]와 몽골어 čisun[혈액]은 우리말 '지', 일본어 či와 일치한다. 피[pi]는 고대 일본어 ti와 대응된다.(p-:t-)

피와 합성된 말에 '핏기(피의 빛깔), 핏대(큰 핏줄), 핏덩이, 피땀(<피ᄯᆞᆷ), 피똥(<피ᄯᅩᆼ), 피붙이(가까운 혈족. 살붙이)' 등이 있다. 옛날부터 '피'는 신성한 제물로 쓰였고 생명을 상징한다. ◇ 피도 눈물도 없다 - 매우 비정하고 냉혹하다. ¶ 청춘의 가슴에는 피(혈기)가 끓는다.

피리 속이 빈 대나무에 구멍을 뚫고 불어서 소리를 내는 것의 총칭. 악기의 명칭인 '저'는 한자어 笛(적)이 '뎌ㅎ'를 거쳐 변한 말이고, 피리는 '觱篥(필률)'의

ㅍ

중국어 발음 [삐릐]가 변한 귀화어다. 중세어형도 오늘날과 같다.

피리는 만드는 재료에 따라 '풀피리, 보리피리, 버들피리'라고 한다. 삼한 시대 고분에서 흙으로 구워 만든 피리[壎(훈)]가 발굴되어 역사가 오래 되었음을 알 수 있다. 피리는 영화, 번영을 상징하고 애상(哀傷)이나 이별의 한(恨)을 표상하는 악기다. ◇ 피리를 불다 - 뒷전에서 부추기어 조종하다.

핑계 내키지 아니하는 사태를 피하거나 사실을 감추려고 방패막이가 되는 다른 일을 내세움. 잘못한 일에 대하여 이리저리 돌려 말하는 구차한 변명. 우리말 '핑계'는 한자어 '憑藉(빙자)'의 중국 발음인 [핑지에]에서 온 말이다. 현대 중국어는 凭借[píngjié]이다.(憑藉→凭借[핑지에]>핑계) 한자어 '빙자(憑藉)'는 '남의 힘을 빌려서 의지함'의 뜻으로 쓰인다. [핑계 없는 무덤이 없다] 무슨 일에라도 반드시 둘러댈 핑계가 있음을 이르는 말. ¶ 핑계를 삼다. 자꾸 핑계만 대다. 범인은 혼인 빙자 간음 혐의로 구속되었다.

ㅍ

ㅎ

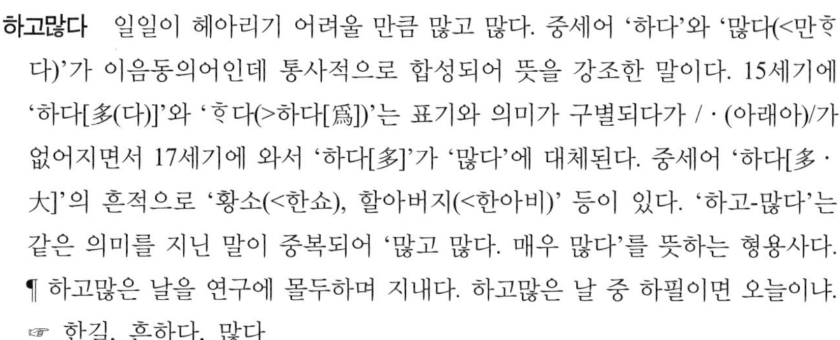

하고많다 일일이 헤아리기 어려울 만큼 많고 많다. 중세어 '하다'와 '많다(<만ᄒᆞ다)'가 이음동의어인데 통사적으로 합성되어 뜻을 강조한 말이다. 15세기에 '하다[多(다)]'와 'ᄒᆞ다(>하다[爲])'는 표기와 의미가 구별되다가 /ㆍ(아래아)/가 없어지면서 17세기에 와서 '하다[多]'가 '많다'에 대체된다. 중세어 '하다[多 · 大]'의 흔적으로 '황소(<한쇼), 할아버지(<한아비)' 등이 있다. '하고-많다'는 같은 의미를 지닌 말이 중복되어 '많고 많다. 매우 많다'를 뜻하는 형용사다. ¶ 하고많은 날을 연구에 몰두하며 지내다. 하고많은 날 중 하필이면 오늘이냐. ☞ 한길, 흔하다, 많다

하나 사물의 수를 세는 수(數)의 처음. 일(一). 유일(唯一). 전체. '하나'를 <삼국유사(제망매가)>에 향찰로 '*ᄒᆞᄃᆞᆫ(一等隱)'이라 표기하였다. <계림유사>에서도 一日河屯(일왈하둔)이라 하여 중세 전기까지는 *hətən으로 쓰였다. 우리말 'ᄒᆞ나ㅎ' 곧 河屯을 동국정운식 한자음에 따라 [gadon]으로 읽어 '가르다' 계(系)의 우리말 kət-(같다;如)과 함께 퉁구스어 kaltala-(가르다;分), 만주어 gakta(單物)와 동근어로 보인다. 일본어 kata[한쪽]와 대응형이다.

또한 하나[一]는 '*곧-'으로 소급된다. <삼국사기>에 直寧縣本一直縣이라 적고 있어 直寧을 [고ᄃᆞᆯ]로 읽힌 것이 그 증거다. '*곧'은 만주어 godo-[直], 몽골어 golč[直]와 대응한다.

'*ᄒᆞᄋᆞᆫ'이 줄어든 어형 *ᄒᆞᆮ[hət]은 'ᄒᆞᄃᆞᆫ'의 근원형이며, 오늘날 '홑[單]/홀[獨]'로 바뀌어 '홑이불, 홑바지; 홀어머니, 홀아버지' 등으로 쓰이고 있다. 한편 'ᄒᆞᆫ[一]'은 곡식의 낟알을 가리키는 '낟'과 결합하여 특별한 것이 아니고 '다만'을 뜻하는 'ᄒᆞᆫ/ᄒᆞ나+낟[粒 · 穀 · 個]→한낟'으로 어형 변화되었다. ◇ 하나부터 열까지 - 있는 것 모두. 처음부터 끝까지. ¶ 단 하나뿐인 친구. 우리는 모두 하나다.

하느님 우주를 창조하고 주재한다고 믿어지는 초자연적인 절대자. 종교적 신앙의

대상. 이 말은 중세 국어 문헌 이후에 나타난다. 개신교에서는 유일신(唯一神)이라는 뜻에서 ‘하나님’이라고 한다. 15세기 표기라면 ‘*ᄒᆞ나님’이었을 것이다. 그러나 본래는 ‘하ᄂᆞᆯ님[天帝(천제)]’이다. ‘하ᄂᆞᆯ[天]+님(접미사)’에서 /ㄹ/이 탈락하여 ‘하느님’이 되었다. ☞ 하늘

하느라지 입안의 천장을 뜻하는 평안북도 사투리. 황해도 사투리는 ‘입하눌, 입하늘’이다. ‘하느라지’를 16세기 <분문온역이해방>에 ‘하ᄂᆞᆯ 우희’라 하였다. 입천장을 둥근 하늘에 비유한 말이 ‘하느라지’다. 하느라지는 하늘(<하ᄂᆞᆯ)에 작은 것을 의미하는 접사 ‘-아지[小]’의 결합으로 이루어져 작은 하늘 곧 ‘입천장’을 가리킨다. ☞ 하늘

하늘 땅 위에 높이 펼쳐져 있는 공간. <계림유사>에 天曰漢捺(천왈한날), <조선관역어>에는 天 哈嫩二이라 하였다. 중세어형은 ‘하ᄂᆞᆯㅎ, 하ᄂᆞᆯ’이다. 하늘은 ‘하-+ㄴ+ᄋᆞᆯ→하ᄂᆞᆯ’로 분석된다. ‘한’은 ‘하다[大; 크다]’의 관형사형이고 ‘ᄋᆞᆯ[日]’은 태양(太陽)이다. 하늘을 ‘한+ᄇᆞᆯ(ᄇᆞᆰ; 光明, 國土)→*한ᄇᆞᆯ>한울/한ᄋᆞᆯ>하늘’의 형성 과정을 거쳤다는 설과 ‘한+알ㅎ(核 · 精 원형상징어)’곧 큰 원[大圓]으로 보기도 한다. 결국 하늘은 전개적(展開的)이고 넓은 천원(天圓)이란 뜻이다. <삼국유사>의 단군 신화에서 ‘환인(桓因)’은 ‘하늘, 하느님’과 일치하는 말이다.

우리 선인들은 ‘하늘’을 종교적 · 도덕적인 면에서 절대적 존재로 인식하였다. 유교에서 하늘은 ‘천명(天命) 사상’으로 정의된다. ◇ 하늘만 쳐다보다 - 아무런 대책을 세우지 않고 멍하게 있다. [하늘에 침 뱉기] 남을 해치려다 도리어 자기가 당함을 비유하는 말. ¶ 하늘은 높고 푸르다. 하늘은 스스로 돕는 자를 돕는다.

하늬바람 서쪽에서 부는 바람. 북서풍의 뱃사람 말. 서풍(西風)이나 북서풍(北西風)을 중국에서는 천풍(天風)이라고 한다. 이를 ‘ᄒᆞᄂᆡᆺᄇᆞᄅᆞᆷ’으로 번역(두시언해 초간)하여 쓰다가 ‘하늬바람’으로 어형이 변하였다. ‘하늬’의 어원은 ‘하ᄂᆞᆯ’이다. ‘하늬’는 ‘하(다)+ㄴ+의’로 분석되며 ‘큰’을 뜻하는 말이다. 점차 뜻이 분화되어 서(西)쪽을 의미하는 말이 되었다. 하늬바람을 ‘높하늬바람’이라고도 한다. ☞ 바람

하루 아침에 날이 새어서부터 저녁 어두워질 때까지의 동안. 중세어형은 ‘ᄒᆞᆯ~ᄒᆞᄅᆞ’다. <계림유사>에 一日日河屯이라 하여 현대어와 소리에 있어 별 차이 없음을 알 수 있다. 하루는 한 날[日] 곧 一日의 뜻으로 ‘ᄒᆞᄃᆞᆫ+ᄂᆞᆯ[日]’로 분석된다. ‘ᄂᆞᆯ’이 ‘ᄋᆞᆯ’로 바뀌어 ‘ᄒᆞᄃᆞᆫ+ᄋᆞᆯ’의 꼴이 다시 ‘ᄒᆞᆫ+ᄋᆞᆯ→*ᄒᆞᄅᆞᆯ>ᄒᆞᄅᆞ>ᄒᆞ로>하루’

로 변하였다. '이틀, 사흘, 나흘, 열흘'도 같은 어형 변화 과정을 거쳤다. 'ᄒᆞᄅᆞ'는 '홀[獨(독)], ᄒᆞ릅(한 살 된 짐승)'과 동근어다.

'하루살이(<ᄒᆞᄅᆞ사리)'는 하루살잇과의 곤충 이름이며, 비유하여 생활이나 목숨의 덧없음을 이른다. ◇ 하루가 멀다 - 때를 가리지 아니하고 거의 매일 같이. [하루 물림이 열흘 간다] 그날 일은 그날 해야 함을 이르는 말. ☞ 하나

하룻강아지 태어난 지 오래지 않은 강아지. '경험이 적어 일에 서투른 사람'을 얕잡아 이르는 말. 형태를 분석하면 '하릅+개+-아지'다. '하릅'은 개 · 말 · 소 따위 가축의 한 살 됨을 이르는 말이다. 그런데 '하릅'이 '하루'로 잘못 인식되면서 하룻강아지로 형태가 바뀌었다. '하룻망아지'도 형태와 의미가 같다. [하룻강아지 범 무서운 줄 모른다] '멋모르고 겁 없이 덤빔'을 비유하여 이르는 말.

하리 남을 헐뜯어 윗사람에게 일러바침. 중세어형도 '하 · 리'다. 중세어 '할 · 다[誹謗(비방; 헐뜯다)]'의 어근에 접사 '-이'가 결합된 말이다. '할 · 다'는 ':헐 · 다[破(파; 깨뜨리다. 일을 망치다)]'의 모음교체형이다. '하리-들다'는 되어 가는 일의 중간에 방해가 된다는 뜻이다. '하리놀다, 하리쟁이, 하리질/하다'가 있다. ¶ 친구를 하리하다. 다 된 일이 하리들어 틀어지다.

하릴없다 어찌할 도리가 없다. 조금도 틀림이 없다. '하(다)+ㄹ+일+없(다)+다'로 분석된다. 어원적 의미는 '할 일이 없다'다. ¶ 하릴없이 먼 산만 쳐다보다. 꾸중을 들어도 하릴없는 일이다.

하마터면 자칫 잘못하였더라면. ≒ 까딱하면. 위험한 상황을 겨우 벗어난 경우에 다행으로 생각함을 나타내는 말. [+ -ㄹ 뻔하다] 본딧말은 '하마하더면'이다. 하마터면은 '하마+하(다)+더(회상시제선어말어미)+면(종속적 연결어미)'이다.(하마하더면→하나트면/하마터면)

'ᄒᆞ마(>하마)'는 '이미 · 벌써. 장차 · 곧'을 뜻하던 옛말이다. 현대어 '하마하마'는 '어떤 기회를 마음 조이며 기다리는 모양'을 나타내는 부사다. 하마터면의 어원적 의미는 '이미 그렇게 하였더라면'이다. ¶ 하마터면 큰일 날 뻔하였다. 시험 결과를 하마하마 기다리다.

하여금 체언에 조사 '로 · 으로'가 붙은 말에 이어, '시키어', '하게 하여'의 뜻을 나타내는 말. 중세어형은 'ᄒᆡ여곰'이다. 'ᄒᆞ(다)[爲(위)]+이(사동접사)+어+곰(강세 접사)'으로 분석된다.(ᄒᆞ여곰>하여금[使]) ¶ 그로 하여금 일을 대신하게 하다.

하염없다 이렇다 할 만한 아무 생각도 없이 그저 멍하다. 공허하여 끝맺을 데가

ㅎ

없이 아득하다. 중세어형은 'ᄒᆞ욤없다[無爲(무위)]'다. 옛말 'ᄒᆞ욤'은 동사인 'ᄒᆞ다[爲(위)]'가 명사형으로 된 말인데 '하염'으로 변하고 '없다'와 결합하여 '하염없다'가 되었다. '하염없다'의 어원적 의미는 '하는/할 일이 없다'다. 지금은 추상화하여 '아무 생각이 없다'는 뜻을 나타낸다.(ᄒᆞ욤없다>하염없다) ¶ 하염없이 눈물을 흘리다. 내 하염없이 가노라.

하잘것없다 시시하여 할 만한 것이 못되다. 대수롭지 아니하다. '(어떤 일을) 하자고 할 것이 없다'의 준말. '하(다)[爲]+자(의도형어미)+ㄹ(관형사형어미)+것+없다'로 형태 분석된다. '보잘것없다'도 볼 만한 값어치가 없다. 하찮다. 못 생기다의 뜻으로 낱말 형성 구조가 같다. ¶ 하잘것없는 일에 시간을 빼앗기다. 제목은 그럴싸하나 내용은 보잘것없다.

하찮다 그다지 훌륭하지 아니하다. '하찮다'는 '하치않다' 곧 '하[多 · 大]+하지 않다'가 줄어진 말이다. 어원적 의미는 '크지 않다. 많지 않다'인데, 오늘날 '대수롭지 않다'는 뜻으로 쓰인다. ¶ 하찮게 여기다. 하찮은 일로 다투다. ☞ 한길, 괜찮다

하품 졸리거나 고단하거나 따분할 때 저절로 입이 벌어지면서 나오는 깊은 호흡. 중세어형은 '하외욤[欠(흠)]'이다. 하품은 입을 크게 벌리는 소리 '하하'에 '외다(그르다. 멀리하다)'의 명사형이 결합된 말로 보인다.(하+외(다)+옴→하외욤>하회옴>하픠옴/하픠움>하품) ¶ 하품이 나오다.

한가위 음력으로 8월 보름[秋夕(추석)]. 중추절. '하(다)[大]+ㄴ+가위'로 분석된다. '가위'는 가운데[中]의 뜻으로 중세어형 'ᄀᆞᄫᆞᆫᄃᆡ(<갑+ᄋᆞᆫ+ᄃᆡ[장소])'가 변한 꼴이다. 반(半)을 뜻하는 '가웃(되-가웃, 말-가웃)'과 동근어다. '한가위/가위'는 팔월 추석, 한 달의 절반 곧 큰 보름을 뜻한다.(ᄀᆞᆸ[中央]+ᄋᆡ→ᄀᆞᄫᆡ>가외>가위) <삼국사기>에 '八月十五日…… 謂之嘉俳(가배)'라 하였다. '한가위'는 오래 전부터 내려온 민속 명절이다. ☞ 가운데

한갓 다른 것 없이 오로지. 다만. 단지. [+부정어]. 중세어형은 'ᄒᆞᆫ갓'이다. 이는 'ᄒᆞᆫ[一(일; 하나)]+갓[것; 物]'으로 분석된다. 어원적 의미는 '하나의 것'이다. '한갓-되다(겨우 하찮은 것밖에 안 되다), 한갓-지다(한가하고 조용하다)'로 쓰인다. ¶ 그것은 한갓 뜬소문에 지나지 않는다. 이번 일은 한갓 금전만을 위한 것은 아니었다.

한결같이 처음부터 끝까지 똑같이. 중세어형은 'ᄒᆞᆫᄀᆞᆯᄋᆞ티'다. 'ᄒᆞᆫ[一(일)]+ᄀᆞᆯ'과

'ᄀᆞᆮᄒᆞ다[如(여)]'의 부사형 'ᄀᆞ티'가 결합하면서 /ㄱ/이 묵음화 되었다가 다시 복원되어, 'ᄒᆞᆫ+ᄀᆞᆯ[가ᄅᆞ/결(갈래)]+ᄀᆞᇀ+이→ᄒᆞᆫᄀᆞᆯᄋᆞ티/ᄒᆞᆫᄀᆞᆯᄀᆞ티(ᄆᆡ오로시)>ᄒᆞᆫ결ᄀᆞ치>한결같이'로 어형이 변천 되었다. '한결같이'의 어원적 의미는 '한 갈래 같이 처음이나 끝이나 변함없이 꼭 같게'다. '한결'은 '전에 비하여 한층 더'를 뜻하는 부사다. ¶ 그는 만인이 한결같이 우러러보는 위인이다. 해가 지자 한결 선선해졌다. ☞ 같다, 결

한글 우리나라 고유의 문자인 훈민정음(訓民正音; 백성을 가르치는 바른 소리)을 달리 이르는 말. 우리말 연구 보급에 큰 업적을 남긴 주시경 선생은 조선어(朝鮮語)라는 명칭을 쓰신 분이지만 처음으로 우리 글자의 이름을 '한글'이라고 하였다. 1913년에 보이기 시작하여 널리 쓰이게 된 시기는 1927년 창간된 <한글> 잡지에서부터다. '한'은 하나[一], 큰[大] · 한(韓) 또는 바른[正(정)]으로 한글은 '훌륭한 우리말을 적는 글자'라는 뜻이다.

한편, '한글'에서 '글'의 의미가 문자(文字)가 아니라 문장(文章)이어서 부적절하다는 지적과 함께 최남선이 처음으로 사용한 '배달말'을 써야 한다는 주장도 있다. 한글의 문자체계를 해설한 <훈민정음 해례본>은 1997년 10월 유네스코 세계기록유산으로 등재되었으며, 우리나라 국보 70호다. ¶ 10월 9일은 한글날이다. ☞ 키[1], 글

한길 사람이 많이 다니는 큰 길. 길[路 · 道]에 접두사 '한[大]'이 결합된 말로 대로(大路)를 뜻한다. '한'은 백제 땅이름 표기로 보아 *ga>*ha-를 추정할 수 있으며, 관직 이름 居西干, 麻立干에서 干(간)은 곧 '큰[大]'을 의미한다.(ᄀᆞᆫ>한[尊長 · 王]) <계림유사>에 大曰黑根[hək-kən]이라 하였는데 이는 [한]으로 풀이된다. 같은 책에 多曰釁何支(다왈흔하지)는 [흔하기]로 읽힌다.

중세어 '크다'와 '하다'는 大(대) · 多(다)의 뜻으로 쓰여 크기와 분량의 많음을 나타내었다. 크다[大]를 의미하는 접두사 '한'이 붙은 말에 '한-가운데, 한-동안, 한-바탕(크게 벌어진 한판), 한-비(큰비, 장마), 한-숨, 한-쇼(황소), 한-새(황새), 한-아비(할아버지)' 등이 있다. ☞ 길

한데 사방과 하늘을 가리지 않은 곳. 집체의 바깥. 노천(露天). 중세어형은 '한ᄃᆡ'다. '寒(한; 차다)+ᄃᆡ(←ᄃᆞ+이)'로 분석된다.(한ᄃᆡ>한데) '한'은 '밖'의 뜻으로 노천(露天)을 뜻한다. '한:데'의 어원적 의미는 '차가운 곳'이다. '한데아궁이, 한데우물, 한뎃뒷간, 한뎃부엌, 한뎃솥, 한뎃잠; 한둔(한데에서 밤을 지냄)' 등으

로 쓰인다. 동음이의어 ‘한데(<ᄒᆞᆫᄃᆡ←ᄒᆞᆫ+ᄃᆞ+ᄋᆡ)’는 ‘한 곳에. 함께’를 뜻하는 다른 말이다. ¶ 한데 잠을 자면 몸이 상한다.

한사코 한결같이 고집을 세워. 죽기로 기를 쓰고. ≒ 기어코. 기필코. 반드시. 꼭. ‘限死(한사)+하(다)+고’로 분석된다.(한사하고→한사코) 한사(限死)는 ‘죽음을 각오함. 열심히 함’을 뜻한다. ¶ 한사코 우기다. 한사코 거절하다.

한숨 한 번의 호흡. (근심이나 설움이 생길 때) 길게 몰아서 내쉬는 숨. 중세어형은 ‘한숨, 한숨’이다. 한숨은 ‘한[大 · 太]+숨[息(식)]’으로 분석된다. ‘숨’은 살다[生(생)]를 원형으로 하는 동사 ‘(숨을) 수다/쉬다’의 어근에 명사형 어미 ‘-(으)ㅁ’이 결합된 말로 호흡(呼吸)을 뜻한다. ¶ 속이 몹시 상하여 한숨이 저절로 나오다.

한참 시간이 상당히 지나는 동안. 역참(驛站)과 역참 사이의 거리가 멀어 오래 걸린다는 뜻이다. 어원적 의미는 ‘두 역참 사이의 거리’다.(ᄒᆞᆫ+站→한참) 어떤 일이 가장 활기 있고 왕성하게 일어나는 때를 뜻하는 ‘한창’은 ‘한참’과 의미가 다른 말이다. ¶ 그와 나는 한참 만에 만났다.

한층 일정한 정도에서 한 단계 더. ‘ᄒᆞᆫ[一(일)]+層(층)’으로 분석된다. 어원적 의미는 ‘한 계단’이다. 의미가 확장되어 ‘더 높이, 더 많이’의 뜻으로 쓰인다. 여기에 뜻을 더한 말이 ‘더-한층’이다. ¶ 한층 목소리를 낮추다. 생활이 한층 풍족해지다. ☞ 하나

한테 ‘~에게’의 뜻으로 구어체에 쓰이는 조사. = 더러. ‘ᄒᆞ나ㅎ[一]+ᄃᆡ[處所(처소)]’로 이루어졌다. 원래는 ‘하나의 장소. 같은 곳’을 뜻하던 말인데 허사(虛辭)화 되어 조사가 되었다. ‘한테’가 나타난 것은 20세기 초엽이다.(ᄒᆞᆫ+ᄃᆡ→ᄒᆞᆫᄃᆡ>한테) ¶ 너한테 이것을 주마. ☞ 그대

할미꽃 미나리아재빗과의 여러해살이풀. 노고초(老姑草). 백두옹(白頭翁). 할미꽃(<할미ᄭᅩᆾ)은 꽃의 줄기가 꼬부랑 할머니 모습 같다고 해서 붙여진 이름으로 19세기 말에 처음 나타난 말이다. 이보다 훨씬 앞선 시기인 17, 18세기 문헌에 할미꽃을 ‘할ᄆᆡ십가비(>할미씨깨비)’와 ‘할미밋’이라 하였다. 여기서 ‘십(가비)나 밋(가비)’은 암컷의 생식기를 일컫는 말이다. 할미꽃은 이와 같이 꽃이 지고 열매가 익으면 열매의 흰털이 할머니 머리처럼 희다는 데에서 연상한 이름으로 보인다.

할아버지 아버지의 아버지. 부모의 아버지와 같은 항렬의 남자를 두루 일컫는

말. <계림유사>에 '舅曰漢丫秘, 姑曰漢丫彌'가 나온다. 중세어형은 '하나비'다. 할아버지는 '한[大]+아비'의 조어로 '하다[大]'의 관형사형 '한'이 활음조 현상에 의해 '할'로 변하였다. 할머니도 '한+엄[母]+엇[親]+니'로 분석되며 '크다'는 뜻의 '한'에 '어머니'가 결합하여 이루어진 말이다. 할머니의 중세어형 '할미/할미'는 오늘날 사투리 '할미, 할'로 남아 있다. 할아버지의 경상도 사투리는 '할배'다.(하+ㄴ+아비→하나비>할아비>할아버지)

넛-할아버지는 '아버지의 외숙(外叔), 넛-할머니는 아버지의 외숙모를 가리킨다. 늙은 여자를 낮잡아 이르는 '할망구'는 '할+망구(望九)'로 분석되며, 어원적 의미는 '90세를 바라보는 나이의 할머니'다. 제두도 사투리는 '하루방'이다. ☞ 아버지, 어머니

할쑥하다 얼굴이 핏기가 없고 야위다. <큰> 헐쑥하다. '하얗다. 희다'에 숙(淑; 맑다)이 결합된 말이다. 어원적 의미는 '희고 맑다'다. ¶ 얼굴이 할쑥하다. ☞ 희다, 말쑥하다

할짝할짝 혀끝으로 자꾸 가볍게 핥는 모양. '핥(다)+작(접사)'으로 분석된다. '바짝[←밭(다)+작], 긁적[←긁(다)+적], 뜯적[←뜯(다)+적]'과 같은 짜임으로 된 말이다. '할짝거리다/대다, 할짝할짝 · 할쭉할쭉' 등으로 쓰인다. ¶ 강아지가 먹이통을 할짝할짝 핥는다. ☞ 혀

할퀴다 손톱 따위로 긁어서 생채기를 내다. 휩쓸거나 스쳐 지나다. '할퀴다'는 갈퀴로 긁어 모으다를 뜻하는 동사 '갈퀴다'와 동원어다. 이 두 낱말 간의 어두음이 'ㄱ->ㅎ-'으로 바뀌면서 '긁다'는 의미가 세분되었다.(긁다→갈퀴다/할퀴다) ¶ 얼굴을 할퀴다. 수마(水魔)가 할퀴고 간 자리는 자갈만 뒹굴고 있다. ☞ 갈퀴

핥다 → '혀' 참조

함께 같이, 더불어, 동시에. '함께'는 'ᄒᆞ나ㅎ[一]+ᄣᅢ[時(시)]+ㅣ'로 분석된다. '하나'의 15세기 수관형사 'ᄒᆞᆫ'과 시간을 뜻하는 'ᄣᅢ'가 어울려 이루어진 말이다. 'ᄒᆞ나ㅎ>ᄒᆞᆫ>ᄒᆞᆷ'으로 어형이 변하여 'ᄒᆞᆫᄣᅢ의>ᄒᆞᆫᄢᅴ>ᄒᆞᆷ끠>함께'로 되었다. 오늘날 식사(食事)의 뜻으로 쓰이는 '끼, 끼니'는 시간을 나타내는 'ᄣᅢ'가 어형 변화된 말이다. 한편 몽골어 hamto(함께)에서 ham은 중복 개념을 나타내는데 공교롭게도 우리말 '한/함'과 일치한다. '더군다나'를 뜻하는 접속부사 '하물며(<ᄒᆞᄆᆞᆯ며)'의 어근 'ᄒᆞᆷ'도 동근어로 보인다. ¶ 함께 더불어 사는 삶의 공동체 건설 ☞ 끼니

ㅎ

함박꽃 목련과의 낙엽 교목에 핀 꽃. '함박'과 '꽃'이 합성된 말이다. <향약채취월령(1431)>에 '芍藥 鄕名 大朴花(대박화)'라 하였다. 함박은 '한[크다;大]'과 '박(바가지)'으로 분석된다. '큰 바가지(함지박)'란 뜻이다.

'함박'이 붙은 말에 '함박-눈, 함박-송이, 함박-웃음, 함박-조개' 등이 있다. 함박꽃을 작약(芍藥)이라 한다.(하+ㄴ+박+꽃→함박꽃) [함박 시키면 바가지 시키고 바가지 시키면 쪽박 시킨다] 윗사람이 아랫사람에게 일을 시키면 그 사람은 또 그 아랫사람에게 시킨다는 말. ☞ 꽃

함부로 생각 없이 되는 대로 마구. 어른 앞에서 버릇없이. 중세어형은 'ᄒᆞᆫ · 보로'다. 'ᄒᆞᆫ[一(일)]+보로'로 1차 분석된다. '보로'는 '부러(일부러; 거짓으로)'와 같은 말이다.(홈부루/함부루>함부로) 함부로의 어원적 의미는 '일부러 한꺼번에'다. '함부로-덤부로'는 힘줌말이다. ¶ 좀 친해졌다고 함부로 굴다. ☞ 일부러

핫옷 → '솜' 참조

항아리 아래위가 좁고 배가 몹시 부른 질그릇의 한 가지. 16세기 <훈몽자회>의 어형도 '항아리[罎 (담)]'다. 항아리는 한자 缸(항아리 항)에 '-아리'가 결합된 말이다. '-아리/-어리'는 '작고 둥근 것'의 뜻으로 '꽈리, 똬리, 병아리, 종아리, 주둥아리, 이파리(←잎+아리)' 등을 파생시킨 접미사다. ¶ 항아리에 물을 가득 채우다.

해 태양계의 중심을 이룬 높은 열과 빛을 내는 항성. 중세어형은 'ᄒᆡ'다. <조선관역어>에 日 害[*해]로 기록되어 있다. '해(<ᄒᆡ)'는 '년(年), 태양, 날[日], 낮, 살(나이)' 등과 동근 파생어다. 해[태양, 白]의 만주어, 퉁구스어는 šun, šiun 이며, 만주어 sanyan[희다]은 우리말과 대응한다. '해'는 어말어미 '-다'와 결합하여 형용사 '희다[白]'를 파생시켰다.

음운 변천과 사투리 및 중세어 자료를 볼 때 '힘[力]>심, 새벽, 새별, 새다[曙(서)]' 등과 같이 첫소리에 [s]음을 가지고 있어 'ᄒᆡ'의 기원형이 '싀(셰)'로 추정된다. 지금도 백설기(떡이름)에서 '설-'과 '날이 새다, 머리가 세다(하얗다), 눈이 시다(부시다)'고 할 때의 '싀'계의 분포는 해와 더불어 태양을 중심으로 하는 의미의 유연성을 보여 주는 예이다. 해는 '밝은 것, 광명(光明)'을 뜻한다. ◇ 해가 서쪽에서 뜨다 - 절대로 있을 수 없는 일. 또는 사물이 뒤바뀜의 비유.

해감 물에서 썩어 생기는, 냄새나는 검은 찌끼. 물속에 가라앉은 흙의 앙금. '海(해)+감(다)[黑(흑)]'으로 분석할 수 있다. '해감-내(물이나 음식물에서 나는

해감의 냄새), 해감-하다(해감을 뱉어내게 하다)' 등으로 쓰인다. '감탕(곤죽같이 된 진흙), 감흙(금이 섞인 흙)'에서 '감'은 같은 말이다. 해감의 어원적 의미는 '바다의 검은 것'이다. ¶ 조개의 해감을 빼다.

해돋이 해가 돋음. 또는 해가 돋는 일. = 일출(日出). 해뜨기. ↔ 해넘이. 중세어형은 'ᄒᆡ도디'다. '해(<ᄒᆡ)+돋(다)+이'로 분석된다. '돋다(<ᄃᆞᆮ다)'는 팽창 개념어로 '나오다. 솟다'와 같은 뜻을 갖는다. ¶ 해돋이를 기다리다. ☞ 해

해동갑 어떤 일을 '해가 질 때까지 계속함'을 이르는 말. '해[日(일)]+同甲(동갑)'으로 분석된다. '동갑'은 '같은 나이'를 뜻하는 말이다. 해동갑의 어원적 의미는 '해가 떠 있을 때'다. ¶ 두 사람이 해동갑을 해도 벅찬 일이다.

해바라기 국화과의 한해살이풀. 여름에 노란색의 둥글고 큰 꽃이 핌. 근대 국어 문헌에 'ᄒᆡᄇᆞ라기'로 표기되었다. 'ᄒᆡ[태양]'와 'ᄇᆞ라(다)[望(망)]+기(명사형어미)/바라기[傍(방)]'로 분석된다. '바라기'는 '곁따르다, 의지하다'를 뜻하는 중세어 '발다'의 파생어다.

해바라기는 태양을 따라 목운동을 하고 '해를 바라보는 꽃'으로 잘못 인식한 데서 붙여졌다는 설도 있다. 해바라기를 중국에서는 향일화(向日花), 영어로는 sunflower(해와 같은 꽃)라 한다. 사투리 '해자바리'를 '해+ᄌᆞᄫᆞᆯ[睡(수)]+이'로 분석하면 '해가 잠을 자는 것' 정도로 볼 수 있다. 태양신의 상징인 해바라기는 장수, 숭배, 열애, 영광의 의미를 지닌 말이다. 씨는 기름을 짜서 식용으로 쓰이고, 한방에서는 줄기 속을 이뇨, 진해, 지혈의 효능이 있다고 하여 약재로 이용한다.

해설피 해가 져 빛이 약해질 무렵에. '해[日(일)]+설핏(하다)'으로 분석된다. '설핏하다'는 '해가 져서 밝은 빛이 약하다'를 뜻하는 말이다. ¶ 가을 해가 설핏 기울어지다. 얼룩백이 황소가 해설피 금빛 게으른 울음을 우는 곳. <정지용-향수>

해어지다 옷이나 신 따위가 닳아서 구멍이 나거나 나달나달하다. 닳아 떨어지다. <준>해지다. 중세어형은 'ᄒᆡ여디다(>해여디다)'다. 'ᄒᆡ(다)+어+디(다)+-다'로 분석된다. 어근 'ᄒᆡ(다)'는 오래되어 낡아지다를 뜻하는 '헐다[毁(훼)]'의 전대 표기다. ¶ 신발이 해어지다.

해오라기 해오라깃과의 텃새. 백로(白鷺). 옛말은 '하야로비, 해야로비, ᄒᆡ오라비, ᄒᆡ오리, ᄒᆡ오라기'로 표기가 다양하다. <계림유사>에 鷺曰漢賽(노왈한새)라

하여 '하얀새, 흰새'와 비슷한 발음이었을 것으로 짐작된다. 흰오리[白鷺(백로)]인 'ᄒᆡ오라비'를 15세기 <두시언해초간>에서는 '하야로비'라고 하였는데 '하야[ᄒᆡ; 白]+올[鷺(로)]+아비(아기)'로 분석된다. '올'은 '오리(<올히[鴨(압)])'의 중세 어형이다. ☞ 희다

해웃값 기생, 창기 따위와 관계를 가지고 술좌석에서 그 대가로 치르는 돈. = 해웃돈 · 화대(花代). '解憂(해우)+ㅅ+값'으로 분석된다. 해우(解憂)는 '근심 · 걱정을 푼다'는 뜻이다. 결국 '해웃값'은 욕구 충족을 하는 대가의 뜻을 갖는 말이다. 절간에서 화장실을 '근심을 푸는 장소' 곧 '해우소(解憂所)'라고 한다. ☞ 값

해자 공으로 한턱을 잘 먹는 일. 한자 解座(해좌)에서 온 말이다. 해좌는 지난날 서울 각 관아의 서리(胥吏) · 하례(下隷)가 새로 임명되었을 때, 사람들에게 한턱을 내는 일을 뜻한다.(해좌>해자) '해자하다'는 '잘 얻어먹다'를 의미하는 동사다.

해장국 쇠뼈를 곤 국물에 된장을 풀어 넣고, 콩나물 · 무 · 파 등을 넣어 끓인 토장국. 몸에 남은 술기운을 풀기 위하여 먹는 국. '해정(解酲)+국'으로 분석되며, 해정(解酲)은 술 취한 것을 풀어준다는 뜻이다.(ᄒᆡ졍국>해장국) '해장술; 북어해장국, 콩나물해장국, 선지해장국' 등으로 쓰인다.

해코지 남을 해치고자 하는 짓. '害(해; 해치다)+코지(갈고리)'로 분석된다. '코지'는 '말-코지'에서 유추된 것으로 보인다. '말-코지'는 물건을 걸어 두기 위하여 벽 따위에 달아 놓는 나무 갈고리를 뜻하는 말이다. 어원적 의미는 '해치는 고리(구실)'이다. ¶ 불량 청년들의 해코지는 어른도 겁낸다. 남을 해코지해서는 죄를 받는다.

해포 한 해가 조금 넘는 동안. '해(<ᄒᆡ[年])+포'로 분석되는 데 '포'는 'ᄑᆞ[疊(첩)]+오(부사화 접사)'로 형성된 말이다. '날포(하루 이상이 겹쳐진 동안), 달포'에서처럼 해 · 달 · 날에 접미하여 '어림잡아 얼마 동안'의 뜻을 나타낸다. '해포-이웃'은 오랫동안 지내는 이웃을 뜻한다. ☞ 해, 포개다

햇무리 해의 둘레에 구름처럼 하얗게 나타나는 기운. <훈몽자회>에 'ᄒᆡᆺ모로'로 나온다. 'ᄒᆡ+ㅅ+모로[暈(운) · 暉(휘)]'로 분석된다. 둥근 것을 의미하는 '모로'는 달무리(<ᄃᆞᆯ모로)에서의 '무리'와 같이 원형어(圓形語)에 속한다. 또한 '모로(>무리[衆(중)])'는 집적(集積) 개념어 '몯다(<모으다)'의 어근이 변한 것으로 보인

다. 동의어 '히ㅅ귀엣골'은 태양의 둘레를 감싸고 있는 고리 모양을 형상화한 말이다. [햇무리 달무리가 생기면 비가 온다] 기상(氣象)에 관한 속담. ☞ 해

햇발 사방으로 뻗친 햇살. '해'에 접미사 '-발'이 붙어 형성된 파생어다. '-발'은 '빗-발, 눈-발, 핏-발, 서릿-발' 등과 같이 '죽죽 내리거나 내뻗치는 줄[線(선)]'을 가리킨다. '발[脚(각; 다리)], 발[簾(렴)], 발[丈(장)], 팔[臂(비)]'과 동근어다.(히+ㅅ+발→힛발>햇발) 해가 처음 솟을 때의 빛을 뜻하는 '햇귀'와 부챗살처럼 퍼져서 내쏘는 '햇살'은 '햇발'과 같은 뜻이다. '햇발'은 햇빛이 구름 사이로 화살처럼 쏟아지는 것을 뜻한다. ¶ 돌담에 속삭이는 햇발같이.

행주치마 부엌일을 할 때 옷을 더럽히지 않기 위해 덧입는 짧은 앞치마. 16세기 <사성통해(1517)>의 표기는 '힝ᄌᆞ쵸마[호건(扁巾)]'다. 그릇 따위를 깨끗하게 씻거나 훔치는데 쓰는 헝겊을 뜻하는 '행주'에 '치마(<쵸마/츄마[裳(상)])'가 합성된 말이다. 경기 북부 사투리에 치마를 '쵸마'라 하여 옛말의 흔적을 보여준다.

한편, 행주산성 싸움(1593)에서 부녀자들이 앞치마에 돌을 담아 나른 데서 유래했다는 견해는 낱말의 형태나 의미에 역사적 유연성(有緣性)을 부여한 것으로 본래 어원과는 거리가 먼 민간 어원설(民間語源說)이다.

허드레 그다지 중요하지 아니하고 허름하여 함부로 쓸 수 있는 물건. '허(虛)+돌(다)[廻]+애/에(접사)'로 분석되며, 어원적 의미는 '겉도는 것. 헛것(별로 중요하지 않은 것)'이다.(허+돌+/애에→허도래>허드레) '허드레-꾼, 허드렛-물, 허드레-옷, 허드렛-일' 들로 쓰인다. ¶ 허드레로 입는 옷. 허드레로 쓰는 방. 최 씨는 자질구레한 허드렛일도 마다하지 않는다.

허름하다 값이 좀 싼 듯하다. 좀 모자라거나 헌 듯하다. '헐-'은 '헐다(낡다, 해지다)'의 어근이다. 전대의 표기는 '허룸ᄒᆞ다'다.(헐+움→허름) '허술하다(낡아 빠져서 너절하다. 치밀하지 못하다)'도 동근어다. ¶ 허름한 값으로 사다. 허름한 옷차림.

허리 사람의 갈빗대 아래로부터 골반 위쪽의 잘록한 부분이나 물체의 가운데 부분. 중세어형도 '허리'다. 허리를 만주어로 dara, 몽골어 nuru, 위글어 bal이라 하고, 고대 일본어는 koshi다. 우리말 [ㅎ]음은 [k], [d]와 한 통음소이므로 이들과 관련이 있다. 규격이 맞지 않아 따로따로 놀 정도로 느슨한 상태를 '헐겁다, 헐렁하다', 살이 빠져서 몹시 여윈 상태를 '헐쭉하다'라고 한다. 이는 '허리'에서 파생한 말이다.

허리에 두르는 띠를 '허리띠', 허리에 둘러차고 다니는 바가지를 '허리박', 양쪽 갈비 아래의 잘록한 부분을 '허구리(옆구리<녑구레)'라고 한다. '허리춤'은 바지 · 치마 등의 허리와 살이나 속옷과의 사이를 뜻한다. '말허리'는 '하고 있는 말의 중간'을 이른다. ◇ 허리가 휘다 - 힘에 겹다. ◇ 허리띠를 졸라매다 - 긴장이나 각오를 새롭게 하거나 배고픔을 참는다. [허리춤에서 뱀 집어 던지듯] 다시는 돌아보지 않을 듯이 내버림을 비유하는 말.

허물 살갗의 꺼풀. 매미나 뱀 따위가 벗는 껍질. 현대어에서 꺼풀이나 껍질을 뜻하는 '허물'을 15세기 문헌 <구급방언해>에 '허울', <용비어천가>에는 '허믈'이라고 하였다. 잘못, 실수, 과실(過失)을 뜻하는 '허물(<허믈[過 · 罪])'과 껍질을 의미하는 '허물'은 동음이의어다. 중세어 '허믈[過 · 欠 · 痕]'은 검다[黑(흑)]의 어근 '검-'과 같은 어근형 '험-'에 어형확대 기능을 하는 접사 '-을'이 붙은 어형이다.(험+을→허믈/험을>허물) '허물-없다(친숙하다)/없이, 허물하다'로 쓰인다. '헌데가 생기다'를 뜻하는 '허물다[毁(훼)<헐믓다]'는 '허물[外皮(외피)]'이 동사로 파생한 것이다. ◇ 허물을 벗다 - 살갗의 꺼풀이 벗어지다. 죄명이나 누명 등을 벗다. ¶ 그와 나는 허물없는 사이이다. ☞ 허울

허수아비 막대기와 짚 등으로 사람 모양을 만들어 새를 쫓기 위하여 논밭에 세우는 물건. 실권(實權)이 없는 사람을 비유. 18세기 문헌 <십구사략언해>에 '헛사룸'이 나온다. <역어유해보>에서는 허수아비를 '정의아비[草人(초인)]'라고 하였다. 허수아비는 '헛+우(조음소)+아비[父]'로 분석된다. 공허(空虛) 개념어 '헛'은 '겉[表(표)]'에서 어두음이 교체된 어형으로 '헛것(空;속이 빈). 거짓. 소용이 없는'을 뜻하는 접두사이다. '헛-일, 헛-수고, 헛-소리, 허-깨비, 헛-돌다, 헛-되다' 등의 파생어를 형성하였다. '아비'는 아버지의 낮춤말이다. 허수아비는 '허술하게 만들어 놓은 사람'이란 뜻이다. ¶ 허수아비 정권/ 사장.

허우대 겉모양이 보기 좋은 큰 몸집. '허우대'는 '허울(겉모양)'과 '대(줄기)'로 분석된다. /ㄹ/이 탈락한 말이다.(허울+대→허우대) ¶ 허우대는 멀쩡한 녀석이 제 밥벌이도 못한다. ☞ 허울

허울 실속이 없는 겉모양. 겉치레. 겉모습을 뜻하는 '허울'은 어두음 /ㅎ/이 /ㄱ/음과 통음소로 중세어 '거플[皮(피)]'과 형태 · 의미상 관계 있는 말이다. 형용사인 '허울-좋다'는 실속이 없이 겉으로 보기에만 번지르르하다를 뜻한다. [허울 좋은 하눌타리] 겉모양만 번드르르하고 속은 보잘것없는 사람이나 물건을 비유

하여 이르는 말. ¶ 허울은 그럴 듯하다. 허울 좋은 말만 지껄이다. ☞ 허물

허튼- 명사 앞에 쓰이어, '헤프게 하는. 함부로 하는. 쓸데없는. 되지 못한'의 뜻을 나타내는 말. '흐트러지다[←흩다]'의 옛말인 '헡다/허틀다'의 관형사형이다.(헡+은→허튼) 어원적 의미는 '흐트러진'이다. '허튼걸음, 허튼말, 허튼사람, 허튼수작, 허튼일' 등으로 쓰인다. 부사 '허투루(대수롭지 않게. 아무렇게나)'도 동근어다. ¶ 허튼 생각하지 말고 하던 일을 마무리하다.

헌데 살갗에 상처 난 자리. 부스럼. 부스럼이 난 곳. 중세어형은 '헌ᄃᆡ'다. 이는 '헐(다)[毁(훼)]+ㄴ+ᄃᆡ(←ᄃᆞ+ㅣ)'로 분석된다. 헌데의 어원적 의미는 '헐은 곳'이다. ¶ 헌데를 긁으면 상처가 덧난다.

헐겁다 끼울 물건보다 끼일 자리가 좀 크다. ≒ 크다. 느슨하다. <작>할갑다. 헐겁다는 '헐렁하다(매우 헐겁다)'의 어근에 형용사화접사 '-겁다/-ㅂ다'가 결합된 말이다. ¶ 신발이 헐거워서 자꾸 벗겨진다.

헐뜯다 남의 흉을 잡아내어 말하다. 18세기 문헌 <송강가사>에 '헐쓰다'가 나온다. 남의 나쁜 점을 들추어 말하다를 뜻하는 동사 '헐다(<할 · 다[誹謗(비방)]'의 어근에 동다 '뜯다[摘(적; 따다. 떼어 내다)]'가 결합된 말이다. ¶ 자리에 없는 사람을 헐뜯어 봐야 자기 욕하는 것과 진배없다. ☞ 하리

헝겊 피륙의 조각. 중세어형은 '헌것'이다. 천의 조각을 나타내는 헝겊은 원래 새 것이 아닌 '헌 것'이란 뜻이다. '헌것>헝것(헝겁)>헝겊'으로 어형이 변하였다. '헝겊'에서 '헝'은 '헐다[故(고; 낡다)]'의 어근이, '겊'은 '것(물체)'이 변한 꼴이다.

접두사 '헌-(낡은)'은 '헐다'의 어간이 관형사로 전성되어 '헌-옷, 헌-책, 헌-신짝'과 같이 쓰인다. 헝겊이란 본래 '헌 조각'이란 뜻인데, 지금은 새 천에서 잘라낸 조각도 함께 일컫는다.

헤아리다 수량을 세다. 미루어 짐작하거나 살피어 분간하다. '혜다[算(산)]+가리다[分別(분별)]'로 분석된다. '헤아리다'는 원래 '계산하여 가리다'의 뜻이었는데, 計算(계산)→思量(사량)/分別(분별)→理解(이해)로 전의(轉義)되어 추상 개념화한 말이다. 중세어 '혜다'는 가르다[分]의 어근 '갈-'에서 어두음 /ㄱ/이 /ㅎ/으로 변한 어형이다. '혜다'와 '가리다'가 합성되면서 'ㅣ'모음 아래에서 /ㄱ/이 탈락하고 단모음화 하여 '헤아리다'로 되었다.(혜+가리다→혜아리다>헤아리다) ¶ 그의 심정은 헤아리고도 남음이 있다. ☞ 덧셈, 혜엄

헤어지다 → **'헤엄'** 참조

헤엄 물속에서 몸을 뜨게 하고 손발을 놀리어 다니는 짓. 수영(水泳). 16세기 표기는 '헤욤/헤윰'이다. 헤엄은 동사 '헤다, 헤왇다(>헤치다)'의 어근 '헤-'에 중세어에서의 명사형어미 '-옴/-움'이 결합된 말이다.

헤엄치다의 어근 '헤'는 가르다[分 · 別]에서 파생된 말(*kol->hVi-)로 '헤집다(흩다), 헤치다, 헤어나다(헤쳐 벗어나다), 헤어지다/헤지다(이별하다), 헤매다, 헤프다, 헷갈리다'와 동근어다. 헤엄의 어원적 의미는 '물살을 가르다'다. 수영할 때 물살을 헤치고 앞으로 나가는 몸동작이 '헤엄'이다.(헤염~헤영~헤옴~헤욤~헤움~헤윰~헤음>헤엄) [헤엄 잘 치는 놈 물에 빠져 죽고, 나무에 잘 오르는 놈 나무에서 떨어져 죽는다] 아무리 능숙한 기술이나 재주가 있어도 한 번 실수는 있다는 말.

헹가래 여러 사람이 한 사람의 네 활개를 번쩍 들어 올렸다 내렸다 하여 축하하는 일. 가래로 흙을 파기 전, 빈 가래로 손을 맞춰보는 것. 1차 분석은 '헹+가래'다. 소설 <흥부전>에 '허영가릭'가 보인다. '헹'은 헛[虛]의 변이음이나 허영(虛榮)으로 볼 수 있는 형태소다.

'가르다[分岐(분기)]'에서 형성된 명사 '가래'는 흙을 파헤치거나 떠서 던지는 농기구고, '가래-질'은 그런 행위를 뜻하는 말이다. 헹가래의 어원적 의미는 '헛가래질' 곧 일과 상관없는 허영에 빠진 가래질이다. ¶ 헹가래를 치다. ☞ 가래

혀 동물의 입 안 아래쪽에 붙어 있는 부드러운 살덩이. 음식물을 씹거나 소리를 고르는 데 매우 중요한 역할을 하며, 음식물이나 다른 물질이 닿으면 그 맛을 알게 되는 기관이다. <계림유사>에 舌曰蝎(갈)이라 하였다. 蝎의 동국정운식 한자음이 '헗ㄷ'이고, 한글 창제 후에는 혀[舌(설)]로 쓰고 있다. '혀'는 여러 언어를 보아도 혀의 기능과 관련된 동작 사이에 밀접한 관계가 있음을 알 수 있다. 라틴어 lingua는 혀와 언어를 뜻하며, 중세 몽골어 kele(n)도 '혀, 말하다'의 뜻을 지닌다. 이렇게 볼 때, 중세어 'ᄀᆞᄅᆞ샤ᄃᆡ[曰(왈; 말하다)]'의 어근 'ᄀᆞᆯ-'은 고려말 蝎(갈)과 연결된 것으로 추정된다. '핥다'의 15세기 표기 'ᄒᆞᆲ다'의 어근 'ᄒᆞᆲ'이 혀[舌]와 동원어다.(할~헐>혈>혀)

중세어 ':할 · 다[訴(소; 하소연하다)]'의 어근 '할'도 혀의 뜻이며 말[話]과 관계가 있다. 사투리인 '헤대기, 세(바닥), 세대기'는 '혀'가 구개음화되어 '세'로

ㅎ

변한 것이다. <삼국사기>에 '西林郡本百濟舌林郡'에서 舌(설)을 西(서)라고 하였는 바, '세'는 만주어 se-[言]와 대응되는 말로 보인다. ◇ 혀를 내두르다 - 매우 놀라 말을 못 하는 모양을 이르는 말. [혀 아래 도끼 들었다] 제가 한 말 때문에 죽을 수도 있으니, 말을 항상 조심하라는 뜻.

호락질 남의 힘을 빌리지 않고 가족끼리 농사를 짓는 일. '홀[獨(독) · 單(단)]+악(접사)+-질'로 분석된다. 호락질의 어원적 의미는 '홀로 하는 일'이다. ¶ 호락질에 허리가 휠 지경이다. 이날 식전에 점돌이는 주사 댁으로 일을 가고 박 첨지는 호락질로 논을 써렸다. ☞ 홀몸

호락호락 일이나 사람이 만만하여 다루기 쉬운 모양. 쉽게(쉽사리). 한자어 '忽略(홀략; 소홀히 다스림)'에서 온 말이다.(홀략>호락) ¶ 호락호락하지 않은 상대를 만나다. 내가 그렇게 호락호락 넘어갈 것 같으냐?

호랑이 → **'범'** 참조

호루라기 살구씨나 복숭아씨 양쪽에 구멍을 뚫어 속을 파내고 호각처럼 부는 것. 호각(號角)이나 우레[1] 따위를 통틀어 이르는 말. '호로로 · 호루루(호루라기를 불 때 나는 소리)+아기'로 분석된다.(호루루기>호루라기) ¶ 호루라기 소리가 길게 나다.

호미 김을 매는데 쓰는 농기구의 하나. 중세어형은 '호ᄆᆡ'다. 호미는 오목하고 길게 고랑처럼 팬 줄을 뜻하는 '홈'과 'ᄆᆡ다[除(제)]'의 어근이 합성된 말로 보인다. 원형 어근 kum(굼)-[穴(혈; 구멍)]이 어두음 'ㄱ>ㅎ'의 변화형으로 hom(홈)-이 되었다. '홈'이 합성된 말에 '홈-통, 홈-파다' 등이 있다. 그 다음 단계로 /ㅎ/음이 탈락된 형태가 '움-집, 움-막살이'에서의 '움'이다.(굼>홈>움)

호미는 '홈+ᄆᆡ→호ᄆᆡ>호미'로 어형이 변화되었고, 만주어 homin은 우리말이 건너간 것이다. 호미를 지역에 따라 '호망이'라고 한다. 제주도에서는 풀 베는 낫을 '호미'라 하고 정작 호미는 '골갱이'라 하는데, '골갱이(<ᄀᆞᆯ갱이)'는 'ᄀᆞᆰ다[刮(괄)]'와 동근 파생어다. 결국 호미는 '땅에 홈을 파는 것'이란 뜻이다. '호미-씻이'는 농가에서, 김매기를 끝낸 음력 칠월경에 날을 받아 하루를 쉬며 즐겁게 노는 민속 행사다. [호미로 막을 것을 가래로 막는다] 일이 작을 때에 처리하지 않다가 필경에는 큰 힘을 들이게 됨을 이르는 말.

호박 박과에 속하는 한해살이 덩굴성 초본 식물. 열매와 연한 잎은 식용으로 쓰인다. 호박은 '호+박'으로 분석된다. '호(胡)'는 '오랑캐'를 의미하고, '박(바가

지)'은 '둥근 물체'를 뜻한다. 중국에서 들여온 사물에 주로 접사 '호(胡)-'가 붙는데 '호-떡, 호-빵, 호-말, 호-밀, 호-추, 호-콩' 등이 있다.

호박은 '오랑캐 나라에서 들여온 박'이란 뜻에서 붙여진 이름이다. '청둥-호박'은 늙어서 겉이 단단하고 속의 씨가 잘 여문 호박을 이르는 말이다. ◇ 호박씨를 까다 - 몰래 나쁜 짓을 하다. ☞ 바가지

혼자 자기 한 몸. 단독으로. 홀로. 중세어형은 'ᄒᆞᄫᆞᅀᅡ'다. 혼자[獨(독)]의 어원은 '하나[一]'다. 하나의 고어형 '*ᄒᆞᄃᆞᆫ'에서 'ᄒᆞᆫ[單(단)]'이 'ᄒᆞᄫᆞᆫ/ᄒᆞᄫᆞᆯ'로 되고 다시 '혼'으로 변하였다. <계림유사>에 一日河屯[ᄒᆞᄃᆞᆫ]과 신라 가요(향가)인 <제망매가>에 一等隱 枝良 出古(ᄒᆞᄃᆞᆫ 갖애 나고)가 나온다.

'혼자'와 사투리 '혼차'에서 '-자/차'는 서열(序列)을 나타내는 옛말 '-자히~차히'가 변화된 것으로, 첫째, 둘째에서 '-째'와 어떤 상태가 계속된 대로 그냥을 뜻하는 의존명사 '채(벗은 채. 산 채로 잡다)'와 동원어다.(ᄒᆞᄫᆞᅀᅡ>ᄒᆞ오ᅀᅡ>ᄒᆞ오아>호자>혼자) 결국 '혼자'는 '하나'라는 뜻이다. ¶ 혼자 힘으로 그 어려운 일을 해내다. ☞ 하나

홀가분하다 가뿐하고 산뜻하다. 너저분하지 않다. 가뜬하다. '홀[獨(독)]'과 형용사 '가분하다(알맞게 가볍다)'가 합성된 말이다. '가분하다/가뿐하다'의 중세어형은 '가ᄇᆡ얍다'다. '거뜬하다, 가뜬하다, 가붓하다'와 동근어다. 가볍다[輕(경)]의 함경 사투리 '가갑다'는 '가ᄇᆡ얍다'의 선행형으로 보인다.(*갇븐~갇든->가갑다>가ᄇᆡ얍다>가볍다) '홀가분하다'의 어원적 의미는 '홀로 있어 마음이 가볍다'다. ¶ 복잡한 문제가 해결되니 홀가분하다. ☞ 가볍다

홀몸 배우자나 형제가 없는 사람. 독신(獨身). 중세어형은 'ᄒᆞ옷몸'이다. '홀몸'은 짝이 없이 하나뿐이라는 뜻의 접두사 '홀[獨(독)]'에 '몸[身(신)]'이 합성된 말이다. '홀/홑'은 어원이 하나[一]이고, '하루(<ᄒᆞᄅᆞ[一日])'와 동근어다. 홑[單(단)]의 중세어형은 'ᄒᆞ옺. ᄒᆞ올'이다. 경북 사투리 '호븟'은 중세어의 흔적으로 보인다.

접두사 '홀-(짝이 없는. 겹이 아닌)'이 결합된 말에 '홀로(외로이), 홀아비, 홀어미, 홑바지' 등이 있다. ¶ 바로 이분이 홀몸으로 다섯 남매를 기르신 장한 어머니이시다. ☞ 몸

홀태 배 속에 알이나 이리(수컷의 정액 덩어리)가 없어서 홀쭉한 생선. '좁게 된 물건'을 이르는 말. '훑/훑(다)+애(명사화접사)'로 분석된다. 어원적 의미는 '(붙어 있는 알갱이 따위를) 떼어낸 상태'다. '홀태-바지(통이 좁은 바지), 홀태-버

선, 홀태-부리, 홀태-소매' 등으로 쓰인다. 동음이의어 '홀태(=벼훑이); 홀태질(백성에 대한 수탈)/하다, 홀랑이질(되는 대로 마구 쑤시거나 훑는 짓)'도 동근어다. ¶ 요즘은 홀태바지가 유행이다.

홑지다 복잡하지 않고 단순하다. '홑+-지다'로 분석된다. 홑[單(단)]의 중세어형은 'ᄒᆞᅀᅩᆽ. ᄒᆞᅀᅩᆯ'이다.(ᄒᆞᄫᆞᆺ>ᄒᆞᅀᅩᆺ>홋>홑[單 · 獨]) 그 말밑은 하나[一]다. '홑'은 짝을 못 이루거나 겹이 아닌 것. 또는 일부 명사 앞에 붙어, '한 겹. 외톨'을 뜻한다. '홑꽃, 홑눈, 홑몸, 홑문장, 홑바지, 홑이불, 홑치마' 등으로 쓰인다. ☞ 홀로

화냥년 '서방질을 하는 여자'를 욕하여 이르는 말. 만주어 hayan[하얀]에서 온 말로 음탕한 계집을 뜻한다.(화냥+년) 17세기 <박통사언해>에 '화냥년'이 나온다. 화냥년은 병자호란(1636) 이후 청나라에 잡혀갔다 돌아온 부녀자를 이르는 말로 민족 수난의 역사를 보여주는 단면이다.

<역어유해>에는 노는계집을 화랑(花郎/娘)이라 적고 있다. '화랑'이 남자 무당의 뜻으로 변하면서 '화냥'이 되었다는 설이 있다. 웃음을 팔고 사내와 노는계집을 일러 '논다니(놀며 다니는 사람)'라고도 한다. '화냥기, 화냥질/하다'로 쓰인다. ◇ 화냥년 시집 다니듯 - 절개 없이 이리저리 붙음을 비유하여 이르는 말. ☞ 년

화수분 재물이 계속 나오는 보물단지. 중국 진시황 때 황하수(黃河水)를 채울 정도의 큰 물동이[河水盆(하수분)]에서 비롯된 말이다.(河水+盆→화수분) 재물이 자꾸 생겨서 아무리 써도 줄지 아니하는 현상이나 그렇게 돈을 잘 벌어오는 사람, 또는 수입을 늘려주는 가게나 기구를 일컫는 뜻으로 쓰인다. ◇ 화수분을 얻었나? - 재물을 탕진하는 사람을 탓하는 말. ◇ 화수분을 얻었다 - 큰 횡재를 하였다.

활 화살을 메워서 쏘는 수렵 도구. 궁(弓). <계림유사>에 弓曰活(활), 箭曰薩亦曰矢(살, 시) <조선관역어>에 弓 華二[활]이라 하였다. 중세어형도 같다. 만주-퉁구스어의 공통 어근 il- 과 xuli-는 활줄[弓弦(궁현)]을 뜻한다. 한국어 h-는 만주-퉁구스어의 x-와 대응한다. 따라서 우리말 '활'도 원래는 '줄'의 뜻이었다가 '줄→활줄→활'로 의미 변화한 것으로 보인다. '화살'은 '활+살[矢]'로 합성되면서 /ㄹ/이 탈락한 말이다. '살'은 '문살, 떡살; 햇살, 빛살' 등에 쓰인 형태소다. 활시위(<시울)는 활을 걸어서 켕기게 하는 줄이다.

고대 중국에서 우리나라를 '동이(東夷)'라고 하였다. 한자 夷를 파자(破字)하면 '弓'과 '大'이다. 이(夷)는 곧 '큰 활, 활을 잘 쏘는 나라'를 이르는 말이다. 고구려의 시조인 주몽은 그 이름이 '활을 잘 쏘는 사람'이란 뜻이다. ☞ 살[3]

활개 사람의 어깨에서 양쪽 팔까지 또는 궁둥이에서 양쪽 다리까지의 부분. 사지(四肢). 새의 두 날개. 중세어형도 '활개. 활기'다. '활개'는 의태부사 '활활'에 명사 파생접사 '-개'가 결합된 것으로 보인다. 이는 의미의 유사성에 따라 날개[翼(익)]에 유추된 것이 아닌가 한다. 합성어에 '활개-똥(세차게 누는 물똥), 활갯-짓, 활개-장마루(추녀마루), 활개-젓다, 활개-치다; 네-활개(넓게 벌린 팔다리)' 등이 있다. ◇ 활개를 펴다 - 남의 눈치를 살피지 않고 당당한 태도를 취하다.

황새 황샛과의 새. 백로와 비슷하나 더 크고 몸의 길이 1m 날개 길이 66cm가량임. '한[大]+새[鳥(조)]'로 분석된다. '한'은 중세어형 '하다[大 · 多]'의 어간에 관형사형 어미가 결합하여 관형사로 쓰이는 말이다. '새'와 합성되면서 음운 변화하여 '황'이 되었다. 이와 같은 예에 '헌+것→헝겊, 한+쇼→황소'가 있다.(한+새→환식/황식>황새) 황새의 어원적 의미는 '큰 새'다. [황새 조알 까먹는 것 같다] 명색만 그럴싸하지 실속이 없다는 말. 황새는 고유어 땅 이름에 '항새울[大鳥洞], 황새부리' 등으로 쓰인 말이다.

황소 큰 수소. 미련하거나 기운이 센 사람을 비유적으로 나타낸다. 중세어형은 '한쇼'다. '한[大]+쇼[牛]'로 분석된다. '황'은 크다[大]는 뜻이다. 몸집이 '큰 소'라는 원래의 뜻으로 '한쇼, 황소'라고 하였던 것이 '수소'의 뜻으로만 쓰이게 되었다.(한쇼>한소/황소) [황소 제 이불 뜯어 먹기] 우선 둘러대어 일을 해냈으나 알고 보니 자기 손해였다는 말. ¶ 기운이 황소 같다. 성질이 몹시 사나운 황소를 '찌러기'라고 한다. ☞ 소

횃불 홰에 켠 불. 거화(炬火). 중세어형은 '홰. 횃블'이다. '홰+ㅅ+블[火]'로 분석된다. 횃불은 '홰'가 단독으로 쓰이다가 '불'과 합성된 말이다. 원래 '홰'는 싸리 · 갈대 · 솜 등을 묶어 맨 '나무 막대'다. 이것에 불을 붙여 밤길을 밝히거나 제사 때 화톳불을 놓는 데 사용한다. 동음이의어 '홰'는 닭이나 새가 앉도록 하기 위해 매단 나무 막대를 가리킨다. 옷을 걸도록 방안 따위에 매단 막대는 '횃대'다.

횃불의 어원적 의미는 '홰에 켜 밝히는 불'이다. 옛날 통신 수단으로도 이용된 '횃불'은 의미가 추상화되어 선도적인 이념 또는 행동을 비유하기도 한다. ¶

농부들이 횃불을 밝히고 밤늦도록 추수를 하다. 닭이 홰를 치면 울어 대다. ☞ 불

회깟 소의 간이나 양 · 처녑 · 콩팥 따위 회를 만들 감(거리). 또는 그 감을 잘게 썰고 갖은 양념을 하여 버무린 회. '膾(회; 잘게 민 날고기)+갓(>것[物(물)])'으로 분석된다. 어원적 의미는 '회의 것(재료 · 감)'이다. ¶ 회깟은 소주 안주로 제격이다. ☞ 것

회두리 여럿 중에서 맨 끝. 맨 나중에 돌아오는 차례. <준> 회. ≒ 마지막. ↔ 처음. '회-+두르(다)[回(회)]+이'로 분석된다. 접두사 '회-'는 휘다[曲(곡)]에서 파생한 말이다. 회두리의 어원적 의미는 '한 차례 돌아온 것'이다. '회두리/회-판'은 '끝판. 맨 나중의 장면'을 뜻한다.

회술레 사람을 마구 끌고 다니며 부끄러움을 주는 일. 남의 비밀을 들추어내어 널리 퍼뜨림. '回(회; 돌다)+巡邏(순라)'로 분석된다. ¶ 회술레를 시키다.

회오리바람 자연 현상에 의해 나선(螺旋) 모양으로 도는 바람. = 용수바람. 선풍(旋風). 중세어형은 '회로리ᄇᆞ룸'이다. 격음간(隔音間)의 자음생략에 의해 /ㄹ/이 탈락한 '회오리바람(←회-+오르-+이+바람)'에서 '회-'는 원형어(圓形語) '굽다[曲(곡)]'와 동근어인 '휘다[彎曲(만곡)]'에서 파생된 말이다.(kup-[曲]+이(부사형성 접미사)>구비/휘-)

원형 표현어 '휘-감다, 휘-젓다, 휘-두르다'에서 '휘-'도 '휘다'와 동근어다. 회오리바람의 어원적 의미는 '휘돌아 오르는 바람'이다. 회오리바람을 지역에 따라 '소소리바람, 돌개바람'이라고도 한다. ◇ 회오리바람을 불러일으키다 - 갑자기 유행이나 새로운 분위기를 일으키다. ☞ 바람

회초리 어린아이를 벌줄 때나 마소를 부릴 때 쓰는 가느다란 나뭇가지. '회/휘'는 바람이 가늘고 긴 물건에 부딪치는 의성어나 '회-돌다, 휘-두르다'의 '휘/회-[回(회)]'로 보인다. 자립성이 없는 명사 '초리/추리(>꼬리)'와 결합하여 '회초리/휘추리(나무의 가늘고 긴 가지)'가 되었다. 오늘날 '회초리[얼(蘖)]'는 단일어로 쓰인다. ¶ 회초리로 종아리를 때리다. ☞ 눈초리, 휘다

후레자식 버릇이 없고 막되게 자란 자식. 후레아들. 작은말은 '호래자식'이다. '홀[單(단)]+에(관형격 조사)+자식(子息)'으로 분석된다. 원래의 뜻은 '홀의 자식'이다. 아버지가 없어 홀어머니 밑에서 자라 엄하게 키우지 못하여 버릇이 없는 아이라고 욕으로 이르는 말이다.

‘홀[單]’은 하나[一]와 동근어로 퉁구스어 kalta, 몽골어 qaltas와 대응된다.(*ᄒᆞᄃᆞᆫ>ᄒᆞ나/ᄒᆞᆫ~ᄒᆞ올>홀) ‘홀~홑’은 ‘홑-이불, 홑-옷; 홀-아비, 홀-어미’로 파생되어 ‘한 겹 또는 홀로[獨(독)]’의 뜻으로 쓰인다. ¶ 에끼, 후레자식 같으니라고.

후미지다 산길이나 물길 따위가 매우 깊이 굽어 들어가 있다. 자리가 매우 구석지고 으슥하다. ‘후미’는 굽어서 깊숙하게 들어간 곳을 이르는 말로 ‘홈(구멍)+이→*홈이>후미’로 분석된다. ¶ 밤중에 후미진 골목길 통행은 위험하다. ☞ 호미

후비다 가늘고 긴 물체를 좁은 구멍이나 틈 속에 넣고 돌리거나 긁어 파서 속에 있는 것이 밖으로 나오게 하다. ‘우비다’의 거센말이다. ‘우비다’는 원형어(圓形語) ‘욱-[凹(요)]’에서 파생된 ‘욱다. 우묵하다’와 같은 공허(空虛) 개념어다.(우븨다>우비다>후비다) 귀지를 파내는 ‘귀이개’는 ‘귀’와 ‘우비다’가 합성된 말이다. ¶ 코나 귓구멍을 후비다. ☞ 우묵하다, 귀이개

훔치다 남의 물건을 몰래 가지다. 물기나 때 따위가 묻은 것을 닦아 말끔하게 하다. ‘훔치다’는 16세기 문헌 <정속언해>의 ‘후리티다[劫奪(겁탈)]’가 ‘휘치다’로 변하면서 근대에 /ㅁ/이 덧붙은 말이다.(후리티다>후리치다>휘치다>훔치다)

남의 것을 갑자기 빼앗거나 가지다를 뜻하는 ‘후리다’, 남의 물건을 슬그머니 휘몰아서 제 것으로 가지다를 뜻하는 ‘후무리다’와 동근어다. ¶ 남의 물건을 훔치다. 손수건으로 눈물을 훔치다. 남의 재물을 후려 먹었다.

훤하다 조금 흐릿하게 밝다. 앞이 탁 트이어 넓고 시원스럽다. ‘훤하다(<훤ᄒᆞ다[明(명; 밝다)])’는 ‘훤+ᄒᆞ다’로 분석된다. 어근 ‘훤’은 ‘해(<ᄒᆡ[太陽])’에 어원을 둔 말이다. 형용사 ‘희다[白], 하얗다; 훤칠하다’와 동근어다. ¶ 날이 밝아 창밖이 훤하다. 시야가 훤하게 트였다. 앞일을 훤히 내다보다. ☞ 희다

휘갑 마름질한 옷감의 가장자리가 풀리지 아니하도록 꿰매는 일. 너더분한 일을 알맞게 잘 마무름. ‘휘-(접두사)+굽(다)[曲(곡)]/감(다)[捲(권)]’으로 분석된다. 휘갑의 어원적 의미는 ‘돌려 감은 것’이다.

‘휘갑-치다’는 ‘휘휘 돌려 꿰매다. 뒷일이 없도록 마감하다’를 뜻하는 동사다. ‘감-치다’는 옷감의 올이 풀리지 아니하도록 용수철 모양으로 감아 꿰매다를 뜻한다. ‘휘갑-뜨기, 휘갑-쇠(물건의 가장자리나 끝 부분을 휘갑쳐 싼 쇠), 휘갑-치기(옷감의 푸서가 풀리지 않도록 하는 바느질법), 휘갑-치다; 말-휘갑(이리저리 말을 잘 둘러서 맞추는 일)’ 등으로 쓰인다.

휘다 구부러지다. 휘어지다. 어근 ‘휘-’는 ‘굽다[曲(곡)]’의 어근 ‘kup(굽)-이 kuβ

ㅎ

->kuw+i>hwi(휘)-'로 변하여 만곡(彎曲)[旋 · 廻]을 뜻한다. '휘'는 만주어 hūrgi (휘두르다)와 대응하는 것으로 보인다. 15세기 문헌 <월인석보>에 '輪廻ᄂᆞᆫ 횟돌씨라'가 나온다.

접두사 '휘-, 휩-, 횟-'은 정도나 규모 따위가 매우 큼(휘둥그렇다), 휘휘 두르거나 감거나 돌림(휘감다. 휘돌다. 휘늘어지다. 휘묻이), 마구 · 온통(휘몰다. 휘젓다. 휘두르다; 휩쓸다. 휩싸다)의 뜻이다. '휘휘친친 · 회회찬찬'은 여러 번 단단히 둘러 감거나 감기는 모양을, '휘청휘청'은 가늘고 긴 물건이 휘어지며 느리게 자꾸 흔들리는 모양을 뜻하는 말이다. ¶ 눈 맞은 나뭇가지가 휘어져 축 늘어지다.

휘뚜루마뚜루 이것저것 가리지 않고 닥치는 대로 마구 해치는 모양. '휘+두르(다)[圍(위)]+우(부사화접사)+마(←막/마구)+두르(다)+우'로 분석된다. ¶ 휘뚜루마뚜루 할 수도 없고 난감하다. 아무데고 휘뚜루 쓸 수 있는 물건. ☞ 휘다

휘모리 판소리 및 산조(散調) 장단의 한 가지. 가장 빠른 속도를 처음부터 급히 휘몰아 가는 장단. '휘-+몰(다)+이(접사)'로 분석된다. '휘(<희)'는 일부 용언 앞에 붙어 '세게. 마구'의 뜻을 나타내는 접두사다. 동사 '몰다[驅(구)]'는 집단 개념어 '모으다'와 동근어다.(휘+몰+이→휘모리) 휘모리장단은 자진모리(←잦+은+몰+이)보다 더욱 빠른 장단으로 '휘몰아 가는' 연주 형태에서 비롯되었다. 가장 느린 장단은 '진양조'다. ☞ 몰다

휘파람 입술을 좁게 오므리어 그 사이로 내는 소리. 중세어형은 '됫ᄑᆞ람'이다. '되+ㅅ+ᄇᆞᄅᆞᆷ[風]'으로 분석된다. '되-'는 '돌다, 두르다'와 동근어로 '휘-돌다, 휘-두르다'에서 '휘-'와 같은 원형 어근이다.(돌-~휘-) '됫ᄑᆞᄅᆞᆷ'이 '휘파람'으로 변하는 과정에서 입으로 내는 거친 숨소리인 '휘휘'가 작용하였을 것으로 보인다. 휘파람의 어원적 의미는 '입안에서 바람을 돌리어 내는 소리'다. ◇ 휘파람을 불다 - 일이 잘되어 기분을 내다. ¶ 그는 기분이 좋아서 냅다 휘파람을 불어 댔다. ☞ 바람

휫손 남을 휘어잡아 잘 부리는 솜씨. 일을 잘 처리하는 솜씨. '휘(다)[曲(곡) · 回(회)]+(ㅅ)+손'으로 분석된다.(휘+손→휩손>휫손) 어원적 의미는 '휘두르는 손'이다. ¶ 사람을 부리는 휫손이 대단하다. ☞ 휘다, 손

흉터 상처가 아물고 남은 자국. '흉+터(자리 · 장소)'로 분석된다. <청구영언>에 'ᄂᆞᆷ의 흉보ᄂᆞᆫ 괴야'가 나온다. '흉'은 '헌데나 다친 곳의 아문 자리. 비난을 받을 만한 점(비웃음거리. 허물)'을 뜻하는 말이다. '흉-보다, 흉-잡다/잡히다,

흉-하다, 흉하적(남의 잘못을 초들어 말하는 짓), 흉-허물(흉이나 허물이 될 만한 일)' 등으로 쓰인다. 흉터의 어원적 의미는 '흉이 진 자리'다. ¶ 흉터가 남다. 얼굴에 흉이 지다. 공연히 시어머니를 흉잡고 난리다. ☞ 터

흐르다 물 따위가 낮은 곳으로 내려가다. 물의 흐름인 흐르다는 'ᄀᆞᄅᆞᆷ(강)'과 의미가 일치한다. 강(江)의 고유어 'ᄀᆞᄅᆞᆷ'은 가르다[分]에서 파생된 명사다. '가르다(<*ᄀᆞᄅᆞ다)'는 '분류(分流)→강(江)→흐르다'의 뜻으로 변하였다. '가르다'가 '흐르다'로 어형이 변한 것과 같이 /ㄱ/음이 /ㅎ/으로 변한 예에 '거플→허믈/허울, 겉~것[表(표)]→헛(거짓)' 등이 있다. '흐르다'는 '가르다'와 동원어다. 'ᄀᆞᄅᆞᆷ'은 '흐름'의 옛 어형이다. '흐르다'는 '흩다(<흗다[散(산)])'에서 파생된 말이다.

'물건을 빠뜨리거나 떨어뜨려 잃다. 글씨를 흘림으로 쓰다'를 뜻하는 '흘리다'도 '흐르다'와 동근어다. ¶ 강물이 도도히 흐르다. 땀을 흘리다. 동전을 흘리다.

흐지부지 끝을 분명히 맺지 못하고 넘겨 버리는 모양. 흐지부지는 한자어 '諱之秘之(휘지비지; 어떤 것을 꺼리어 피하고 숨기다)'에서 온 말이다.(휘지비지>흐지부지) ¶ 말을 흐지부지 얼버무리다.

흔들다 → **'그네'** 참조

흔하다 귀하지 않고 매우 많이 있다. 얻기 쉽다. ↔ 드물다. <계림유사>의 多曰釁何支[흔하기]와 중세어형 '흔ᄒᆞ다'는 현대어와 일치한다. '흔하다(<흔ᄒᆞ다[값이 싸다])'에서 '흔'은 '많다(<만ᄒᆞ다)'를 의미하는 중세어 '하다[多 · 大]'의 관형사형 '한'으로 '크다'의 관형사형 '큰[大]'과 동일한 형태소다. '흔히, 흔해빠지다; 흔전만전(매우 넉넉하고 흔한 모양)'과 같이 쓰인다. ¶ 시골에는 푸성귀가 흔하다. 그런 일은 흔히 일어난다. 감나무에 감이 흔전만전 열려 있다. 돈을 흔전만전 쓰다.

흘레 짐승의 암컷과 수컷이 짝짓기[교미(交尾)]하는 것. 또는 그 짓. '흐르(다)[流(류)]+에(명사화접사)'로 분석된다. 17세기 <역어유해>에 '범 흘레'가 나온다. 암컷이 발정을 하면 체액이 흘러나오고, 수컷의 정액이 흘러드는 데서 생긴 말이다. 유희의 <물명고>에 소가 교미하다를 '쇼흐르다', 새의 짝짓기를 '새흐레'라고 하였다. ¶ 닭이 흘레를 붙다. ☞ 흐르다

ㅎ

흙 바위가 분해되어 지구의 외각(外殼)을 이루는 가루. 토양(土壤). <계림유사>에 土曰轄希(토왈할희), <조선관역어>에는 土 黑二[xə-r]이라 하였다. 중세어형은

'흙'이다. 고려말과 현대어가 일치한다. 만주어 buraki(먼지), 몽골어 siroi širugai (大地, 흙, 먼지), 퉁구스어 sirugi(모래)와 비교 가능하다. 몽골어 togosu나 위글어 topa에서 어두음 [토]는 한자 土(토)로 중국어에 영향을 준 것이 아닌가 한다. '흙'은 기와, 질그릇의 재료이며, 만물을 생육하는 바탕으로 생명의 탄생과 죽음을 동시에 뜻한다. ¶ 한 줌의 흙. ☞ 기와

흥덩흥덩 물 따위가 넘칠 만큼 많은 모양. 국물이 많고 건더기가 적은 모양. '흥덩흥덩 · 흥떵흥떵'은 '물 따위가 많이 괴어 있다' 뜻의 형용사 '흥건하다/건하다'는 15세기 문헌 <구급간이방>의 '흥등이다[짜ᄒᆞᆯ 프고 흥등인 믈(흥건하게 괸 물)]'와 동근어 관계다. ¶ 물이 흥덩흥덩 찬 저수지. 때 아닌 비로 밭고랑에 물이 흥건하다. 피가 흥건히 고였다.

흥겹다 흥취가 나서 기분이 몹시 좋다. 신바람이 남을 나타내는 콧소리 '흥'에 '겹다'가 합성된 말이다. '겹다'는 '감정이 동하여 억제할 수 없다'를 뜻하는 형용사로 중세어 '계우다(이기지 못하다. 지다)'에 근원을 둔 말이다. '겨우(가까스로), 게우다(먹은 음식을 토하다)'도 동근어다. '겹다'가 결합된 말에 '눈물겹다, 정겹다, 지겹다, 힘겹다' 등이 있다. 18세기 문헌 <청구영언>에 '흥치다'가 쓰였다. '흥겹다'의 어원적 의미는 제 흥(기분)을 이기지 못할 정도로 재미가 있다는 뜻이다.

흥정 물건을 사고파는 일. 또는 사고팔기 위하여 값 따위를 정하는 일. <이두편람>에 '興成 흥뎡 賣買之稱'이라 하였다. 중세어형은 '흥졍'이다.(興成→흥뎡>흥졍>흥정) '흥정거리, 흥정꾼; 흥정바치(<흥졍바치; 장아아치); 가오리흥정(잘못하여 도리어 값을 올리게 된 흥정), 도거리흥정, 드림흥정(값을 여러 차례 나눠주기로 하는 흥정), 맞흥정, 푼내기흥정' 따위로 쓰인다. [흥정은 붙이고 싸움은 말리랬다] 나쁜 일은 말리고 좋은 일은 권해야 한다는 말.

흥청대다 흥에 겨워 마음껏 거드럭거리다. 돈이나 물건 따위가 흔하여 아끼지 아니하고 함부로 쓰다. 흥청거리다. 부사는 '흥청흥청, 흥청망청'이다. '흥청(興淸)'은 조선시대 연산군이 만든 모임이다. 본래의 의도와 달리 '흥청'에 속한 기생[관기(官女)]의 수를 억지로 늘려 일상생활을 방탕하게 보낸 데서 온 말이다. 그리고 흥겨울 때 콧노래 소리를 상징하는 '흥흥, 흥얼거리다'에 이끌려 '흥청거림'이 더욱 강조된 듯하다. ¶ 돈을 물 쓰듯 흥청대는 살림은 오래 가지 못한다.

희나리 채 마르지 않은 장작. 희나리는 '희(다)+ㄴ+아리'로 분석된다. '아리'는 '알록(달록)'과 같다. 희나리의 어원적 의미는 '흰 얼룩'이다. '희나리-쌀'은 덜 익은 채로 마른 벼의 쌀을 일컫는 말이다.

희다 눈[雪]의 빛깔과 같다. ↔ 검다. <계림유사>에 白曰漢(백왈한), 銀曰漢歲[흰 쇠]는 15세기 <용비어천가>에 '힌'으로 적었고, 오늘날의 '흰'과 일치한다. '희다'는 태양(太陽)을 나타내는 명사 'ᄒᆡ[日]'에서 형용사 'ᄒᆡ+다→희다'로 파생된 말이다. 같은 말 '하얗다'의 중세어는 '하야ᄒᆞ다'다. 'ᄒᆡ다[白]'와 'ᄒᆡ'는 중세까지 어형이 같았으나 'ᄒᆡ다>희다, ᄒᆡ>해'로 근세에 와서 소리가 갈라지게 되었다.

젊은이의 머리에 섞여 난 흰 머리카락을 '새치(<ᄉᆡ티)'라 하는데 '새'는 '희다'의 어두음이 변한 것이다. 또한 '(날이) 새다. (머리가) 세다'도 마찬가지다.(ᄒᆡ->희-~새-/세-) 흰색[白·素]을 뜻하는 일본어 [시로]는 우리말과 동근어다.

색채 감각어 '희다'에 뿌리를 둔 낱말에 부사 '희끗희끗, 희나리, 희아리' 등이 있다. [희기가 까치 뱃바닥 같다] 말이나 행동을 희떱게 하는 모양을 곁말투로 이르는 말. ☞ 해

희아리 조금 상해 말라서 희끗희끗하게 얼룩이 진 고추. 희아리는 '희(다)+-아리'로 분석된다. '아리'는 '알록(달록)'과 같다. 희아리의 어원적 의미는 '하얗게 얼룩진 것'이다. ¶ 고추를 말릴 때에 희아리는 골라내야 한다.

힘겹다 이겨내기에는 힘에 부치다. '힘+겹다'로 분석된다. '겹다(<계오다)'는 정도에 지나쳐 감당하기 어렵다를 뜻하는 말이다. 중세어 '계오다'는 '이기지 못하다[不勝(불승)]'다. ¶ 내게는 힘겨운 일이오. 몸이 불편한 환자가 힘겹게 앉아 있다.

힘쓰다 무슨 일에 힘을 다하고 노력하다. 애쓰다. 남의 어려운 형편을 도와주다. 중세어형은 '힘ᄡᅳ다'다. '힘+ᄡᅳ(다)[用(용; 사용하다)]+다'로 분석된다. ¶ 학업에 힘쓰다. 아들은 한창 힘쓸 나이다. 어려운 이웃을 힘써 도와주다.

힘줄 근육의 기초가 되는 희고 질긴 물질. 힘줄은 '힘(힘줄·근육)'과 '줄'의 합성어다. 15세기 문헌 <훈민정음해례>에 '힘'의 뜻이 '힘줄'이었는데, 후대에 들어와 추상화되어 '힘[力, 筋力; 능력, 정신력]'의 뜻을 가지게 되었다. <조선관역어>에 筋(근)을 欣門[*힘]이라 하였다. '힘이 세다'에서 '세다'도 '힘'과 동원어로 보인다.

'힘'이 구개음화 하여 '심'으로 바뀐 예는 쇠고기의 부위 명칭인 '안심, 등심'과

'성님(형님); 뱃심(굽히지 않는 배짱), 알심(속으로 은근히 동정하는 마음. 보기보다도 야무진 힘), 입심(말하는 힘), 주먹심(주먹으로 때리거나 쥐는 힘)' 등이 있다. '힘줄'은 원래 '근육의 줄'이란 뜻이다.(힘+줄→힘줄/심줄)

【도움을 받은 책】

강길운, 고대사의 비교언어학적 연구, 새문사, 1990.

강길운, 훈민정음과 음운체계, 형설출판사, 1992.

강신항, 계림유사「고려방언」연구, 성균관대학교출판부, 1991.

강신항, 조선관역어연구, 성균관대학교출판부, 1995.

강은국, 조선어 접미사의 통시적 연구, 박이정, 1993.

강헌규, 한국어 어원연구사, 집문당, 1988.

강헌규, 국어어원학통사, 이회, 2003.

건설부 국립지리원, 지명유래집, 1987.

고대민족문화연구소, 한국문화사대계 7(풍속사)·9(언어사), 1982.

고영근, 표준 중세국어문법론, 탑출판사, 1987(집문당, 2005 개정판).

고영근, 국어형태론 연구, 서울대학교출판부, 1999.

고영근, 우리말의 총체서술과 문법체계, 일지사, 1999.

고영근, 한국의 언어연구, 역락, 2001.

고영근·구본관, 우리말 문법론, 집문당, 2008.

구결학회, 구결연구(제1집), 태학사, 1996.

국어사자료연구회, 역주 노걸대언해, 태학사, 1995.

권오은, 작가들이 결딴낸 우리말, 문학수첩, 2006.

기주연, 근대국어 조어법 연구(Ⅰ), 태학사, 1994.

김계곤, 현대국어의 조어법 연구, 박이정, 1996.

김공칠, 원시 한일공통어의 연구, 한국문화사, 1995.

김광해, 국어 어휘론 개설, 집문당, 1993.

김광해, 어휘 연구의 실제와 응용, 집문당, 1995.

김동소, 한국어 변천사, 형설출판사, 1998.

김동소, 한국어의 역사, 정림사, 2007.
김미형, 한국어 대명사, 한신문화사, 1995.
김민수, 신국어학사, 일조각, 1980.
김방한, 어원론, 민음사, 1990.
김방한, 언어학논고(Ⅱ), 서울대학교출판부, 1985.
김방한, 한국어의 계통, 민음사, 1983.
김종권(옮김) 김부식, 삼국사기, 선진문화사, 1963.
김선기, “가라말의 덜(한국어의 기원)”, 「현대문학」 1976. 2 ~1979. 3 연재.
김수경, 고구려 · 백제 · 신라 언어 연구, 한국문화사, 1995.
김승곤, 한국어의 기원, 건국대학교출판부, 1990.
김승곤, 한국어 통어론, 건국대학교출판부, 1991.
김양진, 우리말 수첩, 정보와사람, 2011.
김영석 · 이상억, 현대형태론, 학연사, 2005.
김완진, 음운과 문자, 신구문화사, 1996.
김용태, 고대말 연구, 육일문화사, 1994.
김용한, 한자 어소의 의미 기능 연구, 국학자료원, 1998.
김인호, 조선어 어원 편람(상 · 하), 박이정, 2001.
김종택, 국어 어휘론, (주)탑출판사, 1996.
김종학, 한국어 기초어휘론, 박이정, 2001.
김진규, 훈몽자회 어휘연구, 형설출판사, 1993.
김진우, 언어(깁더본), 탑출판사, 2004.
김창섭, 국어의 단어형성과 단어구조 연구, 국어학회, 1996.
김태곤, 국어 어휘의 통시적 연구, 박이정, 2008.
김형규, 증보 국어사연구, 일조각, 1993.
김형규, 국어사개요, 일조각, 1975.
김형규, 한국방언연구, 서울대학교출판부, 1982.
남광우, 국어학논문집, 일조각, 1974.
남성우, 15세기 국어의 동의어연구, 탑출판사, 1988.
도수희, 한국어 음운사 연구, 탑출판사, 1987.

류　렬, 조선말역사, 한국문화사, 1992.
류영남, 깁고 더한 말글밭, 세종출판사, 2005.
리근영, 조선어리론문법(형태론), 과학백과사전사, 1985.
리득춘, 조선어 어휘사, 연변대학출판사/박이정, 1987/1996.
문화관광부, 아름답고 정겨운 우리말, 동화서적, 2001.
미승우, 잘못 전해지고 있는 것들, 범우사, 1986.
박갑수, 사라진 말 살아남은 말, 서래헌, 1979.
박갑수, 우리말 바로 써야 한다 1 · 2, 집문당, 1995.
박갑천, 세계의 지명, 정음사, 1973.
박남일, 아름다운 우리 옛말, 서해문집, 1996.
박동근, 한국어 흉내말의 이해, 역락, 2008.
박숙희, 뜻도 모르고 자주 쓰는 우리말 500가지 I · II, 서운관, 1995.
박영섭, 개화기 국어 어휘자료집 3, 박이정, 1996.
박영섭, 능엄경언해 어휘연구, 박이정, 2008.
박형익, 한국의 사전과 사전학, 월인, 2004.
박홍길, 우리말 어휘 변천 연구, 세종출판사, 1997.
배우리, 우리 땅이름의 뿌리를 찾아서 1 · 2, 토담, 1994.
서재극, 국어어형론고, 계명대학교출판부, 1990.
서정범, 우리말의 뿌리, 고려원, 1989.
송정석, 어원 이야기(상 · 하), 정인출판사, 2009.
송철의, 국어의 파생어형성 연구, 국어학회, 1992.
시정곤, 현대국어 형태론의 탐구, 월인, 2006.
신경철, 국어 자석 연구, 태학사, 1993.
신용태, 원시 한 · 일어의 연구, 동국대학교출판부, 1993.
심재기, 국어어휘론, 집문당, 1982.
심재기 편, 국어 어휘의 기반과 역사, 태학사, 1998.
심재기, 한국어 우리말 우리글 5, 제이앤씨, 2010.
안병호, 계림류사와 고려시기조선어, 민족문화사, 1985.
안병희, 중세국어 구결의 연구, 일지사, 1977.

안병희 · 이광호, 중세국어문법론, 학연사, 1992.
양제칠, 국어음성학과 문법, 언어연구회, 1969.
양주동, 증정 고가연구, 1965.
양주동, 여요전주, 을유문화사, 1954.
오동환, 우리말 죽이기 우리말 살리기, 세시, 2002.
오희복, 리두, 역락(영인), 2002.
왕문용 · 민현식, 국어 문법론의 이해, 개문사, 1995.
우리말학회, 국어의 이해와 인식, 한국문화사, 1991.
유창균, 향가비해, 형설출판사, 1994.
유창돈, 어휘사연구, 이우출판사, 1971.
유창돈, 이조 국어사 연구, 선명문화사, 1980.
윤재열, 바른 말을 찾아서, 글벗, 2007.
윤행순(옮김) 오노 스스무, 일본어의 근원, 소화, 1997.
이기문, 개정 국어사개설, 민중서관, 1972.
이기문, 국어 어휘사 연구, 동아출판사, 1991.
이기문, 국어음운사연구, 탑출판사, 1977.
이기문, 한국어 형성사, 삼성미술문화재단, 1981.
이기문, 훈몽자회 연구, 서울대학교출판부, 1971.
이기문, 당신의 우리말 실력은?(수정증보판), 동아출판사, 1990.
이길록, 국어문법연구, 일신사, 1974.
이남덕, 한국어 어원 연구 Ⅰ~Ⅳ, 이대출판부, 1985~1986.
이병근, 어휘사, 태학사, 2004.
이병도(옮김) 일연, 삼국유사, 광조출판사, 1976.
이숭녕, 국어조어론고, 을유문화사, 1961.
이숭녕, 고등 국어문법, 을유문화사, 1963.
이숭녕, 국어학논총, 동아출판사, 1966.
이용주, 의미론개설, 서울대학교출판부, 1972.
이희승, 국어학개설, 민중서관, 1955.
임지룡 외, 학교 문법과 문법 교육, 박이정, 2013.

장영준, 언어의 비밀, 한국문화사, 2000.
정병욱 선생 환갑기념논총간행위원회, 국어학연구, 신구문화사, 1983.
정연규, 언어로 풀어보는 한민족의 뿌리와 역사, 한국문화사, 1997.
정용석 · 김종윤(옮김) 서긍, 선화봉사 고려도경, 움직이는책, 1998.
정원수, 국어의 단어 형성론, 한신문화사, 1992.
정재도, 국어 사전 바로잡기, 한글학회 · 한글재단, 1999.
정호완, 낱말의 형태와 의미, 대구대학교출판부, 1988.
정호완, 우리말의 상상력, 정신세계사, 1991.
조일규, 파생법의 변천Ⅰ, 박이정, 1997.
조항범, 국어 어원연구 총설(Ⅰ), 태학사, 1994.
조항범, 다시 쓴 우리말 어원이야기, 한국문원, 1997.
조항범, 예문으로 익히는 우리말 어휘, 태학사, 2003.
조항범, 국어 어원론, 도서출판 개신, 2009.
천소영, 고대국어의 어휘연구, 고대민족문화연구소, 1990.
천소영, 한국어와 한국문화, 우리책, 2005.
천소영, 한국어의 문화 전통, 대원사, 2011.
천시권 · 김종택, 국어의미론, 형설출판사, 1979.
최남선, 조선상식문답, 삼성문화재단, 1972.
최범훈, 한국어발달사, 경운출판사, 1990.
최승렬, 한국어의 어원, 한샘출판사, 1990.
최창렬, 어원산책, 한신문화사, 1993.
최창렬, 우리말 어원연구, 일지사, 1988.
최철 · 설성경, 향가의 연구, 정음사, 1984.
최학근, 국어방언학서설, 정연사, 1959.
최학근, 국어방언연구, 명문당, 1991.
최학근, 한국어 계통론에 관한 연구, 명문당, 1988.
최현배, 한글갈(正音學), 정음사, 1946.
하치근, 우리말 파생형태론, 경진, 2010.
한국방언학회편, 국어방언학, 형설출판사, 1973.

한국어원학회, 어원연구 1, 2 박이정, 1998. 1999.
한길, 현대 우리말의 형태론, 역락, 2006.
한말연구학회, 우리말 역사 연구, 박이정, 1996.
한진건, 조선말의 어원을 찾아서, 연변인민출판사, 1990.
허 웅, 국어음운론, 정음사, 1960.
허 웅, 옛말본, 과학사, 1976.
허 웅, 국어학, 샘문화사, 1983.
허 웅, 20세기 우리말의 형태론, 샘문화사, 1995.
형태론(1권 1호~11권 1호), 박이정, 1999~2009.
홍사만, 국어 특수조사 신연구, 역락, 2002.
홍윤표, "국어 어원", 국립국어원「새국어소식」 연재.
홍윤표, 살아있는 우리말의 역사, 태학사, 2009.
에스 · 아 · 스타로스틴(김영일 옮김), 알타이어 비교 연구, 대일, 1996.
G. J. 람스테트(김동소 역), 알타이어형태론개설, 민음사, 1985.

〈사전류〉

고정욱, 다시 살려 써야 할 우리말사전, 자유로운 상상, 2007.
김무림, 한국어 어원사전, 지식과교양, 2012.
김민수 편, 우리말 어원사전, 태학사, 1997.
김민수 · 고영근 · 임홍빈 · 이승재, 국어대사전, 금성출판사, 1991.
김석주 · 이숭녕, 동아 국어대사전, 동아출판사, 1984.
김영일, 한국어 단어족 사전, 박문사, 2009.
김영황, 중세어 사전, 한국문화사, 1994.
김태균, 함북방언사전, 경기대학교출판국, 1986.
남광우, 고어사전, 일조각, 1971.
문세영, 조선어사전(수정증보), 영창서관, 1949.
민충환, 임꺽정 우리말 용례사전, 집문당, 1995.
박용수, 겨레말 갈래 큰사전, 서울대학교출판부, 1993.

박일환, 우리말 유래사전, 우리교육, 1994.
백문식, 우리말 파생어 사전, 삼광출판사, 2004.
백문식, 우리말 부사 사전, 박이정, 2006.
백문식, 우리말 형태소 사전, 박이정, 2012.
서정범, 국어 어원사전, 보고사, 2000.
신기철 · 신용철, 새 우리말 큰 사전, 삼성출판사, 1986.
안옥규, 어원사전, 동북조선민족교육출판사/학민사, 1989/1994.
유창돈, 이조어사전, 연세대학교출판부, 1979.
이윤기 옮김(진 쿠퍼 지음), 세계문화상징사전, 까치, 1994.
이훈종, 민족생활어사전, 한길사, 1991.
이희승, 국어대사전, 민중서림, 1982.
이희자 · 이종희, 어미 · 조사사전, 한국문화사, 2006.
임홍빈, 뉘앙스풀이를 겸한 우리말사전, 아카데미하우스, 1994.
장삼식, 한한대사전 대자원, 삼성출판사, 1990.
조민정 · 봉미경 · 손혜옥 · 전후민, 한국어 유의어 사전, 박이정, 2012.
조재수, 남북한말 비교 사전, 토담, 1995.
홍웅선 · 김민수, 새 사전, 대한교과서주식회사, 1959.
고려대민족문화연구소, 고려대 한국어 대사전, 2009.
관정이종환교육재단편, 남북통일말 사전, 두산동아, 2006.
국립국어원, 표준국어대사전, 두산동아, 1999.
국어국문학회, 국어새사전, 동아출판사, 1958.
동아 새한한사전, 두산동아, 1999.
동아 새국어사전, 두산동아, 2008.
㈜낱말 어휘처리정보처리연구소, 우리말 유의어 사전, 2010.
사회과학원 언어학연구소, 현대조선말사전(상 · 하), 도서출판 백의(영인본), 1981.
연세대학교 언어정보개발연구원, 연세한국어사전, 두산동아, 1998.
조선일보사, 현대 북한말 소사전, 1990.
한국문화상징사전편찬위원회, 한국문화 상징사전 1 · 2, 동아출판사, 1992~1995.
한국정신문화연구원, 한국민족문화대백과사전, 1991.

한국정신문화연구원, 17세기 국어사전 (상 · 하), 태학사, 1995.

한글학회, 새한글사전, 1986.

이 밖에 각종 원전(原典) · 사전류 및 어원에 관한 단행본과 논문을 참고하였으며, 각 지역어를 사용하는 분들 그리고 한자어와 관련된 어휘는 중국 재경대학 부교수 邵龍青 박사의 도움을 받았습니다.